ARCHAEOLOGIA AUSTRIACA

BEITRÄGE ZUR
PALÄANTHROPOLOGIE,
UR- UND FRÜHGESCHICHTE
ÖSTERREICHS

Herausgegeben vom
INSTITUT FÜR
UR- UND FRÜHGESCHICHTE
DER UNIVERSITÄT WIEN

Schriftleitung
HERWIG FRIESINGER
HELGA KERCHLER
ANDREAS LIPPERT

BAND 80

1996
FRANZ DEUTICKE
VERLAGSGESELLSCHAFT mbH.
WIEN

ARCHAEOLOGIA AUSTRIACA, Beiträge zur Paläanthropologie, Ur- und Frühgeschichte Österreichs, erscheint einmal im Jahr. Sie bringt vornehmlich Arbeiten aus dem Gesamtgebiet der österreichischen Ur- und Frühgeschichte mit besonderer Betonung der Zusammenarbeit mit den naturwissenschaftlichen Hilfsdisziplinen.

Bestellungen sind zu richten an eine Buchhandlung oder an die Verlagsgesellschaft Franz Deuticke, 1010 Wien, Helferstorferstraße 4. Manuskripte in Maschinschrift und Besprechungsexemplare nimmt das Institut für Ur- und Frühgeschichte der Universität Wien, 1190 Wien, Franz-Klein-Gasse 1, entgegen. Die Autoren sind für ihre Beiträge allein verantwortlich.

Gedruckt mit Unterstützung des Bundesministeriums für Wissenschaft und Forschung
und der Kulturabteilung des Amtes der Niederösterreichischen Landesregierung

ISBN 3-7005-4663-7

Verleger und Eigentümer: Verlag Franz Deuticke Verlagsges.m.b.H., 1010 Wien, Helferstorferstraße 4. – Herausgeber: Institut für Ur- und Frühgeschichte der Universität Wien. – Verantwortliche Redakteurin: Dr. Helga Kerchler, 1190 Wien, Franz-Klein-Gasse 1. – Gesamtherstellung: Grasl Druck & Neue Medien, 2540 Bad Vöslau.

Inhaltsverzeichnis

„Er war der Mann zwischen den Fronten“

Oswald Menghin und das Urgeschichtliche Institut der Universität Wien während der Nazizeit

Otto H. URBAN, Wien

Im Februar 1997 stieß Verf. bei den Neuzugängen der Fachbibliothek für Ur- und Frühgeschichte auf einen Aufsatz von Bettina Arnold, The Past as Propaganda: Totalitarian Archaeology in Nazi Germany,[1]) in der berichtet wird: „Oswald Menghin was summarily removed from hist post as Austrian Minister of Education and Culture *in 1945*“ (Hervorhebung O. U.).[2]) Es ist mir wichtig, als Angehöriger des Institutes,[3]) wo Menghin durch viele Jahre hindurch tätig war, nicht nur diesen Irrtum zu korrigieren, sondern auch die vorliegenden Fakten zu Menghin und zur Tätigkeit des Urgeschichtlichen Instituts während der Nazizeit zu sammeln und zu veröffentlichen.[4])

1. Die Wiener Urgeschichte von 1938 bis 1945

Von 1938 bis 1945 prägten in Wien drei Männer die Urgeschichtsforschung, in alphabetischer Reihenfolge: *Eduard Beninger*, Leiter bzw. Direktor der Prähistorischen Abteilung des Naturhistorischen Museums, seit Oktober 1940 Dozent für germanische Ur- und Frühgeschichte an der Universität Wien;[5]) *Oswald Menghin*, Vorstand bzw. Direktor des Urgeschichtlichen Instituts der Universität Wien und seit März 1922 ordentlicher Professor der Urgeschichte des Menschen;[6]) *Kurt Willvonseder*, Leiter der Abteilung für Bodenaltertümer am Institut für Denkmalpflege (dem heutigen Bundesdenkmalamt) und seit September 1943 außerplanmäßiger Professor für Urgeschichte des Menschen an der Universität Wien.[7]) *Leonhard Franz*, der sich 1926 in Wien habilitierte, hatte bereits Ende 1929 Wien verlassen und las an der Deutschen Universität Prag,[8]) später dann, seit 1939, auch in Leipzig.[9]) Am 1. Oktober 1942 wurde Franz Ordinarius auf dem neuerrichteten Lehrstuhl für Vor- und Frühgeschichte in Innsbruck, wo er bis zu seiner Emeritierung 1967 wirkte.[10]) *Richard Pittioni*, der ebenso wie Franz Assistent bei Menghin war, habilitierte sich 1932 für prähistorische Archäologie; er verließ am 30. 11. 1937 das Institut und legte am 31. 3. 1938 seine Lehrbefugnis zurück.[11]) *Franz Hančar*[12]) erhielt seine „Dozentur für die Urgeschichte Osteuropas, Kaukasiens und Nordasiens“ bereits vor dem Anschluß Österreichs an das Deutsche Reich am 12. Februar 1938[13]) und lehrte in Wien ohne Unterbrechung durch volle 30 Studienjahre.[14]) Weiters las auch *Christian Pescheck* nach Erhalt seiner Dozentur für Urgeschichte des Menschen am Urgeschichtlichen Institut in Wien. Er folgte *Otto Seewald* am 1. November 1939 als wissenschaftlicher Assistent in Wien,[15, 16]) habilitierte sich am 30. Mai 1942 und erhielt am 31. August 1942 die Dozentur.[17]) Am 17. November 1943 übernimmt er die Vertretung des eingerückten Prof. Lothar F. Zotz an der Deutschen Universität in Prag[18]) und lehrt weiterhin bis Frühjahr 1945 in Wien.[19])

Eduard Beninger, am 25. Februar 1897 in Wien geboren, besuchte das Elisabethgymnasium in Wien und maturierte 1915. Er rückte bereits 1914 ein und rüstete als Leutnant ab. Beninger studierte seit 1918 „Prähistorische Archäologie (Prof. Menghin, Bayer), Sanskrit (Schroeder, Geiger), Indogermanistik (Kretschmer) und Germanische Altertumskunde (Much) und Germanistik (Much, Jellinek, Brecht)“.[20]) Seine Dissertation behandelte „Die Germanenfrage in der Literatur der prähistorischen Wissenschaft“; er promovierte 1923. Danach war er zuerst unbezahlt, seit 1. Mai 1928 angestellt, als wissenschaftlicher Assistent in der Prähistorischen Abteilung des Naturhistorischen Museums tätig. In den folgenden Jahren entstand eines seiner Hauptwerke: „Die Germanenzeit in Niederösterreich“.[21]) Er wurde am 24. Februar 1938 pragmatisiert[22]) und am 17. März 1938 vom damaligen Unterrichtsminister Menghin als Leiter der Prähistorischen Abteilung eingesetzt.[23]) Am 9. Oktober 1942 wurde er zum Direktor der Abteilung ernannt.[24, 25]) Von 1938 bis 1945 war Beninger Landesleiter im „Reichsbund für Deutsche Vorgeschichte“, der von Hans Reinerth geleitet worden ist und dem Amt Rosenberg unterstand[26]) sowie Vertreter des Leiters des Kulturamtes der NSDAP.[27]) Er war Mitarbeiter bei Reinerths „Vorgeschichte der deutschen Stämme“, wo er im 2. Band die Quaden und die Langobarden übernahm[28]) und war auch an der Ausstellung „Schau frühdeutscher Kulturhöhe“ beteiligt, die im Juni/

Abb. 1. Eduard Beninger (Mitte) bei der Besichtigung einer Fundstelle. Foto: Naturhist. Mus. Wien

Juli 1939 im Wiener Messepalast gezeigt worden ist.[29]) 1939 erschienen auch seine „Vorstellungen über die deutsche Vorgeschichtsforschung an den Volksbildungsstätten", ein Beitrag, der im Unterschied zu seinen archäologischen Fundvorlagen deutlich weltanschauliche, insbesondere rassistische Ansichten zeigt.[30])

Beninger habilitierte sich am 10. Mai 1939 über „Die germanischen Bodenfunde in der Slowakei" (veröffentlicht 1937)[31]) und wurde am 9. Oktober 1940 zum „Dozenten für germanische Ur- und Frühgeschichte" ernannt. Er mußte aber bereits am 1. April 1940 einrücken und hatte, obwohl er bis 1944 in der Wehrkreiskommandatur Wien als Hauptmann seinen Dienst versah, unter anderem als Adjutant des Stadtkommandanten von Wien, Generalleutnant Stümpfl, keine Lehrveranstaltung an der Universität Wien angekündigt bzw. ankündigen können.[32]) 1944 wurde er Ortskommandant von Michalovce in der Slowakei. Er blieb während all dieser Jahre Leiter der Prähistorischen Abteilung und soll sich dabei auch für polnische Fachkollegen eingesetzt haben, die er in der Präparationswerkstätte des Museums beschäftigte.[33])

Beninger war entsprechend einem Fragebogen in seinem Personalakt bereits seit 1. August 1934 Mitglied der NSDAP mit der Mitglieds-Nr. 6,331.423 und „Gaubeauftragter für Vorgeschichte (Wien, N. D.)".[34]) Er wurde am 15. Juni 1945 verhaftet und vom Volksgerichtshof wegen „Verletzung der Menschenwürde" zu 3 Jahren Haft verurteilt,[35]) was den Verlust des akademischen Grades bedeutete. Beninger, der seit 1951 eine Gnadenrente aufgrund seiner Verletzung aus dem 1. Weltkrieg erhielt, wurde vom Professorenkollegium der Philosophischen Fakultät der Universität Wien am 30. April 1957 der Doktorgrad wieder zugestanden; seit 1958 bezog er auch eine Pension.[36]) In diesen Jahren arbeitete Beninger weiter wissenschaftlich und veröffentlichte unter anderem 1961 „Die Paura an der Traun". Er starb am 28. November 1963 in Wien. Im von Herbert Mitscha-Märheim verfaßten Nachruf betonte dieser auch die musischen Ambitionen Beningers – er war erfolgreicher Pianist und veröffentlichte mehrere Werke, unter anderem von Schubert, Beethoven, Brahms, mit neuen Fingersätzen.[37])

Betrachtet man das Gesamtwerk Beningers, so weit es die ur- und frühgeschichtlichen Schriften betrifft, so fällt die Breite seines Wirkens auf. Es finden sich Arbeiten vom Paläolithikum bis ins Mittelalter.[38]) Er war wohl einer der ersten in Österreich, der den Wert von mittelalterlichen Keramikfunden erkannte.[39]) Der Schwerpunkt seiner Studien bildete aber entsprechend seiner Weltanschauung die Erforschung der Germanen.

Kurt Willvonseder wurde am 10. März 1903 in Salzburg geboren, wo er auch 1922 maturierte. Er studierte in Wien seit dem Sommersemester 1924 germanische Philologie und Altertumskunde, war im Studienjahr 1925/26 an der Hochschule in Stockholm, setzte sein Studium im Wintersemester 1926/27 in Wien fort, ergänzt durch das Nebenfach Urgeschichte und den Besuch höhlenkundlicher Vorlesungen und dissertierte 1929 bei Rudolf Much über den Untersberg und seine Sagen. Von 1930 bis 1937 wurde Willvonseder neben Richard Pittioni zum 2. (unbesoldeten) Assistenten am Urgeschichtlichen Institut bestellt[40]) und ab 1934 arbeitet er gleichzeitig am Prähistorischen Referat der Zentralstelle für Denkmalschutz im Bundesministerium für Unterricht. Hier wurde er am 1. Juli 1937 wissenschaftlicher Assistent.[41]) Im selben Jahr habilitierte sich Willvonseder mit seiner Studie über die mittlere Bronzezeit,[42]) wurde am 13. Februar 1937 zum „Dozenten für die Urgeschichte des Menschen"[43]) und am 18. September 1943 zum außerplanmäßigen Professor[44]) ernannt. Er lehrte 1940 zwei Trimester in Innsbruck.[45]) Willvonseder übernahm 1938 von Pittioni die Schriftleitung der Wiener Prähistorischen Zeitschrift und der Materialien zur Urgeschichte Österreichs.

Willvonseder arbeitete, wie bereits gesagt, seit 1934 in der Nachfolgeorganisation des Denkmalamtes, der „Zentralstelle für Denkmalschutz im Bundesministerium für Unterricht"; diese wurde am 11. Jänner 1940 im Zuge der Neuordnung der Denkmalpflege durch das „Institut für Denkmalpflege" mit zwei selbständigen Abteilungen, eine „Abteilung für Bodenaltertümer" und eine für „geschichtliche Kunstdenkmale" ersetzt.[46]) Willvonseder war von 1939 bis 1945 Leiter der ersten Abteilung und außerdem von 1941 bis 1945 Gaupfleger der Bodenaltertümer im Reichsgau Niederdonau.[47]) Er wurde jedoch am 15. Juli 1942 zur Wehrmacht eingezogen und konnte daher 1941 nur das 1. Heft der „Fundberichte aus den Reichsgauen der Ostmark", 3. Band, herausgeben. Danach, mit 15. Juli 1942, übernahm Hertha Ladenbauer-Orel die Vertretung der Abteilungsleitung.[48]) Sie berichtet über die schwierigen Arbeitsbedingungen und personellen Engpässe der damaligen Zeit. So wurde Ernst Karl Wurth bereits im September 1939, Hubert Tripp Anfang 1940 und Erwin Rotter Mitte 1940 zur Wehrmacht eingezogen und fielen. Gertrud Moßler, sie promovierte 1943, war bereits als Studentin Mitarbeiterin von Ladenbauer-Orel.[49])

Willvonseder war Mitglied der NSDAP[50]) und seit 30. Jänner 1939 Mitglied der SS, zuerst im Rang eines Untersturmführers, dann ab 30. Jänner 1941 bis Kriegsende im Rang eines SS-Obersturmführers, um – nach mündlicher Auskunft von Frau Ladenbauer-Orel – weiterhin als Archäologe im Denkmalamt arbeiten zu können. Dies wird auch

Abb. 2. Kurt Willvonseder.
Foto: H. Ladenbauer-Orel, Bundesdenkmalamt, Wien.

durch sein Gnadengesuch mehrfach bestätigt.[51]) Seine Veröffentlichungen waren und blieben großteils fachbezogen. Er nahm regelmäßig an den Jahrestagungen der Forschungs- und Lehrgemeinschaft „Das Ahnenerbe" teil und berichtete, so weit dies aus den Veröffentlichungen zu ersehen ist, sachbezogen über die neuen Grabungen in Österreich (Ostmark).[52]) Nach dem Krieg, mit 9. Juli 1945 wurde die Ernennung zum außerplanmäßiger Universitätsprofessor widerrufen und die Lehrbefugnis erlosch.[53]) Nach der Begnadigung durch den Bundespräsidenten[54]) wurde er am 1. September 1954 zum Direktor des Salzburger Museums Carolino Augusteum bestellt. Seine Versuche, nach Wien in das Naturhistorische Museum oder das Bundesdenkmalamt zu gelangen scheiterten.[55]) Seit dem Sommersemester 1964 erhielt Willvonseder auch wieder Lehraufträge, u. a. über Urgeschichte Österreichs [...], an der Universität Salzburg, wo er sich 1966 neuerlich habilitierte.[56]) 1967 erhielt er den Titel außerordentlicher Universitätsprofessor.[57]) Er starb am 3. November 1968, am folgenden Tage gedachte vor der Erledigung der Tagesordnung der Regierungssitzung der Landeshauptmann von Salzburg in ehrender Worten des Direktors des Salzburger Museums Carolino Augusteum.[58])

2. Oswald Menghin

Oswald Menghin war von diesem Dreigestirn sicher der bedeutendste. Er war nicht nur der Lehrer der beiden zuerst genannten, sondern war international bekannter, hatte höhere Funktionen inne und war während der Nazizeit Vorstand bzw. Direktor unseres Urgeschichtlichen Instituts. Sein Werdegang soll daher auch etwas ausführlicher behandelt werden – in ihm spiegelt sich meines Erachtens vieles wider, was, wie es so schön heißt,

Abb. 3. Oswald Menghin 1936.
Foto: Bildarchiv Österr. Nationalbibliothek

„aufgearbeitet" werden sollte. Kurze, einfache Bewertungen, wie B. Arnold im Kapitel „The party-liners" („Some researches established before 1933 became high-ranking party officials, among them [...] Oswald Menghin")[59]) oder wie sie im Österreichischen Personenlexikon („Von deutschnationaler Gesinnung, die sich auch in der Lehrtätigkeit niederschlug, gehörte der illegalen NSDAP an. 1936 war er Mitglied des ‚Siebzehnerausschußes' [sic!]")[60]) zu finden sind, werden den Menschen und der Zeit vielleicht nicht immer gerecht und sind zum Teil schlicht und einfach falsch.

Menghin wurde am 19. April 1888 in Meran geboren. Er besuchte dort auch ein Gymnasium und legte 1906 die Matura ab. Danach ging er nach Wien und begann seine Studien an der Universität bei Moritz Hoernes; er promovierte 1910.[61]) Menghins Jugend in Tirol und seine Erfahrungen seit 1906 in der Großstadt Wien sowie sein Verhältnis zu seinem Vater spiegeln sich nach Richard S. Geehr in seinem 1924 erschienenem Roman „Zerrissene Fahnen" wider.[62]) Mit Alois Lechner dürfte Menghins Vater Alois gemeint sein und im Studenten Franz Terzer zeigten sich Charaktereigenschaften, die durchaus auch Menghin kennzeichnen könnten. Er war zuerst bis 1918 Beamter im Niederösterreichischen Landesarchiv und habilitierte sich bereits 1913 für „Prähistorische Archäologie". 1914 wurde dann unter starkem Engagement Menghins die Wiener prähistorische Gesellschaft gegründet, die die Wiener prähistorische Zeitschrift (WPZ) herausgab. Die Gesellschaft bestand bis 1945 und wurde dann wieder in die Anthropologische Gesellschaft in Wien zurückgeführt. 1918 meldete sich Menghin, der aus gesundheitlichen Gründen vom Wehrdienst befreit war, trotzdem als Freiwilliger, wurde aber bereits drei Wochen nach seiner Musterung entlassen und übernahm noch 1918 den Lehrstuhl des verstorbenen Hoernes, zuerst als Extraordinarius, 1922 dann als ordentlicher öffentlicher Professor.[63])

Menghin dürfte über Vermittlung seines Vaters 1908 mit Richard von Kralik, einem bekannten Wiener Kulturkonservativen Kontakt aufgenommen haben[64]) und seiner Gesellschaft beigetreten sein.[65]) Er verehrte ihn sehr und lobte anläßlich des 70. Geburtstag im Jahre 1922 „des Meisters [...] tiefgründiges synthetisches Denken".[66]) Außerdem war er bereits seit 1906 Mitglied des Cartell-Verbandes „Rudolfina".[67])

Von zumindest 1919 bis 1926 war Menghin auch Mitglied des Geheimbund „D. G." (Deutsche Gemeinschaft), [68]) „in welcher Zeit der Bund antifreimaurerisch und rassenantisemitisch eingestellt war. Ob der Antragsteller auch später noch dem Bund angehört hat, aus dem mit großer Wahrscheinlichkeit der katholische Geheimbund ‚Der weiße Turm' entstanden ist, konnte nicht festgestellt werden", so die Worte in einem Beschluß des Gaugerichtes Wien.[69]) Außerdem gehörte er zu der christlich eingestellten „Kralik-" und „Leo-Gesellschaft" und wurde daher in einer politischen Beurteilung aus dem Jahre 1957 als „Nationaler mit katholischer Bindung" gekennzeichnet.[70]) Nach Geehr ist dagegen Menghins „politisches und kulturelles Verhalten von einem romantischen Nationalismus, Kulturpessimismus und einer allgemeinen politischen Unwirklichkeit charakterisiert".[71])

Bereits 1923 setzen erste Kontakte mit den Nationalsozialisten ein.[72]) 1927 wurde er zum korrespondierenden Mitglied der Österreichischen Akademie der Wissenschaften[73]) und 1928/29 zum Dekan der Philosophischen Fakultät gewählt. Anschließend war Menghin am Höhepunkt seiner Schaffenskraft. Zwei Werke nehmen dabei eine Schlüsselstellung ein: „Die Weltgeschichte der Steinzeit" und „Geist und Blut".

Die 1931 erschienene „Weltgeschichte der Steinzeit"[74]) umfaßt 648 Seiten und stellt den Versuch einer „Synthese der ältesten Menschheitsgeschichte" dar, „die steinzeitliche Kulturkreisforschung mit der ethnologischen und linguistischen Wissenschaft verbindend" [...] „die Verbundenheit von Kultur, Sprache und Rasse [...] herausarbeitet" und eine „Völkergeschichte in grandiosem Aus-

Abb. 4. Eröffnung der Ausstellung des Hagenbundes „Kaffi Tatinito" (Das Kaiserreich Kaffa) in Wien, 16. 1. 1936. Im Vordergrund zweiter von rechts Oswald Menghin. Foto: Bildarchiv der Österr. Nationalbibliothek

maße baut", so die Selbstdarstellung auf einer Werbeseite in „Geist und Blut".[75]) In diesem Werk versuchte Menghin die von Wilhelm Schmidt entworfene Kulturkreislehre auf die Urgeschichte anzuwenden, wobei er jedoch in gewissen Punkten, beispielsweise bei der Bewertung der „Urkulturen", durchaus einen eigenen, von Schmidt unterschiedlichen, Standpunkt vertrat.[76]) „Heute ist dieses Werk in vielem überholt, seine Konzeption war jedoch für die damalige Zeit überragend."[77])

Nun zu dem zweiten, 1933 erschienen Buch, dessen Titel bereits den Zeitgeist, den es atmet, vermuten läßt: „Geist und Blut". Der Untertitel heißt „Grundsätzliches um Rasse, Sprache, Kultur und Volkstum".[78]) Im Vorwort stellt Menghin die Arbeit folgendermaßen vor:

„Die in diesem Buch vereinten Aufsätze sind zumeist nicht in einem Gusse enstanden [...]. Zu einem Ganzen zusammengeschweißt wurden sie erst in diesen Tagen [geschrieben im Oktober 1933, Anmerkung O. U.], die mehr als je zur Bestimmung über die geisteswissenschaftlichen Grundlagen unseres Fühlens und Handels mahnen. [...] Dabei ziele ich vorwiegend auf theoretische Grundlegungen ab: die praktische Folgerungen für seine Haltung wird der zustimmende Leser selbst zu ziehen vermögen. [...]"[79])

Es sollen nun einige kurze Passagen zitiert werden, da dadurch wohl am besten Menghins Vorstellungen zum Ausdruck kommen. Im ersten Kapitel „Urgeschichte und Weltanschauung" finden sich die Wissensbereiche, wo die Urgeschichte mitwirken kann; man spürt dabei vielleicht auch, daß in Menghins Zeiten die Urgeschichte immer wieder noch vor einem Legitimationsproblem stand.

„Auch die Fragen der menschlichen Sprach- und Stammesgliederung, die mit dem Problem des Nationalismus so enge verknüpft sind, stehen in tausendfältigem Zusammenhange mit der Urgeschichte. Nation, Volkstum, ist heute vielen das Erhabenste, das höchste Gut des Lebens oder wenigstens des Erdendaseins, anderen ein besser auszulöschender Überrest barbarischer Vergangenheit – wie zu solchen Anschauungen Stellung nehmen [...], ohne in die Tiefen der Vorzeit hinabzusteigen, in denen Kraft und Zukunft jedes Volkes wurzelt?"[80])

„Und endlich das brennendste Problem der Stunde: die Rassenfrage. Umstrittener als je, von denen einen als Sinn und Kern der Weltgeschichte betrachtet, von den anderen einfach gestrichen, indem sie die Realität des Rassenbegriffes leugnen [...]. Mit an den Wurzeln der Rassenfrage liegt überdies das Problem des Verhältnisses zwischen Körper und Seele, das [...] ebenfalls von der Urgeschichte her Beleuchtung erfahren kann."[81]) „Viele erwarten von der Urgeschichte das erlösende Wort. Das ist zuviel erhofft. Auch die Urgeschichte wird letzte Entscheidungen nicht geben können. Aber sie wird wenigstens [...] zeigen, daß die Antworten des materialistischen Evolutionismus – und manch andere dazu – keine wissenschaftliche Tragfähigkeit besitzen."[82])

Im zweiten Abschnitt werden „urgeschichtliche Grundbegriffe", wie prähistorische Archäologie, Chronologie und Kulturkreise behandelt.[83]) Es folgt der Abschnitt „Grundsätzliches zur Rassenfrage" – zuerst zur Rassenkunde:

„Auf der einen Seite wird der Rassenbegriff überhaupt jeder Realität entkleidet und sogar im physischen Sinne geleugnet. Die andere Seite sieht dagegen im Rassenmäßigen das Wesentliche der Menschheit und hält auch alles Geistige für blutbedingt." [...] „Die wissenschaftlich ernst zu nehmenden Gegner des Rassenbegriffes führen [...] die unbestreitbare Tatsache ins Feld, daß alle lebenden Rassen ineinander übergehen und nirgends scharfe Grenzen zwischen den Menschentypen zu finden sind. Sie [...] behaupten, daß man Rasse gar nicht definieren könne. Dagegen ist vieles einzuwenden. Zunächst, daß der gegenwärtige Zustand nichts beweist. Niemand leugnet den hohen Grad der Rassenmischung in der Gegenwart. Die Frage, ob es einmal scharfe Rassengrenzen gegeben hat, kann mit dem modernen Material nicht mehr gelöst werden. Hier kommt es auf die Aussagen der urgeschichtlichen Quellen an. Was die späteren vorgeschichtlichen Zeiträume anlangt, ist diese Aussage noch unsicher. Aber wenigstens eine Rasse wird von nahezu allen Forschern anerkannt, das ist die im Altpaläolithikum nachgewiesene Neandertalrasse."[84]) „Aber zur Festhaltung des Rassenbegriffes genügt es vollständig, wenn sich gewisse Gipfelpunkte rassischer Gleichartigkeit jener Gruppen nachweisen lassen." [...] „Ich wüßte nicht, was man dagegen einwenden könnte, Rasse als eine Menschengruppe mit gemeinsamen Erbeigenschaften zu bezeichnen."[85])

„So wollen wir [...] betonen: wenn ein Geistiges, die Kultur, Kraft hat, Ursache der Bindung zwischen Physischem und Psychischem zu sein und körperliche Organe zu formen, dann kann natürlich von einer primären Blutbedingtheit geistiger Anlagen [...] keine Rede sein, sondern eher vom Gegenteil [hier fehlt meines Erachtens die Sperrung bei „keine Rede" besonders, sodaß bei einem Überfliegen des Textes ein gegenteiliger Eindruck entsteht, Anmerkung O. U.]. [...] ‚Es ist der Geist, der sich den Körper baut' (Schiller); es kommt aber freilich nicht auf Haut und Haare, sondern auf die Schleifung der Gehirnbahnen an."[86]) „Es muß zugegeben werden, daß der Geist das Blut bezwingen kann."[87]) Menghin betont im Gegensatz zu Fritz Lenz, die Möglichkeit der „Erziehungsfähigkeit" der Rassen. „Was die Wertung der Rassen anlangt, so soll darüber in späteren Aufsätzen ausführlicher gehandelt werden."[88])

„Hat es einen Sinn, auch die angenommenermaßen beste der gegenwärtigen Rassen als ewige Norm zu erklären und für immer stabilisieren zu wollen? Ganz gewiß nicht, denn wer weiß, ob sich nicht eine noch bessere Rasse entwickelt. Dies zu vereiteln oder zu fördern, liegt freilich nur teilweise in der Gewalt des Menschen. [...] Niemand vermag [...] voraussehen, wohin sich eine Rasse oder ein Rassenteil entwickelt. Viel leichter sind die Mischungsvorgänge praktisch beeinflußbar. Die Zweckmäßigkeit und Berechtigung, auf diesem Gebiete Maßnahmen zu treffen, wird niemand grundsätzlich bestreiten, der geneigt ist, die Überlegenheit der weißen Rasse vor allen anderen, so wie sie heute sind, anzuerkennen. Aber auch wer es nicht tut, sollte die Verschiedenheit der Rassen an sich [...] als wertvoll und schützenswürdig empfinden. Die Durchführung der Rassenpflege stößt allerdings auf erhebliche theoretische und technische Schwierigkeiten. Das ändert nichts an ihrer Verdienstlichkeit."[89]) Zuletzt noch in diesem Kapitel zum Verhältnis Rasse und Volkstum, ein – wie wir heute Wissen – für die nationalsozialistische Politik immer wieder auftretendes Dilemma.[90]) „In Wirklichkeit bejahen sie [die ‚Rassentheoretiker', Einfügung O. U.] durchwegs den Volkstumsgedanken, dessen Anerkennung für die Praxis auch die richtige Wertwägung der in ihm beschlossenen Begriffe Rasse, Sprache und Kultur, von Blut und Geist gewährleistet. Und das ist es schließlich, um was hier gerungen wurde."[91])

Im nächsten Abschnitt „Vom Wesen der Kultur" verwendet Menghin das Modell des Stammbaumes[92]) und nimmt besonders gegen Spengler Stellung. Die Kritik endet mit dem Satz:

„Herausgekommen ist dabei eine höchst subjektive Konstruktion, die von den Ergebnissen der positiven Forschung fast keinen Gebrauch macht und neuerlich beweist, daß Spenglers Philosophie der Dichtung viel näher steht als der Wahrheit."[93])

Es folgen Kapitel über „die Anfänge der Religion",[94]) „eiszeitliche Grundlagen der abendländischen Kultur"[95]) und „die ältesten Bauernkulturen Europas,[96]) die heute weitgehend überholt sind.

Das vorletzte Kapitel führt den Titel „Über Volkstum".

„Volk im letztbezogenem Sinne [nicht im Sinne von Leute, Menschenmasse, oder Schweizer Volk, d. h. Staatsvolk, sondern wie deutsches, italienisches oder russisches Volk,[97]) Anmerkung O. U.] ist ‚die gottgewollte, die Folge der vergangenen, lebenden und zukünftigen Geschlechter umfassende, gewordene, natürliche und kulturelle Gemeinschaft, welche die letzte Einheit innerhalb der Menschheit bildet und durch eine Sprache erkennbar ist.' Dies die jüngste [...] Umschreibung des Volksbegriffes durch Wilhelm Wolf. Wir können sie unbedenklich zur unseren machen."[98])

Zum Unterschied von Volk und Volkstum: „Volk meint eine Gemeinschaft von Menschen, Volkstum ist dagegen die Gesamtheit der Inhalte, auf deren gemeinsamen Besitz sich die völkische Einheit gründet. Welches diese Inhalte sind, geht aus der oben gegebenen Definition des Volksbegriffes hervor. Als besonders wichtig ist die Sprache herausgehoben, außerdem zählen dazu Kultur und ‚Natur', worunter die rassischen Faktoren zu verstehen sind."[99]) „Bevor die heutige Vertiefung des Volksbegriffes errungen war, neigte man dazu, in der Sprache das einzige Kriterium des Volkstum zu erblicken. In Wirklichkeit liegen die Dinge so, daß weder Spracheinheit allein ein Volk und damit ein geschlosssenes Volkstum begründen kann noch Verschiedensprachlichkeit unter allen Umständen das Bestehen eines Volkstums ausschließt. Ein Neger kann wegen der Rassenverschiedenheit nie Engländer werden, auch wenn er englisch spricht, englisch lebt und vielleicht sogar englisch fühlt. Ein klares Beispiel von Spaltung des Volkstums bei einheitlicher Sprache und gleichartiger rassischen Zusammensetzung bieten die Kroaten und Serben. [...] Die Ursache [...] ist so gut wie ausschließlich auf religiös-kulturellem Gebiete zu suchen. Kulturverschiedenheit kann also die Kraft des sprachlichen Bandes aufheben."[100])

„Nirgends herrscht mehr Verwirrung, als in den Anschauungen über das Verhältnis zwischen Volkstum und Rasse. Es ist eine unbestreitbare Tatsache, daß es in der Jetztzeit kein Volkstum gibt, das rassisch einheitlich wäre."[101]) „Solche Einstellungen wäre aber [...] nur dann berechtigt, wenn eine gleichmäßige Vermengung der europäiden Rassen unter sich und mit anderen Rassen vorläge. Davon kann aber keine Rede sein. Es ist vielmehr das Entscheidende in den Beziehungen zwischen Volkstum und Rasse, daß jedem Volke ein spezifisches Gemenge von Rassen entspricht."[102])

Das ist natürlich völliger Unsinn, was hier schon einmal eingefügt werden muß. Wenn man, wie Menghin dies tat, den Neandertaler im biologischen Sinne als Rasse anspräche, dann stünde dem der Homo sapiens (sapiens) als Rasse gegenüber. Und selbst, wenn man entsprechend dem heute üblichen Sprachgebrauch (viele moderne Biologen und Anthropologen lehnen allerdings diese Art des Rassenbegriffes völlig ab) die Schwarzen, Gelben und Weißen als Rasse ansprechen möchte,[103]) so kommt es bei den von Menghin zitierten Völkern zu keinen spezifischen Unterschieden in den Gemengen. Im deutschen, wie im italienischen Volk, um ein Beispiel Menghins aufzugreifen, überwiegen wahrscheinlich zu mehr als 95 % die Weißen. Wo können hier spezifische Unterschiede im Gemenge sichtbar werden? Hier werden Spielarten von Variationen zu eigenen Rassen hochstilisiert.[104]) Doch der Unsinn hat Methode und geht seinen Weg.

„Man ist also vom Standpunkt der praktischen Vernunft aus berechtigt, die Wertordnung des Christentums auf das Rassenproblem in Anwendung zu bringen. Für die rassenhygienische Praxis ist es allerdings derzeit gar nicht notwendig [...] einen bestimmten Standpunkt zu beziehen. Denn solange über Wert und Unwert der Rassen [...] nicht abschließend entschieden werden kann, ist Vorsicht Pflicht und müssen Rassenschutzbestrebungen als eine durchaus ernste Angelegenheit gelten."[105]) „Wenn jedem Volke ein spezifisches Rassengemenge entspricht und dieses Gemenge die Volksseele wenigstens zum Teile mitbestimmt, so hat dieses Volk zweifellos das Recht, für die Erhaltung der Grundlagen seiner Eigenart Vorsorge zu treffen, ihre Schädigung hintanzuhalten und eventuell auch für ihre Verbesserung zu wirken. Dies die rein prinzipielle Seite. Wie weit praktische Maßnahmen hierin gehen dürften, entscheiden Fachwissenschaft und Ethik und soll hier nicht näher berührt werden."[106])

„Daß zwischen sozialer Kultur und Volkstum ein [...] Verhältnis besteht, läßt sich [...] nicht in Abrede stellen. Denn ein Volk ist ein soziales Gebilde, seine Entstehung ein gesellschaftlicher Prozeß; staatliche Vereinigung ist zweifellos ein mächtiger Beförderer völkischen Zusammenschlußes. [...] Volkstum [wird] durch politische Trennung auch nicht aufgehoben und an sich nicht einmal gefährdet, wenn nicht besonders ungünstige Bedingungen eintreten. Heute [...] bedeutet politische Absonderung allerdings Lebensgefahr für ein Volkstum. [...] Aufnahme von zuviel Fremdartigem wird immer wieder Krisen hervorrufen. Man denke an die Folgen der Rezeption des römischen Rechtes in Deutschland. Bis zum heutigen Tage wird es vom Volke instinktiv abgelehnt. Wenn es sich trotzdem behauptet hat, so beweist das die ungemein große Belastungsfähigkeit der Volksseele auf diesem Gebiet."[107])

„Man kann wohl sagen, daß sie [das religiöse Gewißheitserlebnis an sich und deren Auswirkung, die Bekenntnisform, die Sittenlehre und der Kult,[108]) Anmerkung O. U.] im Grunde Wesen, Wert und Wohl einer Kultur bestimmen. [...] Darum haben die rassischen und die religiösen Spannungen die stärkste Wirkung auf die Geschicke der Völker. In diesem Erkenntnis liegt denn auch der tiefste Sinn der Formel Geist und Blut."[109])

Nun zum letzten Abschnitt: „Die wissenschaftlichen Grundlagen der Judenfrage". Menghin beginnt dieses unglückliche Kapitel mit folgender Feststellung:

„Vom Standpunkte der christlichen Religion ist das Schicksal des Judentums in der Zerstreuung der geheimnisvolle Vollzug einer göttlichen Strafverheißung, vor dessen Tragik sich der Gläubige in Ehrfurcht beugt."[110])

„Die Juden sind rassisch ein Gemenge wie alle Völker der Gegenwart. [...] Aber diese allgemeinen Tatsachen sind nicht das Maßgebende für die anthropologische Stellung der Juden im Kreise der europäischen Völker [...]. Entscheidend sind vielmehr [... :] Die Juden sind [...] ein spezifisches Rassengemenge. [...] Gegenständlicher gesprochen, besteht das Judentum der Hauptsache nach aus einer Kreuzung orientalischer und vorderasiatischer Rasse."[111]) „Für unseren Zusammenhang ist zunächst nur die grundsätzliche Anerkennung der Verschiedenheit des geistigen Erbgefüges zwischen Juden und anderen Völkern bedeutsam. Wer weiter vordringen will, sei auf die besonnenen Darlegungen von Fritz Lenz im ‚Grundriß der menschlichen Erblichkeitslehre und Rassenhygiene' verwiesen. Seine Auffassung, daß die vielfach zutage tretende Feindschaft zwischen Germanen und Juden ‚mindestens ebensosehr als auf ihrer Wesensverschiedenheit gerade auf der Ähnlichkeit ihrer Befähigung' beruhen dürfte, braucht man allerdings nicht anzunehmen."[112])

„Sie sind im wesentlichen Kaufleute und Vertreter von ausgesprochenen Intelligenzberufen. Dies hängt mit gewissen Überzüchtungserscheinungen innerhalb ‚sartischer' Stadtkulturen zusammen. [...] Die Einseitigkeit des sozialen Aufbaues der Juden würde allein schon genügen, ihr Auftreten in größerer Zahl überall zu einem politischen Problem zu machen."[113]) „Die Kernfrage liegt aber auf dem Gebiet des Geistigen. Das charakteristische Wesen des Sartentums als eine natürliche Folge friedlichen Stadtlebens bei ständiger Verfolgung [...] hat Passarge [...] ans Licht gestellt. [...] Übersteigerung des Verstandeslebens und übertriebene Erwerbsucht. [...] Scharfsinn, Schlauheit, Schmiegsamkeit, Geistesgegenwart, Unterwürfigkeit, Menschenkenntnis, Verstellungs- und Schauspielkunst, Grausamkeit, Prunksucht, Machtgier sind ein Bündel von Geistesgaben, die sich in der ungesunden Atmosphäre einer vergewaltigten, physisch wehrlos gewordenen Stadtbevölkerung entwickeln. Daneben stehen wertvolle Eigenschafte, die [...] der eigenen Blutsgemeinschaft gelten: Hingabe an die Familie, die Gemeinde, den Volks- und Glaubensgenossen [...]."[114]) „Es wäre ungerechtfertigt, das moderne Judentum [...] schlechthin diesem Schema des Sartentums gleichzusetzen."[115])

„Das jüdische Volkstum besteht also noch, zusammengehalten durch Religion, Kult, Sitte, Gesinnung und rassische Gemeinsamkeiten."[116])

„Fassen wir zunächst den Übertritt des einzelnen von einem Volke zum anderen ins Auge. Wenn ein Schwede erklärte, Volksdeutscher werden zu wollen, so würde ihm niemand etwas in den Weg legen. Man wird von ihm nicht einmal korrektes Deutsch verlangen. [...] Einen Franzosen oder Spanier würde man [...] weit skeptischer betrachten. Man würde unbedingt fordern, daß er zum Zeugnis seiner Verbundenheit mit dem Deutschtum eine deutsche Staatsbürgerschaft annehme. [...] Einen Araber jedoch, der durch irgendeinen Zufall nur deutsch spräche und deutscher Staatsbürger wäre, würde vermutlich niemand als Volksgenosse bezeichnen. Seine in Deutschland erzogenen Kinder und Enkel von deutschen Müttern hätten allerdings Aussicht, als Deutsche hingenommen zu werden [...]. Neger und Negerabkömmlinge dürften für immer als

Fremdkörper empfunden werden, trotz Annahme deutscher Sprache und Kultur. Aus diesen Beispielen ergibt sich das instinktive Verhalten eines im wesentlichen nordrassischen Volkes [...]."[117])

„Die Sache erhält aber ein anderes Gesicht, sobald es sich um eine Massenbewegung handelt. Auf solche reagiert ein Volksorganismus parallel, jedoch viel empfindlicher. [...] Wie rasch heißt es da, daß ‚Zuzug' nicht erwünscht ist."[118]) „Damit haben wir den Standort gewonnen, von dem aus die Assimiliation der Juden zu beurteilen ist."[119]) „Gibt es ein Recht, dem Judentume [...] den Eintritt in die deutsche Volksgemeinschaft zu verwehren? Wer all dem, was bisher gesagt wurde, mit Zustimmung gefolgt ist, kann nur eine bejahende Antwort geben. Jedes Volk hat nicht nur das Recht, sondern auch die sittliche Pflicht, sein Volkstum zu verteidigen. Die Aufnahme des Judentums in das Deutschtum [...] würde die Gefahr einer Abänderung des deutschen Volkscharakters nach sich ziehen [...]. Was für ein Volk tragbar ist, kann niemand anderer empfinden [...] als das betroffene Volk selbst. Es muß auch die Folgen allein verantworten. Für die Befriedung des neu entflammten Kampfes zwischen dem deutschen Volke und dem Judentume kann es daher nur den Weg geben, den die Zionisten zu gehen entschlossen sind. [...] Über allen Rechten und Pflichten der Völker stehen freilich letzte Bindungen für alle, die Menschen sein wollen, und diese legen jedem einzelnen von uns das Gebot auf, nach bestem Wissen und Gewissen mitzuhelfen, daß die Tragik dieses Erdendaseins für niemanden durch unsere eigene Schuld noch tiefer werde, als es durch die Härte der Tatsachen unvermeidlich ist." [Schlußsatz des Buches][120])

Das Buch wurde ausführlich zitiert, um die Weltanschauung und Geisteswelt Menghins darzustellen, die uns – zumindest aus heutiger Sicht – rassistisch und antisemetisch erscheint.[121]) Kürzere, dem Inhalt nach ähnliche Artikel erschienen 1933 in einer von A. E. Frauenfeld, dem späteren Gauleiter von Wien, herausgegeben Zeitschrift[122]) sowie im Anschluß an eine im Februar 1938 erschienene Rede mit dem Titel „Geist und Boden."[123, 124]) Eine ausführliche Diskussion der Vorstellungen und Argumentation sollte heute nicht mehr notwendig sein. Es erscheint aber erwähnenswert, daß diese Arbeiten in der 1940 erschienen Bibliographie Menghins von Pittioni nicht aufgenommen worden sind.[125])

Nun zurück zur Biographie von Menghin. Er faßte diese Jahre später in einem Ansuchen um Mitgliedschaft in die NSDAP folgendermaßen zusammen. „1932 Eintreten für die nationalsozialistischen Studenten anläßlich der Hochschulkonflikte, Beginn des Kampfes gegen die Politik des CV, bei dem ich nur wegen der Gefahr der Entlassung bezw. Pensionierung verblieb, 1933 Vortrag über die Judenfrage in der Ortsgruppe Kairo der NSDAP.[126]) Ab Sommer 1933 entschiedenes Eintreten für die Rechte der NSDAP [...], Weigerung, den vom CV geforderten Revers, nicht Mitglied der NSDAP zu werden, zu unterschreiben [...]"[127])

Den Höhepunkt seiner akademischen Laufbahn bildete wohl das Studienjahr 1935/36, in dem Menghin zum Rektor der Universität Wien gewählt worden war. Außerdem wurde er 1936 wirkliches Mitglied der Österreichischen Akademie der Wissenschaften und erhielt 1937 ein Ehrendoktorat von der Philosophischen Fakultät der Universität Göttingen verliehen.[128, 129])

Anläßlich des 11. Juli 1936 wurde Menghin „als Vertreter der nationalen Opposition" in den Führerrat der Wiener Vaterländischen Front berufen. „Im Juli 1937 trat er von dieser Stelle wegen Differenzen mit der Führung zurück."[130]) Menghin sagt dazu später in seinem Abolitionsgesuch: „Ich gehörte vor dem sogenannten Anschluß zum volksdeutschen Arbeitskreis österreichischer Katholiken und war in der katholischen Bewegung in Österreich sehr bekannt und angesehen.[131]) Als Rektor der Universität Wien und als Gelehrter habe ich stets im österreichischen Sinne gehandelt, allerdings lag mir daran, die weitgehenden Spannungen, die zwischen dem nationalsozialistischen Deutschen Reich und dem autoritären Bundesstaate Österreich entstanden waren, auszugleichen.[132]) Zu diesem Zwecke gehörte ich auch dem sogenannten „Siebener-Ausschuß" an, der vom damaligen Bundeskanzler Dr. Kurt Schuschnigg selbst ernannt bzw. genehmigt worden ist, also eine durchaus legale Organisation war."[133, 134]) Seit dem Jänner 1937 setzte sich auch Menghin führend bei der Unterschriftensammlung für die Gründung des „Deutsch-Sozialen Volksbundes" ein,[135]) „dessen Aufgabe es sein soll [entsprechend der Nazi-Propaganda], die nationallen, kulturellen und sozialen Interessen des deutschen Volkes in Österreich, vor allem aber die kulturelle Gemeinschaft mit dem gesamten deutschen Volke zu pflegen."[136]) Menghins Tätigkeit in diesen Jahren wurde natürlich unterschiedlich gesehen. Geehr beschreibt die Ziele Menghins im „Siebener Ausschuß" folgendermaßen: „Menghins Bemühungen scheinen sich auf die Erhaltung einer ehen vagen österreichischen Unabhängigkeit unter mächtiger deutscher Protektion konzentriert zu haben."[137])

Menghin als Minister für Unterricht: Am späten Abend des 11. März 1938, nach Aussage von Bundespräsidenten Wilhelm Miklas „um die mitternächtliche Stunde" wurde die Bestellung von Arthur Seyß-Inquart zum österreichischen Regierungschef angenommen.[138]) Auf der Ministerliste des Kabinetts von Seyß-Inquart und Glaise-Horstenau (Vizekanzler) erschienen die Namen: „Dr. Neumeier, Prof. Menghin, Rainthaler, Jury, Wolf, Fischböck und Hueber auf. [...] Die Beeidigung erfolgte um ca. 10 h vorm. am 12. 3. 38."[139]) „Alle Männer, die neu in die Regierung eintreten, sind bewährte nationale Vorkämpfer" schrieb 1938 die Nazi-Propaganda.[140]) Am 13. März 1938 übertrug Miklas seine präsidiale Funktion schriftlich und trat damit zurück; Minister Menghin war als Zeuge beigezogen.[141]) Der Ministerrat (an dem anscheinend Menghin wegen des Termins bei Miklas nicht teilnahm) beschloß ein Gesetz, durch das der Anschluß an das Reich vollzogen wird. Er erklärte allerdings durch seine Unterschrift im nachhinein sein Einverständnis.[142])

Menghin war nur wenige Wochen Minister für Unterricht.[143]) In dieser Zeit fiel aber die „Säuberung der Universitäten".[144]) So wurde jüdischen Studierenden der Zutritt zur Universität verwehrt und rund 40 % des Lehrkörpers wegen „jüdischer Abstammung" bzw. aus „politischen Gründen" entlassen oder ihnen ihr Rücktritt nahegelegt.[145]) So legte auch Pittioni seine venia legendi zurück.[146]) Wer damals wirklich das Sagen gehabt hat, ist heute kaum mehr festzustellen; die politische Verantwortung trägt dafür auf alle Fälle Menghin. Sicher standen dabei aber die „Illegalen" an vorderster Front.[146a]) Menghin dürfte, entgegen der Angaben in einem jüngst erschienenen Lexikon, *kein* illegales Parteimitglied der NSDAP gewesen sein.[147]) Nach Geehr war er dagegen „Parteianwärter Nummer 411 der NSDAP, doch *niemals* vollwertiger Parteigenosse."[148]) (Hervorhebung O. U.). Doch auch das dürfte nicht zur Gänze stimmen. Menghin war Parteianwärter seit dem 1. Mai 1938.[149]) Sein Erfassungsantrag wurde am 8. September 1939 vom Gaugericht Wien der NSDAP zurückgestellt, u. a. weil er „dem C. V. und einem Geheimbunde" angehört hat.[150]) In der „Begründung" dieses „Beschlusses" findet sich auch die meines Erachtens durchaus zutreffende und daher titelgebende Formulierung: „Der Antragsteller war wohl auch bis zuletzt Mitglied des C. V. Er hat aber gleichzeitig der NSDAP gewisse Dienste geleistet, die allerdings nicht einheitlich beurteilt werden. *Er war der Mann zwischen den Fronten.* (Hervorhebung O. U.). Seine unbedingte Zuverlässigkeit muss erst erprobt werden."[151]) In dem eigenhändig unterschrieben Ergänzungsblatt der Personalnachrichten vom 15. Oktober 1942 teilte Menghin mit, daß er seit dem 1. 7. 1940 mit Nummer 8,123.303 Mitglied der NSDAP sei. Menghin war also durchaus Mitglied der NSDAP, aber weder als Illegaler[152]) noch als „high-ranking party official".[153, 154])

Für den Bereich der Urgeschichte steht für diese Zeit der Verlust der venia legendi von Pittioni im Vordergrund. Hier dürfte nach den vorhandenen und mir bekanntgewordenen Unterlagen Beninger eine nicht unbedeutende Rolle gespielt haben. So findet sich in der 13 Seiten umfassenden „Urteilsschrift des LGSt Wien gegen Dr. Eduard Beninger" vom 6. 1. 1948 folgender Absatz: „Den Vorgeschichtsprofessor Dr. Pittioni veranlasste Dr. Beninger Mitte März 1938 zum Verzicht seiner Ausübung der venia legendi mit dem Hinweis auf seine Untragbarkeit für die Universität, sodass Dr. Pittioni eine ihm von Dr. Beninger diktierte Erklärung im vorstehenden Sinne unterschrieb, wodurch die wissenschaftliche Laufbahn des Dr. Pittioni abgeschnitten war. In einem Schreiben vom 24. 3. 1938 an Professor H. Reinerth in Berlin fragte er sich dortselbst an [sic] und erbat er sich Weisung, ob ein weiteres Vorgehen gegen Pittioni verlangt werde."[155])

Menghin bezog sich nach den Untersuchungen von Geehr in einem Schreiben vom 28. 4. 1938 an den Reichsstatthalter „auf seinen bevorstehenden Rücktritt als Unterrichtsminister und ersuchte um Wiederaufnahme seiner Lehrtätigkeit an der Universität Wien nach Rückkehr aus seinem Urlaub, da er überzeugt sei, ‚daß [seine] Hauptbegabung auf dem Gebiet des synthetischen Forschung liegt'. Menghin ersucht außerdem um Wiedererrichtug des aufgehobenen Denkmalamtes. [...] Sollte das Denkmalamt reaktiviert werden und er seine akademische Laufbahn unter den von ihm geschilderten Bedingung wieder aufnehmen können, wäre er bereit, „das Denkmalamt, bzw. die Denkmalstelle ehrenamtlich [zu] führen."[156]) Seit August war Menghin wieder Universitätsprofessor an der Universität Wien. Sein „kulturpolitisches Engagement war" damit, nach Geehr, „zu Ende."[157]) Oswald Menghin kann meines Erachtens durchaus als Beispiel für einen „willfährigen Wissenschafter" gelten, dessen Gesinnung es ihm ermöglichte, sich den Nazis zur Verfügung zu stellen.

Am 5. August 1938 trat Menghin wieder seine Funktion als Universitätsprofessor an;[158]) sein weiterer Lebenslauf soll hier nur mehr in aller Kürze wiedergegeben werden. 1942 besuchte Menghin erstmals Spanien. Er war ein weitgereister Mann, so konnte er auch mit vollem Recht in seinem Dienstreiseansuchen mitteilen, daß er mit Ausnahme Rußlands bereits alle europäischen Staaten besucht hat und deren Funde studieren konnte, lediglich Spanien noch fehle.[159]) Im folgenden begannen auch die ersten in spanischer Sprache verfaßten Arbeiten. Erfahrungen, die ihm dann sicher in der Zeit seines Südamerika-Aufenthaltes von Nutzen waren. Ob diese allerdings schon in dieser Absicht hin geschrieben worden sind, „[...] around 1942, well before the disastrous end of the war", kann ich nicht beurteilen.[160]) Am 19. März 1945 sucht Menghin beim Kurator der wissenschaftlichen Hochschulen Wien an, „um die Genehmigung, die vorlesungsfreie Zeit nach diesem Semester in Mattsee verbringen zu dürfen."[161]) Diese wird mit einem Schreiben vom 20. März 1945 vom Kurator „während der vorlesungsfreien Zeit für längstens 2 Wochen. Abreise und Ankunft bitte ich zu melden," gewährt.[162]) Das Ende des Krieges erlebt Menghin in Mattsee,[163]) er kommt bis Februar 1947 in ein amerikanisches Internierungslager.[164]) Inzwischen war Menghin ab September 1945 nicht mehr im Dienste belassen worden[165]) und kommt im Dezember 1945 als Mitglied des Seyß-Inquart-Kabinetts auf die sogenannte „1. Kriegsverbrecherliste".[166]) 1948 gelingt ihm die Überfahrt nach Argentinien, wo er an der Nationaluniversität von Buenos Aires als Professor extraordinario contratado tätg wird.[167]) 1956 wurde sein Verfahren gegen das KVG § 8 eingestellt (vgl. Anhang A 3 bis 6); mit 1. Juni 1957 erfolgt seine Pensionierung als österreichischer Universitätsprofessor.[168]) Er erhält 1958 eine Festgabe zu seinem 70. Geburtstag,[169]) in der von Karl J. Narr das wissenschaftliche Werk eingehend besprochen und bewertet wird.[170]) Er starb, hochbetagt, am 29. November 1973 in Argentinien.[171])

3. Abschluß und Ausblick

In Wien übernahm inzwischen Richard Pittioni, nachdem er seine venia legendi wieder erhalten hatte, am 16. 5. 1946 den Lehrstuhl, zuerst als außerordentlicher, seit 1951 dann als ordentlicher Professor.[172]) Pittioni war während des Krieges im musealen Bereich tätig und kein Mitglied der NSDAP.[173]) Wie sehr Menghin Pittioni geschätzt hat, ist schwer zu sagen. Er war sein Schüler, hat sich bei ihm habilitiert, trotzdem ging Menghin in so mancher Besprechung recht hart mit Pittioni ins Gericht.[174]) Pittioni hat, so weit dies der Verf. aus eigener Erfahrung weiß, trotzdem immer positiv und voll Wertschätzung über Menghin in seinen Vorlesungen und auch danach gesprochen.

Gehen wir nochmals zurück in die Nazizeit und versuchen wir die für die Zeit bekannte und kennzeichnende Auseinandersetzung zwischen dem Amt Rosenberg mit dem Reichsbund für Deutsche Vorzeit (RDV) unter der Leitung von Hans Reinerth einerseits und Heinrich Himmlers „Ahnenerbe“ anderseits zu fassen,[175]) so können wir unschwer Eduard Beninger als aller Wahrscheinlichkeit nach bereits illegalen Landesleiter der Gaue Wien und Niederdonau[176]) im RDV dem Amt Rosenberg und den „lt. seinen mündlichen Mitteilungen dem Stabe des Reichsführers SS für das Sachgebiet der vor- und frühgeschichtlichen Ausgrabungen in der Ostmark“[177]) angehörenden Kurt Willvonseder der Gruppe „Ahnenerbe“ zuordnen. Wo in dieser Auseinandersetzung Oswald Menghin stand, ist nicht klar. Als Verehrer von Rudolf Much[178]) kann er wohl eher dem Lager „Ahnenerbe“ zugerechnet werden,[179]) wie dies bereits Otto Bockhorn auf Grund einer Widmung in der „Weltgeschichte der Steinzeit“ vermutet hat.[180]) Auch das Bemühen, die WPZ im „Ahnenerbe-Verlag“ erscheinen zu lassen, zeigt die Beziehung zu dieser Gruppe.[181]) Außerdem erscheint es bemerkenswert, daß Beninger niemals eine Vorlesung hielt, obwohl er doch bis 1944 in Wien stationiert war. Anderseits dürfte Menghin

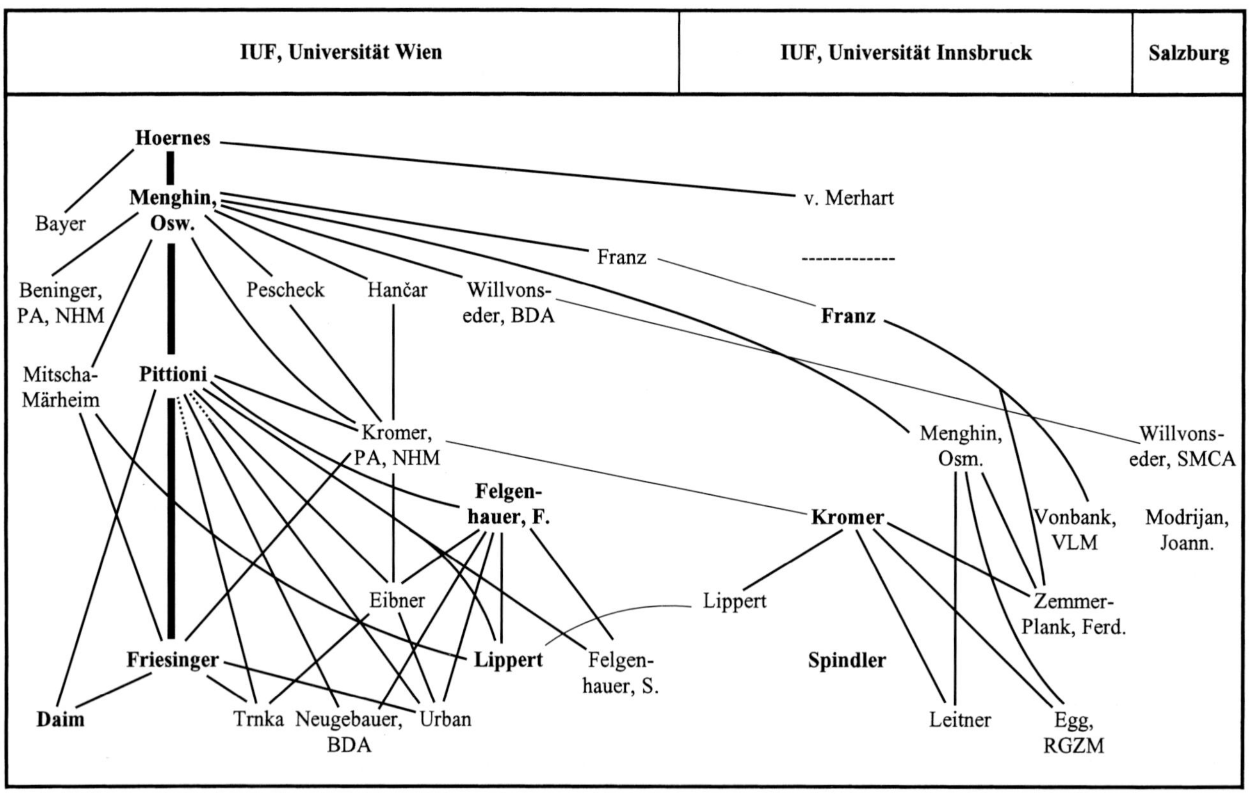

Diagramm der in Österreich Ur- und Frühgeschichte lehrenden Dozenten und Professoren (Fettdruck = o. Univ.-Prof.) BDA Bundesdenkmalamt; Ferd. Tiroler Landesmuseum Ferdinandeum; IUF Institut für Ur- und Frühgeschichte; Joann. Steiermärkisches Landesmuseum Joanneum; PA, NHM Prähistorische Abteilung des Naturhistorischen Museums Wien; RGZM Römisch-Germanisches-Zentralmuseum Mainz; SMCA Salzburger Museum Carolino Augusteum; VLM Vorarlberger Landesmuseum.

durch seine starke Bindung an Wilhelm Schmidt[181a]) und Wilhelm Koppers seit 1940 kaum mehr Einfluß innerhalb der NSDAP besessen haben (von persönlichen Beziehungen abgesehen). Mit seiner extrem national-katholischen Weltanschauung, war er eben ein „Mann zwischen den Fronten".

Wenn sich abschließend die Frage stellt, was blieb von den Lehrern und den Lehren der Nazizeit, so kann folgendes festgestellt werden:

1. Fast alle heute in Österreich im Fach Ur- und Frühgeschichte Habilitierten haben bei einem der Schüler Oswald Menghins studiert, zumindest einen der Schüler noch als Vortragende gehört (vgl. Tab.).

2. Das Interesse an Kultur, Entwicklung, Ethnos und allgemein historischen Fragestellungen wird immer wieder betont. Es entsprach der Wiener Schule, die Urgeschichte als historische bzw. anthropologische Wissenschaft zu verstehen. Ist die Nähe zu Gustaf Kossinna bei einigen Schülern Menghins durchaus noch spürbar,[182]) so ist dies in der heute tätigen Generation praktisch nicht mehr der Fall.[183]) Die Kulturkreislehre ist von Seiten der Völkerkunde zusammengebrochen, damit auch weitgehend das darauf basierende urgeschichtliche Gebäude von Menghin.[184]) Von bleibendem Wert sind Menghins zahlreiche archäologische Untersuchungen und Materialvorlagen, insbesondere zur Urgeschichte Tirols und Vorarlbergs.[185])

3. Das bei Menghin so deutlich werdende überregionale, je allweltliche Denken und Forschen, geht eigentlich auf Hoernes zurück. Es war bei Pittioni, vielleicht auch noch Franz und Osmund Menghin spürbar, heute – in der Zeit des extremen Spezialistentums und der Überfülle an Publikationen – erscheint dies nicht mehr möglich. Trotzdem sehen wir diesen Punkt nicht zu pessimistisch, lernen wir nicht von Jahr zu Jahr, von Computergeneration zu Computergeneration, immer rascher mit immer größerwerdenden Datenmengen umzugehen. Hier eröffnen sich durchaus Chancen, doch müssen wir uns bewußt sein, daß ein einfaches „geschlossenes Weltbild" heute, in der postmodernen Zeit,[186]) in Zeiten der postprocessual archaeolgy,[187]) nicht mehr das Ziel unserer Untersuchungen sein kann.

Anhang:

A. Dokumente zu Oswald Menghin

1. Ansuchen um die Mitgliedschaft in der NSDAP – 1938

„1923 Vortrag über die Judenfrage in der Ortsgruppe „Währing" der NSDAP.

1932 Eintreten für die nationalsozialistischen Studenten anläßlich der Hochschulkonflikte, Beginn des Kampfes gegen die Politik des CV, bei dem ich nur wegen der Gefahr der Entlassung, bezw. Pensionierung verblieb,

1933 Vortrag über die Judenfrage in der Ortsgruppe Kairo der NSDAP. Ab Sommer 1933 entschiedenes Eintreten für die Rechte der NSDAP, (z. B. mit Hugelmann, unter anderem Eingabe an die österreichischen Bischöfe), Weigerung, den vom CV geforderten Revers, nicht Mitglied der NSDAP. zu werden, zu unterschreiben, zweijährige Beherbergung eines SS-Mannes (Studenten) aus Königsberg in meinem Hause,

1935 bis 1936 als Rektor der Universität und nachher unermüdliche Interventionstätigkeit für die gemaßregelten Nationalsozialisten (nicht nur Studierende, sondern auch andere),

Jänner 1937 führendes Eintreten bei der Unterschriftensammlung für den geplanten Verein der nationalen Opposition, Mitglied des Siebener-Ausschußes, ständige politische Arbeit für die NSDAP., in dauernder Verbindung mit deren Führern, Unterstützung notleidender Nationalsozialisten mit Geldern und Nahrungsmitteln."

Quelle: Staatsamt für Inneres, GZ 23626-2/46 (AVA) Gegenstand: Dr. Menghin Oswald [...]; Kriegsverbrecher.

2. Beschluß zum Erfassungsantrag – 1939

„[...] Wien, den 8. September 1939

Beschluß zum Erfassungsantrag des Dr. Oswald Menghin [...] hat das Gaugericht Wien beschlossen: Es wird die Zurückstellung beantragt.

Begründung: Der Antragsteller ist befürwortet. Er war bisher nicht Parteimitglied. Sein Antrag ist zur Überprüfung genommen worden, weil er dem C. V. und einem Geheimbunde angehört hat. Die Untersuchung hat ergeben, daß die Zugehörigkeit des Antragstellers zum Geheimbund „D. G." (Deutsche Gemeinschaft) in die Jahre 1919 bis 1926 fällt, in welcher Zeit der Bund antifreimaurerisch und rassenantisemitisch eingestellt war. Ob der Antragsteller auch später noch dem Bund angehört hat, aus dem mit großer Wahrscheinlichkeit der katholische Geheimbund ‚Der weiße Turm' entstanden ist, konnte nicht festgestellt werden. Der Antragsteller war wohl auch bis zuletzt Mitglied des C. V. Er hat aber gleichzeitig der NSDAP gewisse Dienste geleistet, die allerdings nicht einheitlich beurteilt werden. Er war der Mann zwischen den Fronten. Seine unbedingte Zuverlässigkeit muß erst erprobt werden. Daher war sein Antrag zurückzustellen.

Der Vorsitzende: I. V. Dr. N... e. h.
Beisitzer: Dr. R... e. h.
Für die Richtigkeit der Ausfertigung der Leiter der Geschäftsstelle: 11. Sep. 1939
Rundstempel: Nationalsoz. Deutsche Arbeiterpartei, Gaugericht Wien
Beisitzer: Dr. St... e. h."
Quelle: Kopie von A. V. Nr. 173/39, Br. N/L im DÖW.

3. Anzeige gemäß §§ 1 und 8 KVG – 1946

„[...] Als Mitglied des ‚Anschluß-Kabinettes' Seyß-Inquart ist er der Staatsanwaltschaft I als Kriegsverbrecher anzuzeigen. Er ist bereits in der ersten zu veröffentlichenden Kriegsverbrecherliste aufgenommen worden. [...]

Einem dem Bm. für Inneres zur Verfügung stehenden Akte der NSDAP [...] ist Nachstehendes zu entnehmen:

Dr. Oswald Menghin stellte am 24. Juni 1938 den Antrag auf Aufnahme in die NSDAP.; in dem Antrag führte er an, daß er von 1911 bis 1918 Konzeptsbeamter im Niederösterreichischen Landesarchiv war und 1918 zum a. o. Professor und 1922 zum o. Professor ernannt wurde. Von 1919 bis 1926 gehörte er dem rassenantisemitischen und antifreimaurerischen Geheimbund DG (Deutsche Gemeinschaft, auch ‚Die Burg‘ genannt) an. Anläßlich des 11. Juli 1936 wurde er als Vertreter der nationalen Opposition in den Führerrat der VF. [Volksfront] berufen. Im Juli 1937 trat er von dieser Stelle wegen Differenzen mit der Führung zurück. Über seine Tätigkeit in der NSDAP führt Menghin wörtlich folgendes an:

[... siehe Anhang 1]

Der Antrag auf Aufnahme in die NSDAP. wurde von der Reichsleitung mit Schreiben vom 29. Februar 1940 an den Gauschatzmeister des Gaues Wien der NSDAP. bis zur Lockerung der Mitgliedersperre zurückgestellt. Diese Zurückstellung wurde vom Gaugericht der NSDAP. bestätigt [... siehe Anhang 2 Beschluß des Gaugerichtes Wien A. V. Nr. 173/39, Dr. N/L].

Am 13. März 1938 ist Dr. Menghin in das ‚Anschlußkabinett‘ Seyß-Inquart's als Unterrichtsminister eingetreten; nach 6 Wochen hat er diese Stelle zurückgelegt, weil er angeblich lieber Wissenschaftler als Politiker sein wollte.

Auf Grund des vorliegenden Beweismaterials erscheint festgestellt, daß Dr. Menghin, wenngleich er der illegalen NSDAP. nicht angehört hatte, durch seine interventionistische und politische Tätigkeit für die NSDAP während der Verbotszeit als Mitglied des Siebener-Ausschußes, der, wie allgemein bekannt ist, eine Zentrale des illegalen Nachrichtendienstes war, und durch seine finanzielle Unterstützung der NSDAP. eine illegale Tätigkeit entfaltet hat. Dr. Menghin hat daher durch seine Tätigkeit schon mit Rücksicht auf seine hervorragende Stellung in der wissenschaftlichen Welt als bekannter Historiker die Annexion Österreichs durch das Hitlerregime vorbereitet und an deren Verwirklichung dadurch mitgewirkt, daß er in das ‚Anschluß-Kabinett‘ eingetreten ist. Sein baldiger Austritt aus dieser Regierung, sowie die Zurückstellung seines Antrages auf Aufnahme in die NSDAP. könne ihn nicht von der Verantwortung für sein Eintreten für die NSDAP. in einflußreicher Stellung befreien.

Dr. Menghin wird gemäß §§ 1 und 8 des Kriegsverbrechergesetzes vom 25. Juni 1945 zur Anzeige gebracht [...].

Zur Kenntnis 5. bzw. 7. Jänner 1946 [Paraphe unleserlich, Anmerkung O. U.]“

Quelle: Staatsamt für Inneres, GZ 23626-2/46 (AVA).

4. Information – 1948/49

„[...] Dr. Oswald Menghin [...] hat sich im Juni 1938 um die Aufnahme in die NSDAP beworben [... Zusammenfassung des Fragebogens, s. Anhang 1]. Dieser Antrag weist die eigenhändige Unterschrift des damaligen Gauleiters Globotschnig auf, der bestätigt, daß Menghin sich den Anforderungen der NSDAP sowie deren Befehlen vollkommen zur Verfügung gestellt habe und seine Angaben richtig seien.

Dieser Erfassungsantrag wurde aber vom Gaugericht Wien im September 1939 zurückgestellt. [... Begründung, s. Anhang 2]. Die später im nationalsozialistischen Dozentenbund führend tätiggewesenen Hochschulassistenten Dr. P... und Dr. M... sagten ihm nach, daß er fromm sei und die schwarze Kutte nicht ablegen könne. Für eine führende Stellung halte man ihn kaum für geeignet. In einem an den „Reichskommissar für die Wiedervereinigung Österreichs mit dem deutschen Reiche“ bestimmten politischen Gutachten wird zusammenfassend erklärt, daß Dr. Menghin national eingestellt sei, diese Einstellung jedoch auf katholischer Grundlage basiere. Für den Genannten war sogar wegen seiner Zugehörigkeit zur CV-Verbindung „Rudolfina“ ein Gegenformular angelegt worden.

Im Oktober 1941 wurden von der zuständigen Ortsgruppe Erhebungen über eine angebliche Gegnerschaft gepflogen, die der zuständige Ortsgruppenleiter dahin beantwortete, daß Dr. Menghin durchaus zuverlässig sein, mit Gauleiter Dr. Jury eng befreundet und im Besitz eines Ehrenbildes von Reichsminister Dr. Frick sei. Obwohl er sehr religiös und christlich eingestellt sei, habe man ihn schon vor dem Umbruche nicht als „ausgesprochenen Kirchengänger bezeichnen“ können. ‚Jetzt‘ werde er, ‚so wie bekannt geworden ist, überhaupt nicht mehr in Kirchen gesehen‘.

Andere Vormerkungen aus parteiamtlichen Unterlagen stehen nicht zur Verfügung.

[...]
Wien, am 8. Februar 1949
Dr. M... eh.“
Quelle: Akt 49403-2/48 Original ergeht an BKA, Ausw. A., zu Handen ...

5. Ansuchen um Abolition 1956

„Ich bringe hiemit durch meinen ausgewiesenen Verteidiger [...] folgendes Gesuch um Abolition bzw. Einstellung des wider mich behängenden Strafverfahrens ein.

1) Gegen mich wurde zu Vg 6 b Vr 6202/48 beim Landesgericht Wien als Volksgericht ein Strafverfahren wegen Hochverrats am österreichischen Volk im Sinne des § 8 des KVG [...] eingeleitet. Offensichtlich stützt sich die Beschuldigung in diesem Strafverfahren auf die Tatsache, daß ich in der letzten Österr. Bundesregierung des nationalsozialistischen Bundeskanzlers Dr. Seyß-Inquart bzw. in dem nach dem sogenannten Anschlußgesetz bestellten österreichischen Landesministerium unter dem Vorsitz der gleichen Persönlichkeit das Unterrichtsressort innehatte.

Nach § 8 des KVG beging den darin nominierten Tatbestand derjenige, der für sich allein oder in Verbindung mit anderen in führender oder doch einflußreicher Stellung etwas unternommen hat, das die gewaltsame Änderung der Regierungsform in Österreich zugunsten der NSDAP oder die Machtergreifung durch diese vorbereitete oder förderte.

Etwas Derartiges kann mir nicht zur Last gelegt werden. Ich gehörte vor dem sogenannten Anschluß zum volksdeutschen Arbeitskreis österreichischer Katholiken und war in der katholischen Bewegung in Österreich sehr bekannt und angesehen. Als Rektor der Universität Wien und als Gelehrter habe ich stets im österreichischen Sinne gehandelt, allerdings lag mir daran, die weitgehenden Spannungen, die zwischen dem nationalsozialistischen Deutschen Reich und dem autoritären Bundesstaate Österreich entstanden waren, auszugleichen. Zu diesem Zwecke gehörte ich auch dem sogenannten Siebenerausschuß an, der vom damaligen Bundeskanzler Dr. Kurt Schuschnigg selbst ernannt bzw. genehmigt worden ist, also eine durchaus legale Organisation war. Wenn in diesem Siebenerausschuß auch Persönlichkeiten waren, von denen sich später herausstellte, daß sie das in sie von österreichischer Seite gesetzte Vertrauen nicht rechtfertigten, so ist dies jedenfalls mir unbekannt geblieben und hat mit meiner Tätigkeit in diesem Ausschusse keine wie immer geartete Beziehung.

Ich habe vor Mai 1938 auch nicht der NSDAP angehört, weder als Mitglied noch als Parteianwärter [...]. Ich gehöre daher nicht zum Personenkreis des § 14 Verbotsgesetz 1945. [...]

Das wider mich eingeleitete Hochverratsverfahren stützt sich meines Wissens ausschließlich auf die Tatsache, daß ich jener österreichischen Regierung als Bundesminister für Unterricht angehörte, welche das sogenannte Anschlußgesetz beschlossen und gefertigt hat.

Hiezu bemerke ich, daß ich dem Ministerrate vom 13. 3. 1938, in dem dieses sogenannte Anschlußgesetz beschlossen worden ist, nicht beiwohnte. Ich war während dieses Ministerrates beim Herrn Bundespräsident Wilhelm Miklas. [...] Ich bemerke dazu, daß Herr Bundespräsident Wilhelm Miklas in dem Augenblick, in dem er die von Dr. Seyß- Inquart mitgebrachte Abdankungsurkunde unterschrieb, seine damit verbundene Anrede mit den Worten begann: „Damit übergebe ich Ihnen mein liebes Österreich". Ich selbst war bei diesem Staatsakt zugegen. Ich kann daher nur sagen, daß Mitglieder der Regierung, die so wie ich, Wissenschaftler und keine Politiker waren, hieraus schon entnehmen mußten, daß es sich um einen vollkommen legalen Staatsakt handle, dies um so mehr, als sich derselbe ja auf die Mai-Verfassung vom 1. 5. 1934 stützte. Die Frage der Legalität der Regierung Dr. Seyß-Inquart und damit auch meiner eigenen Zugehörigkeit als Bundesminister zu dieser Regierung ist wesentlich davon abhängig, ob die sogenannte Mai-Verfassung 1934 in verfassungsmäßig gültiger Form zustandegekommen ist oder nicht.

[...]

Bei dieser Sachlage ist es meines Erachtens nicht zur Last zu legen, daß ich das sogenannte Anschlußgesetz mit unterschrieben habe, nachdem es der Ministerrat ohne mein Beisein beschlossen hatte. [...] Daß durch dieses Anschlußgesetz später sehr viel Unglück über Österreich hereingebrochen ist, wird gewiß niemand leugnen können, doch ist der Mangel an politischer Voraussicht und Weisheit niemandem als Verbrechen auszulegen, es sei denn in den Staaten jenseits des eisernen Vorhanges.

2) Mein vorliegendes Gesuch stützt sich [...] auch darauf, daß ich nach dem sogenannten Anschlußgesetz, so lange ich noch Mitglied der Österreichischen Landesregierung war, mich in keiner Weise in einem antiösterreichischen Sinne betätigt habe. Wenn man von einigen Wahlreden, zu denen ich im übrigem mich nicht freiwillig erbötigt machte, anläßlich der Reichtstagswahl 1938 absieht, habe ich mich politisch überhaupt in keiner Weise betätigt. Vgl. beispielsweise dazu: Aufruf an die Beamtenschaft im Verordnungsbl. Österr. Unterrichtsmin. vom 1. 4. 1938, 1. Stück oder ‚Der neue Geist im Unterrichtsministerium' in: Neue Freie Presse Nr. 26417 vom 27. 3. 1938, S. 9 und ‚Kunst ist Angelegenheit des ganzen Volkes' in: Wiener Zeitung Nr. 103 vom 14. 4. 1938, S. 10 sowie ‚Die Bedeutung des 10. Aprils' in: Volks-Zeitung (Wien) Nr. 98 vom 9. 4. 1938, S. 9. (Anm. O. U.) Ich bemerke dazu, daß ich zwar Landesminister für Unterricht gewesen bin, daß ich jedoch als solcher in meinem eigenen Ministerium nichts zu reden hatte. Ich blieb Minister nur bis zum Juni 1938 [...] und wurde dann mit der Auflösung der Österr. Landesregierung bzw. mit der Einschränkung der Ministerien enthoben, ohne etwa auf eine neue politische Stelle berufen zu werden, da ich aus meiner katholischen Überzeugung kein Hehl machte. Noch während der Zeit, als ich Minister war, amtierte im Unterrichtsministerium als praktisch unbeschränkte Vollmachten aufweisender Ressortchef Herr Ministerialrat Dr. ... Dieser war tatsächlich [...] Mitglied der NSDAP schon vor 1938 gewesen. Aber auch ihm wurden alsbald die Hände gebunden, da er, obwohl Nationalsozialist, es nicht dulden wollte, daß der Name Österreich verboten [...] wurde. Die eigentliche Herrschaft im Unterrichtsministerium hatten hohe Beamte mit NSDAP-Aufträgen, die aus Berlin gekommen waren, vor allem Dr. H... und Ministerialrat. Diesen Persönlichkeiten gegenüber hatte ich nicht die geringste Entscheidungsgewalt, obwohl ich doch der zuständige Minister gewesen wäre und hatte lediglich zu unterschreiben, was man mir vorlegte. [...]

Nach meiner Ausbootung aus der Österr. Landesregierung war ich nichts mehr als Universitätsprofessor und amtierte als solcher wiederum vorwiegend am prähistorischen Institut der Universität Wien in der Wasagasse.

3.) Mein politischer Einfluß war daher äußerst gering. Ich wurde von den amtlichen Stellen des 3. Reiches totgeschwiegen und auch ein Versuch, nach Berlin berufen zu werden, scheiterte an meiner keineswegs günstigen Beschreibung bei der geheimen Staatspolizei. Was mir an Einfluß blieb, beruhte vorwiegend auf meinen anerkannten wissenschaftlichen Leistungen und ich scheute mich trotz meiner sicherlich sehr reduzierten Einflußmöglichkeiten nicht, für politisch Verfolgte des 3. Reiches soweit als irgend möglich einzutreten. [...] So konnte ich den ehemaligen österreichischen Unterrichtsminister Dr. J. P., der in ein Konzentrationslager verbracht worden war, später durch eine immer wieder wiederholte Intervention aus dem Konzentrationslager befreien. In einem anderen Falle [...]. Ich lege zum Nachweise für diese meine für mich nicht immer ungefährliche Interventionstätigkeit für politisch Verfolgte Abschriften von Bestätigungsschreiben folgender Persönlichkeiten:

a) Bestätigung der Jüdin ... vom 25. 9. 47

b) Bestätigung des o. Univ.-Prof. Dr. ... v. 20. 8. 1947

c) Bestätigung des [...] Univ.-Prof. Dr. ... vom 17. 9. 47,

d) Eidesstattliche Erklärung von o. Univ.-Prof. ..., 3. 2. 1948

e) Bestätigung des Dekans der ... vom 4. 3. 1948,

f) Bestätigung von Herrn ... vom 9. 12. 1955 in Urschrift.

4) Es widerstrebt mir zwar, auf meine besonderen Verdienste als Gelehrter hinzuweisen, doch möchte ich [...] meinem hiemit gestellten Gesuche eine entsprechende Grundlage von dieser Seite her geben.

Ich würde es [...] vorziehen, wenn das BM f Justiz, Generalprokuratur, die Einstellung des [...] Verfahrens [...] verfügen würde. Falls dies nicht geschieht, stelle ich hiemit das Gesuch an den Bundespräsidenten [...] das [...] wider mich behängende Strafverfahren [...] niederzuschlagen. Die Zustellung der Entscheidung über dieses Gesuch, wolle an meinen ausgewiesenen Verteidiger erfolgen.

12. Jänner 1956, Dr. Oswald Menghin"
Quelle: BM f. Inneres, GZ 43970-2/56 vom 10. April 1956 (AVA)

6. Keine Bedenken betreffend Ansuchen um Abolition – 1956

„An die Staatsanwaltschaft Wien

Das BM f. Inneres beehrt sich in der Anlage das Gesuch der Rechtsanwälte [...] um Abolition bzw. Einstellung des Strafverfahrens ihres Mandanten Dr. Oswald Menghin [...] rückzumitteln und über das Ergebnis der ho. Ermittelungen nachstehendes mitzuteilen: [...]

Ob Dr. Menghin in Ausübung seiner daran anschließenden Lehrtätigkeit im prähistorischen Institut der Universität Wien im Sinne der NSDAP betätigt hat, entzieht sich der ho. Kenntnis [...].

Auf Grund dieser Sachlage werden vom ho. Ressortstandpunkte gegen eine allfällige Einstellung des gegen Dr. Menghin anhängigen Strafverfahrens durch einen Gnadenakt des Herrn Bundespäsidenten Bedenken nicht geltend gemacht.

15. Juni 1956 [Paraphe unleserlich, Anmerkung O. U.]"

Quelle: BM f. Inneres, GZ 78.191-2/56 (AVA).

7. Zeitungsmeldung Dezember 1956

„Späte Genugtuung für Oswald Menghin", Salzburger Nachrichten vom 18. Dezember 1956, Seite 3 (3spaltiger Artikel):

„Das Landesgericht für Strafsachen Wien hat das Strafverfahren gegen [...] Menghin [...] vor kurzem nach § 109 St. PO. eingestellt [...].

Damit erscheint eine Entwicklung abgeschlossen, die von schwerstwiegenden rechtspolitischen Fehlgriffen der ersten Nachkriegszeit bis zur Wiederdurchsetzung abendländischen Rechtsstaatsdenkens führte [...].

Denjenigen Mitgliedern der Regierung Seyß-Inquart, die vor dem 13. März 1938 der NSDAP weder angehört noch sich für sie irgendwie betätigt hatten, wie Dr. Neumayer, Dr. Wolf, Doktor Skubl [...] und Dr. Menghin [also das halbe Kabinett, Anmerkung O. U.], wurde vor allem vorgeworfen, daß sie im Ministerrat für das sog. Anschlußgesetz stimmten. Einige Minister, darunter auch Dr. Oswald Menghin haben [...] diesem Ministerrat vom 13. März 1938 überhaupt nicht beigewohnt [...].

Oswald Menghin wurde am 18. April 1888 in Meran geboren und entstammt einer alten Tiroler Familie.[...] Bis 1945 war er Vorstand des Prähistorischen Instituts der Universität Wien. Daneben betätigte er sich auch im katholischen Organisationsleben, schrieb auch volksnahe Dichtungen aus dem Tiroler Leben wie z. B. „Drei Schüsseln Tiroler Knödeln" und war als Vertreter der sog. katholisch-nationalen Richtung im österreichischen Katholizismus bemüht, den seit 1933 heraufgekommenen Gegensatz zwischen Österreich und Deutschland zu überwinden, wobei er aber bis zum sog. Anschluß weder Mitglied der NSDAP oder einer ihrer Gliederungen wurde noch etwa sich für sie betätigte. Er war lediglich ein loyaler Mitarbeiter [...]."

Quelle: DÖW, 13169

B: Lehre am Urgeschichtlichen Institut unter Prof. Menghin

1. Vorlesungsverzeichnis des Faches Urgeschichte von WS 1937/38 bis SS 1946[188])

WS 1937/38

Menghin O., o. P.:
Die jüngere Steinzeit, 3st.
Urgeschichte Nordafrikas mit besonderer Rücksicht auf Ägypten, 1st.
Konversatorium für Vorgeschrittene, 1st.
Pittioni R., Pd.:
Grundriß der europäischen Urgeschichte (für alle historischen Nachbardisziplinen), 2st.
Übungen am Museumsmaterial, 2st.
Willvonseder K., Pd.:
Urgeschichte der nordischen Länder (Dänemark, Norwegen und Schweden), 2st.

SS 1938

Menghin O., o. P.:
Die Bronzezeit, 4st.
Urgeschichtliches Konversatorium (für Absolvierte und Vorgeschrittene), 1st.
Pittioni R., Pd.:
Grundriß der europäischen Urgeschichte, II. Teil (für alle historischen Nachbardisziplinen), 2st.
Übungen am Museumsmaterial, 2st.
Willvonseder K., Pd.:
Die Germania des Tacitus als Quelle der Urgeschichte, 2st.

WS 1938/39

Menghin O., o. P.:
Die Hallstattzeit, 2st.
Urgeschichte der Kunst, 2st.
Einführung in die Urgeschichte, 1st.
Willvonseder K., Pd.:
Urgeschichte Ungarns, 2st.
Übungen für Anfänger, 1st.
Hančar F., Pd.:
Ältere Steinzeit Kaukasiens, Osteuropas und Nordasiens mit besonderer Berücksichtigung ihres Kunstschaffens, 1st.
Osteuropa – Kaukasien und seine Völkerwanderungen in ur- und frühgeschichtlicher Zeit, 1st.

SS 1939

Menghin O., o. P.:
Die La-Tène-Zeit, 3st.
Haustiere und Kulturpflanzen der Vorzeit, 1st.
Referate und Diskussionen für Fortgeschrittene, 1st.
Urgeschichte der Kunst, 1st.
Die Hallstattzeit, 1st.
Willvonseder K., Pd.:
Urgeschichte Ungarns II (Bronze- und Eisenzeit), 2st.
Übungen für Anfänger und Fortgeschrittene, 2st.
Hančar F., Pd.:
Völker und Kulturen Osteuropas und der asiatischen Nachbargebiete vom Beginn der Metallzeiten bis in die frühgeschichtliche Zeit (Besondere Berücksichtigung des Kunstschaffens der Kimmerier, Skythen, Sarmaten, ...), 1st.

WS 1939/40

Menghin O., o. P.:
Urgeschichtliche Stammeskunde, 3st.
Übungen für Anfänger, 2st.
Oka M., Gastprof.:
Urgeschichte Japans, 1st.
Willvonseder K., Pd.:
Übungen für Anfänger, 1st.
Urgeschichte der Ostmark, 2st.
Hančar F., Pd.:
Urgeschichte Osteuropas und seiner asiatischen Nachbargebiete: Mensch und Tier in Kunst und Kult, 1st.

1. Trimester 1940

Menghin O., o. Prof.:
Die ältere Steinzeit, 3st.
Urgeschichtliche Stammeskunde (Schluß), 1st.
Übungen für Anfänger, 2st.
Willvonseder K., Doz.:
Urgeschichte der Ostmark II, 2st.
Übungen, 1st.
Hančar F., Doz.:
Urgeschichte Osteuropas, Kaukasiens und Nordasiens: Mensch und Tier in Kunst und Kult der Jungsteinzeit und der Metallzeiten, 1st.
Außerdem wurde auch auf eine Lehrveranstaltung von Doz. S. Gutenbrunner in der Germanischen Sprachgeschichte und Altertumskunde und von Doz. E. Hofmann in der Paläobotanik hingewiesen.

2. Trimester 1940

Menghin O., o. Prof.:
Die jüngere Steinzeit, 3st.
Übungen für Anfänger, 2st.
Willvonseder K., Doz.:
Urgeschichte der Ostmark, 2st.
Übungen, 1st.
Hančar F., Doz.:

Urgeschichte Osteuropas, Kaukasiens und Nordasiens: Mensch und Tier in Kunst und Kult der jüngeren Steinzeit und der frühen Metallzeit, 1st.
Außerdem wurde auch auf eine Lehrveranstaltung von Doz. E. Geyer in der Anthropologie hingewiesen.

3. Trimester 1940

Menghin O., o. Prof.:
Die Bronzezeit, 4st.
Übungen für Anfänger, 2st.
Hančar F., Doz.:
Urgeschichte Osteuropas und der asiatischen Nachbargebiete: Kunst und Kult der kimmerisch-skythischen Zeit, 1st.
Doz. K. Willvonseder wird nicht lesen.

1. Trimester 1941

Menghin O., o. Prof.:
Einführung in die Urgeschichte (für Lehramtsanwärter), 2st.
Die Hallstattzeit, 3st.
Übungen für Fortgeschrittene, 1st.
Willvonseder K., Doz:
Urgeschichte der Slowakei, 2st.
Übungen zur Urgeschichte der Ostmark, 1st.
Hančar F., Doz.:
Urgeschichte Osteuropas und der asiatischen Nachbargebiete: Kunst und Kult der früheisenzeitlichen Kulturen des 15. bis 5. Jahrhunderts, 1st.
Doz. E. Beninger X wird nicht lesen.

SS 1941

Menghin O., o. Prof.:
Die La-Tène-Zeit, 3st.
Übungen für Anfänger, 2st.
Willvonseder K., Doz:
Urgeschichte der Slowakei, 2st.
Übungen zur Urgeschichte der Ostmark, 1st.
Hančar F., Doz.:
Kunst und Kult der Skythen, 1st.
Doz. E. Beninger X wird nicht lesen.

WS 1941/42

Menghin O., o. Prof.:
Einführung in die Urgeschichte mit Übungen (für Lehramtsanwärter), 2st.
Die Hallstattzeit, 3st.
Urgeschichte der Balkanhalbinsel, 1st.
Urgeschichtliche Stammeskunde, 2st.
Willvonseder K., Doz.:
Übungen zur Urgeschichte der Ostmark, 2st.
Hančar F., Doz.:
Kunst und Kult der Skythen und ihrer Zeitgenossen (Balkan-Donau-Raum, Kaukasien-Luristan, Sibirien), 1st.
Doz. E. Beninger X wird nicht lesen.
Außerdem wurde auch auf eine Lehrveranstaltung von pl. ao. Prof. K. Ehrenberg der Anatomie und Physiologie der Pflanzen und von Doz. K. Tuppa in der Anthropologie hingewiesen.

SS 1942

Menghin O., o. Prof.:
Die ältere Steinzeit, 3st.
Urgeschichtliche Stammeskunde II, 1st.
Übungen für Anfänger (gemeinsam mit Ass. Pescheck), 2st.
Anleitung zu wissenschaftlichen Arbeiten, gilt als 2st.
Willvonseder K., Doz.:
Übungen zur Urgeschichte der Ostmark, 2st.
Hančar F., Doz.:
Kunst und Kult der Skythen-Sarmaten und ihrer Zeitgenossen in Osteuropa und Nordasien, 1st.
Doz. E. Beninger X wird nicht lesen.
Außerdem wurde auch auf eine Lehrveranstaltung von Doz. K. Tuppa in der Anthropologie hingewiesen.

WS 1942/43

Menghin O., o. Prof.:
Die jüngere Steinzeit, 3st.
Die Steinzeit in Afrika, 1st.
Übungen für Fortgeschrittene (gemeinsam mit Ass. Pescheck), 2st.
Willvonseder K., Doz.:
Übungen zur Urgeschichte der Ostalpen, 2st.
Hančar F., Doz.:
Kunst und Kult der Skythen-Sarmaten und ihrer Zeitgenossen in Osteuropa und Asien, 1st.
Doz. E. Beninger X wird nicht lesen.
Außerdem wurde auch auf eine Lehrveranstaltung von Doz. K. Tuppa in der Anthropologie hingewiesen.

SS 1943

Menghin O., o. Prof.:
Die Bronzezeit, 3st.
Einführung in die Urgeschichte mit Übungen (für Lehramtsanwärter), 2st.
Hančar F., Doz.:
Kunst und Kult der nachskythischen Steppenvölker Rußlands, 1st.
Pescheck Chr., Doz.:
Urgeschichte der Illyrer, 1st.
Doz. K. Willvonseder X *und Doz. E. Beninger* X werden nicht lesen.
Außerdem wurde auch auf eine Lehrveranstaltung von Doz. K. Tuppa in der Anthropologie hingewiesen.

WS 1943/44

Menghin O., o. Prof.:
Die Hallstattzeit, 4st.
Übungen für Fortgeschrittene, 1st.
Hančar F., Doz.:
Ur- und Frühgeschichte Rußlands: Kunst und Kult im Zeitalter der Völkerwanderung mit besonderer Berücksichtigung der germanischen Stämme, 1st.
Pescheck Chr., Doz.:
Die wichtigsten Fundplätze der Hallstattzeit in Mitteleuropa (in Ergänzung zur Vorlesung von Prof. Menghin), 1st.
Übungen für Anfänger, 1st.
Doz. K. Willvonseder X *und Doz. E. Beninger* X werden nicht lesen.
Außerdem wurde auch auf zwei Lehrveranstaltungen von Doz. K. Tuppa in der Anthropologie hingewiesen.

SS 1944

Menghin O., o. Prof.:
Die Latènezeit, 3st.
Einführung in die Urgeschichte mit Übungen (für Lehramtsanwärter), 2st.
Hančar F., Doz.:
Ur- und Frühgeschichte Rußlands: Kunst und Kult im Zeitalter der Völkerwanderung mit besonderer Berücksichtigung der germanischen Stämme, 1st.
Pescheck Chr., Doz.:
Urgeschichtlicher Festungsbau in Europa und Kleinasien, mit zum Teil farbigen Lichtbildern, 1st.
Praktische Übungen zur Urgeschichte mit Besuch von Fundstellen und Museen, 4st.
Doz. K. Willvonseder X *und Doz. E. Beninger* X werden nicht lesen.

WS 1944/45

Menghin O., o. Prof.:
Ur- und frühgeschichtliche Stammeskunde, 4st.
Übungen für Fortgeschrittene, 1st.

Hančar F., Doz.:
Ur- und Frühgeschichte Rußlands: Kunst und Kult in ausgewählten Bildern, 1st.
Pescheck Chr., Doz.:
Der Festungsbau der Eisenzeit, 1st.
Kartierungsübungen zur Urgeschichte, 2st.
Doz. K. Willvonseder X *und Doz. E. Beninger* X werden nicht lesen.

SS 1945
Hančar F., apl. Prof.:
Ur- und Frühgeschichte Rußlands: Kunst und Kult in ausgewählten Bildern, 1st.
Urgeschichtliche Übungen: Einführung in die Forschung, 1st.

WS 1945/46
Pittioni R., Pd.:
Urgeschichte Österreichs, 4st.
Übungen für Anfänger, 2st.
Übungen für Fortgeschrittene, 2st.

SS 1946
Pittioni R., Pd.:
Urgeschichte Österreichs, 2st.
Die urgeschichtlichen Grundlagen der europäischen Kultur (Pflichtvorlesung für Lehramtskanditaten der Geschichte und Geographie), 2st.
Hančar F., Pd.:
Ur- und Frühgeschichte der Länder der Sowjetunion: Kunst und Kult der Metallzeiten in ausgewählten Bildern, 1st.
Probleme und Ergebnisse der Urgeschichtsforschung, 1st.

2. Zusammenstellung der unter der Betreuung von Prof. Oswald Menghin entstandenen Dissertationen der Jahre 1919 bis 1945

1919
Feiler, Karl: Siedlungen und Funde aus prähistorischer Zeit im Bezirke Baden.
Panholzer, Josef: Die bronzezeitlichen und hallstattzeitlichen Depotfunde in den Ostalpenländern.

1921
Petrović, Josef: Prähistorie im Staate der Serben, Kroaten und Slovenen.

1922
Mitscha-Märheim, Herbert: Die Aunjetitzer Kultur.
Stein-Panzl, Rudolf: Neolithisches Werkzeug in Schuhleisten-Form.
Beninger, Eduard: Die Germanenfrage in der Literatur der prähistorischen Wissenschaft.

1923
Wanschura, Viktor: Die urgeschichtlichen Funde des Wiener Bodens.
Domonkos, Juliane: Das Neolithikum Ungarns.

1925
Joch, Augustin: Die Nadeln der Bronzezeit im mittleren Europa.

1926
Berka, Josef: Plastik der Bandkeramik.
Jenny, Wilhelm: Zur Gefäßdekoration des donauländischen Kulturkreises.

1928
Pittioni, Richard: Ueber die Grabformen der Latènekultur.

1929
Nischer-Falkenhof, Elenora: Zur vorgeschichtlichen Entwicklung des Kammes.
Tomschik, Josef: Ueber prähistorische Anthropophagie. Ein Versuch zur Lösung des Problems auf kulturhistorischer Grundlage.
Thuner-Woodbury, Edna: Die Besiedlungsverhältnisse in den West- und Mitteleuropäischen Klingenkulturkreisen des Jungpaläolithikums.
Krenn, Karl: Schädelbecher.
Paulsen, Rudolf: Die Münzprägungen der Boier.

1930
Amberger, Heinz: Untersuchungen zur Herkunft und Verbreitung der Rheinischen Mischkultur der ersten Eiszeit.
Groterjahn, Bela: Urgeschichte des Geldes.
Hančar, Anna: Grabformen und Bestattungsbräuche im prähistorischen Kaukasus.
Hančar, Franz: Prähistorie des Kaukasus. Versuch einer zusammenhängenden Darstellung des vorgeschichtlichen Geschehens von den ersten Spuren menschlichen Daseins bis zum Niedergang der Skythenherrschaft.
Hell, Martin: Neue Grabfunde der Hallstatt- und Latènezeit vom Dürrnberg bei Hallein.
Helmich-Fusangel, Georg: Urgeschichtliche Theorien in der Antike.
Kastner, Josef: Urgeschichte des XXI. Wiener Gemeindebezirkes.
Koreisl, Wilhelm: Speisebeigaben in Gräbern der Hallstattkultur Mitteleuropas.
Kriegler, Karl: Urgeschichte der Gerichtsbezirke Korneuburg und Wolkersdorf.
Michna, Heinrich: Gibt es prähistorisches Kinderspielzeug?

1931
Markovits, Adalbert: Beiträge zur Urgeschichte Hellas.
Urban, Josef: Rauchen und Räucherungen in der Urzeit Europas.
Waldner, Franz: Morphologische Studien an der Dachsteinrieseneishöhle Obertraun – Ob. Oesterreich.

1932
Caspart, Julius: Grabhügel im nördlichen Wienerwald.
Höslinger, Robert: Die Bedeutung der „Barrenringe“ im Handel der älteren Bronzezeit.
Machatsch, Ludwig: Feuerbeschaffung in der Urzeit.

1933
Seewald, Otto: Beiträge zur Kenntnis der steinzeitlichen Musikinstrumente Europas.

1934
Kaukal, Herbert: Die Genese der paläolithischen Graphik.
Vohnicky, Oskar: Der Höhlenbärenjäger in den Alpen. Speläologische Unterlagen seiner Primitivkultur.

1935
Kutschera, Carl: Die Wallburgen in Südtirol. (Deutschsprachiger Teil des Landes).
Mozsolics, Amalia: Die inkrustierte Keramik der Bronzezeit in Westungarn („Pannonische“ Kultur).

1936
Geiblinger, Stefan: Die prähistorischen Randsiedlungen des Steinfeldes.
Stroh, Franz: Die Hallstattzeit in Oberösterreich.

1937
Eltz, Alexander Graf zu: Beiträge zur Vorgeschichte Mesopotamiens. Die Lagaš-Zeit.
Reindl, Rudolf: Die donauländische Kultur in Niederösterreich.

Weiß, Ludwig: Die physiogeographischen Grundlagen des Ackerbaus im Bezirk Horn in N.-Ö.

1939

Kneidinger, Josef: Urgeschichtliche Funde aus dem Mühlviertel (Gau Oberdonau).

1940

Mager, Margarete: Chronologische Studie über das frühbronzezeitliche Gräberfeld von Gemeinlebarn.
Rotter, Erwin: Die vor- und frühgeschichtlichen Bodenfunde des Ger.-Bez. Stockerau mit besonderer Berücksichtigung von Groß-Mugl.

1942

Fuchs, Johann: Zur Besiedlung des Viertels unter dem Manhartsberg in vollneolithischer Zeit: Das Hügelland östlich der Klippenreihe des Vollneolithikers.
Pazeller, Karl: Ossarn.

1943

Milojcić, Vladimir: Das ältere Neolithikum in Serbien.
Mossler, Gertrude Maria: Die vorgeschichtliche Ansiedlung am Taborac bei Draßburg (Landkreis Eisenstadt), Niederdonau.

1944

Georgiew, Georgi: Studien zur Chronologie der Jungsteinzeit Bulgariens.
Nickerl, Hans: Die Sigynnen.
Orssich de Slavetich, Adam Graf: Bubanj, eine vorgeschichtliche Ansiedlung bei Niš.[189])

Anmerkungen

[1]) B. ARNOLD, The Past as Propagande: Totalitarian Archaeology in Nazi Germany, in: R. Preucel u. I. Hodder, Contemporary Archaeology in Theory, Social Archaeology, Oxford 1996, 549– 569. (Nachdruck aus Antiquity 64, 1990, 468–478).

[2]) Ebd., 558.

[3]) Bisher liegen zur Institutsgeschichte vor: F. FELGENHAUER, Zur Geschichte des Faches „Urgeschichte" an der Universität Wien, in: Studien zur Geschichte der Universität 3, Graz-Köln 1965, 7–27; H. JAKUBOVITSCH, Die Forschungsgeschichte des Faches Ur- und Frühgeschichte der Universität Wien und Innsbruck im Überblick, unveröff. Diss. Univ. Wien 1993.

[4]) Es erscheint selbstverständlich, daß eine derartige Forschungsgeschichte ausschließlich verstorbene Persönlichkeiten betreffen kann, da sonst der gesetzliche Daten- und Persönlichkeitsschutz nicht gewährleistet wäre. Es wurden keine Befragungen durchgeführt, noch wurden private Korrespondenzen und Briefe eingesehen, sondern ausschließlich bei den Behörden liegende Akten bzw. Druckwerke verwendet. Ich möchte mich an dieser Stelle herzlich bei den immer freundlichen und hilfsbereiten Kollegen im Österreichischen Staatsarchiv (ÖStA), insbesondere bei Frau Dr. Bohmann (Gruppe 2) und Herrn Dr. Jerabek (Gruppe 4) des Archivs der Republik (AdR) bedanken. Nicht weniger bin ich den Mitarbeitern im Dokumentationsarchiv des österreichischen Widerstandes (DÖW) und der Universitätsbibliothek (UB) verbunden, deren unbürokratisches Verhalten erst die Einsicht in einen umfangreichen Quellen- und Publikationsbestand ermöglichte. Nicht zuletzt möchte ich auch dem Leiter des Archivs der Universität Wien (UA), Herrn Dr. K. Mühlberger, für sein Interesse und die prompte Zusendung der erforderlichen Daten danken. Für alle Fehler bzw. Lücken übernimmt Verf. natürlich allein die Verantwortung und möchte sich dabei auch bei den geschulten Archivaren und Zeithistorikern entschuldigen.
Zuletzt soll noch darauf hingewiesen werden, daß der zwangsweise Einsatz von Lagerinsassen oder Arbeitsdiensten bei verschiedenen Ausgrabungsunternehmungen in diesem Rahmen nicht näher besprochen wird, da einerseits das Urgeschichtliche Institut der Universität Wien mit Ausnahme der Feldforschungen in Tirol (vgl. Osw. MENGHIN, Urgeschichtliche Feldforschungen in Nordtirol 1937 und 1938, Wiener prähistorische Zeitschrift [WPZ] 26, 1939, 22–51 [mit den Grabungen auf der Hohen Birga bei Birgitz]; DERS., Urgeschichtliche Feldforschungen in Nordtirol 1939–1941, WPZ 29, 1942, 156–159; DERS., Archäologische Feldforschungen in Osttirol 1943 und 1944, Der Schlern 23, 1949, 232–242, 287–298) kaum Ausgrabungen durchgeführt hatte und anderseits diese Vorgänge besser im Zuge der Fundbearbeitung vorgelegt und besprochen werden können, da dabei die originalen Grabungsdokumentation und Grabungsprotokolle eingesehen und bearbeitet werden; vgl. beispielsweise zuletzt G. TRNKA mit einem Beitrag von H. LADENBAUER-OREL, Das urnenfelderzeitliche Gräberfeld von Gusen in Oberösterreich, ArchA 76, 1992, 47–112, bes. 47–49 mit Abb. 2 und der durchaus richtigen Feststellung: „[...] die bereits Forschungsgeschichte sind und einer tragischen Vergangenheit angehören" (ebd., 47).

[5]) Personal- und Vorlesungs-Verzeichnis der Universität Wien, Sommersemester 1944, 53.

[6]) Ebd., 44.

[7]) Ebd., 51.

[8]) Vgl. Liste der Vorlesungen bei L. F. ZOTZ, Zwei Jahre Aufbauarbeit im Institut für Ur-, Vor- und Frühgeschichte der Deutschen Karls-Universität in Prag, Nachrichtenblatt für Deutscher Vorzeit (NDV) 17,7–11, 1941, 165–174, bes. 168f.; für uns eher belustigend auch die Graphik über die Teilnehmerzahlen an den Vorlesungen auf Abb 1b-c.

[9]) Einen Überblick über seine reichhaltige und vielfältige Vorlesungstätigkeit bietet das NDV, wo regelmäßig die Lehrveranstaltungen zur Vor- und Frühgeschichte angekündigt worden sind.

[10]) Seine Leistungen wurden erst kürzlich im Rahmen einer Festschrift zum 50jährigen Bestehen des Innsbrucker Instituts gewürdigt: A. LIPPERT, Zur Geschichte des Innsbrucker Institutes für Ur- und Frühgeschichte, Universitätsforschungen z. prähist. Arch. 8, 1992, 1– 18, bes. 3–6; vgl. auch Osm. MENGHIN, Leonhard Franz und das Institut für Vor- und Frühgeschichte der Universität Innsbruck, in: Festschrift Leonhard C. Franz zum 70. Geburtag, Innsbrucker Beitr. z. Kulturwiss. 11, 1965, 9–14. Franz war kulturgeschichtlich interessiert und schrieb Arbeiten über „Humanismus und Vorgeschichtsforschung" (Innsbruck 1947) und „Goethe und die Urzeit" (Innsbruck 1949); in seinem Gesamtoeuvre finden sich aber auch Arbeiten, wie L. FRANZ, Vorgeschichte und Zeitgeschehen, Leipzig 1938, die in NDV 14/2, 1938, Umschlagseite 2 folgendermaßen beworben worden ist: „Eingehend erleben wir ihre Entwicklung in Deutschland, die Überwindung der These: ‚ex oriente lux!', Kossinas Kampf für eine nordische Einstellung und schließlich ihr Werden zu einer sicheren Grundlage des politischen und weltanschaulichen Gedankengutes" oder L. FRANZ, Vom Sinn der Vorgeschichte, Ztschr. f. dtsche. Geisteswissenschaft 2/2, 1939, die beide – und dies erscheint doch bemerkenswert – im Schriftenverzeichnis der Festschrift (s. o.), 15–28, fehlen.

[11]) Personalstand der Universität Wien, Studienjahr 1937/38, o. S., Personalakt (AdR).

[12]) Geboren am 8. 2. 1893 in Wien; im 1. Weltkrieg in russischer Gefangenschaft; 1925 Beginn des Studiums der Urgeschichte und Völkerkunde in Wien und Promotion 1929 mit einer Dissertation über die Urgeschichte Kaukasiens; vgl. Hančar-Festschrift, Mitt. Anthropol. Ges. Wien (MAG) 92, 1962 mit Schriftenverzeichnis (S. 305–309).

[13]) Seit 14. 8. 1939 als sog. „Dozent neuer Ordnung"; seine venia wurde im September auf „Urgeschichte des

Menschen mit besonderer Berücksichtigung Osteuropas, Kaukasiens und Nordasiens" erweitert (lt. Durchschlag eines Kommissionsbericht von Pittioni vom 12. 10. 1948 im Archiv des Inst. f. Ur- u. Frühgesch. (IUF)) und seit 1. 12. 1942 (lt. Personal- und Vorlesungsverzeichnis der Universität Wien, 2. Trimester 1940, 52 seit 20. 7. 1939) als „Dozent mit Diäten" und am 10. 7. 1944 zum außerplanmäßigen Professor befördert, „hat durch die Amnestie der Minderbelasteten die Voraussetzung erhalten, den Titel eines ao. Univ.-Professors" (Schreiben von Pittioni an das Professorienkollegium der phil. Fakultät vom 1. 7. 1948 im Archiv des IUF) zu erhalten; dieser wurde ihm am 24. 3. 1950, lt. Schreiben von Pittioni an den Dekan vom 19. 12. 1967 im Archiv des IUF, verliehen.

[14]) Nachruf von K. Kromer, Franz Hančar, MAG 99, 1969, V-IX.

[15]) Archiv des IUF, Abschrift eines Schreibens des Rektors, GZ 1994/276, an die Verwaltungsstelle der Wiener Hochschule vom 6. 11. 1939. Im 3. Trimester 1940 mußte Pescheck einrücken. Als Ersatz für die zum Wehrdienst einberufenen kam im Sommersemester 1941 als wissenschaftliche Hilfskraft Irmgard Prestros (Archiv des IUF).

[16]) Vom 1. Juli bis 31. Oktober 1939 war auch Doz. Dr. Siegfried Gutenbrunner Assistent am Urgeschichtlichen Institut (Abschrift eines Schreibens an den Rektor der Universitä t in Wien vom 2. 10. 1939 zu Zl 1242/phil. Dek. vom 26. 6. 39 im Archiv des IUF). Er war seit 22. 10. 1936 bzw. 25. 10. 1939 Dozent neuer Ordnung für germanische Sprachengeschichte und Altertumskunde; K. Pusman, Die Wiener Anthropologische Gesellschaft in der ersten Hälfte des 20. Jahrhunderts, Diss. Grund- u. Integrativwiss. Fak., Univ. Wien 1991, 159 verweist auf S. Meissl, Germanistik in Österreich:, in: Aufbruch und Untergang. Österreichische Kultur zwischen 1918 und 1938, Wien 1981, 488, wonach sich Gutenbrunner als illegaler Nationalsozialist „entpuppte".

[17]) Nach den Angaben im Personal- und Vorlesungsverzeichnis der Universität Wien, Sommersemester 1944, 54 erhielt er die Dozentur am 15. Oktober 1942.

[18]) Christian Pescheck wurde am 12. 8. 1912 in Breslau geboren und war wissenschaftlicher Hilfsassistent in Breslau (1. 11. 1935 bis 31. 10. 1937), in Frankfurt am Main (1. 11. 1937 bis 31. 5. 1938), dann am Zentralmuseum in Mainz (1. 9. 1938 bis 15. 12. 1938) und Stipendiat des Archäologischen Instituts Frankfurt am Main (4. 2. 1939). Auskunft des Archivs der Universität Wien; vgl. auch I. Filip, Enzyklopädisches Handbuch zur Ur- und Frühgeschichte Europas 2, Prag 1969, 1015f.

[19]) Freundliche telephonische Auskunft von Herrn Prof. Pescheck am 29. 4. 1997. 1946 wurde Pescheck Dozent am Seminar für Ur- und Frühgeschichte an der Universität Göttingen, später 1957 Leiter der Bodendenkmalpflege in Franken und 1963 Honorarprofessor für Vor- und Frühgeschichte in Würzburg; vgl. Festschrift Chr. Pescheck, Berichte d. Bayer. Bodendenkmalpflege 30/31, 1989/90, mit Schriftenverzeichnis 11–16.

[20]) Eigenhändig unterschriebenes Curriculum vitae vom März 1927 z. Zl. 34926 /27/I-Abt. 6a (Kst); ÖStA, AdR, Pers. Akt Beninger.

[21]) E. Beninger, Die Germanenzeit in Niederösterreich – vom Marbod bis zu den Babenbergern, Wien 1934.

[22]) Gegen die Übernahme [...] als pragmatischen Beamten in den Bundesdienst wird seitens der Landesführung Wien der V. F. [Vaterländischen Front] keine Einwendung erhoben. Schreiben des geschäftsführenden Landessekretärs der Vaterländischen Front Wien vom 9. März 1937, Zl. AWIV/G., an das Naturhist. Museum. ÖStA, AdR, Pers. Akt Beninger.

[23]) Die Leitung der Prähistorischen Abteilung hatte seit dem Tode von Josef Bayer Osw. Menghin inne; vgl. K. Kromer, Oswald Menghin, Neue Deutsche Biographie (NDB) 17, München 1994, 75. Zu Bayer, der noch unter Hoernes 1912 die venia legendi „Urgeschichte des Menschen" erhält, fand sich im Archiv des IUF folgende Abschrift, die ein bezeichnendes Bild auf die Universität in den 20er Jahren wirft. Es zeigt sich dabei, daß die Jahre 1938 bis 1945 nicht isoliert betrachtet werden dürfen, sondern nur aus einem historischen Prozeß heraus verstanden werden können, der bereits, wie im Falle Menghin, 1907 in Wien, einsetzte (Bemerkung des Verf. bei einer vom Club der Universität Wien am 23. 4. 1997 veranstalteten Podiumsdiskussion, „Belastete Wissenschaft – Forschung und Lehre in den Jahren 1938 bis 1945 und ihre ‚Bewältigung' in der Zweiten Republik").
Abschrift aus PersAkt J. Bayer: „Disziplinarangelegenheit

1) 23. 7. 1925: Zl. 256 ex 1924/25
Akad. Senat Erkenntnis i. d. Disziplinarangelegenheit gegen Dir. Doz. Bayer.
14. 5. 1925 mündliche Verhandlung vor der Disziplinarkammer.
14. 5. 1925 Senat Entschluss gefasst Bayer ist schuldig: ... im Jahre 1924 in einer Besprechung mit der Tagespresse dieser fälschlich benachrichtigt zu haben (Teilung der ethnographisch-prähistorischen Abteilung) aus unsachlichen (teils persönlichen, teils parteipolitischen) Gründen ... *Ansehen der Universität schwer geschädigt.* Bes. gegen Menghin und Christian. Trotz viermaliger Vorladung zur mündlichen Einvernahme nicht erschienen, keine Erklärung vorgelegt. (Ministerium hat Trennung Juli 1924 veranlaßt). Bayer führte Beschwerde beim Verwaltungsgerichtshof. Begründete, weil Tandler i. d. Institut für Rassen- und Konstitutionsanthropologie berufen, Christian hat Bayer und Heger *zum Duell* gefordert. Bayer kurzweg abgelehnt. Bayer gegen „Deutsche Gesellschaft in Wien" – rein antisemitische Propaganda. Abend v. 26. 7. 1924 *„Die Hakenkreuzprofessoren"*. Erkenntnis: Aberkennung der Lehrbefugnis [kursiv durch O. U.]

2) Rektorat Zl. 256/24–25 vom 14. 9. 1927
An Bayer: BMfU Erl. v. 27. 8. 1927 Zl. 21.819-I/2/21 über Ihren Rekurs entschieden ... Disziplinarerkenntnis wird hinsichtlich der Schuldfrage bestätigt, punkto Strae aber dahin abgeändert, dass an Stelle der dauernden Aberkennung der Lehrbefugnis der Entzug [...] auf die Dauer von 3 Jahren angeordnet wird".

[24]) Schreiben des Reichsministers für Wissenschaft, Erziehung und Volksbildung vom 19. September 1942 an den Reichsstatthalter in Wien, GZ – Vd Nr. 1197/42 II WP(a) und Schreiben der Reichsstatthalter in Wien Z/GK. 3811-d/42 V. A. 5520/42 vom 23. Juni 1942, beide im ÖStA, AdR, Pers. Akt Beninger. Diese Ernennung zu einem „Direktor" stand auch im Zusammenhang mit den Bestrebungen des Ausbaues der Anthropologischen Abteilung zu der Einrichtung eines „Museums für Anthropologie und Rassenpolitik" („Im Gleichklang mit dem neuen Wiener Kulturprogramm muss nunmehr auch hier bald eine endgültige Lösung erreicht werden; umso mehr als die wissenschaftliche Rassenkunde für den nationalsozialistischen Staat in den jetzigen Kriegszeiten (ich verweise nur auf die durchgeführten und geplanten Untersuchungsreihen an Kriegsgefangenen) und erst recht im kommenden Aufbau der Friedenszeiten eine allgemein anerkannte, besondere Bedeutung besitzt.") und der prähistorischen Abteilung zu einem Museum für Vor- und Frühgeschichte, da „ihr fachlich und weltanschaulich für den nationalsozialistischen Staat in ähnlicher Weise wie die anthropologische Forschung besonders grosse Bedeutung zukommt [...]", zitiert nach der Abschrift eines Schreibens des Naturhistorischen Museums Zl. W 12/41 Dr. K/Pr. vom 7. Juni 1941 an den Reichstatthalter von Wien.

[25]) Bei den Auseinandersetzungen zwischen Universität und J. Bayer (vgl. Anm. 23) dürfte Beninger eher zu Bayern gestanden haben ohne sich jedoch offen gegen Menghin geäußert zu haben. So fand sich im Nachlaß von Beninger der Durchschlag eines undatierten, vermutlich 1938 oder 1939 verfertigten Schreibens mit folgendem Inhalt: „Dr. E. Beninger [...] macht uns folgende Mitteilung: Die Germanenforschung in Österreich hatte in den verflossenen Jahrzehnten mit den größten Widerständen zu kämpfen. Bezeichnend ist es, daß auf der Wiener Universität die vor- und frühgeschichtliche Germanenforschung durch keinen Fachmann vertreten war und demgemäß die Ausbildung der Studenten in dieser weltanschaulichen wichtigen Kunde nicht erfolgen konnte." Danach wird die Fundstelle Lopoldau erwähnt, deren Bedeutung J. Bayer „sofort erkannt" hatte, doch „alle Bonzen des verflossenen Systems" [zu der als Rektor wohl auch Menghin gerechnet werden kann] für eine planmäßige Grabung nicht gewonnen werden konnten (Archiv IUF).

[26]) Inwieweit er diese Funktion bereits seit 1934 inne hatte, ist unklar. Er erhielt von Reinerth die Ernennung mit Wirkung 11. 8. 1934; als Beninger sie seiner vorgesetzten Dienststelle meldete, erhielt er jedoch von dieser den Auftrag, die Bestellung abzulehnen. Vgl. Amtliche Mitteilung von Bundesführer H. Reinerth, Germanen-Erbe 3, 4/1938, 128.

[27]) „[...] und in dieser Stellung eine mehr oder weniger weitreichende Tätigkeit bei der Entfernung der politischen oder missliebigen Wissenschaftler aus ihren Stellungen entfaltete [...]" aus der Abschrift des Urteils des LGStW GZ: Vg Le Vr 1326/46 vom 19. 3. 1948, S. 4.

[28]) E. Beninger, Die Quaden, in: H. Reinerth, Vorgeschichte der deutschen Stämme 2, Leipzig 1940, 669–743; Ders., Die Langobarden an der March und Donau, ebd., 827–864.

[29]) E. Beninger, Die germanischen und frühdeutschen Wurzeln der Ostmark, in: Die Ostmark, altes Germanenland, Wien 1939, 5–8.

[30]) E. Beninger, Die deutsche Vorgeschichtsforschung an den Volksbildungsstätten, MAG 69, 1939, [2]- [6], wo er unter anderem die „greisen Westvölker" für „geschichtslos" und „ohne Gefühl für erlebte Überfülle" hält; dagegen ist „das deutsche Volk [...] jung [...] und [hat] sich so als unbesiegbar bewährt." (ebd., [2]). Aber auch in einem einfachen Überblick der Ur- und Frühgeschichte Österreichs finden sich zum Teil skurrile Überlegungen zur „nordischen Menschenrasse" in der Jüngeren Steinzeit oder zur „weltgeschichtlichen Bedeutung" der „nordische[n] Krieger", „am Ende der Jungsteinzeit", vgl. E. Beninger, Wie die Ostmark deutscher Volksboden wurde, Germanen-Erbe 3, 1938, 130.

[31]) E. Beninger, Die germanischen Bodenfunde in der Slowakei, Reichenberg, Leipzig 1937.

[32]) Vgl. Vorlesungs-Verzeichnisse der Universität Wien bzw. Angaben in dem NDV.

[33]) H. Mitscha-Märheim, Eduard Beninger, ArchA 35, 1964, 111–116, bes. 111; vgl. auch Nachruf von Ä. Kloiber, Eduard Beninger in und für Oberösterreich, JbOÖMVer. 109, 1964, 16–19. Ämilian Kloiber, der 1938 in Wien mit einer Dissertation über „Rassenkundliche Untersuchungen an Großrussen" promovierte, war auch Mitarbeiter bei der 1939 von E. Beninger organisierten Ausstellung „Schau frühdeutscher Kulturhöhe"; vgl. Ä. Kloiber, in: E. Beninger, s. Anm. 29, 127–139.

[34]) Fragebogen im eigenhändig unterschriebenen Pers. Akt von Beninger vom 5. Mai 1942 im ÖStA, AdR. Der Vermerk Glaubensrichtung „röm. kath." in diesem Fragebogen erscheint bemerkenswert. Das genaue Beitrittsdatum findet sich im Schreiben der Reichsstatthalter in Wien Z/GK. 3811-d/42 V. A. 5520/42 vom 23. Juni 1942, ÖStA, AdR. sowie in einer Stellungsnahme des Gaupersonalamtes V/Kr. vom 26. Sept. 1941. Zl. GK. 4327- PD/41 mit folgender Begutachtung: „Parteigenosse seit 1. 8. 1934 mit der Mitgliedsnummer 6,331.423 und vollkommen einwandfrei." Die Ernennung zum Landesleiter Österreich des Reichsbund für deutsche Vorgeschichte (RBfdV) wurde von Beninger am 11. 8. 1934 gemeldet; er mußte diese Ernennung allerdings offiziell ablehnen; vgl. Schreiben Bl. 62 im Pers. Akt, ÖStA, AdR.

ninge31. 423 und vollkommen einwandfrei." Die Ernennung zum Landesleiter Österreich des Reichsbund für deutsche Vorgeschichte (RBfdV) wurde von Beninger am 11. 8. 1934 gemeldet; er mußte diese Ernennung allerdings offiziell ablehnen; vgl. Schreiben Bl. 62 im Pers. Akt, ÖStA, AdR.

[35]) Urteil des LGSt Wien GZ. Vg Le Vr 1326/46 vom 6. 1. 1948. Die Verurteilung wurde lt. Schreiben vom LGSt Wien, Zl. 85.199- 5/1957 vom 15. 10. 1958 am 7. Mai 1957 getilgt. Beide Schreiben, ÖStA, AdR, Pers. Akt Beninger.

[36]) Mitscha-Märheim, s. Anm. 33, 111f.

[37]) Ebd., 113.

[38]) Vgl. Verzeichnis der Schriften zur Ur- und Frühgeschichte, ArchA 35, 1964, 113–116.

[39]) E. Beninger, Erörterungen zur mittelalterlichen Irdenware, Mitt. Österr. Arb.gem. f. Ur- und Frühgesch. 9, 1958, 1–26.

[40]) Schreiben von Osw. Menghin an das BMfU vom 5. Juli 1931. ÖStA, AVA 18429.

[41]) Vgl. Nachruf von R. Pittioni, Kurt Willvonseder 1903–1968, ArchA 46, 1969, 110f. mit Schriftenverzeichnis (111–119) und Lebenslauf im Habilitationsakt im ÖStA, AdR, Pers. Akt Willvonseder.

[42]) K. Willvonseder, Mittlere Bronzezeit in Österreich, Bücher z. UFG 3–4, Wien 1939.

[43]) Personal- und Vorlesungsverzeichnis der Universität Wien, 2. Trimester 1940, 43.; Ansuchen um Ernennung zum Dozenten neuer Ordnung; vgl. Schreiben des Dekanats der Phil. Fak. d. Univ. Wien, Zl. 834/818 aus 1938/39 an den Reichsminister für Wiss., Erziehg. u. Volksbildg. vom 18. 10. 1939. ÖStA, AdR.

[44]) Personal- und Vorlesungsverzeichnis der Universität Wien, Sommersemester 1944, 51.

[45]) Lippert, s. Anm. 10, 3.

[46]) 1945 übernahm das neu entstandene Bundesdenkmalamt wieder alle Aufgaben und Befugnisse entsprechend dem Denkmalschutzgesetz vom 25. September 1923 (BGBl. 533/23).

[47]) Archiv IUF.

[48]) Im April 1941 wurde noch Otto Seewald vom Römischen Museum der Stadt Wien als Vertretung bestellt, als Willvonseder für acht Wochen vom Reichskommissar „für die Festigung deutschen Volkstums" zur Kulturkommission der Amtlichen Deutschen Ein- und Rückwandererstelle in Bozen einberufen worden wurde (Schreiben des Instituts Zl. 23/Res ex 1941 vom 4. 4. 1941 an den Reichsstatthalter in Wien im ÖStA, AdR, Pers. Akt Willvonseder). Willvonseder beschrieb nach dem Krieg in seinem Gnadengesuch die Aufgabe und Tätigkeit in der Kulturkommission folgendermaßen: „Aufgabe: Aufnahme der vor- und frühgeschichtlichen Sammlungen in Südtirol in Verbindung mit einer darübergreifenden archäologischen Landesaufnahme in enger Zusammenarbeit mit [...] in Südtirol ansäßigen Forschern." (eigenhändig unterschriebenes Gnadengesuch vom 31. 3. 1948, Beilage S. 2, im ÖStA, AdR, Pers. Akt Willvonseder).
Otto Seewald, geboren am 9. 4. 1898 in Wien, im Jahre 1918 als Fähnrich d. R. entlassen, war von 1920 bis 1934 Musiklehrer. Er schrieb bei Menghin eine Dissertation über steinzeitliche Musikinstrumente Europas und promovierte 1933 zum Dr. phil.; danach war er wissenschaft-

liche Hilfskraft in der Prähistorischen Abteilung des Naturhistorischen Museums in Wien und vom 1. 10. 1935 bis 30. 9. 1937 a. o. unbesoldeter Assistent und vom 1. 12. 1937 bis 31. 12. 1939 besoldeter Hochschulassistent bei Menghin anstelle von Pittioni (Archiv der Universität Wien; lt. Durchschlag eines Schreibens im Archiv des IUF vom 17. 1. 38 an die Verwaltungsstelle der österr. Hochschulen verrichtet Seewald jedoch erst seit 1. 1. 38 am Urgeschichtlichen Institut seinen Dienst); 1940 wechselte Seewald in das Römische Museum in Wien und wurde 1940, 1941 und 1943 zur Wehrmacht einberufen. „1946 wurde Otto Seewald", so schreibt H. LADENBAUER-OREL, Otto Seewald † zum Gedenken, Mitt. Österr. Arb.gem. f. Ur- u. Frühgesch. 19, 1968, 76–80, bes. 77, „im Zuge einer politischen Maßregelung aus der Stellung am Römischen Museum der Stadt Wien fristlos entlassen", er war illegales Mitglied der NSDAP seit 1. 5. 1938 mit der Mitgliedsnummer 6,119.789 und „Kulturreferent" seiner Ortsgruppe der NSDAP sowie Mitglied einer Politischer Organisation. Am 22. 4. 1961 erhielt Seewald wegen seiner wissenschaftlichen Arbeiten auf dem Gebiet der prähistorischen Musikinstrumentenkunde einen „Förderungspreis aus dem Theodor-Körner- Stiftungsfond (Archiv des IUF). Er starb am 27. Juni 1968. Vgl. FILIP, s. Anm. 18, 1277.

[49]) K. WILLVONSEDER, Zum Geleit, Fundberichte aus den Reichsgauen der Ostmark 3/1, 1941, 1f.; (Achtung; neuerlich herausgegeben als FÖ 3, 1938–39, 1948?, ohne Geleitworte); H. LADENBAUER-OREL, Tätigkeitsbericht, FÖ 4, 1940–45, Wien 1952, XI f.

[50]) Seit 1. 5. 1938 als Parteianwärter, die am 30. Juli 1940 zurückgestellt wurde, weil „der Antragsteller noch nie Mitglied der NSDAP war und auch eine ausreichende illegale Betätigung nicht nachweisen kann", lt. Beschluß des Kreisgerichtes IX der NSDAP Gau Wien, Zl. 2654/40/Sp./Or. vom 30. 7. 1040 im ÖStA, AVA, 18429. Seit 1. 1. 1941 Mitglied der NSDAP, Mitgliedsnummer 8,466.122 lt. einer politischen Beurteilung im Zuge der Ernennung zum außerplanmäßigen Professor des Personalamtes der Gauleitung Wien, P. B. 18429/be/stei vom 4. März 1942 und lt. einer politischen Beurteilung der Gauleitung Wien – Amt für Beamte, Zl. 18429/be/stei vom 27. Juni 1942 in der auch festgestellt wird: „Er leistet im Dienste der Volksgemeinschaft keine Mitarbeit und ist *noch immer* r.-k. Konfession. [...] Seine fachliche Eignung und dienstliche Leistung entziehen sich meiner Beurteilung." Beide Beurteilungen im ÖStA, AVA 18429. Außerdem war er Mitglied des NSV und RDB und des völkischen Altherrn Verbandes v. Hutten; davor war er laut einer Bestätigung des Dienststellenleiters der Vaterländischen Front vom 10. 6. 1936 seit 13. 4. 1934 bis 1938 Mitglied der Vaterländischen Front (Mitglieds-Nr. 314.637) ohne Funktion. ÖStA, AdR, Pers. Akt Willvonseder. (Kursiv durch O. U.)

[51]) Freundliche Mitteilung im Zuge des Historikertages in Wien, Frühjahr 1996. Seine Tätigkeit bei der Waffen-SS umschreibt Willvonseder nach dem Krieg in seinem Gnadengesuch folgendermaßen: „1942. Einberufung zur Waffen-SS. Vom Juli bis September 1942 militärische Grundausbildung bei der SS-Gebirgsnachrichten-Ersatzabteilung in Goslar (Harz). Im September 1942 versetzt zur Stabsabteilung der Waffen-SS im Persönlichen Stab des Reichsführers SS (Dienstgrad: SS-Funker). Kommandiert zur Dienstleistung bei der Militärverwaltung in Serbien. Tätigkeit: Aufnahme vorgeschichtlicher Sammlungen. Mitarbeit bei der Einrichtung einer vor- und frühgeschichtlichen Denkmalpflege in Serbien durch die Militärverwaltung [...]. 1943. Fortsetzung dieser Tätigkeit in Serbien, hauptsächlich im Museum Werschetz (Banat), dessen bekannte vor- und frühgeschichtliche Sammlung neu geordnet und inventarisiert wurde. [...] 1944. Bis März 1944 Fortsetzung der Tätigkeit in Werschitz und anderen Orten des serbischen Banats (Aufnahme vor- und frühgeschichtlicher Sammlungen). – Mai bis August 1944: Aufnahme einiger vor- und frühgeschichtlicher Sammlungen in Südtirol als Ergänzung zu den Arbeiten in der Kulturkommission [...]. Tätigkeit: Sicherstellung vor- und frühgeschichtlicher Sammlungen (Luftschutzmaßnahmen) und Bergung von Funden beim Stellungsbau in der Operationszone. 1945. Fortsetzung der im Oktober 1944 begonnenen Tätigkeit beim Obersten Kommissar in der Operationszone Alpenvorland bis zur Kapitulation der deutschen Südfront (2. Mai 1945)." Zitiert nach dem eigenhändig unterschriebenen und gewährtem Gnadengesuch vom 31. 3. 1948, Beilage S. 2, im ÖStA, AdR, Pers. Akt Willvonseder (Die Richtigkeit und Vollständigkeit der Angaben, insbesondere die „Tätigkeit beim Obersten Kommissar in der Operationszone Alpenvorland", wurden meinerseits nicht überprüft). Vgl. dagegen die Rolle von Willvonseder bei M. H. KATER, Das „Ahnenerbe" der SS 1935–1945, Stuttgart 1974, wo Willvonseder als „Vertrauensmann" (S. 128) oder „Aufpasser des ‚Ahnenerbes'" (S. 272) bzw. als „Intimus" von W. Sievers, dem SS-Sturmbannführer und Reichsgeschäftsführer des Ahnenerbes, (S. 293) bezeichnet wird. Zur Tätigkeit der Kulturkommission Südtirol vgl. KATER, a. a. O., 159–170.

[52]) Vgl. beispielsweise K. WILLVONSEDER, Arbeitsbericht der Ostmark, in: H. JANKUHN (Hg.), Bericht über die Kieler Tagung 1939, Das Ahnenerbe, Neumünster 1944, 53–56. Hier findet sich auch im Zusammenhang mit den in der Ortschaft Karnburg (Ktn.) geplanten, wegen des Krieges jedoch nur 1939 durchgeführten „große[n] Grabungsvorhaben des ‚Ahnenerbes' in der Ostmark" (ebd., 54) die unglückliche Formulierung, wonach „[...] schon für die älteste Zeit ein friedliches Verhältnis zwischen den Deutschen als *herrschende* und den Slowenen als *unterworfene* Bevölkerungsschicht voraus[gesetzt wird]." (ebd., 55f.; kursiv durch O. U.).

[53]) Schreiben des BMfU an das Dekanat der phil. Fak. d. Univ. Wien, Zl. 86867/III-8/48 vom 6. 11. 1948 im ÖStA, AdR, Pers. Akt Willvonseder.

[54]) Gnadengesuch vom 31. 3. 1948; vgl. Empfehlungsschreiben des BMfsV vom 17. 9. 1949 im OStA, AdR, Pers. Akt, worin unter anderem festgestellt wird, daß Willvonseder „während der NS-Zeit immer die ihm unterstehenden Einrichtungen des BDA gegen Übergriffe reichsdeutscher Stellen verteidigt und eine gleiche Haltung auch während seiner Tätigkeit im damaligen Protektorat gezeigt (hat). Dr. Willvonseder war nicht Mitglied des NS-Dozentenbundes und seine von der Gen. Dion. für die öffentliche Sicherheit aus dem Gauakt bekanntgegebenene Beschreibung durch die NSDAP ist im Sinne der n. s. Weltanschauung negativ."

[55]) Vgl. diesbezügliche Schreiben im ÖStA, AdR, Pers. Akt.

[56]) PITTIONI, s. Anm. 41, 110; vgl. auch Personalkte Bl. 98–104 in ÖStA, AdR.

[57]) Archiv IUF.

[58]) Salzburger Volksblatt vom 5. 11. 1968, S. 8.

[59]) ARNOLD, s. Anm. 1, 558.

[60]) I. ACKERL, F. WEISSENSTEINER, Österreichisches Personenlexikon der Ersten und Zweiten Republik, Wien 1992, 308.

[61]) Die Grunddaten der Biographie von Osw. Menghin stammen von KROMER, s. Anm. 23, 75f., sowie aus dem Nachruf von R. PITTIONI, Oswald Menghin, ArchA 55, 1974, 5f. – Vgl. Hinweis bei PITTIONI, s. Anm. 61.

[62]) R. S. GEEHR, Oswald Menghin, ein Vertreter der katholischen Nationalen, in: Geistiges Leben im Österreich der Ersten Republik, Wiss. Komm. z. Erforschg. d. Gesch. d. Rep. Österr. 10, Wien 1986, 9–24, bes. 9.

[63]) Vgl. Akte im ÖStA, AdR, Unterricht über Osw. Menghin.

[64]) GEEHR, s. Anm. 62, 13.

[65]) BM f. Inneres, GZ 106.100–2/57 vom 12. Aug. 1957 (AVA).

[66]) Zitiert nach GEEHR, s. Anm. 62, 14. Nach Richard Kralik, der eine Erneuerung der deutschen Kultur aus Volkstum und Katholizismus anstrebte, wurde 1934, nach seinem Tode, auch ein Platz in Wien-Döbling benannt. Verf. stieß bereits einmal auf Kralik, da dieser auf dem Leopoldsberg eine „Wartburg österreichischer Geschichte und eine Walhalla heimischen Ruhmes" errichten wollte; vgl. V. O. LUDWIG, Der Leopoldsberg, Klosterneuburg 1939, 73.

[67]) GEEHR, s. Anm. 62, 16.

[68]) Zur DG vgl. W. ROSAR, Deutsche Gemeinschaft, Seyss-Inquart und der Anschluß, Wien 1971, bes. 32f., wo Menghin bereits früh Seyß-Inquart kennengelernt haben dürfte. Es wird angenommen, daß Menghin 1932 Seyß-Inquart geholfen hat, die Bekanntschaft mit Dr. Franz Hueber herzustellen, da beide ein Haus in Mattsee besaßen (ebd. 58 f.).

[69]) Beschluß A. V. Nr. 173/39, Br. N/L des Gaugerichtes Wien vom 8. Sept. 1938 (Kopie im DÖW).

[70]) BM f. Inneres, GZ 106.100–2/57 vom 12. Aug. 1957 (AVA) betr. Dr. Menghin [...]; politische Beurteilung. Menghin dürfte wohl gemeinsam mit V. Christian, dem Präsidenten der Anthropologischen Gesellschaft und Dekan der Philosophischen Fakultät während der nationalsozialistischen Zeit, dem Historiker H. Srbik, Präsident der Akademie der Wissenschaften in Wien, ebenfalls während der NS-Zeit, und dem Ökonomen und Theoretiker des „Deutschen" Ständestaates Österreich O. Spann sowie dem Literaturhistoriker J. Nadler zu jener Professorenschaft gehört haben, die die „geistige Federführung" der Wiener Universität, „auf der es permanent zu antisemitischen Exzessen kam", bereits während des Ständestaates „zu einer Hochburg einer deutschnationalen, teilweise am Anschluß orientierten" Institution geführt haben (P. PELINKA, Heide Schmidt, Eine Provokation, Wien 1993, 11). Vgl. Anm. 23 und ROSAR, s. Anm. 68, 32, 84 und zu Srbik und Spann R. WISTRICH, Wer was war im Dritten Reich, Frankfurt 1987, 328f., 33f.

[71]) GEEHR, s. Anm. 62, 12. Verf. meint, daß Menghin wohl ähnlich wie Seyß-Inquart an eine gewisse kulturelle Selbständigkeit Österreichs, ähnlich jener Bayerns, im Deutschen Reich geglaubt hatten. Die Rolle Seyß-Inquarts im Zusammenhang mit dem Einmarsch der Deutschen Truppen ist mehr als umstritten; es scheint, wenn so manche Aussagen stimmen, daß er von der neuen Situation ebenso überrascht war, sich jedoch sehr schnell an die geänderten Verhältnisse anpaßte. Menghin dürfte im April seine Machtlosigkeit in der Landesregierung, insbesondere nach der Übernahme der wirklichen Entscheidungsmacht durch J. Bürckel am 23. April 1938, erkannt und am 28. April um Entlassung aus der Regierung gebeten haben. Zu Seyß-Inquart vgl. ROSAR, s. Anm. 68, zu Bürckel vgl. BOTZ, s. Anm. 138, 282 und zu Menghin vgl. GEEHR, s. Anm. 62, 23.

[72]) So hielt er 1923 einen Vortrag über die Judenfrage in der Ortsgruppe Währing der NSDAP; vgl. Staatsamt für Inneres, GZ 23626- 2/46 (AVA).

[73]) H. JANKUHN, Nachruf, Almanach d. ÖAW 124, 1974, 540–546.

[74]) Osw. MENGHIN, Weltgeschichte der Steinzeit, Wien 1931.

[75]) Osw. MENGHIN, Geist und Blut, Wien 1933, 173.

[76]) Vgl. JANKUHN, s. Anm. 73, 544.

[77]) KROMER, s. Anm. 23, 75f.

[78]) MENGHIN, s. Anm. 75.

[79]) Ebd., 7.

[80]) Ebd., 15.

[81]) Ebd., 15f.

[82]) Ebd., 16f.; sein Lehrer Hoernes hatte dagegen noch eine völlig konträre Einstellung und schätzte den Darwinismus, vgl. beispielsweise M. HOERNES, Urgeschichte der Menschheit, Geschichtliche Bibliothek der Sammlung Göschen 42, Leipzig 1897, 13–19.

[83]) MENGHIN, Geist und Blut, 18–31, im bes. 18f.

[84]) Ebd., 39f.

[85]) Ebd., 41.

[86]) Ebd., 49.

[87]) Ebd., 50.

[88]) Ebd., 51.

[89]) Ebd., 52f.

[90]) W. DAIM, Der Mann, der Hitler die Ideen gab, Wien 1994[3], 217.

[91]) MENGHIN, s. Anm. 75, 53.

[92]) Ebd., 69.

[93]) Ebd., 74. Zu O. Spengler, einem „Kunsthistoriker und im gewissen Sinne intellektuellen Vorläufer des Dritten Reiches" vgl. WISTRICH, s. Anm. 70, 332 f.

[94]) Ebd., 75–86.

[95]) Ebd., 87–107

[96]) Ebd., 108–126.

[97]) Ebd., 127.

[98]) Ebd., 128.

[99]) Ebd., 128.

[100]) Ebd., 129. Derartige Entgleisungen, wie „ein Neger kann niemals [...] werden", sind eher selten bei Menghin; sie kommen jedoch vereinzelt vor. Daß Differenzen zwischen Serben und Kroaten heute noch bestehen, zeigen die schrecklichen Geschehnisse der letzten Jahre überdeutlich.

[101]) Ebd., 134.

[102]) Ebd., 135.

[103]) Vgl. beispielsweise zum üblichen Sprachgebrauch die Angaben bei G. WAHRIG, Deutsches Wörterbuch, zu Rasse: „Angehörige einer Art [also Homo sapiens], die sich durch bestimmte erbliche Merkmale voneinander unterscheiden, mit Angehörigen anderer Rassen dieser Art aber fruchtbare Nachkommen zeugen können." oder die Gliederung in der Brockhaus Enzyklopädie, Mannheim 1995, 14, unter dem Stichwort „Menschenrassen" mit Europiden, Mongoliden aus denen sich die Indianiden entwickelt haben und Negriden.

[104]) Wie anders liest sich das noch bei HOERNES, s. Anm. 82, 16, der von mehreren „Spielarten" spricht und die „Einheit und Gleichheit der menschlichen Art" betont. Für Hoernes zählen „unsere nordischen Ahnen" auch noch zu den „rohere[n] Völker[n]"; ebd., 15. Zu Kossinnas Methode, von der „eine ernsthafte Förderung der Wissenschaft nicht zu erwarten" ist, vgl. M. HOERNES, Natur- und Urgeschichte des Menschen, Wien-Leipzig 1909, 2. Bd., 438, Anm. 1. Anders sieht dies I. WIWJORRA, Die deutsche Vorgeschichtsforschung und ihr Verhältnis zu Nationalismus und Rassismus, in: U. PUSCHNER et al. (Hg.), Handbuch zur „Völkischen Bewegung", München u. s. w. 1996, 186–207, im bes. 199.

[105]) MENGHIN, s. Anm. 75, 140f.

[106]) Ebd., 141.

[107]) Ebd., 143f.

[108]) Ebd., 147.

[109]) Ebd., 147.

[110]) Ebd., 148.

[111]) Ebd., 151.

[112]) Ebd., 155f.

[113]) Ebd., 160f.

[114]) Ebd., 161.

[115]) Ebd., 162.

[116]) Ebd., 166. Welche fürchterliche Bedeutung das Wort „noch" erhalten hat, konnte Menghin damals allerdings noch nicht wissen.

[117]) Ebd., 167 f.

[118]) Ebd., 168.

[119]) Ebd., 169.

[120]) Ebd., 171 f.

[121]) J. HAAG, Marginal Men and the Dream of the Reich: Eight Austrian National-Catholic Intellectuals 1918–1938, in: Who were the Fascists, Bergen-Oslo-Tromsö 1980, 239–248, bes. 244 zusammenfassend: „Menghin too was at heart a Romantic Schwärmer as as an anti-Semite and occasional supporter of völkisch causes."

[122]) Osw. MENGHIN, Die wissenschaftlichen Grundlagen der Judenfrage, in: Der Weg 1, 1933, 21 ff.

[123]) Osw. MENGHIN, Geist und Boden, Die Warte 3, 1938, 1–3.

[124]) GEEHR, s. Anm. 62, 20, 23.

[125]) R. PITTIONI, Bibliographie zur Urgeschichte der Ostmark 1930–1938, Wien 1940, obwohl sich in den Kapiteln „Allgemeines" oder „Paläoanthropologie" durchaus ein Platz gefunden hätte.

[126]) Im Zuge seines Aufenthaltes in Kairo als Resident Professor an der Ägyptischen Universität.

[127]) Wortwörtliche Abschrift, vgl. Staatsamt für Inneres, GZ 23626–2/46 (AVA).

[128]) In diesem Zusammenhang ist auch eine Gratulation von Franz von Papen zu erwähnen, in dem dieser „im Namen des Reiches" zum Ehrendoktorat gratuliert, vgl. Zeitungsausschnitt in der Handschriftensammlung der ÖNB, Mappe 298–56 zitiert nach GEEHR, s. Anm. 62, Fußn. 29.

[129]) Zu den Schwierigkeiten bei der Verleihung des Ehrendoktorates vgl. H. HEIBER, Universität unterm Hakenkreuz, Tl. 1, München u. s. w. 1991, 409; freundliche Mitteilung von F. Graf-Stuhlhofer. Eine Auflistung aller wissenschaftlichen Ehrungen, die Menghin zwischen den Jahren 1925 und 1942 (Höhepunkte bilden dabei die Jahre 1927, 1933 und 1936 bis 1938 mit zwei oder mehr Ehrenmitgliedschaften) und von 1951 bis 1958 erhalten hat, finden sich in: Festgabe für Oswald Menghin, Der Schlern 32, 1958, 73 f.

[130]) Staatsamt für Inneres, GZ 23626–2/46 (AVA). Menghin war ab Juni 1934 Mitglied der V. F.; vgl. auch I. BÄRNTHALER, Die Vaterländische Front, Wien 1971, 134, 143 f.

[131]) Vgl. dazu auch ROSAR, s. Anm. 68, 70 f., der Menghins Vortrag im Rahmen der Katholischen Aktion in Dornbach und seine Tätigkeit im Komitee des Katholikentages 1933 erwähnt, ihn aber auch als eifrigen Vortragsredner des Deutschen Klubs nennt und F. J. GROBAUER, Kirche, Ketzer, Klerikale, Wien 1983, 224.

[132]) Vgl. Osw. MENGHIN, Bildung, Wissenschaft und Leben. Kundgebungen und Ansprachen während meines Rektorsjahres, Wien 1936.

[133]) BM für Inneres, GZ 43970–2/56 (AVA).

[134]) Am 4. Februar 1937 wurde in einer Stabssitzung der Landesleitung ein Komitee eingerichtet, in der zuerst Tavs, Jury, In der Maur, Mannlicher, Wolsegger und Berghammer aufgenommen worden sind. „Am 5. Februar wurde Menghin als siebentes Komiteemitglied nachgenannt, um die Katholisch-Nationalen bei der Stange zu halten und Schuschnigg das Gericht schmackhafter zu machen", so weit Rosar, s. Anm. 68, 113 zur Entstehung des Siebenerkomitees. Schuschnigg, „ziemlich in die Enge getrieben, nahm das Siebenerkomitee *de facto* (nicht *de jure) als für alle Befriedungs*arbeiten zuständig zur Kenntnis [...]"; ebd., 114.

[135]) DÖW Akt 16579 mit Abschrift des Artikels Spitzenreiter des Nazismus, in: „Neues Österreich" Nr. 91 vom 7. 8. 1945, vgl. auch Staatsamt für Inneres, GZ 23626–2/46 (ÖStA, AVA) sowie ROSAR, s. Anm. 68, 108–116, im bes. 111.

[136]) Baron von GALÉRA, Österreichs Rückkehr ins Deutsche Reich, Leipzig 1938, 254.

[137]) GEEHR, s. Anm. 62, 12.

[138]) Allgemein zum „Anschluß" vgl. „Anschluß" 1938. Eine Dokumentation, Wien 1988; ROSAR, s. Anm. 68; G. BOTZ, Nationalsozialismus in Wien, Machtübernahme und Herrschaftssicherung 1938/39, Buchloe 1983, jeweils mit ausführlichem weiterführenden Literaturverzeichnis. – Menghin dürfte in der Nacht vom 11./12. März 1938 nicht auf den Ballhausplatz gewesen sein, zumindest zeigte er sich nicht auf dem Balkon.

[139]) DÖW 2841 mit Abschrift der Zeugenaussage von HBP Miklas vom 30. 1. 1946 (Beweisstück US 884), S. 21 (Namensschreibung stellenweise verbessert).

[140]) v. GALÉRA, s. Anm. 136, 254. Vgl. Anhang A 7.

[141]) DÖW 2841 mit Abschrift der Zeugenaussage von HBP Miklas vom 30. 1. 1946 (Beweisstück US 884), 25.

[142]) BM f. Inneres, GZ 43970–2/56 vom 10. April 1956 (AVA). Vgl. dazu Anhang A 5 sowie ROSAR, s. Anm. 68, 291 f., 295, 312 f.

[143]) Die Wiener Zeitung vom 15. 3. 1938 meldete einen Aufruf an die Beamten, die „Erziehung und die Werte der geistigen Kultur" zu heben, am 30. 3. 1938 das „Verbot der Juden an der Universität", am 26. 4. 1938 den „Feierlichen Vorlesungsbeginn an der Wiener Universität", an der auch Unterrichtsminister Prof. Menghin teilnahm und am 10. 5. 1938 die Forderung nach eigenen jüdischen Volks- und Hauptschulen. Zusammengestellt bei JAKUBOVITSCH, s. Anm. 3, 1. Bd., 181 ff.

[144]) B. LICHTENBERGER-FENZ, Österreichs Hochschulen und Universitäten und das NS-Regime, in: E. TALOS et al. (Hg.), NS-Herrschaft in Österreich 1938–1945, Österr. Texte z. Gesellschaftskritik 36, Wien 1988, 269–282, im bes. 270; DIES., Österreichische Universitäten und Hochschulen – Opfer oder Wegbereiter der nationalsozialistischen Gewaltherrschaft (Am Beispiel der Universität Wien), in: G. HEISS et al. (Hg.), Willfährige Wissenschaft, Die Universität Wien 1938–1945, Österr. Texte z. Gesellschaftskritik 43, Wien 1989, 3–16, bes. 3 f. mit Fußnote 6 in der Liste der Verordnung im AVA.

[145]) E. SAURER, Institutsgründungen 1938– 1945, in: HEISS, s. Anm. 144, 303–328, im bes. 304 f.

[146]) Schreiben von Osw. Menghin vom 9. April 1938, Zahl 677; DÖW 6816.

[146a]) So wurde beispielsweise am 15. März 1938 Prof. F. Knoll schriftlich von O. Globotschnik beauftragt, die Interessen der Landesleitung der NSDAP an der Wiener Universität wahrzunehmen. Bereits am 16. März übergab E. Späth die Amtsgeschäfte des Rektors der Wiener Universität an F. Knoll. Das Schreiben des Unterrichtsministers Menghin, der die Zurücklegung der Funktion des Rektors zur Kenntnis nimmt, datiert dagegen erst vom 25. Mai 1938 (GZ669-37/38, UA).

[147]) ACKERL, WEISSENSTEINER, s. Anm. 60, 308.

[148]) GEEHR, s. Anm. 62, 16 mit Fußnote 20, in der sich leider keine Quellenangabe dazu findet. Ich konnte bei meinen (kurzen) Nachforschungen keinen Hinweis auf die Parteianwärter Nummer 411 entdecken. Zu betonen ist in diesem Zusammenhang, daß zwischen „einfache Aufnahmebewerber, „Parteianwärter" und Parteimitgliedschaft ein nicht unwesentlicher Unterschied vorliegt; vgl. dazu H. MEINHART, Parteimitglied und Parteianwärter, Wien 1947, bes. 41.

[149]) Lt. eigenhändig von Menghin unterschiebenem Fragebogen im ÖStA, AdR (O2 41/14).

[150]) Nach P. KRAUSE, CV und Politik in Österreich 1918–1938, in: Geistiges Leben im Österreich der Ersten Republik, Wiss. Komm. z. Erforschg. d. Gesch. d. Rep. Österr. 10, Wien 1986, 104–116, bes. 116 wurde Menghin 1945 aus seiner Cartell-Verbindung ausgeschlossen.

[151]) Vgl. Anhang A 2. Kopie des Beschlußes A. V. Nr. 173/39, Dr. N/L des Gaugerichtes Wien der NSDAP

vom 8. Sept. 1939 im DÖW Akt-Nr. 1923; auch GEEHR, s. Anm. 62, 24, Fußnote 50 als „Brief" zitiert.

[152]) ACKERL, WEISSENSTEINER, s. Anm. 60, 308.

[153]) ARNOLD, s. Anm. 1, 558.

[154]) Aus den beiden Fragebögen ist auch zu entnehmen, daß Menghin seit 2. 6. 1938 Mitglied der NS-Volkswohlfahrt, seit Juni 1939 des Reichsluftschutzbundes war und seit 16. 11. 1939 dem Deutschen Roten Kreuz angehört hat.

[155]) ÖStA, AdR, Pers. Akt Beninger, Eduard, LGSt Wien, GZ: Vg le Vr 1326/46, Seite 8.

[156]) Zitiert nach GEEHR, s. Anm. 62, 23 im AVA RSt. I 4779/1938 (das Schreiben konnte leider von mir nicht aufgefunden werden; die Aktenzahl erscheint aber nach Auskunft der im ÖStA arbeitenden Fachwissenschaftler durchaus richtig).

[157]) GEEHR, s. Anm. 62, 24.

[158]) Zwischen seiner Ministerschaft und dem Wiederantritt an der Universiät nahm sich Menghin Urlaub. Die Wiederernennung zum ordentlichen Universitätsprofessor erfolgte am 5. 8. 1938, lt. Pers. Akt und Fragebogen für den Antrag um Verleihung des Treudienstehrenzeichens vom 21. 7. 1994 im ÖStA, AdR.

[159]) ÖstA, AdR, Pers. Akt Menghin, Bl. 37; vgl. auch Liste der Forschungs- und Vortragsreisen (außerhalb Österreichs), in: Festgabe für Oswald Menghin, s. Anm. 129, 74.

[160]) ARNOLD, s. Anm. 1, 559.

[161]) ÖStA, AdR, Pers. Akt Menghin, Schreiben vom 19. März 1945.

[162]) ÖStA, AdR, Pers. Akt Menghin, Schreiben vom 20. März 1945.

[163]) Er wird wegen seiner Mitgliedschaft im Seyß-Inquart-Kabinett auf die „erste Liste der österreichischen Kriegsverbrercher" gesetzt (vgl. beispielsweise Kleine Volksblatt vom 4. 12. 1945, S. 4); im Dezember 1956 wird dann auf Antrag der Staatsanwaltschaft das Strafverfahren gegen Menghin eingestellt (vgl. Salzburger Nachrichten vom 18. 12. 1956, S. 3).

[164]) Osw. MENGHIN, Die Urzeit Ägyptens, in: Wissenschaftl. Vorträge gehalten von der Lager-Universität des Intern. Lagers 74, Ludwigsburg 1947, 16–15.

[165]) Beschluß des Staatsamtes f. V. U. E. u. K., Zl. 5602/45 vom 18. 9. 45 im ÖStA, AdR, Pers. Akt Menghin.

[166]) Kopien der veröffentlichten und gleichlautenden Listen im Kleinen Volksblatt vom 4. 12. 1945 und Austrian-American Tribune, I/1946, DÖW.

[167]) Sein Hauptwerk dieser Jahre ist: Osw. MENGHIN, Vorgeschichte Amerikas, in: Oldenbourgs Abriß der Weltgeschichte 1, München 1927, 162–222.

[168]) Bescheid des BMfU 12367-IX/B/57 vom 23. 7. 1957 über die Versetzung in den dauernden Ruhestand ab dem 1. Juni 1957 lt. Dekret Zl. 58.944–4/57. ÖStA, AdR, Pers. Akt Osw. Menghin.

[169]) Festgabe für Oswald Menghin, s. Anm. 129, 69–153.

[170]) Außerdem wurde Menghin anläßlich des 70. Geburtstages Ehrenmitglied der Anthropologischen Gesellschaft in Wien. K. J. NARR, Zum wissenschaftlichen Werk Oswald Menghins, in: Festgabe für Oswald Menghin, s. Anm. 129, 77–80. Der Würdigung der in der Fußnote 24 angesprochenen Publikation, „die [...] nicht veraltet, sondern eine stets wieder gern geöffnete Quelle der Anregung und Besinnung" sind, kann allerdings seitens des Verf. nur kräftig widersprochen werden.

[171]) Vgl. Nachrufe von PITTIONI, s. Anm. 61, und H. JAHNKUHN, Almanach der ÖAW für das Jahr 1974, 540–546.

[172]) Im Studienjahr 1960/61 wurde Pittioni zum Dekan der Philosophischen Fakultät und 1961/62 zum Prodekan gewählt. In den Studienjahren 1964/65 und 66/67 war er Senator. 1976 wurde er emeritiert und führte seinen vielsemestrigen Vorlesungszyklus bis in das WS 83/84 weiter. Seine letzte Vorlesung hielt Pittioni am 31. 1. 1984; er starb am 16. April 1985. Vgl. Festschrift für Richard Pittioni zum 70. Geburtstag, ArchA. Beih. 13, 1976, XI-XVII und H. FRIESINGER, H. KERCHLER, In memoriam Richard Pittioni, ArchA 69, 1985, 1–5.

[173]) Pittioni verließ am 30. 11. 1937 die Universität Wien und begann am 1. 12. 1937 seinen Dienst als „Fachbeamter" im Römischen Museum der Stadt Wien. Er mußte im März 1938 seine *venia legendi* zurücklegen. Im Dezember 1938 wird er ans „Burgenländische Landschaftsmuseum in Eisenstadt" versetzt und am 1. 1. 1941 wird der „mit der inneren Leitung des Museums des Reichsgaues Niederdonau (Wien, Eisenstadt, Bad-Deutschaltenburg) betrauten Beamten Dr. Richard Pittioni [...] zum Gaumusealrat ernannt." (NDV 17, 3/4, 1941, 102); im Februar 1942 wurde Pittioni zur Wehrmacht eingezogen, wo er in Rußland seinen Dienst versah; vgl. JAKUBOVITSCH, s. Anm. 3, 1. Bd., 215–243.

[174]) Beispielsweise bespricht Osw. MENGHIN, WPZ 27, 1940, 220–229 die Arbeit „Stand und Aufgaben der urgeschichtlichen Forschung im Oberetsch" von Pittioni folgendermaßen auf S. 220 f.: „Der Titel dieser Schrift [...] erweckt [...] gewisse Erwartungen, die aber leider nur in einem sehr bescheidenen Maße erfüllt werden. Was den Stand der Forschung anlangt versagt die Schrift [...] in der Herausarbeitung der allgemeinen Zusammenhänge [...] und wo von Aufgaben gehandelt wird, kommt sie kaum jemals über Gemeinplätze hinaus." S. 224: „Pittioni besitzt keinerlei Kenntnisse auf sprachwissenschaftlichem Gebiete. Trotzdem hat er den Mut, über diese Dinge zu reden." S. 225: „Der Rattenkönig von Unlogik und Unwissenheit, den diese Sätze enthalten, ist kaum entwirrbar." „Die stammeskundlichen Fragen [...] behandelt Pittioni in einem eigenen Abschnitte, der schon deswegen viele Mängel aufweisen muß, weil die archäologischen Quellen [...] vielfach nicht richtig gewertet worden sind." S 229: „Zu den Mängel der Arbeit Pittionis [...] gehört auch ihr Stil, der an Unbehilflichkeit im Ausdruck, grammatikalischer Fehlerhaftigkeit und Unlogik der Satzführung oft Erstaunliches leistet. [...] Viele Sätze versteht man nur nach mehrmaligem Lesen, manche gar nicht." Es muß allerdings festgestellt werden, daß derartige Besprechungen auch zeitbedingt waren. Die Wiener Prähistoriker wollten sich während der Nazizeit wohl bewußt von Pittioni wegen seiner starken katholischen Bindung absetzen.

[175]) Nach H. HÖHNE, Der Orden unter dem Totenkopf, Augsburg 1992 (Erstauflage München 1967), 43 gehen die Differenzen bereits auf das Jahr 1923 zurück, als sich Himmler für die „Nationalsozialistische Freiheitsbewegung" unter dem Patronat des General Ludendorff entschied und sich nach dem Verbot der NSDAP mit der „Großdeutschen Volksgemeinschaft" befehdete. Bei der „Großdeutschen Volksgemeinschaft" zählten Alfred Rosenberg und Julius Streicher zu den führenden Mitgliedern; vgl. auch E. BOLLMUS, Das Amt Rosenberg und seine Gegner: zum Machtkampf im nationalsozialischen Herrschaftssystem, Stuttgart 1970. Interessant ist in diesem Zusammenhang, wie sich Hitler im privaten Kreis zu den Germanen äußerte: Sie waren auf keiner höheren Kulturstufe wie heute die Maori, in: H. PICKER, Hitlers Tischgespräche im Führerhauptquartier, Berlin 1977, Nachdr. 1997, Nr. 22 vom 4. 2. 1942, S. 139.

[176]) Urteil des LGSt Wien GZ. Vg Le Vr 1326/46 vom 6. 1. 1948. Die Verurteilung wurde lt. Schreiben vom LGSt Wien, Zl. 85.199- 5/1957 vom 15. 10. 1958 am 7. Mai 1957 getilgt. Beide Schreiben, ÖStA, AdR, Pers. Akt Beninger.

[177]) Genehmigung einer Dienstreise vom Ministerium für innere und kulturelle Angelegenheiten; GZ. W-4-44683-b vom 2. 12. 1983 in ÖStA, AdR.

[178]) So gründete er einen „Matthäus- und Rudolf-Much-Preis", der an Martin Hell und Alexander von Seracsin verliehen worden ist; vgl. Osw. MENGHIN, WPZ 29, 1942, 117–118; DERS., WPZ 30, 1943, 216. Bedauerlicherweise fehlen auch in der Bibliographie 1909– 1959 von Martin Hell, in: Festschrift Martin Hell zum 75. Geburtstag, Mitt. Ges. Salzbg. Landeskde 101, 1961, 1–89 Publikationen wie M. HELL, Ein Kriegergrab der Bronzezeit am Fuß des Untersberges, in: Stark im Glauben, sicher im Sieg, Aus der Arbeit des Gauschulungsamtes Salzburg im Jahre 1941, o. J., 93–94; DERS., Der Gau Salzburg zur Hallstattzeit, ebd., 95–98.

[179]) Die Deutsche Forschungsgemeinschaft unterstütze auch die Grabungen auf der Hohen Birga in Birgitz, Tirol; vgl. FÖ 3/1, 1938 (1941), 72.

[180]) O. BOCKHORN, Der Kampf um die „Ostmark". Ein Beitrag zur Geschichte der nationalsozialistischen Volkskunde in Österreich in: HEISS, s. Anm. 144, 17–38, im bes. 28. Nach HEIBER, s. Anm. 129, 408, hat Reichsleiter A. Rosenberg bereits 1938 das Imprimatur für einen Beitrag Menghins in der Reichsparteitagssondernummer verweigert. Der Beitrag wurde dann 1939 an anderer Stelle veröffentlicht: O. MENGHIN, Die nordische Rasse in der Vorgeschichte der Ostalpen, Nationalzeitung, Essen, 6. Sept. 1939.

[181]) PUSMAN, s. Anm. 16, 277f.

[181a]) P. LINIMAYER, Wiener Völkerkunde im Nationalsozialismus, Europ. Hochschulschr. 19, R. A 42, Frankfurt/M. 1994, 186, Abb. 15, beurteilt die Beziehung des „Alt-Nazi" Menghin zu Pater W. Schmidt anders.

[182]) Vgl. Osw. MENGHIN, Besprechungen von Gustav Kossinna, Ursprung und Verbreitung der Germanen [...], Mannus-Bibliothek 6, Leipzig 1928 und DERS., Germanische Kultur im 1. Jahrtausend nach Christus, Bd. I, Mannus-Bibliothek 50, Leipzig 1932, WPZ 20, 1933, 144– 145: „[...] Zur Methode der Siedlungsarchäologie (1911). Es war eine Kampfschrift [...] *Die Sache war aber im Kerne gut* und so setzte sie sich trotz mancher Unzulänglichkeit auf seitens Kossinnas und erstaunlicher Verständnislosigkeit auf seiten seiner Gegner durch. Die Jugend stand mehr und mehr zu Kossinnas Methode; das Wesentliche an ihr, die paläoarchäologische Kulturkreisforschung und ihre Auswertung für die Zwecke der prähistorioschen Stammeskunde, ist heute aus dem urgeschichtlichen Forschungsbetrieb einfach nicht mehr wegzudenken. [...] Anders der zweite Hauptteil [...]. Dieser ist voll von neuen Auffassungen über die Entwicklung des indogermanischen Urvolkes [...]. Daß dabei vieles mit großer Sicherheit vorgetragene als höchst problematisch angesehen werden muß, kann bei der impulsiven Art Kossinnas nicht weiter wundernehmen. [...] Für den Fachmann wird aber das Buch auf lange Zeit eine Quelle von Stoff und Anregung bleiben und *manche der darin enthaltenen Hypothesen wird vielleicht in Zukunft auch wirklich bewiesen werden können.* Ähnlichen Zielen dient auch das [zweite] Buch, das leider ein Torso blieb. [...] Es ist der einzige zusammenfassende Versuch dieser Art, den es gibt, und deshalb sehr dankenswert, wenn auch Kossinnas *Kräfte zu tiefgründiger Durcharbeitung des Stoffes nicht mehr ausreichten.* [...] Es ist [...] in vorzüglichster Weise geeignet, in die prächtige Welt des frühgeschichtlichen Germanentums einzuführen und sollte *aus diesem Grunde in keinem deutschen Hause fehlen.*" (Hervorhebungen O. U.). Bereits 1913 schrieb Menghin, nach JAKUBOVITSCH, s. Anm. 3, in Forsch. u. Mitt. z. Gesch. Tirols und Vorarlbergs 10, Innsbruck 1913, 257–263: „Man kann diesen Leitsatz [von Kossinna, wonach „in sich abgeschlossene Kulturkreise stets gewissen Völkergruppen entsprechen, Ergänzung O. U.] annehmen oder ablehnen. Mir persönlich ist er sympathisch und ich stehe also in diesem Punkt auf der Seite Kossinnas. Nicht genug aber kann man sich gegen die schleuderische und durchaus ungewissenhafte Methode verwahren, mit der Kossinna auf diesem Kardinalsatz aufbaut". – R. PITTIONI, Vom geistigen Menschenbild der Urzeit, Wien 1952, 58 ordnet seiner neolithischen „Kultur" die „stammhafte Einheit", der „Gruppe" die „Sippenverbandgruppe", dem Typus den „gebundenen Sippenverband" und der „Lokalfacies" die „Sippe" zu, bzw. der metallzeitlichen „Welt" ein „Volk", der „Kultur" einen „Stamm", der „Gruppe" eine „Sippenverbandgruppe" usw. (ebd., 68) zu. Pittioni führt hier also deutlich Ideen Kossinnas weiter, ohne natürlich seine nationalen Tendenzen zu übernehmen. Bei Osm. MENGHIN, Vom Wesen und der Entwicklung der Kultur, Ammann-Festgabe, Innsbr. Beitr. z. Kulturwiss. 1, 1953, 5–9 spürt man deutlich das Bemühen, die Arbeiten von seinem Vater Osw. MENGHIN, Grundlinien einer Methodik der urgeschichtlichen Stammeskunde, in: Festschrift H. Hirt, Germanen und Indogermanen, Heidelberg 1936, 41–67 bzw. DERS., Urgeschichtliche Grundfragen, Historia Mundi 1, Bern 1957, 229–258, fortzuführen. Zuletzt zu Kossinna vgl. G. SMOLLA, Das Kossinna-Syndrom, Fundber. Hessen 19/20, 1979/80, 1–9; DERS. Archäologie und Nationalbewußtsein, in: Zwischen Walhall und Paradies, Berlin 1991, 11–15; WIWJORRA, s. Anm. 104, 197 f.

[183]) Vgl. W. SCHAUSBERGER, Ethnos, Kult und Hochkultur, Diss. Grund- u. Integrativwiss. Fak. Univ. Wien, 1996, bes. 11–90.

[184]) Vgl. W. KOPPERS, Grundsätzliches und Geschichtliches zur ethnologischen Kulturkreislehre, in: Beiträge Österreichs zur Erforschung der Vergangenheit und Kulturgeschichte der Menschheit, Bericht über das erste österr. Symposion auf Burg Wartenstein bei Gloggnitz 8.–12. September 1958, Horn 1959, 110–126, bes. 125f.

[185]) Vgl. Schriftenverzeichnis in Festgabe für Oswald Menghin, s. Anm. 129.

[186]) K. JENKINS, Re-thinking History, London-New York 1991, 59–70; DERS., On ‚What is History', London-New York 1995, 1ff.

[187]) I. HODDER, Reading the Past, Cambridge University Press, 1991², 156–181. – R. W. PREUCEL, Processual and postprocessual archaeology, Centres for Arch. Invest., Southern Illinois Univ. occ. paper 10, Carbondale 1991.

[188]) Laut Vorlesungs-Verzeichnis der Universität Wien bzw. für das SS 1945 und WS 1945/46 der Philosophischen Fakultät. Verwendete Abkürzungen: *apl. Prof.* außerplanmäßiger Professor; *Ass.* Assistent; *Doz.* Dozenten neuer Ordnung; *o. P.* ordentlicher Professor; *Pd.* Privatdozent; *pl. ao. Prof.* planmäßiger außerordentlicher Professor; *x* zum Militärdienst eingezogen.

[189]) Graf Adam Orssich sollte auf Wunsch des „Ahnenerbes" von Osw. Menghin betreut werden. Das Ahnenerbe war an Orssich interessiert, weil dieser gute Beziehungen zu König Boris von Bulgarien pflegte und bestrebt war, auch in Bulgarien Ausgrabungen und Forschungen zu betreiben; vgl. KATER, s. Anm. 51, 294.

Revised stratigraphy and chronology of the Willendorf II sequence, Lower Austria

Paul HAESAERTS*), Freddy DAMBLON*), Margit BACHNER**), Gerhard TRNKA**)

Zusammenfassung

1993 wurde in Willendorf in der Wachau (Station Willendorf II) im noch ungestörten Bereich der Fundstelle der berühmten „Venus von Willendorf" ein Lößprofil erstellt, um die bekannte Stratigraphie der neun „Kulturschichten" erneut zu überprüfen und mittels einer Serie von Radiokarbondatierungen in einem neuen geochronologischen Rahmen vorzulegen. Erstmals liegen für das zentrale Mitteleuropa für den Zeitraum von ca. 45.000 bis 24.000 BP ^{14}C-Daten vor. Dies entspricht dem Zeitraum vom letzten Interpleniglazial (Würm II) bis zum Beginn des jüngeren Pleniglazials (Würm III). Anhand des Profilaufschlusses wird die Lößabfolge von Willendorf II in vier Haupteinheiten mit unterschiedlichen Lößabfolgen und mindestens drei Humushorizonten gegliedert.

Die Kulturschichten 1, 2 und 9 konnten nicht erfaßt werden. Für die im untersuchten Bereich bereits fehlende oberste Kulturschicht 9 („Venusschicht") wurde eine Datierung anhand von Knochen aus den alten Grabungen J. Bayers herangezogen.

Die Chronologie von Willendorf basiert auf insgesamt 36 Radiokarbondaten, wobei 26 Daten davon neu sind. Diese stammen großteils von analysierten Holzkohlen wie auch von Tierknochen, die mit den Holzkohlen übereinstimmende Alterswerte ergaben.

Anhand der radiometrischen und stratigraphischen Ergebnisse wird die Anwesenheit des Menschen im Rahmen der klimatischen Abfolge von Willendorf und dem 1995 untersuchten Schwallenbach (Willendorf VI) näher erläutert. Vier positive Klimaschwankungen innerhalb von 42.000 bis 30.000 BP werden als Willendorf-Interstadial (ca. 42.000 BP), Schwallenbach I-Interstadial (ca. 38.000 BP), Schwallenbach II-Interstadial (ca. 32.000 BP) und Schwallenbach III-Interstadial (ca. 30.500 BP) bezeichnet, die jeweils durch kalte und rauhe Klimata unterbrochen sind.

Die Anwesenheit des paläolithischen Menschen in Willendorf ist generell mit diesen vier Interstadialen verbunden. Die erste Begehung im Aurignacien fand während des Schwallenbach I-Interstadials statt und ist mit etwa 39.000–38.000 BP datiert. Das frühe bzw. unterste Gravettien von Willendorf II (Schicht 5) ist mit dem Schwallenbach III-Interstadial zu verbinden und kann zeitlich um 30.500 BP angesetzt werden. Das darauffolgende Gravettien der Schichten 6–9 befindet sich in der oberen Lößfolge und stellt den Übergang vom Interpleniglazial zum jüngeren Pleniglazial (ca. 26.000–24.000 BP) mit einem trockenen Klima dar. Die nicht mehr vorhandene Kulturschicht 9 („Venusschicht") ergab eine Knochenkollagendatierung von 25.000–24.000 BP.

Vergleiche von Böden und Lößprofilen aus Südmähren (Dolní Věstonice und Pavlov II) und Niederösterreich (Stillfried) schließen die Arbeit ab.

Summary

The following paper presents a new geochronological approach to the site Willendorf II. The 1993 section allowed, for the first time in Central Europe, the integration of a coherent data set concerning the stratigraphy, the Upper Palaeolithic archaeology and the chronology of a long period comprised between ±45,000 and ±24,000 BP. This period corresponds to the Interpleniglacial and to the beginning of the Upper Pleniglacial.

After positioning the 1993 section at the same place than the previous 1981 section and regarding the areas excavated by J. Bayer and H. Obermaier from 1908 to 1927 and by F. Felgenhauer in 1955, a short description of the stratigraphic sequence is made. The loess sequence is divided in 4 main units including a succession of loess deposits and of at least three humic horizons.

The geo-archaeological background is controlled by a strict positioning of the various cultural layers comparing the new stratigraphic log with F. Felgenhauer's pictures and with J. Bayer's

*) Institut Royal des Sciences Naturelles de Belgique. Département de Paléontologie. Rue Vautier 29, B-1000 Bruxelles, Belgique.

**) Universität Wien. Institut für Ur- und Frühgeschichte. Franz-Klein-Gasse 1, A-1190 Wien, Österreich.

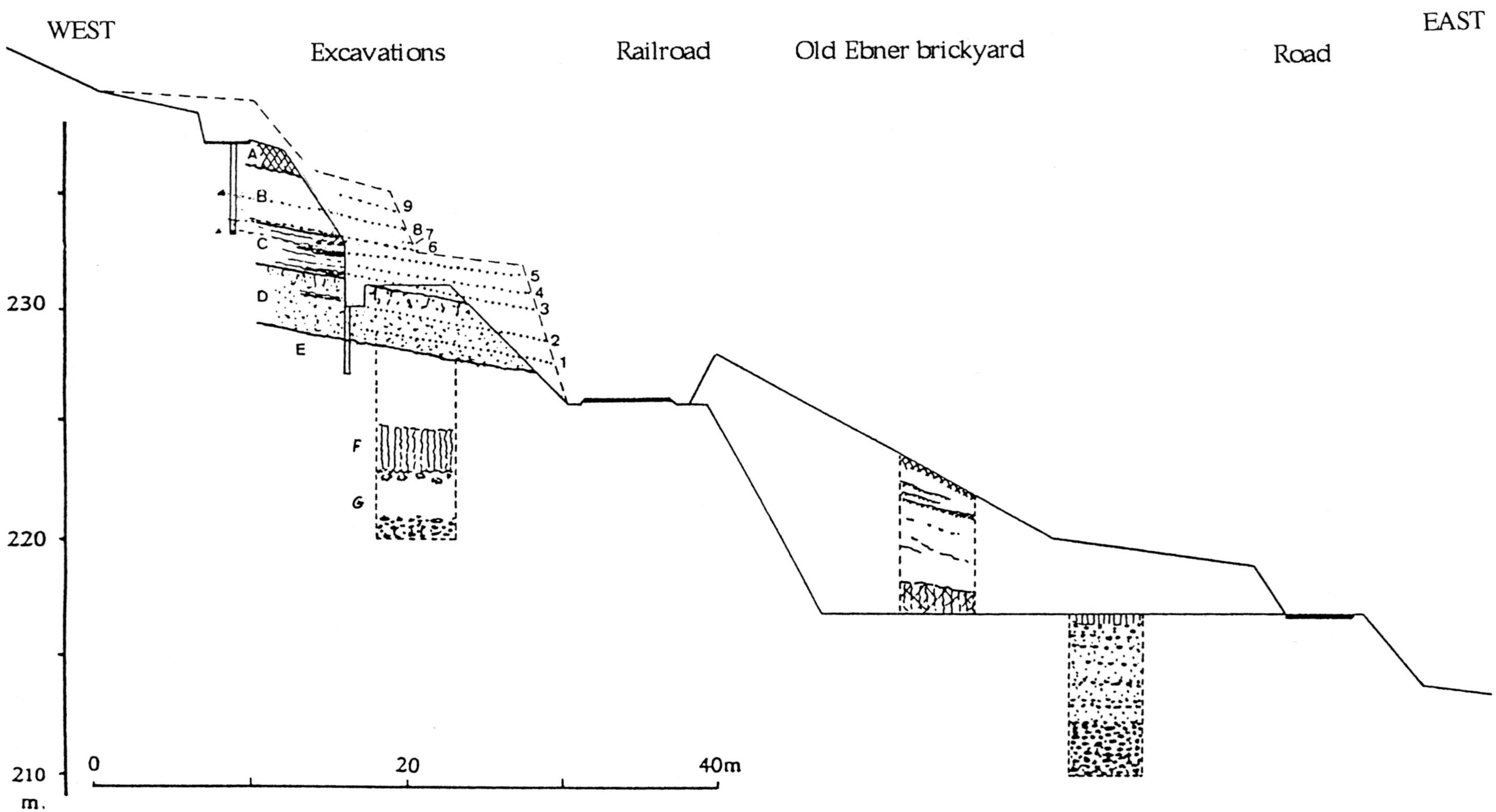

Fig. 1. Willendorf II. Transversal section of the site and position of cultural layers 1 to 9 according to F. Brandtner (1956–1959). Dotted line: initial situation (1955); unbroken line: profile of the present day west wall. A–G stratigraphic units, 1–9 cultural layers.

drawings. In the present sequence, cultural layers 1, 2 and 9 could not be found, the last one being reworked by recent human activities. However, good bone remains from cultural layer 9 could be recovered in the Museum of Natural History, Vienna.

The chronology of the Willendorf II site is built up on 36 radiocarbon dates of which 26 new ones are presented here. The main set of ^{14}C dates comes from charcoal but cross-datings with bone remains were successfully tested. The reliability of the results is guaranteed by the stratigraphic study while the precision and accuracy of the dates are supported by minute anthracological analyses which permitted identification and strong selection of the charcoal pieces for datings.

After a critical examination of the radiometric datings regarding the stratigraphical background, it is possible to propose a general chronology for the human occupations and for the climatic events that are recorded at Willendorf. By these different approaches, four positive climatic oscillations called successively Willendorf (±42,000), Schwallenbach I (±38,000), Schwallenbach II (±32,000) and Schwallenbach III (±30,500) Interstadials, which are separated by cold to harsh events, have been highlighted in the time span comprised between ±42,000 and ±30,000 BP.

The main phases of human occupation during the Interpleniglacial period in Willendorf correspond mainly to major interstadial events. So, the first Aurignacian occupation that occurred during the Schwallenbach I Interstadial is dated around 39,000–38,000 BP while the first Gravettian linked to the Schwallenbach III Interstadial is situated near 30,500 BP. Concerning the more evolved Gravettian facies (cultural layers 6 to 9), they are integrated in the upper loessic cover dating from the transition period between the Interpleniglacial and the Upper Pleniglacial, which corresponds to drier climatic conditions. Finally, the famous cultural layer 9 was dated around 25,000–24,000 BP on collagen extracts from bone.

From a pedostratigraphical point of view, correlations are proposed on the one hand between Willendorf and Schwallenbach I Interstadials and the Bohunice soil in Moravia, and on the other hand between Schwallenbach II and III Interstadials, the Stillfried B soil and the W 2/3 soil at Dolní Věstonice and Stránská Skála.

1. Introduction

Willendorf II, situated on the left bank of the Danube between Melk and Krems, is considered as a major reference sequence for the Upper Palaeolithic and for the loess stratigraphy of the Last Glacial in Lower Austria[1]). As a matter of fact, the excavations carried out by the Museum of Natural Sciences of Vienna between 1908 and 1927 (H. Obermaier and J. Bayer, 1908) and by the University of Vienna in 1955 (F. Felgenhauer), proved the existence of at least nine distinct Palaeolithic layers in the upper half of a loamy cover of about 20 m thick, preserved above a low terrace of the Danube, to the north of the outcome of a small tributary. Cultural layers 9 to 5 were ascribed to the Gravettian and cultural layers 4 and 3 to the classic Aurignacian; cultural layers 1 and 2, not enough documented, could not be attributed to any of the Upper Palaeolithic technocomplexes[2]). Moreover, the importance of the site increased considerably with the discovery of the „Venus of Willendorf“ in cultural layer 9, associated to a rather evolved Gravettian.

From the stratigraphic sequence described by F. Brandtner[3]) and completed in 1981 by one of us[4]), six main loessic and loamy bodies could be recognized above the lower terrace of the Danube at Willendorf II (fig. 1). The first one corresponds to the upper loess cover (unit B) present under the surface soil (unit A); this loess cover of around 3 m thick, comprises the Gravettian layers 9 to 6. The second body consists of about 1.5 m of greyish stratified loess (unit C) and includes the cultural layers 5 to 3, which are usually related to brownish horizons or to ashy stripes; locally, a well-developed stone layer occurs above cultural layer 5. The third body (unit D) of about 3 m thick, is represented by a heterogeneous grey brown loam, including lenses of pedogenised material in secondary position. According to F. Felgenhauer[5]), cultural layer 2 should be situated in the upper third of that unit, whilst cultural layer 1 is supposed to be located at the contact with the underlying loess (unit E). Finally, the lower half of the sequence includes two pale yellowish loess deposits (units E and F), separated by a reddish brown partly reworked clayey pedologic horizon with calcic concretions at the bottom (unit G).

Until quite recently only ten ^{14}C datings were available for Willendorf II, ranging from ±41,500 (upper unit D) to 25,800 BP (lower half of unit B)[6]). Although these dates confirmed the attribution of the geo-archaeological sequence to the major part of the Interpleniglacial and to the beginning of the Upper Pleniglacial, they only provided little information about the chronology of the main Gravettian layers (cultural layers 6 to 9). Thus the necessity of a new stratigraphic and chronological approach for the sequence of Willendorf II was imperative regarding the remarkable potential of that geo-archaeological record which asserts itself more and more as a reference for the Upper Pleistocene in the middle Danube Basin[7]).

This opportunity was offered in 1993 at the occasion of the "Hugo Obermaier Tagung", held in

Krems from April 13 till April 17. It was put into effect through the cleaning of a 5.50 m high and 3 m wide section by a joint team of the Institute for Pre- and Protohistory of the University of Vienna and of the Royal Belgian Institute of Natural Sciences. Besides the stratigraphic reading's reactivating, exhaustive samples intended for diversified analyses (sedimentology, palaeopedology, malacology, palaeobotany, ^{14}C dating, TL stratigraphy and TL dating) were taken at this occasion. Particularly, the goal was to collect samples for ^{14}C dating from a maximum of stratigraphic and archaeological layers, notably from the "Venus" cultural layer 9, in order to establish a fine chronology of the sequence.

2. The 1993 field record

Planimetric and altimetric positioning of the section

The 1993 section was opened in the middle part of the site, at the same place as the profile cleaned in 1981[8]), this means in the southwestern corner of the area excavated by F. Felgenhauer in 1955. The position of the 1993 section along a longitudinal north-south axis was accurately fixed regarding the four boundary stones delimiting the cadastral parcel B-31/3 (fig. 2). As a matter of fact, these boundary stones were formally used to confine the areas excavated by J. Bayer and H. Obermaier from 1908 till 1927, as well as those excavated by F. Felgenhauer in 1955. It was therefore possible to localise the left corner of the 1993 section at a distance of 21 m north of the referential point 0 used by J. Bayer and at a distance of exactly 20 m south of the boundary stone marking the northern limit of the 1955 excavations[9]).

Concerning the altimetric reference mark, the 0 m level of the 1993 section was fixed at the top of the loamy basement of the railway cut near the southern limit of the excavation field, which corresponds more or less to the 0 m altimetric level used by J. Bayer and H. Obermaier[10]).

The 1993 stratigraphic sequence

Generally, the section cleaned in 1993 concerns only the upper half of the Willendorf sequence as described by F. Brandtner[11]). It offers a stratigraphic record very similar to that observed in the same place in 1981[12]), but also to the profile of the southwestern corner of the 1955 excavation as figured by F. Felgenhauer[13]). Still, some differences appear mainly concerning the lower part of unit B, as well as the distribution of the humiferous horizons in unit C. These differences can be explained partly by the slight retreat of the wall but mostly by the quality of the cleaning of the 1993 section, whose width was extended to 3 m, thus allowing a better control of the lateral distribution of the lithostratigraphic units. The succession of the observed deposits, which all contain rather high amounts of carbonates and abundant mollusc assemblages, is the following (fig. 3, from top to bottom).

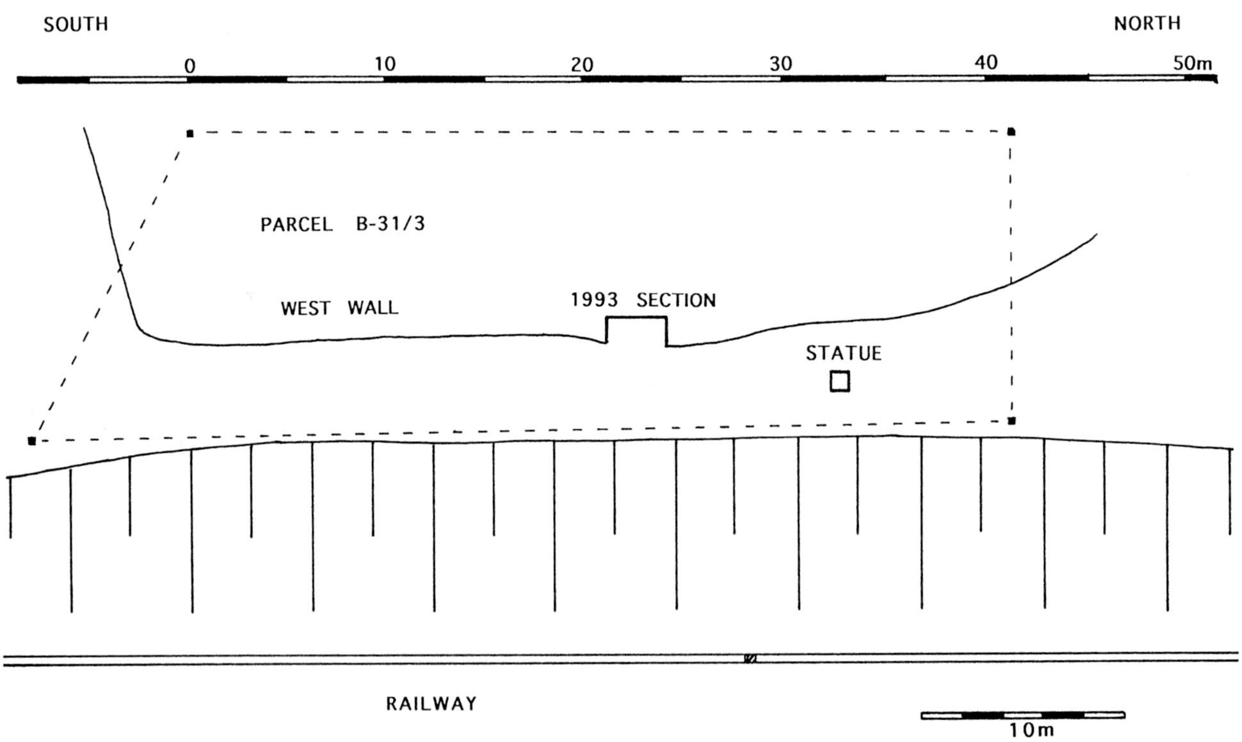

Fig. 2. Willendorf II. Location of the 1993 section.

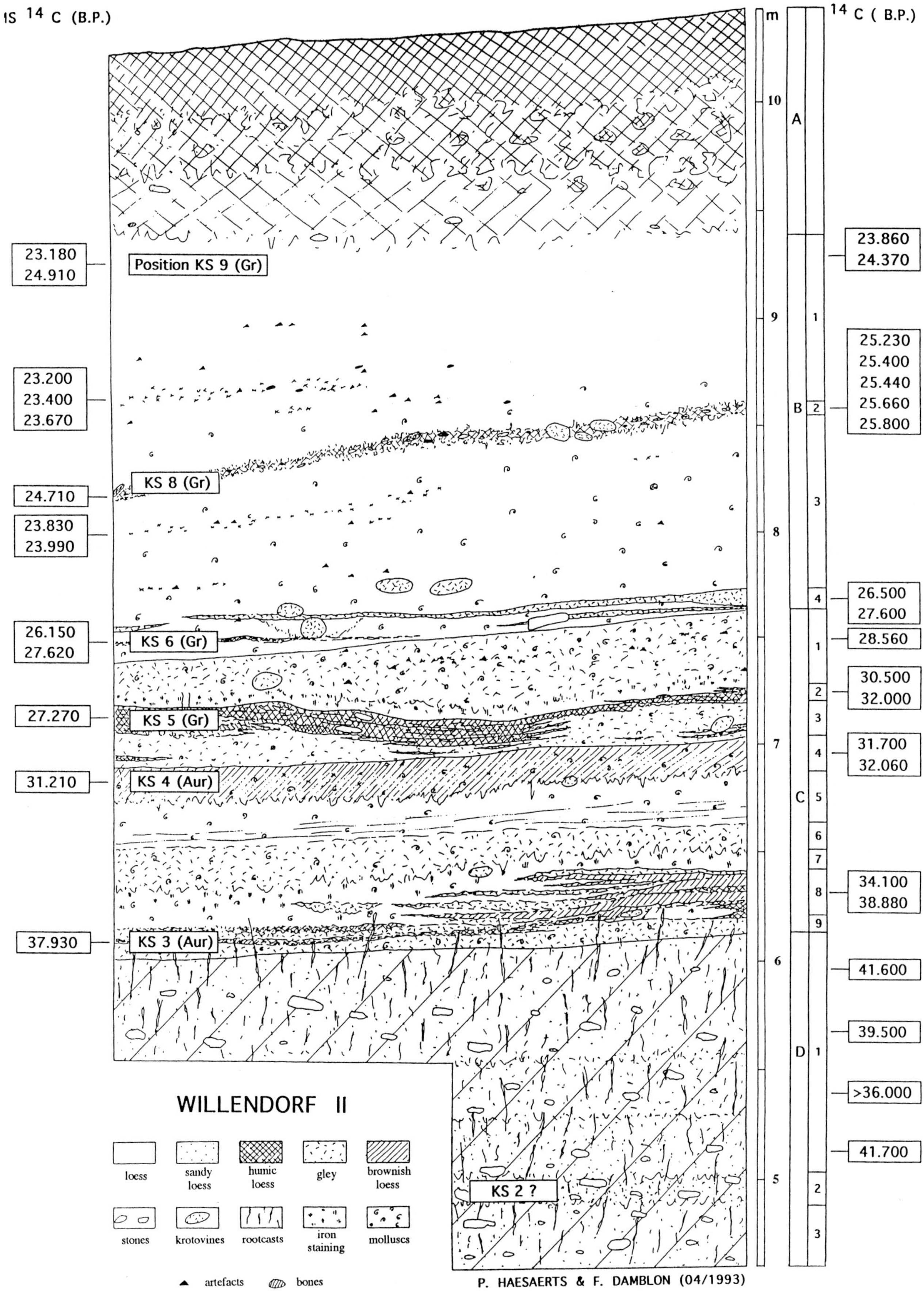

Fig. 3. Willendorf II. Stratigraphy and chronology of the 1993 section.

Unit A : from ±10.30 to ±9.40 m

Thick humic horizon in keeping with the topography of the slope; it comprises charcoal fragments and modern pottery elements. Bioturbations and humic infiltrations depending on this horizon affect the underlying loess over a depth of a few decimeters.

Unit B : from ±9.40 m to ±7.55 m

Upper loess cover made of two pale yellowish homogeneous loess layers (subunits B1 and B3); in the top part of the upper layer (B1), some fragments of modern pottery were found scattered over a depth of about 20 cm.

Subunits B1 and B3 are separated by a ±5 cm thick continuous light brownish horizon, underlined by abundant traces of rootlets (subunit B2). It contained rather numerous flint artefacts mixed with bone fragments and small charcoal elements; in the left corner of the section, a 30 cm in diameter pocket-like structure cercled with stones and containing abundant charcoal was present at this level. Above and below this horizon, small scattered pieces of charcoal and some rare artefacts were found over a thickness of 10 to 15 cm in the loess subunits B1 and B3.

The basal part of the upper loess cover is underlined by several thin lenses of pale grey loess (subunit B4), locally associated with a slightly rounded sandstone slab of about 15 cm in diameter; in the left part of the section, stretched lenses rich in charcoal were also preserved.

Unit C : from ±7.55 to ±6.05 m

This unit comprises a complex loess set of about 1.50 m thick, subdivided in 9 subunits. They consist mainly of bleached light grey horizons (subunits C1, C6 and C9) and of pale yellowish loess layers (subunits C3, C5 and C7); three dark to light brownish humiferous horizons with charcoal concentrations in variable proportions are interstratified within this set (subunits C2, C4 and C8); a fourth concentration of charcoal was also present, together with a few artefacts in the middle part of the upper bleached loess horizon (subunit C1).

The upper humic horizon (subunit C2) is the best expressed; it is a decimetric dark brown layer stretched by solifluction and locally split in two sublayers; charcoals were found together with some artefacts and reddish burned loam fragments. The second humic horizon (subunit C4) is weakly developed and contains only a few charcoal pieces; it lies around 20 cm under the first one but was not disturbed. Finally, the third humic horizon is present in the lower part of unit C under the form of brownish grey lenses entirely stretched by solifluction (subunit C8) and containing ashy stripes with high concentration of charcoal in the left corner of the section.

Unit D (pro-parte) : from ±6.05 to ±4.70 m

It consists of a heterogeneous ochre yellowish loam, characterized by a fine well-developed polyhedral structure and by a definite carbonate enrichment under the form of white coatings along rootlets and within biogaleries. Stone fragments and charcoal are also abundant and spread within the mass with, however, a stronger concentration of stones associated to a decimetric layer of brownish grey loam about 1.10 cm under the top of the unit. Only the upper half of unit D is represented in the section but its basement was found in a borehole made with a hand auger, at the altimetric level of ±2.90 m, on top of 1.5 m pale yellowish loess, which corresponds to unit E of the former stratigraphic sequence (fig. 1).

3. Geo-archaeological background

A main point to be solved deals with the positioning of the cultural layers of Willendorf II, as recorded during the 1908–1927 excavations, with regard to the 1993 stratigraphic sequence. In that respect, the data collected by F. Felgenhauer during the 1955 excavation are of great importance. For instance, the stratigraphic position of the cultural layers 3, 4 and 5 is distinctively indicated on two pictures of the western wall taken at the southern edge of the 1955 excavation. They show a stratigraphic succession almost identical to that of the 1993 section[14]); on both pictures the cultural layers 3, 4 and 5 are undoubtedly related to three light to dark brownish horizons corresponding respectively to subunits C8, C4 and C2. These direct correlations were confirmed to us in November 1996 by F. Felgenhauer.

On the other hand, the good correlation between the geometric position of the three brownish marker horizons of the 1955 section and that recorded for cultural layers 3, 4 and 5 during the 1908–1927 excavations was also controlled by F. Felgenhauer (personal communication). The good concordance between the two last sets of data is also illustrated in figure 4 showing the geometric distribution of the main cultural layers of Willendorf II on the wall of the railway trench and on the west wall of the excavation site with regard to the 1993 section, as it could be restituted using the planimetric records drawn by J. Bayer for each cultural layer[15]).

It clearly appears from figure 4 that cultural layer 2, which could not be found back in the 1993 section, most probably corresponds to the subunit D2, while cultural layers 6 to 9 all belong to the upper loess cover (unit B), as stated by F. Felgenhauer[16]). More especially, this figure also confirms the positioning of cultural layer 8 in the middle part of the upper loess cover at the level of subunit

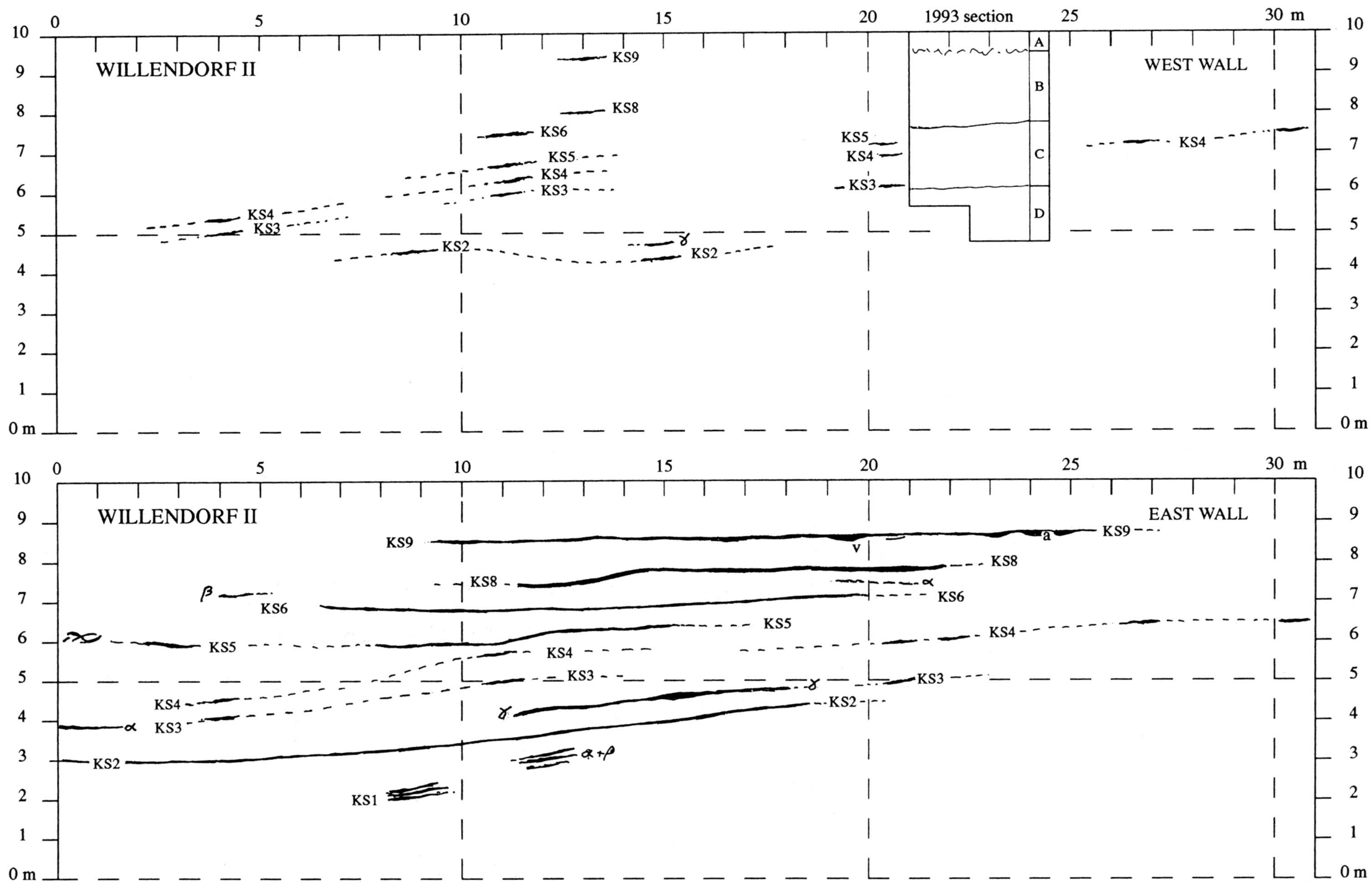

Fig. 4. Willendorf II. Geometric distribution of the main cultural layers on the wall of the railway trench (east wall) and on the west wall of the excavation site with regard to the 1993 section.

B2, while cultural layer 6 most probably corresponds to subunit B4.

Concerning the position of cultural layer 9 with the "Venus", figure 4 shows that this was recorded by J. Bayer in the west wall in P. 13 (this means 8 m to the south of the 1993 section) at an elevation of +9.30 m above the railway, where it occurred ±10 cm below a thick reworked soil horizon[17]). Taking into account the almost sub-horizontal distribution of layer 9 in the central part of the excavated area, it means that the same layer should have been found at the uppermost part of subunit B1 in the 1993 section but obviously it was not the case. Such an absence is surely due to anthropogenic reworking of the top of subunit B1 as demonstrated by the occurrence of recent pottery debris in that horizon. Further, a possible connection of layer 9 with the scattered charcoal horizon at the elevation of +8.75 m in the lower part of subunit B1 seems very improbable with regard to the general geometry of the layers as restituted by J. Bayer.

Trying to find back cultural layer 9 higher up along the slope, a set of borings was made with a hand auger at the back of the west wall on a distance of ±10 m to the south of the 1993 section. Unfortunately all pieces of charcoal encountered down to a depth of ±2m in the different borings belonged to temperate taxa (*Quercus, Fagus*, etc., see table 1, unit A), this assemblage being typical of the Holocene or even of the Subatlantic period. This demonstrates that the upper part of the loess cover containing the cultural layer 9 was completely reworked in this area due to recent human activity.

4. Anthracology

Methodology

The chronology of the Willendorf II site is built up mainly on radiocarbon datings from charcoal and from bones. Therefore, the palaeoanthracological study of the material reaches major importance not only for palaeoenvironmental reconstruction but also for a strict control of the carbon destined for dating.

At first, it is of fundamental importance to stress the fact that anthracological sampling covers eleven stratigraphical levels which represent the main sedimentation and soil formation phases observed in the new sequence of Willendorf II. The distribution of the samples is as follows; upper part of unit D: 2 samples; unit C: 4 samples; unit B: 4 samples; unit A: 1 sample.

The method and techniques concerning all preparation steps of charcoal for anthracological analysis and ^{14}C datings were presented and discussed in Damblon *et al.*[18]). It is worthwhile stressing the fact that the reliability, accuracy and precision of the datings are guaranteed by the control of the stratigraphic origin of each sample, by an adapted laboratory treatment leading to the elimination of most contaminants, by the taxonomic determination of charcoal and by the selection of conifer pieces for datings that should prevent any mixing up with recent material.

Anthracological results

The results are summarised in table 1 in which the amounts of charcoal are presented in classes of relative values.

The principal caesura is obvious between unit A and the underlying ones. The first assemblage in unit A, with *Quercus, Fagus, Acer* and *Cornus* which are still present around the site, seems typical of the Holocene, probably of the Subboreal-Subatlantic period. On the contrary, the lower assemblages in units D to B, with *Larix, Picea* and *Pinus* are of boreal type.

The temperate taxa were extracted from the basal part of the top soil and from the transition between this soil and the underlying loess where the famous cultural layer 9 was searched. The occurrence of Holocene taxa in that upper deposits confirmed their recent, and certainly mixed, origin and excluded the presence of possible in-situ remnants of cultural layer 9 in this section.

The main feature in the Pleistocene assemblages is the dominance of *Picea* charcoal from unit D up to unit B. Pieces of the *Larix* type were observed only in unit D. The two anatomical types of *Pinus* (*diploxylon – sylvestris* type and *haploxylon – cembra* type) were observed : the first one was present in subunits C2 to B2 whilst the second one ranged from subunit C1 up to the top loess B1. No remains of *Abies* mentioned by Fietz[19]) in cultural layers 4 and 5 were found.

Charcoal from small trees and liana *(Salix, Betula, Lonicera)* was also recorded in the humic horizons C8 and C2. It can also be mentioned that small pieces of melted charred axes without identifiable structure were observed in this C2 horizon. The origin of such pieces seems dubious and could result from intrusive material. Some carbonised fruits and seeds, mainly from Caryophyllaceae, were found essentially in subunits C8 and C2 i.e. in humiferous horizons.

Given the limited extent of the charcoal sampling in the site, we think that the distribution of the charcoal in the stratigraphy cannot be interpreted as a direct image of general modifications in the vegetation. We prefer interpreting the record globally as a local picture of the Upper Pleistocene vegetation around Willendorf, even if some climatic

Tab. 1. Willendorf II. Charcoal and macroremain analysis

WILLENDORF II (4 / 93) charcoal and macroremains

Sedimentary Units	D1 mid.	D1 up.	C 8	C 4	C 2	C 1	B 4	B 3	B 2	B 1	A
Cultural Layers (C.L.)	-	-	C.L. 3	C.L. 4	C.L. 5	below C.L. 6	C.L. 6	below C.L. 8	C.L. 8	above C.L. 8	-
Charcoal											
Fagus sylvatica	-	-	-	-	-	-	-	-	-	-	**
Quercus decid.	-	-	-	-	-	-	-	-	-	-	*
Acer	-	-	-	-	-	-	-	-	-	-	*
cf. Cornus	-	-	-	-	-	-	-	-	-	-	*
cf. Betula	-	-	-	-	+	-	-	-	-	-	*
Lonicera sp.	-	-	-	-	*	-	-	-	-	-	-
cf. Salix	-	-	+	-	-	-	-	-	-	-	-
Pinus cembra type	-	-	-	-	-	*	*	**	*	*	-
Pinus sylvestris type	-	-	-	-	**	*	*	-	*	-	*
Pinus	-	-	-	+	-	-	-	-	-	*	-
Picea	**	***	***	***	***	**	**	**	***	***	+
Larix/Picea	**	*	-	-	-	-	-	-	-	-	-
cf. Chenopodiaceae	-	-	+	-	-	-	-	-	-	-	-
Nb. of identified pieces	142	171	137	36	61	47	160	16	537	166	115
Carbonised fruits/seeds											
Galium sp	-	-	-	-	1	-	-	-	-	-	-
Apiaceae	-	-	-	-	1	-	-	-	-	-	-
Vicia sp	-	-	-	-	1	-	-	-	-	-	-
Medicago sp	-	-	1	-	-	-	-	-	-	-	-
Rumex sp	-	-	1	-	-	-	-	-	-	-	-
Lychnis flos cuculi	-	-	8	-	-	-	-	-	-	-	-
Potamogeton sp	-	-	1	-	-	-	-	-	-	-	-
Caryophyllaceae	-	1	-	-	-	-	-	-	-	-	-

Legend : (analysis: F. Damblon)
Charcoal: + : isolated piece, * : < 25 %, ** : 25 - 50 %, *** : > 50 % of the total
Fruits/seeds: number of pieces

ameliorations are suspected to have generated the humiferous horizons C2 and C8.

In any case, and taken as a whole, the charcoal assemblages clearly show that *Picea* formed the essential part of the arboreal stratum on the loess that covered the slopes of the Wachau. It is probable that pine trees have subsisted in the region during the whole Interpleniglacial and the Upper Pleniglacial, while larch would have been more developed during the time period corresponding to unit D. In fact, the palaeolandscape of the region can be understood as extensions and retractions of the conifer forest element following the climatic variations, while deciduous trees were restricted to galleries on the Danube river banks.

5. The ^{14}C dates and radiocarbon chronology

Presentation of the dates

According to the standard procedure followed in all ^{14}C-laboratories, the radiocarbon ages are reported in B.P. which implies correction for isotopic fractionation by means of ^{13}C-calibration[20]) was not achieved in this study in order to make comparisons between sites easier. GrN sigle refers to conventionnal measurements and GrA to accelerator mass spectrometry datings.

Table 2 shows the already available data and the new dates. In order to facilitate comparisons and the evaluation of the reliability of the results, a graph has been drawn with the distribution of dates in a stratigraphic order (fig. 5). In each

Tab. 2. Willendorf II. Radiocarbon dates. Previous results and new Sc-004 results. References of authors: F.D. 96/Sc-004 = DAMBLON et al., s. ref. 18, P.H.90 = HAESAERTS, s. ref. 1, 7, F.F. 59 = FELGENHAUER, s. Anm. 2, V. & Z. 67 = J. C. VOGEL, W. H. ZAGWIJN, Groningen radiocarbon dates VI, Radiocarbon 9, 1967, 63 ff.

WILLENDORF II : radiocarbon dates

n°	sediment. subunit (U)	cultural layer (KS)	n° date	14 C age (BP)	1 sigma	material	weight (g)	authors
1	B 1	9	GrN - 21898	23,860	270	long bone, brown p. (fract. 1)	> 50	F.D.96 / Sc-004
2	B 1	9	GrN - 22208	24,370	290	long bone, brown p. (fract. 2)	> 50	F.D.96 / Sc-004
3	B 1	9	GrA - 5006	24,910	150	long bone, white part	32,00	F.D.96 / Sc-004
4	B 1	9	GrA - 5005	23,180	120	mammoth scapula	26.90	F.D.96 / Sc-004
5	B 1	above 8	GrA - 893	23,200	140	charcoal	0.11	F.D.96 / Sc-004
6	B 1	above 8	GrA - 493	23,400	190	charcoal	0.59	F.D.96 / Sc-004
7	B 1	above 8	GrA - 494	23,670	120	charcoal (duplo of n°6)	0.59	F.D.96 / Sc-004
8	B 2	8	GrA - 917	22,180	190	collagen extr.	0.031	F.D.96 / Sc-004
9	B 2	8	GrA - 894	24,710	180	charcoal	0.84	F.D.96 / Sc-004
10	B 2	8	GrN - 17801	25,230	320	charcoal	3.67	F.D.96 / Sc-004
11	B 2	8	GrN - 17802	25,660	350	charcoal	3.35	F.D.96 / Sc-004
12	B 2	8	GrN - 21690	25,400	170	bones	> 50	F.D.96 / Sc-004
13	B 2	8	GrN - 20767	25,440	170	bones	> 50	F.D.96 / Sc-004
14	B 2	8	GrN - 11191	25,800	800	charcoal	-	P.H. 90
15	B 3	below 8	GrA - 491	23,830	200	charcoal	0.28	F.D.96 / Sc-004
16	B 3	below 8	GrA - 492	23,990	130	charcoal (duplo of n°15)	0.28	F.D.96 / Sc-004
17	B 4	6	GrN - 17803	27,600	480	charcoal	2.28	F.D.96 / Sc-004
18	B 4	6	GrN - 20768	26,500	480	charcoal	2.15	F.D.96 / Sc-004
19	B 4	6	GrA - 1016	26,150	110	charcoal (duplo of n°18)	2.15	F.D.96 / Sc-004
20	B 4	6	GrA - 895	27,620	230	charcoal	0.9	F.D.96 / Sc-004
21	C 1	below 6	GrN - 17804	28,560	520	charcoal	5,00	F.D.96 / Sc-004
22	C 2	5	GrN - 11194	23,830	190	humus	-	P.H. 90
23	C 2	5	GrA - 218	27,270	290	charcoal	0.71	F.D.96 / Sc-004
24	C 2	5	GrN - 11193	30,500	900/-800	charcoal	-	P.H. 90
25	C 2	5	H - 246/231	32,000	3000	charcoal	-	F.F. 59
26	C 4	4	GrA - 501	31,210	260	charcoal	0.74	F.D.96 / Sc-004
27	C 4	4	H - 249/1276	31,700	1800	charcoal	-	F.F. 59
28	C 4	4	GrN - 1273	32,060	250	charcoal	-	V. & Z. 67
29	C 8	3	GrN - 11192	34,100	1200/-1000	charcoal	-	P.H. 90
30	C 8	3	GrA - 896	37,930	750	charcoal	0.32	F.D.96 / Sc-004
31	C 8	3	GrN - 17805	38,880	1530/-1280	charcoal	5.94	F.D.96 / Sc-004
32	D 1 up.	-	GrN - 11190	39,500	1500/-1200	charcoal	-	P.H. 90
33	D 1 up.	-	GrN - 17806	41,600	4100/-2700	charcoal	3.53	F.D.96 / Sc-004
34	D 1 mid.	-	GrN - 17807	> 36,000	-	charcoal	2.07	F.D.96 / Sc-004
35	D 1 mid.	-	GrN - 11195	41,700	3700/-2500	charcoal	-	P.H. 90
36	D 3 ?	1 ?	GrN - 1287	30,530	250	charcoal	-	V. & Z. 67

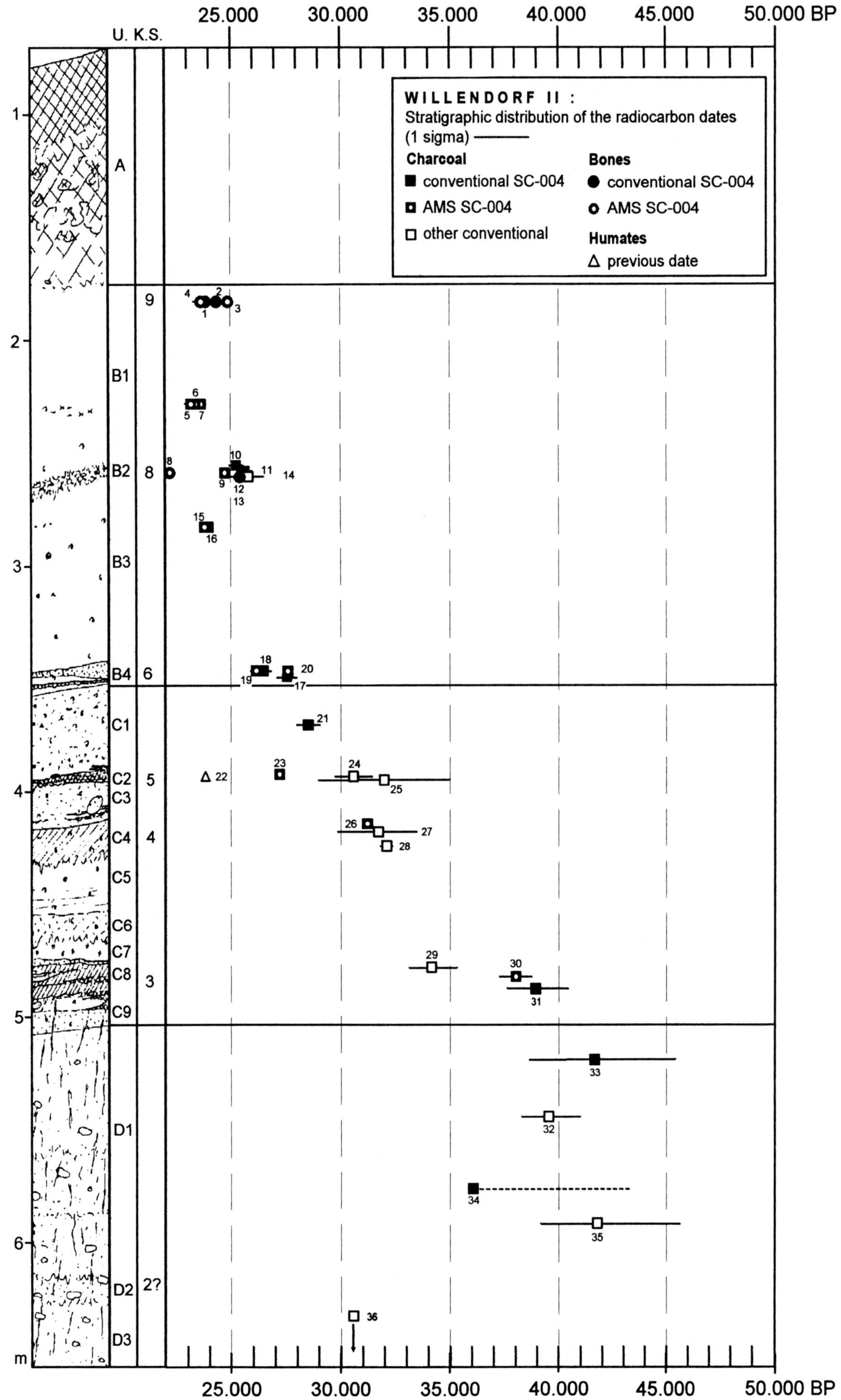

Fig. 5. Willendorf II. Stratigraphic distribution of the whole dates. Legend: from left to right: depth in m, stratigraphic column, U: stratigraphic units (A–D) and subunits (1–9), K.S.: cultural layers (2–9), distribution of the dates following stratigraphy.

sedimentary unit the dates are regrouped in chronological order. The selected data is represented in a second type of graph (fig. 6) which synthesizes the chronological and chronostratigraphical interpretations of the site. The first column situates the chronological position of the Interstadials recognised in the regional area essentially by the paleosols. The second gives the chronological position of the samples selected which have been extracted from the sedimentary units and the third column illustrates the chronostratigraphical interpretation of the local sequence.

Results

On a total of 36 dates, 26 new dates (Sc-004) for the Willendorf II site are presented here (tab. 2). A particular effort was made to date a maximum of sedimentary units and cultural layers. Amongst the new dates Sc-004, 19 were made on charcoal and 7 on bone remains.

The discussion on all the dates has already been published[21]). The necessity to discard 3 dates emerges from the analysis of the results, in particular n° 8 (subunit B2) which comes from a collagen extract previously made for a palaeo-immunological test, n° 22 (subunit C2) from a contaminated humus extract, and n° 36 (subunit D3 ?) from a horizon of erroneous stratigraphic attribution.

Unit D

The four dates of the upper part of unit D range from 41,700 to 39,500 (n° 35 and 32 in subunit D1). They must be considered as a whole notably because the dispersion of the charcoal pieces in the deposit was important while the large sigmas of the dates derive from mineralised samples with low carbon content, just at the limit for the period concerned.

Unit C

The humiferous horizon C8 solifluated in the lower part of unit C provided 3 dates (n° 29, 30 and 31) coming from the same charcoal concentration associated with the first Aurignacian occupation (cultural layer 3). The two dates n° 31 and 30 between 39,000 and 38,000 BP seem to fit in the general chronological sequence as well. On the contrary, the date n° 29 (34,100) seems clearly too young, which could originate in the fact that this sample collected in 1981 was at the minimal carbon weight limit and was not the object of the strong selection and the optimal treatment applied to the following Sc-004 samples.

A third set of three datings (n° 26, 27, 28) was realized on samples collected in the tiny brown-greyish horizon (subunit C4) incorporating the second Aurignacian occupation (layer 4). The totality of the results is remarkably coherent for the time period (around 32,000–31,200) but the AMS measurement (n° 26: 31,210) seems a little younger in comparison with the two others (n° 27: 31,700 and 28: 32,060), probably because of an aggravation of a slight contamination on the small sample. The sigmas cover each other even if abstraction of the date n° 27 (31.700) with its large sigma (±1800) is made. Actually the age around 32,000–31,700 seems most probable.

Concerning the well-developed humic horizon C2 which includes the first Gravettian cultural layer 5, the AMS date n° 23 (27,270) is discarded for contamination reason whilst the precision of the conventional n°25 (32,000) is lowered by its large sigma (±3,000). Only the conventional n° 24 (30,500) coming from a big charcoal cluster seems satisfactory and well integrated in the stratigraphic sequence between subunits C4 and C1.

The unique date n° 21 (28,560) obtained from a charcoal cluster found in the C1 loess below cultural layer 6 perfectly fits in the general sequence. It can be considered as a maximum age for the upper part of the unit C.

Unit B

For the first time, a set of four dates is available for the basis of the upper loess cover (unit B) which also corresponds to cultural layer 6. They come from a charcoal cluster collected in the solifluated subunit B4 which includes reworked parts from the top of unit C.

The results of these four datings are illustrative of the interpretation problems that can occur when cross-dating in the loess. In fact, two samples were taken in the same charcoal lens preserved on the left side of the section. The first one provided the date n° 17 (27,600) while the second one yielded the dates n° 18 (26,500), n° 19 – an AMS duplo of n° 18 – (26,150) and n° 20 (27,620). The consequence is two groups of two dates separated roughly by 1,100 years of which three dates (one conventional and two AMS, among which a duplo) come from the same sample. Such an apparent contradiction can be interpreted as an effect of a contamination marking at the same time the conventional and the AMS measurements or, most probably, the effect of the solifluction bringing older elements into subunit B4. The latter observation is confirmed by field data. On this basis, the subunit B4 and the related cultural layer 6 should be dated around 26,500 to 26,150 BP.

A major concentration of charcoal was discovered in a hearth-like structure with surrounding stones at the left side of the horizon B2. This undoubtedly was a trace of cultural layer 8. Such a cluster allowed to test conventional cross-dating. The two conventional dates (n° 10: 25,230 and n° 11:

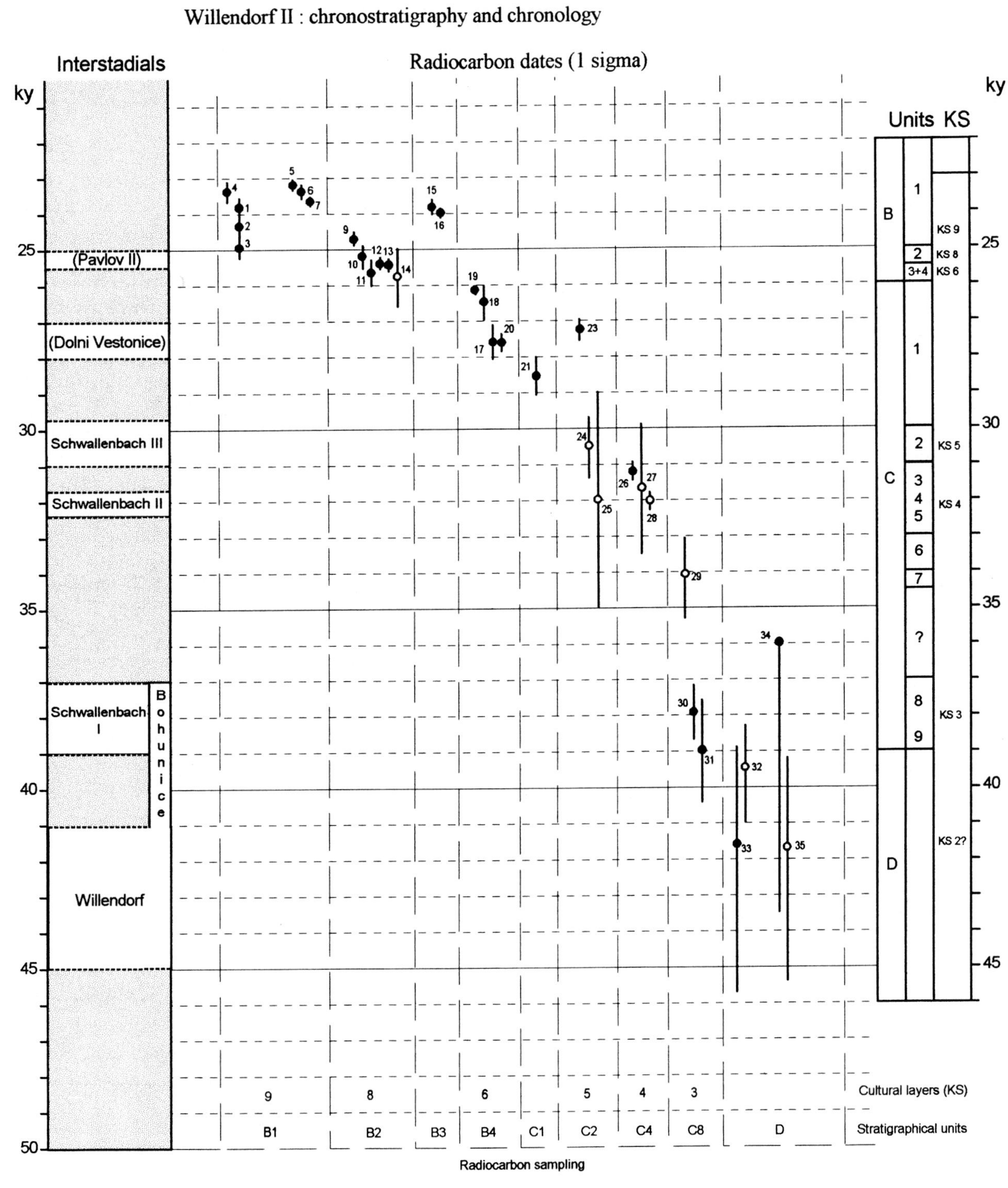

Fig. 6. Willendorf II. Chronostratigraphy and chronology of the site. The central column gives the chronological distribution of the ^{14}C dates by stratigraphical unit and by cultural layer. Symbols: black: Sc-004/GrN & GrA dates; white: other previous dates. Right side: local chronostratigraphy; left side: chronostratigraphy for Central Europe. Both left and right sides are interpretative.

25,660) on the same charcoal cluster confirm the previous date 25,800 (n° 14) obtained in 1981 on charcoal pieces dispersed in the same layer[22]).

Moreover, two dates on bones collected just in the middle of the horizon B2 (n° 12: 25,400 and n° 13: 25,440) perfectly fit in the same time span. In the present case, the dates on charcoal frame the dates on bones. Therefore, a slight updating of the AMS (n° 9: 24,710) can be stated as a result of some contamination by rootlets. Finally, the figures 5 and 6 illustrate the concentration of the dates around 25,500 BP. Such results demonstrate the real accuracy, precision and reliability of conventional datings on charcoal and on bones from Upper Palaeolithic sites when they are realized in very good conditions.

The datings on the B3 and B1 subunits must be considered separately taking into account the scattered distribution and the small size of the charcoal fragments in these subunits. In the case of subunit B3, a clear updating is observed with regard to the ages obtained from subunit B2. A double AMS dating (n° 15 and n° 16) has given an age between 23,830 and 23,990, abstraction made of the sigma. A slight contamination suffices for such an updating of the material within the subunit B3 to have been highlighted by the AMS. A same kind of updating probably affected the three AMS dates of the B1 loess which are very concentrated between 23,200 and 23,670 (n° 5, 6 and 7) with a rather small sigma, if we consider the almost systematic updating stated for the AMS at Willendorf II and regarding the ages on bones from the overlying cultural layer 9.

Dating the cultural layer 9

One of the main objectives of the 1993 research programme was to gain reliable dates from cultural layer 9 (the "Venus" layer). Unfortunately, it was not possible to find in situ remains of this layer which was expected to be at the topmost part of unit B. As a consequence, we have selected in the collection of the Museum of Natural History in Vienna the best large remains of bones uncovered in the 1927 excavation by J. Bayer and which were still in a state to undergo a safe radiometric dating. Therefore we have taken a large piece of a long bone together with a piece of mammoth scapula labelled "Willendorf II, Venusgrube" by J. Bayer. However the treatment of these bones with a preservative and the reconstruction of the shoulder-blade with glue represented a serious inconveniency. After removing the outer brownish part of the bones and extracting collagen in the Groningen laboratory, datings were attempted not only on the whitish central part of both pieces of bones (n° 3 and 4) but also on the remaining brownish debris (n° 1 and 2) of the long bone.

Altogether the time span of the different datings range between 24,910 (n° 3) obtained on the dense and white part of the long bone and 23,180 (n° 4) which comes from the scapula.

Clearly, the bone age increases with the density and the conservation state of the material so that the date n° 3 (24,910) appears to be the most reliable whilst the younger ages of the outer part of the same bone piece (n° 2: 24,270) can be easily explained by the difficulty of removing completely the chemical preservative used at the Vienna Museum. This phenomenon could also be at the origin of the youngest date (n° 4: 23,180) of the shoulder-blade piece which was somewhat spongious, even in its inner part, and probably more contaminated with the preservative. Consequently and with the present data, the age of cultural layer 9 can be estimated between 24,910 and 23,860 BP considering that the oldest age is the most probable.

The next table 3 summarizes the chronological limits of the successive sedimentary subunits and/or cultural layers as suggested by the available radiocarbon data.

Finally, the second graph (fig. 6) represents the chronological distribution of the reliable dates with regard to their stratigraphic origin (radiocarbon sampling) and gives our proposals for the local (right) and general (left) chronostratigraphical interpretations after the comparison with other sites in Central Europe.

Comments on the radiocarbon dates

The precise stratigraphic origin of the sample was the first aim to achieve and it can be ascer-

Tab. 3. Willendorf II. Chronological ^{14}C limits attributed to the cultural layers and/or to the sedimentary subunits

pedology	sedimentary subunits (cultural layers)	industry	probable time limits	interstadials
loess	B1 (C.L. 9)	Gravettian	24,900 - 23,900	-
humiferous horizon	B2 (C.L. 8)	Gravettian	25,800 - 25,200	(Pavlov II)
loess	B4 (C.L. 6)	Gravettian	26,500 - 26,100	(Dolni Vestonice)
bleached loess	C1	-	± 28,600	-
humiferous horizon	C2 (C.L. 5)	Gravettian	± 30,500	Schwallenbach III
humiferous horizon	C4 (C.L. 4)	Aurignacian	32,100 - 31,200	Schwallenbach II
humiferous horizon	C8 (C.L. 3)	Aurignacian	38,900 - 37,900	Schwallenbach I
brownish loam	D1	-	± 42,000	Willendorf

tained for all samples collected and dated from the Willendorf II sequence. With the help of minute stratigraphical recordings the direct relevance of the datings can be guaranteed.

A critical examination of the results confirms the reliability of charcoal as one of the safest material for radiocarbon dating. Of course, all results are not 100 % satisfactory due to uncontrolable effects of contamination but the careful trial of the fossil material and selection of the appropriate pieces have given a firm basis to obtain the best results possible. This has been verified with multiple datings on the same level, for example on the subunit B2 (cultural layer 8) of Willendorf II.

Moreover, we should not complain about unburnt bones – once again on the condition to be sure of their precise stratigraphic origin and of the absence of reworking and contamination – which have given results of good precision and security at Willendorf II.

In the present state of the work, the AMS results are somewhat younger than conventional ones. This is exemplified in the Willendorf II sequence where repeated datings on various levels (subunits C8, C4, C2, B2, below and above B2) have given younger AMS. The only explanation for such a distortion could be the extreme sensitivity of the AMS to the least contamination especially for low ^{14}C content material. The main source of contamination inducing updatings seems to be intrusion of rootlets. Such phenomenons could have happened in particular in subunit C2 (cultural layer 5) where abundant rootlets were concentrated in the humic horizon. Still the intrusive phenomenon should not be overestimated since the great majority of the results is reliable. An other source of distortion for datings could also have come from solifluction as suspected in subunit B4 which draws the contact between units C and B.

As expected, results obtained from the Groningen laboratory (GrN, GrA) are really satisfactory even with small samples at the carbon weight limit (±50 % C / 2 g) for conventional dating. Moreover some discrepancies between conventional and AMS results seem linked more to geological and biological factors than to laboratory handling and measurement. This was tested for example on the subunit B2 (cultural layer 8) of Willendorf II.

6. General overview

The major interest of the 1993 section lies in the possibility it offers to integrate for the first time the different sets of data gathered since the discovery of the site within a coherent system.

Particularly, the structuring of the system rests on the insertion of the different cultural layers recognized by H. Obermaier and J. Bayer into a reactivated stratigraphic sequence, which records a complex succession of climatic events and was restituted by different sedimentological and palaeoecological approaches[23]) completed by palaeobotanical and malacological studies[24]).

Therefore, we have at our disposal a long geoarchaeological sequence covering the major part of the Interpleniglacial and the beginning of the Upper Pleniglacial, whose chronological context comprised between ±42,000 and ±24,000 BP is fixed by some twenty coherent ^{14}C datings. Within this long sequence, three distinct sedimentary and climatic phases, respectively corresponding to units D, C and B, have been recognized; they follow on from the loessic sedimentation represented by unit E, which can be rightly ascribed to the Lower Pleniglacial.

In this context, unit D which contains cultural layers 1 and 2 clearly contrasts with the homogeneous underlying loess. Indeed, the heterogeneous character of the brownish loam evokes a colluvial sedimentation in humid non periglacial-type climate; this interpretation seems in good accordance not only with the high biological activity recorded in the upper part of unit D, but also with the abundant mollusc fauna preserved at this level. The latter would be indicative of a mild climate environment with occurrence of mixed wooded parcels near the site[25]), while the anthracalogical data evoke an arboreal vegetation mainly composed of spruce and larch trees. These interpretations are not necessarily incompatible.

It is important to stress that the pedological character of the upper part of unit D and the mollusc assemblage of temperate character it contains, point to the record of an important mild and wet climatic episode which has also been observed in a similar position in the next site of Schwallenbach (fig. 7). This episode, probably centred around 42,000 BP, is named here Willendorf Interstadial.

The following unit C with its succession of loess layers and bleached horizons alternating with three humiferous horizons, represents a complex set of rigorous to cold temperate episodes in a still fairly humid context. This set, dated between ±39,000 and ±26,500 BP, encompasses the main part of the second half of the Interpleniglacial. Within this system, the loessic subunits C9, C7, C5, C3 and C1 *(pro-parte)* were reported to cold episodes; as the loess is fairly sandy and shows a low clay content, it has probably been reworked from the alluvial plain of the Danube and transported over short to medium distances[26]). On the other hand, the bleached horizons C6 and C1 *(pro-parte)* were interpreted as tundra gleys developed under permafrost during rigorous episodes[27]).

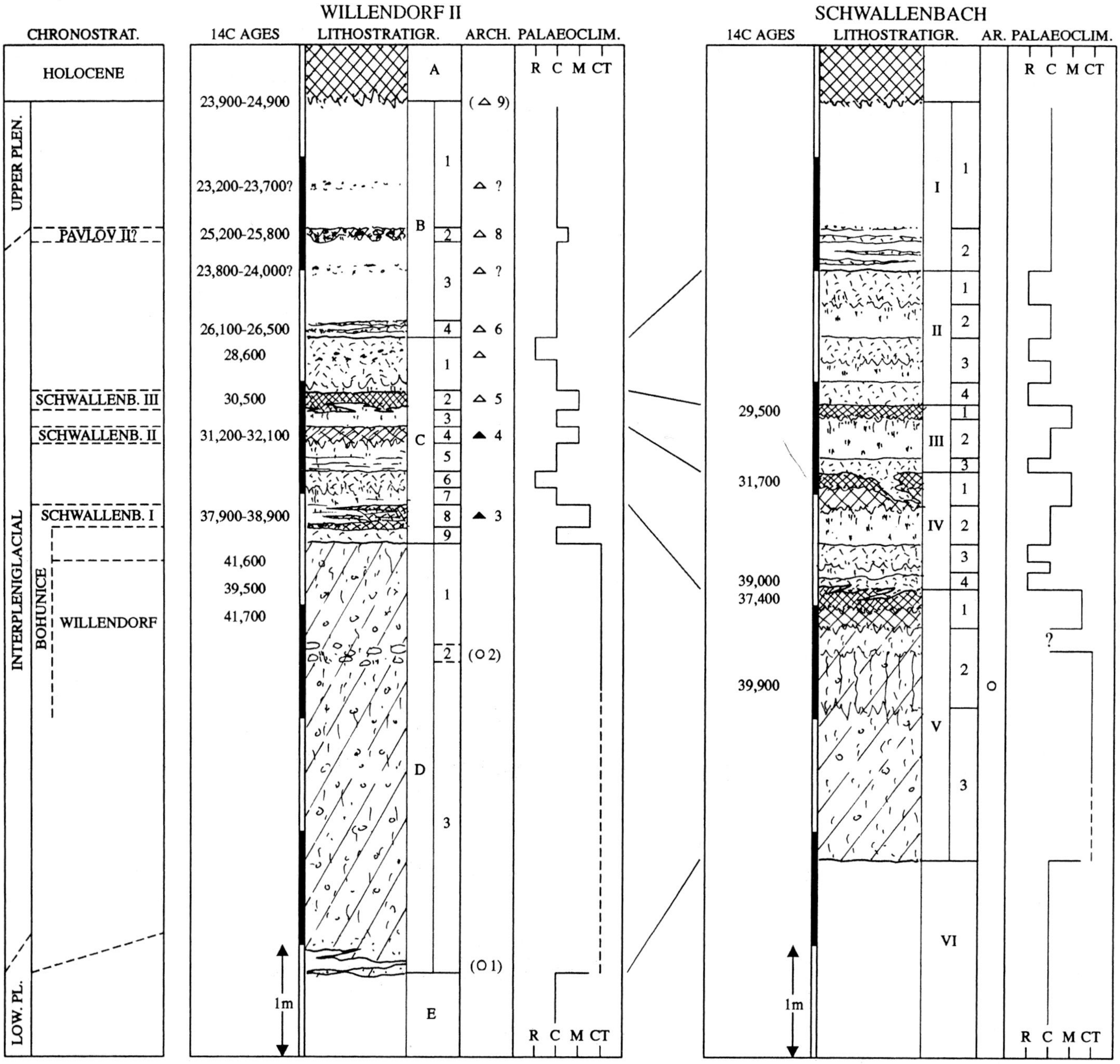

Fig. 7. Willendorf II and Schwallenbach: comparative sequences. Graphic symbols as for Fig. 3. Palaeoclimate: R: rigorous; C: cold; M: cold medium; CT: cold temperate.

Further, the humiferous horizons C8, C4 and C2, although they have various degrees of development and of disturbance by solifluction, may be considered as interstadial episodes, such an interpretation being in good agreement with their botanical and malacological content[28]). With regard to the neighbouring section of Schwallenbach, where three humiferous soils are preserved in situ in a similar stratigraphic position, these three interstadial episodes were named respectively Schwallenbach I (subunit C8), Schwallenbach II (subunit C4) and Schwallenbach III (subunit C2) Interstadials[29]).

Considering the stratigraphical and chronological background of the cultural layers 3, 4 and 5, (see § 3 and 5), the first Aurignacian occupation of the site took place between 39,000 and 38,000 BP during the Schwallenbach I-Interstadial, while the second Aurignacian occupation dated around 32,000 BP belongs to Schwallenbach II; finally, the first Gravettian occupation around 30,500 BP was contemporary to Schwallenbach III.

The upper loess cover (Unit B) is indicative of a general evolution to cold and dry environment announcing the Upper Pleniglacial, these conditions being only encountered in the upper part of the section by means of malacology[30]). In Willendorf, the aeolian process started around 26,000 BP, at the time of the Gravettian occupation of cultural layer 6 and just after a rigorous episode corresponding to the tundra gley on top of unit C. It continued until 25,000–24,000 BP, when the Gravettian population who produced cultural layer 9 settled at the site. Within this time-span, the subunit B2 with its rather dense rootlet system at the base (cultural layer 8), was well dated around 25,500 BP and probably represents a short period of surface stabilization under less cold conditions. Higher up on the slope the loessic sedimentation continued most probably after 24,000 BP, as indicated by the general geometry of the deposits restituted by F. Brandtner (fig. 1), but this aeolian episode was not recorded at the site in the 1993 section.

From a chronostratigraphical point of view, the Willendorf II and Schwallenbach sequences represent undoubtedly the most complete record known up to now for the Interpleniglacial and the beginning of the Upper Pleniglacial in the Middle Danube Basin[31]). This allows thus direct connection with some other reference sequences of Lower Austria and Moravia. For instance, the Willendorf and Schwallenbach I-Interstadials can be correlated with the Bohunice soil also dated in the Brno area between the time span ±43,000 and 38,000 BP[32]). On the other hand, the Schwallenbach II and III-Interstadials should be correlated with the so-called Stillfried B soil and with the W 2/3 soil observed at Dolní Věstonice and Stránská Skála which are ranging from ±32,600 to 30,000 BP[33]). From the new data gained at Willendorf II and Schwallenbach, it clearly appears that, within this time interval, two distinct episodes of soil development can be recognised, respectively around 32,000 and 30,500 BP.

Concerning the transition period between the Interpleniglacial and the Upper Pleniglacial, we suggest the possible equivalence between the rigorous episode of the upper part of the unit C dated between 28,000 and 26,000 and the tundra gley G1 at Dolní Věstonice which developped at the base of the loess, after the main occupation phase of this site. In a same manner, the short episode of surface stabilization around 25,500 BP corresponding to cultural layer 8 at Willendorf II, should be compared to the weak humiferous horizon preserved in Pavlov II between the tundra gley G1 and the overlying loess cover[34]).

Fig. 8. Willendorf II. Profile, restored in 1997.

8. Acknowledgements

This work is a contribution to the Belgian programme Service Centres and Research Networks (Sc-004 Project) initiated by the Belgian State, Federal Office for Scientific, Technical and Cultural Affairs (OSTC). We are very thankful to emer. Univ.-Prof. Dr. F. Felgenhauer (Wien) for discussion of the results, as well as to Dr. H. Summesberger and Dr. W. Antl-Weiser (Naturhistorisches Museum Wien) who provided us the bone material from Willendorf. We also thank Mag. M. Urbanek (Wien) and K. Köberl (Willendorf) for their help in the fieldwork and Prof. Dr. J. van der Plicht (C. I. R. Groningen) for the ^{14}C datings. Dr. P. Semal (I.R.S.N.B.) helped us with the realization of the figures as well as H. De Potter and C. Herzé (I.R.S.N.B.) who provided effective assistance in the technical achievement of the project.

References

[1]) P. Haesaerts, Evolution de l'environnement et du climat au cours de l'Interpléniglaciaire en Basse Autriche et en Moravie. In: J. Kozłowski (ed.), Les industries à pointes foliocacées du Paléolithique supérieur européen, Krakow 1989, ERAUL 42, 1990, 523 ff.

[2]) F. Felgenhauer, Willendorf in der Wachau. Monographie der Palaeolithfundstellen I–VII, Mitt. Prähist. Komm. 8–9, 1956–1959. – M. Otte, Le Gravettien en Europe centrale, Diss. arch. Gandenses 20, 1981. – J. Hahn, Aurignacien. Das älteste Jungpaläolithikum in Mittel- und Osteuropa, Fundamenta A 9, 1977.

[3]) F. Brandtner, Die geologisch-stratigraphische Position der Kulturschichten von Willendorf i. d. Wachau, Niederösterreich. In: F. Felgenhauer, Willendorf in der

Wachau. Monographie der Palaeolithfundstellen I–VII, Mitt.-Prähist. Komm. 8–9, 1956–1959.

[4]) Haesaerts, s. ref. 1.

[5]) Felgenhauer, s. ref. 2.

[6]) Haesaerts, s. ref. 1.

[7]) Otte, s. ref. 2. – R. Desbrosse, J. Kozłowski, Hommes et Climats à l'Âge du Mammouth. Le Paléolithique supérieur d'Eurasie centrale, Paris 1988. – Haesaerts, s. ref. 1. – P. Haesaerts, Nouvelles recherches au gisement de Willendorf (Basse Autriche), Bull. de l'Inst. Royal des Sciences Nat. de Belgique, Sciences de la Terre 60, 1990, 203 ff.

[8]) Haesaerts, s. ref. 7.

[9]) Felgenhauer, s. ref. 2, Fig. 70.

[10]) Felgenhauer, s. ref. 2.

[11]) Brandtner, s. ref. 3.

[12]) Haesaerts, s. ref. 1.

[13]) Felgenhauer, s. ref. 2, Fig. 83, 84.

[14]) Felgenhauer, s. ref. 2, Fig. 83, 84.

[15]) Felgenhauer, s. ref. 2, Fig. 73–81.

[16]) Felgenhauer, s. ref. 2.

[17]) Felgenhauer, s. ref. 2, Fig. 91.

[18]) F. Damblon, P. Haesaerts, J. van der Plicht, New datings and considerations on the chronology of Upper Palaeolithic sites in the Great Eurasiatic Plain, Préhist. Europ. 9, 1996, 17 ff.

[19]) Felgenhauer, s. ref. 2.

[20]) M. Stuiver, A. Long, R. S. Kra, Calibration Issue, Radiocarbon 35, 1993, 1 ff.

[21]) Damblon et al., s. ref. 18.

[22]) Haesaerts, s. ref. 7.

[23]) Haesaerts, s. ref. 7.

[24]) Ch. Frank, G. Rabeder, Neue ökologische Daten aus dem Lößprofil von Willendorf in der Wachau, Arch. Österr. 5/2, 1994, 59 ff.

[25]) Frank, Rabeder, s. ref. 24.

[26]) Haesaerts, s. ref. 7.

[27]) Haesaerts, s. ref. 7. – B. van Vliet-Lanoe, Traces de glace de ségrégation en lentilles associées aux sols et phénomènes périglaciaires fossiles, Biul. periglac. 26, 1976, 42 ff.

[28]) Damblon et al. 1996, s. ref. 18. – Frank, Rabeder, s. ref. 24.

[29]) Haesaerts et al., in prep.

[30]) Frank, Rabeder, s. ref. 24.

[31]) Haesaerts, s. ref. 1.

[32]) J. Svoboda (ed.), Paleolit Moravy a Slezska, Dolnovest. stud. 1, 1994. – Damblon et al. 1996, s. ref. 18.

[33]) P. Haesaerts, Les loess du Pléistocène supérieur en Belgique. Comparisons avec les séquences d'Europe centrale, Bull. de l'Ass. Franç. pour l'Etude du Quaternaire 2–3, 1985, 10, 55. – Svoboda (ed.), s. ref. 32.

[34]) B. Klima, Die paläolithische Station Pavlov II, Acta Scient. Nat. 10, 1976, 1 ff.

Die Artefakte der jungpaläolithischen Fundstelle von Rosenburg am Kamp, Niederösterreich

Iris OTT, Wien

In memoriam Joachim HAHN

Einleitung

Im Rahmen meiner Dioplomarbeit wurden im Wintersemester 1993/94 unter Anleitung von Prof. J. Hahn und Dr. B. Auffermann in der Artefaktmorphologie-Übung III am Institut für Vor- und Frühgeschichte Tübingen für die Bearbeitung des jungpaläolithischen Steinartefaktinventares von Rosenburg am Kamp merkmalanalytische Aufnahmesysteme erstellt.

Diese Art der Bearbeitung wurde gewählt, da Klassifikationen, die nur auf reinen Typendefinitionen beruhen und auf einen kleinen Ausschnitt von Geräten zugeschnitten sind, die tatsächliche Variationsbreite eines Fundensembles viel zu sehr vergröbern und vereinfachen.

Die große Gruppe der unretuschierten Stücke wird bei den „alten Klassifikationen“ kaum berücksichtigt und die chronologisch wichtige Information über die verwendete Technologie der Herstellung geht verloren.

Im Fall der Fundstelle Rosenburg würden so 97 % des Materials unberücksichtigt bleiben, da von 1245 Stück nur 38 retuschiert sind. Als „echte Typen“, z. B. Kratzer, Bohrer etc., wären nur ca. 40 Stück anzusprechen, wobei diese im vorliegenden Fall chronologisch zu wenig aussagekräftig sind, um eine zeitliche Einordnung der Fundstelle möglich zu machen.

Ziel eines Merkmalsystems ist es, das technische System, das hinter den Artefakten steckt, zu erschließen. Die typologisch-chronologische Ansprache wird somit ergänzt durch die Untersuchung der Umformungsprozesse, der sog. „chaines operatoire“, d. h. den Weg eines Artefaktes vom Rohstück zum Halbfabrikat, zum Werkzeug und schließlich zum Abfall[1]). Jedes Merkmal wird über eine Codenummer in den Computer eingegen. Das gesamte Steinartefaktinventar ist als dBASE III-Datenbank verfügbar und kann jederzeit mit ebenso aufgenommenen Inventaren verglichen werden. Die statistische Auswertung der Daten erfolgte mit dem Programm SPSS für WINDOWS. Solche Aufnahmesysteme verstehen sich nicht als generell gültige Anleitung zur Auswertung von Steinartefaktinventaren. Ziel ist es vielmehr, eine Datenbank von paläolithischen Inventaren verfügbar zu machen und so eine Basis für einen müheloseren und objektiveren Vergleich von regional und zeitlich verschiedenen Fundstellen zu schaffen[2]).

Fundort und Fundgeschichte

Die jungpaläolithische Fundstelle Rosenburg liegt im Kamptal am nordwestlichen Ortsende von Rosenburg, Gem. Rosenburg-Mold, Ger. Bez. und pol. Bez. Horn, ÖK 21: N 256, S 299, O 292, W 76, auf der Flur „Bei Hofmühle“, in 265 m Seehöhe.

Die Funde wurden im unteren Teil eines nach Osten gerichteten, zungenförmigen Hanges gemacht, der eine kleine Lößinsel in dem hier ziemlich tief eingeschnittenen Kamptal bildet. Der Hang wird heute von der Straße Rosenburg-Altenburg sowie der Abzweigung hinauf zur Rosenburg eingegrenzt (Abb. 2 u. 3).

Die natürlichen Hangbegrenzungen bilden der Stranzlbach im Osten und der Kamp mit seinem gegenüberliegenden felsigen Steilufer im Süden. Der Fluß wechselt an der Fundstelle von WO in NS-Richtung. Im Norden grenzt der Höhenrücken des Panzenholzes (370 m Seehöhe) das Gebiet ab.

1988 stieß man bei Ausgrabungsarbeiten in der mittelneolithischen Kreisgrabenanlage von Rosenburg im Waldviertel auf jungpaläolithische Funde[3]). Das Feld, auf dem die Ausgrabung stattfand, ist als Fundstelle von lengyel-, latènezeitlichen und frühmittelalterlichen Siedlungsspuren bekannt. Hangaufwärts wurde ab 1988 eine ältestbandkeramische Siedlung gegraben[4]).

In einer zweiwöchigen Kampagne wurden in Schnitt 7 der Kreisgrabenanlage fünf Quadranten geöffnet, insgesamt 32 m^2 untersucht und zahlreiche Artefakte und einige wenige Knochenfragmente geborgen. Von den insgesamt 1264 Artefakten, wurden 120 eingemessen. Die übrigen Funde sind auf den Viertelquadratmeter genau zu lokalisieren. Das gesamte Material wurde im nahegelegenen Kamp geschlämmt (Siebgröße 2 mm). Selbst kleinste Absplisse konnten so geborgen werden.

Drei Fundkonzentrationen (Quadrant 1, 2 und 3) waren feststellbar, die Gesamtausdehnung der Fundstreuung ist unbekannt.

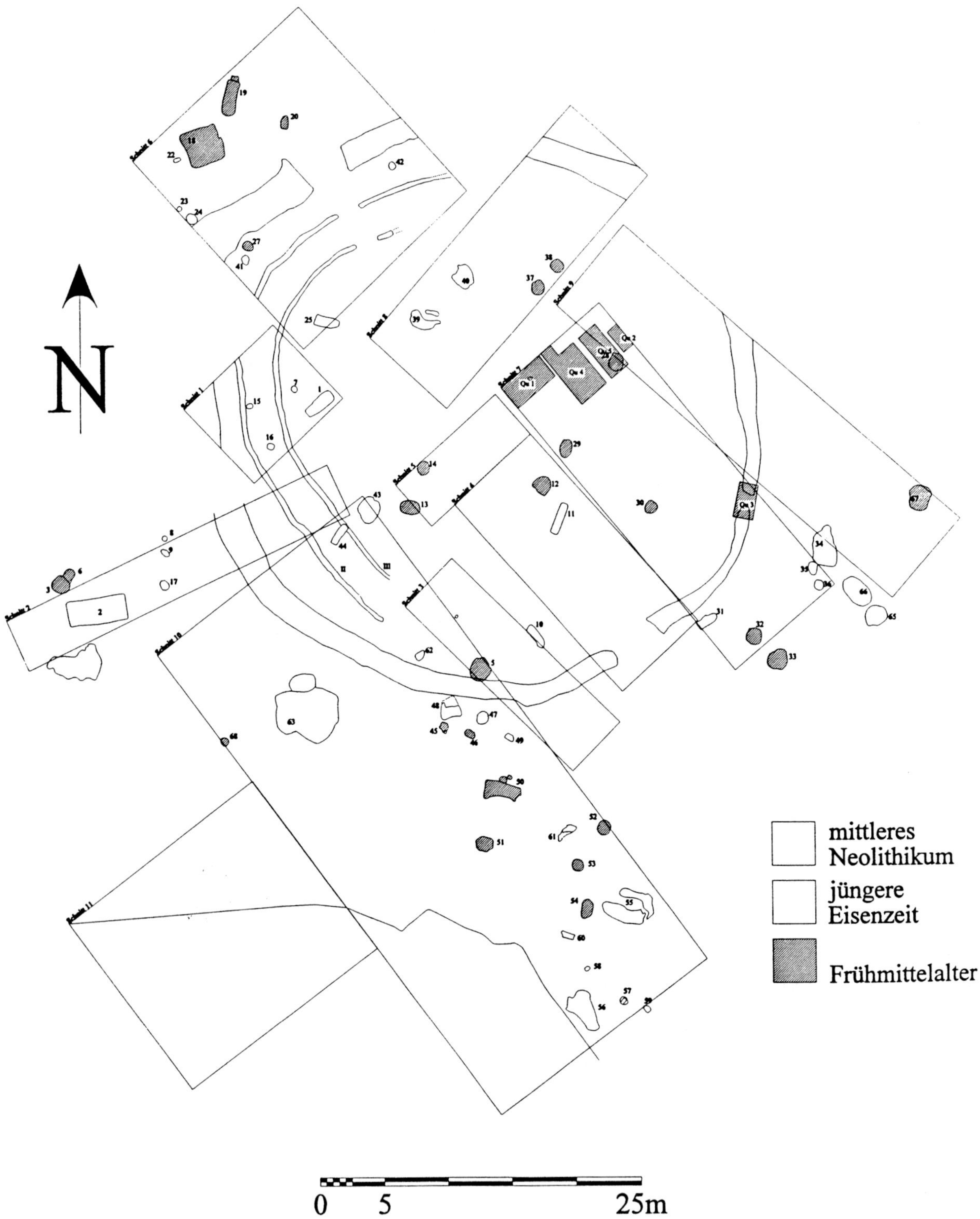

Abb. 1. Rosenburg. Übersichtsplan. Jungpaläolithische Funde in Schnitt 7 und den Quadranten 1–5.

Die Quadranten 1, 2, 4 und 5 lagen nebeneinander angeordnet im unteren Hangbereich.

Die Artefakte befanden sich 30–35 cm tief im obersten Löß (absolute Höhe: 265.87).

Quadrant 3 wurde im untersten Hangniveau angelegt (siehe Übersichtsplan Abb. 1). In diesem Bereich ist das alte Paläorelief des Hanges von einer mächtigen Solifluktionsdecke überlagert (Abb. 7).

Die Funde lagen hier bis zu 1.3 m unter der Profiloberkante. Die absoluten Höhenwerte zeigen, daß die Artefakte in Quadrant 3 nur 30–35 cm tiefer lagen als diejenigen im oberen Hangbereich (absolute Höhe: 265.55).

Durch die Solifluktion und ein kleines Gewässer, das vom Höhenrücken des Panzenwaldes herunterlief, sind die Funde in diesem Quadrant möglicherweise ganz leicht verlagert. Ob es sich bei dem Gewässer um den heutigen Stranzlbach handelt, kann nicht mit Sicherheit gesagt werden. Zusammenpassungen kleinster Artefakte waren jedoch auch in Quadrant 3 möglich.

Die Fundverteilung zeigt eine eindeutige Konzentration in Quadrant 1. 60 % des Materials fand sich in diesem Quadranten. 27 % der Funde lagen in Quadrant 3, 12 % in Quadrant 2. Die Quadranten 4 und 5 waren mit 0.5 % und 0.1 % am Gesamtmaterial fast fundleer.

In allen fünf Quadranten handelt es sich um ein Begehungsniveau, dessen Gleichzeitigkeit durch Zusammenpassungen bewiesen ist.

Betrachtet man die Fundstreuung, fällt auf, daß sich die meisten Artefakte um große Gneisblöcke konzentrieren. Es gibt aber keine Anzeichen für die absichtliche Einbringung dieser Blöcke (Gneis ist das lokal anstehende Gestein) oder Hinweise auf eine Behausung.

Die insgesamt geringe Artefaktzahl läßt auf eine kurzfristige Besiedlung schließen. Im ergrabenen Bereich sind auch keine Überlagerungen, Ausräumungen oder Instandhaltungen von bestimmten Bereichen erkennbar.

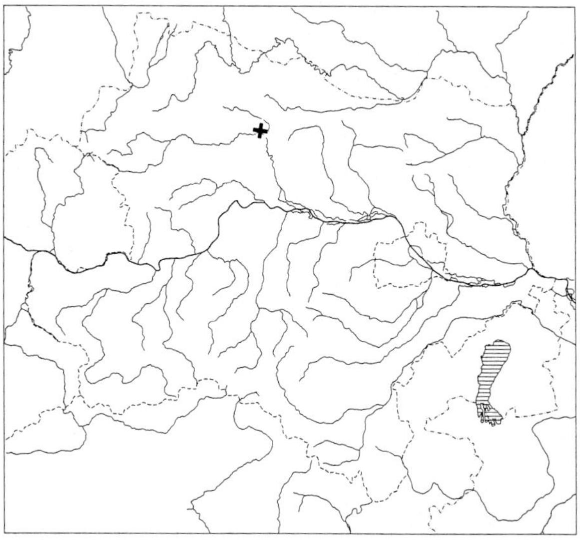

(gez. Nives Janošević u. Kinga Tarcsay)

Abb. 2. Rosenburg. Lage der Fundstelle im ostösterreichischen Raum.

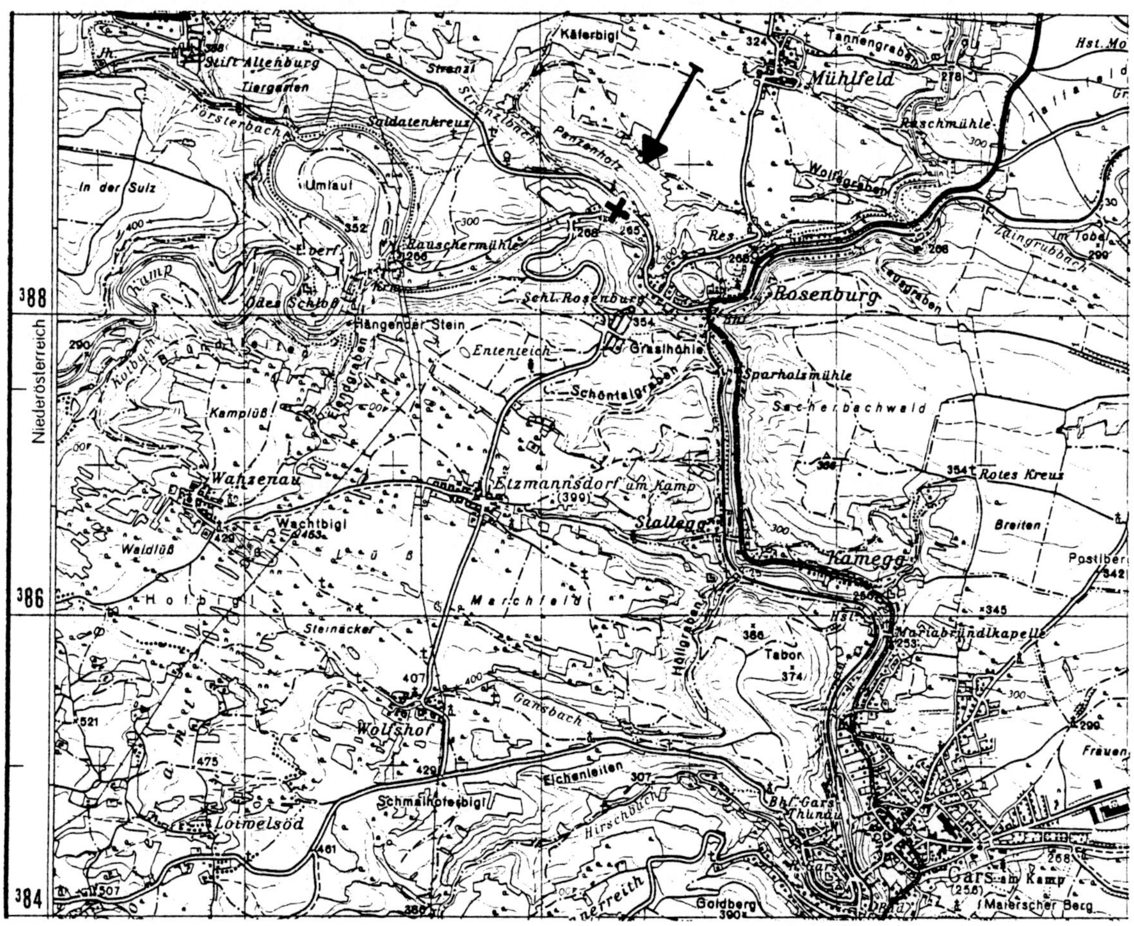

Abb. 3. Ausschnitt aus der ÖK 1:50.000, B. 21 (Horn). Der Fundort ist mit × gekennzeichnet.

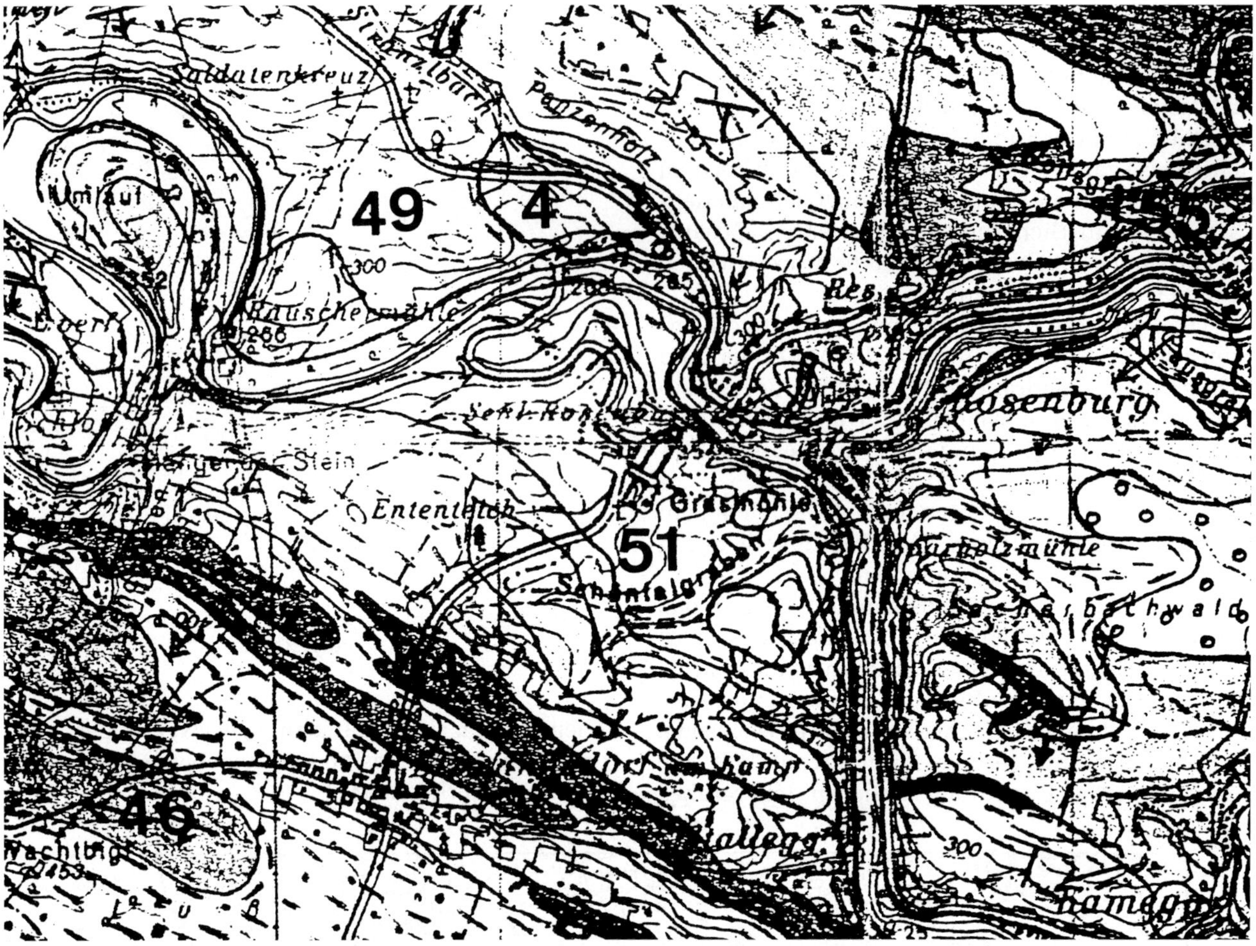

Abb. 4. Ausschnitt aus der geologischen Karte Blatt 21 (Horn, M 1:25.000, 4 Löß, 44 Gföhler Gneis, 46 Granulit, 49 Amphibolit mit Paragneislagen, 51 Paragneis, 55 Kalksilikatgneis.

Geologische Situation der Fundstelle

Die Fundstelle liegt auf einem Flureck, das vom Kamp und vom Stranzlbach begrenzt wird. Die West-Ost Richtung des Kamps wird durch Bruchlinien bedingt. Daß der Kamp seine Richtung nach dem Ort Rosenburg auf Nord-Süd wechselt ist eine Folge der Bruchtektonik. Das Stranzlbachtal ist ein tektonisch bedingter Graben (Abb. 4).

1988 wurde von S. Verginis und E. Grubner[5]), Institut für Geographie der Universität Wien eine Paläoreliefrekonstruktion der Fundstelle durchgeführt. Es wurden Proben aus den Profilwänden der Grabungen von E. Lenneis und G. Trnka genommen, Bohrungen im Grabungsbereich gemacht und durch den Kamp, seine Nebengerinne und den Straßenbau bedingte natürliche Aufschlüsse herangezogen.

Die Untersuchung des Hanges im Grabungsbereich ergab folgende Rekonstruktion des Paläoreliefs: Gneis ist das anstehende Gestein, darüber liegt eine Überschwemmungsphase mit Schottern und fluviatilen Sanden, aus der eine wenig mächtige Bodenbildung (Bo1) hervorging. Durch eine Regressionsphase des Kamps ist die Bodenstruktur schwach entwickelt und/oder ein gut ausgeprägter Boden wurde durch Erosion degradiert. Über Boden 1 liegt ein Lößpaket (Löß 1), dessen oberer Bereich das Ausgangsmaterial von Boden 2 ist. Im Vergleich zu Boden 1 ist er gut entwickelt und wurde im Grabungsbereich von G. Trnka in Schnitt 3 und 4 bei Bohrungen erfaßt. Über Boden 2 liegt Löß 2, in dem die jungpaläolithischen Funde lagen. Im Oberhang schließt der oberste Löß mit einer gut erkennbaren Parabraunerde ab.

Die durch den Schlagbohrer gewonnenen Profile zeigen eine Hangdynamik. Im Grabungbereich von E. Lenneis (oberer Hangbereich) weisen die Sedimente eine Verlagerung zwischen 10 und 20 cm Tiefe unter der Grabungsoberfläche auf. Im Unterhang ist ein mächtiges Kolluvium ausgebildet.

Die Einordnung der Bodenbildungen in die Zeitskala des Pleistozäns ist schwierig, da es aus dem Untersuchungsgebiet keine biostratigraphischen, paläomagnetischen oder andere Datierungen gibt. Aufgrund der Lößstratigraphie, der Bodenbildungen und der ältesten Funde rechnet

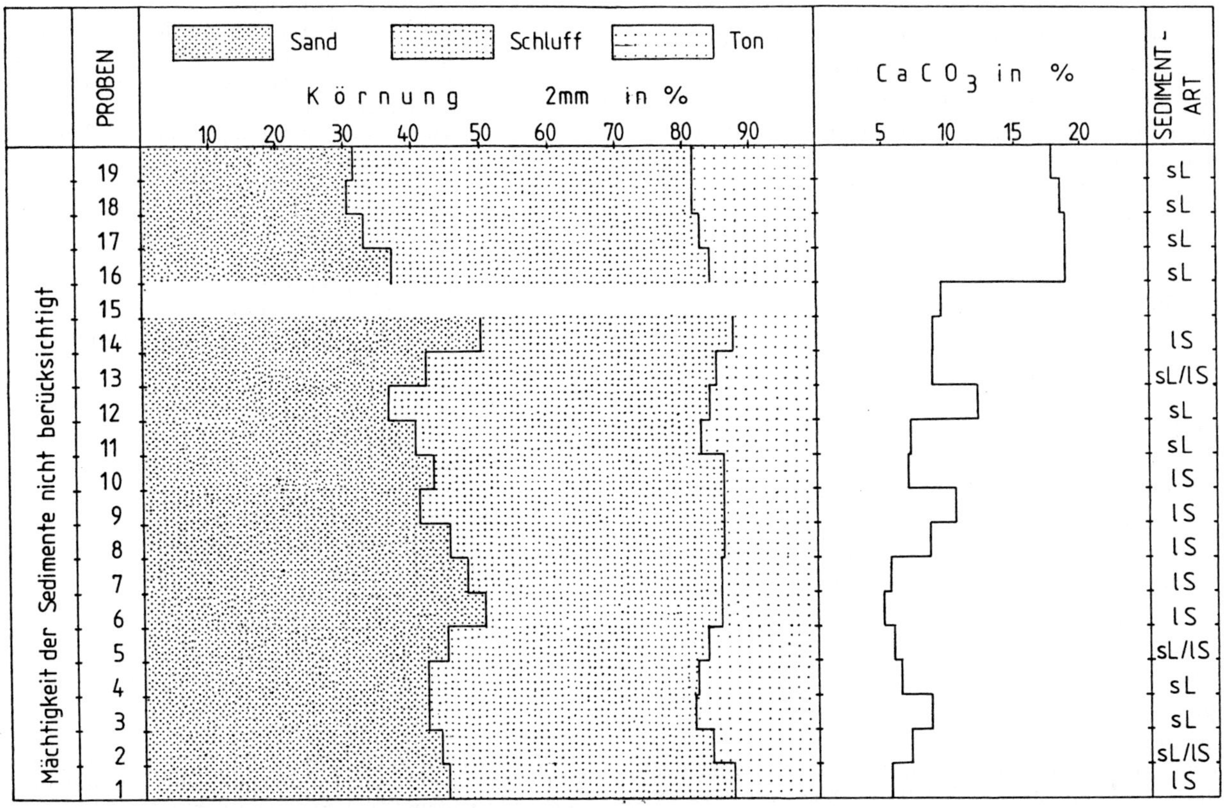

Abb. 5. Rosenburg, Sedimentanalyse Profil BE, Quadrant 3.

S. Verginis mit den Klimaschwankungen der letzten Würmeiszeit.

Die Sedimentanalyse des Profils BE (Abb. 5 u. 6), Quadrant 3, läßt folgende Interpretation zu:

Ro 3/1/1 Ro 3/1/2 Ro 3/1/3 Ro 3/1/4	Granitgrus Granitbestandteile Mittelsand (Granit) Feinsand (Granit)
Ro 3/2/1 Ro 3/2/2 Ro 3/2/3 Ro 3/2/4	Granitgrus Granitbestandteile Mittelsand (Granit) Feinsand (Granit)
Ro 3/3/1 Ro 3/3/2 Ro 3/3/3 Ro 3/3/4	Granitgrus : Lößkindel 1:1 Granitbestandteile : Lößkindel 1:1 Mittelsand (Granit) Feinsand (Granit)
Ro 3/4/1 Ro 3/4/2 Ro 3/4/3 Ro 3/4/4	Granitgrus : Lößkindel 1:1 Granitbestandteile : Lößkindel 3:1 Mittelsand (Granit) Feinsand (Granit)
Ro 3/5/1 Ro 3/5/2 Ro 3/5/3 Ro 3/5/4	Granitgrus : Lößkindel 1:5 Lößkindel : Granitbestandteile 3:1 Mittelsand (Granit) Feinsand (Granit)
Ro 3/6/1 Ro 3/6/2 Ro 3/6/3 Ro 3/6/4	Lößschnecke (helicopsis striata ?); Granitgrus:Lößkindel 3:1 Granitbestandteile : Lößkindel 3:1 Mittelsand (Granit) Feinsand (Granit)
Ro 3/7/1 Ro 3/7/2 Ro 3/7/3 Ro 3/7/4	Granitgrus : Lößkindel 3:1 Granitbestandteile :Lößkindel 3:1 Mittelsand (Granit) Feinsand (Granit)
Ro 3/8/1 Ro 3/8/2 Ro 3/8/3 Ro 3/8/4	Lößpuppen : Granitverwitterung 5:1 Lößkindel : Granitbestandteile 3:1 Mittelsand (Granit) Feinsand (Granit)
Ro 3/9/1 Ro 3/9/2 Ro 3/9/3 Ro 3/9/4	Holzkohlenreste; Lößpuppen; wenig Granitgrus Lößkindel : Holzkohle 1:1 ; wenig Granitbestandteile Granitsand mit Holzkohlenreste Feinsand (Granit)

Abb. 6. Rosenburg, Petrographische Beschreibung, Profil BE, Quadrant 3.

Die Bodenproben 1–10 dokumentieren eine fluvioglaziale Phase und stellen das alte Paläorelief des Hanges dar. Die Proben 11–19 fallen in eine kolluviale Phase in Form einer Solifluktionsdecke. Erosion im oberen Hangbereich führte hier zu einer massiven Akkumulation von Material im untersten Hangbereich.

Die Bodenproben 1 und 2 dokumentieren nach S. Verginis Löß 1. Die Proben 3–5 entsprechen Bo-

Abb. 7. Rosenburg. Rekonstruktion des Paläoreliefes anhand der Bodenproben aus Profil BE, Quadrant 3.

den 2. Proben 6–8 sind fluviatile Sande, wobei Probe Nr. 6 um 30.000BP datiert und ungefähr zeitgleich mit Paudorf 2 und Stillfried B ist. Die Proben 9 und 10 dokumentieren Löß 2, in dem die Artefakte der Station Rosenburg liegen. Proben 11–19 dokumentieren das mächtige Kolluvium des Unterhanges (Abb. 7).

Das Fundmaterial

Aufnahmesystem

Als Vorlage diente das am Tübinger Institut entwickelte Aufnahmesystem für Magdalènien-Inventare[6]). Diese Inventare zeichnen sich, wie das Material von Rosenburg, durch eine geringe Anzahl von modifizierten Artefakten aus. Es wurde daher auf ein eigenständiges System für diese Artefaktklasse verzichtet und nur Aufnahmesysteme für die Grundproduktion und die Kerne erstellt.

Das Merkmalsystem zur Auswertung der Grundproduktion und der modifizierten Artefakte

1. **Fundort**
Code: 1 Rosenburg
Punkt 2. bis 9. enthalten wichtige Grabungsdaten der Fundstelle Rosenburg. Bei Bedarf können noch weitere Codierungen hinzugefügt werden. Die Codenummer 0 steht, wenn nicht anders vermerkt, für die Bestimmung „keine Aussage möglich".

2. **Schnitt**
3. **Laufnummer**
4. **Nummer**
5. **Quadrant**
6. **Laufmeter**
7. **Sektor**
8. **Geologischer Horizont**
9. **Archäologischer Horizont** (Planum)

Unter Punkt 10 werden die groben Kategorien der Rohmaterialien aufgelistet. Ihre Bestimmung wird makroskopisch vorgenommen. Eine feinere Unterteilung in Rohmaterialvarianten erfolgt unter Punkt 11. Die Varianten werden nach Farbe, Bänderung, Art des Vorkommens und spezieller paläogeographischer Herkunft voneinander Unterschieden. Mit Hilfe von Zusammensetzungen wird versucht, die Grundproduktion von Rohmaterialvarianten gleicher Art einzelnen Knollen zuzuweisen.

10. **Rohmaterial**
Code:
1 Radiolarit
2 Chalcedon
3 Bergkristall
4 Hornstein
5 Quarz
6 Quarzit
7 Opal („Krötenstein")

11. **Rohmaterialvarianten**
Code:
1 roter Radiolarit
3 blauer Hornstein
4 graublauer Hornstein
5 hellblauweißer Hornstein
6 grüngrauer Hornstein
7 schwarzblauer Hornstein
8 hellocker Hornstein
9 gelbbrauner Hornstein, hellocker patiniert
10 gelbbrauner Hornstein, milchigweiß patiniert
11 grün-rot-blau gebänderter Radiolarit
12 gelber Chalcedon
13 graublauer Hornstein, milchig weiß patiniert
14 weißer Hornstein
15 rot gebänderter Radiolarit
16 schwarzroter Hornstein
17 grün-blau gebänderter Radiolarit
18 dunkelblauer Hornstein
19 brauner Hornstein
20 graublau-rot-brauner Hornstein
21 olivgrüner u. brauner Opal („Krötenstein")
22 weißer Quarz
23 gelber Quarz
24 Quarz mit schwarzen Einschlüssen
25 rötlicher Quarz
26 Quarzit mit Granateinschlüssen
27 gelblicher Quarzit
28 besonders reiner Quarz
29 olivgrüner Opal („Krötenstein")
30 Rauchquarz
31 klarer Bergkristall
32 gelblicher Bergkristall

Unter Punkt 12 sind wichtige Grundformen aufgelistet. Grundformen (engl. blank; franz. support) sind Primärprodukte, die bei der Zerlegung einer Knolle entstehen. Sie können 1. zufällig entstandenes Abfallmaterial, 2. gezielt hergestellte, gebrauchte Stücke oder 3. weiterverarbeitete Stücke sein. Die Unterscheidung zwischen Abfallmaterial und gebrauchtem Stück kann erst durch die Kenntnis des Umformungsprozesses und durch Gebrauchsspurenanalysen getroffen werden. Ein weiterverarbeitetes Stück definiert sich durch seine sekundäre Zurichtung, die es als Werkzeug ausweist[7]). Die detaillierten Definitionen der hier angeführten Grundformen finden sich bei J. Hahn[8]).

12. **Grundform**
Code:
1 Abschlag
2 Klinge
3 primäre Kernkantenklinge
4 sekundäre Kernkantenklinge
5 primärer Kernkantenabschlag
6 sekundärer Kernkantenabschlag
7 Kernscheibe
8 Präparationsabschlag
9 Trümmer
10 Hitzetrümmer
11 Frostaussprung
12 Siretbruch
13 Absplиß
14 Stichelabfall
15 Retuschierabfall
16 Abfall von ausgesplittertem Stück
17 Reduktionsabfall
18 doppelseitig primäre Kernkantenklinge
19 Kernfußpräparationsklinge
20 Kernfußpräparationsabschlag
21 Lamelle oder Mikroklinge
22 primäre Kernkantenlamelle
23 sekundäre Kernkantenlamelle

Unter Punkt 13 bis 16 sind die Maße der Stücke aufgenommen. Die Länge wurde in Schlagrichtung gemessen und auf den Millimeter genau angegeben. Als Orientierungs- und Ansatzpunkt für die Schiebelehre diente der Schlagflächenrest. Die Breitenmessung wurde senkrecht zur Länge direkt am Stück vorgenommen und wieder auf den Millimeter genau angegeben. Man folgt dabei mit der Schiebelehre dem Verlauf des Stückes und mißt seine maximale Breite. Die größte Dicke wurde mit der Schiebelehre senkrecht zur Ventralfläche mit 1/10 mm Genauigkeit abgenommen. Das vierte Grundmaß ist das Gewicht. Es wurde auf der elektronischen Waage mit 1/100 g Genauigkeit gemessen. Bei der Messung des Gewichtes treten die geringsten Ungenauigkeiten auf. Es läßt sich leicht reproduzieren und eignet sich sehr gut für die Identifizierung der einzelnen Stücke.

13. **Länge** in mm

14. **Breite** in mm

15. **Dicke** in 1/10 mm

16. **Gewicht** in 1/100 g

Die Maße sind ohne Information über die Erhaltung des Stücks nicht verwertbar. Punkt 17 gibt an, ob das Stück in Länge, Breite und/oder Dicke vollständig ist oder durch Bruch, Kantenbeschädigung oder Modifikation nur unvollständig erhalten ist.

17. **Erhaltung der Grundform**
Code: 1 vollständig
2 Länge unvollständig
3 Breite unvollständig
4 Dicke unvollständig
5 Länge und Breite unvollständig
6 Länge und Dicke unvollständig
7 Breite und Dicke unvollständig
8 Länge, Breite und Dicke unvollständig

Die Kortexbedeckung (Punkt 18) und Lage der Kortex an der Grundform (Punkt 19) kann Aufschluß darüber geben, ob das Rohmaterial in Form von Knollen oder fertigen Grundformen an die Fundstelle gelangt ist und ermöglicht eine genauere Zuweisung der Artefakte zu den einzelnen Abbaustadien der Produktionskette[9]).

18. **Kortexbedeckung der Grundform**
Code: 1 keine Kortex vorhanden
2 bis 1/3 mit Kortex bedeckt
3 bis 2/3 mit Kortex bedeckt
4 über 2/3, aber nicht vollständig mit Kortex bedeckt
5 ganz mit Kortex bedeckt

19. **Lage der Kortex an der Grundform dorsal**
Code: 1 keine Kortex vorhanden
2 linkslateral, komplett
3 linkslateral, partiell
4 rechtslateral, komplett
5 rechtslateral, partiell
6 links- und rechtslateral, komplett
7 links- und rechtslateral, partiell
8 am Distalende
9 am Proximalende
10 Kortex in der Mitte des Stückes, ohne Kanten zu erreichen
11 ganz mit Kortex bedeckt
12 3+8+9
13 3+8
14 4+10
15 3+9
16 9+4
17 4+8
18 2+9
19 5+9
20 2+9+5
21 8+10
22 2+10
23 5+9+10
24 2+4+10
25 4+9+10
26 4+8+10
27 5+10
28 2+8+10
29 2+5+10
30 3+4+8+10
31 3+10
32 2+5+8+9+10
33 2+8

Klüfte (Punkt 20) sind Trennflächen im Gestein, wie z. B. natürliche Risse und Spalten. Sie haben großen Einfluß auf die schlagtechnischen Eigenschaften des Rohmaterials. Mit der Aufnahme als Merkmal soll untersucht werden, ob Klüfte bei der Auswahl des Rohmaterials eine Rolle gespielt haben und ob unterschiedliche schlagtechnische Behandlungen von Kluftbereichen festzustellen sind[10]).

20. **Kluft**
Code: 1 keine
2 Kluft vorhanden
3 mehrere Klüfte

Die Art des Schlagflächenrestes (Punkt 21) und seine Form (Punkt 22) erlauben Aussagen zur verwendeten Schlagtechnik.

21. **Schlagflächenrest-Art**
Code: 1 proximal nicht erhalten
2 Kortex
3 Kluft
4 glatt
5 facettiert
6 Kortex und glatt
7 Kortex und Kluft

22. **Schlagflächenrest-Form**
Code: 1 proximal nicht erhalten
2 linear/gratförmig
3 punktförmig
4 sonstiges

Die Reduktion des Schlagflächenrandes (Punkt 23) ist ein Hinweis für eine kontrollierte Abbautechnik von Klingen und Abschlägen. Wenn vorhanden, befindet sie sich auf der abgetrennten Grundform dorsal.

23. **Schlagflächenrand-Reduktion**
Code: 1 proximal nicht erhalten
2 nicht reduziert
3 reduziert auf Abbaufläche
4 reduziert auf Schlagfläche
5 reduziert auf Abbau- und Schlagfläche

Die Schlagmerkmale Lippe (Punkt 24), Kegel (Punkt 25), Bulbus (Punkt 26) und Narbe (Punkt 27) lassen ebenfalls Rückschlüsse auf die verwendete Schlagtechnik zu.

24. **Schlagmerkmale-Lippe**
Code: 1 proximal nicht erhalten
2 Lippe vorhanden
3 Lippe nicht vorhanden

25. **Schlagmerkmale-Kegel**
Code: 1 proximal nicht erhalten
2 Kegel vorhanden
3 mehrfache Kegel vorhanden
4 Kegel nicht vorhanden

26. **Schlagmerkmale-Bulbus**
Code: 1 proximal nicht erhalten
2 Bulbus vorhanden
3 mehrfache Bulben vorhanden
4 Bulbus nicht vorhanden

27. **Schlagmerkmale-Narbe**
Code: 1 proximal nicht erhalten
2 Narbe vorhanden
3 Narbe nicht vorhanden

Untersucht man den Zustand des Distalendes (Punkt 28 und 29) lassen sich Aussagen treffen über den Anteil von Schlagunfällen im Material und über die „Professionalität“ des Steinschlägers. So entstehen Angelbrüche anscheinend häufiger bei ungeübten Steinschlägern, und hängen zusammen mit dem Abbauwinkel und der Form der Abbaufläche[11]).

28. **Distalende-Vorderansicht**
Code: 1 nicht erhalten
2 spitz zulaufend
3 konkav
4 konvex
5 gerade
6 unregelmäßig, gezackt

29. **Distalende-Seitenansicht**
Code: 1 scharf
2 stumpf
3 Angelbruch
4 Stufenbruch
5 Kernfuß

Die Richtung der Negative auf der Grundform dorsal (Punkt 30) gibt Hinweise auf die Abbautechnik wie z. B. die Anzahl der Schlag- und Abbauflächen und das Drehen des Kerns.

30. **Richtung der Negative dorsal**
Code: 1 eine Richtung
2 bipolar (greift ineinander über)
3 gegenläufig (2 getrennte Abbauflächen)
4 sich überschneidend (aus verschiedenen Richtungen)
5 gleichgerichtet und quer (Negative greifen nicht ineinander über)
6 konzentrisch
7 unbestimmte Schlagrichtung

Die Punkte 31 bis 33 untersuchen thermische Einwirkungen auf die Grundform durch Feuer. Mit der genauen Aufnahme der Merkmale unterschiedlicher thermischer Einwirkungen wird versucht, zwischen getemperten und verbrannten Artefakten sowie Frostbruch zu unterscheiden[12]).

31. **Thermische Einwirkung-Farbe**
Code: 1 keine Thermische Einwirkung
2 Farbänderung
3 Fettglanz
4 thermische Einwirkung ohne Farbänderung und Fettglanz
5 Farbänderung und Fettglanz

32. **Thermische Einwirkung-Art**
Code: 1 keine thermische Einwirkung
2 Craquelierung
3 schalige Aussprünge
4 unregelmäßige Bruchfacette
5 Kombination von 2 und 3
6 Kombination von 2 und 4
7 Kombination von 2, 3 und 4
8 Kombination von 3 und 4
9 thermische Einwirkung ohne 2, 3 und 4

33. **Thermische Einwirkung-Zeit**
Code: 1 keine thermische Einwirkung
2 Einwirkung auf Rohknolle
3 Einwirkung auf unmodifizierte Grundform
4 Einwirkung auf Modifikation

Unter Punkt 34 wird die Art der Zusammensetzung nach E. Cziesla[13]) angegeben. Die Aufnahme dieses Merkmals ist wichtig, um Aussagen über den Grad der Verlagerung des Materials machen zu können. Die Auswertung der Zusammensetzungen erfolgt getrennt von diesem Aufnahmesystem.

34. **Zusammensetzung**
Code: 1 nicht zusammensetzbar
2 zugehörig
3 aufeinandergepaßt (Grundproduktion)
4 aneinandergepaßt (Brüche)
5 angepaßt (Modifikationen)
6 eingepaßt (Frostausbrüche)
7 auf- und aneinandergepaßt
8 angepaßt und aufeinandergepaßt

Angaben über Veränderungen an den Stücken nach dem Trennvorgang enthalten Punkt 35 und 36. Diese Merkmale sind wichtig, um Aussagen über die Lagerungsbedingungen im Boden und mögliche Verwendungszwecke der Artefakte als Werkzeug machen zu können.
Die GSM-Retusche[14]) steht für Gebrauchs-, Sediment- und Museumsretusche. Das sind Kantenbeschädigungen, bei denen ein intentioneller Charakter nicht feststeht. Je nach Umlagerung, Sedimenttyp, Grabungsmethode oder anschließende Lagerung können solche Kantenbeschädigungen dazu führen, daß wenig modifizierte Werkzeugformen, wie z. B. Hohlkerben und gezähnte Stücke nicht mehr berücksichtigt werden dürfen.

35. **Sekundäre Veränderungen nach Trennvorgang-Kantenbeschädigung**
Code: 1 nicht kantenbeschädigt
2 GSM-Retusche
3 Kryoretusche
4 verrundet
5 Kombination von 2 und 4
6 Kombination von 3 und 4
7 Kombination von 2 und 3

36. **Sekundäre Veränderungen-Patina**
Code: 1 nicht patiniert
2 patiniert
3 Lackglanzpatina
4 patiniert und Lackglanz

Unter den Punkten 37 bis 42 werden Merkmale intentioneller Modifikationen aufgenommen[15]). Die Aufnahme dieser Merkmale beruht auf der Arbeit von J. Sedlmaier[16]), der eine Feinklassifikation für Werkzeuge und ihre Modifikationen erstellt hat. Ich habe versucht Art, Form, Höhe, Lage, Position und Länge der Modifikationen möglichst genau aufzunehmen, um die subjektive Ansprache eines Artefaktes als Typ vermeiden zu können. Der Einfachheit halber, um das Material überschaubarer zu machen, und weil für den Vergleich noch zu wenig Inventare mit Merkmalsystemen aufgenommen wurden, habe ich auf die gängigen Typenbezeichnungen nicht verzichtet und die „eindeutigen“ Typen unter Punkt 55 aufgenommen.

37. **Modifikation (M1)-Art**
Code: 1 nicht modifiziert
2 fein/scharfkantig
3 fein/stumpfe Kante
4 stark
5 Rückenretusche
6 Schuppenretusche
7 Stufenretusche
8 Zähnung
9 weit auf Fläche gehende Retusche
10 Stichelbahn
11 Couze-Retusche
12 reflektierte Retusche
13 Aussplitterung

38. **M1-Form**
Code: 1 konvex
2 schräg konvex
3 konkav
4 schräg konkav
5 gerade
6 schräg gerade

Die Höhe der Modifikation war meist nur an Kratzerkappen meßbar und wurde in 1/10 mm angegeben.

39. **M1-Höhe**
Code: 0 nicht meßbar

40. **M1-Lage**
Code: 1 Distalende
2 Proximalende
3 linkslateral distal
4 linkslateral medial
5 linkslateral proximal
6 linkslateral vollständig
7 rechtslateral distal
8 rechtslateral medial
9 rechtslateral proximal
10 rechtslateral vollständig
11 rechtslateral medial und proximal
12 linkslateral distal und medial
13 rechtslateral distal und medial

41. **M1-Position**
Code: 1 dorsal
2 ventral
3 dorsoventral

Die Länge der Modifikation wurde in mm gemessen.

42. **M1-Länge**

Um das Material leichter überschaubar zu machen, wurden unter Punkt 55 die Artefakttypen aufgenommen. Die Definition der Werkzeugtypen beruht auf Arbeiten von H. L. Movius et al., G. Bosinski und J. Hahn[17]). Die Hauptmodifikation eines Stückes ist ausschlaggebend für die Zuordnung zu einem bestimmten Werkzeugtyp. Ein einziges Artefakt im Material von Rosenburg wies zwei unterschiedliche Werkzeugenden auf, die getrennt aufgenommen wurden. Das Stück wurde aber zusätzlich auch als „Kombinationsgerät" codiert. Die äußerst geringe Anzahl an „echten" Werkzeugtypen machte es nicht notwendig ein spezielles Merkmalsystem für diese Artefaktklasse zu erstellen. Die Auswertung der Werkzeuge erfolgt im Rahmen dieser Arbeit deskriptiv.

55. **Artefakttyp**
Code: 1 Kratzer
2 Kantenretusche
3 Mikrolith
4 ausgesplittertes Stück
5 Kombinationsgerät
6 Endretusche
7 gekerbtes/gezähntes Stück
8 Stichel an Bruch oder natürlicher Fläche
9 Mehrschlagstichel
10 Bohrer

Das Merkmalsystem zur Auswertung der Kerne

Das Merkmalsystem für die Kerne basiert auf den von B. Auffermann und J. Sedlmeier[18]) für jungpaläolithische Inventare erstellten Systemen.

1. **Fundort**
Code: 1 Rosenburg

2. **Schnitt**

3. **Laufnummer**

4. **Nummer**

5. **Quadrant**

6. **Laufmeter**

7. **Sektor**

8. **Geologischer Horizont**

9. **Archäologischer Horizont**

10. **Rohmaterial**
Code: 1 Radiolarit
2 Chalcedon
3 Bergkristall
4 Hornstein
5 Quarz
6 Quarzit
7 Opal („Krötenstein")

11. **Rohmaterialvariante**
Code: 1
siehe Merkmalsystem für Grundproduktion.

Unter Punkt 12 wurde versucht, bei genügend vorhandener natürlicher Oberfläche des Kerns auf dessen Ausgangsform zu schließen.

12. **Ausgangsform**
Code: 1 Knolle
2 Flußgeröll
3 Flade
4 Abschlag
5 Fröstling
6 Platte

Punkt 13 bestimmt den Kerntyp aufgrund der erkennbaren Grundformnegative.

13. **Kerntyp**
Code: 1 Vollkern
2 angeschlagene Rohknolle
3 Abschlagkern
4 Klingenkern
5 Lamellenkern
6 Kerntrümmer

Punkt 14 beschreibt die Form des Kerns zum Zeitpunkt seiner Verwerfung.

14. **Kernform**
Code: 1 Kerntrümmer
2 unförmig
3 rundlich
4 diskoid
5 prismatisch
6 konisch
7 oval
8 zylindrisch
9 rechteckig

Die Punkte 15–18 erfassen die Maße und das Gewicht der Kerne. Die maximale Länge wurde in Abbaurichtung in mm gemessen. Die maximale Breite wurde senkrecht zur Länge in mm gemessen, die maximale Dicke senkrecht zur Breite ebenfalls in mm. Das Gewicht der Kerne wurde auf der elektronischen Waage in g gemessen.

15. **Länge**

16. **Breite**

17. **Dicke**

18. **Gewicht**

Unter Punkt 19 ist der Erhaltungszustand des Kernes angeführt. Kerne sind im Allgemeinen vollständig oder nur geringfügig gebrochen. Stark fragmentierte Kerne werden als Kerntrümmer aufgenommen.

19. **Erhaltung**
Code: 1 vollständig
2 Länge unvollständig
3 Breite unvollständig
4 Dicke unvollständig
5 L und B unvollständig
6 B und D unvollständig
7 L, B und D unvollständig
8 L und D unvollständig

20. **Anzahl der Schlagflächen**

21. **Art der Schlagflächen**
Code: 1 glatt
2 facettiert
3 glatt und facettiert
4 Kortex
5 Kluft
6 Kortex und Kluft

22. **Reduktion auf Schlagfläche**
Code: 1 nicht vorhanden

2 vorhanden bei einer Schlagfläche
3 vorhanden bei zwei Schlagflächen
4 vorhanden bei drei Schlagflächen

23. **Anzahl der Abbauflächen**

Zu Punkt 24 und 25 siehe die schematische Darstellung der Abbaurichtungen auf den Kernabbauflächen auf Abb. 19.

24. **Abbaufläche 1 – Abbaurichtung**
Code: 1 eine Richtung
2 bipolar
3 umlaufend
4 umlaufend bipolar
5 konzentrisch
6 sich überschneidend

25. **Abbaufläche 2 – Abbaurichtung**
Code: 1 eine Richtung
2 bipolar
3 sich mit A1 überschneidend
4 konzentrisch
5 quer zu A1
6 gegenläufig

26. **Reduktion auf Abbaufläche**
Code: 1 nicht vorhanden
2 vorhanden bei einer Abbaufläche
3 vorhanden bei zwei Abbauflächen
4 vorhanden bei drei Abbauflächen

Als „Negative" wurden unter Punkt 27 und 28 nur solche angeführt, die nicht von einer lateralen Präparation des Kerns stammen.

27. **Lateralflächen**
Code: 1 keine
2 glatt
3 Kortex
4 Kluft
5 Negative
6 Kortex, Kluft und Negative
7 Kluft und Negative
8 Dorsal-/Ventralfläche der Ausgangsform
9 Kortex und Kluft
10 Kortex, Kluft und Präparation

28. **Rücken**
Code: 1 Kortex
2 Kluft
3 Negative
4 Präparation
5 Kluft und Negative
6 Kortex, Kluft und Negative
7 Bruch
8 Kortex und Negative
9 Kortex und Kluft

29. **Kernfuß**
Code: 1 nicht präpariert
2 präpariert

30. **Verwerfen – Gründe**
Code: 1 Dimension
2 Materialfehler
3 Angelbrüche
4 1 und 3
5 2 und 3
6 1 und 2

31. **Zusammensetzung**
siehe Merkmalsystem für die Grundproduktion

Katalog

Der 200 Seiten umfassende Katalog liegt in Form zweier dBASE III Plus-Dateien vor.

Die Diskette mit den gespeicherten Datensätzen kann zum Selbstkostenpreis beim Institut für Ur- und Frühgeschichte der Universität Wien bestellt werden.

Die Daten können in das Statistikprogramm SPSS für WINDOWS importiert und weiter ausgewertet werden und sollen als Vergleichsdatenbank für ähnlich aufgenommene Inventare dienen.

Abkürzungen

Katalog der Grundproduktion und der Modifikationen

AH = Archäologischer Horizont
B = Breite
BU = Bulbus
D = Dicke
DIS = Distalende – Seitenansicht
DIV = Distalende – Vorderansicht
EH = Erhaltung
FO = Fundort
G = Gewicht
GF = Grundform
GH = Geologischer Horizont
KE = Kegel
KL = Kluft
KXB = Kortexbedeckung
KXL = Lage der Kortex an der Grundform dorsal
L = Länge
LI = Lippe
LM = Laufmeter
LNR = Laufnummer
M1A = Modifikation 1 – Art
M1Ä = Modifilation 1 – Länge
M1F = Modifikation 1 – Form
M1H = Modifikation 1 – Höhe
M1L = Modifikation 1 – Lage
M1P = Modifikation 1 – Position
NA = Narbe
NR = Nummer
Q = Quadrant
RM = Rohmaterial
RMV = Rohmaterialvariante
RND = Richtung der Negative dorsal
SCH = Schnitt
SEK = Sektor
SFA = Schlagflächenrest – Art
SFF = Schlagflächenrest – Form
SFR = Schlagflächenrandreduktion
SVK = Sekundäre Veränderung nach Trennvorgang – Kantenbeschädigung
SVP = Sekundäre Veränderungen – Patina
THA = Thermische Einwirkung – Art
THF = Thermische Einwirkung – Farbe
THZ = Thermische Einwirkung – Zeit
TY = Artefakttyp
Z = Zusammenpassungen

Katalog der Kerne

AF = Ausgangsform
AH = Archäologischer Horizont
A1R = Abbaufläche 1 – Abbaurichtung
A2R = Abbaufläche 2 – Abbaurichtung
ASF = Art der Schlagflächen
B = Breite
D = Dicke
EH = Erhaltung
F = Kernfuß
FO = Fundort

G = Gewicht
GH = Geologischer Horizont
KF = Kernform
L = Länge
LF = Lateralfläche
LM = Laufmeter
LNR = Laufnummer
NR = Nummer
Q = Quadrant
R = Rücken
RAK = Reduktion auf Abbaufläche
RM = Rohmaterial
RMV = Rohmaterialvariante
RSR = Reduktion auf Schlagfläche
SCH = Schnitt
SEK = Sektor
TY = Kerntyp
V = Verwerfen – Gründe
Z = Zusammenpassungen
ZAB = Anzahl der Abbauflächen
ZSF = Anzahl der Schlagflächen

Im Text verwendete Abkürzungen

AB = Abschlag
Abspl. = Absplíß
KL = Klinge
p.KKKL = Primäre Kernkantenklinge
s.KKKL = Sekundäre Kernkantenklinge
p.KKA = Primärer Kernkantenabschlag
s.KKA = Sekundärer Kernkantenabschlag
p.KKL = Primäre Kernkantenlamelle
s.KKL = Sekundäre Kernkantenlamelle
KS = Kernscheibe
LA = Lamelle
Präp.A. = Präparationsabschlag
Reda. = Reduktionsabfall
Reta. = Retuschierabfall
TR = Trümmer

Die Steinartefakte

Das Rohmaterial

Die Bestimmung der Rohmaterialien wurde von Dr. M. Götzinger, Institut für Mineralogie der Universität Wien, Dipl.-Ing. Sauer, ÖMV Wien, Dr. Schedel, Geologische Bundesanstalt Wien und Univ.-Doz. Dr. S. Verginis, Institut für Geographie der Universität Wien durchgeführt.

Eine große Schwierigkeit bei der Ansprache kieselsäurehältiger Materialien ist die unterschiedliche Verwendung von Termini wie Hornstein, Feuerstein, Flint, Chert, Chalcedon, Jaspis etc. Bei der Verwendung dieser Begriffe mangelt es an eindeutigen Definitionen, was eine Kommunikation zwischen Archäologen und Geologen sehr erschwert. Oft genug werden die Begriffe in der urgeschichtlichen Literatur einfach falsch verwendet und der Mangel an einheitlicher Nomenklatur macht es schwer, Fundstellen miteinander zu vergleichen[19]).

Ein zweites Problem ist das Fehlen einer Rohmaterialsammlung am Institut für Ur- und Frühgeschichte der Universität Wien. Für die Beantwortung der wichtigen Frage der Herkunft des Rohmaterials und des Aktionsradius einer Gruppe ist kartiertes und gut dokumentiertes und bestimmtes (Dünnschliffe) Vergleichsmaterial unerläßlich. Aufgrund mangelnden Vergleichsmaterials konnte auch von Experten nicht immer festgestellt werden, ob es sich bei den vorliegenden Rohmaterialvarianten um lokales Material aus dem Waldviertel oder um Importstücke handelt.

Geländebegehungen, die die landschaftliche Umgebung von Fundstellen detailliert erfassen, stellen auch eine Grundlage dar, der Materialauswertung eine räumliche und zeitliche Dimension zu geben und ein Modell des räumlichen Verhaltens der pleistozänen Menschen zu erstellen[20]).

Für das Material von Rosenburg wurde Hornstein als Überbegriff für SiO2-haltige Gesteine verwendet. Das Material wurde unter dem Mikroskop bestimmt. Nicht in jedem Fall konnte mit 100 % Sicherheit festgestellt werden, ob es sich bei dem als Hornstein angesprochenen Material nicht doch um Radiolarit handelt. Durch starke tektonische Beanspruchung können nämlich die Radiolarien der Kieselschiefer ausgelängt werden und dies kann in Zusammenhang mit gleichzeitiger Umkristallisation so weit führen, daß der ursprünglich biogene Charakter des Sedimentgesteins selbst mit Dünnschliffen nicht mehr zu erkennen ist[21]). Als Radiolarit wurde in dieser Arbeit nur Material aufgenommen, bei dem unter dem Mikroskop eindeutig Radiolarien zu erkennen waren.

Im Material eindeutig dominierend sind Radiolarit (33 %) und Hornstein (32 %). Beide Rohmaterialklassen sind zum überwiegenden Teil stark geklüftet und daher von sehr unterschiedlicher Spaltqualität. Auffällig ist der hohe Anteil an Quarz mit 17 %, ein Mineral mit äußerst schlechter Spaltqualität, das normalerweise nur in Gegenden ohne andere Rohmaterialien für geschlagene Artefakte verwendet wird. Die Materialien mit besserer Spaltbarkeit, wie der lokale Chalcedon, der Opal („Krötenstein") und der Bergkristall sind prozentmäßig viel geringer vertreten (Abb. 8).

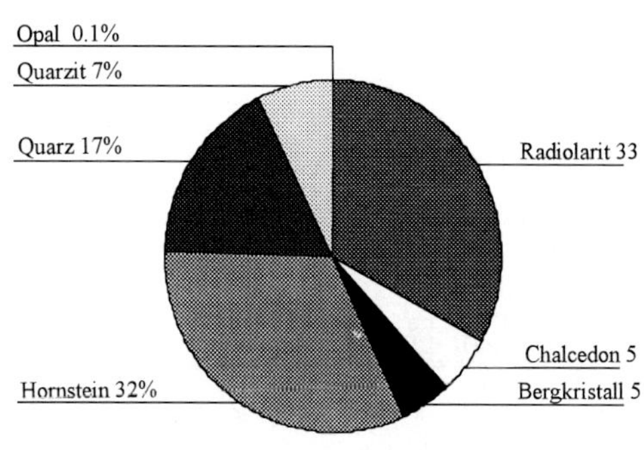

Abb. 8. Rosenburg. Rohmaterialanteile.

Tab. 1. Gewichtsmäßiger Anteil der Rohmaterialien im Gesamtmaterial in 1/100 g

	Grundproduktion	Kerne	gesamt
Radiolarit	2280	2856	5136
Chalcedon	1119	7654	8773
Bergkristall	755	826	1581
Hornstein	7540	6962	14502
Quarz	4157	28827	32984
Quarzit	4824	–	4824
Opal	1103	11030	12133

Betrachtet man den Anteil der einzelnen Rohmaterialien am Gesamtmaterial nicht allein von der Stückzahl her, sondern vom tatsächlichen Gewicht, zeigt sich ein anderes Verteilungsmuster.

Gewichtsmäßig dominiert der Quarz, was insofern nicht verwundert, da Quarz eines der häufigsten Minerale auf der Erde ist, und um die Fundstelle Rosenburg in den Kampschottern, wie im gesamten Waldviertel häufig anzutreffen ist. Für die Jungpaläolithiker von Rosenburg stellte es demzufolge kein Problem dar, sich dieses Rohmaterial in größeren Mengen und in Form von großen Rohlingen zu beschaffen, was der Quarzkern mit einem Gewicht von 288,27 g eindrucksvoll dokumentiert.

Bei der Grundproduktion dominiert gewichtsmäßig der Hornstein. Er zeigt wegen seiner feinkörnigen Struktur gute schlagtechnische Eigenschaften und ist lokal, z. B. in den Hollabrunner Schotterkegeln, häufiger zu finden als die feinkörnigeren, aber oft stark geklüfteten Radiolaritknollen.

Allgemein läßt sich feststellen, daß die Materialien, die nahe der Fundstelle am einfachsten zu beschaffen sind, gewichtsmäßig dominieren, was jedoch nicht bedeutet, daß sie bevorzugt für geschlagene Artefakte verwendet wurden.

Anhand von Zusammensetzungen, Farbe, Struktur, Kortex, Einschlüssen und Klüften wurden die unterschiedlichen Rohmaterialklassen in Varianten untergliedert. Die Varianten sind nicht mit Knollen gleichzusetzen, da eine sichere Knollenzugehörigkeit nur durch Zusammensetzungen garantiert ist. Die Varianten spiegeln jedoch die minimale Knollenanzahl wider (Tab. 2).

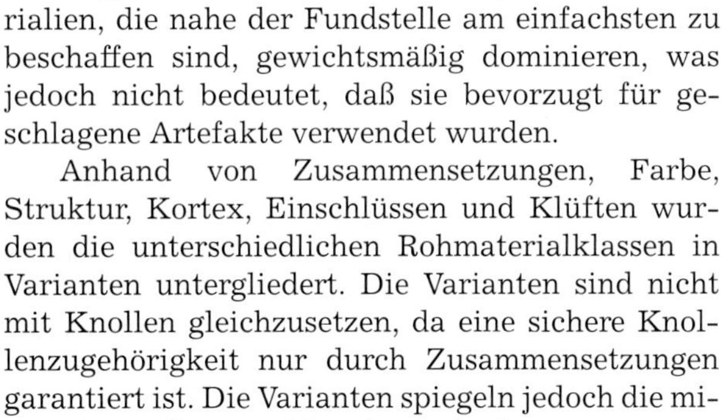

Abb. 9. Rosenburg. Prozentanteile der Rohmaterialvarianten am Gesamtmaterial.

Bei den Rohmaterialvarianten dominieren der grüne Radiolarit, der weiße Quarz und der graublaue Hornstein. Alle drei Varianten weisen Spuren von Transport in Flüssen auf (abgerollte Kortex), der graublaue Hornstein zeigt sich zusätzlich noch von Lösungen angegriffen. Insgesamt handelt es sich um Rohmaterial von eher minderer Qualität. Die Spaltbarkeit des weißen Quarzes ist durch seine grobkörnige Struktur stark beeinträchtigt, die des Radiolarits und des Hornsteins durch deren starke Klüftung (feine Adern rekristallisierten Quarzes).

Rohmaterialherkunft

Bei den geschlagenen Artefakten der Fundstelle Rosenburg am Kamp dominieren Radiolarit und Hornstein als Rohmaterialien.

Je nach Art der Beimengung kann Hornstein verschiedene Farbtöne aufweisen. Die Knollen sind meist grau, manchmal rotbraun, grün oder bläulich gefärbt. Sie finden sich in Niederösterreich: a) Lagenweise angehäuft in manchen Schichten der Kalkalpen, den Aptychenmergeln (Aptychen sind Deckel von Ammonitenschalen) der Juraklippe bei St. Veit bei Wien, im Sandstein des Feuersteins bei Purkersdorf, in den Schiefermergeln bei Wolfpassing und im alttertiären Sandstein bei Höflein und Greifenstein a. d. D. Diese Hornsteine sind ein mit dem Kalk in rhythmischer Aufeinanderfolge zum Absatz gelangtes Fällungsprodukt der im Meerwasser gelösten Kieselsäure und sind häufig mit Resten von Muscheln, Seeigeln und Bryozoen durchsetzt.

Für die Fundstelle von Rosenburg von besonderer Bedeutung ist b) meist grauer Hornstein im Gefolge von Serpentin. An den Enden des ca. 7 km langen, schmalen Serpentinzuges Etzmannsdorf-Wanzenau-Steinegg-Reutmühle (dort wird er vom Kamp durchschnitten)-Krug im Waldviertel treten Quarz, löchrige Knollen von Hornstein, Chalcedon und Halbopal neben dichtem Magnesit auf. Dieser Serpentinzug zieht nur ca. 2 km Luftlinie entfernt an der Fundstelle Rosenburg vorbei.

Die Minerale sind Zersetzungsprodukte eines Olivinfelsens. Aus dem Eisenoxydulsilikat des Olivins entstand durch die Einwirkung der Luft und des Tagwassers Magnetit und freie Kieselsäure in Form von Hornstein oder Halbopal, aus dem Magnesiasilikat Serpentin und Magnesit.

Auf die gleiche Art entstanden ist der Hornstein im Gefolge der anderen Serpentinlager des östlichen und nordöstlichen Waldviertels. Als Fundorte von Hornstein sind bekannt: Felder der Umgebung von Drosendorf, der Dürnitzbühel zwischen Langenlois und Schiltern (roter Hornstein mit Asbesteinschlüssen), der Klopfberg bei Stiefern, Heinrichschlag, Latzendorf bei Felling, Altenburg, die Äcker zwischen Elsern und Unter-Pfaffendorf nächst Drosendorf, Ober-Thürnau, Pingendorf, Zissersdorf, Harth, Trabersdorf, Autendorf, Nonndorf und Strögen[22]).

Tab. 2. Rohmaterialvarianten

Rohmaterialvariante	Kortex Patina	Struktur	Gewicht
roter Radiolarit	abgerollte hellrote Patina	muscheliger Bruch, feinkörnig, z. T. feine Quarzadern	2280
grüner Radiolarit	abgerollte hellocker Kortex	muscheliger Bruch, z. T. stark geklüftet	922
grüngrauer Radiolarit	abgerollte rotbraune Kortex	muscheliger Bruch, grobkörnig, stark geklüftet	1532
grün-rot-blau gebänderter Radiolarit	rotbraune Kortex	muscheliger Bruch, gebändert, geklüftet	421
rot gebänderter Radiolarit	abgerollte beige Kortex	muscheliger Bruch, z. T. feine Quarzadern u. Kluftflächen	234
grün-blau gebänderter Radiolarit	Kortex dunkelbraun	muscheliger Bruch, z. T. geklüftet	406
blauer Hornstein	rotbraune Kortex, teilw. weiß patiniert	muscheliger Bruch, feinkörnig, Eisenoxyd-Einschlüsse, teilw. durchscheinend	602
graublauer Hornstein	abgerollte rotbraune Kortex	muscheliger Bruch, Dendriten, stark geklüftet	2719
hellblauweißer Hornstein	weiße Kortex	muscheliger Bruch, feinkörnig, z. T. durchscheinend	158
schwarzblauer Hornstein	abgerollte hellbraune Kortex, beige fleckige Patina	muscheliger Bruch	211
hellocker Hornstein	hellocker patiniert	muscheliger Bruch, sehr inhomogen, Muscheleinschlüsse	508
gelbbrauner Hornstein	hellocker patiniert	muscheliger Bruch, feine Quarzadern, schwarze u. rote Einschlüsse, z. T. geklüftet	1809
gelbbrauner Hornstein	milchig-weiß patiniert	körnig, viele Quarzadern	19
graublauer Hornstein	milchig-weiß patiniert	muscheliger Bruch, feinkörnig	431
weißer Hornstein	stark verollt	muscheliger Bruch, z. T. grau gebändert	1772
schwarzroter Hornstein	abgerollte hellrote Kortex	muscheliger Bruch, wenig geklüftet	90
dunkelblauer Hornstein	abgerollte beige Kortex	muscheliger Bruch, grobkörnig, z. T. stark geklüftet	111
brauner Hornstein	abgerollte hellbraune Kortex	körnig	677
graublau-rot-brauner Hornstein	abgerollte hellocker Kortex	körnig	26
gelber Chalcedon	weiße Kortex, milchig-weiß patiniert	muscheliger Bruch, feinkörnig, durchscheinend	1119
olivgrün u. brauner Opal sog. „Krötenstein“	rotbraune rauhe Kortex	körnig, geklüftet, weiße Einschlüsse	7540
olivgrüner Opal sog. „Krötenstein“	dicke Kalkkruste, milchig-weiß patiniert	muscheliger Bruch, Eisenoxydeinschlüsse	11030
klarer Bergkristall	abgerollte milchig-weiße Kortex	muscheliger Bruch, Rutilverwachsungen (TIO2)	755
gelblicher Bergkristall	abgerollte milchig-weiße Kortex	muscheliger Bruch, sehr rein, Flüssigkeits- u. Gaseinschlüsse	101
weißer Quarz	abgerollte weiße Kortex	Kristalle erkennbar, inhomogenes Gefüge, Einschlüsse	2776
gelber Quarz	abgerollte gelbe Kortex	Kristalle erkennbar, inhomogenes Gefüge	4157
Quarz mit schwarzen Einschlüssen	–	Kristalle erkennbar, inhomogenes Gefüge, schwarze Einschlüsse	1745
rötlicher Quarz	–	Kristalle erkennbar, inhomogenes Gefüge	435
besonders reiner Quarz	abgerollte gelbliche Kortex	unregelmäßiger Bruch, viele Einschlüsse, geklüftet	22
Rauchquarz	–	muscheliger Bruch	29
Quarzit mit Granateinschlüssen	abgerollte Kortex	sehr körnig, homogen, teilw. gebändert, Granateinschlüsse	4824
gelblicher Quarzit	abgerollte gelbliche Kortex	sehr körnig, homogen	3390

In Verbindung mit diesen Serpentinzügen ist das Auftreten des gelbbraunen Hornstins, dem Material des sog. „Plateaulehmpaläolithikums" zu sehen. Fundplätze des gelben Materials liegen im westlichen Horner Becken, am Hochplateau beiderseits der Taffa auf Äckern der Gemeinden Groß-Burgstall, Mahrersdorf, Fuglau, Feinfeld, Röhrenbach, Winkel und Altenburg[23]). Erst kürzlich wurde ein weiteres natürliches Vorkommen dieses Materials nach mündlicher Mitteilung von R. Rötzel, Geologische Bundesanstalt Wien, im Randbereich des Drosendorfer Fensters bei Unter-Oberdumeritz und Wolfsbach zwischen Drosendorf und Geras entdeckt. Dieser gelbbraune Hornstein kommt im Rosenburger Material in zwei Varianten vor. Eine Variante ist hellocker patiniert, die andere milchig weiß. Das nächste Vorkommen dieses Rohstoffes liegt nicht weiter als 2 km Luftlinie von der Fundstelle entfernt.

Läßt sich beim Hornstein biogenes Ausgangsmaterial feststellen, kann eine Herkunft aus dem Bereich des Waldviertels ausgeschlossen werden (mündliche Mitteilung M. Götzinger, Institut für Mineralogie Wien). Hornstein- und Radiolaritknollen aus den Jurakalken der nördlichen Kalkalpen finden sich vor allem in den im Weinviertel weit verbreiteten Hollabrunner Schotterkegeln (ca. 30 km Luftlinie von der Fundstelle entfernt). Bisher sind schwarze, dunkelbraune, graubraune, selten dunkelrote und grünliche Varianten aus diesen Schotterkegeln bekannt. Der grüne Radiolarit, eine Variante, die im Material von Rosenburg besonders häufig vertreten ist, stammt mit hoher Wahrscheinlichkeit aus diesen Flußschottern.

Eine Hornsteinvariante, die bisher nicht aus Flußschottern oder andersartigen Aufschlüssen in Niederösterreich bekannt ist, stellt der weiße Hornstein dar. Die Artefakte aus diesem Material sind viel stärker abgerollt als alle übrigen und weisen auch morphologische Unterschiede auf. Möglicherweise handelt es sich bei diesen Stücken um Import aus dem mährischen Raum.

Mit 33 % ist Radiolarit die am häufigsten vertretene Rohmaterialklasse bei den geschlagenen Artefakten von Rosenburg.

Die jurassischen Radiolarite der Alpen weisen rötliche oder grünlichgraue bis dunkelgraue Farbtöne auf. Entstanden sind sie in schmalen Trögen während der durch Mangelsedimentation charakterisierten „leptogeosynklinalen Phase"der Orogene, welche häufig auch durch das Vorkommen von Ophiolithen und Tuffen charakterisiert ist[24]).

Durch Erosionsprozesse ausgewittert und weiter verfrachtet finden sie sich in den eiszeitlichen Schottern und Kiesen[25]).

1987 wurde vom Team der paläolithischen Grabung in Grubgraben eine Feldbegehung zur Feststellung der lokalen Rohmaterialvorkommen unternommen. Es wurde ein Gebiet mit einem Radius von 80 km um die Fundstelle untersucht. Westlich von Grubgraben wurden die holozänen Donauschotter der Wachau abgegangen, nordöstlich von Grubgraben die alluvialen Schotterkegel bei Hollabrunn und im Südosten der Fundstelle die Sandsteinhügel des Wienerwaldes[26]).

Wie Rosenburg weist Grubgraben eine große Varietät an Flinten (in M. Pawlikowskis Arbeit offensichtlich als Überbegriff für besonders feinkörnige Hornsteine verwendet oder für Hornsteinbildungen der Oberkreide?) und Radiolariten auf.

Quarz, Quarzit und Granulit finden sich relativ häufig in den Kampschottern, wohingegen gut schlagbare Materialien in und um den Grubgraben fehlen und auch in der Wachau selten sind.

In Willendorf zum Beispiel besteht das Material zu einem großen Teil aus importiertem Flint, vom Radiolarit und Quarzit wird angenommen, daß sie aus den Donauschottern stammen[27]).

Bei der Beprobung der holozänen Donauschotter (ca. 25 km Luftlinie von der Fundstelle Rosenburg entfernt) wurde ein sehr großer Variantenreichtum an Quarzen, magmatischen und metamorphen Gesteinen festgestellt. Flint und Radiolarit sind mit weniger als 1 % nur sehr gering vertreten und die Knollen meist stark geklüftet und abgerollt. Dasselbe Bild zeigte sich in den Traisenschottern und den alluvialen sandigen Schotterkegeln bei Hart-Kleinsdorf.

Betreffend der Hollabrunner Schotterkegel wurden zwei Sandgruben östlich und südöstlich von Hollabrunn begangen. Der Schotter hat dort einen Durchmesser von 2–3 cm, dazwischen finden sich manchmal Stücke von grünem Radiolarit und grauem Flint (Hornstein) – beides Rohmaterial von sehr schlechter Qualität.

Laut Mitteilung von M. Götzinger könnten die Rohmaterialvarianten 2 (grüner Radiolarit), 6 (grüngrauer Radiolarit), 13 (graublauer Hornstein), 16 (schwarzroter Hornstein) und 19 (brauner Hornstein) aus diesen Schottern stammen, wobei die dunkelroten Varianten sehr selten sind. Bei diesen Hornsteinen handeltes sich um Tiefseeablagerungen aus den Jurakalken der nördlichen Kalkalpen.

500 m östlich von Gneixendorf in einer großen Schottergrube wurden 1987 wenige Stücke eines roten Radiolarits mit Calcit und Quarzadern und einer rauhen Oberfläche der Knollen aufgelesen.

Zwei Stück eines roten kreidigen Radiolarits und grauer geklüfteter Hornstein mit viele Kalcitadern wurden entlang des Weidlingbaches bei Steinrigel gefunden.

Zusammenfassend läßt sich über die Feldbegehung 1987 sagen, daß bei der Beprobung einiger alluvialer Schotterfächer nur geringe Unterschiede im Rohmaterialangebot festzustellen waren. Flinte sind sehr selten oder fehlen völlig, Radiolarite sind rar, klein bis mittelgroß und speziell in den Donauschottern geklüftet und angewittert. Die Menge an Radiolarit sinkt von Süd nach Nord, was bedeutet, daß die Aufschlüsse nördlich der Donau mengenmäßig weniger Radiolarit enthalten als diejenigen weiter südlich.

Chalcedon ist mit nur 5 % an geschlagenen Artefakten weit geringer im Material vertreten als Radiolarit oder Hornstein.

Er findet sich als Lesestein in Form von Knollen und Mandeln im Gefolge der bereits genannten Serpentinlager im nordöstlichen Waldviertel. Manchmal überzieht bläulicher, traubiger Chalcedon die Wände kleiner Hohlräume im Hornstein. Weitere Fundorte von Chalcedon sind: Kirchjapons, Trabersdorf, Nonndorf, Zettlitz, Pernegg und Altenburg. Bläulicher, geschichteter Chalcedon findet sich in bis 8 cm dicken Linsen im Graphit des Tagbaues von Röhrenbach[28]).

Eine undurchsichtige blaugraue bis wachsgelbe Variante wurde etwa 4–6 km westlich von Kamegg bei Etzmannsdorf und Wanzenau aufgesammelt[29]). Alle diese Fundstelle liegen innerhalb eines Radius von 20 km um die Fundstelle Rosenburg.

Opal ist mit 0,1 % nur sehr gering im Material von Rosenburg vertreten.

Im Waldviertel tritt er vor allem am Ostabhang der Böhmischen Masse in Zusammenhang mit den Serpentinzügen als Verwitterungsprodukt von Silikatgesteinen auf. Das SiO2-Gel bildet Massen, die im Waldviertel als „Krötensteine" bezeichnet werden. Man findet sie in dieser Gegend als Baumaterial für Hausmauern und Kriegerdenkmäler (Mitteilung M. Götzinger).

Die „Krötensteine" im Material von Rosenburg sind Kongretionen, die an ihrer Rinde noch Gneis als ihr Ausgangsmaterial erkennen lassen. Ganz frische Stücke liefern noch sehr scharfe Kanten, da sie aber weicher sind als Quarz und von Lösungen leicht angegriffen werden, werden sie schnell stumpf und nutzen sich rasch ab.

Quarz macht mit 17 % einen bemerkenswert großen Anteil am Rohmaterialspektrum der geschlagenen Artefakte aus.

Schlagtechnisch gesehen eignet er sich wegen seiner säuligen Kristallstruktur nicht besonders zur Herstellung von Steingeräten. Der muschelige Bruch ist kaum ausgeprägt und ein gezieltes Zerlegen schwierig. Quarz ist aber sehr hart (Mohs-Härte 7) und sehr zäh und wird daher bevorzugt als Schlagstein, Kochstein u. ä. verwendet[30]).

Um die Rolle, die Quarzirtefakte in einem Inventar spielen, festzustellen, ist es wichtig zu untersuchen, ob die paläolithischen Steinschläger für ihre Werkzeuge nur das am besten dafür geeignete Material verwendeten oder ob sie mit dem minder qualitätvollen Quarz zufrieden waren, und ob das verwendete Rohmaterial in nächster Umgebung vorhanden war oder von weiter her in die Fundstelle eingebracht wurde[31]).

Die Steinschläger von Rosenburg stellten zahlreiche einfache Artefakte aus Quarz her. Ein möglicher Grund dafür ist die bequeme Beschaffungsmöglichkeit dieses Rohstoffes. Gleich neben der Fundstelle ist er zahlreich in den Kampschottern zu finden. Der Transport von größeren Kieseln, wie sie im Material vorliegen, bereitet also keine Schwierigkeiten. Auch daß die Kerne nicht vollständig abgearbeitet wurden, spricht dafür, daß dieses Material zur Genüge vorhanden war.

Der Rauchquarz ist ein Einzelstück und stammt aus den Alpen. Kortex ist keine vorhanden und so kann nur vermutet werden, daß dieses Stück ebenfalls aus den Flußschottern stammt.

Ist das Quarzmineral hell, klar und durchsichtig, heißt es Bergkristall. Es ist mit 5 % im Material von Rosenburg vertreten. In Geröllform findet man in Niederösterreich aus den Alpen stammende Bergkristalle in den Schottern der Gebirgsflüsse und auf den Kiesflächen der diluvialen Gletschermoränen. Die Bergkristallvariante mit den Rutilverwachsungen im Material von Rosenburg stammt mit großer Sicherheit aus den Alpen. Bergkristalle gibt es aber auch in der Böhmischen Masse. Die zweite Variante mit gasreichen Einschlüssen läßt auf eine hohe Bildungstemperatur schließen und stammt wahrscheinlich aus dem Waldviertel. Sie weist eine abgerollte Oberfläche auf und wurde somit auch aus Flußschottern aufgelesen (Mitteilung M. Götzinger).

Der Quarzit, ein Gestein das sich hauptsächlich aus gröberen Quarzkristallen zusammensetzt, hat einen Anteil von 7 % am Rohmaterialspektrum von Rosenburg.

Er besitzt die hohe Härte des Quarzes ist spröde und sehr widerstandsfähig. Er wittert aus seinen Nebengesteinen heraus, wird abgeschwemmt und findet sich zahlreich als Kiesel und Gerölle von Kopf- bis Bohnengröße in den Bach- und Flußbetten der älteren europäischen Gebirge, so auch in den Alpen und in der Böhmischen Masse[32]). Durch seine grobe Struktur und den wenig ausgeprägten muscheligen Bruch eignet er sich nur bedingt für die Herstellung von geschlagenen Artefakten.

Zusammenfassend ist zur Rohmaterialherkunft zu sagen, daß der Großteil des Hornsteins, Radiolarits, Quarzes, Quarzits und Bergkristalls im Material von Rosenburg aus Schottern aufgelesen wurde.

Der Hornstein ist mit 13 Varianten im Material vertreten, wovon sechs Varianten eine abgerollte Kortex aufweisen und wahrscheinlich aus den Hollabrunner Schotterkegeln stammen. Bei fünf Varianten ist keine Kortex vorhanden, wobei aber anzunehmen ist, daß die hellocker und gelbbraunen Varianten im Zuge der Serpentinzüge des Waldviertels auftreten und aus einem Umkreis von 20 km um die Fundstelle stammen. Nur bei drei Varianten ist ein Transport von weiter her (> 30 km von Fundstelle entfernt) denkbar. Es handelt sich hierbei um einen blauen Hornstein mit rotbrauner Kortex und teilweise weißer Patinierung und um eine hellblauweiße Variante mit weißer Kortex, beide feinkörnig, teilweise durchscheinend und von guter Qualität. Die dritte Variante ist ein weißer, grau gebänderter und stark verrollter Hornstein. Er ist ebenfalls von guter Spaltbarkeit, weist keinerlei Einschlüsse oder Klüfte auf, ist aber nicht durchscheinend. Bei diesen drei Materialien handelt es sich möglicherweise um Importstücke aus dem mährischen Raum.

Der Hornstein wurde zur Herstellung von Abschlägen, Klingen und Lamellen verwendet. Der Klingenanteil liegt beim feinkörnigeren und homogeneren Radiolarit etwas höher als beim Hornstein.

Nicht von allen Hornsteinvarianten liegen Hinweise auf die Verarbeitung vor Ort vor. Es ist möglich, daß die Abschläge und Klingen der schwarzblauen, weißen und dunkelblauen Varianten schon als fertige Grundformen an die Fundstelle gelangt sind (Tab. 3).

Der Radiolarit ist mit sechs Varianten vertreten. Vier Varianten weisen eine abgerollte Kortex auf und wurden mit größter Wahrscheinlichkeit lokal aus den Donauschottern und Hollabrunner Schottern aufgelesen. Bei der grün-rot-blau gebänderten Variante mit rotbrauner Kortex und der grün-blau gebänderten mit dunkelbrauner Kortex, beide geklüftet, muß die Frage der Herkunft offenbleiben.

Aus Radiolarit wurden sowohl Abschläge als auch Klingen und Lamellen hergestellt. Die Fundstelle ist zwar nicht vollständig ergraben, durch das Vorliegen von Kernkantenklingen, Kernkantenabschlägen, Kernkantenlamellen, Kernscheiben und Kernen kann aber von einer Verarbeitung der Radiolaritvarianten vor Ort ausgegangen werden.

Von der grüngrauen Variante liegt ein Klingenkern vor, die dazugehörigen Klingen fehlen aber im Material. Möglicherweise waren sie wegen des sonst schlechten Rohmaterials zu kostbar, um sie an der Fundstelle zurückzulassen.

Von der grün-blau gebänderter Variante fehlen Kernkanten und Kerne. Die Bearbeitung einer Knolle an der Fundstelle ist jedoch durch eine Kernscheibe belegt (Tab. 4).

Die zwei Varianten des Bergkristalls weisen beide eine abgerollte Oberfläche auf und stammen somit aus Flußschottern.

Quarz und Quarzit weisen, wenn vorhanden, eine abgerollte Kortex auf und stammen mit größter Wahrscheinlichkeit aus den Kampschottern. Chalcedon und Opal sind ebenfalls lokal aufgesammelte Materialien. Sie kommen im Gefolge der Serpentinzüge des Waldviertel häufig vor.

Aus Chalcedon wurden Abschläge, Klingen und Lamellen hergestellt. Vom grobkörnigen Opal lie-

Tab. 3. Grundformanteile der Hornsteine

	blauer	graublauer	hellblauweißer	schw. blauer	hellocker
Abschlag	25	70	17	4	17
Klinge	7	1		1	
p. KKA		2			
s. KKA			1		1
Kernscheibe					
Trümmer	1	13	1		1
Absplìß	10	50	11		27
Lammelle	15	21	5		9
p. KKL	1	3	1		1
s. KKL		1			
Klingenkern	2	1			1
Lamellenkern		3			

	gelb braun ocker pat.	gelb braun weiß pat.	graublau	weiß	schw. rot	dunkelblau	braun	graublau rotbraun
Abschlag	8	1	1	2	4	3	8	1
Klinge				1	2		1	
Trümmer			1				4	
Absplìß	4		2		9			
Lamelle	8	1			7		3	
Abschlagkern								1

Tab. 4. Grundformanteile der Radiolarite

	roter	grüner	grüngrauer	grün, rot, blau geb.	rot geb.	grün, blau gebänderter
Abschlag	16	74	25	12	16	7
Klinge	2	10		7	1	
p. KKKL		1		1		
s. KKKL		1				
p. KKA		1		1		
s. KKA				1		
Kernscheibe						1
Trümmer	4	17	1		2	
Absplíß	37	71	20	3	11	1
Stichelabfall		1				
Lamelle	7	35	2	3	9	2
p. KKL	1	2				
s. KKL						
Klingenkern			1			
Lamellenkern	2	1			1	

gen nur Abschläge vor. Wegen der geringen Größe und starken Klüftung der Bergkristallgerölle war es nur möglich, Abschläge und Lamellen aus diesem Material herzustellen. Die Klinge ist ein Einzelstück.

Chalcedon und Bergkristall wurden an der Fundstelle verarbeitet. Der olivgrün und braune Opal ist wahrscheinlich als fertiger Abschlag mitgebracht worden, der olivgrüne Opal bereits als angeschlagene Rohknolle. Mit Sicherheit kann jedoch nicht ausgeschlossen werden, daß die beiden Grundformen nicht doch zu ein und derselben Variante gehören und der Opal somit auch erst an der Fundstelle verarbeitet wurde (Tab. 5).

Die relativ große Anzahl an Trümmern bei Quarz und Quarzit ist auf deren schlechte Schlageigenschaften zurückzuführen. Das Auseinanderbrechen dieses Materials ist schwer zu kontrollieren, weshalb auch keine ausgefeilten Kernpräparationstechniken angewendet werden können. Trotz des Fehlens von Kernkanten und Kernen kann aufgrund des hohen Kortexanteiles dieser Varianten angenommen werden, daß die Verarbeitung an der Fundstelle stattfand (Tab. 6).

Aus diesen Materialien wurden fast ausschließlich Abschläge produziert. Aus Quarzit liegt eine einzelne Lamelle vor, aus Quarz eine einzelne Klinge.

Tab. 5. Grundformanteile der Chalcedone, Opale und Bergkristalle

	gelber Chalcedon	olivgrün, brauner Opal	olivgrüner Opal	klarer Bergkristall	gelblicher Bergkristall
Abschlag	29	4		21	2
Klinge	3			1	
Trümmer	5			4	3
Absplíß	22			11	4
Lamelle	7			11	3
Kerntrümmer	1		1		1

Tab. 6. Grundformanteile der Quarze

	weißer Quarz	gelber Quarz	Quarz mit schw. Einschl.	rötlicher Quarz	bes. reiner Quarz	Rauchquarz
Abschlag	58	7	3			1
Klinge		1				
Trümmer	94	3	21	2		
Abslíß	22				3	
Abschlagkern	1				1	

Tab. 7. Grundformanteile der Quarzite

	Quarzit mit Granateinschl.	gelblicher Quarzit
Abschlag	9	36
Trümmer	30	8
Absplиß		3
Lamelle		1

In Rosenburg erfolgte die Verarbeitung der Rohmaterialien an der Fundstelle. An Grundformen dominieren die Abschläge bei allen Rohmaterialklassen. Klingen und Lamellen wurden nur aus Radiolarit, Hornstein, Chalcedon und Bergkristall hergestellt. Den Opal („Krötenstein"), Quarz und Quarzit verwendete man ausschließlich zur Herstellung von Abschlägen. Sowohl von der Zahl der Rohmaterialvarianten als auch gewichtsmäßig dominieren im Fundgut eindeutig lokale Materialien.

Kortexbedeckung der Rohmaterialien

Die Kortexbedeckung kann ebenfalls darüber Aufschluß geben, ob das Rohmaterial als Knolle oder fertige Grundform an die Fundstelle gebracht wurde.

Betrachtet man Abb. 10, fällt der relativ hohe Kortexanteil bei den verschiedenen Rohmaterialvarianten auf. Dies spricht für die bereits gemachte Beobachtung, daß der Großteil der Rohmaterialien an der Fundstelle verarbeitet und dabei intensiv genutzt worden ist.

Die Kerne sind allgemein von kleiner Dimension und Lamellenkerne dominieren über Klingenkerne, gefolgt von Abschlagkernen. Ungenutzte Vollkerne oder nur angeschlagene Rohknollen blieben keine zurück.

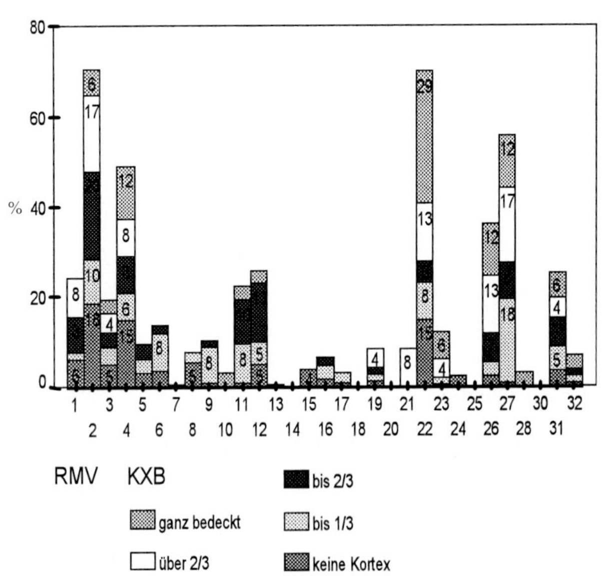

Abb. 10. Rosenburg. Prozentanteile der Kortexbedeckung bei den Rohmaterialvarianten.

Im Vergleich mit anderen junpaläolithischen Materialien weisen relativ viele Stücke eine vollständige dorsale Bedeckung mit Kortex auf. Dies wäre ein weiterer Hinweis darauf, daß vornehmlich lokales Rohmaterial verwendet wurde, d. h. aus Rohstoffquellen, die nicht weiter entfernt als 20 bis 30 km von der Fundstelle liegen. Material, das man nahe der Fundstelle aufsammelt, wird oft ungetestet in die Station mitgenommen. Material aus weiter entfernten Quellen, wird auf seine Eignung hin geprüft und somit teilweise entrindet an die Fundstelle gebracht[33]).

Von den Rohmaterialvarianten, die als mögliche Importe genannt wurden, weist nur der weiße Hornstein keine Kortexbedeckung auf und wurde bereits in einem späteren Abbaustadium in die Fundstelle eingebracht. Der hellblauweiße Hornstein und der grün-blau gebänderte Radiolarit weisen eine geringe Kortexbedeckung auf und wurden zumindest schon teilweise entrindet und angetestet in die Fundstelle gebracht.

Hitzeeinwirkung auf das Rohmaterial

Tab. 8. Anteil der Hitzeeinwirkung auf die Rohmaterialklassen

	keine therm. Einwirkung	thermische Einwirkung
Radiolarit	410	–
Chalcedon	64	3
Bergkristall	61	–
Hornstein	396	4
Quarz	214	1
Quarzit	84	3
Opal	5	–
gesamt	1234	11

Der Anteil an hitzebedingten Veränderungen am Rohmaterial liegt unter 1 %. Mit Sicherheit wurde in diesen Fällen Hitze nicht kontrolliert eingesetzt, um eine Verbesserung der Spaltbarkeit des Materials zu erlangen. Es handelt sich vielmehr um Schadbrände an den Artefakten, die möglicherweise auf eine Feuerstelle zurückzuführen sind. Die einzigen weiteren Indizien, die auf das Vorhandensein einer Feuerstelle schließen lassen, sind einige wenige kleine lehmige Erdbrocken, die eine leichte Verziegelung aufweisen und eine handvoll kleinster, nicht näher zu bestimmender, verbrannter Knochenfragmente.

Rohmaterialversorgung und Mobilität

Die Herkunftsbestimmung der Rohstoffe ist eine der wenigen Möglichkeiten, die der Archäologe hat, um etwas über die Größe der vom paläolithischen Menschen begangenen Territorien zu erfahren, oder über die Gebiete, mit denen er Kontakte unterhielt. Die Bestimmung der Größe der begangenen Gebiete ist nur insofern problematisch, als der Raum aus dem die Materialien mitgeführt wurden, nicht unbedingt mit dem insgesamt begangenen Areal übereinstimmen muß. Man gewinnt aber zumindest einen Anhaltspunkt für die Mindestausdehnung des Gebietes, das von den Bewohnern der jeweiligen Fundstelle begangen wurde.

H. Floss[34]) listet folgende Verhaltensweisen als mögliche Ursachen für die Präsenz von Steinartefakten aus ortsfremden Rohstoffen auf:

1) Beschaffung von Rohmaterialien, eingebunden in Wanderbewegungen beim Lagerplatzwechsel.
2) Beschaffung während der alltäglichen Aktivitäten im Umfeld eines Lagerplatzes.
3) Eigens zur Beschaffung von Rohmaterialien durchgeführte „Expeditionen" innerhalb oder über den gewöhnlichen Aktivitätsradius eines Lagerplatzes hinaus.
4) Unsystematischer Tausch beim Treffen verschiedener Gruppen oder Einzelpersonen.
5) Systematischer Handel mit Rohmaterialien.

H. Floss vertritt weiters die Ansicht, daß die Mobilität von Wildbeutergruppen innerhalb ihres jährlichen Territoriums und ausgehend von den jeweiligen Lagerplätzen für den Großteil der eingebrachten Rohmaterialien verantwortlich ist. Das Steinrohmaterial wurde eingebettet in die Aktivitäten und Siedlungsweisen der Sammler und Jäger beschafft und zum Teil über weite Distanzen transportiert. Tauschkontakte oder spezielle Beschaffungsexpeditionen außerhalb des gewöhnlichen Aktivitätsradius eines Fundplatzes sind nur in Ausnahmefällen für das Vorhandensein ortsfremder Silices verantwortlich. Systematischen Handel schließt er für das Paläolithikum gänzlich aus.

Was den Lagerplatz von Rosenburg betrifft, kommen die Punkte 3), 4) und 5) für die Rohmaterialbeschaffung nicht in Betracht.

Die Qualität der Materialien ist nicht von solch herausragender Qualität, daß sich eine Beschaffungsexpedition lohnen würde, oder sie als wertvolles Tausch- oder Handelsobjekt gegolten hätten. Vielmehr ist anzunehmen, daß die Rohstoffquellen dieser Materialien innerhalb des jährlichen Schweifgebietes der Sammler und Jäger von Rosenburg lagen und ihr Aufsammeln eingebettet in andere Aktivitäten geschah.

Um die Beschaffung und Behandlung von Silices im Paläolithikum besser zu verstehen, ist es wichtig, einige Verhaltensweisen von Jägern und Sammlern aus völkerkundlicher Sicht kurz zu beschreiben.

Sammler und Jäger sind nicht seßhaft. Ihre Mobilität passiert in Anpassung an die im jahreszeitlichen Wechsel zur Verfügung stehenden Ressourcen. Feste Lagerplätze werden je nach geographischer Lage, Klima- und Vegetationsbedingungen nach unterschiedlich langer Besiedlung aufgegeben. Beim mehrmaligen Wechsel des Lagerplatzes kann die Gruppengröße je nach unterschiedlichen Aktivitäten und in verschiedenen Jahreszeiten stark differieren. Einen großen Einfluß hat hierbei die Mobilität der bejagten Herdentiere gespielt.

Bei der Darstellung der Siedlungsweise von Sammlern und Jägern wird vor allem auf Daten der subarktischen Jäger zurückgegriffen, da deren Lebensbedingungen noch am ehesten mit denen der paläolithischen Wildbeuter der Kältesteppen zu vergleichen sind.

Ausgangspunkt der Aktivitäten ist der zentrale Lagerplatz oder „residential camp". Von diesem Lagerplatz gehen alltägliche Unternehmungen aus. Das Gebiet, das begangen wird, wird als „site territory" oder „camp range" bezeichnet[35]). Die Leute bewegen sich in einem bestimmten Radius um das Lager, dem sog. „foraging radius" und die Mobilität um den Lagerplatz wird als „logistical mobility" bezeichnet. Für das Paläolithikum wird ein maximaler Radius der Tagesaktivitäten von ca. 20 km um das Lager angenommen[36]). Über den alltäglichen Rahmen hinaus können von einem Lagerplatz, durch spezielle Personen, sog. „task groups", gezielte Beschaffungsunternehmungen gestartet werden. Dauern diese über Nacht, werden Jagd- oder kurzfristige „Beschaffungslager" oder „occasional sites" bezogen. Das begangene Gebiet wird als „extended range" bezeichnet.

Wird ein zentraler Lagerplatz aufgegeben und begibt man sich auf die Wanderung zu einem neuen zentralen Platz, wird das „residential move" genannt. Die Mobilität von Lager zu Lager nennt man „residential mobility". Im Verlauf eines Jahres wird so ein großes Territorium begangen, das sog. „annual territory" oder „annual range"[37]), das regelmäßig, sowohl im tropischen als auch im subarktischen Milieu, das Ausmaß mehrerer 100 km erreicht.

Ob es sich bei Rohstoffen, die aus einer Distanz über 200 km stammen, um eingetauschte Objekte handelt, ist eine in der Paläolithforschung heftig diskutierte Frage. Meiner Meinung nach ist Tausch bei lithischem Rohmaterial, wenn überhaupt, nur dann vorzustellen, wenn es sich um ein besonderes Rohmaterial handelt, oder wenn durch außergewöhnliche Form und Machart eine Verknüpfung der Artefakte mit bestimmten Prestigevorstellungen denkbar wäre.

Für Rosenburg bedeutet das, daß die Materialien, die aus einer Entfernung von weniger als 20 bis 30 km stammen, auf dem Weg der Erstbegehung mitgebracht oder vom Lagerplatz aus beschafft wurden. Diese Rohmaterialien werden i. allg. als „örtlich" bezeichnet[38]); H. Floss unterscheidet darüber hinaus noch einen Bereich von max. 1 km um den Lagerplatz. In diesem Rahmen werden „Allerweltsmaterialien" erfaßt, die ohne jeglichen Aufwand in der unmittelbaren Umgebung des Platzes aufgesammelt werden können. Im vorliegenden Fall würde das auf den Quarz und Quarzit zutreffen, die mit größter Wahrscheinlichkeit aus den Kampschottern direkt neben der Fundstelle stammen. Materialien, die aus Entfernungen von über 30 km stammen, wie mit ziemlicher Sicherheit der weiße Hornstein und möglicherweise auch der blaue und hellblauweiße Hornstein und der grünblau und grün-rot-blau gebänderte Radiolarit wurden wahrscheinlich bei der Erstbegehung des Platzes eingebracht.

Eine andere mögliche Ursache für die Präsenz ortsfremder Rohstoffe, ist das bei Sammlern und Jägern regelmäßig beobachtete Phänomen, einzelne Werkzeuge aufzubewahren und immer wieder nachzuarbeiten. Für dieses Verhalten wurde der Begriff der „curation" bzw. „curated technology" geprägt[39]).

Ein wichtiger Gesichtspunkt ist, daß die eingebettete Beschaffung, das sog. „embedded procurement", und der Tausch von Steinrohmaterialien nicht als gleichwertige Größen gegenübergestellt werden können. Bei Wildbeutern der verschiedensten Biotope basiert die Beschaffung lithischer Rohmaterialien auf dem „embedded procurement". Diese Beschaffungsweise muß für das Paläolithikum als grundlegend verantwortlich für die Existenz ortsfremder Materialien gesehen werden. Lithische Rohstoffe sind nur in Ausnahmefällen in Tauschkontakte eingebunden[40]).

Aus Untersuchungen zur Häufigkeit verhandelter Objekte in Abhängigkeit zu der zurückgelegten Distanz geht hervor, daß die Mengen verhandelter Güter, die sich in Fundstellen wiederfinden, mit Zunahme der Entfernung mengenmäßig abnehmen[41]), d. h. sie sind in dieser Hinsicht denselben Mechanismen unterlegen wie Objekte, die auf Wanderungen mitgeführt werden.

Beim Rosenburger Material fällt auf, daß alle Rohmaterialvarianten gewichtsmäßig gering vertreten sind und der Rohstoff bis auf den Quarz und Quarzit erschöpfend ausgenutzt wurde. Die als möglicherweise importiert anzusprechenden Materialien fallen im Gewichtsvergleich nicht aus dem Rahmen.

Zusammenfassend kann bemerkt werden, daß die Beschaffung der Rohmaterialien von Rosenburg auf dem „embedded procurement" basierte und keine Anzeichen für weitreichende Tausch- oder Handelsverbindungen vorliegen.

Räumlicher und zeitlicher Vergleich mit Rohmaterialspektren anderer Fundstellen

Diskutiert man die chronologisch bedingte Abhängigkeit der Rohmaterialversorgung, ist es unbedingt notwendig, Veränderungen des Klimas und des Landschaftstypes zu beobachten. Diese Faktoren haben einen nachhaltigen Einfluß auf die Verhaltensweise von Wildbeutergruppen, führen zu einer veränderten Mobilität und somit zu einer anderen Handhabung des Rohmaterials Stein.

Aurignacien. Gegenüber dem Mittelpaläolithikum gibt es eine unwesentlich bessere Auswahl lithischer Rohmaterialien. Der Anteil ortsfremder Silices erhöht sich leicht. Die Unterschiede in der Inventarzusammensetzung im Vergleich zum Mittelpaläolithikum sind eher tendenziell und nicht sprunghaft zu sehen. Das Ausmaß der jährlichen Mobilität bleibt nach den absoluten Werten des Materialtransportes ungefähr gleich. Bei den bewegten Stücken handelt es sich meist um Einzelstücke oder kleine Materialmengen[42]).

Im Aurignacien Österreichs überwiegen lokale Rohstoffe im Radius bis 20 km. An ortsfremden Materialien treten in den Fundstellen Krems-Hundssteig und Senftenberg Einzelstücke aus Obsidian aus 300 km Entfernung auf[43]).

Interessant ist, daß die Fundstellen der weiten Lößebenen im Weinviertel, geographisch bedingt, viel mehr im Einflußbereich Mährens mit einem großen Angebot an lithischen Rohmaterialien relativ guter Qualität standen als die Fundstellen des böhmischen Massivs oder der Wachau. So bestehen 94 % der Artefakte der im nördlichsten Weinviertel gelegenen Freilandfundstelle Alberndorf aus Hornsteinen vom Kromauer Wald und aus mährischen Jurahornsteinen. Ihre Aufschlüsse liegen 45 km nördlich der Fundstelle. 6 % des Materials sind aus Radiolarit und baltisch-erratischem Flint. Als Herkunftsgebiet des Radiolarits werden von den Bearbeitern die Westkarpaten, das Tatra-Gebirge, der Ostalpenraum und für eine Variante ungarische Vorkommen in Betracht gezogen.

Der baltisch erratische Feuerstein und Hornstein stammen aus sekundären Lagerstätten des nordmährischen und schlesischen Moränengebietes[44]).

Ganz anders präsentiert sich das Rohmaterialspektrum der in der Wachau gelegenen Fundstelle Willendorf II. Die Mineralogen stellten fest, daß alle in Willendorf verwendeten Materialien in den Schottermassen der nahen Flüsse zu finden sind, mit Ausnahme des Rötels, der aus dem Waldviertel stammt. Die Paläolithiker Willendorfs scheinen also ihre Materialien aus der nächsten Umgebung bezogen zu haben. Hornsteinvarietäten, besonders eine gelbe Variante, aus den Hornsteineinlagerungen der Nördlichen Kalkalpen dominieren. An zweiter Stelle liegt alpiner Radiolarit, gefolgt von kieseligem Mergelkalk. In weitem Abstand folgen Quarzit und Chalcedon und noch geringer vertreten sind Sandsteine, Kalke und Opal. Hornstein, Radiolarit und kieseliger Mergel sind in allen neun

Schichten vertreten. Quarzit fehlt in Schicht 2, Chalcedon in Schicht 3. Der Bearbeiter konstatiert, daß in den neun Schichten keine auffälligen Unterschiede innerhalb der Rohstoffe zu beobachten sind, ebensowenig ist eine Zu- oder Abnahme in chronologischer Hinsicht festzustellen. Es ist jedoch zu bemerken, daß sich Radiolarit und Hornstein in wechselseitiger Zu- und Abnahme zu ergänzen scheinen. Auch die südlich der Donau gelegene Station Getzersdorf weist nur Gesteinsmaterial der unmittelbaren Umgebung auf[45]).

Für die Fundstelle Stratzing/Krems-Rehberg liegen noch keine detaillierten Untersuchungen des Rohmaterials vor, der Großteil der Artefakte besteht aus tertiärem Schottermaterial minderer Qualität, die Stichel sind aus lokal nicht vorkommendem weiß patiniertem Silex (Mitteilung Ch. Neugebauer-Maresch).

Im Aurignacien Mährens dominieren auch lokale Materialien, werden aber besser ausgesucht als im Mittelpaläolithikum[46]). Hornstein, Quarz und Bergkristall stammen aus primären Vorkommen und aus Schotterterrassen. Die Verwitterungsprodukte von Serpentinzügen um Jevišovice in Südwestmähren wurden selten für geschlagene Artefakte genutzt[47]).

Die Aufschlüsse des bereits erwähnten Hornsteines vom Kromauer Walde liegen in den miozänen Sanden des Kromauer Waldes in Südwestmähren, der mährische Jurahornstein ist in der Brünner Gegend anstehend. Beides sind Materialien von sehr guter Qualität.

Die Fundstelle Maloměřice-Občiny weist z. B. 81 % lokales Material auf und 19 % Importmaterial. Stránská skalá weist einen Anteil von 78 % an lokalen Materialien auf und Maloměřice-Borky II einen Anteil von 85 %[48]). Um die lokalen Rohmaterialaufschlüsse finden sich sog. „workshops“, in denen es zu einer Erstverarbeitung des gewonnenen Materials kommt. Vom Bohunicien zum Aurignacien ist ein stetiger leichter Anstieg von Importmaterial zu beobachten.

Südpolnischer Flint aus primären Lagerstätten[49]) und baltisch-erratischer Flint wurden vom Nordosten nach Südwestmähren verbracht. Karpatischer oder alpiner Radiolarit findet sich auch in den Fundstellen als Fremdmaterial. Daneben gab es noch einen reziproken Austausch lokalen mährischen Hornsteins zwischen den einzelnen Stationen[50]).

In Ungarn bietet sich dasselbe Bild. Im Aurignacien überwiegen die lokalen Silikatgesteine des Karpatenbeckens. J. K. Kozłowski[51]) führt jedoch an, daß in den Gegenden mit schlechteren lokalen Materialvorkommen vermehrt Import auftritt. Fremde Rohmaterialien kommen z. B. von jenseits der Karpaten oder aus dem Dnestr Becken.

Gravettien. Im Gravettien gibt es erstmals Indizien für den Ferntransport größerer Rohstoffkontingente. Die Entfernungen im Materialtransport nehmen gegenüber dem Aurignacien nur unwesentlich zu, dafür steigt die Regelmäßigkeit und Menge des transportierten Materials sprunghaft an[52]).

Die österreichischen Fundstellen fügen sich teilweise in dieses Bild. Das Fundgut von Aggsbach, das 3 km von Willendorf entfernt liegt, setzt sich vornehmlich aus Materialien, die aus lokalen Schottern oder dem Waldviertel stammen, zusammen. Der in Willendorf reichlich vorkommende gelbe Hornstein fehlt hier völlig. Fernverbindungen sind jedoch durch eine Obsidianklinge aus der Gegend um Tokay (Ungarn) belegt[53]). Die Fundstelle Kamegg, unweit Rosenburg am Kamp gelegen, weist einen beträchtlichen Anteil an baltischem Feuerstein aus ca. 250 km Entfernung auf[54]).

Was Willendorf selber betrifft, so ist die Situation unklar. J. K. Kozłowski und M. Pawlikowski[55]) erwähnen für Willendorf baltischen Feuerstein, importiert aus einer Entfernung von 300 km. In den Schichten 5 und 6 soll der Anteil an nordischem Flint hoch sein, fällt in den Schichten 7 und 8 und steigt wieder an in Schicht 9. Der Mineraloge E. Zirkel[56]) erwähnt jedoch in dem Kapitel über das Rohmaterial in der Monographie der Fundstelle keinen solchen Import.

In Mähren ist ein steigender Import von lithischen Fremdmaterialien, meist aus Nordmähren und Südpolen in großen Mengen zu beobachten. In einigen Fundstellen überwiegt importiertes Material. Dolní Věstonice, Pavlov und Předmostí weisen zwischen 80–90 % importierten baltischen Feuerstein auf[57]). Die lokalen Hornsteinvorkommen werden fast ganz vernachlässigt[58]).

Im Gravettien der Karpaten kommt es zu einem Boom der Nutzung von Obsidian, der in größeren Mengen von weit her transportiert wurde[59]). Auch baltischer Flint kommt in ungarischen Fundstellen wie Sagvar vor. In einer bisher unpublizierten Gravettien Fundstelle macht er bis zu 50 % aus[60]).

Epigravettien. Um und nach 20.000BP ist es extrem kalt. Im Donautal auf österreichischem Gebiet und teilweise in Südpolen zeigt sich eine Siedlungskontinuität. In Mähren fanden sich bisher nur äußerst spärliche Siedlungsspuren aus diesem Zeitraum. Mit einem 14C-Datum von 20.120 + 480 würde die Fundstelle Rosenburg genau in diese Periode fallen und einen weiteren Beweis für die Siedlungskontinuität im nördlichen Waldviertel darstellen.

Im Epigravettien von Grubgraben, das nach 14C-Daten um 19.000BP zu datieren ist, werden Werkzeuge überwiegend aus Radiolarit und Silex gemacht, deren Quellen in Mähren und der Slowakei angenommen werden und 200 bis 300 km von der Fundstelle entfernt liegen. Im Vergleich zu Willendorf fällt auf, daß das Rohmaterial nun viel intensiver ausgenützt wird[61]).

Die mährischen Fundorte liegen nun in geschützteren Tallagen. Der Anteil an mährischem Hornstein in den Inventaren macht 24 %–60 % aus, der Quarzitanteil liegt zwischen 11 % und 27 %. Der Anteil an impotiertem Feuerstein ist im Vergleich zum älteren Jungpaläolithikum weiter gestiegen und macht 29–47 % in den Inventaren aus[62]).

Für Ungarn erwähnt K. Siman[63]) das Auftreten von baltischem Flint in der Epigravettienfundstelle von Hont-Varhegy.

Magdalenien. Für das Rheinland stellt H. Floss[64]) im Magdalenien das größte Ausmaß und die größten Mengen ortsfremder Silices fest. Außerhalb des Rheinlandes sieht er diese „exklusiven" Rohmaterialbefunde am Beispiel zahlreicher Fundstellen bestätigt.

Das mährische Magdalenien wird als Ergebnis der Einwanderungsbewegung aus dem Westen während einer wärmeren Klimaphase gesehen. Es gibt häufigen Import von fremden Rohmaterialien, lokale Ressourcen des mährischen Karstes werden aber ebenfalls genutzt[65]). Die Anteile ortsfremder Rohstoffe betragen maximal 85 %[66]). Die Migration der Magdalenienleute erreichte das Karpatenbekken nicht. In Österreich ist bisher keine gesicherte Magdalenien Station nachgewiesen. Die Gudenushöhle in Niederösterreich wird aufgrund eines mit einem Rentierkopf ritzverzierten Röhrenknochens in der Literatur als Magdalenienfundstelle geführt. Die von K. Cyrek[67]) durchgeführte Analyse der Steinartefakte ist meiner Meinung nach nicht detailliert genug, um eine sichere Zuordnung dieser Fundstelle zum Magdalenientechnokomplex treffen zu können.

Endpaläolithikum/frühes Mesolithikum. Mit dem Ende der letzten Eiszeit setzt die Wiederbewaldung ein und es kommt zu einer drastischen Veränderung der Landschaftsformen mit großen Auswirkungen auf die Lebensweise und materiellen Hinterlassenschaften der Wildbeuter. Unterbrochen wird diese Entwicklung vom Klimarückschlag der Jüngeren Dryaszeit, in der sich in weiten Teilen Europas wieder Steppenvegetation ausbreitet. Bewohner dieses Biotops sind die Rentierjäger der endpaläolithischen Stielspitzengruppe.

Entgegen der verbreiteten Auffassung liegen sowohl für die Rückenspitzengruppen als auch für die Stielspitzengruppen zahlreiche Fernverbindungen vor. Besonders weit sind verschiedene Feuersteinsorten in den offenen Steppen Osteuropas während der Jüngeren Tundrenzeit verbreitet[68]).

S. Vencl[69]) betont die Diversität an Rohstoffen und das Überwiegen lokaler Materialien. Seiner Meinung nach läßt die Kleingerätigkeit nun die Verwendung von schlechteren Rohmaterialien zu und das Fehlen adequater Rohmaterialquellen ist nicht, wie umgekehrt angenommen, für das Auftreten der Kleingerätigkeit verantwortlich zu machen.

Für die Deutung des geringen Auftretens oder möglicherweise sogar gänzlichen Fehlens von importiertem Material in Rosenburg können zwei Faktoren eine Rolle gespielt haben.

Erstens das Klima. Nimmt man das 14C-Datum von 20.120 + 480 BP als ungefähren Richtwert, würde Rosenburg in den Zeitraum der höchsten Vereisung fallen. Der Horizont, in dem die Artefakte liegen, liegt im Löß, spricht also für eine Kältesteppe. Ob eine trockene „arktische Steppe" oder ein etwas feuchteres Klima gegeben war, wie es A. Montet-White für die artefaktführenden Schichten AL4-AL1 in Grubgraben konstatiert, ist unklar. J. K. Kozłowski[70]) spricht von vermehrtem Gebrauch von lokalen Rohmaterialien, insbesondere Radiolarit in Fundstellen des letzten Hochglazials, da speziell die Rohmateriallagerstätten des erratisch baltischen Flints in Südpolen durch Eisfelder abgeschnitten und daher unbegehbar waren. In der Karpatenregion dominiert in dieser Zeit lokaler Obsidian (Cejkov 95 %), der dann am Ende des Würm von importiertem Flint aus der Dnestr-Region abgelöst wird.

Für die Paläolithiker von Rosenburg würde das bedeuten, daß sie durch Eisfelder von den Lagerstätten des baltischen Flints abgeschnitten waren. Das Eis reichte jedoch nicht so weit in den Süden, als daß sie nicht einige Rohmaterialquellen Südmährens hätten nutzen können.

Das importierte Material in Grubgraben beweist, daß zumindest um 19.000 BP mährische Rohmateriallagerstätten zugänglich waren.

Der zweite Faktor ist die spezielle Funktion der Fundstelle. Möglicherweise ließ die extreme Kleingerätigkeit des Rosenburger Materials die Verwendung von lokalem Material von schlechterer Qualität zu, wie es S. Vencl für das Endpaläolithikum beschreibt. Import von qualitätsvollerem Stein aus weit entfernten Lagerstätten wäre somit überflüssig gewesen.

Zusammenfassend ist für das Rohmaterialspektrum der Fundstellen des nördlichen Niederösterreich festzustellen, daß es das gesamte Jungpaläolithikum hindurch, geographisch bedingt, stark vom mährischen Raum mit seinen Rohmaterialquellen von guter Qualität beeinflußt ist.

Das lokale Material von äußerst minderer Qualität, wird zumeist aus sekundären Lagerstätten, wie quartären Schottern gewonnen und dominiert mengenmäßig in jeder der behandelten Perioden. Von den meisten Fundstellen fehlen detaillierte Rohmaterialanalysen, dennoch hat es den Anschein, als ob das Fundgut des nördlichen Nieder-

Tab. 9. Häufigkeit der verschiedenen Grundformkategorien in den einzelnen Quadranten

Grundform	Quadrant 1	2	3	4	5	total n	%
Abschlag	294	70	115	1	1	481	38
Klinge	16	3	19	–	–	38	3
Lamelle	72	13	63	1	–	149	12
Kern	11	3	4	–	–	19	1.4
prim. KKKlinge	2	–	–	–	–	2	0.2
sek. KKKlinge	–	–	1	–	–	1	0.1
prim. KKLamelle	4	–	5	–	–	9	0.7
sek. KKLamelle	–	–	1	–	–	1	0.1
prim. KKAbschlag	1	1	2	–	–	4	0.3
sek. KKAbschlag	2	–	–	–	–	2	0.2
Kernscheibe	1	–	1	–	–	2	0.2
Präparationsabschlag	2	1	3	–	–	6	0.5
Trümmer	144	27	44	4	–	219	17
Frostaussprung	1	–	–	–	1	2	0.2
Siretbruch	–	–	3	–	–	3	0.3
Absplиß	207	34	79	1	–	321	25.4
Stichelabfall	–	–	1	–	–	1	0.1
Retuschierabfall	1	–	–	–	–	1	0.1
Reduktionsabfall	–	2	–	–	–	2	0.2
Abfall von ausgesplittertem Stück	1	–	–	–	–	1	0.1
gesamt	759	154	341	7	2	1264	100

österreichs der allgemeinen Entwicklung folgt, die eine stetige Zunahme von Importmaterial im Laufe des Jungpaläolithikums zeigt. Die Transportentfernungen ändern sich nach den bisherigen Erkenntnissen kaum.

Grundformen

Die Abschläge stellen mit 38 % die größte Grundformklasse dar. Der Anteil der Klingen mit nur 3 % ist wesentlich geringer als der Anteil der Lamellen, die mit 12 % im Material vertreten sind. Für jungpaläolithische Inventare gibt H. Löhr[71]) einen Klingenanteil von 30 % als oberen Grenzwert an, für mesolithische Inventare liegt der durchschnittliche Anteil bei ca. 10 %[72]). Im Material von Rosenburg liegen also extrem wenig Klingen vor (Tab. 9).

Präparationsabschläge, Kernkantenklingen, Kernkantenlamellen und Kernkantenabschläge sind im Material ebenfalls nicht allzu häufig, belegen aber die Technik der Kernpräparation. Beim Anlegen einer Kernkante wird mit einseitig oder zweiseitig angebrachten Präparationsnegativen ein Leitgrat zum Lösen einer Klinge angelegt[73]). Im Gravettien und Magdalenien wurden sie regelmäßig als Führungsgrate während der Kernreduktion verwendet. Diese besser kontrollierte Schlagtechnik hat vielleicht die Nutzung von kleinen, lokal vorkommenden, stark geklüfteten aber feinkörnigen Radiolaritknollen möglich gemacht[74]).

Besonders primäre Kernkantenklingen weisen eine relativ große Dicke und Unregelmäßigkeit auf, sind daher weniger gut zu gebrauchen und werden eher an der Fundstelle liegengelassen. J. Hahn[75]) meint, daß Kernkantenklingen in ihrer Häufigkeit ganz grob den Kernen entsprechen. Für das Material von Rosenburg trifft diese Annahme zu. 19 Kernkantenklingen- Lamellen- und Abschläge stehen 19 Kernen gegenüber.

Bemerkenswert ist der Anteil von Kernkantenlamellen mit 0,8 %, ein Hinweis darauf, daß Lamellen gezielt hergestellt und genutzt wurden und der Kernabbau intensiv betrieben wurde. Kompositgeräte mit Steineinsätzen sparen im Vergleich zu Steinwerkzeugen Rohmaterial. Die Werkzeuge werden leichter und transportabler und ermöglichen auch eine größere Vielfalt der Werkzeugformen[76]).

Die wenigen, dafür aber besonders regelmäßigen Klingen im Material zeigen, daß die Steinschläger von Rosenburg Könner waren.

Klingen sind möglicherweise deshalb so selten im Material vertreten, weil sie bei der schlechten Rohmaterialqualität kaum herzustellen waren, der Platz wahrscheinlich nur kurz belegt war und die guten Stücke zu kostbar waren, um sie einfach liegenzulassen.

Auch die beiden Kernscheiben im Material sind ein Beleg für den Präparationsprozeß. In diesem Fall wird die gesamte Schlagfläche des Kerns so weggenommen, daß an dem Abschlag keine scharfe Kante entsteht, sondern der Rand durch senkrecht zur Ventralfläche verlaufende Negative gebildet wird[77]). Der geringe Kernanteil mit nur 1,4 % gilt als normal für ein jungpaläolithisches Material[78]).

Häufig im Material vertreten sind Absplisse (25,4 %) und Trümmer (17 %), die wahrscheinlich Abfallprodukte der Steingeräteherstellung sind aber auch vom Antesten der Rohknollen herrühren können. Viele Trümmer entstehen wegen der schlechten Schlageigenschaften bzw. der starken Zerklüftung des Materials[79]).

Im Material ist nur ein einziger Stichel an einem Kombinationsgerät erhalten. Ein Stichelabfall belegt die Herstellung dieser Werkzeugform am Fundort.

Ausgesplitterte Stücke sind durch zwei Exemplare aus Bergkristall vertreten. Der Abfall eines ausgesplitterten Stückes belegt auch die Herstellung dieser Formen vor Ort.

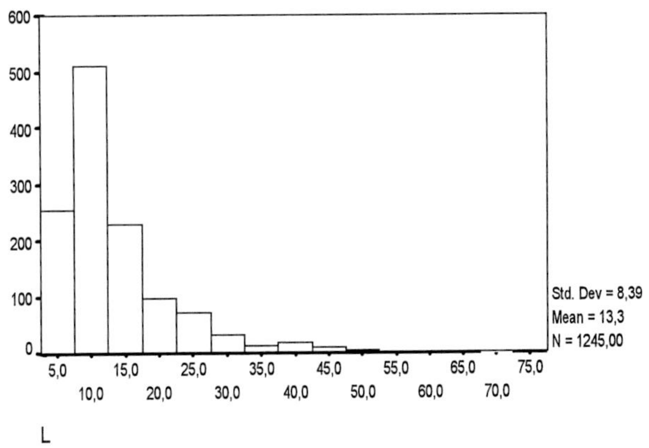

Abb. 11. Rosenburg. Längen aller Grundformen in mm (ohne Kerne).

Betrachtet man die Längenverteilung aller Grundformen, fällt die extreme Kleinheit des Materials von Rosenburg auf (Abb. 11). Der Großteil der Artefakte bewegt sich zwischen 0,5 und 1,5 cm. Der Mittelwert liegt bei 1,3 cm. Nach W. Taute[80]) liegt der Maximalwert für Mikrolithen bei 3 cm.

Der Mittelwert des Gewichtes aller Grundformen liegt bei 1,3 g und verdeutlicht noch die extreme Mikrolithik des Inventars.

Von 1263 Stücken weisen nur 11 Stücke (0,9 %) Anzeichen von thermischen Veränderungen auf. Im späten Jungpaläolithikum liegt der Anteil an gebrannten Artefakten zwischen 2 % und 8 %. Im Mesolithikum setzte man kontrolliert Hitze ein (Tempern), um die Spaltbarkeit des Silexmaterials zu verbessern. Der Anteil an gebrannten Artefakten steigt in dieser Zeit auf über 10 %.

Der Anteil der hitzebehandelten Artefakte im Material von Rosenburg ist so gering, daß in diesem Fall von Tempern nicht die Rede sein kann. Auch weist nur ein einziges Stück Fettglanz auf. Bei den restlichen 10 Stücken handelt es sich um Schadbrände, die als zufällig einzustufen sind und wahrscheinlich von Feuerstellen herrühren. Fünf vom Feuer beschädigte Stücke fanden sich in Quadrant 1, fünf Stücke in Quadrant 3 und ein Stück in Quadrant 2. Diese Verteilung zeigt somit eine direkte Korrelation zu den festgestellten Fundkonzentrationen (Tab. 9).

Abschläge, Klingen und Lamellen

Erhaltung

Die Erhaltung eines Artefaktes wird durch vielerlei Faktoren beeinflußt. Sie können beim Schlagvorgang zerbrechen, absichtlich zerlegt und modifiziert werden.

Weggeworfene Stücke können durch Begehung und/oder Sedimentumlagerungen beschädigt werden und, nicht zu vergessen, durch unsachgemäße Ausgrabung und nachfolgende mangelhafte Lagerung Schaden nehmen. Der Grad der Fragmentierung eines Inventares kann somit Hinweise auf dessen mögliche Verlagerung, absichtliche Zerlegung oder unsachgemäße Bergung geben. Auch sind Maßangaben von einzelnen Stücken nur dann sinnvoll, wenn der Grad ihrer Erhaltung bekannt ist (Tab. 10).

Mit nur 8 % an vollständigen Stücken und 92 % an gebrochenen, weisen die Klingen den stärksten Fragmentierungsgrad auf. Die vollständige Erhaltung in der Länge ist bei den Abschlägen vier mal höher als bei den Klingen. Klingen sind eine fragile Grundform und ein hoher Anteil an gebrochenen Stücken ist zu erwarten. Umso bemerkenswerter ist es, daß der Anteil der vollständigen Lamellen mit 30 % fast an den der Abschläge herankommt. Lamellen sind eine sehr feine und dünne Grundform, scheinen aber wegen ihrer geringeren Länge nicht so leicht zu brechen wie Klingen.

Tab. 10. Erhaltung der Abschläge, Klingen und Lamellen (ohne KKA, KKKL u. KKL) in der Länge

Grundform	vollst. erhalten		prox. erhalten		medial erhalten		distal erhalten		gesamt	
	n	%	n	%	n	%	n	%	n	%
Abschläge	164	34	141	29	48	10	128	27	481	100
Klingen	3	8	14	37	12	31	9	24	38	100
Lamellen	45	30	52	35	20	13	32	21	149	100
gesamt	212	32	207	31	80	12	169	25	668	100

Bei den Abschlägen und Lamellen herrschen Bruchstücke mit Proximalenden vor, gefolgt von Distal- und Medialfragmenten. Bei den Klingen dominieren an Bruchstücken zwar auch die Proximalfragmente, danach folgen Medialfragmente mit 31 % und am wenigsten häufig vertreten sind Distalfragmente mit 24 %.

Es besteht die Annahme, daß im Aurignacien, Gravettien und Magdalenien die Klingen absichtlich gebrochen waren. Vollständige Stücke machen nur 8–18 % der Gesamtmenge aus und sind selten retuschiert. Medialfragmente sind am häufigsten, gefolgt von Proximal- und Distalfragmenten[82]).

Es kommen sehr wenig lateral gebrochene Klingen im Material vor (5 %). Der Anteil an lateral gebrochenen Lamellen ist mit 10 % doppelt so hoch wie der der Klingen. Lateraler Bruch ist bei den Abschlägen mit 22 % am häufigsten vertreten. Im Gegensatz zur Erhaltung in der Länge, ist die vollständige Erhaltung in der Breite bei den Klingen am häufigsten, gefolgt von den Lamellen und den Abschlägen (Tab. 11).

Maße

Die Länge der Abschläge, Klingen und Lamellen wurde in Schlagrichtung gemessen, senkrecht dazu die größte Breite aufgenommen. Bei der Dicke wurde ebenfalls das größte Maß gewählt. Berücksichtigt wurden nur Stücke, die in der jeweiligen Dimension vollständig erhalten sind.

Angaben von Mittelwert, Median und Standardabweichung sind nur ab einer Stückzahl von 30 sinnvoll. Unterschritt der Umfang der Stichprobe diese kritische Zahl, wurde auf die Angabe genannter Werte verzichtet (Tab. 12 u. 13).

Tab. 11. Erhaltung der Abschläge, Klingen und Lamellen (ohne KKA, KKKL u. KKL) in Breite und Dicke

Grundform	vollst. erhalten		B unvollst.		D unvollst.		gesamt	
	n	%	n	%	n	%	n	%
Abschlag	368	76	105	22	11	2	484	100
Klinge	36	95	2	5	–	–	38	100
Lamelle	133	88	15	10	3	2	151	100
gesamt	537	80	122	18	14	2	673	100

Tab. 12. Maße aller jeweils in Länge, Breite und Dicke vollständig erhaltenen unmodifizierten Abschläge, Klingen und Lamellen in mm (ohne KKA, KKKL u. KKL)

	n	Min	Max	Mittelwert	Median	Standard-Abweichung
L Abschlag	189	10	64	18	15	9,31
L Klinge	3	26	45	–	–	–
L Lamelle	37	7	25	13,8	13	4,4
B Abschlag	366	4	64	15,5	14	9
B Klinge	35	11	20	12,7	12	2,23
B Lamelle	118	3	10	6,7	7	2,9
D Abschlag	455	0,3	22	4,7	3,9	3,24
D Klinge	37	1,2	12	4,5	4,5	2,15
D Lamelle	122	0,6	7	2,2	2	1,15

Tab. 13. Maße aller vollständigen unmodifizierten Abschläge, Klingen und Lamellen in mm (ohne KKA, KKKL u. KKL)

	n	Min	Max	Mittelwert	Median	Standard-Abweichung
L Abschlag	162	10	64	18,1	15	9,31
L Klinge	3	26	45	–	–	–
L Lamelle	35	7	25	13,6	13	4,3
B Abschlag	162	4	41	14,7	13	7,6
B Klinge	3	11	13	–	–	–
B Lamelle	35	3	10	5,9	6	1,52
D Abschlag	162	0,4	16	4,7	4,1	2,96
D Klinge	3	3,5	4,7	–	–	–
D Lamelle	35	0,8	7,4	1,9	1,9	1,13

Tab. 14. Maße aller jeweils in Länge, Breite und Dicke vollständig erhaltenen Kernkantenabschläge, Kernkantenklingen und Kernkantenlamellen in mm

	n	Minimum	Maximum
L KKAbschlag	3	13	17
L KKKlinge	0	–	–
L KKLamelle	3	18	22
B KKAbschlag	5	9	32
B KKKlinge	3	11	12
B KKLamelle	10	5	10
D KKAbschlag	6	2.2	21
D KKKlinge	3	4.3	9
D KKLamelle	10	2.8	6.6

Die maximale Länge der Klingen beträgt 45 mm, die der Lamellen 25 mm und die der Abschläge 64 mm.

Vergleicht man die Minimal- und Maximalwerte der Abschläge, Klingen und Lamellen mit denen der Kernkanten, fallen letztere nicht durch besondere Breite oder Dicke aus der Reihe.

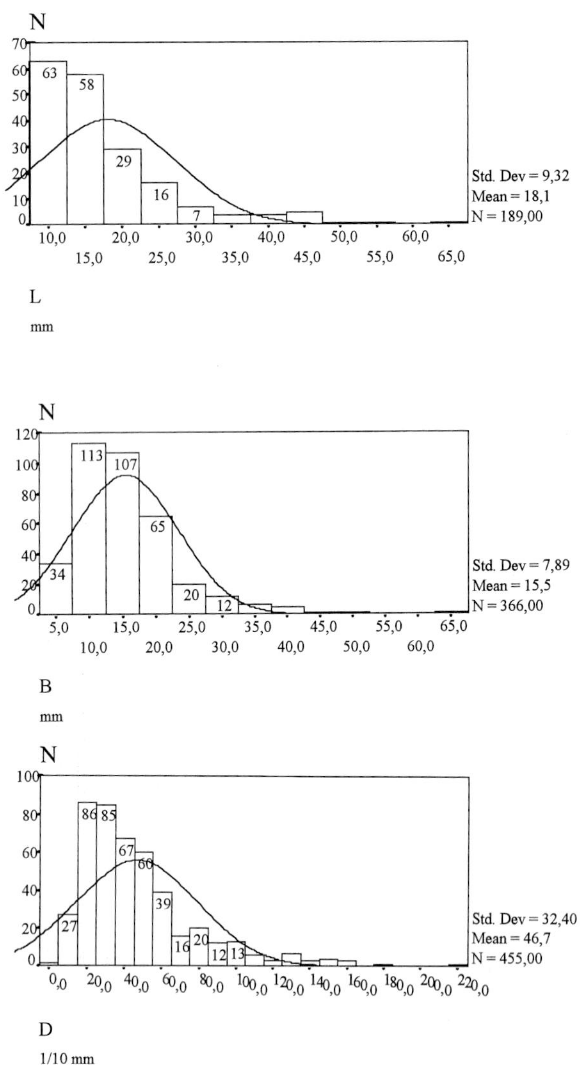

Abb. 12. Rosenburg. Länge, Breite und Dicke der in der jeweiligen Dimension vollständigen unmodifizierten Abschläge.

L. R. Owen[83]) gibt für die Klingen des Gravettien und Magdalenien Südwestdeutschlands Werte von bis zu 88,9 mm Länge, 40,5 mm Breite und 23,8 mm Dicke an. Die Maximalwerte des Rosenburger Materials liegen weit unter diesen Maßen.

Abschläge definieren sich dadurch, daß ihr Längen- Breitenverhältnis unter 1:2 liegt. Bei Stücken unter 1 cm Länge spricht man von Absplissen. Die Abschläge sind die am häufigsten vertretene Grundformgruppe im vorliegenden Material. Bei der Untersuchung der metrischen Merkmale wurden nur diejenigen Stücke genommen, die unmodifiziert sind und in der jeweilig untersuchten Dimension vollständig erhalten sind. Daher weicht die Anzahl oft stark von der Gesamtmenge von 481 Stück ab (Abb. 12).

Die Verteilung der Länge ist annähernd L-förmig und eingipfelig. Das Maximum liegt zwischen 10 mm und 18,5 mm. 52,7 % aller in der Länge vollständigen Abschläge bewegen sich in diesem Bereich. Nur ganz wenige Stücke erreichen eine Länge über 45 mm.

Die Breite liegt bei den meisten Stücken zwischen 8,5 mm und 18,5 mm. Ein geringer Teil liegt über 25 mm.

Die Verteilung der Dicke weist eine in ihrem Minimalbereich reduzierte und im Vergleich zu Länge und Breite relativ inhomogene Verteilung auf. Es gibt kein ausgeprägtes Maximum. 62 % der Abschläge bewegen sich aber in einem Bereich zwischen 1,5 mm und 5,5 mm. Die Dicke von 10 mm wird nur von wenigen Stücken überschritten.

Klingen sind Abschläge, deren Länge doppelt so groß wie ihre Breite ist und die annähernd parallele Kanten aufweisen. Im Vergleich zu den Abschlägen sind die Klingen mit nur 38 Stücken eine seltene Grundform. Im Material gibt es insgesamt nur 3 Klingen, die in der Länge vollständig erhalten sind. Eine graphische Darstellung ist somit hinfällig. Die Längenmaße betragen 26 mm, 28,5 mm und 45 mm.

Bei der Breitenverteilung der Klingen beträgt der Variationskoeffizient 0.17 und es liegt somit eine Normalverteilung vor. Die Streuung um den Mittelwert von 12,7 mm ist sehr gering. Nur ganz wenige Stücke sind breiter als 18 mm.

Die Verteilung der Dicke vermittelt ein inhomogenes Bild. 73 % der Klingen entsprechen in ihrer Dicke den Abschlägen (Abb. 13).

Das Diagramm der Breiten und Dicken der Klingen zeigt eine große Streuung der Werte um die Achse, was dafür spricht, daß diese beiden Werte voneinander unabhängig sind (Abb. 14).

Das Definitionskriterium für die Lamelle oder Mikroklinge ist die Breite. Für das vorliegende Material wurde ein Maximalwert von 10 mm

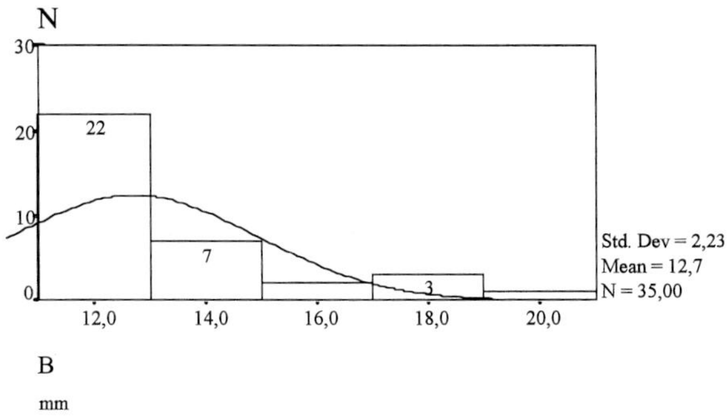

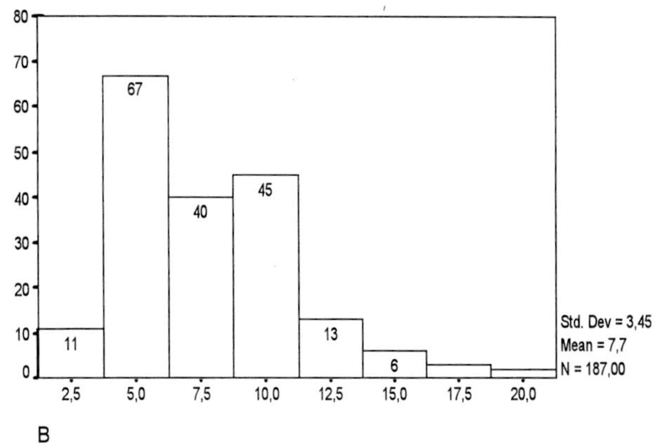

Abb. 15. Rosenburg. Breite der Klingen und Lamellen.

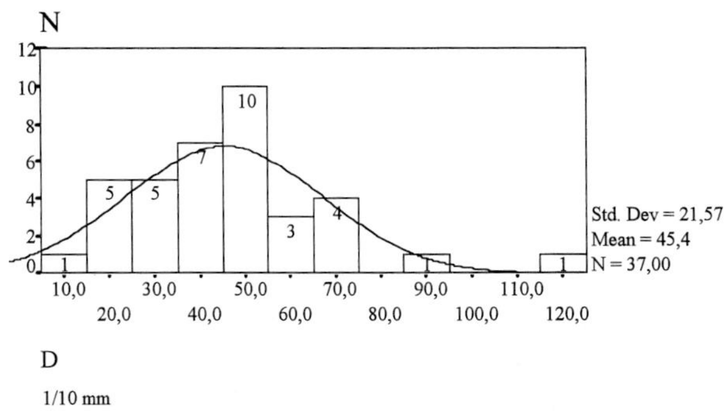

Abb. 13. Rosenburg. Breite und Dicke der in der jeweiligen Dimension vollständigen Klingen.

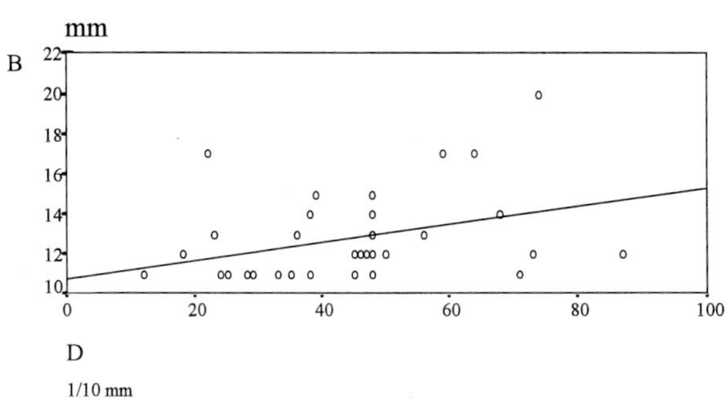

Abb. 14. Rosenburg. Streudiagramm der in Breite und Dicke vollständigen Klingen.

für Lamellen gewählt. Die Breitenmessung bildet zwar eine gute Basis für die Differenzierung von Lamellen und Klingen, die Grenze liegt aber nicht in jedem Technokomplex bei 10 mm, sondern variiert zwischen 10–12 mm. Wie willkürlich diese Grenze bei der Materialaufnahme gezogen wird, ist auch am Material von Rosenburg zu ersehen und wird besonders deutlich, wenn man die folgende Abbildung betrachtet.

Die Abbildung 15 zeigt einen deutlichen Sprung in der Häufigkeit zwischen 11 und 12 mm. Für das Material von Rosenburg wäre es also zutreffender gewesen, die Grenze zwischen Klinge und Lamelle bei 11 mm zu ziehen.

Nach der Analyse jungpaläolithischer Inventare aus Südwestdeutschland konstatiert L. R. Owen[84]), daß sich zwischen Klingen und Lamellen keine klare Bimodalität in den Größenmessungen ergibt. Es fehlen auch Hinweise, daß die beiden Grundformen innerhalb eines Inventares mit verschiedenen Schlagtechniken hergestellt wurden, sondern es scheint, daß sie nur verschiedene Stadien des Kernabbaues repräsentieren. Mikroklingen und Klingen wurden aber verschieden genutzt. Im Gravettien und Magdalenien sind Lamellen mehr als doppelt so häufig retuschiert wie Klingen. Aus den Mikroklingen wurden vor allem Rückenmesser und Spitzen produziert, aus den größeren Klingen dagegen Kratzer, Stichel und andere Werkzeuge.

Inwieweit die Ergebnisse dieser Analyse auf das Material von Rosenburg zutreffen, soll in den weiteren Kapiteln noch untersucht werden.

Die Länge der Lamellen ist normalverteilt. Die Streuung um den Mittelwert von 13,8 mm ist gering. Auffällig ist die starke Reduktion des Histogramms im Maximalbereich. 77 % der Lamellen streuen zwischen 8,7 mm und 16,2 mm, danach nimmt die Zahl an Lamellen mit größerer Länge rapide ab. Keine Lamelle ist länger als 25 mm.

Auch die Breite der Lamellen ist normalverteilt. Der Großteil bewegt sich zwischen 4 und 7 mm. Daß keine Lamelle breiter ist als 10 mm beruht auf ihrer Definition.

Bei der Dicke beträgt der Variationskoeffizient 0,51, es liegt also keine Normalverteilung vor. Der Mittelwert liegt bei 2,2 mm. 68 % der Lamellen haben eine Dicke zwischen 1,2 mm und 2,7 mm. Sehr viele (31 Stück) sind 1,5 mm dick. Die Lamellen sind nicht dicker als 6 mm. Ein einzelner „Ausreißer“ weist eine Dicke von 7,5 mm auf (Abb. 16).

Das Streudiagramm (Abb. 17) läßt keine Bimodalität zwischen Klingen und Lamellen erkennen. Eine einzelne Klinge fällt durch Maximalwerte in der Länge als auch in der Breite auf, was möglicherweise auf das qualitätvollere Rohmaterial zurückzuführen ist.

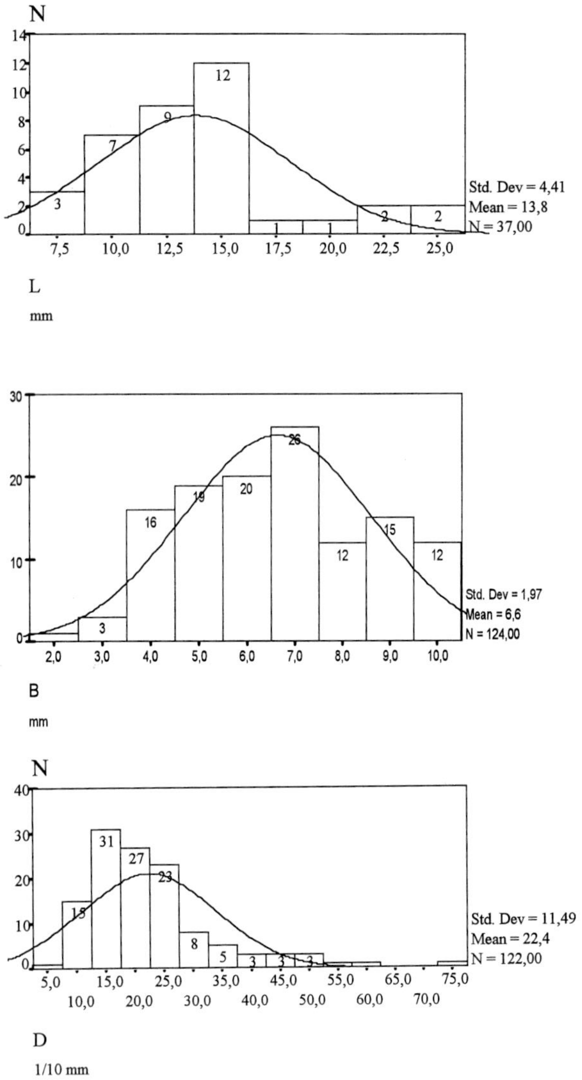

Abb. 16. Rosenburg. Länge, Breite und Dicke der in der jeweiligen Dimension vollständigen Lamellen.

Betrachtet man nun die Längen- und Breitenverhältnisse aller drei Grundformen (Abb. 18) , läßt sich auch zwischen Klingen und Lamellen einerseits und den Abschlägen andererseits keine Bimodalität erkennen, was dafür spricht, daß zwischen allen drei Grundformen keine Unterschiede in der Schlagtechnik bestehen.

Kortexbedeckung

Bei allen drei untersuchten Grundformen dominieren Stücke ohne Kortex (Tab. 15 u. 16). Bei Abschlägen und Klingen liegt der Anteil der Stücke ohne Kortex bei etwa 65 %, bei den Lamellen mit 86 % deutlich höher. Den nächstgrößeren Anteil stellen die Artefakte mit einer Dorsalfläche, die bis zu 1/3 mit Kortex bedeckt ist. Fast vollständig und gänzlich mit Kortex bedeckte Formen sind insgesamt selten. Am höchsten liegt ihr Anteil bei den Abschlägen, bei den Lamellen sind es Einzelstücke

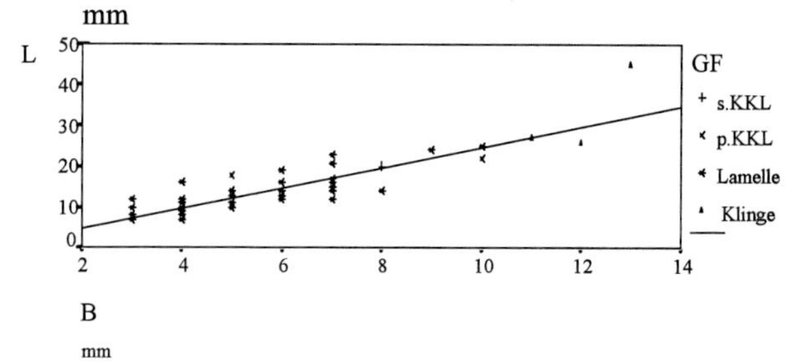

Abb. 17. Rosenburg. Längen-Breiten-Diagramm aller vollständigen Klingen und Lamellen (inkl. KKKL und KKL).

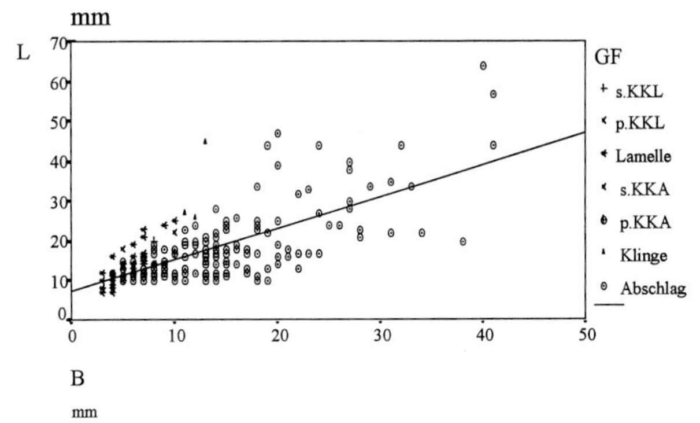

Abb. 18. Rosenburg. Längen-Breiten-Diagramm aller vollständigen Abschläge, Klingen und Lamellen (inkl. KKA, KKKL und KKL).

und die Klingen weisen nie mehr als zwei Drittel Kortexbedeckung auf.

Diese Zahlen lassen darauf schließen, daß die Rohknollen schon z. T. angeschlagen an die Fundstelle gebracht wurden und daß die Klingen von Kernen abgebaut wurden, die zuvor durch Abschläge präpariert wurden. Das gänzliche Fehlen von Kortex an den Kernkantenlamellen zeigt, daß diese Form nicht von der primären Kernpräparation stammt, sondern von einer Präparationsphase während des Abbaus. Bei den Kernkantenabschlägen und Kernkantenklingen fand eine Präparation überwiegend auch bei fortgeschrittenem Kernabbau statt.

Schlagmerkmale

Schlagtechnische Untersuchungen haben gezeigt, daß Artefakte verschieden hergestellt werden können. Nach J. Hahn, F. Bordes und J. Weiner[85]) zeichnen sich die verschiedenen Techniken durch folgende Merkmale aus:

1) Direkter harter Schlag mit einem Schlagstein. Merkmale dieser Technik sind ein ausgeprägter Bulbus meist mit Schlagnarbe und ein Schlagkegel. Der Schlagflächenrest weist Schlagmarken auf und ist von uneinheitlicher Größe und Form. Die dorsale Kante ist nicht reduziert. Der Schlagwinkel liegt bei ca. 90°.

Tab. 15. Kortexbedeckung der Abschläge, Klingen und Lamellen (ohne KKA, KKKL u. KKL)

Kortex	Abschlag		Klinge		Lamelle		total	
	n	%	n	%	n	%	n	%
keine	321	67	24	63	128	86	473	71
bis 1/3	83	17	10	26	14	9	107	16
bis 2/3	42	9	4	11	5	3	51	8
über 2/3	16	3	–		1	0,7	17	2
ganz bedeckt	19	4	–		1	0,7	20	3
total	481	100	38	100	149	100	668	100

Tab. 16. Kortexbedeckung der Kernkantenabschläge, Kernkantenklingen und Kernkantenlamellen

	keine Kortex		bis 1/3 Kortex		bis 2/3 Kortex		total	
	n	%	n	%	n	%	n	%
prim. KKA	3	75	1	25	–		4	100
sek. KKA	–		2	100	–		2	100
prim. KKKL	1	50	–		1	50	2	100
sek. KKKL	–		1	100	–		1	100
prim. KKL	9	100	–		–		9	100
sek. KKL	1	100	–		–		1	100

2) Direkter weicher Schlag mit einem weichen Schlagstein (z. B. Sandstein) oder einem elastischen Schlaginstrument wie Knochen, Geweih oder Holz[86]). Der Bulbus ist flach und diffus. Schlagnarben sind selten. Der Schlagflächenrest ist klein und hat eine dreieckige bis ovale Form, ventral ist eine Lippe erkennbar. Die Schlagflächenkante ist dorsal reduziert. Die Abschläge sind dünner als beim direkten harten Schlag und haben unregelmäßige Distalenden.

3) Die Punchtechnik, bei der Abschläge mit einem Zwischenstück (Punch) indirekt abgeschlagen werden. Die Merkmale sind diesselben wie beim direkten weichen Schlag, nur sind die Klingen gerader und gleichförmiger gestaltet. Stark gekrümmte Klingen entstehen bei ungenügender Abstützung des Kerns.

4) Drucktechnik, bei der Abschläge direkt mit einem genau positionierten Druckstab kontrolliert abgepreßt werden[87]). Der Bulbus ist flach und diffus, Schlagnarben fehlen. Diese Technik produziert kleine und dünne Abschläge und Klingen und ist besonders für Retuschierarbeiten geeignet[88]).

Die Zuordnung von Schlagmerkmalen zu bestimmten Abschlagtechniken wurde von anderen Autoren relativiert. Sie zeigten auf, daß nicht unbedingt das verwendete Schlaginstrument für die Ausprägung bestimmter Schlagmerkmale verantwortlich ist, sondern vor allem die technische Ausführung des Schlages[89]). So kann z. B. auch beim direkten harten Schlag eine Grundform mit kleinem Schlagflächenrest und diffusem Bulbus entstehen. Nicht der harte oder weiche Schlegel ist entscheidend, sondern der Abstand zwischen dem Schlagpunkt und dem Rand der Schlagfläche, sowie die sorgfältige Schlagflächenpräparation[90]).

Die Untersuchung des prozentmäßigen Anteils der verschiedenen Schlagmerkmale kann nur Tendenzen aufzeigen. Exakte Aussagen über die verwendete Schlagtechnik sind nicht möglich (Tab. 17).

Zwischen den drei Grundformklassen lassen sich, was das Vorhandensein bestimmter Schlagmerkmale betrifft, keine signifikanten Unterschiede feststellen. Der Bulbus ist das am häufigsten auftretende Schlagmerkmal. Am zweithäufigsten sind Schlagnarben. Lippen und Kegel sind bei allen drei Grundformen nur sehr selten ausgeprägt. Der hohe Anteil von Schlagnarben und der niedrige Anteil von Lippen ist typisch für das Gravettien und spricht für eine indirekte Schlagtechnik. Die Stücke sind gut geformt und der Anteil kleinerer und regelmäßigerer Klingen ist höher als im Aurignacien. Im Aurignacien deutet der höhere Anteil an Lippen und die geringere Anzahl an Schlagnarben auf die Anwendung des direkten weichen Schlages hin[91]).

„Der verstärkte Gebrauch von Radiolarit im Gravettien könnte mit den Änderungen in der Abbautechnik zusammenhängen. Die besser kontrollierbare Schlagtechnik hat vielleicht die Nutzung von kleinen, lokal vorkommenden Radiolaritknollen trotz der häufigen Kluftflächen möglich gemacht und so die Ausnutzung dieses feinkörnigen Rohmaterials erlaubt“[92]).

Schlagflächenreste

Wie bereits im Kapitel über die Schlagmerkmale ausgeführt, liefern auch Form und Art des Schlagflächenrestes Hinweise auf die angewandte Schlagtechnik (Tab. 18).

Tab. 17. Verteilung der Schlagmerkmale bei Abschlägen, Klingen und Lamellen

	Abschlag		Klinge		Lamelle		gesamt	
	n	%	n	%	n	%	n	%
keine Lippe	274	91	16	94	90	90	380	91
Lippe	28	9	1	6	10	10	39	9
gesamt	302	100	17	100	100	100	419	100
kein Bulbus	68	22	2	12	17	17	87	21
Bulbus	233	77	15	88	83	83	331	79
mehrfacher B.	1	0.3	–		–		–	
gesamt	302	100	17	100	100	100	419	100
keine Narbe	168	56	6	35	59	59	233	56
Narbe	132	44	11	65	41	41	184	44
gesamt	302	100	17	100	100	100	419	100
kein Kegel	279	92	15	88	94	94	388	93
Kegel	22	7	2	12	6	6	30	7
mehrfacher Kegel	1	0,3	–		–		–	
gesamt	302	100	17	100	100	100	419	100

Tab. 18. Form des Schlagflächenrestes bei Abschlägen, Klingen und Lamellen

	Abschlag		Klinge		Lamelle		gesamt	
	n	%	n	%	n	%	n	%
linear	62	20	1	6	28	28	91	21
punktförmig	39	13	–		34	34	73	17
sonstiges	207	67	16	94	38	38	261	62
gesamt	308	100	17	100	100	100	425	100

Tab. 19. Art des Schlagflächenrestes bei Abschlägen, Klingen und Lamellen

	Abschlag		Klinge		Lamelle		gesamt	
	n	%	n	%	n	%	n	%
Kortex	57	28	3	20	2	5	62	24
Kluft	45	22	2	13	4	10	51	20
glatt	95	45	8	54	29	75	132	50
facettiert	11	5	2	13	4	10	17	6
gesamt	208	100	15	100	39	100	262	100

Insgesamt überwiegen bei allen drei Grundformarten Schlagflächenreste verschiedenster Form. Das wäre nach F. Bordes, J. Hahn und J. Weiner ein Indiz für den direkten harten Schlag. Dagegen spricht das völlige Fehlen zersplitterter Schlagflächenreste und das Fehlen erkennbarer Schlagpunkte.

Bei den Lamellen fällt im Vergleich zu den beiden anderen Grundformarten ein höherer Anteil an linearen und punktförmigen Schlagflächenresten auf. Das kann als Hinweis auf eine kontrolliertere Abbautechnik mit indirektem Schlag oder möglicherweise sogar Drucktechnik gewertet werden.

Für die Herstellung der Abschläge und Klingen ist am ehesten direkter weicher Schlag oder indirekter Schlag anzunehmen.

Die Art des Schlagflächenrestes kann weitere technische Details zum Kernabbauprozeß liefern. So zeigt zum Beispiel die Facettierung des Schlagflächenrestes eine Korrektur des Abbauwinkels oder die Herstellung eines Ansatzpunktes für den Punch[93]) (Tab. 19).

Bei allen drei Grundformen dominieren deutlich die glatten Schlagflächenreste, was bedeutet, daß die Schlagflächen meist durch Abschläge präpariert wurden, die breiter waren als die Länge des zukünftigen Schlagflächenrestes der abgetrennten Grundform.

Zählt man die glatten und facettierten Schlagflächen zusammen, so weisen die Abschläge zu 50 %, die Klingen zu 67 % und die Lamellen zu 85 % präparierte Schlagflächen auf. In allen drei Fällen ist der Anteil hoch, ganz besonders aber bei den Lamellen. Möglicherweise ist das darauf zurückzuführen, daß diese Grundform von einem fortgeschrittenen Abbaustadium des Kerns stammt, in dem die Kortex schon fast vollständig wegpräpariert war und eine Korrektur der Schlagfläche notwendig war, um noch kontrolliert Grundformen abbauen zu können.

Schlagflächenrandreduktion

Der Schlagflächenrand wird oft durch Reduktion, d. h. leichtes Anschlagen sog. „battering“ oder Überreiben mit einem Schlagstein begradigt und stabilisiert. Überhängende Teile, die bei der Lösung eines Abschlagnegatives entstehen, werden entfernt, um einen sicheren Ansatz für die Lösung des nächsten Abschlages zu schaffen[94]). L. R. Owen[95]) stellt fest, daß besonders bei kleinen Kernen die kontrollierte Präparation des Randes dazu diente, den Winkel zwischen Abbaufläche und Schlagfläche zu regulieren, vielleicht um Rohmaterial zu sparen. Im Aurignacien diente die Reduktion bei der Klingenherstellung dazu, einen Vorsprung am Schlagflächenrand zu erzeugen, um das Abschlagen der Klingen zu erleichtern. Im Gravettien hingegen wird der Schlagflächenrand zu einer glatten, leicht verrundeten Form präpariert[96]) (Tab. 20).

Bei der Schlagflächenrandreduktion sind deutliche Unterschiede zwischen den untersuchten Grundformen festzustellen. Mit 56 % ist die Mehrzahl der Abschläge nicht reduziert. Klingen (70 %) und Lamellen (62 %) weisen hingegen einen deutlich höheren Grad an Reduktion auf. Dies ist ein Beweis dafür, daß mit der Klingen- und Lamellenherstellung eine Tendenz zu einer kontrollierten Abbautechnik einhergeht. Bei allen drei Grundformen überwiegt die Reduktion auf die Abbaufläche. Reduktion auf die Schlagfläche ist bei den Klingen mit 12 % am häufigsten vertreten.

Ein glattes Abreiben des Schlagflächenrandes kommt bei keiner der untersuchten Grundformen vor.

Die folgenden Tabellen zeigen, ob die Ausprägung der Schlagflächenreste bei reduzierten Formen gegenüber nichtreduzierten Artefakten differiert (Tab. 21 u. 22).

Bei den Abschlägen wird der Unterschied bei der Art des Schlagflächenrestes zwischen reduzierten und nicht reduzierten Formen am deutlichsten. 63 % der nichtreduzierten Abschläge weisen eine natürliche Schlagfläche auf, wohingegen bei den reduzierten Stücken nur 30 % einen natürlichen Schlagflächenrest haben. Bei den Klingen und Lamellen ist der Unterschied zwischen reduzierten und nichtreduzierten Formen weit weniger stark ausgeprägt. Insgesamt überwiegen glatte Schlagflächenreste.

Der Anteil facettierter Stücke liegt bei den reduzierten Artefakten aber doch sichtbar höher.

Bei der Form des Schlagflächenrestes ist der Unterschied zwischen reduzierten und nicht-reduzierten Formen sehr gering (Tab. 23 u. 24). Insgesamt läßt sich jedoch feststellen, daß die reduzierten Formen mehr lineare und punktförmige Schlagflächenreste aufweise, was die Vermutung bekräftigt, daß bei kontrollierter Schlagtechnik eher reduziert wurde. Den höchsten Anteil an punktförmigen und linearen Schlagflächenresten weisen die Lamellen auf. Bei den nichtreduzierten Stücken liegt dieser Anteil bei 54 %, bei den reduzierten sind es 67 %. Diese Zahlen können als weiterer Hinweis darauf gewertet werden, daß für die Abtrennung von Lamellen möglicherweise eine andere Schlagtechnik angewandt wurde als bei den Abschlägen und Klingen. Was die Klingen betrifft, ist ihre statistische Auswertung wegen des geringen Probenumfangs relativiert zu sehen.

Distalende

Die Form des Distalendes kann Auskunft geben über den vom Steinschläger gewählten Winkel zwischen Schlag- und Abbaufläche und über die Kernform[97]).

In den Tabellen 25–27 wird die Vorderansicht und Seitenansicht der Distalenden dargestellt.

In der Seitenansicht sind die Abschläge mehrheitlich scharf (40 %), gefolgt von stumpfen Enden mit 37 %. Die häufigste Kombination ist das scharfe, gezackte Ende. Gerade und spitze Enden, sog. „feather terminations“, scharf oder stumpf in der Seitenansicht, machen 32 % aus. Sie sind natürliche Endungen der auslaufenden Bruchausdehnung bei Kernen mit konvexer Abbaufläche und einem Winkel zwischen Schlag- und Abbaufläche von ca. 42°[98]) und sind ein Hinweis auf gut präparierte Kerne.

Ist die Qualität des Rohmaterials sehr schlecht, der angelegte Winkel nicht spitz genug oder die Kernform nicht optimal, kommt es zu Schlagunfällen. Der häufigste Schlagunfall im vorliegenden Material ist der Angelbruch (18 %). Er entsteht bei eher gerader Abbauflächen, einem Abbauwinkel von ca. 62° und zu großer Kraftanwendung. Ein einziger Angelbruch kann einen weiteren Abbau an diesem Negativ verhindern. Bei einem noch größeren Abbauwinkel von ca. 77° und bei Kernen mit rechteckiger Abbaufläche biegt der Bruch nach innen um und trennt den Kernfuß mit ab[99]).

Bei Stufenenden ändert sich der Bruch plötzlich, weil nicht mehr genügend Energie vorhanden ist, oder ein Riß im Material die Ausdehnung des Bruches verhindert[100]).

Gerade und spitze Enden dominieren bei den Klingen. Gezackte Enden, wie sie bei den Abschlägen häufig sind, kommen bei den Klingen gar nicht vor. Diese Daten sprechen für eine gute Präparation der Klingenkerne. Die im Vergleich zu den Abschlägen häufiger auftretenden Angelbrüche und Kernfüße sind meiner Ansicht nach auf das schlechte Rohmaterial zurückzuführen (Tab. 26).

Spitze und gerade Distalenden, die auf gute Kernpräparation schließen lassen, treten am häufigsten auf. In der Seitenansicht sind 40 % der Lamellen scharf und 36 % stumpf. Der Angelbruch ist mit 22 % der häufigste Schlagunfall (Tab. 27).

Tab. 20. Schlagflächenrandreduktion bei Abschlägen, Klingen und Lamellen

	Abschlag		Klinge		Lamelle		gesamt	
	n	%	n	%	n	%	n	%
nicht red.	170	56	5	30	38	38	213	50
red. auf Abbauf.	123	40	10	58	59	59	192	46
red. auf Schlagfl.	13	4	2	12	3	3	18	4
gesamt	306	100	17	100	100	100	423	100

Tab. 21. Art des Schlagflächenrestes bei nichtreduzierten Abschlägen, Klingen und Lamellen

	Abschlag		Klinge		Lamelle		gesamt	
	n	%	n	%	n	%	n	%
natürlich	76	63	2	40	3	17	81	56
glatt	44	36	3	60	14	78	61	42
facettiert	1	1	–		1	5	2	2
gesamt	121	100	5	100	18	100	144	100

Tab. 22. Art des Schlagflächenrestes bei nichtreduzierten Abschlägen, Klingen und Lamellen

	Abschlag		Klinge		Lamelle		gesamt	
	n	%	n	%	n	%	n	%
natürlich	25	30	3	30	2	10	30	27
glatt	48	60	5	50	15	75	68	61
facettiert	8	10	2	20	3	15	13	12
gesamt	81	100	10	100	20	100	111	100

Tab. 23. Form des Schlagflächenrestes bei nicht-reduzierten Abschlägen, Klingen und Lamellen

	Abschlag		Klinge		Lamelle		gesamt	
	n	%	n	%	n	%	n	%
linear	27	16	–		8	22	35	17
punktförmig	22	13	–		12	32	34	16
sonstig	118	71	5	100	17	46	140	67
gesamt	167	100	5	100	37	100	209	100

Tab. 24. Form des Schlagflächenrestes bei reduzierten Abschlägen, Klingen und Lamellen

	Abschlag		Klinge		Lamelle		gesamt	
	n	%	n	%	n	%	n	%
linear	35	27	1	8	19	32	55	27
punktförmig	16	12	–		21	35	37	18
sonstig	81	61	11	92	20	33	112	55
gesamt	132	100	12	100	60	100	204	100

Tab. 25. Form des Distalendes bei Abschlägen – Vorderansicht

	spitz		konkav		konvex		gerade		gezackt		gesamt	
Seitenansicht	n	%	n	%	n	%	n	%	n	%	n	%
scharf	25	44	–		25	44	14	19	52	50	116	40
stumpf	28	49	–		20	35	27	36	35	34	110	37
Angelbruch	3	5	1	50	11	19	25	33	14	14	54	18
Stufenbruch	1	2	1	50	–		4	5	2	2	8	3
Kernfuß	–		–		2	2	5	7	–		7	2
gesamt	57	100	2	100	58	100	75	100	103	100	295	100

Tab. 26. Form des Distalendes bei Klingen – Vorderansicht

	spitz		konkav		konvex		gerade		gesamt	
Seitenansicht	n	%	n	%	n	%	n	%	n	%
scharf	1	20	–		1	25	–		2	14
stumpf	4	80	–		–		1	25	5	36
Angelbruch	–		–		3	75	1	25	4	29
Kernfuß	–		1	100	–		2	50	3	21
gesamt	5	100	1	100	4	100	4	100	14	100

Tab. 27. Form des Distalendes bei Lamellen

Seitenansicht	spitz		konvex		gerade		gezackt		gesamt	
	n	%	n	%	n	%	n	%	n	%
scharf	24	53	4	45	4	15	4	50	35	40
stumpf	18	40	1	10	11	41	1	17	31	36
Angelbruch	2	5	4	45	11	41	2	33	19	22
Kernfuß	1	2	–		1	3	–		2	2
gesamt	45	100	9	100	27	100	6	100	87	100

Tab. 28. Richtung der Negative auf Abschlägen, Klingen und Lamellen

	Abschlag		Klinge		Lamelle		gesamt	
	n	%	n	%	n	%	n	%
eigene Richtung	171	61	26	65	94	62	291	47
bipolar	30	7	2	5	11	7	43	7
überschneidend	51	12	2	5	2	1	55	9
gleichgerichtet u. quer	27	6	7	17	16	11	50	8
unbestimmte Richtung	143	34	3	8	29	19	175	29
gesamt	422	100	40	100	152	100	614	100

Allgemein läßt sich zu den Distalenden der drei Grundformen feststellen, daß spitze und gerade Enden überwiegen. In der Seitenansicht müssen diese Stücke, die auf eine gute Kernpräparation hindeuten, aber durchaus nicht immer scharf sein, sondern sind zu einem fast ebenso großen Teil stumpf. Der Angelbruch ist der häufigste Schlagunfall und kommt bei allen drei Grundformen ungefähr gleich häufig vor. Wahrscheinlich ist er in den meisten Fällen auf das stark geklüftete Rohmaterial zurückzuführen. Der prozentmäßig hohe Anteil von Kernfüßen bei Klingen ist wegen des geringen Probenumfanges stark zu relativieren. Betrachtet man die eigentlichen Stückzahlen, fallen die Klingen nicht aus dem Rahmen.

Konkave Enden sind sehr selten und scheinen immer das Produkt eines Schlagunfalles zu sein.

Richtung der Negative auf der Dorsalfläche

Weitere Hinweise auf die Kernabbautechnik bei Abschlägen, Klingen und Lamellen erhält man, indem man den Richtungsverlauf der Negative auf der Dorsalfläche der Artefakte untersucht (Tab. 28).

Bei allen drei Grundformen dominieren eindeutig Negative, die in einer Schlagrichtung verlaufen. Das spricht für eine Produktion meist von einer Schlag- und Abbaufläche aus. Das Drehen des Kerns während des Abbaus ist für 24 % der Abschläge, Klingen und Kerne belegt.

Dies stimmt mit den Beobachtungen überein, die L. R. Owen[101]) für die Abbautechnik des Gravettiens in Südwestdeutschland gemacht hat.

Kerne

Rohmaterial und Kerntypen

Im Vergleich mit den Abschlägen, Klingen und Lamellen stellen die Kerne mit nur 19 Stück eine kleine Grundformklasse dar. Außer aus Quarzit gibt es Kerne aus allen Hauptrohmaterialgruppen. Die Mehrzahl der Kerne (neun Stücke) sind aus Hornstein, gefolgt von Radiolarit (fünf Stücke). Die anderen Rohmaterialvarianten sind nur durch Einzelstücke vertreten.

Bei den vorliegenden Kernen handelt es sich vorwiegend um Restkerne. Die größte Gruppe bilden die Lamellenkerne und Klingenkerne mit einmal sieben und einmal sechs Stücken. Der Lamellenkern (Taf. 9/3) könnte eventuell als Daumennagelkratzer klassifiziert werden. Im Inventar liegen aber keine weiteren Kratzer dieser Form vor, deshalb wurde er hier zu den Kernen gezählt.

Bei drei Kernen waren keine vollständigen Negative mehr erkennbar und sie wurden deshalb als Trümmer aufgenommen.

Betrachtet man die Rohmaterialvarianten der Kerntypen, fällt auf, daß je nach gewünschtem Abbauprodukt das Rohmaterial gezielt ausgewählt wurde. Die drei Abschlagkerne bestehen aus grobkörnigen Materialien. Für die Klingenkerne griff man auf feinkörnigeres Material zurück. Für die Lamellenherstellung wurde fast ausschließlich der feinstkörnige Radiolarit und eine der besten Hornsteinvarianten ausgewählt. Dies spricht nicht nur für eine gute Rohmaterialkenntnis der Jungpaläolithiker von Rosenburg, sonder auch dafür, daß die einzelnen Grundformen gezielt hergestellt wurden, und die Lamellen nicht etwa nur Produkte des letzten Abbaustadiums der Kerne darstellen.

Ausgangsformen

Nicht von allen Kernen ließ sich die Ausgangsform bestimmen, da es sich bei einigen Stücken um stark abgebaute Restkerne handelt.

Von den insgesamt 19 Kernen, haben 15 wahrscheinlich ein Geröll als Ausgangsform. Das ergibt auch die Analyse der Kortexbedeckung der übrigen Grundformen und macht deutlich, daß das Rohmaterial mehrheitlich aus Schottern aufgesammelt wurde. Ein Kern, der in Form einer Knolle vorliegt, wurde wahrscheinlich im Bereich der Serpentinzüge nächst der Fundstelle aufgelesen.

Interessant ist, daß vier der Kerne, die in Form von Abschlägen vorliegen, ursprünglich von zylindrisch präparierten Geröllen stammen. Durch die starke Klüftung des Materials kam es zum Auseinanderbrechen der zylindrischen Kerne, die daraufhin nicht verworfen, sondern als Lamellenkerne weiter verwendet wurden.

Kernformen (Taf. 9–11)

Die einzelnen Kerntypen weisen unterschiedliche Formen auf, was einerseits mit dem Abbaustadium der Kerne und andererseits auch mit ihrer Ausgangsform zusammenhängt.

Konische Kerne, deren Form auf die verwendete Abbautechnik von einer Schlagfläche aus zurückzuführen ist, dominieren. Zylindrische, gut präparierte Kerne sind ebenfalls häufig. Die diskoiden und rechteckigen Kerne stammen meist von zerbrochenen zylindrischen Formen, die dann zum Abbau von Lamellen weiterverwendet wurden. Die rundlichen und ovalen Ausprägungen hängen mit der Ausgangsform der Kerne, mehrheitlich kleine Gerölle, zusammen.

Erhaltung und Maße

Neun Kerne sind vollständig erhalten. Jeweils drei Kerne sind in der Dicke und in Länge und Breite unvollständig. Jeweils ein Kern ist in der Breite bzw. in Breite und Dicke unvollständig.

Tab. 29. Maße der Kerne in cm

	Mittelwert	Standardabweichung	Minimum	Maximum
Länge	2,8 cm	1,32 cm	0,9 cm	4,9 cm
Breite	3,4 cm	1,94 cm	1,8 cm	8,5 cm
Dicke	2,7 cm	1,39 cm	1,1 cm	6,2 cm

Die Kerne sind im allgemeinen von sehr geringer Größe. Häufig ist das auf die geringe Größe der Ausgangsformen zurückzuführen, zum Teil aber auch auf die ausgeprägte Kernausnutzung. Die Maximalwerte werden von Kernen aus Quarz und Opal belegt.

Schlag- und Abbauflächen

Die Anzahl der Schlag- und Abbauflächen, kann Hinweise zur Vorgehensweise beim Kernabbau liefern.

Es überwiegen Kerne mit nur einer einzigen Schlag- und Abbaufläche. Ebenfalls häufig sind Kerne mit zwei Schlagflächen, welche in vier Fällen auch zwei Abbauflächen aufweisen. Ein Kern mit drei Schlagflächen hat auch drei Abbauflächen. Der einzige Kern der vier Schlagflächen aufweist, hat eine einzige umlaufende Abbaufläche (Taf. 10/1).

Die Art der Schlagfläche ist wichtig um den Grad der Kernpräparation festzustellen.

Die 14 am häufigsten bei den Kernen vorkommenden artifiziellen glatten und facettierten Schlagflächen weisen auf eine gezielte Kernpräparation hin. Die Schlagflächen wurden vor dem Abbau durch Abheben von Negativen, die bei den glatten Schlagflächen breiter sind als die eigentliche Schlagfläche, korrigiert bzw. neu angelegt. Natürliche Schlagflächen, wie Klüfte wurden nur dann verwendet, wenn es beim Kernabbau zum Brechen des Kerns an Kluftflächen kam.

Abbaurichtung

Bei den hier vorliegenden Kernen, muß berücksichtigt werden, daß es sich vornehmlich um Restkerne handelt. Untersucht man die verschiedenen Abbaurichtungen der Abbauflächen, ist es möglich, die letzten Phasen des Kernabbaus zu rekonstruieren (Tab. 30). Bei Kernen mit nur einer Abbaufläche weisen 50 % eine gleichgerichtete Abbautechnik auf. Zwei Kerne zeigen neben gleichgerichteten Negativen auch quer verlaufende, drei Kerne haben auf der ersten Abbaufläche bipolar verlaufende Negative. Vier Kerne besitzen eine zweite Abbaufläche von der gleichgerichtet und quer bzw. bipolar abge-

Tab. 30. Abbaurichtungen der verschiedenen Abbauflächen

Abbaufläche 1	Abbaufläche 2 keine zweite Abbaufläche	eine Richtung	bipolar	gesamt
eine Richtung	1	–	–	1
bipolar	2	–	1	3
umlaufend	4	–	–	4
umlaufend bipolar	1	–	1	2
gleichgerichtet u. quer	2	2	–	4
gesamt	10	2	2	14

baut wurde. Ein Kern, dessen zweite Abbaufläche bipolar abgebaut wurde, besitzt noch eine dritte, die ebenfalls in bipolarer Technik abgebaut wurde. Bei bipolaren Negativen, kommt es während der Produktion zu einer 180° Drehung des Kerns (Abb. 19).

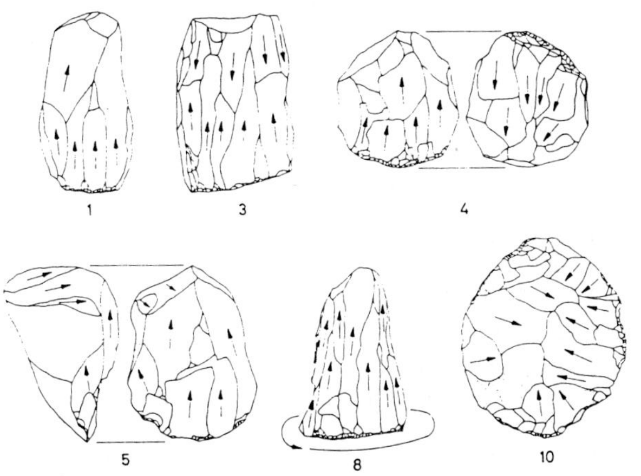

Abb. 19. Schematische Darstellung der Abbaurichtungen auf den Kernabbauflächen. 1 eine Richtung, 3 bipolar, 4 gegenläufig, 5 sich überschneidend, 8 umlaufend, 10 konzentrisch (nach Sedlmaier, s. Anm. 16, 39).

Reduktion der Schlag- und Abbauflächen

Acht Kerne weisen keine Reduktion auf die Schlagfläche auf. Bei neun Kernen sind die Abbauflächen nicht reduziert.

Eine Reduktion auf die Abbaufläche erfolgte, um an der Schlagflächenkante den Überhang der vorangegangenen Abhebung zu entfernen. Der Abbauwinkel wurde so korrigiert und die Kante stabilisiert. Bei sechs Kernen erfolgte eine solche Reduktion auf eine Abbaufläche, bei einem Kern wurde sie auf drei Abbauflächen angewandt.

Nicht in allen Fällen reichte die Reduktion der Abbaufläche aus, sondern es wurde zusätzlich noch die Schlagfläche reduziert. Bei sechs Kernen sind Reduktionsnegative auf einer Schlagfläche erkennbar, bei einem Kern auf drei Schlagflächen.

Lateralflächen, Rücken und Kernfuß

Weitere Informationen zum Kernabbau geben die Ausprägung der Lateralflächen, Rücken und Kernfüße.

Bei den meisten Kernen bestehen die Lateralflächen aus Klüften und lateralen Resten von Kortex und aus einer Kombination von Kortex und Klüften. Relativ häufig bilden auch Negative, die zu einer Abbaufläche gehören, die Lateralfläche. In zwei Fällen kommen seitliche Negative auch in Kombination mit Kortex und Klüften vor.

Eine eindeutige laterale Präparation ist aber nicht nachgewiesen. Es ist jedoch möglich, daß die Kerne so stark abgebaut wurden, daß von der ursprünglichen Präparation nichts mehr übrig ist.

Sechs Kerne weisen Kortex auf der Lateralfläche auf. Nach J. Hahn[103]) ist das ein Zeichen dafür, daß die Kerne nicht konzentrisch ins Innere abgebaut, sondern asymmetrisch abgearbeitet wurden.

Bei den meisten Kernen wird der Rücken durch Klüfte gebildet. Am zweithäufigsten ist Kortex oder eine Kombination von Kluft und Kortex am Rücken zu beobachten. Drei Kerne weisen am Rükken Negative einer vorangegangenen Abbaufläche auf. Ansonsten kommen Negative nur in Kombination mit Kortex oder Kluft vor.

Eine eindeutige Präparation des Rückens kann nicht nachgewiesen werden. Ausgeschlossen ist sie jedoch nicht, da die meisten Kluftflächen nicht den ursprünglichen Rücken repräsentieren, sondern diese Flächen durch Schadbrüche während des Kernabbaus enstanden sind und als Rücken weiterverwendet wurden. Wie schon bei den Lateralflächen ist dies ein weiterer Hinweis auf die starke Ausnutzung der Kerne.

Das Vorhandensein eines Kortexrückens bei vier Kernen spricht nach J. Hahn[104]) für ein Beibehalten der Abbaufläche. Besonders sehr kleine Rohknollen weisen noch als Restkerne einen hohen Kortexanteil auf.

Der Kernfuß ist bei elf Kernen nicht präpariert, bei drei Kernen präpariert und bei einem Kern ist der Fuß weggebrochen und daher nicht mehr erhalten.

Die Präparation des Fußes wird vorgenommen, um eine konvexe Abbaufläche zu erhalten und um ein Vorstehen des Kernfußes zu verhindern[105]).

Bei den Kernen aus Rosenburg ist das Fehlen von Präparationsresten wahrscheinlich darauf zurückzuführen, daß die ursprünglich präparierten

Kerne so abgearbeitet wurden, daß von ihrer Präparation nichts mehr zu erkennen ist.

Gründe für das Verwerfen des Kerns

Das Verwerfen eines Kerns kann mehrere Ursachen haben. Optimal ausgenutzte Kerne werden wegen ihrer zu geringen Größe verworfen. Schlechtes Rohmaterial oder Schlagunfälle können jedoch schon in einem viel früheren Abbaustadium zur Aufgabe des Kerns führen. Besonders Angelbrüche machen es immer schwieriger, den Kern erneut zu präparieren und den richtigen Abbauwinkel zu schaffen.

Folgende Gründe sind für das Verwerfen der Kerne von Rosenburg verantwortlich: die Dimension, die oft schon sehr kleinen Ausgangsformen der Kerne und das stark geklüftete Rohmaterial ungefähr zu gleichen Teilen; Angelbrüche verhinderten auch in einigen Fällen den weiteren Kernabbau.

Rekonstruktion der Abbaustrategie der letzten Kernabbauphasen

Nachstehend wird versucht, die letzten Abbaustadien einzelner Kerne genau zu rekonstruieren.

Kern Nr. 244/6, Taf. 9/1: kleines Geröll aus rot gebändertem Radiolarit
- Anlegen der Schlagfläche an großem Negativ
- umlaufender Abbau von gleichgerichteten Lamellen
- mehrere Angelbrüche
- letzter Schlag führt zu lateralem Bruch des Kerns an einer Kluftfläche
- Verwerfen des Kerns aufgrund der Angelbrüche und zu geringer Größe

Kern Nr. 261/26, Taf. 9/3: kleines Geröll aus rotem Radiolarit
- Anlegen der Schlagfläche an großem Negativ
- umlaufender Abbau von gleichgerichteten Lamellen
- Abbaufläche wird leicht konkav
- Verwerfen des Kerns aufgrund zu geringer Größe

Kern Nr. 230/11, Taf. 9/4: Geröll aus rotem Radiolarit
- Anlegen der Schlagfläche an Negativ
- Abbau einer Lamelle
- Drehen des Kerns um 90°
- Präparation des kortexbedeckten Rückens zu Schlagfläche 2 durch Abtrennen eines Abschlags
- Abbau quergerichteter Lamellen von Abbaufläche 1
- Winkel zwischen Schlag- und Abbaufläche wird zu spitz
- Verwerfen des Kerns aufgrund zu geringer Größe und zahlreicher Kluftflächen

Kern Nr. 261/10, Taf. 9/2: Geröll aus grünem Radiolarit
- Anlegen der Schlagfläche an Negativ
- umlaufendes Abtrennen gleichgerichteter Lamellen
- Winkel zwischen Schlag- und Abbaufläche wird zu spitz
- Präparation auf Abbaufläche endet in Angelbrüchen
- Verwerfen des Kerns aufgrund zu geringer Größe, Angelbrüche und starker Klüftung des Materials

Kern Nr. 237/68, Taf. 12/6: Geröll aus grüngrauem Radiolarit
- Anlegen der Schlagfläche an Kluft
- Abtrennen gleichgerichteter Abschläge
- Angelbrüche
- Drehen des Kerns um 90°
- umlaufender Abbau gleichgerichteter Klingen von lateraler Kortexfläche (Schlagfläche 2)
- lateraler Bruch des Kerns entlang Kluftfläche
- Verwerfen des Kerns aufgrund von Kluftflächen und zu geringer Dimension

Kern 261/53, Taf. 9/5: Geröll aus blauem Hornstein
- Anlegen der Schlagfläche an Kortex
- Abtrennen von Klingen und Abschlägen von zwei gegenüberliegenden Abbauflächen
- Abbauflächen werden leicht konkav
- Drehen des Kerns um 90°
- Anlegen der Schlagfläche 2 durch Abtrennung von zwei Negativen
- Abbau von Klingen, die quer zu Abbaufläche 1 verlaufen
- Winkel zwischen Schlag- und Abbaufläche wird zu spitz
- Verwerfen des Kerns

Kern Nr. 262/26, Taf. 11/1: blauer Hornstein
- Anlegen der Schlagfläche durch mehrere Negative
- umlaufender Abbau von gleichgerichteten Klingen
- Brechen des zylindrischen Kerns an Kluftfläche in der Länge
- Verwerfen des Kerns

Kern Nr. 237/47, Taf. 12/5: kleines Geröll aus graublauem Hornstein
- Präparation der Schlagfläche durch Abheben von Lamellen
- Bruch des Kerns an Kluftfläche in der Breite
- Verwerfen des Kerns aufgrund zu geringer Größe

Kern Nr. 243/2, Taf. 9/7: Geröll aus graublauem Hornstein
- Anlegen von zwei bipolaren Schlagflächen an Klüften
- Abtrennen bipolarer Klingen von Abbaufläche 1
- Abbaufläche 1 wird leicht konkav
- Abtrennen eines Abschlags vom kortexbedeckten Rücken
- Angelbruch
- Verwerfen des Kerns aufgrund zu geringer Größe, starker Klüftung und Angelbruch

Kern Nr. 278/1, Taf. 12/7: Geröll aus graublauem Hornstein
- Ausgangsform ist ein primärer Kernkantenabschlag
- Anlegen von zwei bipolaren Schlagflächen an zwei Negativen
- Abtrennen bipolarer Lamellen von Abbaufläche 1
- Angelbrüche
- Kern bricht in der Breite entlang einer Kluft
- Verwerfen

Kern Nr. 241/1, Taf. 10/1: Knolle aus hellocker Hornstein
- Anlegen zweier bipolarer Schlagflächen (eine an Kluft, andere ist nicht mehr erhalten)
- umlaufender gleichgerichteter Abbau von Klingen von Schlagfläche 1 (Kluft)
- Abbau von bipolaren Abschlägen von Schlagfläche 2 endet in Angelbrüchen
- Drehen des Kerns um 90°
- Anlegen zweier bipolarer Schlagflächen an Negativen

- umlaufender Abbau von gleichgerichteten Klingen von Schlagfläche 3, querverlaufend zu den Negativen auf Abbaufläche 1
- Abbau von bipolaren Abschlägen von Schlagfläche 4 endet in Angelbrüchen
- Verwerfen des Kerns aufgrund der Angelbrüche

Kern Nr. 230/12, Taf. 11/2: Geröll aus graublau-rot-braunem Hornstein
- Anlegen der Schlagfläche an Kluft
- Abbau eines Abschlages endet mit Angelbruch
- Verwerfen des Kerns

Kern Nr. 272/1, Taf. 10/2: Knolle aus gelbem Chalcedon
- Anlegen zweier bipolarer Schlagflächen (1 und 2)
- beim umlaufenden bipolaren Abbau von Klingen bricht der Kern in der Mitte entlang einer Kluftfläche
- Drehen des Kerns um 90°
- Kluftfläche als Schlagfläche 3 verwendet
- Abbau von gleichgerichteten Abschlägen und Klingen, ehemalige Schlagflächen 1 und 2 werden als Abbauflächen 1 und 2 verwendet
- Winkel zwischen Schlagfläche und Abbauflächen wird zu spitz
- neuerliches Drehen des Kerns um 90°
- ein zweites Mal wird ein bipolarer Abbau von Klingen und Abschlägen von den Schlagflächen 1 und 2 versucht
- Verwerfen des Kerns aufgrund von Angelbrüchen

Kern Nr. 273/6, Taf. 9/6: Geröll aus besonders reinem Quarz
- Anlegen der Schlagfläche an Kluft
- Abbau von gleichgerichteten Abschlägen
- Winkel zwischen Schlag- und Abbaufläche wird zu spitz
- Drehen des Kerns um 90°
- Abbau eines quergerichteten Abschlags von Schlagfläche 2 an Kluft endet mit einem Angelbruch
- Verwerfen des Kerns aufgrund der starken Klüftung des Materials und des Angelbruchs

Kern Nr. 237/69, Taf. 11/3: aus weißem Quarz
- Anlegen zweier bipolarer Schlagflächen
- Beim umlaufenden bipolaren Abbau von Abschlägen zerbricht der Kern in der Mitte entlang einer Kluftfläche
- Drehen des Kerns um 90°
- Kluftfläche als Schlagfläche 3 verwendet zum Abbau umlaufender gleichgerichteter Abschläge
- Winkel zwischen Schlag- und Abbaufläche wird zu spitz
- Verwerfen des Kerns

Zusammenfassend ist die starke Ausnutzung der Kerne durch mehrmaliges Drehen festzustellen. Wird der Abbauwinkel zu spitz oder treten Angelbrüche auf, wird der Kern meist um 90° gedreht, eine neue Schlagfläche angelegt und ein weiterer Abbau versucht. Selbst beim Brechen des Kerns an Kluftflächen wird diese als Schlagfläche weiterverwendet und der Kern soweit abgebaut, bis es die Dimension oder Angelbrüche nicht mehr zulassen.

Zusammenpassungen

Durch Zusammenpassungen können neben technischen Vorgängen auch fundplatzinterne Vorgänge, wie Bewegungen innerhalb von Aktivitätszonen oder Beziehungen zwischen verschiedenen Werkplätzen aufgezeigt werden[106]).

Für Rosenburg konnte aufgrund der Zusammenpassungen bewiesen werden, daß es sich nicht um verlagertes oder sogar von der anderen Kampseite angeschwemmtes Material handelt. Aus Zeitgründen konnte der Forderung von E. Cziesla[107]) nach „chancengleichem" Arbeiten, d. h. die Zusammenpassungen an einem völlig unsortierten Material zu versuchen, nicht nachgekommen werden. In erster Linie wurde das Inventar nach den einzelnen Rohmaterialvarianten sortiert und innerhalb dieser Gruppen wurden dann Zusammenpassungen versucht. Daß es sich bei dem Rosenburger Material nur um einen Teilbefund handelt, beeinflußt die Zusammenpassungsquote stark. Es muß also davon ausgegangen werden, daß der Anteil von 4,4 % an zusammengepaßten Stücken im Gesamtmaterial nicht die Gesamtzahl aller möglichen Zusammenpassungen darstellt.

Zusammenpassungskomplexe

Mit 55 zusammengepaßten Artefakten weist das Material von Rosenburg eine eher niedrige Zusammenpassungsrate von 4,4 % auf, was bei der extremen Kleingerätigkeit des Materials nicht verwundert. Alle Stücke, die durch sichere Zusammenpassungen miteinander verknüpft sind, werden zu Komplexen zusammengefaßt[108]).

Rosenburg weist 55 Komplexe auf. Bei den meisten Komplexen konnten nur zwei oder drei Stücke zusammengepaßt werden. 15 Komplexe bestehen aus zwei Stücken, 13 Komplexe aus drei Stücken, zwei Komplexe aus vier Stücken, ein Komplex aus fünf Stücken und der größte Komplex setzt sich aus zwölf Stücken zusammen.

Zusammenpassungstypen

Für die Interpretation und Rekonstruktion von Siedlungsaktivitäten mit Hilfe von Zusammenpassungen erwies es sich als nützlich, drei Arten von Zusammenpassungen zu unterscheiden.

1) Aufeinanderpassungen: Zusammenpassen der Grundproduktion.

2) Aneinanderpassungen: Zusammenpassen gebrochener Stücke.

3) Anpassungen: Anpassen von „Abfällen" der sekundären Modifikation, z. B. Nachschärfung, Um- oder Weiterverarbeitung eines Artefaktes[109]).

In Rosenburg kommen nur Aneinander- und Aufeinanderpassungen vor, was zeigt, daß vor allem Grundprodukte hergestellt wurden. Anpassungen von Werkzeugabfällen auf modifizierte Grundprodukte liegen nicht vor. Eine Weiterverarbeitung der Grundprodukte zu Werkzeugen kann nicht nachgewiesen werden.

Tab. 31. Grundformanteile der Zusammenpassungen

	aufeinander-gepaßt	aneinander-gepaßt	auf- und aneinandergepaßt	gesamt	
				n	%
Abschlag	36	31	14	68	48
Klinge	5	10	1	16	11
p. KKKL	1	–	1	2	3
p. KKA	1	–	1	2	3
s. KKA	2	–	–	2	3
Präparations-Abschlag	1	–	–	1	1
Trümmer	1	2	1	4	4
Absplиß	9	3	–	12	9
Lamelle	5	10	1	16	11
p. KKL	2	–	–	2	3
Kern	1	–	3	4	4
gesamt	64	56	22	142	100

Rohmaterialanteil der Zusammenpassungen

Die zusammengepaßten Artefakten sind zum Großteil aus Radiolarit (47 %) und aus Hornstein (30 %). Der Quarzit ist mit einem Komplex vertreten, der aus zwölf aufeinandergepaßten Stücken besteht, was einen Anteil von 15 % ausmacht. Quarz und Chalcedon sind mit 5 % und 3 % nur gering vertreten. Aus Bergkristall und Opal („Krötenstein") gibt es keine Zusammenpassungen.

Am häufigsten ließen sich Abschläge zusammenpassen. Auch eine große Zahl an Klingen und Lamellen konnte zu Komplexen zusammengefügt werden. Selbst kleinste Absplisse ließen sich auf- und aneinanderpassen (Tab. 31). Diese Ergebnisse liefern erneut ein Argument dafür, daß es sich bei dem Rosenburger Material nicht um verlagerte oder angeschwemmte Artefaktkonzentrationen handelt, sondern daß das Material in situ aufgefunden wurde.

Verteilung der Zusammenpassungen auf die einzelnen Quadranten

Die meisten Zusammenpassungskomplexe liegen aus Quadrant 1 vor. In diesem Quadranten ist auch die höchste Artefaktkonzentration festzustellen. Quadrant 3, der 20 m südöstlich von Quadrant 1 liegt, weist ebenfalls einige Zusammenpassungskomplexe auf. Das ist umso bemerkenswerter, als die Artefakte in diesem Quadranten durch Wasserbewegungen eines Bachlaufes (heutiger Stranzlbach?) und Solifluktion leicht verlagert sind.

Zusammenpassungen aus verschiedenen Quadranten waren in drei Fällen möglich. Die aufeinandergepaßte Klinge aus grün-rot-blau gebändertem Radiolarit aus Quadrant 2 auf zwei Klingen aus Quadrant 1 (Taf. 12/4), stammt aus einem späteren Abbaustadium. Ein Abschlag aus Quadrant 3 konnte auf den zwölfteiligen Komplex aus gelblichem Quarzit in Quadrant 1 gepaßt werden (Taf. 13/1). Ein Bruchstück aus grünem Radiolarit in Quadrant 3 konnte auf einen Abschlag aus Quadrant 2 angepaßt werden.

Durch die Zusammenpassungen bestehen also Verbindungen zwischen allen drei Quadranten.

Die Quadranten 4 und 5 sind fast fundleer. Quadrant 4 schließt direkt an Quadrant 1 an und weist nur sieben zu einer Rohmaterialvariante zugehörige Stücke auf. Quadrant 5, der an Quadrant 4 anschließt, weist nur zwei zu einer Rohmaterialvariante zugehörige Stücke auf.

Die Abbildungen 20–22 zeigen die Rohmaterialvarianten der Zusammenpassungskonzentrationen in den Quadranten 1, 2 und 3.

Quadrant 1 zeigt die größte Variabilität bei den Rohmaterialien der Zusammenpassungen (Abb. 20). Dieser Quadrant ist auch der einzige, in dem Rohmaterialvarianten zusammengepaßt werden konnten, die in den anderen Quadranten überhaupt nicht auftreten. Es handelt sich hierbei um den hellblauweißen Hornstein, den grüngrauen Radiolarit, von dem auch ein Kern erhalten ist, und den dunkelblauen Hornstein. Alle anderen zusammengepaßten Rohmaterialvarianten fanden sich auch in den Artefaktkonzentrationen von Quadrant 2 und 3.

In Quadrant 2 gelangen nur bei fünf Rohmaterialvarianten Aneinander- und Aufeinanderpassungen (Abb. 21). Bei den restlichen Rohmaterialien in diesem Quadrant, konnte nur festgestellt werden, daß sie einer Variante zugehörig sind. Der gelbbraune, hellocker patinierte Hornstein und der schwarzrote Hornstein treten zwar in den anderen beiden Quadranten auch auf, aber nur in Quadrant 2 waren Aneinanderpassungen dieser beiden Varianten möglich.

In Quadrant 3 war es nur bei fünf Varianten möglich, Auf- und Aneinanderpassungen zu finden (Abb. 22). Der Prozentsatz liegt aber um einiges höher als in Quadrant 2. Der blaue Hornstein ließ sich nur in Quadrant 3 zusammenpassen. Ein zu dieser Variante zugehöriger Kern fand sich jedoch auch in Quadrant 2. Der gelbe Chalcedon tritt in allen drei Quadranten auf, ließ sich aber nur in Quadrant 3 aneinanderpassen.

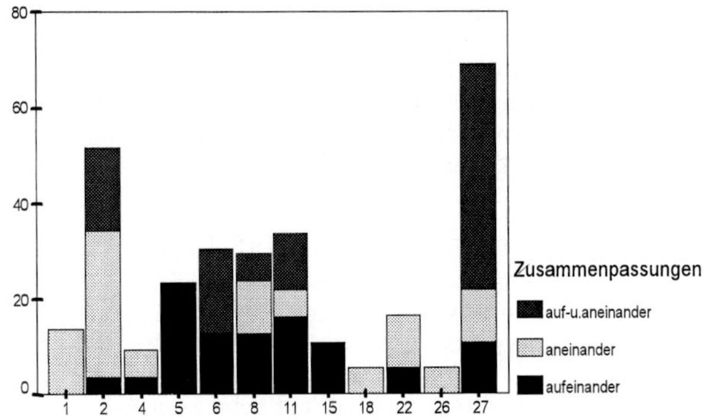

Abb. 20. Rosenburg. Rohmaterialien der Zusammenpassungen in Quadrant 1. – 1 roter Radiolarit, 2 grüner Radiolarit, 4 graublauer Hornstein, 5 hellblauweißer Hornstein, 8 hellocker Hornstein, 11 grün-rot-blau gebänderter Radiolarit, 15 rot gebänderter Radiolarit, 18 dunkelblauer Hornstein, 22 weißer Quarz, 26 Quarzit mit Granateinschlüssen, 27 gelblicher Quarz.

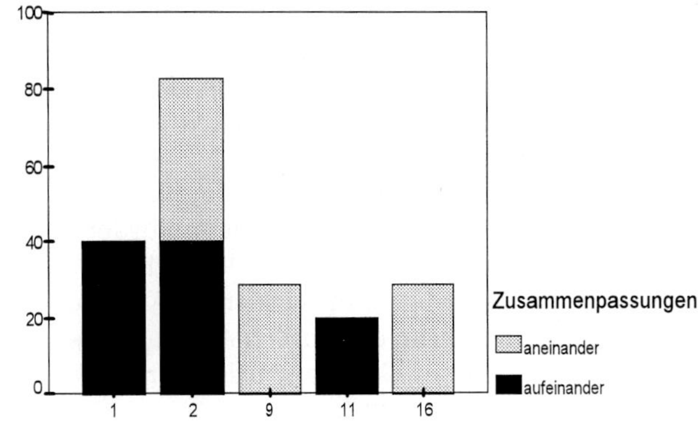

Abb. 21. Rosenburg. Rohmaterialien der Zusammenpassungen in Quadrant 2. – 1 roter Hornstein, 2 grüner Radiolarit, 9 gelbbrauner Hornstein, 11 grün-rot-blau gebänderter Radiolarit, 16 schwarzroter Hornstein.

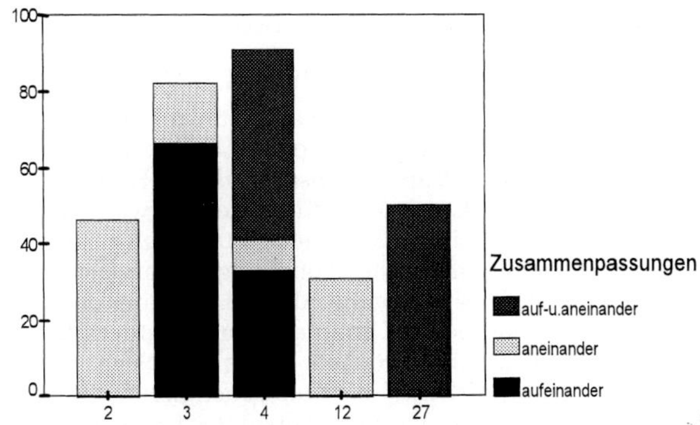

Abb. 22. Rosenburg. Rohmaterialien der Zusammenpassungen in Quadrant 3. – 2 grüner Radiolarit, 3 blauer Hornstein, 4 graublauer Hornstein, 12 gelber Chalcedon, 27 gelblicher Quarzit.

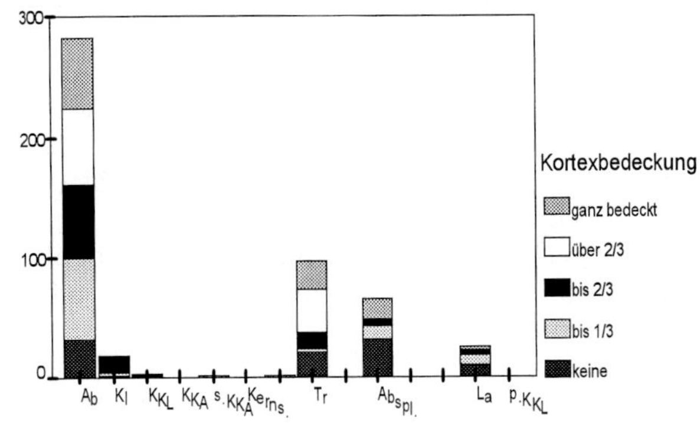

Abb. 23. Rosenburg. Grundformen und Kortexbedeckung der Zusammenpassungen in Quadrant 1.

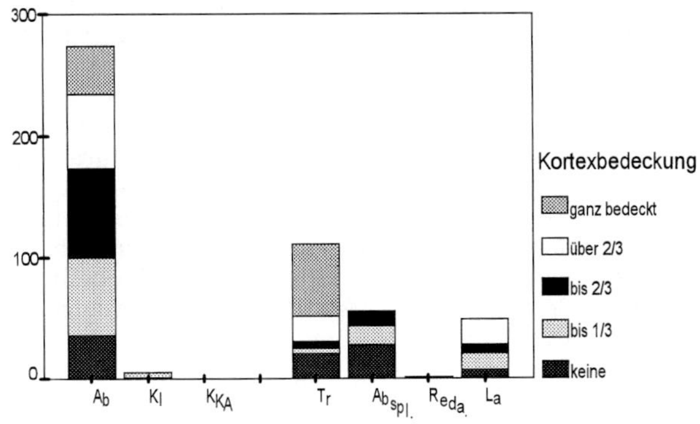

Abb. 24. Rosenburg. Grundformen und Kortexbedeckung der Zusammenpassungen in Quadrant 2.

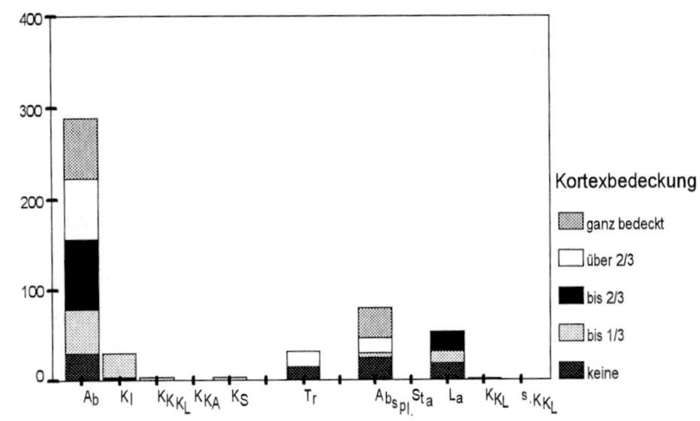

Abb. 25. Rosenburg. Grundformen und Kortexbedeckung der Zusammenpassungen in Quadrant 3.

Zusammenfassend läßt sich feststellen, daß aufgrund der Rohmaterialvarianten Verbindungen zwischen den drei Konzentrationen bestehen. Exklusiv wurden nur in Quadrant 1 drei Varianten verarbeitet.

Die Grundformanteile der drei Zusammenpassungskonzentrationen in den Quadranten 1, 2 und 3 wurden untersucht, um festzustellen, ob es sich um drei getrennte Schlagplätze handelt, oder ob nur unterschiedliche Produktions- und Abbauphasen in den Konzentrationen repräsentiert sind (Abb. 23–25).

Aus Quadrant 1 liegen insgesamt elf Kerne vor, wobei bei drei Kernen Zusammenpassungen möglich waren.

Betrachtet man die anderen Grundformen und ihre Kortexbedeckung, fällt auf, daß Abschläge und

Lamellen einen hohen Kortexanteil aufweisen und aus einem frühen Abbaustadium stammen müssen. Die Klingen weisen einen geringeren Kortexanteil auf und stammen aus einer fortgeschritteneren Abbauphase (Abb. 23).

In Quadrant 1 liegt also ein Schlagplatz vor, an dem die größeren Knollen präpariert wurden, um Abschläge abzutrennen, und in der nächsten Abbauphase Klingen abgebaut wurden. Die Lamellen stammen nicht nur von der letzten Abbauphase der Kerne, sondern kleine Gerölle wurden zur gezielten Lamellenherstellung benutzt.

In Quadrant 2 fanden sich drei Kerne, bei denen keine Zusammenpassungen möglich waren. Was die anderen Grundformen betrifft, zeigt sich ein ähnliches Bild wie in Quadrant 1 (Abb. 24). Die Abschläge, die am zahlreichsten vertreten sind, weisen den höchsten Kortexanteil auf. Daß eine Kernpräparation zum Abbau von Abschlägen stattfand, beweist der Kernkantenabschlag. Die Trümmer, die von der Kernpräparation oder vom Abbau von Abschlägen und Lamellen herrühren, weisen ebenfalls einen sehr hohen Kortexanteil auf. Wieder fällt auf, daß die Lamellen weitaus häufiger mit Kortex bedeckt sind als die Klingen.

In Quadrant 2 liegt ebenfalls ein Schlagplatz vor, an dem Gerölle zerlegt und Grundformen hergestellt wurden.

Aus Quadrant 3 liegen insgesamt vier Kerne vor, wobei bei einem Kern Zusammenpassungen gelangen. Der dritte Schlagplatz in Quadrant 3 zeigt dasselbe Bild, wie die beiden oben beschriebenen (Abb. 25). Die Kernpräparation wird hier besonders deutlich durch das zahlreiche Vorhandensein von Kernkantenklingen- Abschlägen- und Lamellen und einer Kernscheibe.

Aussagen zum Abbauprozeß anhand der Zusammenpassungen

Zusammenpassung Nr. 237/47, Taf. 12/5

Das Geröll aus graublauem Hornstein konnte durch eine Aneinanderpassung zweier Abschläge und eine Aufeinanderpassung eines weiteren Abschlages rekonstruiert werden. Es handelt sich um einen Kern, dessen Ausgangsform ein Abschlag ist. Die Abbaufläche ist völlig mit Kortex bedeckt. Vor dem Abtrennen des ersten Abschlages erfolgte eine Reduktion auf die Schlagfläche. Nach dem Abtrennen erfolgte eine erneute intensive Reduktion auf die Schlagfläche. Beim Versuch, den zweiten Abschlag zu lösen, brach der Kern in der Breite entlang einer Kluftfläche und wurde verworfen.

Zusammenpassung Nr. 278/1, Taf. 12/7

Das Geröll aus graublauem Hornstein konnte durch eine Aneinanderpassung zweier Abschläge und der Aufeinanderpassung einer Kernkantenlamelle rekonstruiert werden. Es handelt sich um einen Kern, dessen Ausgangsform ein Abschlag ist. Die Ventralfläche des Abschlages wurde als Schlagfläche verwendet, es kam zu einer teilweisen Reduktion auf die Abbaufläche und auf die Schlagfläche. Gleichzeitig wurde der natürliche dorsale Grat des Abschlages zu einer einseitigen Kernkante präpariert. Es wurde nun ein bipolarer Abbau von Abschlägen und Lamellen vorgenommen. Beim Versuch, eine Kernkantenlamelle von der lateralen Kante des Kerns zu lösen, kam es zu einem proximalen Bruch der Lamelle. Wahrscheinlich wurde bei diesem Vorgang der Kern sinistrolateral aufgestützt und brach an dieser Stelle ebenfalls entlang einer Kluft.

Zusammenpassung Nr. 237/68, Taf. 12/6

Das Geröll aus grüngrauem Radiolarit konnte aufgrund einer Aneinanderpassung zweier Kernbruchstücke und der Aufeinanderpassung dreier Abschläge rekonstruiert werden.
Eine Kluftfläche diente als Schlagfläche zum Abbau von Klingen. Als der Schlagwinkel zu spitz wurde, kam es zu einer 90°-Drehung des Kerns. Die 2. Schlagfläche war völlig mit Kortex bedeckt. Unter teilweiser leichter Präparation auf die Abbaufläche wurden einige Lamellen gelöst. Eine Lamelle brach beim Abbau distal. Beim nächsten Abbauversuch brach der Kern lateral an einer Kluftfläche und wurde verworfen.

Die folgenden Zusammenpassungen sind Musterbeispiele für Kantenpräparation.

Zusammenpassung Nr. 237/20, Taf. 12/2

Eine primäre Kernkantenklinge aus grün-rot-blau gebändertem Radiolarit wurde auf eine Lamelle aufgesetzt. Weiters konnte ein Präparationsabspliß der Kernkantenreduktion auf die Kernkantenklinge gesetzt werden. Beinahe senkrecht zu einer Kluftfläche wurden zum Anlegen eines Leitgrates zahlreiche Abhebungen vorgenommen. Eine davon ist der aufgepaßte Abspliß. Entlang des Leitgrates konnte die erste Klinge abgebaut werden. Sie ist proximal und distal gebrochen. Eines der Negative, die dieser Abbau hinterließ, diente als neuer Leitgrat für den Abbau einer Lamelle. Vor dem Abbau der Lamelle kam es zu einer intensiven Reduktion auf die Schlagfläche.

Zusammenpassung Nr. 238/16, Taf. 12/3

Eine primäre Kernkantenklinge aus grünem Radiolarit wurde auf eine sekundäre Kernkantenklinge aufgesetzt, welche aus zwei Klingenbruchstücken rekonstruiert werden konnte. Wieder wurden senkrecht zu einer Kluftfläche Abhebungen vorgenommen, um einen Leitgrat anzulegen. Entlang des Leitgrates kam es zum Ablösen der ersten Klinge. Sie ist proximal und distal gebrochen und hinterließ nur einen einzigen wirklich deutlichen Leitgrat. Vor dem Lösen der zweiten Klinge wurde dieser Leitgrat im distalen Bereich nachpräpariert. Entlang dieses Leitgrates wurde die zweite Klinge gelöst, die ein Gemisch aus primärer und sekundärer Kernkantenklinge darstellt. Im medialen Bereich brach die Klinge. Das Bruchstück konnte angepaßt werden.

Zusammenpassung Nr. 237/78, Taf. 12/1

Eine primäre Kernkantenklinge aus hellblauweißem Hornstein konnte auf eine Lamelle aufgepaßt werden und diese wiederum auf eine zweite Klinge. Auch in diesem Fall wurden senkrecht zu einer Kluftfläche Abhebungen zur Bildung eines Leitgrates vorgenommen, entlang dem der Abbau der ersten Klinge erfolgte, die in einem Angelbruch endete. Es erfolgte auch eine leichte Präparation auf die Schlagfläche. Das Lösen der nächsten Lamelle erfolgte entlang dem durch die Kluftfläche natürlich gebildeten Leitgrat. Die Lamelle ist distal nicht erhalten. In der Folge kam es zu einer Abhebung einer Klinge entlang zweier Leitgrate, wovon einer noch von dem Negativ der ersten Klinge herrührt und der zweite natürlich durch die Kluftfläche gebildet ist. Diese Klinge endete aufgrund des vorhergehenden Angelbruches in einem Finial[109a]).

Zusammenpassung 241/3, Taf. 12/4

Eine aus drei Bruchstücken aneinandergepaßte Klinge aus grün-rot-blau gebändertem Radiolarit konnte auf das proximale Ende einer zweiten Klinge aufgesetzt werden und weiters auf den Kernfuß einer dritten Klinge. Beim Abschlagen der ersten Klinge verlief die Bruchausdehnung nicht entlang des durch eine Kluftfläche natürlich gebildeten Leitgrates, sondern wurde von einem Negativ, das von einer Präparation auf die Abbaufläche herrührt abgeleitet. Die Klinge brach distal und medial und nahm ein Stück des unpräparierten Kernfußes mit. Von derselben Schlagfläche aus wurde nun die nächste Klinge abgelöst. Als Leitgrat diente das von der ersten Klinge hinterlassene Negativ. Von dieser Klinge ist nur das proximale Ende erhalten. Die dritte Klinge löste sich entlang der Leitgrate, die durch das Negativ der vorherigen gebildet wurden. Wahrscheinlich wurde beim Ablösen zu viel Kraft angewandt und es löste sich ein großes Stück des Kernfußes. Die dritte Klinge ist medial gebrochen und nur das distale Ende konnte aufgepaßt werden.

Zusammenpassung Nr. 237/35, Taf. 13/1

Dieser Komplex aus zwölf auf- und aneinandergepaßten Abschlägen aus gelblichem Quarzit ist ein klassisches Beispiel für einen umlaufenden bipolaren Kernabbau. Zuerst wurden in Serie drei Abschläge von Schlagfläche 1 aus gelöst, die in Angelbrüchen endeten. Der Kern wurde daraufhin um 180° gedreht und es wurde ein Abschlag von der bipolaren Schlagfläche 2 gelöst, um die durch die Angelbrüche entstandenen tiefen Negative auf der Abbaufläche zu entfernen. Der Kern wurde wiederum um 180° gedreht und es begann ein neuerlicher Abbau von zwei Abschlägen von Schlagfläche 1 aus. Der Kern wurde wieder gedreht und ein lateraler Präparationsabschlag gelöst. Von Schlagfläche 2 aus werden nun 2 Abschläge gelöst, wobei der zweite an einer Kluft distal und in der Breite bricht. Der Kern wird wieder um 180° gedreht und noch ein letzter Abschlag von Schlagfläche 1 aus gelöst, endet aber in einem Stufenbruch. Wahrscheinlich kam es daraufhin zum Verwerfen des Kerns.

Zum Kernabbauprozeß

Aufgrund der Analyse der Grundformen und der Zusammenpassungen lassen sich folgende Aussagen zum Kernabbau machen.

Als Ausgangsformen dienten vornehmlich relativ kleine, lokal aufgesammelte Flußgerölle. Sie wurden bereits getestet in die Fundstelle eingebracht. Hier wurden an drei Schlagplätzen Grundformen, wie Abschläge, Klingen und Lamellen produziert.

Für Klingen und Lamellen wurden nur die feinkörnigsten Materialien, wie Radiolarit, Hornstein, Chalcedon und für Lamellen auch Bergkristall verwendet.

Das Können der Steinschläger wird durch die spezielle Zurichtung der Kerne dokumentiert. Die Präparation erfolgte verstärkt in fortgeschrittenem Kernabbaustadium. Kernkantenabschläge, Klingen und Lamellen weisen häufig keine Kortexbedeckung auf.

Bei Beginn des Kernabbaus wurde die Schlagfläche weniger häufig präpariert, bei fortgeschrittenem Abbau dann durch ein oder mehrere Negative. Bei Klingen und Lamellen treten facettierte Schlagflächen häufiger auf als bei Abschlägen, was darauf hinweist, daß sie kontrollierter abgebaut wurden als die Abschläge. Teilweise wurden aber auch natürliche Schlagflächen wie Kortex und Klüfte, verwendet. Durch Reduktion auf die Abbaufläche und nur in seltenen Fällen auf die Schlagfläche, wurde der Abbauwinkel korrigiert und die Schlagflächenkante stabilisiert. Die Reduktion erfolgte durch kleine Abschläge meist auf die Abbaufläche.

Über die Schlagtechnik geben die Schlagmerkmale Auskunft. Das zahlreiche Auftreten von Schlagnarben und die wenigen Lippen sprechen am ehesten für eine indirekte Schlagtechnik oder für den direkten weichen Schlag.

Die Abbaustrategie konnte anhand der Zusammenpassungen nur für die letzten Abbauphasen rekonstruiert werden. Kerne mit einer Schlag- und Abbaufläche kommen ungefähr gleich häufig vor, wie solche mit zwei Schlag- und Abbauflächen. Die starke Ausnutzung führte bei vielen Kernen zu mehrmaligem Drehen, meist um 90°, und zum Anlegen von neuen Schlag- und Abbauflächen. Durch das Drehen des Kerns kommen häufig bipolare und querverlaufende Abbaurichtungen zustande.

Das stark geklüftete Material verursachte während des Abbaus häufig den Bruch der Kerne. Für die Hersteller war das jedoch kein Grund, dieselben zu verwerfen. In einigen Fällen konnte gezeigt werden, daß nach dem Bruch die Kluftfläche als neue Schlagfläche verwendet wurde.

Verworfen wurden die Kerne dann, wenn Angelbrüche oder Schlagunfälle keinen kontrollierten Abbau mehr zuließen. Das Können der Steinschläger, die ihr Rohmaterial optimal ausnutzten, zeigt sich auch an dem relativ hohen Prozentsatz von sog. „feather terminations". Trotz der starken Klüftung der Gerölle und Knollen war es ihnen möglich, Abschläge, Klingen und Lamellen mit spitzen oder geraden, in der Seitenansicht scharfen oder stumpfen Distalenden zu erzeugen.

Was die Zielprodukte der Herstellung betrifft, so sprechen die Verwendung von sehr kleinen Geröllen ebenso wie der im Vergleich zu den Klingen hohe Lamellenanteil von 12 % für eine gezielte Produktion dieser Grundform. Einige Indizien, wie z. B. das vermehrte Auftreten von punktförmigen und linearen Schlagflächenresten und die besonders häufige Reduktion auf die Abbaufläche, sprechen dafür, daß für den Lamellenabbau von besonders kleinen Knollen eine kontrolliertere Abbautechnik angewandt wurde als für den Abbau von Abschlägen und Klingen.

Die Zusammensetzungen von mehreren Klingenabbaufolgen weisen aber auch auf eine gezielte Klingenproduktion hin. Die allgemein geringen Maße aller Grundprodukte sprechen dafür, daß nicht die Produktion von besonders großen Klingen das Ziel war, sonder daß man Artefakte von geringerer Dimension herzustellen beabsichtigte. Inwieweit dies aus Mangel an geeigneten Rohmaterialien geschah, muß dahingestellt bleiben.

Modifikationen

Von den insgesamt 1264 Steinartefakten weisen 41 Stück (3,2 %) eine Modifikation auf. Nicht bei allen Artefakten, besonders bei den mikrolithischen Stücken, kann immer mit Sicherheit festgestellt werden, ob eine intentionelle Formgebung stattfand oder ob natürliche Modifikationen vorliegen, die durch Gebrauch, Bewegung im Sediment oder beim Ausgraben der Funde entstehen.

Im Inventar von Rosenburg zeigt nur eine Klinge stärkere Aussplitterungen und drei Stück aus wahrscheinlich importiertem Hornstein sind stark verrundet. Die meisten mikrolithischen Messerchen und Lamellen mit natürlicher Spitze weisen eine feine abstumpfende Retusche auf, die teilweise intentionell angebracht wurde, in manchen Fällen aber sicher auch auf Gebrauch zurückzuführen ist.

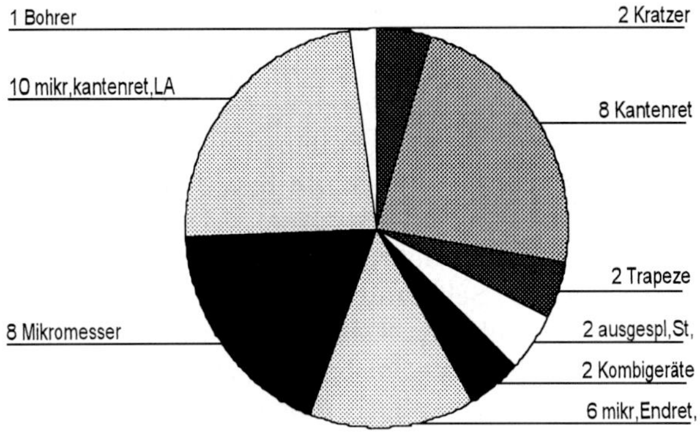

Abb. 26. Rosenburg. Anteil der Werkzeugtypen am Gesamtmaterial.

Besonders auffällig am Material von Rosenburg ist der mit 63 % sehr hohe Anteil an mikrolithischen Formen, mit einer maximalen Größe von 3 cm.

Geometrische Mikrolithen gelten als besonderes Merkmal des Mesolithikums. Mit den Dufourlamellen treten erste mikrolithische Steinwerkzeuge ab dem Aurignacien auf. Im Gravettien gibt es dann die ersten geometrischen Formen z. B. im Pavlovien[110]).

Führt man den prozentmäßigen Anteil bestimmter Werkzeugformen an, muß man auch die Funktion der Fundstelle berücksichtigen. Es ist klar, daß an Stellen, wo Kompositgeräte hergestellt wurden, der Anteil an Mikrolithen prozentmäßig weit über dem von Kratzern und Sticheln liegt[111]).

Artefakte, die keine spezielle Funktion charakterisieren und nur durch die Lage und Form der Retusche klassifiziert werden, sind die mit Kanten- und Endretuschen. Sie sind mit 58 % im Material vertreten, wobei wiederum die extreme Kleinheit auffällt.

An Werkzeugformen, die als Leitformen des Jungpaläolithikums gelten, sind vorhanden: Vier Kratzer, zwei davon Kombinationsgeräte. Eines ist ein Kratzer-Stichel das andere ein Kratzer-Bohrer. Das Vorhandensein eines zweiten Stichels ist nur durch einen Stichelabfall belegt. Weiters liegen zwei ausgesplitterte Stücke vor und acht Mikromesser, von denen zwei als Messer mit abgedrücktem Rücken angesprochen werden können. Die beiden Trapezoide haben ihre besten Entsprechungen in Materialien des entwickelten Pavlovien.

Tab. 32. Werkzeugtypen in den einzelnen Quadranten

	Qu. 1	Qu. 2	Qu. 3	gesamt
Kratzer	1	–	1	2
Kratzer-Bohrer	1	–	–	1
Kratzer-Stichel	–	–	1	1
Kantenretuschen	4	1	3	8
Trapezoide	–	–	2	2
ausgespl. Stücke	2	–	–	2
mikrolith. Endretuschen	1	–	5	6
Mikromesser	7	1	–	8
mikrolith. kantenret. Lamellen	8	–	2	10
gesamt	24	2	14	40

Modifizierte Artefakte finden sich nur in den drei Fundkonzentrationen in Quadrant 1, 2 und 3, die als Schlagplätze interpretiert werden. Die Anzahl der Modifikationen steht in direkter Relation zu der allgemeinen Funddichte in diesen Quadranten. Auffällig ist, daß bestimmte Werkzeugtypen nur an einzelnen Schlagplätzen auftreten. So scheinen Stichel nur in Quadrant 3 produziert worden zu sein. Sowohl der Kratzerstichel als auch der Stichelabfall fanden sich dort. Auch die Trapezoide kommen ausschließlich in Quadrant 3 vor.

Ein einzelner Bohrer fand sich in Quadrant 1 und die beiden ausgesplitterten Stücke lagen auch in diesem Quadranten. Der oder die Steinschläger der Fundkonzentration in Quadrant 1 scheinen auf die Herstellung besonders kleiner Formen spezialisiert gewesen zu sein. Mikromesser und mikrolithische kantenretuschierte Lamellen mit natürlicher Spitze befinden sich fast ausschließlich in dieser Konzentration. Die etwas größeren Endretuschen überwiegen in Quadrant 3. In Quadrant 2 fand sich nur eine Kantenretusche und ein Mikromesser.

Elf der modifizierten Formen sind aus grünem Radiolarit und zehn aus blauem Hornstein. Es liegen aber zu wenige modifizierte Artefakte vor, um eine wirkliche Präferenz eines Rohmaterials für bestimmte Formen feststellen zu können.

Auffällig im Inventar von Rosenburg ist der mit fünf Stücken hohe Anteil an Bergkristallartefakten, wobei nur die klare Variante zur Herstellung von Modifikationen verwendet wurde.

Für die Herstellung von Mikrolithen wurden auch stark geklüftete Materialien, wie der graublaue Hornstein verwendet.

Kratzer (Taf. 14/1–4)

Aus den Quadranten 1 und 3 liegen insgesamt vier Kratzer vor, wobei zwei Kombinationsgeräte sind. In allen vier Fällen handelt es sich um kurze Abschlagendkratzer, wie sie für das Spätpaläolithikum und Mesolithikum Europas typisch sind. Wie detaillierte morphologische Studien zu Endkratzern des ausgehenden Gravettien und Epigravettien finale der Grotta Paglicci in Italien zeigen, weisen die Kratzer von Rosenburg, die für das Epigravettien typischen Maße auf. Die Länge der Kratzer liegt zwischen 2–4 cm, Minimum bei 1,4 cm, Maximum bei 9,7 cm; die Breite der Kratzer liegt zwischen 1,5 cm und 3 cm, Minimum bei 0,9 cm, Maximum bei 3,6 cm; die Dicke belegt Werte zwischen 0,5 cm und 1,5 cm, Minimum bei 0,3 cm, Maximum bei 1,6 cm .

Die Gravettien Endkratzer sind im allgemeinen länger, haben höhere Kratzerkappen, die oft auch asymmetrisch geformt sind im Gegensatz zu den symmetrischen, durchgehend konvexen Kratzerkappen des Epigravettien[112]).

Die für das Mesolithikun typischen Daumennagelkratzer fehlen im Inventar.

Der aus blauem Hornstein gefertigte kleine Kratzer an dünnem Abschlag mit bilateral retuschierten konvergierenden Kanten und erhaltenem Schlagflächenrest (Taf. 14/4) zeigt große Ähnlichkeit mit den französischen Mikrokratzern der Laugerie-Haute, die in das Solutreen superieur d'Aquitaine datieren[113]). In Italien tritt diese Form häufig im Epigravettien evoluto[114]), Epigravettien finale[115]) und im Magdalenien der Grotte des Enfants auf[116]). A. Montet-White beschreibt diese Form als typisch für das epigravettienzeitliche Inventar von Kadar in Nord-Bosnien[117]).

Der aus weißem Hornstein gefertigte kurze Endkratzer an einem groben Abschlag (Taf. 14/3) unterscheidet sich durch einige Merkmale stark von den anderen Kratzern. Die auffälligsten Unterschiede sind die starke Abrollung und das Rohmaterial des Stückes. Auch in seinen Dimensionen, besonders in Breite und Dicke, fällt er aus dem Rahmen des übrigen Materials. Chronologisch ist dieses Stück nicht genau einzuordnen, macht jedoch durch seine größeren Dimensionen und gröbere Machart einen archaischeren Eindruck und stellt einen Fremdkörper im Rosenburger Material dar. Eine grobe, stark verrollte Klinge (Taf. 14/12) und ein ebensolcher Kernkantenabschlag sind aus demselben Material gefertigt und bestärken die Annahme, daß es sich bei diesen drei Stücken um eingeschwemmtes Material handelt, das mit dem restlichen Inventar von Rosenburg in keiner direkten Beziehung steht.

Wegen ihrer Häufigkeit in jungpaläolithischen Inventaren sind Kratzer oft auf Gebrauchsspuren untersucht worden. Einfache Abschlag- und Klingenendkratzer sind nach diesen Untersuchungen am häufigsten zum Fellschaben verwendet worden[118]).

Kombinationsgeräte (Taf. 14/1–2)

Stichel sind neben den Kratzern die häufigsten jungpaläolithischen Werkzeuge. In Europa werden sie ab dem Mesolithikum seltener[119]). Im Material von Rosenburg sind sie durch einen Stichelabfall (Taf. 14/10) aus graublauem, milchig weiß patinierten Hornstein vertreten und durch den Kratzerstichel aus blauem Hornstein (Taf. 14/1). Eine Stichelbahn wurde in diesem Fall am proximalen Ende eines kurzen Abschlages angebracht und trennte einen länglichen Abfall in der Grundformebene ab. Kombinationen mit anderen Werkzeugformen treten im gesamten Jungpaläolithikum häufig auf.

Gebrauchsspurenanalysen zeigten, daß die Kanten der Stichelbahn aber auch die der Stichelabfälle zum Schaben, Schnitzen und Schneiden verwendet wurden. Meist zeigen jedoch die Kanten, die nicht durch Stichelbahnen modifiziert wurden, Gebrauchsspuren. Die Annahme besteht, daß die Stichelschlagtechnik eher als Nachschärfung oder Schäftungszurichtung zu sehen ist[120]).

Gebrauchsspurenanalysen an epigravettienzeitlichen Inventaren der Grotta Paglicci zeigten keine Spuren von Gebrauch an den Sticheln und legen den Schluß nahe, daß die Stichel in diesem Fall als Kerne dienten[121]).

Bohrer gelten neben den rückenretuschierten Werkzeugen als Charakteristikum des späten Jungpaläolithikums. Im Mesolithikum sind sie sehr selten und erst im Neolithikum wieder häufiger belegt[122]). Im Material von Rosenburg ist ein einzelner Bohrer vorhanden. Er ist am Proximalende einer kleinen Kernscheibe aus hellockerfarbenem Hornstein durch bilaterale dorsale Retusche herausgearbeitet (Taf. 14/2). Das distale Ende der in der Mitte gebrochenen Kernscheibe weist ein Kratzerende auf. Es kann nicht entschieden werden, ob das Bohrende bereits an der noch vollständigen Grundform angelegt wurde, oder erst nach deren Brechen. Der Bohrer ist wegen seiner geringen Länge (unter 35 mm) als Feinbohrer (Mikrobohrer, micro-percoir) anzusprechen. Besonders häufig tritt diese Form im Magdalenien oder Spätmagdalenien auf[123]).

Trapeze (Taf. 15/1–2)

Eine besondere Form im Inventar von Rosenburg stellen die beiden „atypischen Trapeze" aus grünem Radiolarit (Taf. 15/1) und Bergkristall (Taf. 15/2) dar. Es handelt sich um nicht rückenretuschierte Mikrolamellen mit Endretuschen am proximalen und distalen Ende. Der Rücken weist eine feine, marginale, abstumpfende Retusche auf, die nicht als echte Rückenretusche angesprochen werden kann.

Tab. 33. Maße der Trapeze in cm

	Trapez aus Bergkristall	Trapez aus grünem Radiolarit
Länge	1,6	1,7
Breite	0,4	0,5
Dicke	0,1	0,2

Die besten Entsprechungen für diese Trapeze finden sich im entwickelten Gravettien (Pavlovien) der mährischen Station Pavlov I. Sie sind dort die zweithäufigste mikrolithische Form und mit 5 % im Gesamtmaterial vertreten. Die Mikrolithen in Pavlov I haben alle dieselbe Größe: L 1,5–3,3 cm und B 0,5–0,9 cm[124]). Die Trapeze von Rosenburg liegen somit im unteresten Bereich der Größenverteilung, fallen aber nicht aus dem Rahmen.

Die langschmalen Trapeze aus der Jägerhaus-Höhle nahe Beuron, die von W. Taute[125]) in das Frühmesolithikum (Beuronien A) datiert werden, sind keine Parallelen für die Rosenburger Trapeze. Die Stücke aus der Jägerhaus-Höhle weisen keine Retusche an der längeren lateralen Kante auf und sind von ihrer Form her gedrungener und nicht so schlank und schmal wie die Rosenburger Exemplare.

Mikromesser (Taf. 15/3–10)

Von den insgesamt acht Mikromessern weisen nur drei Stücke eine steile Rückenretusche auf, die zumindest partiell einen beträchtlichen Teil der Kante entfernt. Sie werden daher als Mikrorückenmesser klassifiziert (Taf. 15/3–5). Es handelt sich in allen drei Fällen um parallelseitige Rückenmesser, die proximal vollständig erhalten und distal gebrochen sind. Die Rückenretusche liegt rechtslateral, im Fall des Rückenmessers aus graublauem Hornstein (Taf. 15/3) ist sie rechtslateral nur im distalen Bereich ausgeprägt. Linkslateral weisen alle drei Stücke eine weniger steile, die Kante abstumpfende Retusche auf.

Tab. 34. Maße der Mikrorückenmesser in cm

	Rückenmesser aus graublauem Hornstein	Rückenmesser aus hellocker Hornstein	Rückenmesser aus hellocker Hornstein
Länge	1	1	1,2
Breite	0,4	0,4	0,4
Dicke	0,1	0,1	0,1

Auch wenn der Umfang der Probe im Fall der Rückenmesser äußerst gering ist, zeigt sich doch eine Normierung der Maße. Auffällig ist die geringe Größe dieser Werkzeugklasse, die in diesem Fall unter den Werten der Mikrolithen von Pavlov I liegen. Chronologisch ist diese Werkzeugklasse wenig aussagekräftig. Rückenmesser finden sich vereinzelt schon im Aurignacien, durchgehend ab dem Gravettien und reichen bis ins Mesolithikum. Besonders häufig treten sie im Magdalenien Mittel- und Westeuropas auf, sowie in zeitgleichen spätjungpaläolithischen Technokomplexen Osteuropas[126]).

Die restlichen fünf Mikromesser sind ebenfalls alle proximal vollständig erhalten und distal gebrochen. Zwei der Messer, eines aus rotem Radiolarit (Taf. 15/7) und ein zweites aus graublauem Hornstein (Taf. 15/9) weisen eine einfache, marginale Abstumpfungsretusche auf. Zwei weitere Stücke aus graublauem Hornstein (Taf. 15/6, 8) und eines aus grünem Radiolarit (Taf. 15/10) weisen eine parallelseitige, marginale Abstumpfungsretusche auf.

Chronologisch ist keine genauere Einordnung als in das Jungpaläolithikum möglich. Feine Retusche an so kleinen Formen tritt schon ab dem Aurignacien auf und reicht bis ins Mesolithikum. Die Länge liegt zwischen 0,6 und 0,8 cm. Die Breite weist Werte von 0,3 und 0,4 cm auf. Die Dicke liegt zwischen 0,1 und 0,8 cm. Die Maße dieser Stücke streuen, wie die der Rückenmesser, in einem sehr kleinen Rahmen, was für eine sorgfältige Auswahl der für den gleichen Verwendungszweck zu modifizierenden Grundformen spricht.

Mikrolithische kantenretuschierte Lamellen (Taf. 15/11–20)

Die insgesamt zehn mikrolithischen kantenretuschierten Lamellen weisen zumindest an einer lateralen Kante eine feine, marginale Abstumpfungsretusche auf. Wie schon bei den Mikromessern erwähnt, treten die fein retuschierten kleinen Formen im gesamten Jungpaläolithikum bis ins Mesolithikum auf und sind chronologisch nicht näher einzuordnen. Sechs der Lamellen aus grünem Radiolarit, rotem Radiolarit und graublauem Hornstein sind als Kreissegmente (crescent) zu bezeichnen (Taf. 15/13–18). Sie zeichnen sich durch eine gerade und eine konvexe Kante aus. Die Retusche ist durchgehend oder partiell am proximalen oder distalen Ende angebracht.

Im entwickelten Pavlovien der Station Pavlov I sind die Kreissegmente mit 33 % die typische und häufigste Form der nicht rückenretuschierten Mikrolithen[127]).

Die Rosenburger Stücke unterscheiden sich jedoch durch ihre Maße von den gravettienzeitlichen Exemplaren. Mit einer Länge zwischen 1–1,2 cm, einer Breite zwischen 0,3–0,5 cm und einer Dicke von 0,1–0,2 cm liegen sie knapp unter den Minimalwerten der Mikrolithen von Pavlov I. Bei dieser extremen Kleinheit der Stücke stellt sich die Frage der Handhabung solcher Werkzeuge. Für Rückenmesser gibt es Belege, daß die rückenretuschierte Kante gegen einen Holz- oder Geweihschaft gesetzt war und mit Kitt an beiden Seiten gehalten wurde[128]) oder in Rillen eingesetzt wurde[129]). Nach Untersuchungen von Gebrauchsspuren an nicht-rückenretuschierten Mikrolithen wird eine Schäftung an einer kompletten Extremität oder an der kurzen konvexen Seite angenommen[130]).

Ausgesplitterte Stücke (Taf. 15/27, 28)

Es liegen zwei ausgesplitterte Stücke und der Abfall eines solchen, beide aus klarem Bergkristall, vor. Das größere Exemplar (Taf. 15/28) hat eine Länge von 2,7 cm, eine Breite von 2,2 cm und eine Dicke von 0,9 cm. Beide Enden laufen flach zu und weisen flache bis stufig endende Negative auf. Die Grundform ist ein breiter Abschlag. Beim Schlagen enstand durch leichte Verkantung des Stückes linkslateral basal eine Stichelbahn. Obwohl die Herstellung der Sticheltechnik entspricht, wird diese Form nicht zu den Kombinationsgeräten gezählt[131]).

Die Grundform des zweiten ausgesplitterten Stückes (Taf. 15/27) ist ein kleiner Abschlag, dessen eines Ende scharf zuläuft und stufig endende Negative aufweist. Das andere Ende wird durch einen Bruch gebildet. Die Länge dieses Stückes beträgt 1,4 cm, die Breite 1,2 cm und die Dicke 0,4 cm. Ebenfalls aus klarem Bergkristall ist der Abfall eines ausgesplitterten Stückes.

Über den Gebrauch und die Funktion dieser Stücke wird diskutiert. Möglich ist die Verwendung als Zwischenstück oder Meißel[132]). Die andere Möglichkeit ist, daß es sich um eine spezielle Kernform handelt, mit der man aus sonst nicht mehr zu verwendenden Stücken noch kleine Absplisse und Lamellen gewinnen konnte. Diese Meinung vertritt A. Bietti[133]) nach Untersuchungen an epigravettienzeitlichem Material in Salento. Es wird eine kontinuierliche Entwicklung von Kernen mit einer oder zwei Plattformen bis hin zur Verwendung von ausgesplitterten Stücken als Kerne angenommen.

Ausgesplitterte Stücke kommen vereinzelt bereits ab dem Mittelpaläolithikum vor, treten im Jungpaläolithikum immer wieder in verschiedener Häufigkeit auf, kommen aber auch noch im Mesolithikum, Neolithikum und am Anfang der Bronzezeit vor[134]).

Endretuschen (Taf. 15/21–26)

Vier der Endretuschen sind an Klingen angebracht (Taf. 15/21, 24–26), wobei eine distal und eine andere proximal gebrochen ist. Zwei der Endretuschen befinden sich an kleinen kurzen Abschlägen (Taf. 15/22, 23), wobei einer distal gebrochen ist. Das Rohmaterial ist grüner Radiolarit und blauer Hornstein. Nach ihren Maßen müssen die endretuschierten Stücke als mikrolithisch bezeichnet werden.

Die Länge variiert zwischen 0,9 und 2,1 cm; die Breite liegt zwischen 0,8 und 1,3 cm und die Dicke weist Maße zwischen 0,2 und 0,6 cm auf. Der Form nach können eine konkave (Taf. 15/23), zwei gerade (Taf. 15/24, 26) und drei schräg gerade (Taf. 15/21, 22, 25) Stücke unterschieden werden. Eine der schräg geraden Stücke trägt rechtslateral eine feine Abstumpfungsretusche. Die Endretusche ist eine stark abstumpfende Modifikation und verläuft von ventral nach dorsal.

Für Endretuschen wird eine Vielzahl von Funktionen angenommen. Sie dienen zur Verkürzung der Grundform, als Schäftungszurichtung und als unfertiges Stichel-Halbprodukt. Im Jungpaläolithikum sind selten mikroskopische Gebrauchsspuren an ihnen festzustellen. Sie werden als Messer im weitesten Sinn interpretiert. Bei Endretuschen handelt es sich um sehr einfache Modifikationen, die weit verbreitet sind. Vereinzelt treten sie bereits im Mittelpaläolithikum auf, häufig sind sie im Jungpaläolithikum, Mesolithikum und Neolithikum[135]).

Kantenretuschen (Taf. 14/5–12)

Als Kantenretuschen werden diejenigen Artefakte zusammengefaßt, die zwar eine partielle Retusche aufweisen aber keinem bestimmten Typ entsprechen. Im Jungpaläolithikum befinden sich Kantenretuschen gewöhnlich an Klingen, häufig auch an Fragmenten.

Von den insgesamt acht in Rosenburg sind sieben an Klingen und nur eine an einem Abschlag angebracht. Drei Stück sind aus blauem Hornstein, eines aus dunkelblauem Hornstein, eines aus milchig weiß patiniertem Hornstein, die stark verrollte große Klinge (Taf. 14/12) ist aus weißem Hornstein, eine weitere Klinge ist aus grünem Radiolarit. Der kantenretuschierte Abschlag ist aus klarem Bergkristall (Taf. 14/11). Die Klingen sind größtenteils stark fragmentiert. Nur drei der Klingenfragmente (Taf. 14/5–7) weisen eine einfache bzw. bilaterale, feine, marginale Retusche auf. Bei den übrigen Artefakten verläuft die Retusche sehr unregelmäßig und greift teilweise auch auf die Ventralfläche über. Diese Kantenbeschädigungen sind einerseits durch Gebrauch zu erklären, bei dem Artefakt aus weißem Hornstein sind sie auf Bewegung im Wasser zurückzuführen.

Bei den zerbrochenen Stücken kann nicht mit Sicherheit gesagt werden, ob eigene Werkzeugformen oder Fragmente von anderen kantenretuschierten Artefakten vorliegen. Kantenretuschen können dazu dienen, Grundformen auf eine gleiche Breite zu bringen. Bei den hier vorliegenden Stükken ist das nicht der Fall. Dazu ist die Retusche zu fein und nimmt zu wenig von der Kante weg. Die Anbringung von Kantenretuschen stellt auch oft die zweite Stufe im Lebenszyklus eines Werkzeuges dar. Nach der Benutzung der scharfen unmodifizierten Kante, werden sie zum Schneiden und Sägen von härteren Materialien eingesetzt. Sie kommen während des gesamten Jungpaläolithikums vor[136]).

Zusammenfassend kann gesagt werden, daß das augenfälligste Merkmal der Modifikationen ihre extreme Kleinheit ist. Das Längenhistogramm verdeutlicht die Mikrolithik der Werkzeuge (Abb. 27).

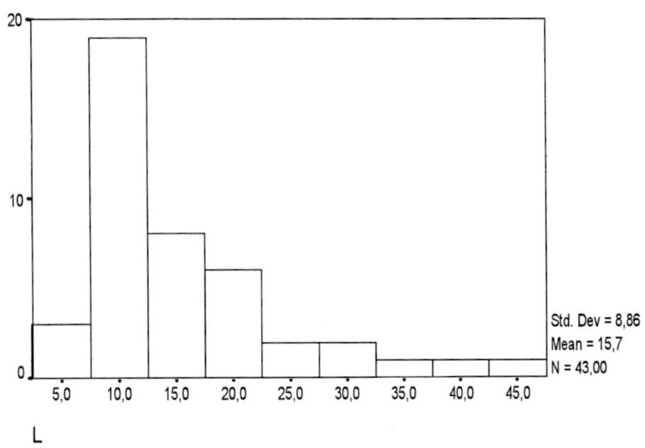

Abb. 27. Rosenburg. Länge der Modifikationen in mm.

Der Großteil der Werkzeuge ist zwischen 1 und 2 cm lang, das durchschnittliche Gewicht beträgt nur 1,6 g. Den größten Anteil bilden Werkzeugformen, die sich durch eine feine, die Kante abstumpfende Retuschierung auszeichnen. Wegen ihrer geringen Größe, kann man sich den Gebrauch der meisten Stücke nur in geschäfteter Form vorstellen. Die Mehrzahl der Mikrolithen diente wahrscheinlich als Einsatz in Jagdwaffen (Geschoßspitzen, Pfeile?) und läßt auf eine sehr spezialisierte Funktion der Station Rosenburg schließen.

Insgesamt handelt es sich um Werkzeugformen, die im späten Jungpaläolithikum und Spätpaläolithikum eine wichtige Rolle spielen. Die für das Mesolithikum charakteristischen Formen, wie z. B. die geometrischen Mikrolithen sowie die Abfälle, die bei deren Produktion entstehen, fehlen völlig. Die Mikrolithen wurden nicht, wie im Mesolithikum üblich, aus Klingen in Kerbtechnik hergestellt, sondern als Grundformen dienten Lamellen. Auch fehlt jeder Nachweis für eine thermische Behandlung der Artefakte.

Obwohl die einzelnen Typen keine genauere chronologische Einordnung als in das späte Jungpaläolithikum zulassen, lassen die beiden Trapeze, die Kreissegmente und die rückengestumpften Stücke eine dem Gravettien (Pavlovien) verhaftete Tradition erkennen.

Die Fauna

In allen fünf Quadranten fanden sich nur äußerst spärliche Faunenreste. Es handelt sich um stark fragmentiertes Knochenmaterial, das verstreut zwischen den Artefakten lag und oftmals Brandspuren aufweist. Die Erhaltung des Knochenmaterials ist zu schlecht, um eventuell vorhandene Schnittspuren feststellen zu können. Von F. Fladerer und K. Kunst, Institut für Paläontologie der Universität Wien wurden insgesamt vier Tierarten bestimmt, allesamt charakteristische Vertreter der Mammutsteppe mit bevorzugter Äsung auf Gräser.

Es handelt sich um das Wollnashorn (Coelodonta antiquitatis), das Wildpferd (Equus sp.), das Ziesel (Citellus cf. citellus) und den Nordischen Schneehasen (Lepus timidus).

Vom Wollnashorn fanden sich zwei stark fragmentierte Zahnfragmente in Quadrant 3 und 4. Die errechnete Mindestindividuenzahl für die Fundstelle Rosenburg beträgt 1.

Vom Wildpferd fand sich ein Unterkiefer im Löß (Mindestindividuenzahl 1). Es lag jedoch außerhalb der Quadranten und es kann somit nicht bewiesen werden, ob es in irgendeiner Beziehung zu den lithischen Artefakten steht.

Auch das Ziesel (Mindestindividuenzahl 2) und der Nordische Schneehase (Mindestindividuenzahl 1) sind typische Kaltsteppenbewohner[137]).

Bei den Faunenresten, das Ziesel ausgenommen, handelt es sich um Schlachtabfälle von bejagten Tieren.

Das Faunenmaterial steht somit im Einklang mit der stratigraphischen Lage der Funde im obersten Löß und mit dem 14C-Datum von 20.120 ± 480BP und weist auf eine kalte, eher trokkene Steppenlandschaft hin, wie sie während des zweiten Hochglazials vorherrschte.

Chronologische Einordnung der Station Rosenburg

Die chronologische Einordnung der Station Rosenburg ist aus einigen Gründen schwer zu treffen. Ein Hauptproblem bei der chronologischen Bewertung der Steinartefakte ist das Fehlen von vergleichbaren technologischen Daten aus ungefähr demselben zeitlichen und geographischen Raum. Bisher wurde keine der zahlreichen bekannten jungpaläolithischen Fundstellen im Wald- und Weinviertel, deren chronologische Stellung oftmals immer noch umstritten ist, mit einem ähnlichen merkmalanalytischen System aufgenommen. Umso dringlicher erscheint es, mit dem Anlegen einer vergleichbaren Datenbank zu beginnen, und besonders neu gegrabene Inventare in Zukunft dementsprechend aufzunehmen.

Aus Rosenburg liegt zwar ein aus gebrannten Knochen gewonnenes 14C-Datum von 20.120 ± 480 vor, es kann aber nur als ganz ungefährer Richtwert gelten. Ganz allgemein datieren Knochen meist zu alt und ein einzelnes 14C-Datum birgt zu viele Fehlerquellen, um es als Grundlage für die chronologische Bewertung der Fundstelle nehmen zu können.

Ein weiteres Erschwernis ist, daß im vorliegenden Fall nur ein Teilbefund vorliegt und uns für die Interpretation der Größe, Besiedlungsdauer, Siedlungsstruktur, Aktivitäten und das Typenspektrum nur ungefähre Anhaltspunkte vorliegen.

Die chronologische Einordnung der Fundstelle in das Epigravettien war jedoch durch den technologischen und typologischen Vergleich mit ähnlich aufgearbeiteten mährischen und slowakischen Fundstellen möglich. Weiters ausschlaggebend war die Lage der Funde im obersten Löß und die Analyse der Fauna, die mit ihrer allgemein glazialen Prägung die Einordnung der Fundstelle in einen Rahmen von 20.000 BP–15.000 BP erhärtet.

Die beste Entsprechung hat Rosenburg in der westslowakischen Fundstelle Moravany-Žakovska, die 1991–92 vom Archäologischen Institut der Slowakischen Akademie der Wissenschaften und dem Institut für Archäologie in Krakau gegraben wurde[138]).

Die Rohstoffverwendung entspricht exakt der in Rosenburg festgestellten. Die Rohstoffe zeigen insgesamt eine große Variabilität. Es dominiert lokales Material, vornehmlich wurden kleine Radiolaritknollen aus den Flußschottern der Váh genutzt.

Die Bearbeitung dieser zumeist eher kleinen Rohknollen erfolgte in beiden Fundstellen mit demselben technologischen System, das eine starke Gravettien-Tradition erkennen läßt. Die sorgfältig präparierten Kerne weisen ein- oder zwei Plattformen auf, oder werden um 90° gedreht. Die Abschläge haben in gleichem Maß glatte und facettierte Schlagflächen.

Die Analyse der Abschläge, Klingen und Lamellen ergab, daß die Klingen und Lamellen, wie in Rosenburg, aus einem späteren Abbaustadium stammen und bei deren Abbau möglicherweise öfter ein Punch, also eine indirekte Schlagtechnik angewandt wurde als bei den Abschlägen. Die Längen-, Breiten- und Dickenwerte für Abschläge, Klingen und Lamellen liegen bei beiden Fundstellen im selben Bereich. Bei den Modifikationen sind die augenfälligsten Gemeinsamkeiten das Dominieren der Endkratzer über Stichel, das häufige Auftreten von Kanten- und Endretuschen und Lamellen mit marginaler Retusche. Rückenretuschierte Lamellen sind in Žakovska häufiger als in Rosenburg, auch gibt es in der slowakischen Fundstelle einige wenige Seitenkratzer und gezähnte Stücke, die in der niederösterreichischen Fundstelle fehlen.

Die Fauna zeigt mit Mammut und Rentier eine kalte Tundra-Steppe an und stellt Žakovska mit einem Holzkohle 14C-Datum von 18.100 ± 350 BP an das Ende des zweiten pleniglazialen Maximums. Im Komplex der Fundstellen um Moravany gibt es keine andere Station, die genau diese pleniglaziale Besiedlung dokumentieren würde.

Im gesamten Mitteldonaubecken sind Fundorte, die um oder kurz nach dem zweiten pleniglazialen Maximum datieren (20.000–15.000 BP) sehr rar. In der Arbeit über Žakovska werden 14C-Daten von Epigravettienfundstellen des Mitteldonaubeckens, die einen Zeitraum von 20.000–18.000 BP abdecken, aufgelistet[139]). In Mähren ist dies die Fundstelle Stránská Skála IV mit zwei 14C-Daten um 18.000 BP[140]). In der Ost-Slowakei liegt die Fundstelle Kašov (obere Schicht) mit einem 14C-Datum von 18.600 ± 390[141]). Für Ungarn werden die obere und untere Schicht von Sagvar[142]), Mogyorósbány[143]), Madaras[144]), Arka[145]) und Jászefelsöszentgyörgy mit 14C-Daten zwischen 20.000–17.000 BP angeführt.

In Niederösterreich befindet sich die, der Fundstelle Rosenburg am nächsten gelegene Station in Grubgraben[146]). Die 14C-Daten dieser Fundstelle liegen zwischen 18.000–19.000 BP.

Ein Vergleich zwischen den Hauptwerkzeuggruppen der niederösterreichischen Fundstellen Grubgraben und Rosenburg, der westslowakischen Fundstelle Žakovska und der ostslovakischen Fundstelle Kašov ist auf Tabelle 35 dargestellt.

Der Vergleich zeigt, daß die Indizes des eher reduzierten Werkzeugspektrums sehr unterschiedlich sind. Gemeinsam ist den Fundstellen das im Vergleich zu anderen Werkzeugklassen relativ häufige Auftreten von Endkratzern. Typische Mikrogravetten sind durch einfache rückenretuschierte Lamellen, rückenretuschierte Endretuschen an Lamellen oder doppelt rückenretuschierte Lamellen ersetzt. Der Anteil dieser Stücke variiert jedoch stark in den einzelnen Fundstellen.

Die Unterschiede in den lithischen Ensembles erklären J. Hromada und J. K. Kozłowski teilweise durch die Nutzung verschiedener Rohmaterialien. Sie unterscheiden Fundorte, die vornehmlich kleine Flußgerölle verwenden, wie Sagvar und teilweise auch Grubgraben. Rosenburg zählt ebenfalls zur Gruppe dieser Fundstellen und ohne Zweifel ist die geringe Größe der gesamten Grundproduktion stark durch die kleinen, vornehmlich aus den

Tab. 35. Hauptwerkzeuggruppen der Epigravettienfundstellen Moravany-Zakovska, Grubgraben, Rosenburg und Kasov in % (erweitert nach Hromada u. Kozłowski[147]) et al.

Werkzeug-Gruppen	Grubgraben AH4 18.400 + 330	Rosenburg 20.120 + 480	Zakovska 18.000 + 340	Kasov upper L. 18.600 + 390
Endkratzer	36,2	1,6	10,2	43,9
Stichel	15,6	0,4	1,1	23,1
Bohrer	3,2	0,4	2,1	1,7
Endretuschen	4,5	2,4	5,4	0,9
ret. Klingen	5,8	2,8	37,4	9,6
rückenret. Lamellen	19,5	0,8	23,5	0,5
fein. ret. Lamellen	*	8,0	10,7	0,9
Seitenkratzer	–	–	1,6	2,0
ret. Abschläge	–	0,4	3,7	4,3
gezähnte Stücke	–	–	1,6	0,9
Ausgesplitterte Stücke	10,4	0,8	–	0,5
Kombinationsgeräte	–	0,8	–	3,8

*) in Grubgraben wurden die feinretuschierten Lamellen zu den rückenretuschierten Lamellen gezählt.

Kamp,- Donau- und Hollabrunner Schottern gewonnenen Radiolarit- und Hornsteinknollen bedingt.

Zur anderen Gruppe zählen Fundstellen, denen größere Knollen zur Verfügung stehen, wie z. B. Obsidianknollen in Kašov (obere Schicht) und zu Klingen verarbeitet werden.

Auch L. R. Owen[148]) betont in ihrer Arbeit über Reduktionsstrategien bei Klingenkernen den großen Einfluß, den das Rohmaterial auf die Klingen- und Abschlagtechnologie hat. Die Größe, Form und Spaltbarkeit der Knolle beinflußt die Kernform, Kernpräparation, Reduktion und den Gebrauch. Die fortschreitende technologische Entwicklung macht es möglich, immer mehr Rohmaterialtypen zu bearbeiten, darunter auch so schwer zu bearbeitende wie den Quarz .

So überwiegen im Aurignacien Kerne mit nur einer Schlagplattform. Die Kernpräparation ist noch eher limitiert. Natürliche Kernkanten und einfache Kernkanten überwiegen. Im Gravettien ist der Fortschritt in der technologischen Entwicklung besonders anhand der diffizileren und systematischeren Kernpräparations- und Kernabbautechnik zu beobachten[149]).

Ein anderer Faktor, der nach Meinung der beiden Autoren für die große Variabilität der Inventare verantwortlich ist, ist das Verschwinden von Gravettien-Elementen, wie rückenretuschierte Klingen und Spitzen, die einerseits durch „Epi-Aurignacien"-Elemente (hohe Endkratzer und kielförmige Kerne) abgelöst und andererseits durch „epi-paläolithische" Elemente (kurze bis rundliche Endkratzer) ersetzt werden[150]).

Typisch für Epigravettieninventare sind Endkratzer, Stichel, Mikrolithen und das häufige Auftreten von Lamellen. Die Artefakte sind insgesamt von kleinerer (kürzerer) Dimension. In Rosenburg nimmt das ans Mesolithikum erinnernde Ausmaße an. Gegen eine derart junge Datierung der Fundstelle sprechen nicht nur ihre Lage im Löß, alte, kaltzeitliche Faunenelemente und das 14C-Datum von 20.120 ± 480BP. Die artefaktmorphologische Analyse ergab, daß die für mesolithische Mikrolithen typische Kerbtechnik nicht verwendet wurde und keine intentionelle thermische Behandlung der Artefakte nachzuweisen ist. Technologisch und typologisch weist das Rosenburger Material eine Kontinuität aus dem Gravettien auf.

J. Svoboda[151]) stellt für manche Epigravettieninventare eine Kontinuität vom entwickelten Aurignacien fest. Manche Stichel und Endkratzer in Stránská Skála IV, Brno-Jundrov, Zelená Hora, Otaslavice und Ostrožská Nová Ves zeigen Aurignaciencharakter. Im Rosenburger Material sind solche Züge allein an dem Endkratzer (Taf. 14/3) und der großen Klinge mit stufiger Retusche (Taf. 14/12) zu erkennen. Beide Stücke sind aus ortsfremdem (importiertem) Material und stark durch Transport im Wasser beschädigt. Es muß davon ausgegangen werden, daß sie nicht zeitgleich mit den übrigen Artefakten sind. Im Fall der großen Klinge kann auch nicht mehr festgestellt werden, ob es sich um eine intentionelle Kantenretusche handelt, oder um eine Kantenbeschädigung durch den Wassertransport.

Als technologische Neuerung im Epigravettien erwähnt J. Svoboda[152]) die Verwendung von konischen Kernen für die Lamellenherstellung. Solche Kerne kommen in Mähren nur im entwickelten Aurignacien oder im Epigravettien, z. B. in Pístovice II vor.

Die Rosenburger Steinschläger verwendeten vornehmlich diese Kernform für die Herstellung ihrer Lamellen (Taf. 9/1–3).

Analogien zwischen epigravettienzeitlichen Fundstellen bestehen aber nicht nur in ihrem Werkzeugspektrum und der verwendeten Technologie,

Abb. 28. Verbreitungskarte der wichtigsten im Text erwähnten Epigravettienfundstellen im Mitteldonaubecken, erweitert und verändert nach J. Hromada, J. K. Kozłowski et al., s. Anm. 138, 88. Die Fundstelle Rosenburg ist mit einem X gekennzeichnet.

1 Moravany-Žakovska, 2 Sagvar, 3 Grubgraben, Rosenburg, 5 Kašov, 6 Jászfelsöszentgörgy, 7 Mogyorósbánya.

interessante Aspekte zeigen sich, wenn man das Verhalten jungpaläolithischer Gruppen vor und nach der zweiten maximalen Vereisung vergleicht.

Inwieweit sich die Fundstelle Rosenburg in die geänderten Verhaltensmuster einfügt, soll im folgenden Kapitel untersucht werden.

Glaziale Umwelt und deren Nutzung durch den Menschen

Nach dem letzten Pleniglazial wird in großen Teilen des mediterran Raumes, des Balkanraumes und des mittleren Donauraumes an der Gravettientradition bei der Steingeräteherstellung fest gehalten. Es werden immer mehr kleine Einsätze für eine besonders leichte Waffenbewehrung erzeugt. Klingen werden mehr und mehr durch Lamellen ersetzt, die mit der Technik des Rückenabstumpfens zu Einsätzen in Kompositwaffen und -werkzeugen verarbeitet werden.

Am detailliertesten wurde dieser Zeitabschnitt bisher in Italien untersucht, wo die Unterscheidung in ein frühes (20.000–16.000 BP), ein entwickeltes (16.000–14.000 BP) und ein spätes (14.000–10.000 BP) Epigravettien gelang. Das entwickelte und späte Epigravettien konnte in fünf regionale Gruppen gegliedert werden[153]).

Weitere regionale Gruppen wurden in der Provence (Arenian, Bouverian), Ungarn (Sagvarian), dem ehemaligen Jugoslawien, Griechenland und Rumänien (Epigravettien und spätes Gravettien) herausgearbeitet[154]). Gemeinsam ist allen diesen Gruppen eine variantenreiche und opportunistische Ökonomie, die das Beste aus den lokalen Ressourcen macht[155]).

Auch in Niederösterreich, Mähren, der Slowakei und in Westungarn läßt sich diese Änderung im Verhalten der Sammler und Jäger, die um und kurz nach dem Zeitpunkt der höchsten Vereisung im mittleren Donauraum leben, beobachten und es ergeben sich auch interessante Unterschiede zwischen den einzelnen Mikroregionen.

Im beginnenden Gravettien (28.000–25.000 BP) ist die Siedlungsstruktur des mittleren Donauraumes stark durch große saisonale Lager entlang Nord-Süd verbindender Flüsse geprägt. Ein Siedlungszentrum liegt in Mähren. Es sind dies die großen Fundorte des Pavlovien (Pavlov, Dolní Věstonice, Předmostí, Petřkovice). In Niederösterreich sind aus diesem Zeitraum Fundstellen wie Willendorf, Aggsbach und Krems bekannt.

Bemerkenswert ist, daß bisher keine Gravettienstation in den mährischen Karsthöhlen nachzuweisen war. Im Magdalenien ändert sich das Siedlungsverhalten grundlegend und man findet keine Spur dieser Kultur in den Hügeln von Pavlov[156]).

Eine der Lebensgrundlagen sind die großen Mammutherden der Lößsteppe. Eindrucksvoll wird das durch die großen Mammutknochenablagerungen in der Nähe der Lager dokumentiert.

Das Rohmaterialverhalten der Gruppen ist geprägt durch weitreichenden, systematischen Import aus dem südpolnischen Raum und aus den Karpaten. In der Slowakei und in Südpolen findet man in dieser Zeit nur kurzfristig belegte Lager, die zu Jagdzwecken oder zur Rohmaterialbeschaffung angelegt werden.

Am Anfang des letzten Pleniglazials (25.000–20.000 BP) verschwinden die Pavlovienzentren in Mähren langsam. Es kommt zu einer allmählichen Klimaverschlechterung und einem Wenigerwerden der Ressourcen. Im späten Gravettien bilden sich daher neue Siedlungszentren in der Westslowakei, in Südpolen, in Südmähren und in der Gegend um Krems. O. Soffer[157]) führt dies auf die langsame Abnahme der großen Mammutherden von Südwesten nach Nordosten zurück. Ihrer Meinung nach kommt es deshalb zu einer langsamen, 4000 Jahre dauernden, Verlagerung der Sammler und Jägergruppen von Westen nach Osten in die russische Ebene. G. P. Grigorev[158]) sieht diese Wanderungen weniger unilinear. Ausgehend von Mähren oder Österreich, stellt er Bevölkerungsbewegungen nach Norden, Osten und Nordosten fest, die am Don enden und zur Herausbildung der Willendorf-Pavlov-Kostenki-Avdeevo-Kultureinheit führen.

Die Siedlungen konzentrieren sich nun auf sog. Mikroregionen in einzelnen Flußtälern. In der Slowakei ist es das Váhtal mit der Region um Piešt'iany, ein durch thermale Quellen besonders begünstigtes Gebiet, und das Tal der Nitra um die Ortschaft Nitra. In Südpolen ist eine Konzentration von Besiedlungsspuren im Tal der Weichsel bei Krakau zu bemerken.

Die Fundorte haben Basislagercharakter. In der polnischen Station Krakau-rue Spadzista B wurde eine Mammutknochenhütte gefunden, die als Anpassung an die Tundra-Steppe mit extremem Holzmangel zu werten ist[159]). Die Fundstellen in der Mikroregion um Piešt'any sind durch Altgrabungen (Moravany-Lopata) oder durch Oberflächenaufsammlungen (Moravany-Podkovica, Moravany-Noviny) bekannt.

Unterschiede zwischen diesen beiden Zentren lassen sich nicht nur am lithischen Material feststellen. Zwar treten in beiden Zentren Mammut, Ren, Höhlenbär, Polarfuchs, Pferd, Polarhase und Löwe auf, in den einzelnen slowakischen Fundorten ist die Fauna aber um einiges variantenreicher. In den slowakischen Fundorten findet sich auch viel mehr Holzkohle. Diese Unterschiede sind auf unterschiedliche ökologische Bedingungen beiderseits der Karpaten zurückzuführen. Die Region um Piešt'any ist dazu noch besonders durch die dort auftretenden warmen Quellen begünstigt.

Was das Rohmaterialspektrum betrifft, zeigen beide Zentren transkarpatische Verbindungen. In die Slowakei wird südpolnischer Flint importiert. Das lokale Material wie Radiolarit und Quarzit aus den Weißen Karpaten macht nur 10–15 % des Gesamtspektrums aus. Demgegenüber stehen fast 100 % an Radiolarit im Epigravettien dieser Region.

In den Fundorten der Krakauregion dominiert lokaler Silex. Es ist aber ein konstanter Import von Radiolarit aus den polnischen Karpaten, dem Váhtal und den Kleinen Karpaten zu beobachten[160]).

Zum Zeitpunkt der maximalen Vereisung (20.000–18.000 BP) reicht das Inlandeis bis in die polnische Ebene und liegt nur etwa 300 km nördlich der heutigen mährischen Grenze. Die Gletscher im Tatra Massiv und nördlich der Karpaten reichen bis in eine Seehöhe von 900–1100 m. Es herrscht ein extrem kaltes und trockenes Klima. Vor dem skandinavischen Eisschild erstreckt sich eine 80–100 km weite arktische Wüste. Die Siedlungsspuren im polnischen Gebiet werden zwischen 20.000–15.000 BP sehr rar. In der Ostslowakei hingegen entsteht nach 19.000 ein neues „Epigravettienzentrum"[161]). Ein Grund dafür ist die geschütztere Lage der Slowakei, die durch den Karpatenbogen von der nordeuropäischen Ebene getrennt wird und den Menschen ein milderes Klima zum Zeitpunkt der höchsten Vereisung bietet[162]). Es handelt sich jedoch im Vergleich zum Gravettien um isoliertere Fundorte, die viel weniger Fernkontakte aufweisen. Die Slowakei und Ungarn verlieren durch die ausgedehnten Eisfelder ihre direkte Verbindung zu Kleinpolen. Die einzigen Nord-Süd-Verbindungen sind die Mährische Pforte und die Klodzko-Pforte[163]). Lokales Rohmaterial (Obsidian, Radiolarit, Limnoquarzit etc.) dominiert stark über Importmaterial aus dem südpolnischen Raum oder dem Dnestr Gebiet.

Der Wandel im Lebensstil der Gruppen zeigt sich in vermehrter, dafür aber kleinräumigerer Mobilität und in einer weniger systematischen Ausbeutung von Rohmateriallagerstätten.

Die Jagd auf Pferd, Bison, und Ren führt die nun viel kleineren Jäger- und Sammlergruppen nur selten in den nördlichen Teil der Slowakei.

In Mähren ist die Besiedelung in dieser Zeit nur äußerst spärlich. Das bemerkenswerteste Verhaltensmuster ist die Bewegung weg von exponierten Hochlagen hin zu geschützten Niedriglagen, ein Verhalten, das man auch bei der Gruppe in Rosenburg beobachten kann. Die Fundstelle liegt nicht wie im Gravettien üblich an erhöhter Stelle oder auf einem Lößkamm[164]), sondern findet sich im untersten, geschützen Bereich eines nach Osten geneigten, lößbedeckten Hanges. Gemeinsam ist den Fundstellen jedoch die Nähe zum Wasser.

J. Svoboda nimmt an, daß das Abwandern der großen Mammutherden den Siedlungsstrom ins Karpatenbecken und nach Osteuropa verlagert. Die großen Mammutknochenablagerungen verschwinden völlig und nach der maximalen Vereisung ist das Mammut generell nur noch selten in den Fundstellen nachzuweisen[165]).

Der einzige gut datierte Fundort des Pleniglazials in Mähren ist Stránská skála IV (18.220 ± 120 BP und 17.740 ± 90 BP). Die Funde liegen im obersten Teil des letzten Würm-Lösses. Es handelt sich um zwei Konzentrationen, die 5 m voneinander entfernt liegen. Zwischen Kalksteinblöcken finden sich verstreut Steinartefakte und Faunenreste. Bei den Tierknochen dominiert das Pferd. Weiters kommen vor Auerochse, Ren, Mammut und Wollnashorn. Keine der Konzentrationen enthielt einen Hinweis auf Feuer. Der Fundort wird als spezialisierter Pferdejagdplatz interpretiert[166]). Ein weiterer, in vergleichbarem stratigraphischen Kontext stehender Fundort befindet sich in der Konévova-Straße in Brünn am Fuß des Červeny kopec mit einem 14C-Datum von 14.450 ± 90 BP. Er weist zwei Artefaktkonzentrationen auf, eine mit Hinweisen auf eine Feuerstelle. Die spärliche Fauna erbrachte Knochen von Mammut, Ren und Pferd.

Aus dem niederösterreichischen Raum ist aus dem genannten Zeitabschnitt nur der Fundplatz Grubgraben bekannt. Er liegt geschützt von Nord- und Westwinden in einer tektonischen Senke zwischen dem nordöstlichen Steilabfall des Heiligensteins und dem Westhang des Geißberges. Durch diese Senke fließen die Gewässer des umliegenden Geländes in den Kamp. Nach Süden hin ist der Platz exponiert und bietet eine gute Sicht in die Donauebene.

Bisher wurden vier im Löß liegende Kulturschichten festgestellt. Stratigraphisch liegen die Schichten zwischen Böden, die mit 18.000BP und 22.000BP datiert sind. Das unterste Niveau AL4 wird zwischen 18.500–19.000BP datiert und mit einer leichten Klimaverbesserung – was nicht höhere Temperaturen, sondern mehr Niederschlag bedeutet – in Zusammenhang gebracht.

Das schlecht erhaltene Faunenmaterial (Ren und Pferd dominieren, Steinbock, Auerochse, arktischer Fuchs, Mammut, Vielfraß und einige Nager) gibt Hinweise auf eine pleniglaziale Steppentundra. Ökonomische Basis ist die Rentier- und Pferdejagd.

Das Rohmaterial besteht hauptsächlich aus Radiolarit und Hornstein aus der näheren Umgebung. Von einigen Varianten wird aber angenommen, daß es sich um Importstücke aus dem mährischen Raum handelt, ungefähr 200 km von der Fundstelle entfernt.

Die besondere Bedeutung der Fundstelle liegt auch darin, daß die Schichtenfolge dort ansetzt, wo sie in Willendorf endet[167]).

Die Fundstelle Rosenburg

Was die Fundstelle Rosenburg betrifft, so zeigen die genutzten Rohmaterialien, daß ihre Umgebung im Umkreis von einigen Kilometern intensiv begangen wurde. Bei den vermutlich wenige Stunden bis einen Tag dauernden Unternehmungen war die Mitnahme von Rohknollen wahrscheinlich in andere Aktivitäten integriert, da bei einer primär rohstofforientierten Suche besseres Steinmaterial vorhanden wäre. Das bereits teilweise angeschlagene Material wurde in der Station an drei nur wenige Meter auseinanderliegenden Stellen, die sich anhand von Zusammenpassungen als drei gleichzeitige Schlagplätze herausstellten, weiterverarbeitet.

Die Vergesellschaftung der Steinartefakte mit Säugetierresten und zahlreiche verbrannte Knochenfragmente zeigen, daß der Mensch zumindest einen Teil der Tierreste in die Fundstelle einbrachte. Die weitere Aufbereitung der Tierkörper kann wegen fehlender Schnitt- und Schlagspuren aber nicht nachgewiesen werden. Die Herstellung von eher grobem Werkzeug aus Quarz und Quarzit ist möglicherweise in Zusammenhang mit Aktivitäten, wie Zerschlagen der Knochen zur Markgewinnung, zu sehen. Das Vorhandensein eines Pferdeunterkiefers und zweier Wollnashornzahnfragmente deutet darauf hin, daß Schädel bzw. Unterkieferteile hierher gebracht wurden. Normalerweise werden die leicht verderblichen Teile, wie Auge, Zunge und Hirn bereits an der „kill-site“ konsumiert. Dies würde auf unmittelbar in der Nähe der Station erbeutetes Jagdwild schließen lassen. Hasenknochen weisen auch auf die Nutzung von Niederwild hin. Die sehr geringe Anzahl der Knochen spricht eher für eine kleine Anzahl getöteter Tiere, allerdings ist hierbei die schlechte Erhaltung der Faunenreste zu bedenken, wobei Zähne zu den resistentesten Skeletteilen gehören. Ein anderer Grund könnte sein, daß Knochen und Rippen mit Fleisch zur Grundausstattung der Jäger gehörten und daher nicht an der Siedlungsstelle erhalten blieben[168]). Dies konnte L. R. Binford z. B. bei den Nunamiut Nordalaskas beobachten[169]).

Die verbrannten Knochen, Holzkohle und Schadbrände an einigen Artefakten lassen vermuten, daß in der Station ein Feuer gebrannt hat. Die meiste Holzkohle und auch die meisten verbrannten Knochen stammen aus der Fundkonzentration in Quadrant 3. Daß das Feuer nicht weit außerhalb des gegrabenen Bereiches gebrannt haben kann, zeigt eine zerbrochene Klinge, deren proximales Ende Schadbrand aufweist, während das distale Ende keine Feuereinwirkung zeigt.

Mit ihrer geschützten Lage im untersten Bereich eines nach Osten gerichteten Lößhanges entspricht die Fundstelle Rosenburg den mährischen und slowakischen Fundstellen. Rosenburg liegt nur wenige Meter über dem Überschwemmungsbereich des Kamp und im Gegensatz zu Grubgraben bietet sich von dieser Stelle aus kein guter Überblick über die nächste Umgebung. Andererseits liegt die Fundstelle an einer strategisch sehr günstigen Stelle. Tierherden, wie z. B. Wildpferde, die die Wassernähe suchen, geraten an dieser Stelle in eine Sackgasse. Der Kamp ist hier besonders tief eingeschnitten und seine extrem felsigen Steilufer machen ein Weiterkommen unmöglich. Trotz der verminderten Aussicht bietet diese Stelle also sehr gute Bedingungen, um Tieren aufzulauern und sie zu erlegen. Dies wird auch durch die vermehrt in der Station hergestellten kleinen Einsätze für Jagdwaffen dokumentiert.

Wegen der nur ausschnittsweise ergrabenen Fundstelle (32 m^2) bleiben Aussagen über die Dauer und Funktion der Besiedlung sehr spekulativ. Aufgrund der kleinen Faunenmenge und der nicht allzu dichten Fundstreuung in den drei festgestellten Fundkonzentrationen (die Gesamtzahl der Artefakte von N=1264 enthält auch kleinste Absplisse von nicht mehr als 1 mm Länge) läßt eher auf eine kurze Nutzung des Fundplatze schließen, mit einer sehr kleinen Anzahl von aktiven Menschen, möglicherweise in Form einer erweiterten Kernfamilie.

Kleinflächige Fundstreuungen zwischen 5–30 m^2, eine kleine Menge an Artefakten, weniger als 10 Kerne und weniger als 60 retuschierte Geräte deutet C. J. Kind[170]) als kurzzeitige Frühjahrs- oder Sommerlager, Außenlager oder Jagdcamps.

M. A. Jochim[171]) gibt zu bedenken, daß kurze Jagdlager keine primäre Grundproduktion aufweisen sollten, wie es in Rosenburg jedoch der Fall ist. Werkzeuge und Abschläge werden meist aus dem Basislager mitgebracht und im Jagdcamp nur nachgeschärft und modifiziert. M. Heinen[172]) unterscheidet in Fundstellen eine externe und eine interne Komponente. Die externe Komponente eines Lagerplatzes wird durch Artefakte repräsentiert, die auf Jagdtätigkeit schließen lassen. In der Fundstelle Rosenburg wären das die zahlreichen mikrolithischen Einsätze, deren intentionelle Herstellung mittels der schlagtechnischen Analyse bewiesen werden konnte.

Die interne Komponente stellen Kratzer, Stichel, end- und lateralretuschierte Klingen und Abschläge dar, die auf Arbeiten innerhalb des Lagerplatzes schließen lassen. Sie sind in Rosenburg nur in geringer Zahl vertreten. Zur internen Komponente zählen auch verbrannte Artefakte, die als Indizien für eine Feuerstelle gelten. Im Fall von Rosenburg möchte ich dieser Komponente noch das Fragment eines Amphibolits, das eindeutige Spuren einer Schnitzung trägt und an der Peripherie der Hauptfundkonzentration in Quadrant 1 gefunden wurde (Taf. 16/1), hinzufügen. Als weitere interne Komponente wären die Rötelreste zu werten, die allerdings in so geringen Mengen vorhanden sind (Fragmente kleiner 1 cm), daß eine natürliche Einbringung nicht ausgeschlossen werden kann.

Zieht man nun alle diese Komponenten in Betracht, handelt es sich bei der Station Rosenburg sicher um mehr als nur einen kurzfristig aufgesuchten Schlag- oder Werkplatz. Die drei Artefaktkonzentrationen sind Aktivitätszonen einer einzigen Belegung. Die Zerlegung der Grundproduktion und die Auswahl des Rohmaterials lassen darauf schließen, daß primär Einsätze für Jagdwaffen produziert wurden. Am ehesten ist anzunehmen, daß es sich um einen kurzfristig (einige Tage) aufgesuchten Platz handelt, dessen Hauptfunktion die Erlegung von Wild war, und mögliche andere Aktivitäten als sekundär zu werten sind.

Vergleicht man die Fundverhältnisse der Station Rosenburg mit den bereits erwähnten aus dem Zeitraum zwischen 20.000–15.000 BP, so sind einige Analogien zu bemerken. Bei der Zusammensetzung der Fauna treten meist Ren und Pferd gemeinsam mit alten Faunenelementen wie Mammut und Wollnashorn auf; die Plätze scheinen nur episodisch und kurzfristig aufgesuchte worden zu sein und es handelt sich vermutlich um stark zweckgebundene Aufenthaltsorte. Hinsichtlich der Rohmaterialzusammensetzung steht Rosenburg den slowakischen Fundstellen näher, die hauptsächlich lokales Material nutzen, während in Stránská skála 50 % des Rohmaterials nicht lokalen Ursprungs sind. Material aus bis zu 400 km Entfernung (Obsidian aus der Ostslowakei) findet sich in der Fundstelle, obwohl genug lokal anstehender Hornstein zur Verfügung stand. Auch in Grubgraben wurde möglicherweise Material aus einer Entfernung von 200 km an die Fundstelle gebracht. Allen Fundstellen gemeinsam ist aber die intensive Ausnutzung des Rohmaterials.

Abschließend ist festzustellen, daß vor, während und nach dem letzten glazialen Maximum einige sozioökonomische Veränderungen in der Slowakei, Mähren und Niederösterreich stattfanden. Die Fundorte des sog. Epigravettien zeigen im Vergleich zu den prä-pleniglazialen Gravettiengruppen ein anderes Typenspektrum bei den Steingeräten, ein anderes Rohmaterialverhalten – es treten nur sehr wenig dekorierte Objekte und mobile Kunstobjekte auf – und in der Faunenzusammensetzung, vornehmlich Ren und Pferd, zeigt sich eine andere Jagdökonomie, was auch in den kleineren und kurzfristiger aufgesuchten Lagerplätzen deutlich wird. Um eine mögliche Bevölkerungswanderung skizzieren zu können, wären noch genauere Datierungen der letzten Pavlovien-Besiedlung Mährens und Niederösterreichs (Kamegg) zwischen 24.000–20.000 BP notwendig. Dasselbe gilt für die Rekonstruktion der pleniglazialen Landschaft und ihrer „carrying capacity“ (Mammutherden).

Vielleicht dokumentiert die spärliche Besiedlung im Epigravettien die Abwanderung der Gruppen, die den Mammutherden folgen und nun vermehrt kleineres Wild jagen[173]).

Die Wichtigkeit der Fundstelle Rosenburg und ihrer Einordnung in den Epigravettienkomplex liegt auch darin, daß neben der Fundstelle Grubgraben nun ein neuerlicher Beweis für die Siedlungskontinuität in der Zeit um 20.000 BP auf niederösterreichischem Gebiet vorliegt.

Zusammenfassung

Die jungpaläolithischen Funde von Rosenburg am Kamp wurden 1988 bei der Ausgrabung einer mittelneolithischen Kreisgrabenanlage entdeckt und vom Institut für Ur- und Frühgeschichte in einer zweiwöchigen Kampagne ausgegraben.

Die Fundstelle liegt im Kamptal, Niederösterreich, am nordwestlichen Ende der Ortschaft Rosenburg. Die Artefakte befanden sich im unteren

Bereich eines nach Osten gerichteten zungenförmigen Hanges, der eine kleine Lößinsel in dem hier ziemlich tief eingeschnittenen Kamptal bildet.

Stratigraphisch liegen die Funde im obersten Löß über zwei schwach ausgebildeten Bodenbildungen.

In einer 32 m^2 großen ergrabenen Fläche konnten drei Fundkonzentrationen festgestellt werden, die als drei getrennte Schlagplätze interpretiert werden und deren Gleichzeitigkeit durch Zusammensetzungen festgestellt wurde. Die Funde und einige wenige stark fragmentierte Knochen liegen verstreut zwischen großen Gneisblöcken, einem an der Fundstelle anstehenden Gestein. Es konnten Hinweise auf eine Feuerstelle festgestellt werden, aber es gibt keine Indizien, die für das Vorhandensein einer Behausung sprechen.

Beim lithischen Material handelt es sich um insgesamt 1264 Stücke, die mit einem am Institut für Ur- und Frühgeschichte der Universität Tübingen entwickelten Merkmalsystem aufgenommen wurden. Es wurde vor allem versucht, die technologischen Aspekte bei der Steingeräteproduktion zu erschließen und das Rohmaterialverhalten zu analysieren.

Auffälligste Merkmale des Rosenburger Materials sind die extreme Kleinheit der gesamten Grundproduktion (Mittelwert bei 1,3 cm) und ein variantenreiches Rohmaterialspektrum.

Die technologische Analyse ergab, daß die teilweise schon angeschlagen in die Fundstelle eingebrachten Knollen sorgfältig präpariert wurden, um gezielt Klingen und vor allem Lamellen herzustellen, die mit feiner, die Kante abstumpfender Retusche, zu kleinen mikrolithischen Einsätzen für Kompositwerkzeuge verarbeitet wurden. Echte Rückenretusche kommt nur in ganz wenigen Fällen vor.

Die Auswertung der Schlagmerkmale ergab, daß bei den meisten Abschlägen und Klingen der direkte weiche Schlag angewandt wurde, die Lamellen möglicherweise indirekt, mit einem Punch, abgebaut wurden.

Modifikationen sind mit insgesamt 40 Stücken nur gering im Material vertreten.

Im Typenspektrum überwiegen mikrolithische kantenretuschierte Lamellen, gefolgt von Mikromessern, Kantenretuschen, mikrolithischen Endretuschen, Kratzern, ausgesplitterten Stücken, Trapezoiden, einem Kratzer-Bohrer und einem Kratzer-Stichel. Insgesamt handelt es sich um Typen, die für das späte Jungpaläolithikum charakteristisch sind.

Die beiden Trapezoide, die mikrolithischen kantenretuschierten Lamellen, aber auch die Technologie beim Abbau der Steingeräte lassen eine dem Gravettien (Pavlovien) verhaftete Tradition erkennen.

Die Rohmaterialanalyse ergab, daß es sich um lokales Material aus einem Umkreis von 30 km um die Fundstelle handelt. Mehrheitlich sind dies kleine Radiolarit- und Hornsteinknollen aus den Hollabrunner Schotterkegeln und aus der Donau. Die Quarz- und Quarzitkiesel stammen mit größter Wahrscheinlichkeit aus dem Kamp. Bergkristall wude ebenfalls vornehmlich aus den Schottern aufgesammelt. Der Opal, Chalcedon und einige Hornsteinvarianten kommen in Verbindung mit den nur wenige Kilometer von der Fundstelle gelegenen Serpentinzügen vor.

Nur bei einer Hornsteinvariante (insgesamt drei Stücke) handelt es sich möglicherweise um Material aus dem mährischen Raum.

Die extreme Kleinheit des gesamten Materials erklärt sich einerseits durch das Rohmaterial. Von den winzigen, oft stark geklüfteten Knollen konnten meist nur Lamellen abgebaut werden. Andererseits zeigt die sorgfältige Präparation der Lamellenkerne, daß es sich bei diesen Formen um die gewünschten Zielprodukte handelt und es den Steinschlägern von Rosenburg aufgrund ihrer entwickelten Schlagtechnik möglich war, den feinkörnigen, aber durch seine starke Klüftung und die extreme Kleinheit der Knollen äußerst schwer zu bearbeitenden Radiolarit zu nutzen.

Aus einigen verbrannten Knochen wurde an der Université Catholique de Louvain, Faculté des Sciences, Département de Chimie ein 14C-Datum von 20.120 ± 480 BP (Lv-1756D) gewonnen.

Das Faunenmaterial, das mit Wollnashorn, Wildpferd, nordischem Schneehasen und Ziesel typische Vertreter der sog. Mammutsteppe aufweist, erhärtet die Einordnung der Fundstelle in einen Zeitraum um bzw. kurz nach dem zweiten pleniglazialen Maximum (20.000–15.000 BP).

Der Vergleich mit mährischen und slowakischen Stationen und der einzigen niederösterreichischen Fundstelle aus dem genannten Zeitraum ergab Analogien hinsichtlich des Typenspektrums, der stratigraphischen Lage, des Faunenspektrums, der Technologie und des Rohmaterial- und Siedlungsverhaltens.

Chronologisch ordne ich die Station daher dem Kreis der Epigravettienfundstellen des niederösterreichischen, mährischen und slowakischen Raumes um bzw. kurz nach dem zweiten plenilglazialen Maximum zu.

Aufgrund der Untersuchungen interpretiere ich die Freilandstation Rosenburg als kurzfristig belegtes Lager, dessen Hauptfunktion es war, Wild zu beobachten und zu erlegen.

Anmerkungen

[1]) J. Hahn, Erkennen und Bestimmen von Stein- und Knochenartefakten, Einführung in die Artefaktmorphologie, Arch. Venatoria 10, Tübingen 1991.

[2]) B. Auffermann, W. Burkert, J. Hahn, C. Pasda, U. Simon, Ein Merkmalsystem zur Auswertung von Steinartefaktinventaren, Arch.Korrbl. 20, 1990, 259 ff.

[3]) G. Trnka, Studien zu mittelneolithischen Kreisgrabenanlagen, Mitt. Prähist. Komm. Österr. Akad. d. Wiss. 26, 1991, 126 ff.

[4]) E. Lenneis, Vorbericht über die Ausgrabungen 1988–1991 der linearbandkeramischen Siedlung in Rosenburg im Kamptal, Niederösterreich, ArchA 76, 1992, 19 ff.

[5]) S. Verginis, E. Grubner, Paläoreliefrekonstruktion mittels sedimentologisch-bodenkundlicher Methoden im Rahmen der archäologischen Arbeiten am Beispiel Rosenburg-NÖ, Archäologie Österreichs 3/1, 1992, 73 ff.

[6]) Auffermann et al., s. Anm. 2.

[7]) J. Hahn, Aurignacien. Das ältere Jungpaläolithikum in Mittel- und Osteuropa, Fundamenta A/9, Köln 1977.

[8]) Hahn, s. Anm. 1, 103 ff.

[9]) Hahn, s. Anm. 1, 160.

[10]) Auffermann et al., s. Anm. 2, 265.

[11]) Hahn, s. Anm. 1, 38.

[12]) Auffermann et al., s. Anm. 2, 263.

[13]) E. Cziesla, Über das Zusammenpassen geschlagener Steinartefakte, Arch.Korrbl. 15, 1986, 251 ff.

[14]) Hahn, s. Anm. 1, 167.

[15]) Hahn, s. Anm. 1, 168 ff.

[16]) J. Sedlmaier, Jungpaläolithikum und Spätpaläolithikum in der Nordwestschweiz, Diss. Bern 1989, 41 ff.

[17]) H. L. Movius, N. C. David, H. M. Pricher, R. B. Clay, The Analyses of Certain Major Classes of Upper Palaeolithic Tools, American School of Prehist. Res., Peabody Mus., Havard Univ. 26, 1968. – G. Bosinski, J. Hahn, Der Magdalenienfundplatz Andernach (Martinsberg), Rhein. Ausgr. 11, 1972, 81 ff. – Hahn, s. Anm. 7.

[18]) B. Auffermann, Magdalenien und Mesolithikum der Bruckersbergstationen in Giengen, Magisterarbeit, Univ. Tübingen 1991. – Sedlmaier, s. Anm. 16, 31 ff.

[19]) M. Pawlikowski, On the Necessity of Standardization of Petrological Investigations in Archaeology. In: J. K. Kozłowski, „Northern" (Erratic and Jurassic) Flint of South Polish Origin in the Upper Palaeolithic of Central Europe, Krakau 1989, 7 ff.

[20]) C. Pasda, Geländebegehungen um urgeschichtliche Fundstellen im Herbst 1989, Theoretische Grundlagen und Möglichkeiten, Mitteilungsbl. Arch. Veriatoria 15, 1990, 21–26.

[21]) H. Füchtbauer, G. Müller, Sedimente und Sedimentgesteine, Teil 2, Stuttgart 1977.

[22]) A. Sigmund, Die Minerale Niederösterreichs, Wien und Leipzig, 1937.

[23]) R. J. Mayrhofer, Mineralogische Beobachtungen zum „Plateaulehmpaläolithikum" auf den Hochflächen beiderseits der oberen Taffa (westl. Horn, NÖ), ArchA 14, 1954, 1 ff.

[24]) H. Füchtbauer, Sedimente und Sedimentgesteine, Sediment-Petrologie, Teil 2, Stuttgart 1988.

[25]) W. Deecke, Die mitteleuropäischen Silices, Jena 1933.

[26]) M. Pawlikowski, Origin of the Lithic Raw Materials, The Epigravettien Site of Grubgraben, Lower Austria: The 1986 and 1987 Excavations, ERAUL 40, 1990, 93 ff.

[27]) J. K. Kozłowski, Changes in Raw Material Economy of the Gravettien Technocomplex in Northcentral Europe. In: International Conference on Prehistoric Flint Mining and Lithic Raw Material Identification in the Carpathian Basin, Budapest 1986.

[28]) Sigmund, s. Anm. 22, 57 f.

[29]) F. Brandtner, Kamegg, eine Freilandstation des späteren Paläolithikums in Niederösterreich, Mitt. Prähist. Komm. Österr. Akad. d. Wiss. 7, 1954–55.

[30]) Hahn, s. Anm. 1, 20.

[31]) R. Bradley, Fieldwalking without Flints: Worked Quartz as a Clue to the Character of Prehistoric Settlement, Oxf. Journal of Arch. 14/1, 1995, 15.

[32]) Deecke, s. Anm. 25, 63 ff.

[33]) L. R. Binford, Organisation and Formation Processes: Looking at Curated Technologies, Journal Anthr. Research 35, 1979, 255 ff.

[34]) H. Floss, Rohmaterialversorgung im Paläolithikum des Mittelrheingebietes, unpubl. Diss. Köln 1990.

[35]) L. R. Binford, The Archaeology of Place, Journal Anthr. Arch. 1, 1982, 5 ff.

[36]) G.-C. Weniger, Wildbeuter und ihre Umwelt, Arch. Venatoria 5, 1982.

[37]) Binford, s. Anm. 35.

[38]) Floss, s. Anm. 34, 462.

[39]) Binford, s. Anm. 33.

[40]) Floss, s. Anm. 34, 472.

[41]) C. Renfrew, The explanation of culture change. Models in prehistory, London 1973.

[42]) Floss, s. Anm. 34, 50 ff.

[43]) Hahn, s. Anm. 7, 285.

[44]) M. Bachner, I. Mateiciucova, G. Trnka, Die Spätaurignacien-Station Alberndorf im Pulkautal, Niederösterreich, Arch. úst AV ČR 5, 1996, 93 ff.

[45]) F. Felgenhauer, Willendorf in der Wachau. Monographie der Paläolith-Fundstellen I–VII, Mitt. Prähist. Komm. Österr. Akad. d. Wiss. 8–9, 1956–1959, 108 ff.

[46]) J. K. Kozłowski, The Origin of Lithic Raw Materials Used in the Palaeolithic of the Carpathian Countries, Acta Arch. Carpathica, 13, 1972–73, 7.

[47]) A. Prichystal, A Survey of Moravian Raw Materials Used for Chipped Artefacts in the Palaeolithic. In: J. K. Kozłowski, „Northern" (Erratic and Jurassic) Flint of South Polish Origin in the Upper Palaeolithic of Central Europe, Krakau 1989, 67.

[48]) J. Malina, Die jungpaläolithische Steinindustrie aus Mähren, ihre Rohstoffe und ihre Patina, Acta Praehist. Arch. 1, 1970, 163.

[49]) K. Valoch, Flint and Rock Crystal in the Moravian Palaeolithic. In: J. K. Kozłowski, „Northern" (Erratic and Jurassic) Flint of South Polish Origin in the Upper Palaeolithic of Central Europe, Krakau 1989, 71.

[50]) J. Svoboda et al., Paleolit Moravy a Slezska, Brünn 1994, 206.

[51]) Kozłowski, s. Anm. 46, 9.

[52]) Floss, s. Anm. 34, 512.

[53]) Felgenhauer, s. Anm. 45, 110.

[54]) Brandtner, s. Anm. 29, 60.

[55]) J. K. Kozłowski, M. Pawlikowski, Investigations into the Northern Lithic Raw Materials in Upper Silesia (Poland). In: J. K. Kozłowski, „Northern" (Erratic and Jurassic) Flint of South Polish Origin in the Upper Palaeolithic of Central Europe, Krakau 1989, 18.

[56]) E. Zirkel, Das Gesteinsmaterial der Artefakte von Willendorf i. d. Wachau, NÖ. In: F. Felgenhauer, Willendorf in der Wachau, Monographie der Paläolith-Fundstellen I–VII, Mitt. Prähist. Komm. Österr. Akad. d. Wiss. 8–9, 1956–59, 98 ff.

[57]) Malina, s. Anm. 48, 163.

[58]) Svoboda et al., s. Anm. 50, 207.

[59]) Floss, s. Anm. 34, 512.

[60]) K. Siman, Northern Flint in the Hungarian Palaeolithic. In: J. K. Kozłowski, „Northern" (Erratic and Jurassic) Flint of South Polish Origin in the Upper Palaeolithic of Central Europe, Krakau 1989, 87.

[61]) A. Montet-White, Un Epigravettien en Basse Autriche, ERAUL 43, 1992, 87.

[62]) J. Svoboda, The Upper Paleolithic Settlement of the Vyškov Gate: Regional Survey, 1988–1992, Pam. Arch. 85, 1994, 32.

[63]) Siman, s. Anm. 60, 89.
[64]) Floss, s. Anm. 34, 513.
[65]) Svoboda et al., s. Anm. 50, 208.
[66]) Malina, s. Anm. 48, 163.
[67]) K. Cyrek, Die Technologie des magdalenischen Stein-Komplexes aus der Gudenushöhle, Mitt. Anthrop. Ges. Wien 116, 1986, 7 ff.
[68]) Floss, s. Anm. 34, 516 ff.
[69]) S. Vencl, Zum gegenwärtigen Stand der Erkundung steinerner Rohstoffe im Mesolithikum, Arch. roz. 42, 1990, 242.
[70]) Kozłowski, s. Anm. 46, 18.
[71]) H. Löhr, Der Magdalenienfundplatz Alsdorf (Kreis Aachen-Land). Ein Beitrag zur Kenntnis der funktionalen Variabilität jungpaläolithischer Stationen, Diss. Univ. Tübingen, 1988, 92.
[72]) Löhr, s. Anm. 71, 259 ff.
[73]) Hahn, s. Anm. 1, 104.
[74]) L. R. Owen, Klingen- und Mikroklingentechnologie im Jungpaläolithikum Südwestdeutschlands, Arch. Korrbl. 19, 1989, 109.
[75]) J. Hahn, Der Speckberg bei Meilenhofen, Archäologie des Jungpaläolithikums 2, Kallmünz/Opf. 1982.
[76]) Owen, s. Anm. 74, 113.
[77]) Hahn, s. Anm. 1, 104.
[78]) Löhr, s. Anm. 71, 93.
[79]) P. Kieselbach, Die Artefakte der mesolithischen Freilandstation Rottenburg-Siebenlinden II, Magisterarbeit Univ. Tübingen, 1993, 23.
[80]) W. Taute, Untersuchungen zum Mesolithikum und zum Spätpaläolithikum im südlichen Mitteleuropa, 1. Chronologie Süddeutschlands, Habilitationsschrift Univ. Tübingen, 1971, 42.
[81]) Auffermann, s. Anm. 18, 18.
[82]) Owen, s. Anm. 74, 112.
[83]) Owen, s. Anm. 74, 108.
[84]) Owen, s. Anm. 74, 114.
[85]) Hahn, s. Anm. 7, 37 ff. – F. Bordes, Considérations sur la typologie et les techniques dans Paléolithique, Quartär 18, 1967, 25 ff. – J. Weiner, Technik und Methode der intentionellen Herstellung von Steingeräten (mit Bibliographie). In: M. M. Rind, Feuerstein: Rohstoff der Steinzeit. Bergbau und Bearbeitungstechnik, Arch. Museum der Stadt Kehlheim, Museumsheft 3, 1987, 52 ff.
[86]) J. Weiner, Zur Steingerätetechnologie bei Jäger- und Sammlerkulturen. In: K. H. Rieder et al., Steinzeitliche Kulturen an Donau und Altmühl, Begleitheft zur Ausstellung im Stadtmuseum Ingolstadt, 1989, 207.
[87]) J. Weiner, Vom Rohmaterial zum Gerät. Zur Technik der Feuersteinbearbeitung. In: 5000 Jahre Feuersteinbergbau. Die Suche nach dem Stahl der Steinzeit, Veröff. aus dem Deutschen Bergbau-Museum Bochum 22, 1980, 217 ff.
[88]) Weiner, s. Anm. 87, 225.
[89]) Kieselbach, s. Anm. 79, 36.
[90]) J. Tixier, Techniques de débitage: osons ne plus affirmer. Tailler pour quoi faire, Stud. Praehist. Belgica 2, 1982, 13–22.
[91]) Owen, s. Anm. 74, 105 ff.
[92]) Owen, s. Anm. 74, 109.
[93]) Kieselbach, s. Anm. 79, 36.
[94]) Hahn, s. Anm. 1, 86.
[95]) Owen, s. Anm. 74, 105.
[96]) Owen, s. Anm. 74, 109.
[97]) H. L. Dibble, J. C. Whittaker, New Experimental Evidence on the Relation between Precussion Flaking and Flake Variation, Journal Arch.Science 8, 1981, 287 ff.
[98]) Dibble, Whittaker, s. Anm. 97, 288 f.
[99]) Dibble, Whittaker, s. Anm. 97, 288.
[100]) J. Hahn, s. Anm. 1, 38.
[101]) Owen, s. Anm. 74, 109.
[102]) Sedlmaier, s. Anm. 16, 35.
[103]) J. Hahn, Die Geißenklösterle-Höhle im Achtal bei Blaubeuren I, Forsch. u. Ber. z. Vor- u. Frühgesch. in Baden-Württemberg 26, 1988, 119.
[104]) Hahn, s. Anm. 103.
[105]) Hahn, s. Anm. 1, 79.
[106]) C. Lauxmann, A. Scheer, Zusammensetzen von Silexartefakten. Eine Methode zur Überprüfung archäologischer Einheiten, Fundber. Baden-Württemberg 11, 1986, 101 ff.
[107]) E. Cziesla, On Refitting of Stone Artefacts. In: Piecing together the Past. Applications of Refitting. Studies in Archaeology, BAR 578, 1992, 14.
[108]) Cziesla, s. Anm. 13, 253.
[109]) Cziesla, s. Anm. 107, 9.
[109a]) Hahn, s. Anm. 1, 38.
[110]) Hahn, s. Anm. 1, 255.
[111]) A. Bietti, Analyse de données de l'Epi-Gravettien en Italie. Considération générale sur la classification traditionelle de l'Epi-Gravettien en Italie continentale, BAR S 239, 1985, 22.
[112]) A. Galiberti, L. Giannoni, Analis morfologica dei grattatoi dell'Epigravettiano finale di Grotta Paglicci (Strati 2–7), Rassegna di Arch. 9, 1990, 67 ff. – Dies., Analisi morfologica dei grattatoi del gravettiano evoluto e final di Grotta Paglicci (scavi 1970–71), Origini 17, 1993, 125 ff.
[113]) P.-Y. Demars, P. Laurent, Types d'outils lithiques du paléolithique superieur en Europe, Paris 1992, 41, fig. 6/23.
[114]) A. Palma di Cesnola, Il Paleolitico superiore in Italia, Florenz 1993, 260, fig. 43/13.
[115]) Galiberti, Giannoni, 1990, s. Anm. 112, 75.
[116]) Demars, Laurent, s. Anm. 113, 41.
[117]) A. Montet-White, A. E. Johnson, Kadar: A Late Gravettian Site in Northern Bosnia, Yugoslavia, Journal of Field Arch. 3, 1976, 417, fig. 9/I–L. – A. Montet-White, Modèle typometrique d'une industrie Gravettienne d'Europe Centrale, Aurignacien, Perigordien, Gravettien, ERAUL 13/2, 1982, 221 f. – A. Montet-White, J. K. Kozłowski, Les industries à pointes à dos dans les Balkans, Riv. di scienze preist. 38, 1983, 387, fig. 4/7–9.
[118]) P. Vaughan, Funktionsbestimmung von Steingeräten anhand mikroskopischer Gebrauchsspuren, Germania 63, 1985, 321.
[119]) Hahn, s. Anm. 1, 1993, 229 f.
[120]) P. Vaughan, The Burin-Blow Technique: Creator or Eleminator?, Journal of Field Arch. 12, 1985, 494.
[121]) R. E. Donahue, Technomorphology, Tool Use and Site Function in the Italian Upper Paleolithic, Diss. Michigan State Univ., East Lansing 1986.
[122]) Hahn, s. Anm. 1, 1993, 234 ff.
[123]) Demars, Laurent, s. Anm. 113, 84.
[124]) J. Svoboda et al., Pavlov I. Excavations 1952–53, ERAUL 66, 1994, 51 f.
[125]) W. Taute, Neue Forschungen zur Chronologie von Spätpaläolithikum und Mesolithikum in Süddeutschland, Arch. Inf. 2–3, 1973–74, 62, Abb. 3/35, 36.
[126]) Hahn, s. Anm. 1, 1993, 243.
[127]) Svoboda et al., s. Anm. 124, 51.
[128]) Hahn, s. Anm. 1, 1993, 242.
[129]) A. Leroi-Gourhan, Une tête de sagaie à armature de lamelles de silex à Pincevent (Seine-et-Marne), Bull. Soc. préhist. franç. 80, 1983, 155.
[130]) Svoboda, et al., s. Anm. 124, 52.
[131]) Hahn, s. Anm. 1, 24 f.
[132]) Hahn, s. Anm. 1.
[133]) Bietti, s. Anm. 111, 129.
[134]) Hahn, s. Anm. 1, 250.

[135]) Hahn, s. Anm. 1, 227f.

[136]) Hahn, s. Anm. 1, 252.

[137]) G. Storch, Entwicklung der Kleinsäuger-Fauna im Würmglazial und Holozän. In: J. Hahn u. C.-J. Kind, Urgeschichte in Oberschwaben und der mittleren Schwäbischen Alb. Zum Stand neuerer Untersuchungen der Steinzeit-Archäologie, Arch. Inf. aus Baden-Württemberg 17, 1991, 25.

[138]) J. Hromada, J. K. Kozłowski et al., Complex of Upper Palaeolithic Sites Near Moravany, Western Slovakia. Moravany-Žakovska (Excavations 1991–1992), Krakau 1995.

[139]) Romada, Kozłowski, s. Anm. 138, 84, Tab. 24.

[140]) J. Svoboda, Stránská skála, Brno, Czechoslovakia, Mitteilungsblatt der Arch. Venatoria 14, 1989, 57ff.

[141]) L. Banesz et al., Le site de plein air du paléolithique superieur de Kašov 1 en Slovaquie orientale, Slov. Arch. 40/1, 1992, 5ff.

[142]) M. Gabori, V. Gabori, Etudes archéologiques et stratigraphiques dans les stations de loess paléolithiques de Hongrie, Acta Arch. Hung. 8, 1957, 6f.

[143]) V. T. Dobosi, A New Upper Palaeolithic Site at Mogyorósbánya, Comm. Arch. Hung. 1992, 5–16.

[144]) V. T. Dobosi, Uj felsöpaleolit telep az Alföldön, Arch. Ert., 94, 1967, 187f.

[145]) L. Vertes, Das Jungpaläolithikum von Arka in Nord-Ungarn, Quartär 15/16, 1964/65, 79ff.

[146]) Montet-White, s. Anm. 61, 114. – A. Montet-White, P. Haesaerts, B. Logan, The Epigravettien of Grubgraben: An Overview of the 1986/87 Excavations, ERAUL 40, 1990.

[147]) Hromada, Kozłowski, et al., s. Anm. 138, 90, Tab. 25.

[148]) L. R. Owen, Lithic Technology, Blade Core Reduction Strategies: Selected Examples, Mitteilungsblatt der Arch. Venatoria 14, 1989, 71ff.

[149]) J. K. Kozłowski, Les techniques de débitage dans le Gravettien de la partie septentrionale de l'Europe centrale, 25 ans d'études technologiques en préhistoire, XI Rencontres Internationales d'Archéologie et d'Histoire d'Antibes, Juan-les-Pins, 1991, 290ff.

[150]) Hromada, Kozłowski et al., s. Anm. 138, 89ff.

[151]) Svoboda, s. Anm. 62, 32f.

[152]) Svoboda, s. Anm. 62, Fig. 7/1–3.

[153]) A. Bietti, The Late Upper Paleolithic in Italy: An Overview, Journal of World Prehist. 4/1, 1990, 95ff. – M. Lanzinger, Lithic Industries and Peopling of the Eastern Italian Alps during the End of the Upper Pleistocene, In: M. Cremaschi, The Loess in Northern and Central Italy, 1988, 167ff.

[154]) R. Desbrosse, J. Kozłowski, Hommes et Climats a l'âge du Mammouth. Le Paléolithique supérieur d'Eurasie centrale, Paris 1988.

[155]) M. Otte, Europe during the Upper Palaeolithic and Mesolithic, History of Humanity 1, 1994, 215f.

[156]) M. Oliva, La géographie de l'occupation paléolithique en pays Tchèques et le problème de l'adaptation aux regions montagneuses, Preist. Alpina 28, 1994, 170.

[157]) O. Soffer, Upper Paleolithic Adaptations in Central and Eastern Europe and Man-Mammoth Interaction. In: O. Soffer, N. D. Praslov, From Kostenki to Clovis: Upper Paleolithic-Paleo-Indian Adaptations, New York 1993, 44ff.

[158]) G. P. Grigorev, The Kostenki-Avdeevo Archaeological Culture and the Willendorf-Pavlov-Kostenki-Avdeevo Cultural Unity. In: O. Soffer, N. D. Praslov, From Kostenki to Clovis: Upper Palaeolithic-Paleo-Indian Adaptations, New York 1993, 63.

[159]) J. K. Kozłowski et al., Upper Palaeolithic Site with Dwelling of Mammoth Bones, Krakow, Spadzista B, Folia Quaternaria 44, 1974.

[160]) J. K. Kozłowski, Le Paléolithique des Carpates occidentales, Preist. Alpina 28, 1994, 120ff.

[161]) Kozłowski, s. Anm. 160, 123.

[162]) J. Svoboda et al., Moravia during the Upper Pleniglacial, In: O. Soffer, C. Gamble, The World at 18.000BP, 1. High latitudes, 1990, 193ff.

[163]) Kozłowski, s. Anm. 160, 130.

[164]) B. Klima, Le Pavlovien, ERAUL 13/1, 1983, 268.

[165]) Svoboda, s. Anm. 62, 32ff.

[166]) Svoboda, s. Anm. 140.

[167]) Montet-White, s. Anm. 61 u. Anm. 146.

[168]) V. App et al., Die altsteinzeitliche Fundstelle auf dem Schwalbenberg bei Remagen, Berichte zur Archäologie an Mittelrhein und Mosel, im Druck.

[169]) L. R. Binford, Working at Archaeology, New York 1983, 250f.

[170]) C.-J. Kind, Untersuchungen zur Verteilung von Steinartefakten in paläo- und mesolithischen Siedlungsplätzen, Arch. Korrbl. 13, 1983, 437ff.

[171]) M. A. Jochim, Two Late Paleolithic Sites on the Federsee, Germany, Journal of Field Arch. 22/3, 1995, 271.

[172]) M. Heinen, Der spätpaläolithische-mesolithische Oberflächenfundplatz „Ueddinger Broich", Gemeinde Korschenbroich, Kr. Neuss, Arch. Korrbl. 20/1, 1990, 16.

[173]) Svoboda, s. Anm. 62.

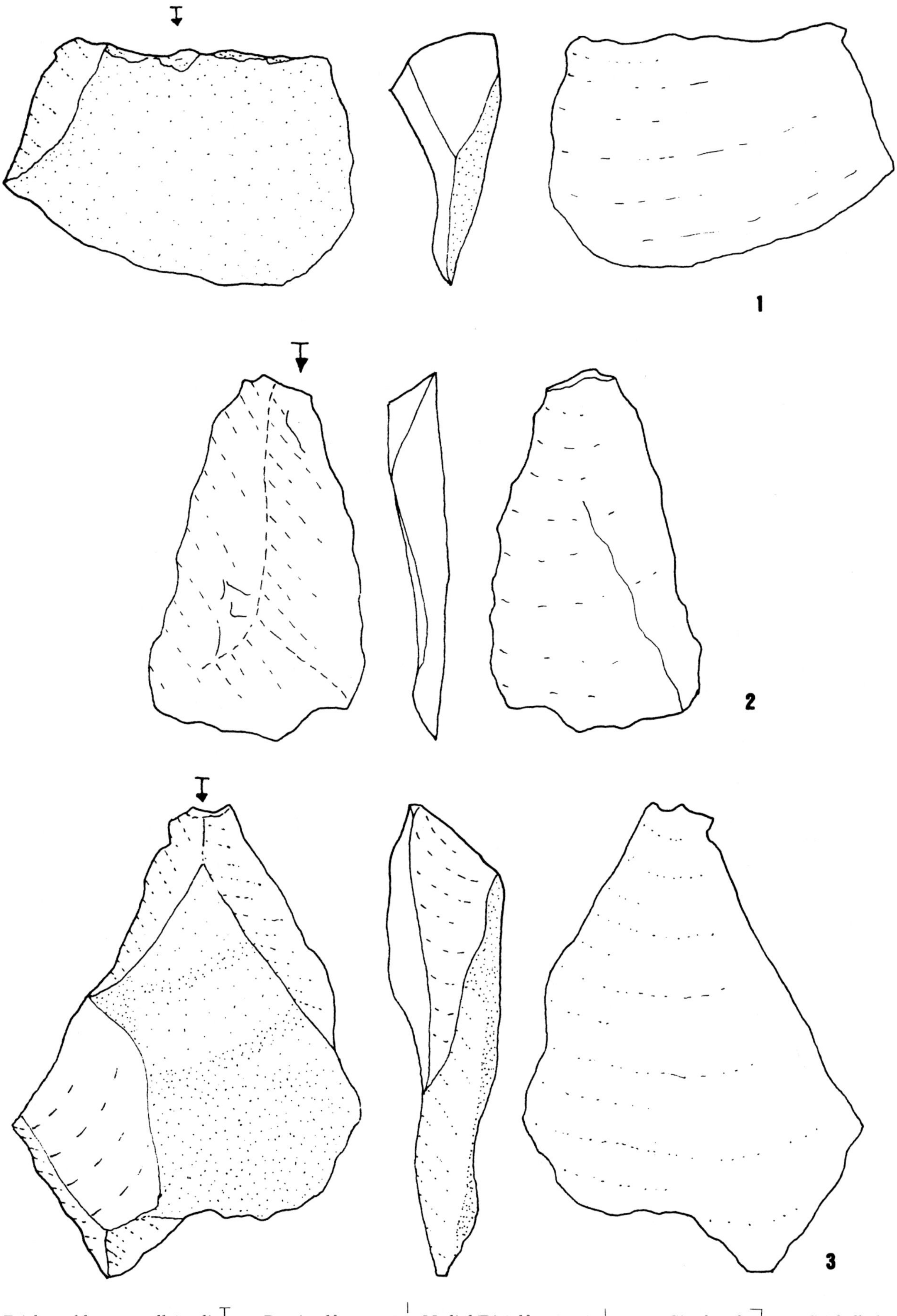

Zeichenerklärung: vollständig Proximalfragment Medial/Distalfragment Siretbruch Stichelbahn

Taf. 1. Rosenburg. Abschläge. 1 Quarzit, 2, 3 Opal. M 1:1.

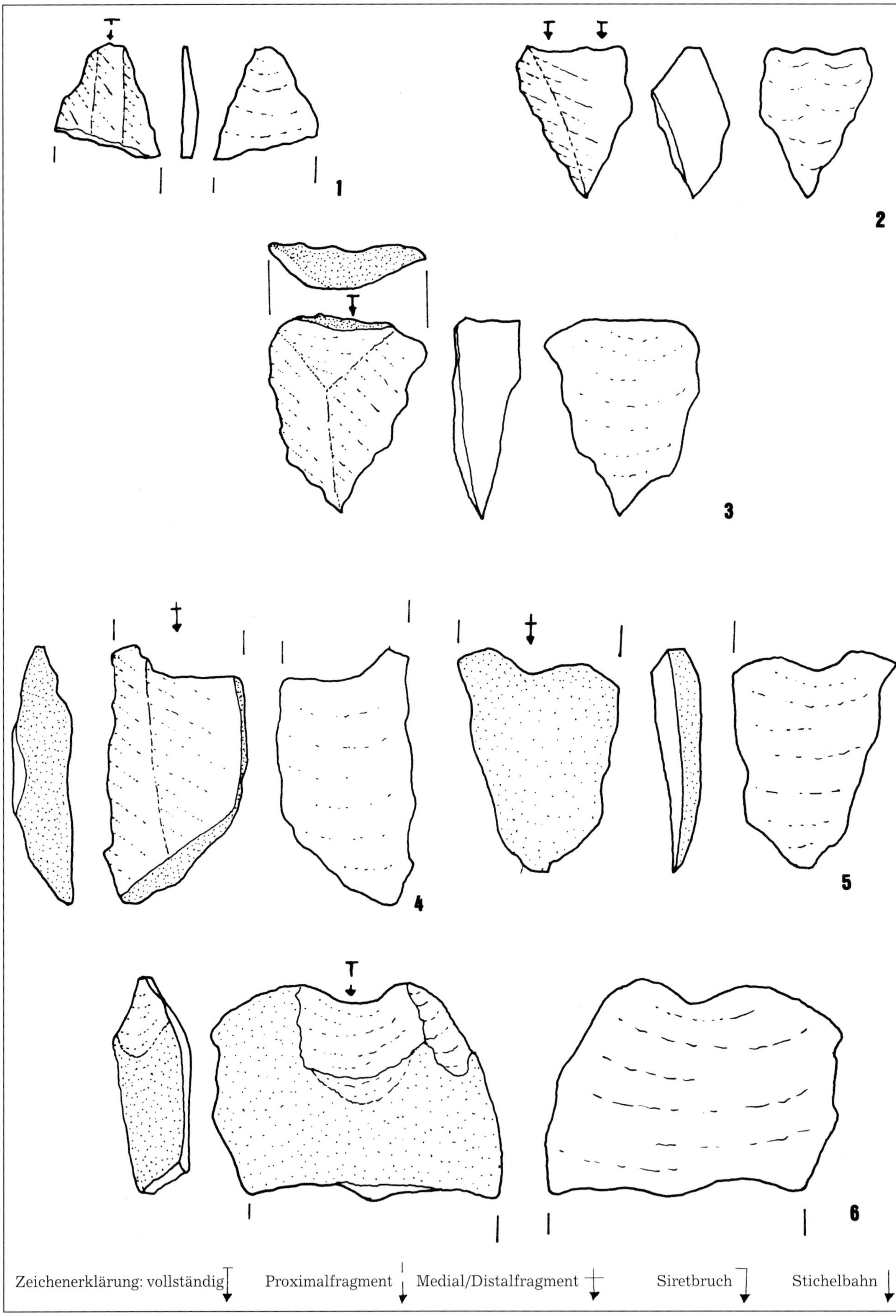

Taf. 2. Rosenburg. Abschläge. 1–6 Quarz. M 1:1.

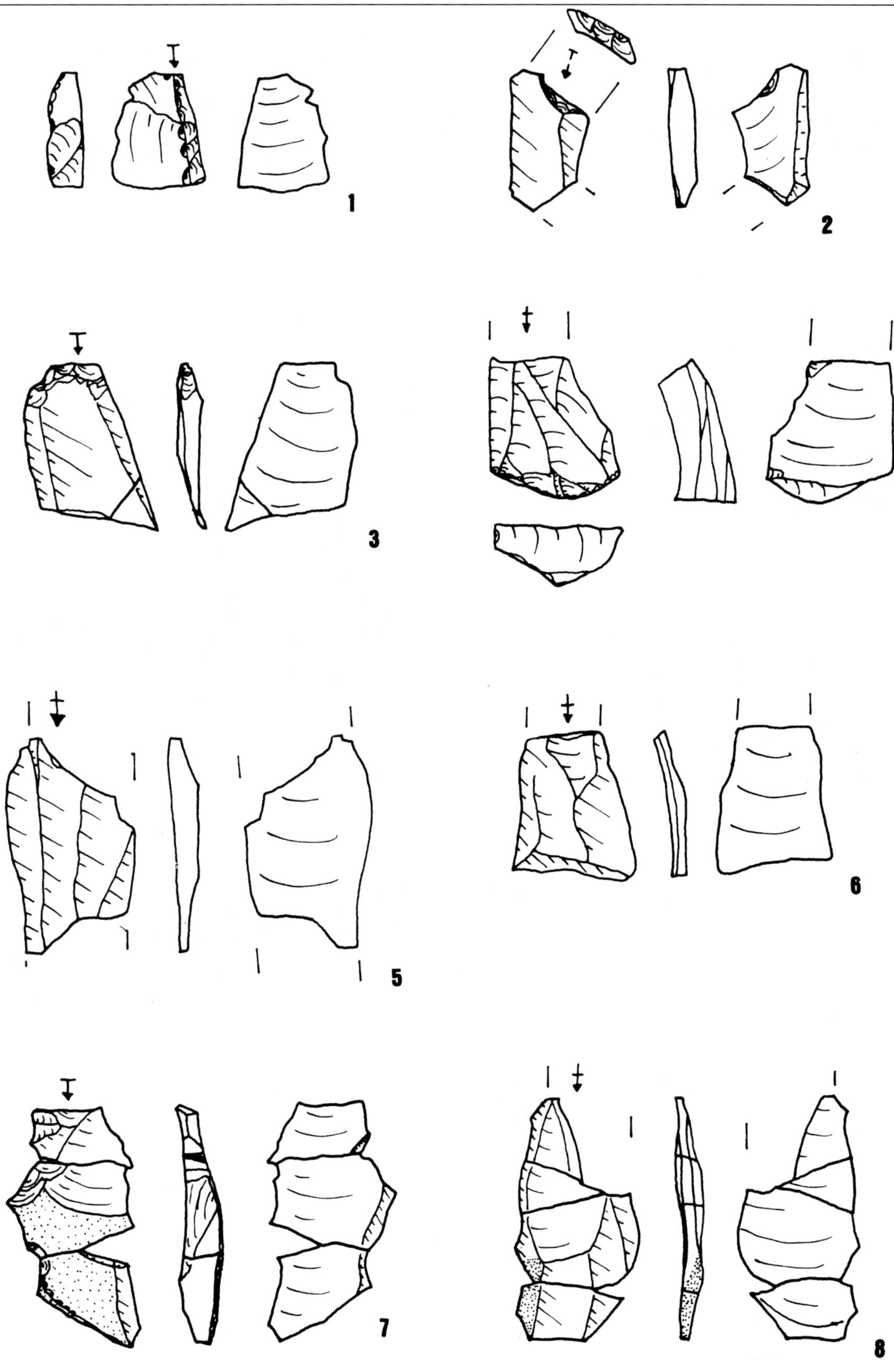

Zeichenerklärung: vollständig Proximalfragment Medial/Distalfragment Siretbruch Stichelbahn

Taf. 3. Rosenburg. Abschläge. 1 Kernkantenabschlag; 4 Kernfußabschlag. 1–8 grüner Radiolarit. M 1:1.

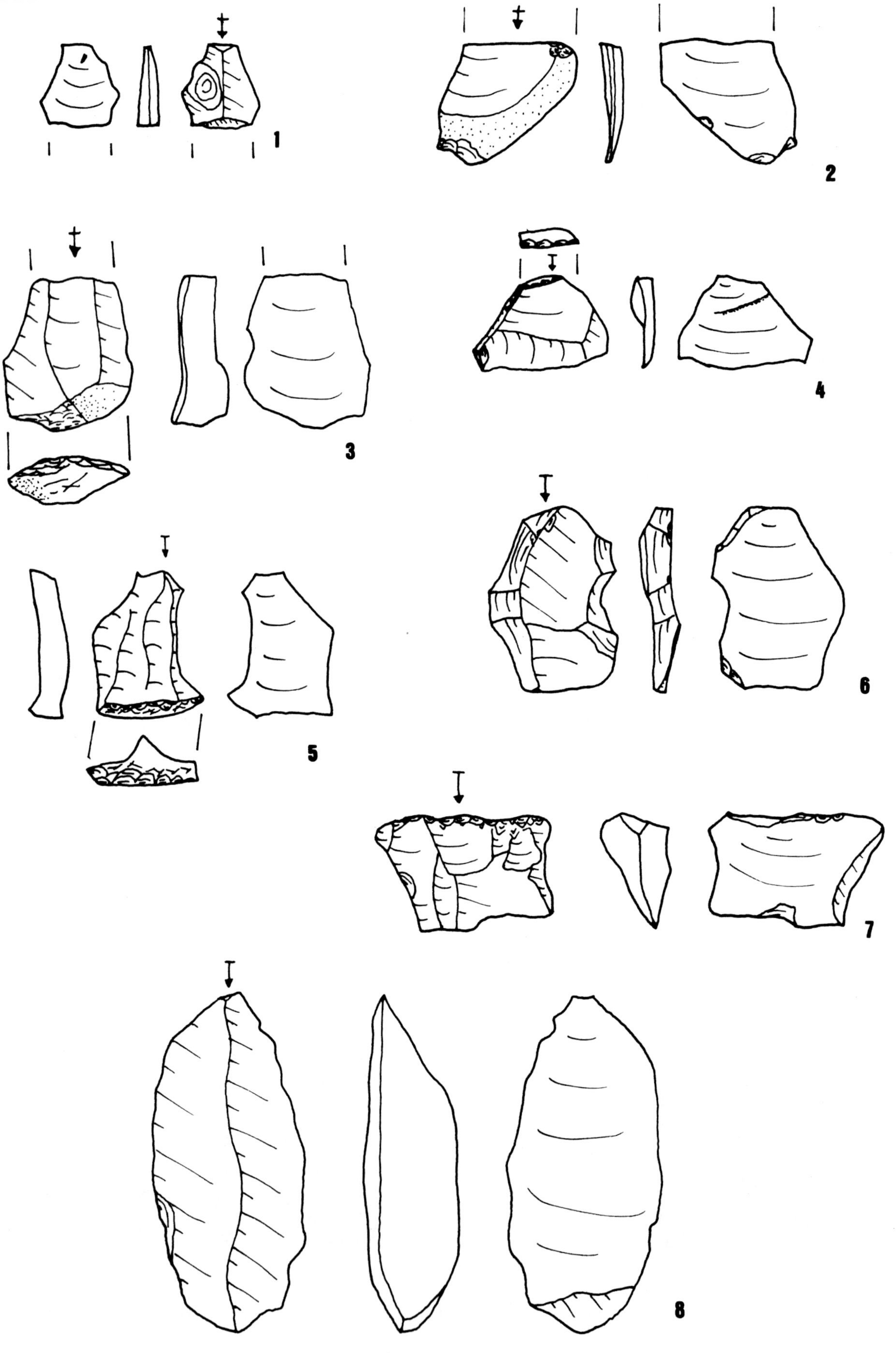

Zeichenerklärung: vollständig Proximalfragment Medial/Distalfragment Siretbruch Stichelbahn

Taf. 4. Rosenburg. Abschläge. 3, 5 Kernfußabschläge, 6 Kernscheibe. 1 Chalcedon mit schaligem Hitzeaussprung; 2 Bergkristall; 3 Opal; 4–8 Hornstein. M 1:1.

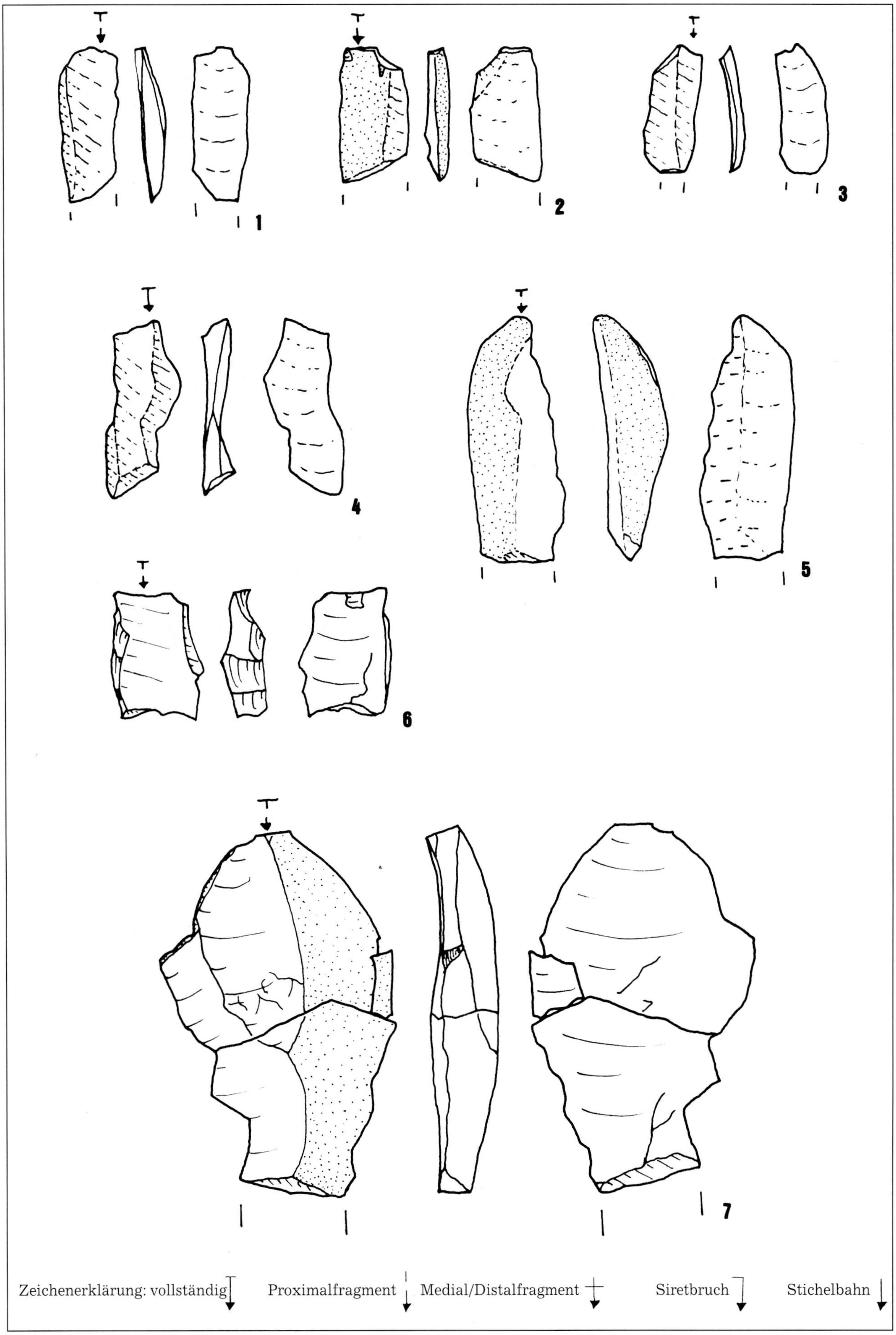

Taf. 5. Rosenburg. 1–5 Klingen; 6 Kernkantenabschlag; 7 Abschlag. 1, 2 Quarzit; 3–5 Quarz; 6 Hornstein; 7 roter Radiolarit. M 1:1.

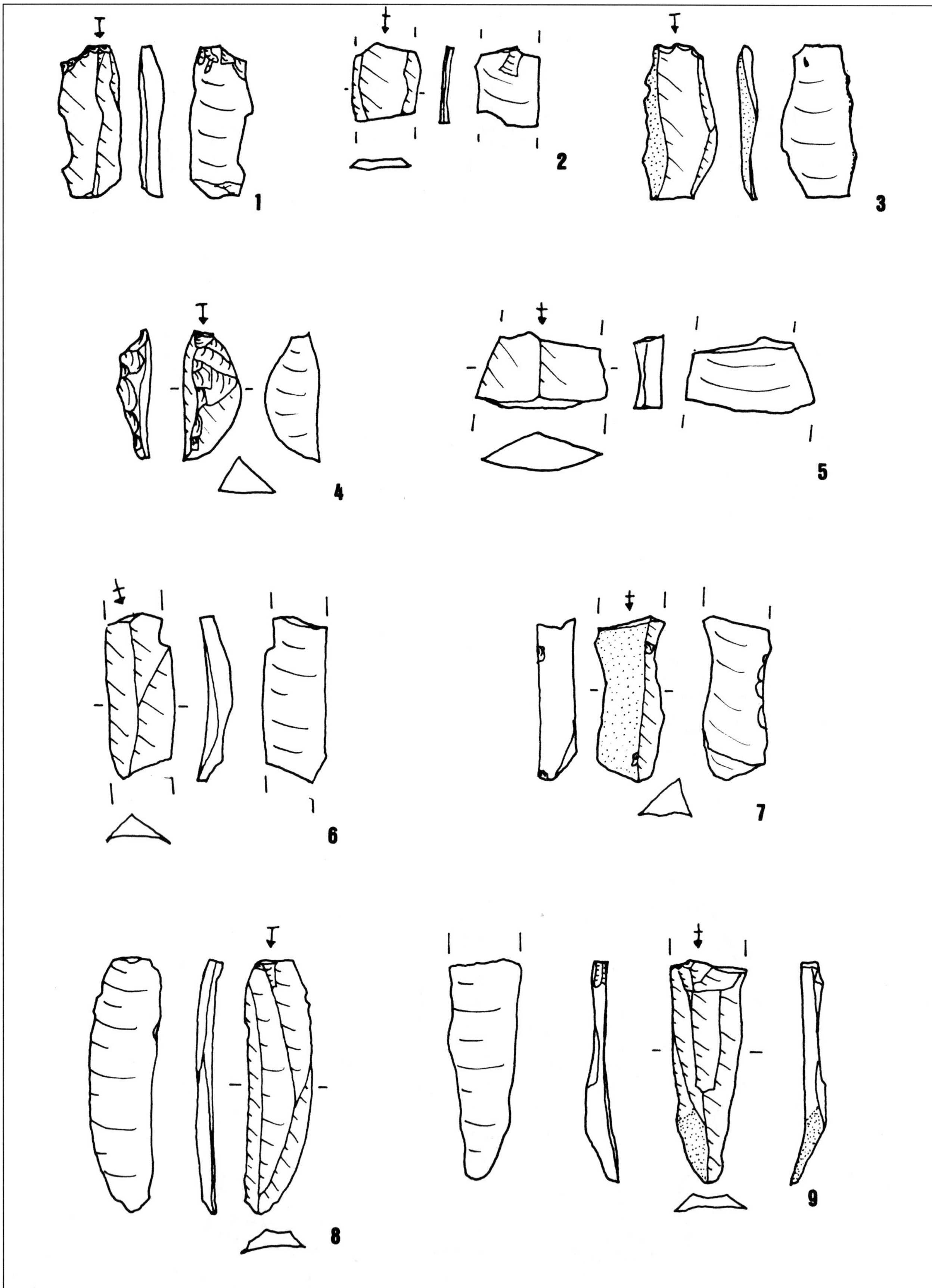

Zeichenerklärung: vollständig Proximalfragment Medial/Distalfragment Siretbruch Stichelbahn

Taf. 6. Rosenburg. 1–3, 6–9 Klingen; 4 Kernkantenklinge. 1 Bergkristall; 2–9 Hornstein. M 1:1.

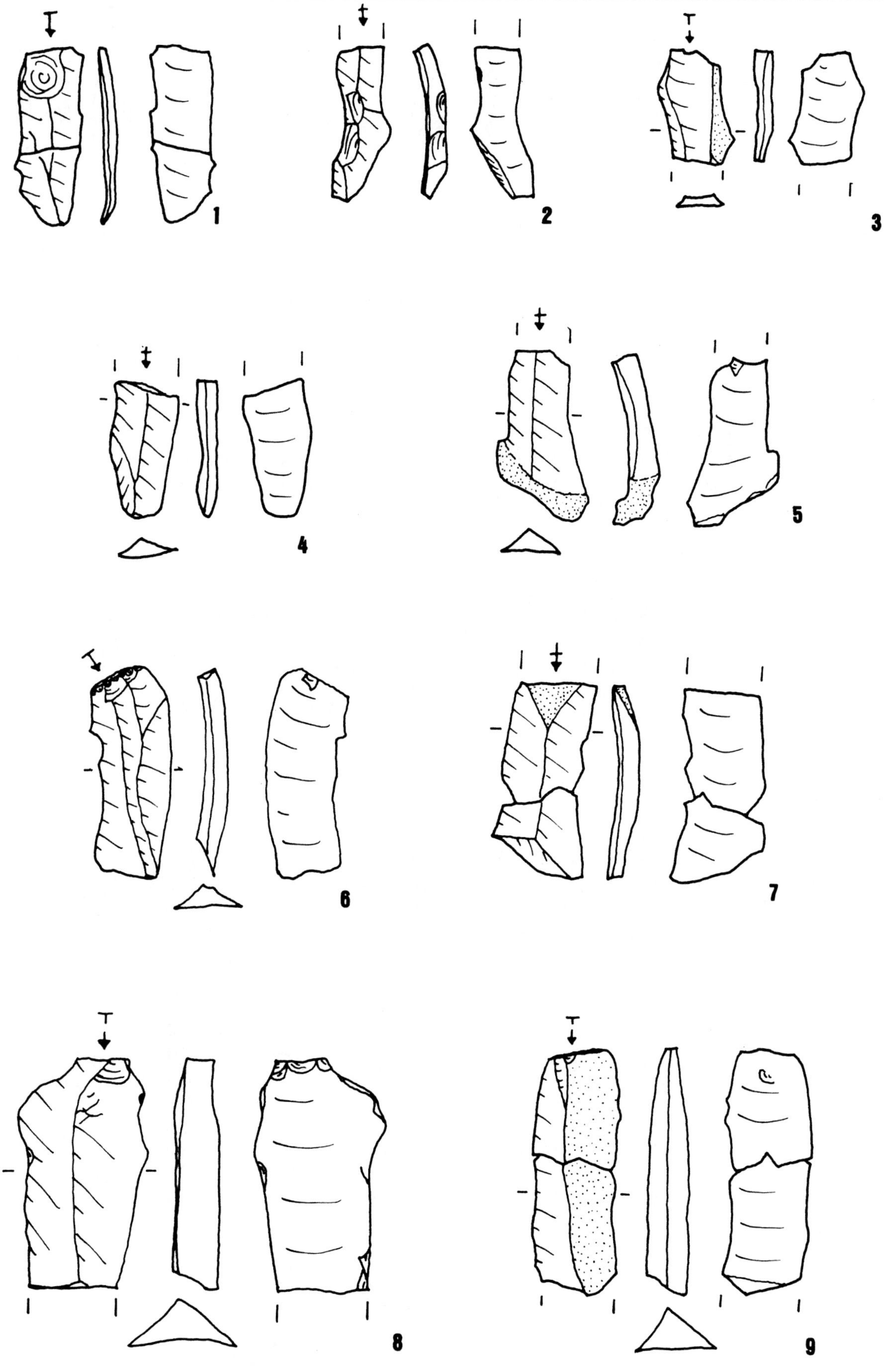

Zeichenerklärung: vollständig Proximalfragment Medial/Distalfragment Siretbruch Stichelbahn

Taf. 7. Rosenburg. 1, 3–9 Klingen; 2 Kernkantenklinge. 1 Chalcedon mit schaligem Hitzeaussprung, 2–9 Radiolarit.

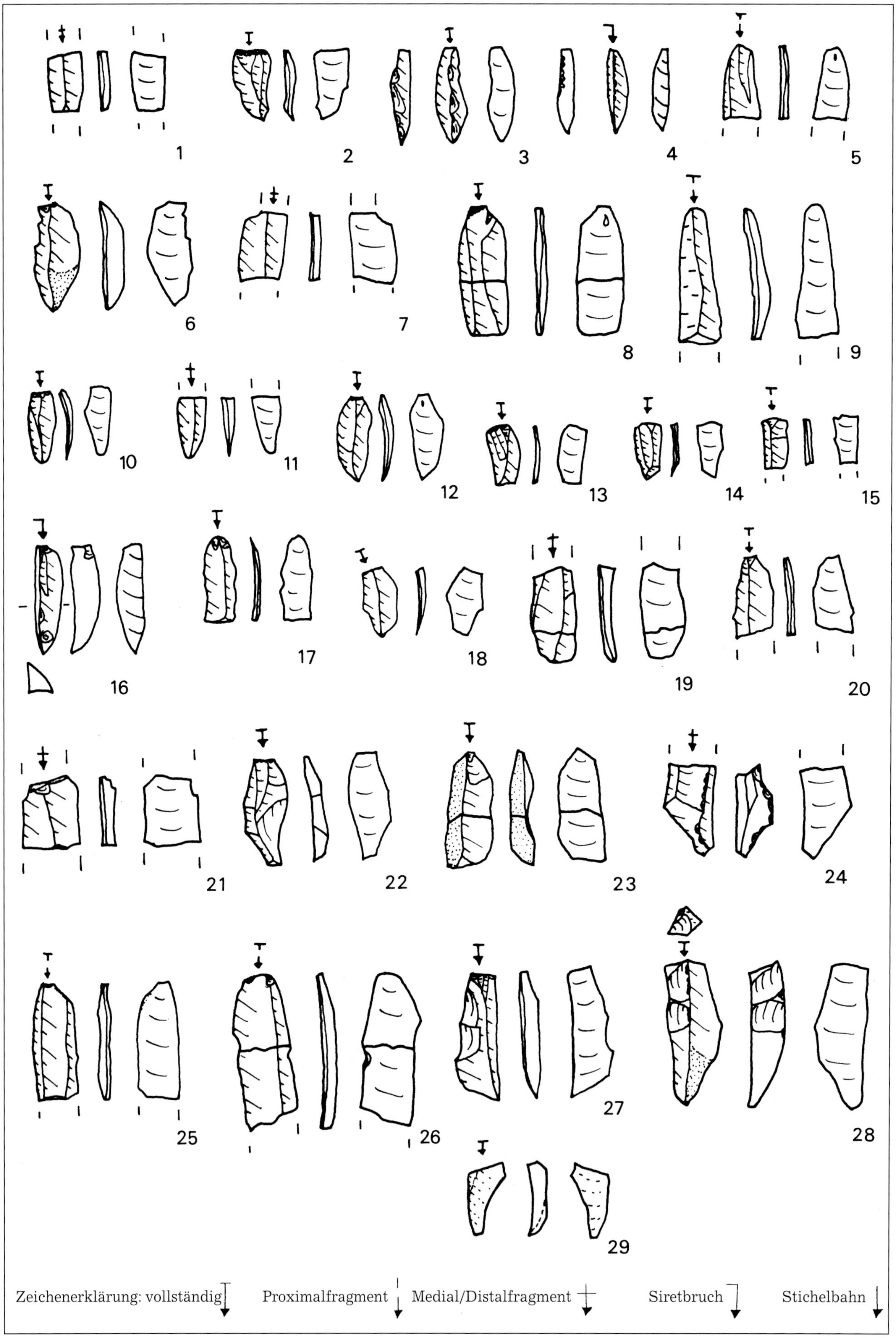

Taf. 8. Rosenburg. Lamellen; 3, 24, 28 Kernkantenlamellen. 1–9 Radiolarit, 10–27 Hornstein, 28 Chalcedon; 29 Quarz. M 1:1.

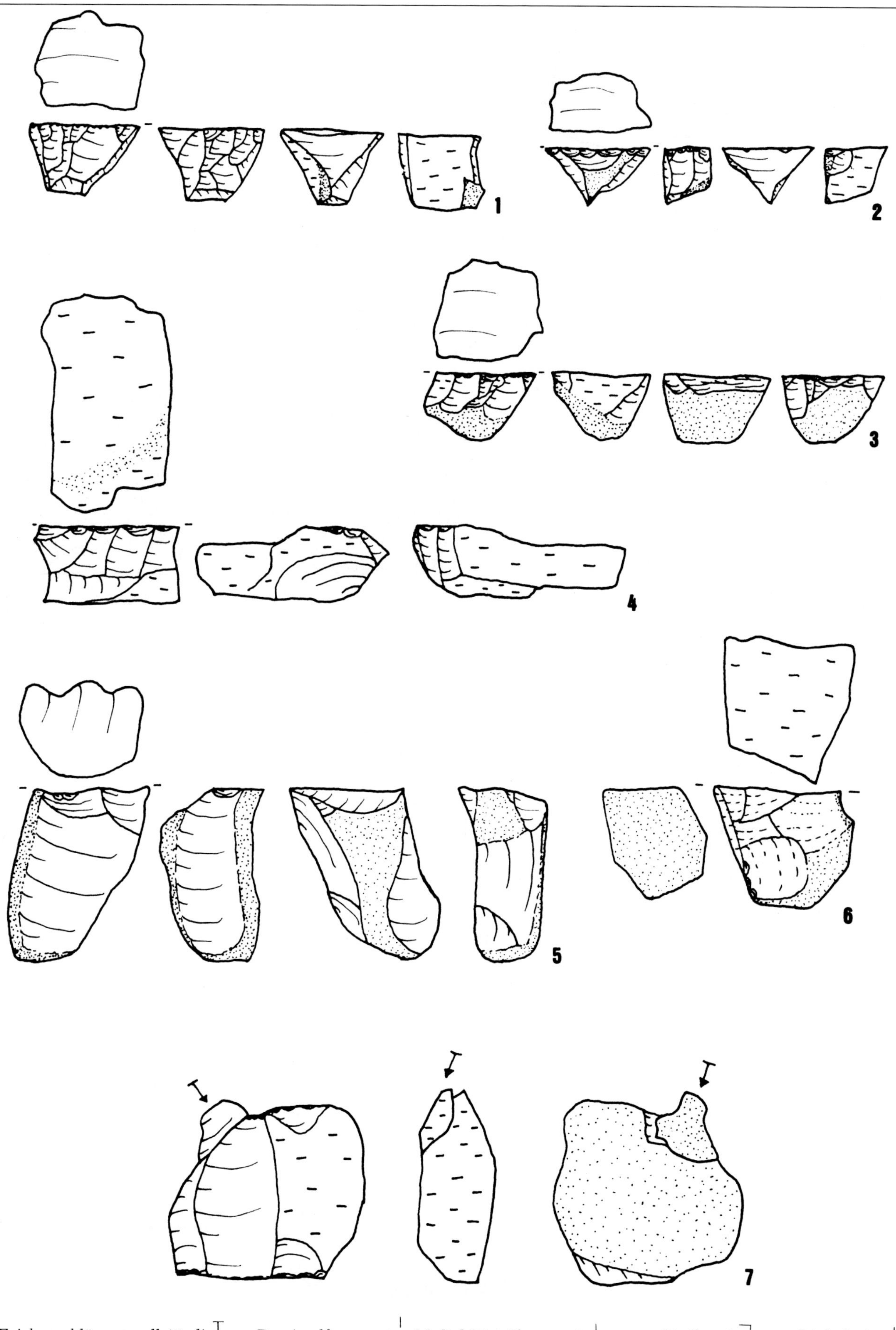

Zeichenerklärung: vollständig Proximalfragment Medial/Distalfragment Siretbruch Stichelbahn

Taf. 9. Rosenburg. Kerne. 1–3 konische Lamellenkerne; 4 rechteckiger Lamellenkern; 5 ovaler Klingenkern; 6 rechteckiger Abschlagkern; 7 diskoider Klingenkern. M 1:1.

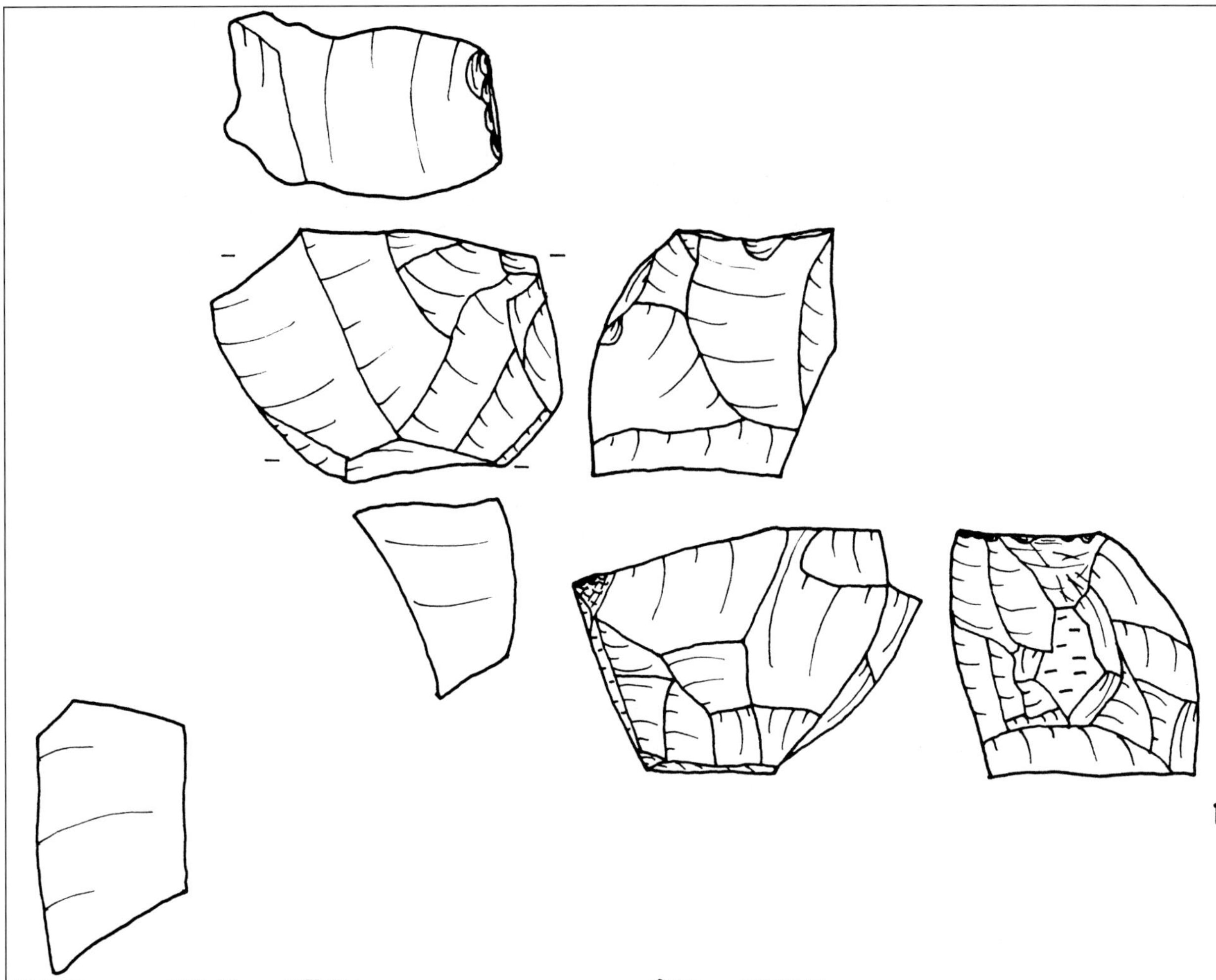

1

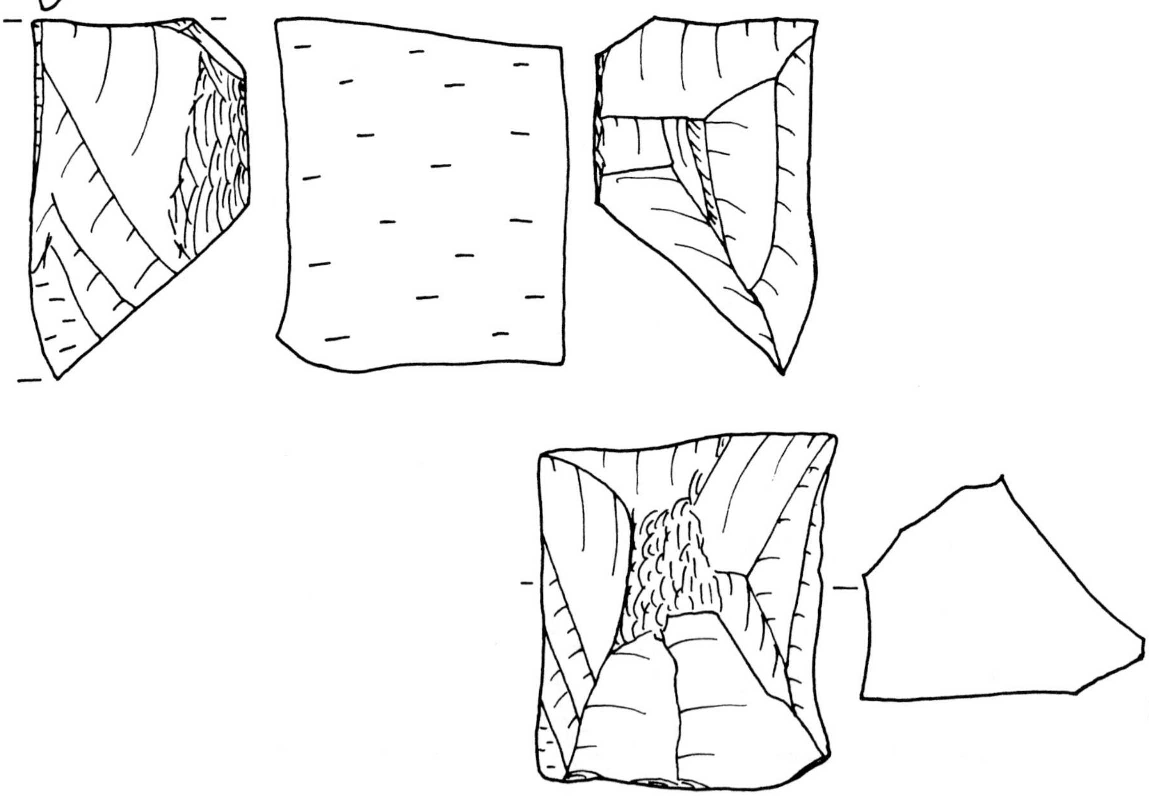

2

Zeichenerklärung: vollständig Proximalfragment Medial/Distalfragment Siretbruch Stichelbahn

Taf. 10. Rosenburg. Kerne. 1 rundlicher Klingenkern; zylindrischer Klingenkern. M 1:1.

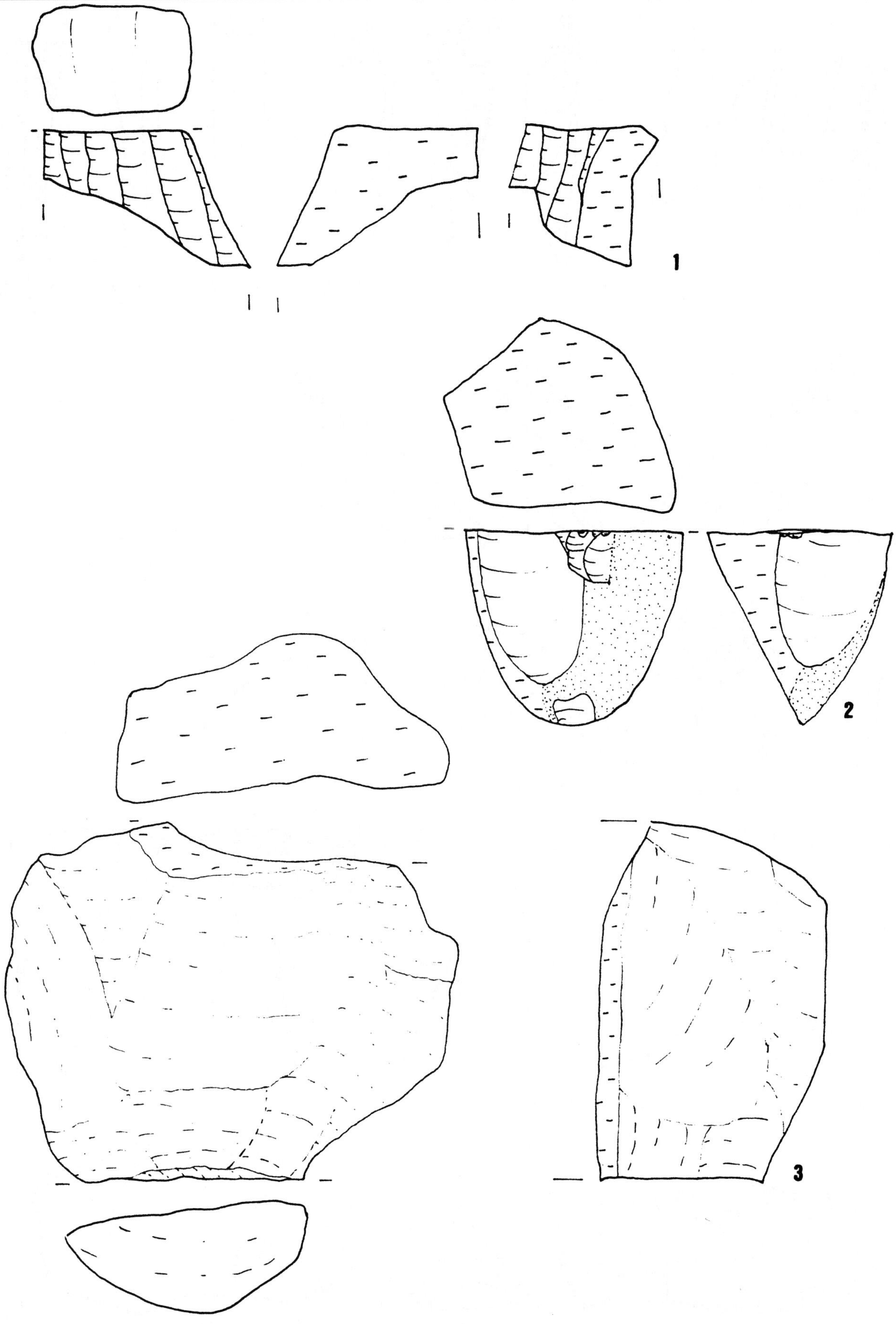

Zeichenerklärung: vollständig Proximalfragment Medial/Distalfragment Siretbruch Stichelbahn

Taf. 11. Rosenburg. Kerne. 1 zylindrischer Klingenkern; 2 konischer Abschlagkern; 3 zylindrischer Abschlagkern. M 1:1.

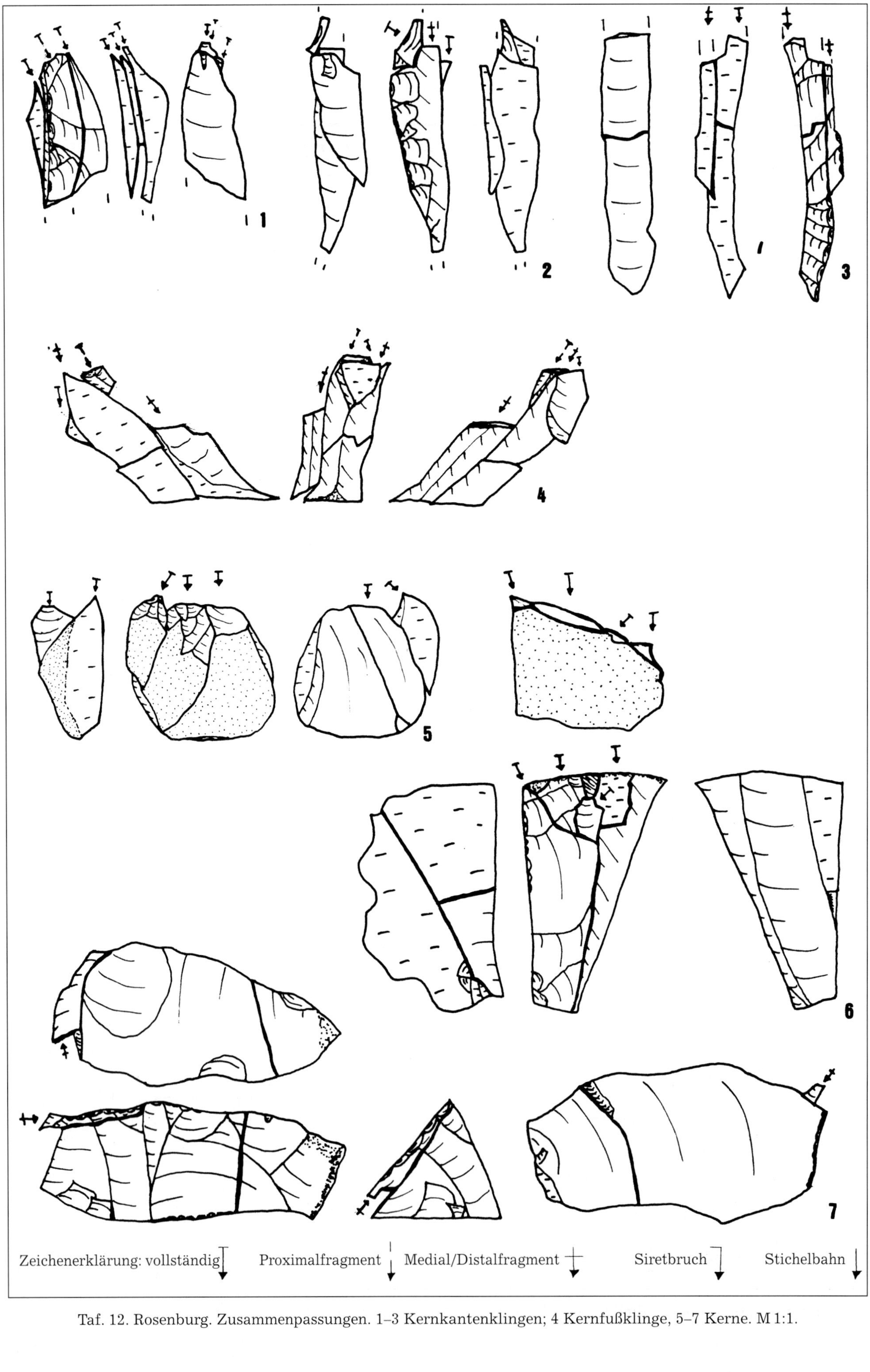

Taf. 12. Rosenburg. Zusammenpassungen. 1–3 Kernkantenklingen; 4 Kernfußklinge, 5–7 Kerne. M 1:1.

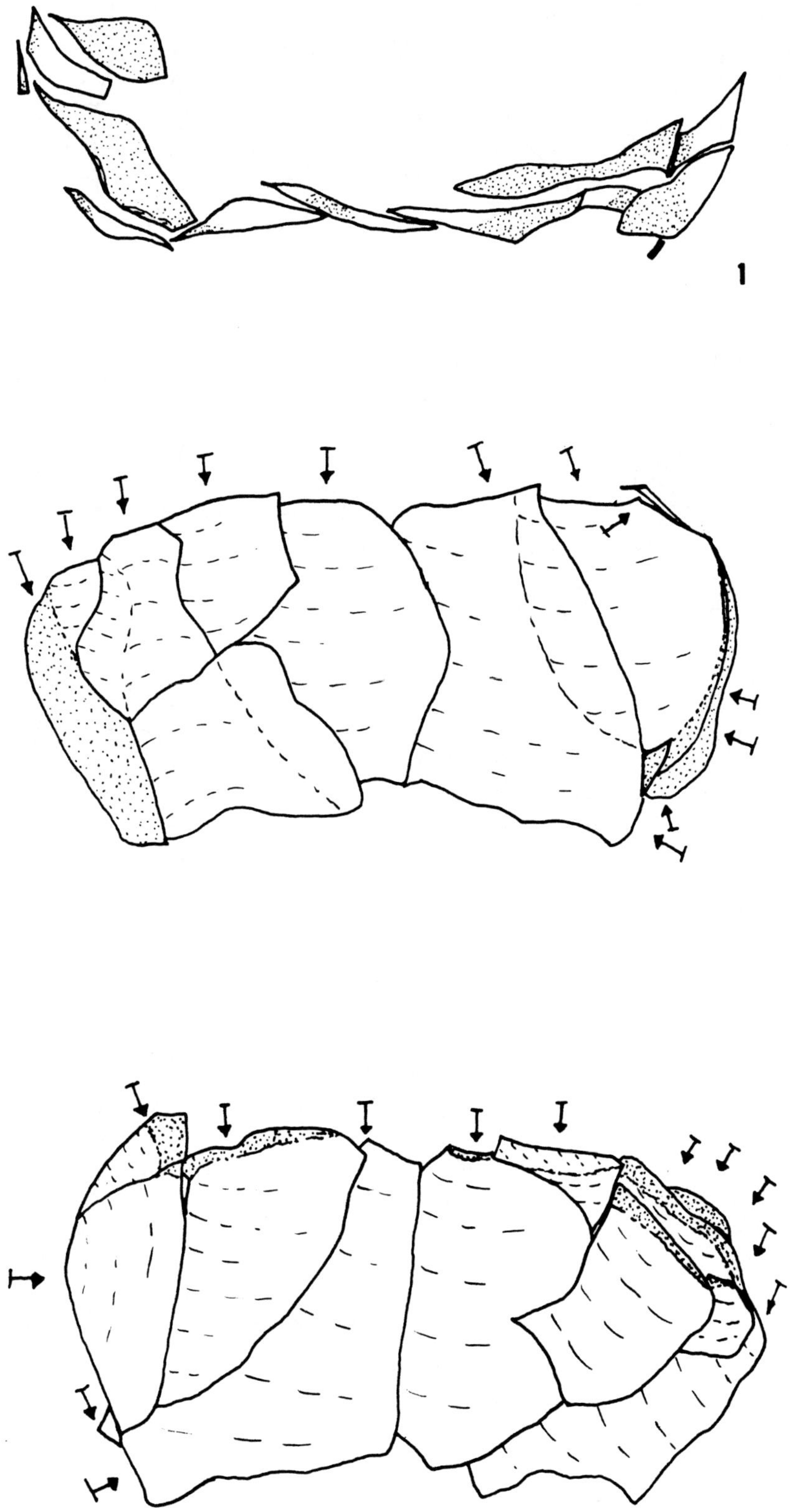

1

Zeichenerklärung: vollständig Proximalfragment Medial/Distalfragment Siretbruch Stichelbahn

Taf. 13. Rosenburg. Zusammenpassung. M 1:1.

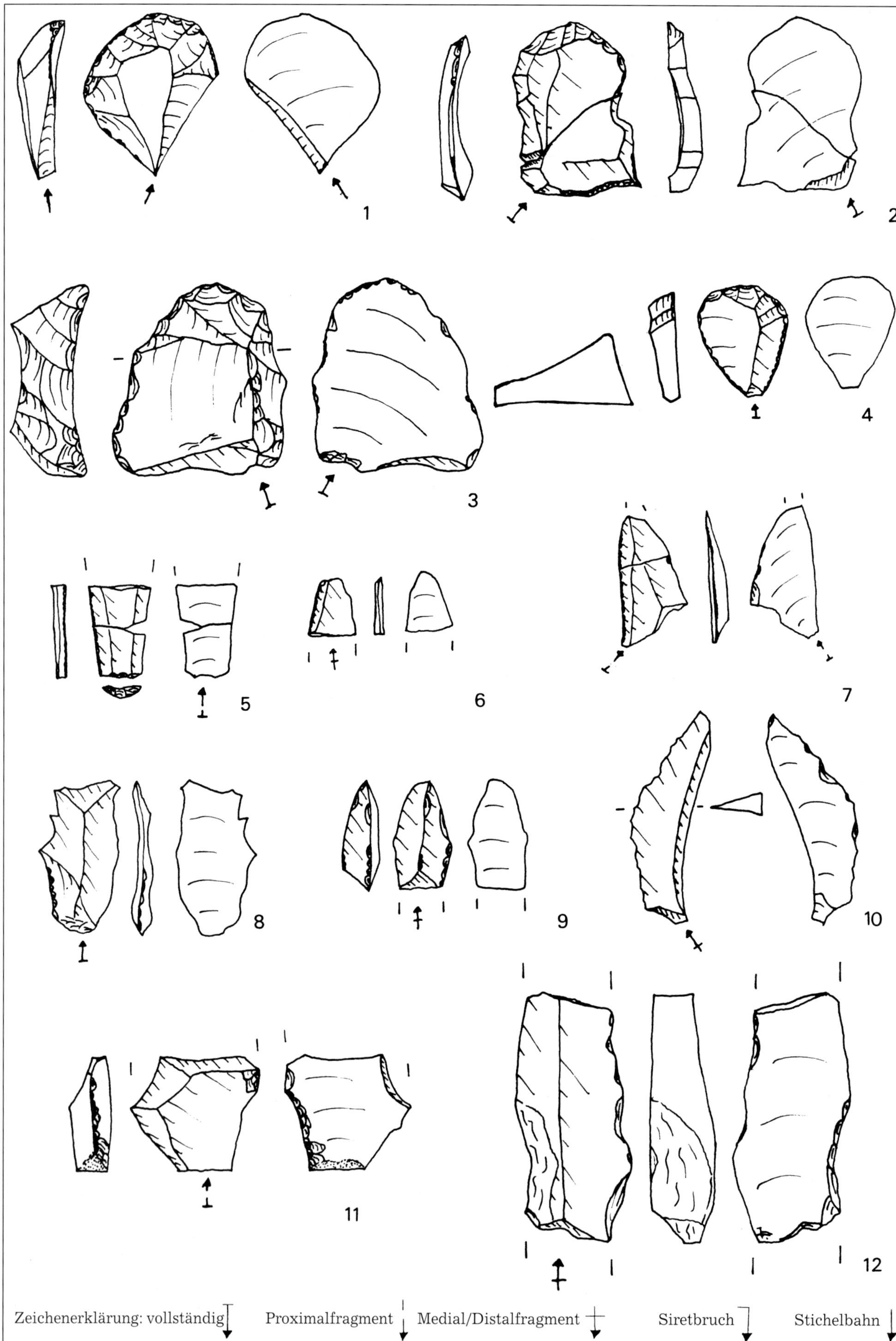

Taf. 14. Rosenburg. Modifikationen. 1 Kratzer-Stichel; 2 Kratzer-Bohrer; 3, 4 Kratzer; 5–12 Kantenretuschen; 10 Stichelabfall. M 1:1.

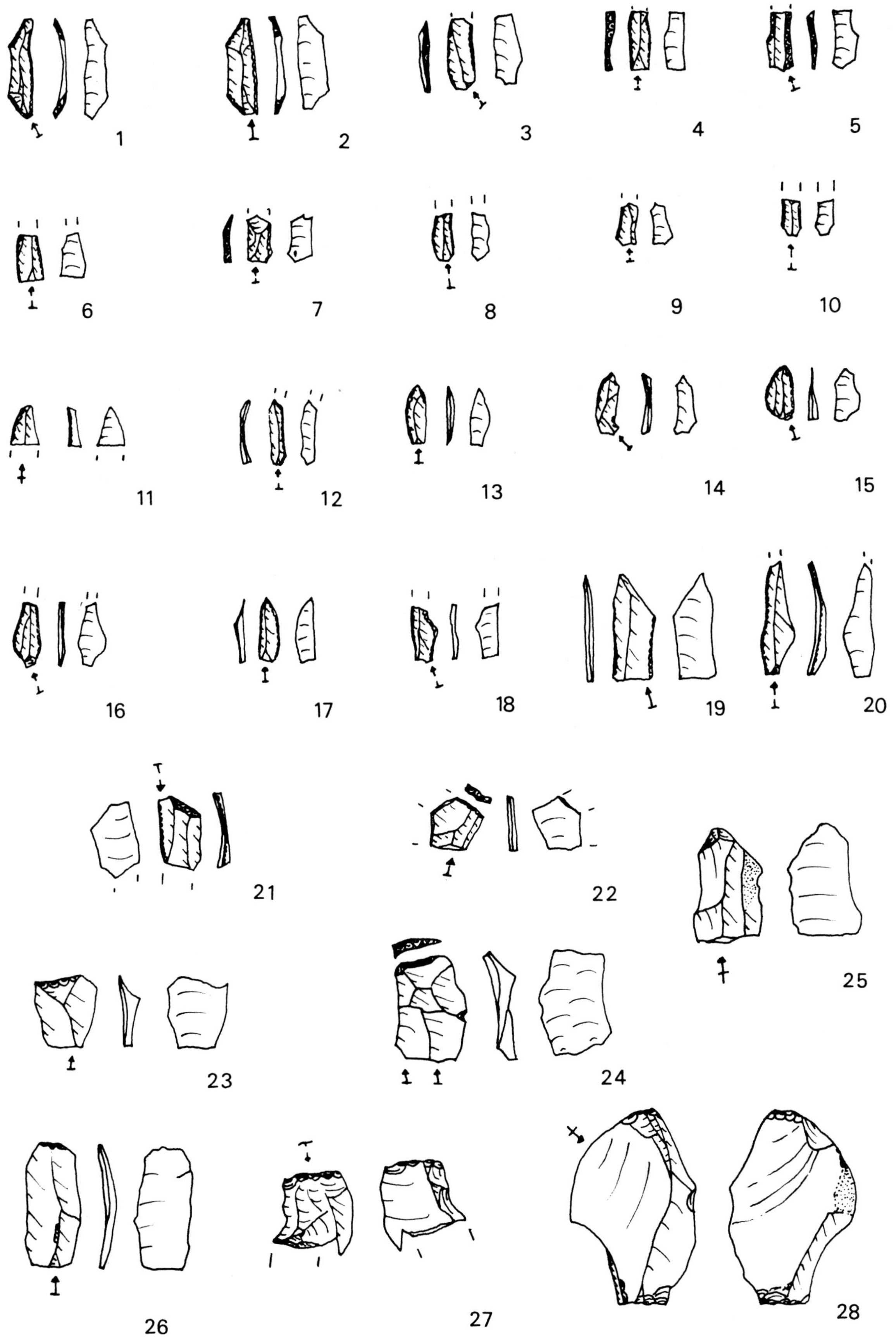

Zeichenerklärung: vollständig Proximalfragment Medial/Distalfragment Siretbruch Stichelbahn

Taf. 15. Rosenburg. Modifikationen. 1, 2 Trapeze; 3–10 Mikromesser; 11–20 mikrolithische kantenretuschierte Lamellen; 21–26 Mikrolithen mit Endretuschen; 27–28 ausgesplitterte Stücke. M 1:1.

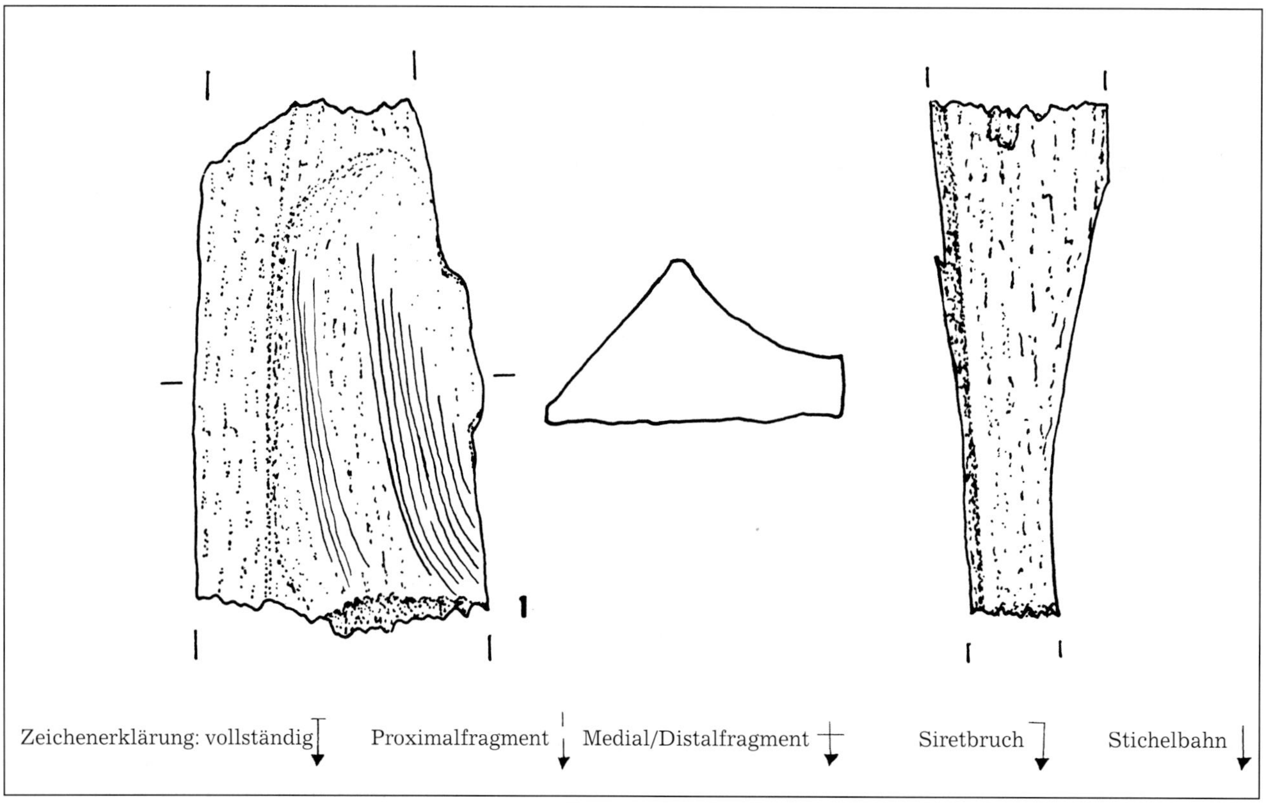

Taf. 16. Rosenburg. Amphibolit mit Schnitzspuren. M 1:1.

Zur Technologie bandkeramischer Dechselklingen aus Felsgestein und Knochen

Ein Beitrag zur Forschungsgeschichte

Jürgen WEINER*)

In memoriam Joachim HAHN

Geschliffene Dechselklingen sind das Holzbearbeitungsgerät par excellence der bandkeramischen Kultur. Und es spricht vieles für die Annahme, daß von allen zur Verfügung stehenden und nachweislich verwendeten Rohstoffen das Holz und seine Nebenprodukte die am intensivsten genutzten Materialien darstellten. Verschiedenste bandkeramische Befunde, aber auch Einzelfunde legen direkt oder indirekt nahe, von einer täglich anfallenden und überdies außerordentlich breitgefächerten Nutzung des Rohstoffes Holz und der damit verbundenen Notwendigkeit seiner Beschaffung und Verarbeitung mittels geeigneter Gerätschaften auszugehen[1]). Hieraus ergibt sich konsequent die m.E. keinesfalls übertriebene Folgerung, daß die Bandkeramik ohne jene in unseren Augen so eigenwillig geformten und doch allem Anschein nach überaus adäquaten Dechselklingen als letzte Zeugen des ursprünglichen Kompositgerätes „Dechsel“ überhaupt nicht hätte entstehen bzw. existieren können. Im folgenden wird der Versuch unternommen, die zahlreichen technologischen und ergologischen Aspekte dieser Artefaktgruppe darzustellen.

Im Jahre 1982 habe ich mich erstmals mit der Herstellung bandkeramischer Dechselklingen befaßt[2]). Seither wurden mehrere wichtige Arbeiten zum Rohmaterial, aber auch zu Funden von Sägeblättern veröffentlicht. Erst kürzlich ergab sich die Gelegenheit zur Bearbeitung eines ungewöhnlich großen Halbfabrikates aus Bayern[3]). Und so erschien es sinnvoll, das Thema erneut aufzugreifen. Die erheblich erweiterte Literaturliste ist thematisch strukturiert und soll eine gezielte Suche nach Spezialliteratur erleichtern.

Formen und Typen

Es gibt verschiedene Versuche, bandkeramische Dechselklingen nach metrischen Kriterien typologisch zu ordnen[4]). Für die vorliegende Arbeit genügt es indes, zwei Haupttypen zu unterscheiden. Verbindendes formales Markmal ist ihr nahezu immer D-förmiger Querschnitt. Typ 1 ist breit und zeichnet sich durch einen flachen Rücken aus. Im Vergleich dazu ist Typ 2, der sich in zwei Untertypen aufgliedern läßt, immer erheblich schmaler und besitzt einen stark aufgewölbten Rücken. Typ 1 wurde in der Vergangenheit und leider heute gelegentlich noch als „Flachhacke“ bezeichnet; aufgrund seiner eigenartigen Form ist Typ 2 auch als „Schuhleistenkeil“ bekannt.

Landläufig werden diese alt- und mittelneolithischen Großgeräte aus Felsgestein von archäologischen Laien und Facharchäologen gleichermaßen als „Dechsel“ bezeichnet, obwohl es in Wirklichkeit nur die Klingen von Querbeilen, d. h. Kompositgeräten sind[5]). In keinem Falle haben sich aber die Schäfte der ursprünglich kompletten Dechseln erhalten[6]).

Nähere Einblicke in die Herstellungstechnologie von Dechselklingen erlauben vor allem deren relativ seltene Halbfabrikate aufgrund ihrer unterschiedlichen Zurichtungsspuren.

Zum Rohmaterial

Der enge Zusammenhang zwischen einem gewählten Rohmaterial und den zu seiner Bearbeitung erforderlichen Techniken liegt auf der Hand. Dies gilt selbstverständlich auch für die Herstellung von bandkeramischen Dechselklingen und gewiß auch solchen des Mittelneolithikums.

Das bei weitem überwiegende Material ist Gestein verschiedener, aber sorgsam ausgesuchter Arten. Für die Bandkeramik wird seit einiger Zeit jedoch immer deutlicher, daß neben Gesteinsarten auch organisches Material, d. h. Knochen zur Anfertigung von Dechselklingen Verwendung gefunden hat.

Nachgewiesene Gesteinsarten

Bei allen Gesteinsarten handelt es sich ausschließlich um Felsgestein. In der Regel besteht die überwiegende Menge der Dechselklingen im ge-

*) Rheinisches Amt für Bodendenkmalpflege, Außenstelle Nideggen, Zehnthofstraße 45, D-52385 Nideggen-Wollersheim

samten bandkeramischen Siedlungsgebiet aus einer Gruppe von Metamorphiten, die traditionell als „Amphibolit" bezeichnet wird[7]). Sehr häufig handelt es sich um dichte, nahezu immer deutlich geschieferte, grünliche bis grünlich-graue Gesteine, für die neuerdings ebenfalls die Bezeichnung Aktinolith-Hornblendeschiefer (AHS-Gruppe) verwendet wird[8]). Nach einer petrographischen Studie zu alt- und mittelneolithischen Dechselklingen aus dem Braunschweiger Land lassen sich dort ca. 95 % aller Fundstücke dieser Gesteinsgruppe zuordnen, die bandkeramischen Dechselklingen aus Bylany wurden sogar zu fast 98 % aus sog. Grünschiefer angefertigt, der vermutlich auch der AHS-Gruppe zuzurechnen ist. Schließlich bestehen 72,5 % der Dechselklingen des bandkeramischen Gräberfeldes von Niedermerz aus „Amphibolit im weiteren Sinne"[9]).

Daneben wurden auch Sedimentite, wie z. B. Grauwacken oder Sandsteine verwendet. Nachgewiesen sind ebenfalls Vulkanite, biogene Gesteinsarten wie Kieselschiefer sowie sonstige Metamorphite. Diese Gesteinsarten treten jedoch in wesentlich geringerem Maße auf und sind als regionale Ersatzmaterialien für die AHS-Gruppe zu betrachten.

Zur Herkunft der Gesteinsarten

Die genaue Lage der Vorkommen der Aktinolith-Hornblendeschiefer ist nach wie vor unbekannt. Nach neueren naturwissenschaftlichen Untersuchungen spricht manches für zentraleuopäische Vorkommen als potentielle Liefergebiete, wie z. B. den Odenwald und den Spessart, die Böhmische Masse bzw. die Karpathen, ja sogar den Hohen Balkan[10]). Die Entfernung zwischen dem nordwesteuropäischen Siedlungsgebiet (Rheinland, Niederländisch Limburg, Belgien) und den nächstgelegenen Vorkommen (Spessart/Odenwald) beträgt ca. 200 km, zum Hohen Balkan sogar ca. 1300 km Luftlinie.

Im Gegensatz dazu sind die lokal begrenzten Vorkommen der Ersatzgesteine im erweiterten „euregionalen" Teil des Siedlungsgebietes recht gut bekannt. In der Niederrheinischen Bucht sind dies insbesondere feinkörniger Basalt, der entweder aus Rheinschottern oder direkt von Vorkommen im Siebengebirge bei Bonn stammt. Eine nicht geringe Rolle als Substitut spielt sodann der sog. Wetzschiefer. Dieser auch „Quarzite de Vielsalm" genannte Metamorphit tritt an mehreren bandkeramischen Siedlungen des Rheinlandes auf[11]). Eine komplette, sekundär abgeklopfte Dechselklinge stammt aus der Füllung des in Erkelenz-Kückhoven entdeckten Holzbrunnens. „Wetzschiefer" konnte in Form geeigneter Gerölle aus Schotterkörpern der Niederrheinischen Bucht gesammelt werden. Schließlich gibt es – ebenfalls aus Erkelenz-Kückhoven – das Schneidenfragment einer Dechselklinge und eine langschmale, grazile, komplette Dechselklinge, deren Material vorläufig als „Tonschiefer" angesprochen wird. Es fühlt sich seifig an und erscheint eigentlich viel zu weich zur Herstellung derartiger Geräteformen. Vermutlich reflektiert dieser Eindruck jedoch lediglich den Erhaltungszustand der Artefakte.

Aus Belgien kennen wir das eng begrenzte Vorkommen einer sehr charakteristischen Gesteinsart. Unweit von Brüssel steht der sog. Phtanit d'Ottgnies, ein kieselschieferähnliches, biogenes Sedimentgestein an. Diese außerordentlich homogene Gesteinsart tritt in unterschiedlich großen Blöcken, gelegentlich aber auch in Platten oder Fladen auf[12]).

Leider konnte bislang eine zweite belgische, in zwei Varianten auftretende metamorphe Gesteinsart, der „Grès à micas" oder „Grès micacé", einem bestimmten Vorkommen noch nicht genauer zugewiesen werden. Im Einzugsgebiet der Maas sind mehrere Vorkommen bekannt. Eine regelrechte Werkstatt mit Überresten der Dechselklingenproduktion wurde bei Horion-Hozémont südwestlich von Lüttich in der Nähe eines der Vorkommen entdeckt und ausgegraben[13]). Momentan gilt das nächstgelegene Vorkommen als Lieferort dieser Gesteinsart[14]).

Schließlich sei noch auf das Vorkommen eines sehr homogenen Metamorphites aus dem Elsaß von Plancher-les-Mines hingewiesen, das bereits während der Bandkeramik eine gewisse regionale Bedeutung besessen haben soll[15]).

Die Verwendung dieser Ersatzgesteine blieb jedoch nicht auf die nähere Umgebung der Vorkommen beschränkt. So kennen wir Dechselklingen aus rheinischem Basalt auch aus Niederländisch Limburg und Belgien, ein Exemplar aus Phtanit d'Ottignies stammt aus einem niederländischen Fundplatz; das Nackenfragment einer Dechselklinge aus diesem Material (Abb. 1) wurde in Erkelenz-Kückhoven entdeckt[16]). Eventuell besteht eine Dechselklinge vom Siedlungsplatz Langweiler 9 im Rheinland aus Grès micacé; eine weitere Dechselklinge aus diesem Material wurde im niederländischen Elsloo gefunden[17]).

Rohmaterial Knochen

In allen Abschnitten der Steinzeit war Knochen ein wichtiger Rohstoff zur Herstellung unterschiedlichster Gerätschaften[18]). Wie jedes organische Material unterliegt jedoch auch er den jeweiligen Erhaltungsbedingungen an den Fundplätzen in ganz besonderer, der Forschung abträglicher Weise. Deshalb sind wir in wesentlich geringerem Masse über die tatsächliche steinzeitliche Nutzung von Knochen informiert. Und so zählen auch bandkerami-

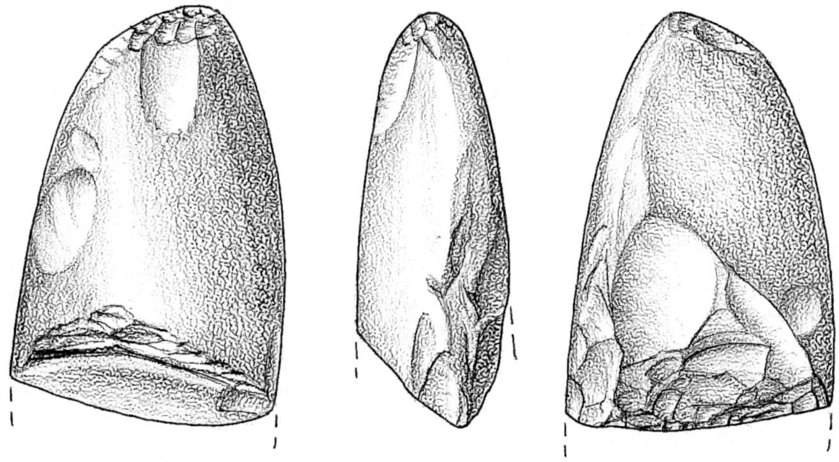

Abb. 1. Nackenfragment einer geschliffenen Dechselklinge aus Erkelenz- Kückhoven. Material: Phtanit d'Ottignies. M 1:1

sche Knochengeräte nicht gerade zu den häufig angetroffenen Artefakten. Das geläufige Typenspektrum umfaßt neben selteneren kammartigen Objekten, Meißeln und Äxten sowie einigen Pfeilspitzen hauptsächlich Pfrieme aus Metapodien[19]).

Dieses Spektrum ist jedoch unvollständig; es muß um eine Gruppe von Artefakten erweitert werden, die nach ihrer Form und technischen Merkmalen als Dechselklingen anzusprechen sind. Merkwürdigerweise scheinen diese Stücke über lange Zeit der Aufmerksamkeit der Archäologen entgangen zu sein. Obwohl bereits in einer Arbeit aus den frühen Jahren unseres Jahrhunderts der Autor ein Knochenartefakt von einem bandkeramischen Siedlungplatz korrekt als Dechselklinge anspricht, vergingen noch 70 Jahre, bis auf diese Artefaktgruppe erstmals mit allem wünschenswerten Nachdruck hingewiesen wurde[20]).

Die Stücke bestehen allem Anschein nach aus Diaphysen der Röhrenknochen von Großsäugern[21]). Geeignete Rohstücke wurden durch Zerschlagen oder durch Sägen gewonnen, dann in direkter Schlagechnik in die gewünschte Form gebracht und anschließend überschliffen[22]). Wegen der natürlich gerundeten, glatten Außenfläche der Kompakta konnte sich der Schliff auf der Dorsalfläche lediglich auf den Schneidenbereich beschränken; die Ventralfläche mußte dagegen auf ihrer gesamten Länge geglättet werden. Auch für Dechselklingen aus Knochen wird man eine Schäftung analog zu denjenigen aus Stein annehmen dürfen[23]).

Der Rohstoff Knochen dürfte, z. B. im bandkeramischen Siedlungsgebiet Nordfrankreichs, mit großer Wahrscheinlichkeit die Rolle eines Ersatzmateriales gespielt haben[24]). Ob dies jedoch generell auf das gesamte bandkeramische Siedlungsgebiet zu übertragen ist, bleibt fraglich. So ist durchaus denkbar, daß Dechselklingen aus Knochen einen wesentlich größeren Bestandteil des damaligen Geräteinventares gebildet haben, als man durch die erhaltungsbedingt spärlichen Funde anzunehmen geneigt ist. Hier sei auf die knochenbewehrten Dechseln des jüngeren Neolithikums des Alpenraumes verwiesen, einer ansonsten klassischen Region der Felsgesteinnutzung für Beilklingen[25]).

Soweit mir bekannt ist, wurden bislang noch keine umfangreichen Experimente mit derartigen Dechselklingen durchgeführt. Da frischer Knochen jedoch ein hartes und auch zähes Material ist, dürften auch grobere Holzarbeiten mit knochenbewehrten Dechseln erfolgreich durchzuführen sein.

In diesem Zusammenhang können die sog. Fellschaber vom mesolithischen Fundplatz Star Carr in England nicht unerwähnt bleiben[26]). Sie ähneln in erstaunlicher Weise den bandkeramischen knöchernen Dechselklingen. Vermutlich aus diesem Grunde wurden sie jüngst, und wie ich meine zu Recht, als Beilklingen bezeichnet[27]). Und es liegt nahe, ihre Schäftung, wie diejenigen der nachstehend erwähnten mesolithischen Dechselklingen aus Geweih, ebenfalls dechselähnlich anzunehmen.

Im übrigen wurde Knochen zur Herstellung von Dechselklingen nicht nur im Mesolithikum und Neolithikum Europas verwendet, wie z. B. durch südostasiatische, den europäischen Exemplaren frappierend vergleichbare neolithische Stücke belegt wird[28]).

Schließlich sei nur am Rande auf die eventuelle Bedeutung des Materiales Knochen im Zusammenhang mit der noch immer unbekannten Entstehung des Gerätetyps „Beil" hingewiesen[29]).

Exkurs: Rohmaterial Geweih

Auch Geweih stellte ein wichtiges und vielseitig verwendetes Rohmaterial in der Steinzeit dar[30]). In der Bandkeramik wurde dieses Material eventuell zu sog. Steckkämmen verarbeit, sicher aber zu durchbohrten Knebeln, Druckstäben zum Retuschieren, Zwischenstücken (Punches) für die Steinbearbeitung und Äxten[31]). Die Kompakta vom Geweih kapitaler Hirsche ist relativ dick und zeichnet sich durch Härte und insbesondere eine große Zähigkeit aus. Interessanterweise fehlt bislang aus bandkeramischem Zusammenhang der Nachweis der Verwendung von Hirschgeweih als Ersatzmaterial für Dechselklingen, obwohl die technologischen Voraussetzungen hierfür zweifellos gegeben waren.

Andererseits kennen wir beilklingenähnliche Geweihartefakte aus mesolithischen Fundplätzen Süddeutschlands, Luxemburgs und wahrscheinlich auch Norddeutschlands[32]). Die Stücke bestehen aus Geweihsprossen vom Rothirsch mit schräg angelegten, „sorgfältig geglätteten Trennflächen" als Schneiden, und ihre Schäftung wird zu Recht dechselartig angenommen. Allem Anschein nach scheinen die Autoren aber die Leistungsfähigkeit dieser Geräte nur sehr gering einzuschätzen, denn sie sind der Ansicht, daß „...mit der quer gestellten Schneide am ehesten weiche Teile (z. B. Rinde oder Bast) gelöst wurden"[33]). Eine experimentelle Untersuchung über die mögliche Verwendung mesolithischer Geweihäxte skandinavisch-norddeutscher Typen liefert hier interessante Einsichten. Da die konstruktions- und materialbedingte Schneidenform dieser Artefakte mit derjenigen der vorstehend erwähnten mesolithischen Dechselklingen aus Geweih völlig übereinstimmt, scheint mir eine Übertragung der experimentellen Ergebnisse statthaft. Die wichtigste Erkenntnis der Experimente besteht darin, daß die verwendeten modernen Nachbildungen nicht nur zum Spalten von frischem Holz, sondern auch zum Baumfällen hervorragend geeignet sind[34]). In diesem Sinne sehe ich keinerlei Grund, nicht auch den mesolithischen Dechselklingen aus Geweih wie jenen aus Knochen eine derartige Funktion zuzubilligen[35]).

Vielleicht war auch diese Artefaktgruppe bei der Herausbildung der altneolithischen Dechselklingen aus Felsgestein beteiligt[36]).

Techniken zur Herstellung von Dechselklingen aus Felsgestein

Die Herstellung von Steinwerkzeugen stellt das älteste Handwerk des Menschen dar[37]). Zur erfolgreichen Beherrschung eines Handwerkes sind grundsätzlich drei Voraussetzungen zu erfüllen, d. h. vorhanden sein müssen

1. geeignetes Rohmaterial,
2. geeignete Werkzeuge und Hilfsmittel,
3. Kenntnisse der Technologie.

Erst das enge Zusammenspiel der drei Voraussetzungen ermöglicht die Herstellung handwerklich einwandfreier und für den jeweiligen Verwendungszweck sachgerechter Endprodukte. Die unter 2. und 3. aufgeführten Voraussetzungen machen eine intime Kenntnis der Eigenschaften der zu verarbeitenden Gesteinsarten notwendig.

Struktur der Gesteinsarten

Alle genannten Gesteinsarten zeichnen sich durch eine feinkristalline, dichte Struktur aus. Dies resultiert in bestimmten physikalischen Eigenschaften, welche zum einen die Gesteine zur späteren Verwendung als Dechselklingen besonders geeignet machen. Neben großer Härte ist dies insbesondere eine hohe Zähigkeit, die im Falle der AHS-Gruppe besonders deutlich wird[38]). Zum anderen gewährleistet die charakteristische Struktur der Gesteinsarten jedoch auch bestimmte schlagtechnische Eigenschaften und führt damit zu einem gesteinstypischen bruchmechanischen Verhalten.

Die drei Gruppen der nachgewiesenen Gesteine – Metamorphite, Vulkanite und Sedimentite – zeigen unterschiedliche schlagtechnische Verhaltensweisen. Lediglich die Vulkanite (feinkörnige Basalte) und die Sedimentite (Phtanit, Grauwacke u. ä.) erlauben eine uneingeschränkte Zurichtung in direkter Schlagtechnik[39]). Dies liegt an ihrer durchweg homogenen Struktur und einer daraus resultierenden gewissen Isotropie, die sich makroskopisch im typischen muscheligen Bruch zu erkennen gibt[40]).

Im Gegensatz dazu weisen metamorphe Gesteine nahezu immer eine mehr oder weniger stark ausgeprägte lagige Textur, d. h. Schieferung auf. Gesteine dieser Gruppe (echter Amphibolit, Gesteine der AHS-Gruppe, sog. Wetzschiefer und „Glimmersandstein" aus Horion-Hozémont) lassen sich wesentlich schwerer und teilweise gar nicht in direkter Schlagtechnik bearbeitet. Dies leuchtet ein, denn durch die Schieferung sind potentielle natürliche Sprungflächen vorgegeben, entlang derer das Gestein unkontrolliert brechen kann.

Man könnte auch sagen, daß sich Metamorphite vergleichsweise wie Feuerstein oder Hornstein verhalten, der von einem unsichtbaren Haarriß durchzogen ist. Wenn bei der Bearbeitung eines solchen Stückes die zur Abtrennung von Abschlägen oder Klingen benötigte Energie (kinetische Energie; sog. Schlagwellen) auf einem solchen Riß trifft, dann wird sie abgebremst und umgeleitet. Mit anderen Worten: Eines der wichtigsten Prinzipien der steinzeitlichen Steinbearbeitung, die geplante Anlage und der vorbestimmte zukünftige Verlauf eines Negatives kann nicht realisiert werden; durch nur einen Schlag kann das Rohstück völlig unbrauchbar werden.

Andererseits kennen wir besonders dichte Metamorphite, wie z. B. Vertreter der AHS-Gruppe, sehr homogene „Wetzschiefer" oder eine besonders kompakte Variante des Grès micacé „à structure tabulaire“, die in Schlagtechnik, wenn auch kaum flächendeckend, sondern überwiegend randlich zugerichtet worden sind.

Natürliche Form der Rohstücke

Eine nicht zu unterschätzende Bedeutung für die Bearbeitung besitzt neben der Struktur m.E. auch die natürliche Form der Rohstücke. Dies hängt eng mit den beiden Hauptformen der Dechselklingen zusammen. Ein für beide Formen verbindliches Merkmal ist neben ihrer flachen Ventralfläche ihre gewölbte Dorsalfläche. Deutliche Unterschiede liegen dagegen in ihrer Breite und Länge.

Aus arbeitsökonomischen Gründen ist es nun wünschenswert, daß die Ausgangsform der Rohstücke sich weitestgehend an die zukünftige Form der gewünschten Dechselklingen beider Haupttypen annähert[41]). Betrachtet man vor diesem Hintergrund die nachgewiesenen Gesteinsarten, dann werden deutliche Unterschiede erkennbar. Während z. B. Basalt und Phtanit zwar in homogenen, aber blockig-massigen Ausgangsformen vorkommen, weisen Gerölle aus Wetzschiefer sehr häufig gleichmässige, flache Fladenform auf; eine noch günstigere Ausgangsform besitzen vor allem Gesteine der AHS-Gruppe, die regelrechte natürlich ausgebildete Platten mit annähernd parallelen Breitseiten aufweisen oder der Grès micacé à structure tabulaire, der sich leicht in Platten spalten läßt[42]).

An allen Halb- und zahlreichen Fertigfabrikaten läßt sich nun eine deutliche Abhängigkeit der nachweisbaren Techniken von diesen beiden Eigenschaften der verwendeten Gesteinsarten – Struktur und Form – erkennen. Das bedeutet, daß diese Eigenschaften den steinzeitlichen Steinbearbeitern bestens bekannt waren.

Primär- und Sekundärtechniken

Nach meinem Verständnis läßt sich zwischen sog. Primärtechniken und sog. Sekundärtechniken unterscheiden. Primärtechniken dienen einer initialen Zurichtung bzw. Präparation von Grundformen oder Geräten. Sekundärtechniken (Hilfstechniken) werden nur fallweise oder überhaupt nicht zur Modellierung einer bestimmten Grund- oder Geräteform eingesetzt[43]).

Im Zusammenhang mit der Dechselklingenherstellung aus Felsgestein gelten als Primärtechniken die direkte harte bzw. weiche Schlagtechnik, ihre Variante, die Picktechnik und eventuell die Punchtechnik.

Primärtechniken

Direkte harte Schlagtechnik

Hierfür benötigt man Schlagmedien, d. h. Schlagsteine oder Schlegel aus anorganischem Material, mit denen vom Werkstück randlich, flächig oder völlig flächendeckend kleinere und/oder größere Stücke abgetrennt werden. Für die direkte harte Schlagtechnik haben sich unterschiedlich schwere Schlagsteine in Form handlicher Flußgerölle aus zähen Felsgesteinarten, wie z. B. quarzitischem Sandstein o. ä. als besonders geeignet erwiesen[44]). Aber auch Bruchstücke z. B. von Dechselklingen aus Metamorphiten eignen sich hervorragend als Schlaggeräte[45]).

Noch immer stößt man gelegentlich auf die Ansicht, daß auch Schlagsteine aus Feuerstein gleichberechtigt neben jenen aus Felsgestein zur Zurichtung von Feuersteingeräten eingesetzt worden sind[46]). In diesem Zusammenhang werden unter anderem auch sog. Klopfer bzw. Klopfkugeln aus Feuerstein erwähnt[47]). Unbestritten handelt es sich hierbei ebenfalls um Schlagsteine, die allem Anschein nach jedoch grundsätzlich für besondere Einsatzbereiche reserviert waren.

Tatsächlich sind Schlagsteine bzw. Klopfer aus Feuerstein wegen der Härte und Dichte des Materiales für die Bearbeitung von Horn- bzw. Feuerstein in direkter harter Schlagtechnik ein denkbar ungeeignetes Gestein[48]). Es soll zwar nicht ausgeschlossen werden, daß Klopfkugeln oder handliche Feuersteingerölle bzw. Trümmerstücke fallweise als „ad hoc-Geräte“ zur Retuschierung von Feuersteinartefakten verwendet worden sein mögen, indes wären solche Beispiele als klare Ausnahmen zu betrachten[49]).

Aus denselben Gründen schließe ich die Verwendung von Schlagsteinen aus Feuerstein ebenfalls bei der Zurichtung von Felsgesteinartefakten in der klassischen Schlagtechnik aus. Nichts spricht indes gegen die Vermutung, daß Feuerstein-Schlagsteine aus verworfenen Klingenkernsteinen (sog. Klopfer) bei der Zurichtung von Dechselklingen aus Felsgestein mittels Picktechnik (s. u.) zur Anwendung kamen.

Direkte weiche Schlagtechnik

Zweifellos wird auch die direkte weiche Schlagtechnik bei der Anfertigung von Dechselklingen eine gewisse Rolle gespielt haben, obgleich ihr Nachweis nicht leicht zu führen ist[50]). Nach eigenen praktischen Versuchen eignet sie sich besonders gut zur feineren Zurichtung der späteren Schneidenpartien von Dechselklingenrohlingen aus besonders homogenen Gesteinsarten.

Diese Schlagtechnik setzt andere Schlaggeräte voraus. Hierbei handelt es sich um Schlegel aus organischen Materialien, d. h. im Neolithikum meistens Hirschgeweih, eventuell auch Hartholz. Mittlerweile bin ich zu der Ansicht gelangt, daß Schlaggeräte aus kompletten Knochen kaum eine sinnvolle Anwendung bei der Steinbearbeitung erlauben. Sehr wahrscheinlich ist indes die Verwendung größerer Splitter der Kompakte maßiver Röhrenknochen bei der Retuschierung von Flint- oder Hornsteinartefakten in Schlagtechnik[51]).

In einer gewissen Grauzone zwischen direkter harter und direkter weicher Schlagtechnik bewegt sich die Anwendung von Schlagsteinen aus relativ weichen Gesteinsarten, z. B. Sand- oder Kalkstein bzw. verkieseltem Kreidekalk. Manche Autoren sehen hierin bereits Merkmale der direkten weichen Schlagtechnik.

Hervorragende bandkeramische Beispiele für die Anwendung der Schlagtechnik bei relativ isotropen Gesteinsarten sind zwei Halbfabrikate aus Basalt aus dem Hortfund von Kassel-Kirchditmold und insbesondere die zahlreichen Vorarbeiten aus belgischem Phtanit[52]). Aus Poll bei Düren im Rheinland stammt das Nackenfragment einer in Schlagtechnik zugerichteten Dechselklinge aus Basalt (Abb. 2)[53]).

In Schlagtechnik bearbeiteten Wetzschiefer, „Grünschiefer“, Grès micacé, Amphibolit und Aktinolith-Hornblendeschiefer kennen wir z. B. aus dem Rheinland und Bayern, aus Belgien, aus Ostdeutschland und aus der Tschechischen Republik[54]). Ein während der Zurichtung zerbrochener Rohling aus einem länglichen Wetzschiefergeröll wurde auf dem Siedlungplatz Erkelenz-Kückhoven gefunden (Abb. 3).

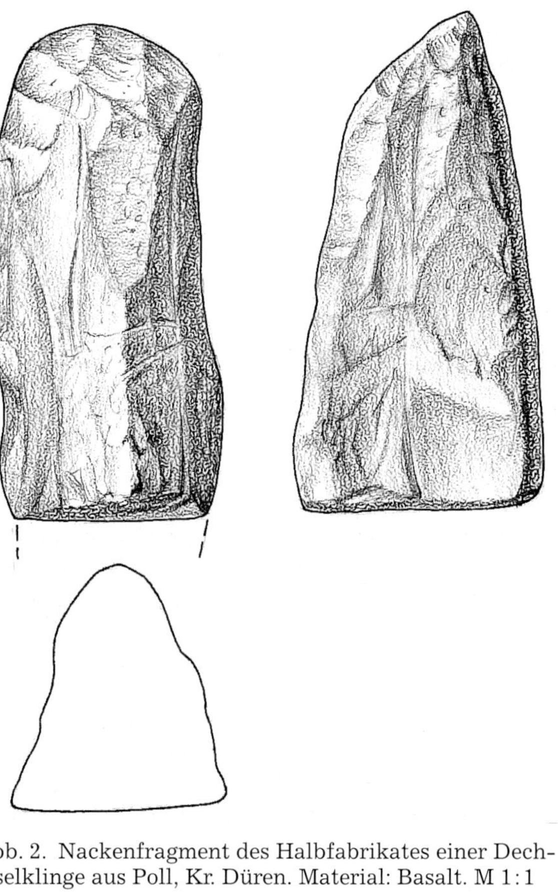

Abb. 2. Nackenfragment des Halbfabrikates einer Dechselklinge aus Poll, Kr. Düren. Material: Basalt. M 1:1

Intentionell hergestellte Grundformen

Die Bedeutung natürlicher, plattiger Ausgangsformen wurde bereits erwähnt. Offensichtlich wurden solche Stücke bei der Auswahl bevorzugt, denn die zukünftige Dorsal- bzw. Ventralfläche ist bereits weitgehend vorgegeben und muß nicht mehr in Schlagtechnik angelegt werden. Die noch erforderliche Zurichtung brauchte sich also nur auf die randliche Festlegung des gewünschten Umrisses und die Ausarbeitung des Schneidenbereiches zu erstrecken. Dieses spezielle natürliche Formenangebot ist jedoch vorwiegend auf die Metamorphite beschränkt.

Im Gegensatz dazu war es bei Verwendung blockig-massiger Ausgangsstücke von Vulkaniten und Sedimentiten unumgänglich notwendig, auch die beiden Breitseiten aufwendig in Schlagtechnik anzulegen, wovon einige Rohlinge ein beredtes Zeugnis ablegen[55]). Um nun diese Zurichtung auf ein Minimum zu reduzieren, nutzten die steinzeitlichen Handwerker einen einfachen Kunstgriff, d. h. die Kenntnis, daß Ventralflächen an Grundformen wie Klingen und Abschlägen einen relativ gleichmäßigen Oberflächenverlauf aufweisen können. Konsequent setzten sie diese Kenntnis ein und produzierten häufiger z. B. aus Phtanit Grundformen mit mehr oder weniger geradlinig verlaufenden Ventralflächen, deren Querschnitte den fladig-plattigen, natürlichen Ausgangsstücken anderer Gesteinsarten ähneln. Diese intentionellen Grundformen erforderten ebenfalls nur noch eine randliche Zurichtung[56]). In diesem Sinne würde es mich nicht wundern, wenn eine Untersuchung der Ventralflächen von Dechselklingenrohlingen aus Basalt ebenfalls Merkmale einer häufigen Nutzung intentioneller Grundformen erbringen würde.

Picktechnik

Im Grunde ist die Picktechnik lediglich eine Variante der Schlagtechnik[57]). Sie unterscheidet sich aber durch zwei grundlegende Merkmale von der direkten Schlagtechnik:

Der optisch deutlichste Unterschied liegt in den Bearbeitungsspuren und den Abtrennprodukten. Bei der direkten Schlagtechnik bestehen die Abtrennprodukte aus verschieden großen definierten Grundformen, d. h. aus unterschiedlich geformten Abschlägen, deren Negative als Bearbeitungsspuren zurückbleiben. Als Ergebnis eines Schlages wird die Oberfläche des Werkstückes also immer in unterschiedlich großen Bereichen flächig reduziert.

Im Gegensatz dazu bestehen die Abtrennprodukte bei der Picktechnik nahezu ausschließlich aus Gesteinsgrus feinster Fraktionen, d. h. nicht definierten Grundformen sowie manchmal kleinsten Trümmerstücken; die Abtrennspuren geben

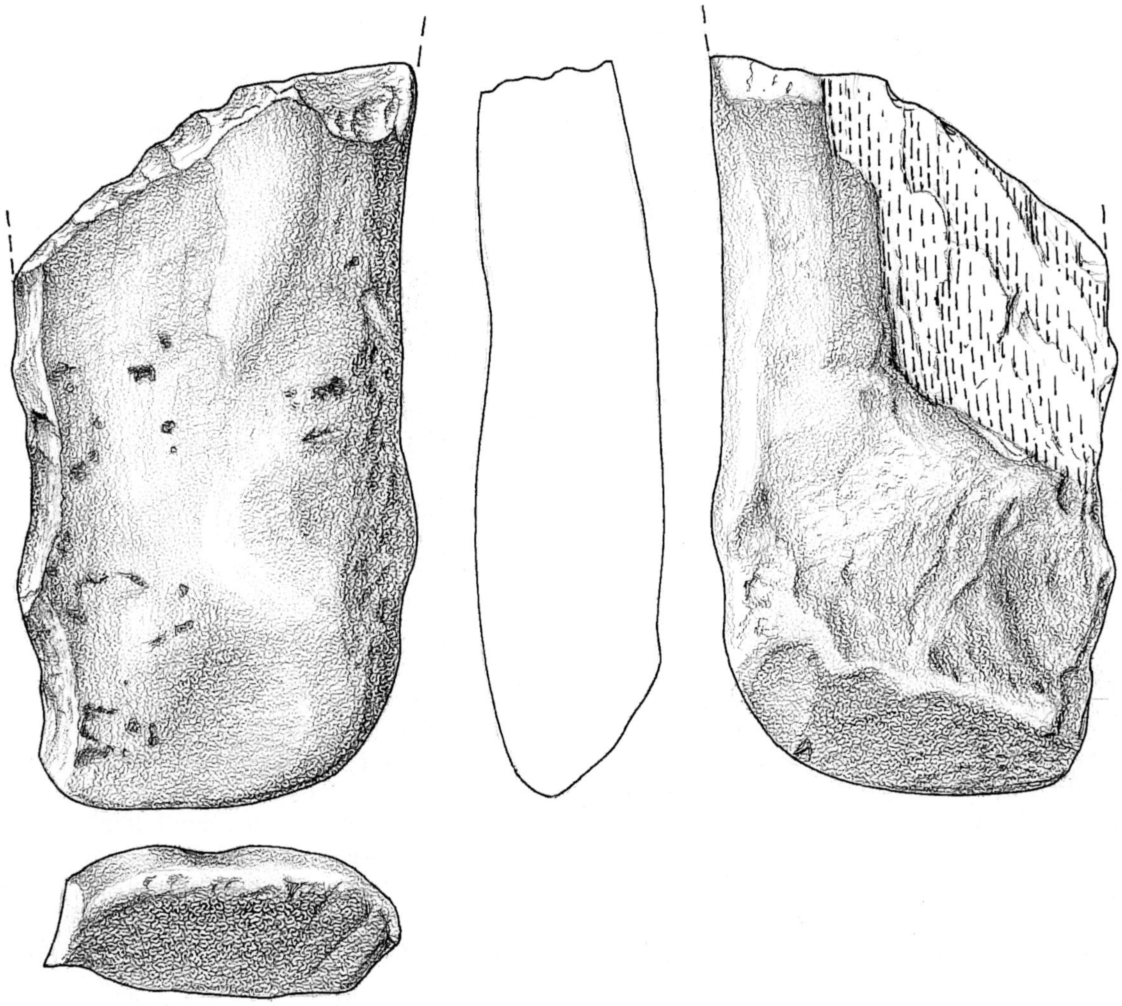

Abb. 3. Schneidenfragment des Halbfabrikates einer Dechselklinge aus Erkelenz-Kückhoven. Material: Wetzschiefer. M 1:1

sich als charakteristische Zerrüttungszonen zu erkennen. In diesem Falle liegt das Ergebnis eines Schlages also darin, daß die Oberfläche nur auf einer winzigen Fläche, d. h. am Auftreffpunkt des Schlagsteines minimal reduziert wird. Unter bruchmechanischen Aspekten stellen diese Zerrüttungszonen nichts anderes dar als Schlagmarken, d. h. Oberflächen zahlreicher, nebeneinanderliegender Schlagkegel; sie entsprechen damit den typischen Rindenpartien mancher Flußgerölle bzw. manchen Schotterfeuersteinen, die z. B. in der Niederrheinischen Bucht ihre extremste Ausprägung in den sog. Maaseiern finden.

Der technologisch wichtigste Unterschied ist durch die Lage des Schlagpunktes sowie die Handhabung der Schlagsteine und den daraus resultierenden Auftreffwinkel gekennzeichnet. Bei der direkten harten Schlagtechnik muß der Schlagpunkt aus grundsätzlichen bruchmechanischen Gegebenheiten immer etwas hinter einer Kante („am Rand“) des Werkstückes liegen. Dabei mag aus Gründen der Kantenform gelegentlich ein Auftreffwinkel um 90° gewählt werden; er wird jedoch meistens kleiner als 90° sein.

Bei der Picktechnik ist die Wahl des Schlagpunktes prinzipiell unabhängig von bruchmechanischen Prinzipien. Er kann sich im extremen Randbereich ebenso wie im Zentrum der Breitseiten eines Werkstückes befinden. Es ist hierbei zwar manchmal möglich, daß der Auftreffwinkel kleiner als 90° sein kann; in den weitaus überwiegenden Fällen wird er jedoch gegen 90° tendieren.

Außerdem muß in diesem Zusammenhang eine bereits weiter oben erwähnte Artefaktgruppe angesprochen werden: Schlagsteine aus Feuerstein/Hornstein. Offensichtlich haben sich neben den bekannten Schlagsteinen aus Felsgesteingeröllen bei der Zurichtung von Felsgesteinartefakten in Picktechnik auch solche Schlagsteine bestens bewährt. Dies wird vor allem auf die besondere Härte dieser „Klopfsteine“ zurückzuführen sein; nach intensiver Nutzung nehmen die Stücke manchmal regelrechte Kugelform an und sind dann als „Klopfkugeln“ bekannt[58]).

Die Picktechnik ermöglicht die Entfernung vorstehender Grate zwischen Negativen bzw. von Überhängen als Resultat von Schlagunfällen in Form von „hinge- und step-fractures“. Gewiß ist dies ein relativ langsamer Reduktionsvorgang; der besondere Vorteil der Picktechnik liegt jedoch darin, daß sie eine Überarbeitung von Oberflächenbereichen erlaubt, welche sich einer Anwendung der klassischen Schlagtechnik entziehen. Das wichtigste Ziel dabei ist es, dem in Schlagtechnik weitgehend zugerichteten Rohling einen noch gleichmäßigeren Oberflächenverlauf und damit noch symmetrischeren Längs- und Querschnitt zu verleihen. Je intensiver dies gelingt, desto kürzer ist die Dauer des anschließenden Schleifvorganges.

Wir kennen zahlreiche Beispiele von in Picktechnik unterschiedlich intensiv überarbeiteten Dechselklingenrohlingen. Sie lassen erkennen, daß diese Technik bei allen gewählten Felsgesteinarten problemlos eingesetzt werden konnte.

Punchtechnik

Ob tatsächlich die Punchtechnik bei der Anfertigung von Dechselklingen aus Felsgestein zum Einsatz kam, kann zwar nicht ausgeschlossen werden, entzieht sich indes unserer Kenntnis[59]).

Sekundärtechniken

Als Sekundärtechniken gelten die Schleiftechnik sowie die Säge- und schließlich die Bohrtechnik[60]). Die einfachste technologische Reihenfolge wird durch die Schlagtechnik, gefolgt von der Picktechnik und abschließend der Schleiftechnik gebildet.

Schleiftechnik

Das letzte Glied in der „chaine opératoire“ bildet die Schleiftechnik[61]). Sie erlaubt die endgültige Überarbeitung der in Schlag- und Picktechnik weitestgehend vorbereiteten Oberfläche von Halbfabrikaten. Zum Schleifen von Feuerstein-/Hornstein- und Felsgesteinartefakten benötigt man Schleifsteine aus kristallinen, unterschiedlich harten Gesteinsarten. Aus dem Neolithikum sind zahllose Schleifsteine unterschiedlichster Gesteinsarten und Dimensionen bekannt.

In den Siedlungen werden neben kleineren, handlichen Exemplaren auch mahlsteingroße sog. Schleifwannen gefunden, die noch transportabel sind; zusätzlich kennen wir ortsfeste sog. Polissoirs außerhalb der Siedlungen. Sie alle sind gekennzeichnet durch Abnutzungsspuren auf ihren Oberflächen. Diese Spuren reichen von oberflächenparallelen Glätt- und Glanzzonen bis hin zu unterschiedlich tiefen, langschmalen Schleifmulden. Manche Schleifsteine besitzen nur eine oder wenige Schleifmulden, während die ortsfesten Polissoirs z. T. von Dutzenden dieser Mulden übersät sein können[62]).

Sand als Hilfsmittel beim Schleifen?

Immer wieder stößt man auf die nonchalante Feststellung, daß zum Schleifen von Steinbeilklingen neben einem Schleifstein und Wasser auf jeden Fall Sand bzw. Quarzgrus benötigt wird[63]). In einer lesenswerten Arbeit zur experimentellen Herstellung einer Beilklinge aus Felsgestein wird eine Leistungssteigerung beim Schleifen durch Zugabe von Sand glaubhaft gemacht[64]).

Hierzu sei aber grundsätzlich angemerkt, daß es keine eindeutigen archäologischen Hinweise auf die neolithische Verwendung von Sand als Schleifmittel gibt; die Experimentatoren sind von wie auch immer zu begründenden vorgefaßten Meinungen ausgegangen. Es liegt auf der Hand, daß die auf diesem Wege gewonnenen Ergebnisse keinesfalls die urgeschichtliche Realität widerspiegeln müssen.

Wir kennen andere Schleifexperimente, bei denen Halbfabrikate aus Flint bzw. Felsgestein lediglich unter Zugabe von Wasser geschliffen worden sind. Dabei hat sich gezeigt, daß die Verwendung von Sand oder Quarzgrus völlig überflüssig ist und trotzdem hervorragende Schleifergebnisse erzielt werden können[65]). Tatsächlich bildet sich während des Schleifvorganges sehr schnell aus dem Abrieb des Schleifsteines und dem zugefügten Wasser eine Art Schleifpaste, die allem Anschein nach den Schleifvorgang unterstützt. Man muß jedoch verhindern, daß diese Paste zu viskos wird; dies kann durch häufige bzw. kontinuierliche Wasserzugabe gesteuert werden.

Selbstverständlich müssen auch diese Ergebnisse nicht die steinzeitliche Praxis reflektieren. Indes ist es ein Gebot der experimentellen Archäologie, immer den einfachsten Lösungsweg eines technologischen Problemes zu suchen. In diesem Sinne besitzt m.E. die Annahme, im Neolithikum sei unter exklusiver Verwendung von Schleifsteinen und der alleinigen Zugabe des Hilfsmittels Wasser geschliffen worden die größere Wahrscheinlichkeit. Im übrigen wird diese Hypothese durch völkerkundliche Beobachtungen gestützt[66]).

Schliffarten und Schleifsteinformen

Grundsätzlich lassen sich zwei Arten von Schliff unterschieden: Der formgebende Schliff und der schärfende Schliff.

Der formgebende Schliff dient der endgültigen Oberflächengestaltung der unter Einsatz von Primärtechniken zugerichteten Rohlinge und erstreckt sich somit auf deren gesamte Oberfläche. Die hierbei zum Einsatz kommenden Schleifsteine müssen nicht unbedingt aus sehr harten Gesteinsarten bestehen; wichtig ist vor allem, daß es sich um ein kieselsäurereiches Gestein mit einer relativ rauhen Oberfläche handelt und so einen hohen Abrieb am Rohling gewährleistet.

Weiterhin ist es aus Gründen der Arbeitsökonomie sinnvoll, daß größere, d. h. vor allem ausreichend lange Schleifsteine zum Einsatz kommen. Denn je länger der Schleifstein ist, desto länger kann auch eine einzige Schleifbewegung sein. Mit der Länge des Schleifweges wächst aber der Abrieb bei jeder Bewegung, und um so schneller ist die Oberflächengestaltung beendet. Durch die Größe der Schleifsteine wird ihre passive Rolle beim Schleifvorgang definiert; die aktive Rolle übernimmt der Rohling.

Die Maximallänge der Schleifsteine wird durch die potentielle Reichweite des Steinbearbeiters vorgegeben. Hierbei wird vorausgesetzt, daß die Rohlinge beim Schleifen in der Hand gehalten und überwiegend in Längsrichtung des Schleifsteines vorwärts und rückwärts bewegt werden. Vor diesem Hintergrund dürfte die Maximallänge von bandkeramischen Schleifsteinen für die Überarbeitung von Dechselklingen ihre natürliche Begrenzung zwischen ca. 40 cm und ca. 50 cm finden.

Im Rheinland sind mahlsteingroße Schleifwannen aus jüngerneolithischem Zusammenhang nicht selten[67]). Dagegen sind von den bandkeramischen Siedlungsplätzen trotz der relativ großen Zahl von Dechselklingen aller Größen überwiegend kleindimensionierte Schleifplatten und -wannen überliefert[68]), L. Fiedler erwägt deshalb die Nutzung von Mahlsteinen zum Schleifen von alt- und mittelneolithischen Dechselklingen, wobei er die Ansicht vertritt, daß sie durch den Schleifvorgang „nicht ungleichmäßig abgenutzt und für ihre eigentlichen Zwecke unbrauchbar geworden“ wären[69]). Seine Begründung beruht allem Anschein nach auf diagonal zur Längsrichtung von Dechselklingen verlaufende Schleifspuren[70]). Dies ist m.E. unzulässig, da wir nicht wissen, ob diese Spuren auf den formgebenden oder auf den schärfenden Schliff zurückzuführen sind. Eigenen Schleifexperimenten von Dechselklingen zufolge, entstehen auch beim Einsatz eines Schleifsteines aus Eschweiler Kohlensandstein – dem klassischen Material altneolithischer rheinischer Mahlsteine – zwangsläufig schon nach relativ kurzer Zeit deutliche Schleifmulden in Längsrichtung des Schleifsteins; dies trifft im übrigen auch für alle Schleifsteine aus anderen Gesteinarten zu[71]).

Und so dürften die überwiegend kleinstückigen bandkeramischen Schleifsteine des Rheinlandes ihre Form vor allem einer intensiven Nutzung sowie fallweise auch einer schlechten Materialerhaltung verdanken. Daß es tatsächlich ausreichend dimensionierte Schleifsteine zum Dechselklingenschliff gegeben hat, wird durch ein komplettes Exemplar aus Langweiler 8 mit einer Länge von gut 40 cm belegt[72]).

Der schärfende Schliff erstreckt sich ausschließlich auf die Schneidenpartie der Halbfertigfabrikate. Er dient zur endgültigen Anlage eines Schneidensaumes und dessen größtmöglicher Schärfung. Analog zu sehr harten und vor allem feinkörnigen modernen Wetz- bzw. Abziehsteinen sollten auch die bandkeramischen Schleifsteine für den schärfenden Schliff diese Eigenschaften erfüllen. Da die Bewegungen bei dieser Schliffart wesentlich kürzer sein können und überdies, wie praktische Versuche gezeigt haben, auch quer zur Längsrichtung der Halbfertigfabrikate verlaufen, kann auch die Maximallänge der benötigten Schleifsteine entsprechend kürzer sein. Im übrigen ist damit zu rechnen, daß sich auch der eigentliche Schleifvorgang deutlich von demjenigen des formgebenden Schliffes unterscheiden kann, ohne daß wir dies nachweisen können. So ist es durchaus möglich, daß bei dieser möglichst präzisen Arbeit auf kleinstem Raum jetzt insbesondere die kleineren, handlichen Exemplare der Schleifsteine die aktive, das Halbfertigprodukt dagegen die passive Rolle übernimmt. Gewiß ist mit einer derartigen Handhabung beim Nachschleifen von geschäfteten, stumpf gewordenen Dechselklingen zu rechnen.

Von den nachgewiesenen bandkeramischen Schleifsteinen im Rheinland scheinen für den schärfenden Schliff insbesondere diejenigen aus Kinzweiler Sandstein und Wetzschiefer geeignet. Bezeichnenderweise bestehen die Stücke aus Wetzschiefer „aus der sehr feinkörnigen und dichten Variante dieses Rohmaterials“, das zusätzlich noch plattige Form besitzt[73]). In der Füllung des Holzbrunnens vom Siedlungsplatz Erkelenz-Kückhoven wurden zwei komplette Schleifplatten aus hartem und dichtem Wetzschiefer gefunden, deren Oberflächen hochgradige Glanzzonen aufweisen (Abb. 4). Selbstverständlich ist nicht auszuschließen, daß auch die Schneiden anderer Geräte auf derartigen Schleifsteinen geschärft worden sind.

Zu apparativen Vorrichtungen

Im Gegensatz zu diversen Rekonstruktionsversuchen von Säge- und Bohrmaschinen (s. u.) gibt es nach meiner Kenntnis nur einen einzigen Rekonstruktionsversuch einer Schleifmaschine durch N. F. B. Sehested; ihre formale Anlehnung an die „Pendelsäge“ von Keller ist unverkennbar (s. u.). Nach den praktischen Versuchen des Autors erwies sich die Maschine unter gewissen Gesichtspunkten indes als unbrauchbar[74]).

Im Gegensatz dazu handelt es sich bei dem von B. Madsen entwickelten „System“ lediglich um eine Hilfskonstruktion. Sie besteht aus einem gespaltenen Ast bzw. einer Astgabel, die zur Fixierung der Halbfabrikate und ihrer Beschwerung beim Schleifvorgang dienen[75]).

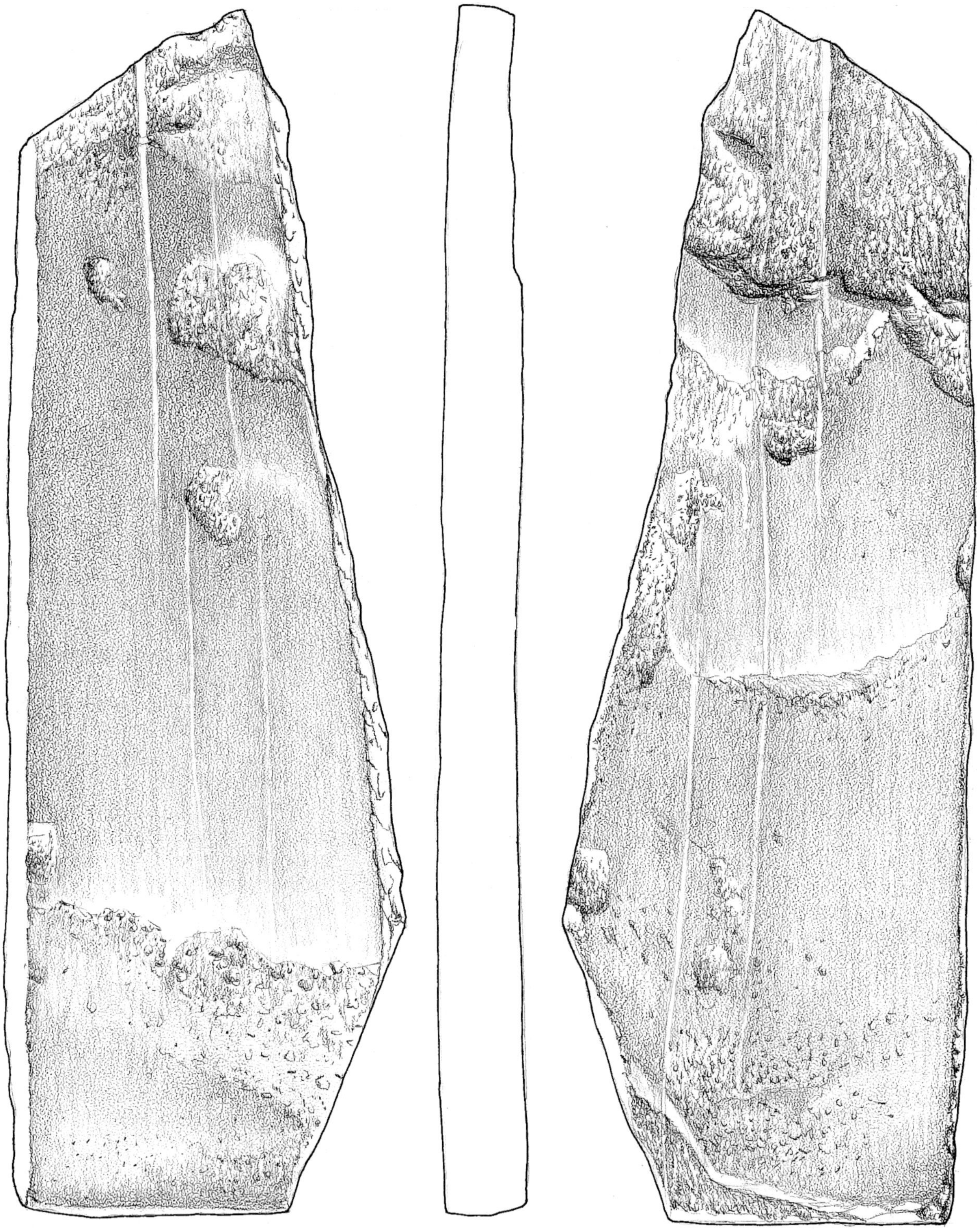

Abb. 4. Komplette Schleifplatte aus Erkelenz-Kückhoven. Material: Wetzschiefer. M 1:1

Hinweise auf die Existenz derartiger Schleifmaschinen bzw. Hilfskonstruktionen aus dem Neolithikum sind unbekannt, und es spricht m. E. alles für das freihändige Schleifen.

Zur Dauer des Schleifvorganges

In der Literatur finden sich die unterschiedlichsten Angaben zur Schleifdauer[76]). Ohne hier näher darauf einzugehen, steht auf jeden Fall fest, daß der Form der Halbfabrikate eine entscheidende Rolle bei der Dauer des Schleifvorganges zufällt. Grundsätzlich gilt, daß die Schleifdauer durch eine möglichst weitgehend überarbeitete d. h. gleichmäßig geformte Oberfläche der Halbfabrikate maßgeblich herabgesetzt werden kann[77]). Aus diesem Grunde scheint es mir angebracht, bei der Benutzung von Angaben zur Schleifdauer aus der Literatur dann Vorsicht walten zu lassen, wenn Hinweise zum Bearbeitungszustand der Halbfabrikate fehlen.

Als wichtigstes Ergebnis der Schleifexperimente sowohl von Flint als auch von Felsgestein ist festzuhalten, daß der Schleifvorgang keinesfalls Wochen, geschweige denn Monate in Anspruch nahm. So berichtet D. S. Olausson, daß ein dänischer Experimentalarchäologe eine 18,5 cm lange, gut zugerichtete, dünnackige Flintbeilklinge in ca. 5 Stunden komplett überschliffen hat[78]).

Das bedeutet andererseits natürlich nicht, daß die Neolithiker dieser monotonen und kräftezehrenden Tätigkeit ohne Unterbrechung über Stunden hinweg nachgingen. Es ist vielmehr damit zu rechnen, daß man insbesondere bei sehr großen Parallelbeil- bzw. Dechselklingen die Schleifarbeit über mehrere Tage verteilte.

Zum Komplettschliff

Kurz sei hier noch ein Problem angesprochen, das nach wie vor ungelöst ist. Es handelt sich um die Frage, warum überhaupt manche Beilklingen weitestgehend oder sogar komplett flächendeckend überschliffen sind. Jedenfalls ist der Totalschliff unter anwendungstechnischen Gesichtspunkten nicht zwingend erforderlich, wie zahlreiche, nur mit einer geschliffenen Schneide ausgestattete Parallelbeilklingen und Dechselklingen aus Flint und Felsgestein deutlich machen[79]). Denkbar wäre, daß komplett überschliffene und dadurch sehr regelmäßig geformte Beilklingen in stärkerem Masse Widerstand gegen die hohen mechanischen Beanspruchungen beim Arbeitseinsatz aufweisen als nur partiell oder flüchtig überschliffene Exemplare.

Denn wenn eine Beilklinge z. B. beim Baumfällen auf den Stamm trifft, dann wird ein Teil der im Beil gespeicherten Bewegungsenergie reflektiert und über die Beilklinge am Schaftloch in den Schaft abgeleitet. Bei nur teilweise geschliffenen Beilklingen könnte es nun sein, daß diese Energie an noch vorhandenen Negativresten auf der Oberfläche ungleichmäßiger in den dort anliegenden Teil des Schaftes geleitet wird und das Gerät an einer solchen potentiellen Schwachstelle möglicherweise leichter brechen könnte[80]).

„Politur" und Schäftungsspuren

Der insbesondere im Schneidenbereich von Flintbeilklingen, aber auch an bandkeramischen Dechselklingen vorhandene, z. T. außerordentlich intensive Oberflächenglanz hat schon immer die Phantasie mancher Forscher angeregt. Und so erfährt man wie selbstverständlich, daß Beilklingen aus Feuer- und Felsgestein nicht nur geschlagen, bzw. gesägt, geschliffen und gebohrt, sondern auch immer poliert worden seien[81]).

Folgerichtig sehen wir uns mit der Annahme konfrontiert, „zum Polieren von Gestein wie Metall" sei pulverisierter Schiefer verwendet worden, denn „die spiegelglatten Schneiden mancher Feuersteingeräte setzen dieses Schleifen mit feinsten Teilchen voraus"[82]). In diesem Sinne dürfe man „in Analogie zu den jetzt noch üblichen Verfahren vermuten, daß diese vorzügliche Politur auf Häuten mit Fett und Asche erzielt worden ist"[83]). Schließlich beschreibt der Autor einer hochinteressanten Arbeit zur experimentellen Herstellung von Felsgesteinbeilklingen nonchalent die „Politur" mit feinkörnigen Schleifsteinen, Leder und Fell als abschließenden Arbeitsschritt[84]). Und selbst in einem jüngst erschienenen Werk zur steinzeitlichen Technologie wird diese Idee noch immer vertreten, wenn auch in abgemilderter Formulierung[85]).

Hier wird der Eindruck erweckt, diese „Politur" sei das Ergebnis eines bewußten Arbeitsschrittes im Zusammenhang mit der Beilklingenherstellung.

In aller Deutlichkeit sei festgestellt, daß die Annahme intentioneller Politur von Steinbeilklingen durch nichts gerechtfertigt wird[86]). Tatsächlich stellen die spiegelglatten und glänzenden Zonen insbesondere auf Flintbeilklingen nichts anderes dar als Bereiche intensivsten Kontaktes mit dem zu bearbeitenden Material Holz; Gebrauchsspurenanalytiker würden sie als „Holzpolitur" bezeichnen[87]). Zugleich belegen derartige Hochglanzzonen eine langdauernde Benutzung dieser Klingen. Sie weisen damit indirekt einerseits auf deren große Haltbarkeit hin, andererseits belegen sie die hervorragende Kenntnis der korrekten Handhabung der Steinbeile durch ihre Benutzer[88]).

In diesem Zusammenhang müssen ebenfalls z. T. bandartig um die Mitte mancher jüngerneolithischer Beilklingen rechtwinkelig zu deren Längsachse verlaufende Glanzzonen erwähnt werden. Unzweifelhaft sind sie als Zeugen der Friktion eines hölzernen Beilschaftes an diesen Stellen zu interpretieren. Diese sog. Schäftungspolitur erlaubt somit Aussagen über die Länge des geschäfteten bzw. ungeschäfteten Abschnittes der jeweiligen Beilklinge[89]).

Sägetechnik

Unter Beachtung des Herstellungsablaufes hätte diese Technik eigentlich bereits weiter oben behandelt werden müssen, denn sie diente ausschließlich der Gewinnung von Grundformen. Im Gegensatz zur Schlag-, Pick- und Schleiftechnik kann sie allerdings nur unter bestimmten Bedingungen angewandt werden und besitzt damit eine Sonderstellung. Die Sägetechnik könnte somit auch als Sondertechnik bezeichnet werden, weshalb ihr eine spezielle Aufmerksamkeit zukommt.

Die Bezeichnung Sägetechnik ist strenggenommen unkorrekt. In Wirklichkeit handelt es sich um eine Variante der Schleiftechnik in Form des „linearen Schleifens", was auch durch die besondere Form und das Material der bekannten Sägeblätter (s. u.) unterstrichen wird[90]).

Zerlegung von weichem Gestein durch eine Art Sägetechnik läßt sich schon im Jungpaläolithikum und Mesolithikum nachweisen[91]). Aber erst im Neolithikum war man in der Lage, auch härtere Gesteinsarten auf diese Weise zu bearbeiten; indes wurde Feuerstein/Hornstein niemals gesägt.

Im Zusammenhang mit der alt- und mittelneolithischen Dechselklingenherstellung muß betont werden, daß keinesfalls alle nachgewiesenen Felsgesteinsarten gesägt worden sind, obwohl dies theoretisch möglich gewesen wäre[92]). Das läßt sich einmal mit den weiter oben beschriebenen Eigenschaften der jeweiligen Gesteine erklären, zum anderen aber auch mit dem großen Zeitaufwand des Sägevorganges. Aus arbeitsökonomischen Gründen liegt es auf der Hand, Herstellungstechniken anzuwenden, die eine möglichst einfache, und das heißt auch schnelle Zurichtung der Rohlinge erlauben. Die schnellste Zurichtung wird durch die direkte harte Schlagtechnik gewährleistet. Wie wir gesehen haben, sind hierfür jedoch lediglich die Vulkanite und die Sedimentite besonders geeignet, die Metamorphite dagegen reagieren problematisch.

Mangels Kenntnis aller vorliegenden Sägespuren an Dechselklingen sowie Roh- bzw. Abfallstükken aus alt- und mittelneolithischem Zusammenhang, kann ich zwar nicht vollends ausschließen, daß auch Vulkanite/Sedimentite gelegentlich gesägt worden sein mögen. Indes handelt es sich beim Rohmaterial aller mir aus der Literatur oder im Original bekannter Beispiele exklusiv um Metamorphite. Vor diesem Hintergrund neige ich dazu, zu postulieren, daß die steinzeitlichen Steinbearbeiter die Sägetechnik ausschließlich zur Zerlegung von Metamorphiten angewandt haben[93]).

Obgleich Spuren der Sägetechnik an Parallelbeil- und Dechselklingen recht selten sind, wurde schon vor langer Zeit zu Recht darauf hingewiesen, daß diese Technik im Neolithikum durchaus häufiger angewandt wurde[94]). Und so findet die relative Seltenheit von Sägespuren ihre zwanglose Erklärung in der vollständigen Oberflächenüberarbeitung der Halbfabrikate durch abschließenden Schliff.

Während im jüngeren Neolithikum auch rundlich-dickere Gerölle gesägt worden sind, beschränkt sich dies im Alt- und Mittelneolithikum anscheinend überwiegend auf fladige und vor allem plattige Gesteinsstücke[95]).

Die Spuren des Sägevorganges lassen sich grundsätzlich in drei unterschiedlichen Formen erfassen: Als Halb- oder Fertigfabrikate mit Sägeschnitten, Abfallstücke mit Sägeschnitten und „Sägen". Die Mehrzahl der Hinweise wird durch komplette oder nur einseitig erhaltene bzw. durch Schliff unterschiedlich überprägte Sägeschnitte auf Halb- oder Fertigfabrikaten gebildet[96]). Wesentlich seltener sind Abfallstücke mit einseitig erhaltenen Sägespuren; noch seltener sind die eigentlichen „Sägen". Ein Beispiel für ein Abfallstück aus Wetzschiefer stammt vom bandkeramischen Siedlungsplatz Erkelenz-Kückhoven (Abb. 5) und belegt damit zugleich die Herstellung von Dechsel-

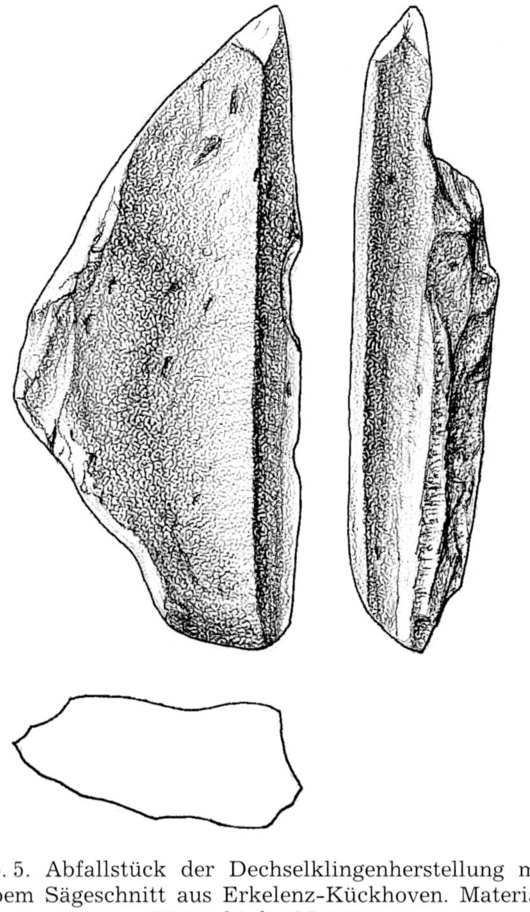

Abb. 5. Abfallstück der Dechselklingenherstellung mit halbem Sägeschnitt aus Erkelenz-Kückhoven. Material: Wetzschiefer. M 1:1

klingen aus einem lokalen Rohmaterial vor Ort[97]). Ein vergleichbares zweites Stück wird mittelneolithisch datiert und stammt aus Hienheim. Dieser Fundplatz hat außerdem alt- und mittelneolithische Halbfabrikate mit Pick- und Sägespuren geliefert, und die Autorin schließt daraus auf eine örtliche Produktion[98]). Dies wird durch den Fund des winzigen Bruchstückes einer „Säge" aus einer mittelneolithischen Grube bestätigt[99]).

Aus der Uferrandsiedlung Seematte am Baldeggersee in der Schweiz stammt ein größerer Serpentinblock mit zwei parallelen, tiefen Sägeschnitten; bei der Bergung soll sich in einem der Schnitte ein Sägeblatt aus Sandstein in noch originaler Arbeitsposition befunden haben. Dies wäre der in jeder Beziehung eindeutigste Hinweis auf die Sägetechnik[100]).

* * *

Exkurs: Werkstätten für Dechselklingenherstellung

Grundsätzlich erlaubt das bloße Vorkommen von gepickten und gesägten Halbfabrikaten jedoch nicht den generellen Schluß auf eine lokale Produktion. Als eindeutige Hinweise auf lokale Dechselklingenherstellung können m.E. neben Abschlägen und Abfallstücken der Gesteinsrohformen mit und ohne Sägespuren letztlich nur regelrechte Werkstätten gelten, in denen verschiedenste Produktionsstadien sowie Zurichtungsgeräte in Form von Schlagsteinen und – je nach verarbeiteter Gesteinsart – eventuell auch „Sägen" aus Stein vorkommen.

Aus der Bandkeramik kennen wir momentan zwei derartiger Fundstellen, die umfangreiches Fundmaterial geliefert haben. Es handelt sich um den linearbandkeramischen Siedlungsplatz Horion-Hozémont in Belgien sowie um den stichbandkeramischen von Zwenkau in Sachsen-Anhalt, wo einheitlich metamorphes Gestein verarbeitet worden ist[101]).

Der belgische Fundplatz hat neben einer ungeheuren Menge an Abschlägen annähernd 200 Halbfabrikate von Dechselklingen in unterschiedlichen Bearbeitungsstadien sowie mehrere „Sägen" geliefert; die Funde erlaubten eine lückenlose Rekonstruktion des Herstellungsvorganges[102]).

Eine besondere Stellung nimmt der Hortfund von Zwenkau ein. Er besteht aus je einem Halbfabrikat des Typs 1 und des Typs 2, einer fertiggestellten Dechselklinge des Typs 2, einer rohen Gesteinsplatte mit Sägespuren und einem Schlagstein. Mit Ausnahme des Schlagsteines aus nordischem Granit bestehen die restlichen Fundstücke aus metamorphem „Grüngestein", wobei es sich vermutlich um Material der AHS-Gruppe handeln dürfte[103]). Die charakteristische Zusammensetzung des Ensembles führte H. Quitta zu der Feststellung, es handele sich hierbei um einen Werkstatthort[104]).

Das wichtigste Fundstück stellt die Gesteinsplatte dar. Sie ist rechteckig, 23,5 cm lang, 15,7 cm breit und 3,3 cm dick. Dorsal- und Ventralfläche verlaufen parallel und weisen natürlich rauhe Spaltflächen auf. Eine längere und eine schmalere Kante werden durch annähernd rechtwinkelig aufeinandertreffende halbe Sägeschnitte gebildet; die beiden anderen zu den Sägeschnitten jeweils parallel verlaufenden Kanten sind in Schlagtechnik zugerichtet. Die Schieferungsebene entspricht der Horizontalebene der Platte.

Ein Standardschema:
Dechselklingentypen und Gesteinsstruktur

An dieser Stelle muß auf eine wichtige Beobachtung näher eingegangen werden: Es handelt sich um die Orientierung beider Haupttypen der Dechselklingen zur jeweiligen Schieferungsebene bei metamorphen Gesteinsarten. Während bei Typ 1 die Ventralfläche und damit die Schneide grundsätzlich parallel zur Schieferungsebene ausgerichtet sind, verlaufen sie bei Typ 2 nahezu immer im rechten Winkel, gelegentlich auch leicht diagonal zu dieser[105]).

Fragt man sich nach einem Grund für dieses Standardschema, dann kann dieser m.E. nur physikalischer Natur sein. Beim Einsatz von Dechseln werden große Zug- und Druckkräfte u. a. an den Schneiden der Dechselklingen wirksam, was nicht ohne Auswirkungen auf das Gesteinsgefüge bleiben kann. Bei allen Dechselklingen mit parallelen Schneiden zur Schieferungsebene (Typ 1) wird den Zug- und Druckkräften strukturbedingt erheblich weniger Widerstand entgegengesetzt als bei denjenigen des Typs 2. Somit ist klar, daß Typ 1 wesentlich bruchgefährdeter ist als der eindeutig bruchresistentere Typ 2.

Vor diesem Hintergrund erlaubt nun der Hortfund von Zwenkau besonders interessante Einblicke. Bereits H. Quitta war aufgefallen, daß bestimmte Maße des mitgefundenen Halbfabrikates vom Typ 2 sowie der fertigen Dechselklinge desselben Typs mit denjenigen der Rohmaterialplatte übereinstimmen. Dies führte ihn zu der Vermutung, beide Exemplare könnten von der Platte stammen[106]). Meines Erachtens kann man auch das Halbfabrikat vom Typ 1 in diese Vermutung mit einbeziehen, denn seine Höhe, d. h. Dicke differiert lediglich um drei Millimeter von derjenigen der Platte.

Da die Horizontalebene der Platte in deren Schieferungsebene liegt, konnte man zur Gewinnung von Grundformen für Typ 1 entsprechend breite Abschnitte durch Sägetechnik abtrennen. Die Maximalhöhe des zukünftigen Gerätes war durch die Dicke der Platte bestimmt. Als zukünftige Ventralfläche konnte eine der beiden Breitseiten der Rohform ausgewählt werden, die wegen ihrer natürlich flachen Form lediglich noch durch Schliff zu glätten war.

Wünschte man dagegen Grundformen für Typ 2, dann mußte unter Berücksichtigung der Schieferungsebene ihre Längsachse um 90° gedreht zur Plattenoberfläche orientiert werden. Während in diesen Fällen die Breite bereits durch die Dicke der Platte festgelegt war, konnte lediglich die Maximalhöhe des zukünftigen Gerätes durch die Festlegung der Breite der von der Platte abzutrennenden Grundform frei bestimmt werden. Als zukünftige Ventralfläche bot sich nun nur eine der beiden durch Sägeschnitte geformten Längskanten der Grundform an. Sie konnte jedoch nicht einfach überschliffen werden, sondern bedurfte wegen der unregelmäßig gebrochenen Sägeschnittkante noch einer aufwendigeren Überarbeitung vermutlich durch Picken.

Danach kann man sich des Eindruckes nicht entziehen, daß tatsächlich die Rohmaterialplatte aus Zwenkau nach Bedarf als Barren zur Abtrennung beliebiger Grundformen beider Haupttypen zur Verfügung stand. Dieser Barren unterstreicht zugleich in aller Klarheit die bereits weiter oben erwähnte herstellungstechnische Bedeutung der Ausgangsform des jeweiligen Gesteinsmateriales. Außerdem wird deutlich, daß die Sägetechnik – unbeschadet des relativ großen Zeitaufwandes – im Hinblick auf die optimale Nutzung eines gegebenen Rohmateriales unzweifelhaft die ökonomischste Art der Zerlegung darstellt, worauf bereits H. Quitta aufmerksam machte[107]). Mit anderen Worten man nahm zugunsten einer hohen Materialausnutzung, d. h. eines verschwindend geringen Materialverlustes den großen Zeitaufwand in Kauf.

Das geschilderte Standardschema erlaubt nun m.E. einen eindeutigen Schluß auf die Verwendungszwecke beider Dechselklingentypen. Danach sind alle Exemplare des Typs 1 grundsätzlich für feinere, diejenigen des Typs 2 für gröbere Holzarbeiten eingesetzt worden[108]). Dabei verstehe ich unter fein bzw. grob in erster Linie nicht den technologisch-ergologischen Schwierigkeitsgrad der jeweiligen Arbeit, sondern vor allem die aufzuwendende Energie beim Einsatz der Dechseln. Dieser Überlegung widerspricht auch nicht die Tatsache, daß sowohl sehr große Formen des Typs 1 bekannt sind als auch kleine bis kleinste Formen des Typs 2[109]). Die Größenvielfalt beider Typgruppen werte ich vielmehr als Ausdruck einer Fülle spezieller Tätigkeiten, die jedoch auf zwei grundsätzlich unterschiedliche, d. h. feinere und gröbere Einsatzbereiche beschränkt sind.

Ein Beispiel soll dies verdeutlichen: Die höchste mechanische Beanspruchung erfahren Dechselklingen beim Baumfällen sowie Ablängen der Stämme und Anbringen eines initialen Spaltrisses für die anschließende Zerlegung der Stammtrommeln. Es liegt auf der Hand, hierfür große Exemplare des Typs 2 einzusetzen. Sie zeichnen sich zusätzlich durch eine schmale, aber stark gewölbte Schneide aus, so daß die Schlagenergie auf kleinster Fläche, aber um so intensiver wirksam werden kann. Mit solchen Dechselklingen können nach eigener praktischer Erfahrung mit einem Schlag zwar nur schmale, aber dicke und gelegentlich lange Späne aus dem Werkstück getrennt werden. Kleinste Formen desselben Typs können z. B. zur Anbringung von schmalen Nuten, Aussparungen aller Art und verschiedenster Größen vom Hausbau bis zur Gefäßherstellung u. ä. m. eingesetzt werden. Das gemeinsame Merkmal dieser unterschiedlichen Tätigkeiten des groben Bereiches ist nun eine durchaus den Arbeiten individuell angepaßte, aber letztlich immer vergleichsweise große aufzuwendende kinetische Energie.

Zu den Tätigkeiten des feineren Bereiches zählen insbesondere Oberflächenbearbeitungen aller Art. Und es leuchtet ein, für die Glättung eines großformatigen Brettes, Balkens oder Spältlings eine entsprechend große Dechselklinge des Typs 1 einzusetzen. Derartige Exemplare besitzen überdies eine besonders breite, aber nur schwach gewölbte Schneide, so daß die Schlagenergie möglichst breitflächig wirken kann. Mit diesen Dechselklingen können pro Schlag zwar breite, aber nur relativ dünne und überwiegend kurze Späne aus dem Werkstück getrennt werden. Selbst bei größeren Werkstücken kam es offensichtlich auf die Erzielung einer möglichst ebenen, d. h. intensiv geglätteten Oberfläche an, wie uns zahlreiche Bauelemente des Holzbrunnens von Erkelenz-Kückhoven eindrucksvoll lehren[110]). Eine solche Oberflächengestaltung kann jedoch nur durch die Abtrennung einer Vielzahl kleinerer bis kleinster Späne erreicht werden. Es liegt auf der Hand, daß auch bei der Oberflächenzurichtung selbst größter Werkstücke mit besonderer Sorgfalt vorzugehen ist. Kleinere Dechselklingen desselben Typs wurden bei der Zurichtung von Oberflächen entsprechend kleinerer Werkstücke, wie z. B. Geräten, Behältnissen aller Art und sonstiger Objekte eingesetzt.

Das verbindende Merkmal dieser unterschiedlichen Tätigkeiten des feineren Bereichs besteht nun darin, daß die aufzuwendende kinetische Energie zwar ebenfalls den Tätigkeiten individuell angepaßt, aber zugunsten einer möglichst gleichmässigen, d. h. kontrollierten Handhabung der Dechseln letztlich reduziert werden und somit vergleichsweise gering ausfallen muß.

* * *

Die charakteristischen Spuren der Sägetechnik sind schon den frühen Archäologen aufgefallen und haben in der Folge immer wieder zu vielfältigen

Überlegungen zu den verwendeten „Sägen“ und Lösungsvorschlägen zum eigentlichen Sägevorgang geführt[111]).

Einige Autoren sind der Ansicht, daß als „Sägen“ Feuersteinabschläge oder -klingen verwendet wurden[112]). Gegen diese Vorstellung spricht die ergologisch ungünstige, immer mehr oder weniger vorhandene Längskrümmung dieser Grundformen, zum anderen das zwar harte, aber spröde Material. Außerdem fehlen auf den Fundplätzen derartige Flintartefakte, die sich durch entsprechende Abnutzungsspuren in Form von parallelen Schleifzonen auf den kantennahen Oberflächen zu erkennen geben müßten[113]).

So wurde bereits sehr früh als Alternative zu den Feuersteinsägen die mögliche Verwendung von Sägeblättern aus dünnen, scharfkantig angeschliffenen Holzbrettchen erwogen[114]). Dies ergibt einen Sinn, zumal sich der in diesem Zusammenhang immer als unentbehrliches Schleifmittel erwähnte scharfkantige, feuchte Sand hervorragend in die relativ weiche Holzoberfläche einbetten kann. Auch spätere Autoren denken an die Existenz von hölzernen Sägeblättern u. a. mit dem Argument, daß an zahlreichen Fundstellen zwar Felsgesteinartefakte mit Sägespuren gefunden worden seien, die Sägen indes fehlten[115]). Bislang sind solche Sägeblätter noch nicht gefunden worden; freilich spricht nichts gegen die Annahme ihrer Verwendung[116]).

Andererseits kennen wir mittlerweile aus unterschiedlichsten neolithischen Fundplätzen eine relativ große Zahl von Steinartefakten, die nur als Sägeblätter angesprochen werden können[117]). Es handelt sich nahezu ausschließlich um dünne Platten spaltbarer Felsgesteinarten wie Kalkstein, Gneis, Glimmerschiefer, Sandstein, Quarzit sowie sonstigem Schiefer, bei denen eine oder mehrere Kanten durch Schliff U- bzw. V-förmig ausgeprägt sind. Die häufigste Dicke der Platten liegt zwischen fünf und fünfzehn Millimetern[118]). Ihre Mehrzahl stammt aus jüngerneolithischem Zusammenhang[119]).

Es gibt jedoch auch bandkeramische Exemplare, die nach ihrer Form vergleichbar sind. Auffällig ist allerdings, daß ihr Rohmaterial in allen Fällen aus quarzitischem Sandstein oder Quarzit besteht[120]). Die geringe Anzahl von nach meiner Kenntnis lediglich elf in der Literatur erwähnten Sägeblättern mag vor dem Hintergrund zahlreicher ergrabener LBK-Siedlungen und einer riesigen Menge an lithischen Funden verwundern. Ein Grund hierfür könnte sein, daß derartige Artefakte häufig in fragmentarischem Zustand überliefert sind bzw. der Gruppe der Schleifsteine zugeordnet wurden. Im übrigen erlauben ja erst die durch Schliff verrundeten Kanten als charakteristischstes Merkmal steinerner Sägeblätter deren zweifelsfreie typologische Ansprache. Grundsätzlich ist aber davon auszugehen, daß dieses Merkmal nur den letzten Gebrauchszustand der Stücke reflektiert. So ist ihr ursprüngliches Aussehen völlig unbekannt. Aus ergologischen und technologischen Gründen ist anzunehmen, daß die zur Herstellung von Sägeblättern zur Verfügung stehenden Rohplatten gewiß vor dem ersten Einsatz an ihrer zukünftigen Funktionskante mehr oder weniger begradigt worden sind. Diese Anlage einer möglichst geradlinigen Funktionskante geschah vermutlich in Schlagtechnik[121]). Ob es allerdings notwendig war, die Kante dann zusätzlich noch durch Schliff zu überarbeiten, wie dies von Th. Ischer vorausgesetzt wird, ist nicht bewiesen[122]). Und so würde es mich nicht wundern, wenn eine Durchsicht bandkeramischer Steininventare nicht nur weitere Sägeblätter mit Schliffspuren, sondern zusätzlich auch lediglich randlich in Schlagtechnik zurichtete dünne Sandstein- bzw. Quarzitplatten ohne Schliffspuren, d. h. noch unbenutzte Sägeplatten zutage brächte. Vielleicht wurden aber tatsächlich parallel zu steinernen auch hölzerne Sägen verwendet, deren Erhaltungschancen auf mineralischen Böden kaum gegeben sind.

Der Vollständigkeit halber sei noch auf die gelegentlich vermutete Anwendung einer Schnursäge unter Verwendung von Sand als Schleifmittel hingewiesen[123]). Diese Methode ist zur Zertrennung von organischen Materialien im Neolithikum belegt[124]). Gegen ihre Anwendung bei der Steinbearbeitung lassen sich jedoch die Profile der Sägeschnitte und ihr Verlauf anführen[125]). Ein Autor ist der Ansicht, man habe Bronzesägen verwendet und datiert die gesägten Beilklingen deshalb entsprechend[126]). Schließlich sei noch die Idee der Verwendung von Hirschgeweih für Sägeblätter genannt[127]).

Zu Pickrinnen

Derartige „vorbereitende Maßnahmen für Sägeschnitte“ werden als Rinne zur Aufnahme von Sand (s. u.) bzw. als Führungsrille zur Erzielung eines geradlinigen Schnittverlaufes interpretiert[128]). Es sei jedoch betont, daß Pickrinnen keinesfalls eine grundsätzlich notwendige Voraussetzung für erfolgreiches Sägen darstellen, wie zahlreiche gesägte, aber nicht gepickte Werkstücke z. B. aus der Schweiz unterstreichen[129]). Interessanterweise scheinen sie an bandkeramischen Werkstücken völlig zu fehlen; eventuell könnten sie aber durch die Sägeschnitte nachträglich überprägt worden sein[130]).

Zur Bedeutung von Sand als Schleifmittel beim Sägen

Es erklärt sich von selbst, daß bei der angenommenen Verwendung hölzerner Sägeblätter (s. o.) die Zugabe scharfkantigen Quarzsandes unbedingt erforderlich ist. Allem Anschein nach waren es die auf verschiedenen schweizerischen Werkstücken erkennbaren gepickten Rinnen, die Th. Ischer vermuten ließen, es handele sich dabei um „Sandrinnen" zur Aufnahme nassen Sandes. Nach seiner Ansicht wurde in dieser Rinne „das Steinplättchen, das auf einer oder mehreren Seiten zugeschliffene Kanten besitzt, hin und her bewegt. Natürlich wird der Steinblock nicht von dem Plättchen, sondern von dem reibenden nassen Sande durchsägt." Der Autor findet dies durch die Ausgrabungen in Cazis bestätigt[131]). Tatsächlich fehlen aber derartige Pickrinnen an den Werkstükken von Cazis. Trotzdem steht auch für W. Burkart die Verwendung von Quarzsand fest. Zu Recht nennt er hierfür jedoch als Grund, daß „der gesägte Serpentin viel härter ist als alle die für die Sägen verwendeten Gesteine"[132]). Dies trifft auf jeden Fall für die Sägeblätter aus Kalkstein, Gneis, Glimmerschiefer und Bündnerschiefer zu, deren Anteil immerhin 96 % beträgt. Und man kann dem Autor nur zustimmen in der Annahme, daß bei Verwendung der Sägeblätter ohne Sandzugabe „das Sägeblatt, aber nicht der zu sägende Stein abgenützt resp. gesägt worden wäre"[133]). Durch die praktischen Sägeexperimente von J. Heierli, W. La Baume und W. Burkart wird die Hypothese der Sandzugabe bestätigt[134]).

Nun gibt es aber auch bandkeramische und jüngerneolithische Sägeblätter, die ausschließlich aus unterschiedlich hartem Sandstein bzw. Quarzit bestehen. Diese überwiegend körnig-rauhen Gesteinsarten verdanken ihre Härte einem hohen Bestandtteil an Kieselsäure in Form von Quarz. Aus diesem Grunde muß man sich fragen, ob beim exklusiven Einsatz von Sägeblättern aus solch abrasiven Gesteinsarten ebenfalls eine Sandzugabe zwingend erforderlich war. Allem Anschein nach stand bereits für R. Wyss fest, daß die Verwendung von „feinkörnigen Sandsteinplättchen" und Wasser zur Erzielung des erwünschten Effektes völlig ausreichte[135]). Praktische Experimente von M. Zurbuchen mit Sägeblättern aus Molassesandstein lieferten erwartungsgemäß eindrucksvolle Ergebnisse ohne jegliche Zugabe von scharfkantigem Sand. Meines Wissens verdanken wir diesem Autor den wichtigen Hinweis auf die unterschiedlichen Eigenschaften der Sägeblätter des Schweizer Mittel- und Oberlandes und der daraus resultierenden unterschiedlichen Notwendigkeit der Zugabe des Schleifmittels Sand[136]).

Somit ist es nicht statthaft, bei der neolithischen Steinsägetechnik grundsätzlich die Verwendung von scharfkantigem Quarzssand als zusätzlichem Schleifmittel vorauszusetzen[137]). Sie ist bei der Nutzung von Sägeblättern aus weicheren Gesteinsarten sowie bei – nicht nachgewiesenem – Holz zwingend erforderlich, bei Sägeblättern aus kieselsäurehaltigen Gesteinsarten dagegen offensichtlich überflüssig.

Einseitige und gegenständige Sägeschnitte

Anscheinend gab es im Neolithikum kein einheitliches Sägeschema, bei dem z. B. nur einseitige oder ausschließlich gegenständige Sägeschnitte zur Anwendung kamen. Ausschlaggebend für die Lage und die Anzahl der Schnitte war prinzipiell die Ausgangsform des verfügbaren Rohmateriales[138]). Aus der Bandkeramik sind sowohl einseitige als auch gegenständige Sägeschnitte überliefert[139]).

Durchtrennen der gesägten Werkstücke

In der Regel wurden die Rohstücke nicht vollständig durchtrennt, sondern nur angesägt. Hieraus kann m.E. nur abgeleitet werden, daß die Sägeschnitte prinzipiell eine Funktion als „Sollbruchstellen" besaßen. Folgerichtig mußte die dergestalt markierte Grundform vom massiven Gesteinskörper abgetrennt werden. Allgemein wird angenommen, daß dies durch Druck- oder Schlaganwendung geschah[140]). Andererseits wird die Verwendung von hölzernen Keilen erwogen, die in den Sägeschnitten fixiert und angefeuchtet durch Druck zur Abtrennung der Grundform gedient haben sollen[141]). Zwar liegen bis heute keine positiven Hinweise auf diese Methode im Zusammenhang mit der Sägetechnik aus dem Neolithikum vor, aber es dürfte sich ohne Zweifel um die materialschonendste Art der Gesteinssprengung handeln[142]). M. Zurbuchen gibt an, daß nach seinen praktischen Versuchen ein mindestens 3 cm tief eingesägter Serpentin auf diese Weise „durch das aufquellende Holz in 24 Stunden, plus minus 5 Minuten, gesprengt wird"[143]).

Schließlich kennen wir seltene Belege für komplett in Sägetechnik durchtrennte Rohstücke. C. C. Bakels nennt zwei nicht näher datierte Grundformen aus Hienheim; ein rechteckig-plattiges Exemplar weist zwei die gesamte Dicke durchtrennende, längsparallele Sägeschnitte auf[144]).

Zur Dauer des Sägevorganges

Informationen hierzu beruhen auf praktischen Experimenten und finden sich in der Literatur nur selten[145]). Das mag mit der übereinstimmend als monoton und zeitraubend vermuteten Arbeit beim Steinsägen zu erklären sein. Besonders erwähnenswert sind die Angaben von W. Burkart, der „mit Originalsägen vom Petrushügel" unter Zugabe von nassem Sand mehrere Sägexperimente durchführte. Er benötigte für einen Einschnitt von 1 mm Tiefe ca. 15 Minuten, d. h. für einen 1 cm tiefen Schnitt 2,5 Stunden. Gleichermassen wichtig ist die Feststellung von M. Zurbuchen, wonach man ohne Sandzugabe „sehr schöne Sägeschnitte von 2–3 cm Tiefe in ca. 4 Stunden" bei den „harten Geröllserpentinsteinen" erreichen kann[146]). Diese Ergebnisse unterstreichen deutlich, daß die aufgewendete Zeit – analog zur Schleifdauer – auch nach unserem heutigen Verständnis durchaus akzeptabel ist.

Zu apparativen Vorrichtungen

Obwohl es neben seltenen konvexen überwiegend völlig geradlinige Sägeschnitte gibt, waren es insbesondere die konkaven Schnitte, die zur Annahme einer apparativen Vorrichtung, d. h. einer Sägemaschine führten[147]). Allgemein wird F. Keller, einer der hervorragendsten Pionierarchäologen seiner Zeit, als Vater der Steinsägemaschine angesehen, hat er doch im Jahre 1879 als erster einen Rekonstruktionsversuch in Form einer Pendel„säge" mit Feuersteinblatt vorgestellt[148]). Tatsächlich gebührt die m. E. eher zweifelhafte Ehre des Erfinders A. von Morlot, auf dessen geistige Urheberschaft F. Keller in einer seiner früheren Arbeiten auch hinweist[149]). In der Folge haben sich zahlreiche Forschergenerationen mit A. von Morlots Maschine auseinandergesetzt und wurden von der Idee beeinflußt[150]). Eine Nachwirkung dieser Idee stellen noch heute die in zahlreichen Heimatmuseen nach wie vor ausgestellten sog. Nachbildungen eines „Sägeapparates der Jüngeren Steinzeit" dar[151]).

Gegen die Existenz eines Sägeapparates hat sich m. E. erstmals N. F. B. Sehested gewandt[152]). Schließlich sprach sich auch Th. Ischer am Beispiel des faszinierenden Ensembles aus Cazis gegen „jene komplizierten Apparate" aus und gelangte zu der schon von J. Heierli geäußerten Ansicht, man habe seinerzeit die Sägeblätter mit bloßer Hand geführt[153]). Nachdem zuvor in die Oberfläche des Werkstückes eine Rinne eingepickt worden war, konnte die Säge unter Zugabe nassen Sandes in Betrieb genommen werden. Diese Methode wurde von W. Burkart anläßlich mehrerer Sägeversuche nachdrücklich bestätigt[154]). Dabei wurde auch erkannt, daß ein Zusammenhang zwischen der Sägeschnitttiefe und der Dicke der verwendeten Sägeblätter besteht. So ist es notwendig, bei einem geplanten tiefen Schnitt anfangs dickere und in der Folge dünnere Sägeblätter zu verwenden[155]).

Eines der wichtigsten Ergebnisse dieser Experimente besteht m. E. in der Erkenntnis, daß eine apparative Vorrichtung zum Sägen von Felsgestein völlig überflüssig ist. Im übrigen muß betont werden, daß bis heute nicht ein einziger Hinweis der übereinstimmend aus Holz angenommenen Grundkonstruktion eines Sägeapparates aus einer neolithischen Fundstelle Europas vorliegt[156]).

Vor diesem Hintergrund bleibt von der seinerzeit vielleicht faszinierenden Idee einer neolithischen Sägemaschine nichts anderes als ein lediglich die Forschungsgeschichte bereicherndes Phantasieprodukt.

Zur Entstehung der Sägetechnik

Die Sägetechnik mittels Sägeblättern aus Felsgestein oder eventuell auch Holz tritt erst im Neolithikum auf, und man fragt sich nach Hinweisen auf ihre mögliche Entstehung[157]).

Nach R. Forrer scheint die Antwort gefunden, denn „ersichtlich ist diese Sägeweise auf Grund der Erfahrungen entstanden, welche man an der Steinbohrtechnik (s. d.) gewonnen hatte"[158]). Für eine detaillierte Begründung wäre man dem Autor verbunden. Leider fehlt sie, und auch das von ihm empfohlene Studium seiner ausführlichen Beschreibung zur Bohrtechnik hilft nicht weiter[159]).

Allerdings könnte man R. Forrer eine bestimmte unausgesprochene Grundhaltung unterstellen. Eventuell war er der Überzeugung, man habe die Steinbohrtechnik früher als die Sägetechnik praktiziert und sie sei somit älter als diese. Jedenfalls wußte er, daß „in den Gräbern der Hinkelsteinkeramik durchbohrte Steinhämmer von Schuhleistenkeilform" auftreten, daß also bereits im mitteleuropäischen Frühneolithikum Steinbohrung bekannt war[160]). Vielleicht glaubte er aber auch, die Steinbohrtechnik sei zumindest im selben Umfang bekannt gewesen und angewandt worden.

Gegen beide Hypothesen spricht die Tatsache, daß die seit der älteren Bandkeramik bekannten gebohrten Dechselklingen übereinstimmend als selten bezeichnet werden, während andererseits zahlreiche Belege bandkeramischer Steinsägetechnik bekannt sind (s. o.)[161]).

Danach kann man die plakative Feststellung R. Forrers zur Entstehung der Sägetechnik keinesfalls aufrecht erhalten, und aus technologischer Sicht vermag ich seiner Argumentation nicht zu folgen.

In einem ist dem Autor indes zuzustimmen: Es bietet sich an davon auszugehen, daß die Entdekkung oder besser Entwicklung der Steinsägetechnik auf bestimmte Beobachtungen und praktische Erfahrungen bei gewissen handwerklichen Tätigkeiten zurückzuführen ist.

Bei der Suche nach diesbezüglichen potentiellen Tätigkeiten stößt man geradezu zwangsläufig auf die Schleiftechnik. Eine besondere Bedeutung kommt dabei bestimmten bandkeramischen Schleifsteinen von manchmal plattiger Form zu, die sich durch besonders ausgeprägte Arbeitsspuren auszeichnen. Im allgemeinen sind es kleinere Exemplare mit markanten, sich gelegentlich kreuzenden, vor allem aber in die Oberfläche z. T. sehr tief eingreifenden linearen Benutzungsspuren[162]). Diese Stücke sind nicht mit den bekannten Pfeilschaftglättern zu verwechseln. Offensichtlich dienten solche Schleifsteine insbesondere zum formenden und schärfenden Schleifen von Artefakten aus organischen Materialien, wie z. B. Knochen, Geweih, Horn, Muschel- und Schneckenschalen, Holz

u. ä. Bei den Gesteinsarten dominieren weichere Sandsteine[163]). Unbeschadet der exklusiven Bearbeitung von nur mittelharten bis relativ weichen Substanzen führte die wiederholte Verwendung dieses Schleifsteintyps im Laufe der Zeit zwangsläufig zur Abnutzung ihrer Oberflächen, d. h. zur Ausbildung zwar schmaler, aber immer tieferer Benutzungsspuren. Das gleiche gilt im übrigen auch für kleinere oder größere sog. Schleifwannen, die ihre Bezeichnung letztlich nur einer verwendungsbedingten, diesmal jedoch breitflächigeren, wannenförmigen Abnutzung verdanken, welche ohne Zweifel auf die Bearbeitung härterer Substanzen zurückzuführen sein dürfte[164]).

Schließlich sei noch auf eine weitere Gruppe bandkeramischer Felsgesteinartefakte verwiesen, die einer prinzipiell vergleichbaren Abnutzung ihrer Oberflächen unterlagen. Es handelt sich um die Bestandteile von Schiebemühlen, d. h. Mahlsteinen zum Zerkleinern von Getreide. Die so charakteristischen Formen der Unterlieger, insbesondere aber der brotlaibartigen Läufersteine sind jedem Archäologen vertraut. Tatsächlich reflektieren gerade die häufig sehr stark konkav geformten Arbeitsflächen der Läufersteine, aber auch die konkav-konvexen Funktionsbereiche der Unterlieger nur das letzte Nutzungsstadium dieser Artefaktgruppe. Ursprünglich waren beide Arbeitsflächen horizontal und haben erst als Folge einer wahrscheinlich täglichen Benutzung ihre typischen Formen erhalten[165]). Die Abnutzungsspuren sind eindeutig das Ergebnis eines Schleifvorganges, d. h. sie entstanden durch den Kontakt zwischen Läuferstein und Unterlieger. Folgerichtig konnte es nicht ausbleiben, daß sich im Laufe der Zeit der Unterlieger in den Läuferstein, bedingt durch dessen Eigengewicht und den bei dessen Handhabung anzunehmenden Druck, regelrecht einschneiden mußte. Dies führte häufig zur Bildung von zwei markanten Schultern an beiden Enden der Arbeitsfläche von Läufersteinen[166]).

Das verbindende Merkmal der Schleifsteine und Mahlsteine besteht nun in der zwangsläufigen Veränderung ihrer ursprünglichen Formen und führt konsequent zu ihrer Zerstörung und damit zum Funktionsverlust[167]). Offensichtlich ist diese Formveränderung das Ergebnis häufiger bzw. regelmäßiger, d. h. bestens bekannter und vor allem beherrschter hand- bzw. hauswerklicher Tätigkeiten[168]). Obwohl es sich um unterschiedliche Arbeiten handelt, läßt sich bei beiden die grundsätzlich unerwünschte Formveränderung interessanterweise auf das technologisch gleiche „Prinzip des trennenden Schleifens" zurückführen.

Somit besteht der wichtigste Unterschied zwischen dem Schleifen und Mahlen einerseits und dem echten Steinsägen andererseits lediglich in der problemorientierten, bewußten Anwendung dieses Prinzipes. Voraussetzung für die intentionelle Anwendung des trennenden Schleifens als eigenständiger Zerlegungsmethode für Felsgestein ist natürlich die Kenntnis des Prinzips. Um diese Kenntnis zu erlangen, bedurfte es somit nur eines Lernprozesses. Bekanntlich ist häufiges Wiederholen eines Sachverhaltes nicht unerheblich für den Lernerfolg. Wiederholen könnte man auch als das Akkumulieren von gleichbleibenden Erfahrungen bezeichnen. Überträgt man dieses Schema nun auf die vorstehend beschriebenen Tätigkeiten, dann ergibt sich folgendes Bild: Durch ihr öfteres bzw. regelmäßiges Ausüben sammelten die Handwerker und Hauswerkerinnen nicht nur Erfahrung über die jeweiligen Arbeitsvorgänge selbst, sondern zugleich auch solche über die Eigenschaften und damit das Verhalten der Produktionsmittel, in diesen Fällen der Schleif- und Mahlsteine. Dabei wurde ebenfalls festgestellt, daß sich die immer aus rauhen, abrasiven Gesteinsarten bestehenden Geräte abnutzten und schließlich zerbrachen und unbrauchbar wurden. Dies war gewiß eine ärgerliche, aber im besten Sinne des Wortes lehrreiche und fest im Gedächtnis haftende Erfahrung.

Im Rahmen dieses Lernprozesses war der Schritt bis zu der Erkenntnis des zugrundeliegenden Trennrinzips m.E. unausweichlich. Diese im technikgeschichtlichen Sinne außerordentlich bedeutende Erkenntnis hätte dann einerseits darin bestanden, daß die Formveränderung und Zerstörung der Produktionsmittel bei beiden Tätigkeiten auf grundsätzlich vergleichbaren Schiebebewegungen, vorwärts und rückwärts, beruhte. Außerdem wäre der funktionale Zusammenhang zwischen diesen Bewegungen und den rauhen Materialien der Produktionsmittel einerseits sowie den für die Abnutzung verantwortlichen härteren Werkstükken (Halbfabrikate von Dechselklingen, harter Rötel, Läufersteine der Schiebemühlen), aber auch den weicheren Werkstücken (Knochen usw.) andererseits aufgefallen.

Als Ergebnis der gedanklichen Kombination weniger, aber ursächlich miteinander in Verbindung stehender Einzelbeobachtungen manifestierte sich folgende Erkenntnis: Die vor- und rückwärts gerichtete lineare Bewegung unterschiedlich harter Objekte auf einer Unterlage aus härterem oder weicherem Felsgestein führt im Laufe der Zeit zu einer der Bewegungsrichtung entsprechenden Abnutzung und erlaubt so die Anlage einer beliebig tiefen und breiten Schleifrille in der Unterlage.

Nachdem dies einmal erkannt war, stand die Möglichkeit zum Experimentieren offen. Da bekannt war, daß die tiefen, linearen Schleifrillen auf den kleineren Schleifsteinen auf das Schleifen von Objekten geringer Breite und Dicke zurückzuführen sind, wird man von Beginn an dünnplattige Sägeblätter aus quarzitischem Sandstein oder Quarzit verwendet haben. Vielleicht hat man auch mit Sägeblättern aus weicheren Gesteinsarten experimentiert und dabei herausgefunden, daß in solchen Fällen die Zugabe eines scharfkantigen Schleifmittels in Form von Sand erforderlich war. Auf diesem Wege bedurfte es nur noch eines kleinen gedanklichen Schrittes zur eventuellen Verwendung hölzerner Sägeblätter. Die Verwendung von Knochen und Geweih schließe ich u. a. wegen Größe und Form für diesen Zweck aus[169]).

Zugegebenermassen besitzen die vorstehenden Überlegungen nur hypothetischen Charakter. Im Gegensatz zu derjenigen von R. Forrer beruht meine Argumentation allerdings auf seinerzeit geläufigen und täglich praktizierten Tätigkeiten und vorhandenen Gerätschaften, ohne kompliziertere Technologien heranzuziehen.

Die Bandkeramik als älteste vollneolithische Kultur Mitteleuropas liefert alle m. E. notwendigen Hinweise, und so dient sie als Beispiel für diesen Erklärungsversuch[170]).

Bohrtechnik

Häufigere Belege für diese Technik zum Anbringen überwiegend kleinerer Löcher in weichem Gestein und vor allem organischen Materialien kennen wir seit dem Jungpaläolithikum[171]). Das systematische Durchlochen von härteren Gesteinsarten ist jedoch erst seit dem Mesolithikum bekannt. Eine bedeutende Entwicklung erfuhr die Bohrtechnik schließlich im Neolithikum. Die Erkenntnisse und Aussagen zu den verschiedenen beim Bohren von Felsgestein angewandten Techniken beruhen insbesondere auf den Formen und bestimmten Bearbeitungsspuren fertiger und unvollendeter Bohrlöcher sowie der sog. Bohrkerne. Auch diese Technik hat seit langem das Interesse zahlreicher Archäologen geweckt[172]).

Bei genauerer Betrachtung ist auch die Bezeichnung „Bohrtechnik“ nicht korrekt. Tatsächlich handelt es sich, analog zur „Sägetechnik“, ebenfalls um eine Variante der Schleiftechnik, diesmal in Form des „punktuellen Schleifens“.

Manche Autoren unterscheiden nach „unechter“ und „echter“ Bohrtechnik[173]). Bei der „unechten“ handelt es sich um eine Methode der Durchlochung von Felsgestein mittels beidseitiger Picktechnik. Sie ist typisch für die mesolithischen sog. Spitzhauen oder Keulenköpfe, war aber auch noch im Neolithikum gebräuchlich[174]). Dagegen wird bei der „echten“ Bohrtechnik das Loch durch Schliff erzeugt, wobei immer scharfkantiger und vor allem trockener Quarzsand als eigentliches Schleifmittel zugeführt werden muß[175]).

Dieser Unterschied findet sich bei R. Feustel nicht, und er behandelt die „unechte“ Bohrtechnik im Zusammenhang mit der Beschreibung der Picktechnik. Dies ergibt dann einen Sinn, wenn man der Bohrtechnik grundsätzlich das Rotationsprinzip unterstellt. Ganz in diesem Sinne stellt auch L. F. Zotz fest: „Den jungsteinzeitlichen durchlochten Steingeräten gegenüber sind die Spitzhauen, abgesehen von ihrer Form, dadurch gekennzeichnet, daß sie nicht gebohrt, sondern von zwei Seiten her durchstemmt sind.“[176]). Hier wird also zwischen „Durchlochen“ und „Durchbohren“ entsprechend der heute gültigen Definition des Begriffes „Bohren“ unterschieden[177]). Tatsächlich erscheint es mir in terminologischer Hinsicht mittlerweile vernünftiger, die Begriffe „unechte“ und „echte“ Bohrung aufzugeben und statt dessen durch die sinnvolleren „Schlagbohrung“ und „Schleifbohrung“ zu ersetzen. Traditionell unterscheidet man bei der Schleifbohrung zwischen der sog. Voll- und der sog. Kern- oder Hohlbohrung[178]).

Vollbohrung

Als Beleg für diese Bohrart werden insbesondere einseitige oder gegenständige runde Einbuchtungen mit konkaver Basis an unvollendet gebliebenen Werkstücken angeführt. Dergestalt hergestellte Bohrlöcher besitzen keinen zylindrischen, sondern einen konischen, in die Tiefe sich verjüngenden Längsschnitt. Man geht allgemein davon aus, daß hierbei als Bohrer ein maßiver Bohrstab aus Holz mit einem halbrund geformten Funktionsende zum Einsatz kam[179]). Um einen festen Ansatz für den Bohrstab zu erhalten, mußte zuerst an der Bohrstelle eine Mulde in die Oberfläche des Werkstückes gepickt werden. Bei der Vollbohrung soll der Bohrstab also auf der gesamten Fläche der Bohrstelle unter Mithilfe von Quarzsand schleifend gewirkt haben.

Ergänzend sei erwähnt, daß die Vollbohrung gerne mit der Feuererzeugung in Verbindung gebracht wird[180]). Erst jüngst wurde erneut der Versuch unternommen, diese Art der intentionellen Feuererzeugung auch für das europäische Neolithikum wahrscheinlich zu machen[181]). Es sei an dieser Stelle in aller Deutlichkeit darauf hingewiesen, daß aus steinzeitlichen Fundplätzen Europas nicht ein einziger zweifelsfreier Beleg hierfür bekannt ist. Andererseits kennen wir zahlreiche jungpaläolithisch bis bronzezeitlich datierende Bestandteile von Feuerzeugen in Form von Markasitknollen (Schwefelkies) und Feuerschlagsteinen aus Flint mit Gebrauchsspuren[182]). Sie bezeugen die exklusive Kenntnis des Perkussionsprinzips und sprechen zugleich eindeutig gegen die Anwendung des Rotationsprinzips, d. h. den Feuerbohrer.

Kern- bzw. Hohlbohrung

Diese gelegentlich auch „Kronen-“ oder „Kronbohrung“ genannte Bohrart stellt eine erhebliche technische Verbesserung dar[183]). Als Belege gelten bei erfolgreicher Bohrung zylindrisch oder ein- bzw. zweiseitig konisch geformte Bohrlöcher sowie horizontal verlaufende Riefen auf deren Innenseite. Bei unvollendeter Bohrung finden sich an der Basis der Bohrlöcher die noch nicht ausgebrochenen, unterschiedlich hohen, scharfkantigen oder verrundeten Bohrkerne. Schließlich kennen wir komplette Bohrkerne, die bei einseitiger Bohrung einfach-konisch und selten zylindrisch, bei gegenständiger Bohrung doppelt-konisch geformt sind[184]). Alle Merkmale legen zwingend die Verwendung eines an seinem Funktionsende hohlen Bohrstabes nahe. Allgemein wird als Material Holunder angenommen, ein zwar nicht sehr hartes, aber zähes Holz, das geradschössig wächst und einen deutlich ausgeprägten Markkanal besitzt[185]). In diesem Zusammenhang soll die Beschreibung eines hochinteressanten Fundes durch A. Rieth im Wortlaut wiedergegeben werden: In „einer angebohrten Axt vom Bielersee...war zwischen dem stehengebliebenen Bohrzapfen und der Wandung des Bohrkanals ein 2,8 mm starkes Holzstück von 22 mm Länge und 16 mm Breite eingeklemmt, das in der Längsrichtung, entsprechend der Krümmung des Bohrlochs, deutlich gebogen war. Die Holzart ließ sich leider nicht mehr genau bestimmen.“ Für den Autor ist es wahrscheinlich, „daß es sich hier tatsächlich um den steckengebliebenen Rest eines hölzernen „Kronbohrers“ handelt“[186]). Auch bei der Hohlbohrung scheint eine vorgepickte Ansatzstelle hilfreich, aber es gibt auch zahlreiche Beispiele ohne eine solche Hilfe. Im Gegensatz zur Vollbohrung greift jetzt der Bohrstab nur noch mit seiner kreisrunden, schmalen Kante auf kleinster Fläche schleifend in das Werkstück ein. Im Zentrum bleibt ein Bohrkern zurück, der sich bei fortschreitender Tiefe des Bohrringes in den Markkanal hineinschiebt. Dies führt zu zusätzlicher Reibung und verzögert die Arbeit. Deshalb wurde der Bohrkern im Verlauf der Bohrung abgebrochen.

Zur Dauer des Bohrvorganges

Informationen hierzu können nur durch praktische Experimente gewonnen werden. Wir kennen zahlreiche Experimente zum Bohren von organischen Materialien sowie verschiedenster Gesteinsarten[187]). Hochinteressant und zugleich bezeichnend für die Vollbohrung ist die Mitteilung von C. Rau über seine Versuche, mit massiven Bohrstäben aus Eschen- und Kiefernholz ein Dioritgeröll zu durchlochen. Nach zwei Stunden kontinuierlicher Arbeit erreichte er eine Tiefe von der Breite einer Bleistiftlinie[188]). Die Angaben zur Dauer von Hohlbohrungen bei Felsgestein weisen teilweise Unterschiede um mehrere Größenordnungen auf. So wird nach wie vor ein Experiment von K. H. Jacob-Friesen zitiert, bei dem mit einem Pumpenbohrer und einem Bohrstab aus Holunder ein Quarzitstück von 40 mm Dicke „in etwa 67 Stunden“ durchbohrt wurde[189]). In diesem Zusammenhang wird gerne darauf verwiesen, „daß die Leute der Steinzeit mehr Muße hatten als wir abgehetzten Menschen der Neuzeit.“[190]). In einem anderen Experiment gelang es dagegen H.-G. Vosgerau, einen quarzitischen Sandstein in einer Dicke von 20 mm mit einem Hohlbohrer aus demselben Holz und Schnurbogenantrieb mühelos innerhalb von 2 (!) Stunden zu durchbohren[191]). Diese im Vergleich zu dem Ergebnis von K. H. Jacob-Friesen annähernd 16fache Leistungssteigerung mag durch den unterschiedlichen Antrieb sowie eine eventuell unterschiedliche Fixierung des Werkstückes zu begründen sein. Wichtig ist jedenfalls die Erkenntnis, daß auch das Steinbohren im Neolithikum bei weitem nicht so zeitraubend und mühsam gewesen sein muß, wie dies noch immer angenommen wird.

Zu apparativen Vorrichtungen

Mit der gleichen Bestimmtheit, mit der Sägemaschinen abzulehnen sind, muß man die ehemalige Existenz maschineller Vorrichtungen zum Steinbohren voraussetzen.

Zwar nehmen einige Autoren im Zusammenhang mit der Vollbohrung an, daß der gerade Bohrstab freihändig mit einer quirlenden Bewegung oder als flexibler, gebogener Stab ähnlich einer Bohrwinde mit einer leiernden Bewegung gehandhabt wurde[192]). Sie wären zweifellos gut beraten gewesen, hätten sie ihre Vorschläge zuerst selbst praktisch getestet. Gewiß wären dann derartige Vorstellungen nie veröffentlicht worden. Lediglich ein Autor hat sich dieser Mühe unterzogen und freihändig quirlend mittels eines Bohrstabes aus Holunder eine Axt aus Amphibolit durchbohrt; er überträgt das Ergebnis auch auf die Vollbohrung[193]). Freilich besteht die einzige zulässige Aussage dieses Experimentes im Nachweis, ein Felsgesteinartefakt z. B. auf diese Weise zu perforieren. Vermutlich ließe sich dies im übrigen auch wesentlich ökonomischer nach einem lediglich kurzen praktischen Versuch auf mathematischem Wege erzielen. Keinesfalls ist auf dieser Basis indes der Schluß statthaft, man habe im Neolithikum freihändig quirlend sowohl Voll- als auch Hohlbohrer beim Durchbohren von Felsgestein benutzt[194]). Aufgrund trichterförmiger bzw. sanduhrförmiger Bohrlöcher wird schließlich im Zusammenhang mit der Vollbohrung analog zu ägyptischen Vorbildern die Existenz eines „Kurbelbohrstabes“ vermutet[195]).

Aus naheliegenden und verständlichen Gründen geht aber die Mehrzahl der Autoren mehr oder weniger explizit davon aus, daß die Bohrung nur bei schneller Rotation des Bohrstabes erfolgreich sein konnte. Als wichtigstes Indiz hierfür werden die mit horizontalen Riefen bedeckten, gleichmässigen, glattwandigen zylindrischen oder konischen

Bohrlöcher angesehen. So wird bei beiden Bohrarten ein mechanischer Antrieb in Form eines Fiedelbogens oder Drillbohrers vorausgesetzt[196]). Aus der neolithischen Fundstelle Clairvaux kennen wir ein bogenstabartiges Artefakt aus Haselholz, daß als Fiedelbogen zum Bohren oder Feuermachen interpretiert wurde[197]). Die Kenntnis des Schnurantriebes beim Bohren läßt sich jedoch schon für das Frühmesolithikum anhand des aus einer Rippe gefertigten Bogenstabes für einen Fiedelbogen aus Mullerup in Dänemark eindrucksvoll nachweisen[198]).

Die Handhabung eines solchen Antriebes bringt aber bestimmte Probleme mit sich, denn einerseits muß der Fiedelbogen geführt, zugleich aber der Bohrstab vertikal gehalten werden; darüber hinaus ist das Werkstück gegen seitliches Verschieben zu fixieren. Diese Problematik mündete verständlicherweise in dem Rekonstruktionsversuch einer neolithischen Bohrmaschine[199]). Zu Recht gilt allgemein F. Keller als deren „Erfinder". Es ist jedoch falsch, wenn behauptet wird, er habe sich „als Erster mit der Frage des Steinbohrens erfolgreich beschäftigt"[200]). Denn bereits in den 30er und 40er Jahren des letzten Jahrhunderts befaßten sich andere Archäologen mit dem Problem der Hohlbohrung[201]).

Die Kellersche Bohrmaschine diente als Vorbild für alle folgenden „Rekonstruktionen". Nahezu ausschließlich wird als Antrieb der Fiedelbogen gewählt. Einmal erscheint ein Apparat zum Hohlbohren, dessen Bohrstab quirlend zwischen beiden Händen in Bewegung gesetzt wird. Der Autor scheint indes gewisse Zweifel an der auf diese Weise erreichten Schnelligkeit zu verspüren, weshalb er das obere Ende des Bohrstabes mit einer Schwungscheibe versieht[202]). Bei einem anderen Rekonstruktionsversuch wird eine massive, schwere Schwungscheibe lediglich mit den Händen in Bewegung gesetzt[203]).

Nach der nur forschungsgeschichtlich interessanten Präsentation einer Bohrmaschine durch G. Wurmbrand stellte schließlich R. Forrer seinen Bohrapparat vor[204]). Mit bewundernswertem Mut stellt der Autor fest: „Ich betone ausdrücklich, daß jeder, auch der kleinste Teil an diesem Bohrapparat dokumentiert ist."[205]) Dies würde bedeuten, daß alle Bestandteile als Funde nachgewiesen sind und die Maschine somit als echte Rekonstruktion anzusprechen wäre. Leider steht der Beweis hierfür nach wie vor aus[206]). Unbeschadet der damit zu erzielenden guten Bohrergebnisse gilt für R. Forrers Apparat dasselbe, was er von der Maschine G. Wurmbrands zu Recht behauptete: Es handelt sich um „eine wertlose Rekonstruktion auf dem Papier"[207]).

Trotzdem spricht alles für die Annahme einer maschinellen Vorrichtung zum Steinbohren im Neolithikum; über ihre konstruktiven Details wissen wir leider nichts. Abschließend sei noch auf modernere Rekonstruktionsversuche solcher Maschinen hingewiesen[208]).

Vollbohrung: Fakt oder Fiktion?

Ist es an sich schon einleuchtend, daß die Vollbohrung ein außerordentlich mühevoller und zeitaufwendiger Vorgang sein muß, so wurde dies durch mehrere praktische Experimente auch nachgewiesen. Schon in diesem Sinne darf der Hinweis mancher Autoren nicht wundern, wonach diese Bohrart bei weitem geringer angewendet wurde als die Kernbohrung[209]). Wichtigste Basis für die Annahme der Vollbohrung sind bestimmte Bohrlochformen und sonstige Arbeitspuren. Daneben werden als Beispiel für diese Bohrart prädynastische Steinkeulen aus Ägypten angeführt[210]). M. E. ist dies nicht statthaft, denn in Arbeiten zur ägyptischen Bohrtechnik werden keine Vollbohrer aus massiven Holzstäben erwähnt. Die dort bekannten Kurbel- und Drillbohrer waren mit Bohrköpfen aus Feuerstein oder Metall ausgestattet[211]).

Wenden wir uns also der wichtigsten Argumentationshilfe für die Vollbohrung an europäischen neolithischen Fundstücken zu, den Bohrlochformen und Arbeitsspuren. Ein markantes Merkmal ist der übereinstimmend als mehr oder weniger trichterförmig bzw. sanduhrförmig beschriebene Längsschnitt. Ein anderes Merkmal ergibt sich im Vergleich mit der Hohlbohrung. Nahezu alle Autoren erwähnen die dort an der Innenseite der Bohrlöcher immer und meist sehr deutlich erkennbaren horizontalen Schleifriefen. Solche Spuren scheinen aber an den mit Vollbohrung hergestellten Bohrlöchern zu fehlen, sie werden in der Literatur nicht genannt. Immerhin hielt C. Rau diese Beobachtung für so bemerkenswert, daß für ihn die Kombination trichterförmiger Bohrlöcher und fehlender Riefen das Kriterium par excellence für die Vollbohrung ist[212]).

Eine interessante Erklärung für die fehlenden Riefen liefert M. P. Malmer. Für ihn gelten als Hauptkriterium für die Vollbohrung unregelmäßig gearbeitete Bohrlöcher an neolithischen Streitäxten, die offensichtlich nachträglich in Längsrichtung vermutlich mit einem feilenartigen Schleifstein aus Sandstein geglättet sind und überdies an ihrer Innenseite gelegentlich unterschiedlich starke, horizontal umlaufende Einbuchtungen aufweisen[213]). Vergleichbare Merkmale, die „ein mühsames Nachschleifen des Bohrlochs nötig" machten beschreibt A. Rieth, sieht darin aber Hinweise auf bikonische Hohlbohrungen[214]).

Nun sind aber die grundsätzlichen technischen Voraussetzungen für die Entstehung der Riefen bei beiden Bohrarten dieselben: Hier wie dort wird der Schleifsand von den Außenseiten der schnell rotierenden hölzernen Bohrstäbe gegen die Bohrlochwand gepreßt. Somit ist davon auszugehen, daß auch bei der Vollbohrung identische Schleifriefen entstehen müssen.

Daß dies selbst ohne Zugabe von Sand möglich ist, wird durch ein ehemals als Keulenkopf interpretiertes flaches Sandsteingeröll vom mesolithischen Fundplatz Mullerup (DK) belegt. Es trägt auf beiden Seiten zwei gegenständige konische Vertiefungen, deren eine von einer schmalen, kreisrunden Rille eingefaßt ist. In Wirklichkeit handelt es sich dabei um das Widerlager eines Drillbohrers und nicht um einen unfertigen Keulenkopf mit Spuren der Vollbohrung[215]). Spätestens seit der Publikation des hochinteressanten Artikels von G. Henriksen muß man sich also fragen, ob auch neolithische Felsgesteingerölle mit solchen Mulden mit oder ohne konzentrische Riefen nicht ebenfalls diese Funktion besaßen[216]).

Vor diesem Hintergrund mit z. T. kontroversen Aussagen scheint mir die Frage naheliegend, ob die Annahme der Vollbohrung überhaupt gerechtfertigt ist. Und selbst wenn diese Bohrart tatsächlich praktiziert wurde, dann ist noch immer zu fragen, ob man sie während des gesamten Bohrvorganges wirklich derart exklusiv angewandt hat, wie dies allgemein vorausgesetzt wird. Bei aller gebotener Vorsicht wird man nicht fehlgehen in der Annahme, daß auch seinerzeit der bei dieser Bohrart extrem langsame Bohrfortschritt mit großer Wahrscheinlichkeit als störend empfunden wurde. Was spräche dagegen, daß man deshalb die Bohrlöcher weitestgehend in Picktechnik vorbereitet und erst gegen Ende des Prozesses wegen der dann zu hohen Bruchgefahr mit dem Vollbohrer gearbeitet hätte? Analog für ein solch zeitsparendes Verfahren sei hier ein Beispiel aus der amerikanischen Volkskunde angeführt. In diesem Falle wurde eine Jadeperle zuerst mittels Hohlbohrung angebohrt, die endgültige Perforation aber durch Vollbohrung erreicht[217]). Daß die Picktechnik aus vergleichbaren Gründen angewandt worden ist, zeigt eine Axt aus St. Blaise (CH). Während das Schaftloch auf einer Seite durch eine partielle Hohlbohrung ausgeführt wurde, weist ihre Gegenseite eine tiefe Pickmulde auf[218]).

Schließlich sei ein Fundstück erwähnt, dessen Bohrloch R. Forrer als Beispiel für die Vollbohrung abbildet[219]). Leider ist die Herkunft des Artefaktes nur allgemein mit Dänemark angegeben. Der Längsschnitt des Bohrloches ist fast zylindrisch, sein Rand scharfkantig und ohne Spuren einer gepickten Ansatzstelle, die Basis ist gleichmäßig halbrund. Es ist das einzige in der Literatur erwähnte Beispiel für eine Vollbohrung mit derartigen Merkmalen und steht in krassem Gegensatz zu allen anderen als Beleg für diese Bohrart beschriebenen Exemplaren.

Anhand der vorgetragenen Beispiele und Überlegungen mag der Leser seine eigene Entscheidung treffen. M. E. erscheint jedenfalls die Existenz der Vollbohrung durchaus nicht unproblematisch. Ganz in diesem Sinne werte ich die diesbezügliche, zurückhaltende Formulierung von A. Rieth[220]).

Zu gebohrten Dechselklingen

Es ist offensichtlich, daß die Bohrtechnik nicht zwingend in einen technologischen Zusammenhang mit der Zurichtung von alt- bis mittelneolithischen Dechselklingen egal welcher Form gestellt werden muß. Überdies stellt sie grundsätzlich keine funktionale Voraussetzung für diese Artefaktkategorie dar. In diesem Sinne kann sie nur als Hilfstechnik angesprochen werden, die lediglich bei speziellen Verwendungszwecken der Dechselklingen zum Einsatz kam. Für die nordwestliche Bandkeramik wird darauf verwiesen, daß gebohrte Dechselklingen recht selten seien[221]). Andererseits erwähnt K. H. Brandt, daß von insgesamt 161 „hohen Schuhleistenkeilen" immerhin 76 (47,2 %) Exemplare durchlocht sind[222]). „Ob schon erste durchbohrte Formen mit der LBK zu verbinden sind, kann bisher nicht entschieden werden."[223])

Bei den bandkeramischen Exemplaren des Typs 1 verläuft die Richtung der Bohrlöcher immer im rechten Winkel zur Schneide[224]). Es ist klar, daß sich diese Bohrrichtung zwangsläufig aus der geringen Dicke dieser Stücke ergibt, die eine schneidenparallele Durchbohrung prinzipiell ausschließt. Im Gegensatz dazu verläuft bei den durchlochten Schuhleistenkeilen des Typs 2 die Richtung der Bohrlöcher nahezu immer parallel zur Schneide[225]). Es sind jedoch auch Ausnahmen bekannt, bei denen sie analog zu den Dechselklingen des Typs 1 im rechten Winkel hierzu orientiert sind[226]).

An dieser Stelle wird nicht näher auf die eventuellen Verwendungszwecke derartiger Artefakte eingegangen. Es mag genügen, daß man die Bohrlöcher von Schuhleistenkeilen entweder zur Aufnahme eines Stiels bei einer angenommenen Verwendung als sog. Setzkeil zum Holzspalten oder zur Aufnahme eines Splintes als Befestigungshilfe bei einer angenommenen Verwendung als Querbeil bzw. als Pflugschar betrachtet hat[227]).

Erst jüngst wurde erneut die Verwendung hoher durchbohrter Dechselklingen am Beispiel eines typologisch ins Mittelneolithikum (Rössener Kultur) datierten Fundes als Hobel zum Entrinden oder bei der Fellbearbeitung in Verbindung mit einer eigenwilligen Schäftungsart vorgeschlagen[228]). Danach sollen die Bohrlöcher zur Aufnahme eines kurzen Stieles gedient haben, der als Handhabe zu gleichen Teilen beidseitig aus dem Bohrloch ragte. Bereits H. Schnitzler und F. B. Naber haben darauf hingewiesen, daß „der (undurchlochte; Anm. J. W.) Schuhleistenkeil ein für die Rindenschälung denkbar ungeeignetes Werkzeug" ist[229]). Dies wird auch für gebohrte Exemplare gelten. Abgesehen davon scheint mir die von H. Joachim vorgeschlagene Schäftungsart aus ergologischen Gründen recht unwahrscheinlich; so spricht manches dafür, daß sich das Gerät bei der daraus resultierenden schiebenden oder ziehenden Handhabung an dem kurzen Stiel um seine Querachse verdrehen muß. Aus der Beobachtung, daß das Artefakt am Nacken deutliche, auf Schlageinwirkung zurückzuführende Beschädigungen aufweist, auf den Gebrauch eines Holzschlägels bei der Arbeit zu schließen, steht in eindeutigem Widerspruch zur angenommenen Handhabung. Sollten die Aussplitterungen am Nacken tatsächlich mittels eines hölzernen Schlaggerätes entstanden sein, dann muß man sich fragen, welche Position die den Schlegel führende Person dabei eingenommen hat. Schließlich bleibt auch offen, ob das Artefakt mit der kurzen Stielschäftung dann überhaupt noch gehalten werden konnte.

Es scheint, als habe man unter dem starken Eindruck der damaligen „Pflugschartheorie" übersehen, den durchbohrten Dechselklingen vom Typ 1 ebenfalls eine Funktion zuzuweisen. Lediglich J. Destexhe-Jamotte hat Schäftungsexperimente mit derartigen Artefakten durchgeführt. Er kommt zu dem Ergebnis, daß die Bohrlöcher zur Aufnahme eines Holzsplintes bei der Befestigung der Dechselklingen in einem Knieholm gedient haben[230]).

Somit ergeben sich aus der Orientierung der Bohrlöcher zwei unterschiedliche Ausrichtungen der Schneiden. Diese Beobachtung konnte nicht ohne Auswirkung auf die Diskussion über den Verwendungszweck der durchlochten Schuhleistenkeile bleiben. Und so wird die Annahme verständlich, daß es „wahrscheinlicher ist, daß die Durchbohrung wegen einer Funktionsänderung erfolgt ist, daß also der durchbohrte Schuhleistenkeil nun als Beil benutzt werden sollte...", wodurch sich das „Bedürfnis nach Geradschäftung" ausgedrückt haben soll[231]).

Diese Annahme ist keinesfalls zwingend. Wesentlich naheliegender scheint mir, daß die parallelschneidige Durchbohrung beim Typ 2 allein durch dessen schmal-hohe Form und die dadurch für eine relativ risikolose Durchbohrung zur Verfügung stehenden Seitenflächen bedingt ist. Ganz in diesem Sinne wird als eines der typischen Merkmale dieser Artefaktgruppe erwähnt, „daß fast immer die Höhe die Breite übertrifft."[232]). Mit anderen Worten war die Orientierung der Durchbohrung sozusagen notgedrungen durch morphologisch-technologische Gegebenheiten vorbestimmt, nicht aber von der späteren Funktion. Wie erwähnt gibt es überdies – wenn auch selten – quer zur Schneide gebohrte Dechselklingen dieses Typs. Diese Überlegungen unterstreichen die bereits von E. Hennig vorgeschlagene Möglichkeit, analog zu den durchlochten Dechselklingen des Typs 1 auch für diejenigen des Typs 2 eine Querschäftung anzunehmen[233]).

Eine große Bedeutung für eine Funktionszuweisung besitzen m.E. die Nackenaussplitterungen, und es wäre interessant, datierte bandkeramische gebohrte Exemplare des Typs 2 einmal daraufhin zu untersuchen. Sollte sich eventuell herausstellen, daß diese Gebrauchsspuren überwiegend fehlen, dann wäre dies ein weiterer Hinweis auf die Querschäftung dieses Typs. Für mittelneolithische Stücke mit Nackenbeschädigung wird man nach wie vor an die Verwendung als Setzkeil denken dürfen.

Ergänzend sei erwähnt, daß sich die Bohrlöcher beim Typ 2 regelmäßig im nackenseitigen Drittel bzw. Viertel der Stücke befinden[234]). Außerdem wird häufig beobachtet, daß sie nicht exakt horizontal sondern schräg zur Ventralfläche verlaufen[235]). Beim Typ 1 dagegen befinden sich die Bohlöcher exakt im Zentrum und verlaufen rechtwinkelig zur Ventralfläche[236]). Zweifellos besitzen diese gewiß intentionellen Merkmale eine Bedeutung bei der Schäftung der Exemplare. Es wäre eine dankenswerte Aufgabe, im Rahmen der experimentellen Archäologie Schäftungs- und Arbeitsversuche mit durchbohrten Dechselklingen durchzuführen.

Ein Phänomen: Felsgestein kontra Kieselgestein

Die alt- und mittelneolithischen Steingeräte wurden aus zwei Gruppen von Gesteinen hergestellt: kristallinen Gesteinen (Felsgestein) und Kieselgesteinen (Feuerstein bzw. Hornstein)[237]). Aus naheliegenden Gründen bestehen Mahl- und Schleifsteine aller Art und für verschiedenste Verwendungszwecke aus Felsgestein. Ebenso gehören die klassischen Schlagsteine zum Retuschieren zu dieser Gruppe. Das gesamte restliche Ensemble der bandkeramischen Steingerätformen besteht aus Feuerstein bzw. Hornstein o. ä., mit einer Ausnahme: Steinerne Dechselklingen wurden seit der frühesten Bandkeramik immer aus kristallinen Gesteinsarten angefertigt. Nicht einmal wurde eine alt- oder mittelneolithische Dechselklinge aus Feuerstein oder Hornstein gefunden.

Dies ist um so merkwürdiger, da die damaligen Steinbearbeiter prinzipiell über Techniken und Methoden der Steinbearbeitung verfügten, die fraglos jederzeit erlaubt hätten, alle geläufigen Formen und Größen von Dechselklingen auch aus Flint anzufertigen[238]).

Die einzige Ausnahme hätten durchbohrte Dechselklingen gebildet, denn Feuerstein o. ä. konnte in der Steinzeit grundsätzlich nicht gebohrt werden, sieht man von seltenen und z. T. extremen Ausnahmen ab[239]). Allerdings stellen derartige Artefakte nur einen Bruchteil dieser Gerätegruppe dar, so daß ihre Existenz keinesfalls die Ignoranz gegenüber dem Rohmaterial Feuerstein/Hornstein zu erklären vermag[240]).

Fragt man sich nach einem möglichen Grund, so bietet es sich zunächst an, die Verfügbarkeit von Feuerstein/Hornstein im bandkeramischen Siedlungsraum hierfür verantwortlich zu machen. Man kann einwenden, daß man sich überall dort, wo keine natürlichen Feuerstein-/Hornsteinvorkommen existieren eben anderer geeigneter Gesteinsarten bedienen mußte.

Dagegen spricht m.E., daß bereits während der ältesten Bandkeramik entwickelte Austauschsysteme existierten, auf deren Wegen auch Feuerstein/Hornstein in nicht geringen Mengen und fallweise über erstaunlich weite Distanzen transportiert worden sind[241]). Vollends unverständlich wird diese Präferenz für die jüngere bis jüngste Bandkeramik, deren Siedlungsgebiete sich z. T. mit Regionen guter bis hervorragender Feuerstein-/Hornsteinversorgung decken.

So wurden z. B. auch in der Niederrheinischen Bucht, den südlichen Niederlanden oder Belgien und Süddeutschland Dechselklingen nach wie vor aus Felsgestein angefertigt. Damit nicht genug, besteht in der Regel die Mehrzahl aus Gesteinen der AHS-Gruppe, die ebenfalls über sehr große Entfernungen importiert werden mußten. Und selbst diejenigen Bandkeramiker, die, aus welchen Gründen auch immer, nicht in der Lage waren, sich Dechselklingen aus dem so begehrten Amphibolit zu beschaffen, wählten konsequent einheimische Felsgesteinarten, keinesfalls aber den zweifellos ebenso oder eventuell sogar noch leichter verfügbaren Feuerstein[242]).

Somit kann die Verfügbarkeit von Flint m.E. keine zufriedenstellende Erklärung für die exklusive Nutzung von Felsgestein für die alt- und mittelneolithische Dechselklingenherstellung sein.

Als weiteren Grund gegen die Verwendung von Flint könnte man die charakteristischen Eigenschaften des Felsgesteines – hier insbesondere seine Zähigkeit – anführen. Und tatsächlich läßt sich nachweisen, daß man sich – nachdem einmal die Entscheidung für Felsgestein gefallen war – bei der genauen Auswahl entsprechender Felsgesteinsarten durch deren besondere physikalische Eigenschaften leiten ließ.

Zugegebenermaßen ist Kieselgestein vergleichsweise spröder als Felsgestein. Aber muß dies tatsächlich bedeuten, daß Feuerstein/Hornstein zur Herstellung von Dechselklingen a priori ungeeignet ist? Gewiß nicht, wie die seit dem Jungneolithikum bekannten Parallel- und hohlgeschliffenen Querbeilklingen unterschiedlichster Formen und Grössen aus Flint eindrucksvoll lehren. Und man wird nicht ernsthaft bestreiten können, daß sie den gleichen mechanischen Belastungen ausgesetzt waren wie die alt- und mittelneolithischen Dechselklingen aus Felsgestein.

In diesem Zusammenhang sei auf eine weitere Artefaktgruppe hingewiesen, die bislang kaum Beachtung gefunden hat. Neben den hohlgeschliffenen Querbeilklingen waren seit der Michelsberger Kultur bis ins Endneolithikum hinein lediglich im Schneidenbereich überschliffene, veritable Dechselklingen aus Flint bekannt. Die Mehrzahl der Stücke besteht aus Klingen; daneben wurden auch geeignete Abschläge verwendet[243]). Diese Artefaktgruppe weist eine erstaunliche formale Übereinstimmung mit den alt- und mittelneolithischen Exemplaren aus Felsgestein des Typs 1 auf. Sie besitzen geringe Größen und dürften als Behaubeile für feinere Arbeiten gedient haben.

Und so besteht m.E. der grundlegende Unterschied zwischen alt-/mittelneolithischen und jüngerneolithischen Beilen hauptsächlich nicht im jeweiligen Steinmaterial der Klingen, sondern in deren Formen (symmetrisch bzw. unsymmetrisch), den damit verbundenen typischen Schäftungsweisen (parallel bzw. quer) und schließlich der daraus resultierenden, charakteristischen Handhabung der kompletten Werkzeuge (Parallelbeile bzw. Dechseln)[244]).

Schließlich könnte man als mögliches Argument gegen die Verwendung von Kieselgestein die schon erwähnte produktionstechnisch besonders günstige Ausgangsform der Rohstücke anführen. Wie wir aber gesehen haben, trifft dies nicht auf alle Gesteinsarten zu; die Beispiele der teilweise blockig- massigen Phtanite und vor allem des Basaltes machen dies deutlich.

Faßt man zusammen, dann lassen die vorstehenden Ausführungen m.E. nur einen erstaunlichen Schluß zu: Trotz ihrer Kenntnisse der Feuersteinbearbeitung sahen sich die bandkeramischen (und mittelneolithischen) Steinbearbeiter allem Anschein nach niemals vor die Entscheidung gestellt, Flint als Rohmaterial für ihre Dechselklingen zu verwenden. Daraus folgt, daß es selbst noch zur Zeit der jüngeren und jüngsten Bandkeramik eine ungeschriebene Regel oder Vorschrift gegeben haben muß, derzufolge Dechselklingen ausschließlich aus Felsgestein anzufertigen waren. Und diese Regel wurde offensichtlich nicht hinterfragt.

Am besten läßt sich ein solches Verhaltensmuster mit dem Begriff „Tradition“ beschreiben. Die traditionelle Bindung muß derart stark gewesen sein, daß sie sich unabhängig von technologischen Fähigkeiten und rohmaterialökonomischen Gegebenheiten nicht nur während der späten Bandkeramik, sondern auch noch im gesamten Mittelneolithikum zu behaupten vermochte.

Es liegt nahe, die Frage nach den Wurzeln dieser Tradition zu stellen. Im Hinblick auf die mittelneolithische Dechselklingenherstellung fällt die Antwort jedenfalls leicht: Alles spricht für eine direkte traditionelle Verbindung zur vorausgehenden

Bandkeramik. Auch die jünger- bis spätbandkeramische Tradition wurzelt letztlich in Verhaltensmustern der ältesten Bandkeramik. Aber wie verhält es sich mit deren Tradition, oder sind Dechselklingen aus Felsgestein eine Erfindung der ältesten Bandkeramik?[245]) Die Suche nach der Antwort würde den Rahmen dieser Arbeit überschreiten. Es wäre freilich eine reizvolle und dankenswerte Aufgabe, dieser Frage in der Zukunft einmal intensiver nachzugehen.

Danksagung

Der freundlichen Informationsbereitschaft von Herrn Dr. D. Kaufmann, Landesamt für Archäologische Denkmalpflege, Landesmuseum für Vorgeschichte Halle, verdanke ich wichtige Hinweise zu Felsgesteinartefakten der ältesten Bandkeramik. Außerdem bedanke ich mich bei Frau I. Wessel M. A., Bonn, die mich auf die Sägeblätter vom Hopfenberg aufmerksam machte und bereitwillig Einblick in Ihr Manuskript gewährte. Herr Dr. med. G. Konrad, Mönchengladbach, informierte mich über den Schliff bestimmter Beilklingen aus Irian Jaya, wofür ich ihm herzlich danke. Last but not least bin ich Herrn M. Zurbuchen, Seengen (CH), für seine Auskünfte über die schweizerischen Sägeblätter und seine zahlreichen praktischen Experimente zum Steinsägen sowie bei der Beschaffung von Literatur zu großem Dank verpflichtet.

Literatur

Allgemeine und übergreifende Arbeiten

V. G. Childe, Axe and adze, bow and sling: contrasts in early Neolithic Europe, Jahrb. Schweiz. Ges. Ur- u. Frühgesch. 40, 1949/50, 156–162.

M. Dohrn-Ihmig, Das bandkeramische Gräberfeld von Aldenhoven- Niedermerz, Kreis Düren, Rhein. Ausgr. 24, 1983, 47–190.

R. Forrer, Artikel „Aexte". In: Reallexikon der prähistorischen, klassischen und frühchristlichen Altertümer, Berlin, Stuttgart 1907, 61–73.

S. Gayer, Die Holzarten und ihre Verwendung in der Technik, Leipzig 1954.

D. Gronenborn, Überlegungen zur Ausbreitung der bäuerlichen Wirtschaft in Mitteleuropa. Versuch einer kulturhistorischen Interpretation ältestbandkeramischer Silexinventare, Prähist. Zeitschr. 69, 1994, 135–151.

C. Karlin, J. Pélegrin, Artikel „Chaine opératoire". In: Dictionnaire de la Préhistoire, Paris 1994, 225.

A. M. Kreuz, Die ersten Bauern Mitteleuropas. Eine archäobotanische Untersuchung zu Umwelt und Landwirtschaft der ältesten Bandkeramik, Analecta Praehist. Leidensia 23, 1990.

W. La Baume, Grundsätzliches zu Form und Funktion des Steinbeiles und beilähnlicher Geräte der Steinzeit. In: Festschr. F. G. Schwantes, Neumünster 1951, 110–115.

M. Lamesch, Pièces en silex à extrémités et bords écrasés et polis par l'usage, Bull. Soc. Préhist. Lux. 2, 1980, 45–60.

F. Le Brun-Ricalens, Contribution à l'Inventaire des Lames d'Herminettes Néolithiques du Territoire Luxembourgeois, Bull. Soc. Préhist. Lux. 13, 1992, 59–75.

J. Lüning, Frühe Bauern in Mitteleuropa im 6. und 5. Jahrtausend v. Chr., Jahrb. RGZM 35, 1991, 27–93.

P. J. R. Modderman, The Linear Pottery Culture. Diversity in Uniformity, Ber. ROB 38, 1988, 63–139.

M. Orliac, Artikel „Montmorencien". In: Dictionnaire de la Préhistoire. Paris 1994, 741–742.

E. Sangmeister, Die ersten Bauern. In: Urgeschichte in Baden-Württemberg, Stuttgart 1983, 428–471.

G. Smolla, Neolithische Kulturerscheinungen, Antiquitas 3, 1960.

H. Spatz, Die Kulturgruppen Hinkelstein und Großgartach. In: Der Tod in der Steinzeit, Darmstadt 1991, 18–33.

M. Tesseraux, Die Felsgesteingeräte, Die Sammlung des Inst. für Ur- und Frühgesch. der Univ. Heidelberg 1, 1981.

A. Tillmann, Kontinuität oder Diskontinuität? Zur Frage einer bandkeramischen Landnahme im südlichen Mitteleuropa, Arch. Inf. 16, 1993, 157- 187.

S. Vencl, Kamenné nástroje prvních zemedelcu ve strední evrope (Les instruments lithiques des premiers agriculteurs en Europe Centrale), Sborník Praha 14, 1960, 1–90.

J. Weiner, Noch ein Experiment zur Schäftung altneolithischer Dechselklingen. In: Experimentelle Archäologie in Deutschland, Arch. Mitt. aus Nordwestdeutschland Beih. 4, 1990, 263–272.

J. Weiner, Geilenkirchen. In: Ausgrabungen, Funde und Befunde 1988, Bonner Jahrb. 190, 1990, 437–438.

J. Weiner, Archäologische Experimente in Deutschland. Von den Anfängen bis zum Jahre 1989. Ein Beitrag zur Geschichte der Experimentellen Archäologie in Deutschland. In: Experimentelle Archäologie. Bilanz 1991, Arch. Mitt. aus Nordwestdeutschland Beiheft 6, 1991, 50–68.

J. Weiner, A. Pawlik, Neues zu einer alten Frage. Beobachtungen und Überlegungen zur Befestigung altneolithischer Dechselklingen und zur Rekonstruktion bandkeramischer Querbeilholme. In: Experimentelle Archäologie. Bilanz 1994, Arch. Mitt. aus Nordwestdeutschland Beiheft 8, 1995, 111–144.

J. Weiner, Eine kaum beachtete Gerätegruppe: Neolithische Dechselklingen aus Feuersteingrundformen. Überlegungungen zur Kontinuität einer bemerkenswerten Geräteform (in Vorb.).

J. Weiner, J. Lehmann, Remarks concerning Early Neolithic Woodworking: The Example of the Bandkeramic Well of Ekelenz-Kückhoven. In: Atti della riunione „Le strutture abitative dalla Preistoria al Medioevo" (im Druck).

A. Zimmermann, Austauschsysteme von Silexartefakten in der Bandkeramik Mitteleuropas, Universitätsforsch. zur Prähist. Arch. 26, 1995.

Zum Rohmaterial Stein

C. E. S. Arps, Bandkeramische dissels van Centraal-Europa: Gesteentesoorten en herkomst, Nederl. Arch. Reporten 9, 1990, 11–27.

C. C. Bakels, Vorläufige Materialuntersuchung der Dechsel. In: Der bandkeramische Siedlungplatz Langweiler 2, Rhein. Ausgr. 13, 1973, 136–139.

C. C. Bakels, Four Linear Bandkeramik Settlements and their Environment, a Paleoecological Study of Sittard, Stein, Elsloo and Hienheim, Analecta Praehist. Leidensia 11, 1978.

C. C. Bakels, On the Adzes of the Northwestern Linearbandkeramik, Analecta Praehist. Leidensia 20, 1987, 53–85.

C. C. Bakels, C. E. S. Arps, Adzes from Linear Pottery sites, their raw material and their provenance. In: Stone Axe Studies, CBA Research Report 23, 1979, 57–64.

J.-P. Caspar, Fabrication et réaménagement d'herminettes rubanées en phtanite, Bull. Soc. Roy. Belge Anthrop. Préhist. 95, 1984, 47–58.

M. G. Dradon, Découverte d'ateliers de taille et de finition d'herminettes omaliennes, Helinium 7, 1967, 253–259.

J. Frechen, Petrographische Untersuchung von Steingerät bzw. dessen Rohmaterial. In: K. Schietzel, Müddersheim. Eine Ansiedlung der jüngeren Bandkeramik im Rheinland, Fundamenta A 1, 1965, 39–42.

J. Haeck, F. Tromme, Le village omalien de „Noir Fontaine“ à Horion-Hozémont, Chercheurs de la Wallonie 23, 1974–76, 331–378.

A. Hauptmann, Feuerstein, Hornstein, Flint, Chert, Silex, eine Begriffsbestimmung. In: 5000 Jahre Feuersteinbergbau, Veröff. aus dem Deutschen Bergbau-Museum Bochum 22, 1980, 7–11.

R. Herrmann, A. Schüller, Die Gesteine mittel- und jungsteinzeitlicher Geräte des Döbelner Raumes und ihre Verarbeitung, Arbeits- u. Forschungsber. Sachsen 1951, 107–127.

J. Kandler, „Felsgesteine“ als Material für vorgeschichtliche Werkzeuge, Der Bayerische Vorgeschichtsfreund 4, 1924, 56–61.

L. Koch, Petrographische Bestimmung der Steingeräte. In: W. Buttler und W. Haberey, Die Bandkeramische Ansiedlung bei Köln-Lindenthal, Röm.-German. Forsch. 11, 1936, 134–146.

P. Paulitsch, Das Material einiger neolithischer Steingeräte aus Oberhessen, Fundber. Hessen 14, 1974, 251–253.

P. Pétrequin, F. Jeudy, C. Jeunesse, Neolithic Quarries, the Exchange of Axes and Social Control in the southern Voges. In: Trade and Exchange in Prehistoric Europe, Oxbow Monograph 33, 1993, 45–60.

P. Pétrequin, C. Jeunesse, La Hache de Pierre. Carrières vosgiennes et échanges de lames polies pendant le Néolithique (5400–2100 av. J.-C.), Paris 1995.

M. Plateaux, Quelques données sur l'évolution des industries du Néolithique danubien de la vallée de l'Aisne. In: Rubané et Cardial, Etudes et Recherches Arch. de l'Univ. de Liège 39, 1990, 239–255.

H. Quitta, Ein Verwahrfund aus der bandkeramischen Siedlung in der Harth bei Zwenkau, Leipziger Beitr. zur Vor- u. Frühgesch. 1, 1955, 20–59.

K. Raddatz, Basalt als Werkstoff frühneolithischer Zeit im südniedersächsischen Bergland, Offa 37, 1980, 25–30.

W. Schumann, Steine und Mineralien, BLV Bestimmungsbuch, München, Bern, Wien 1972.

G. Schwarz-Mackensen, W. Schneider, Wo liegen die Hauptlieferanten für das Rohmaterial Donauländischer Steinbeile und -äxte in Mitteleuropa?, Arch. Korr.bl. 13, 1983, 305–314.

G. Schwarz-Mackensen, W. Schneider, Petrographie und Herkunft des Rohmateriales neolithischer Steinbeile und -äxte im nördlichen Harzvorland, Arch. Korr.bl. 16, 1986, 29–44.

E. Schwegler, P. Schneider, W. Heissel, Geologie in Stichworten, Kiel 1969.

M. N. G. Toussaint, Pétrographie et Paléogéographie des Herminettes Omaliennes de Hesbaye, Chercheurs de la Wallonie 25, 1982, 503–570.

Zum Rohmaterial Knochen und seiner Technologie

W. Buttler, Der Donauländische und der Westische Kulturkreis der Jüngeren Steinzeit, Handb. Urgesch. Deutschlands 2, Berlin, Leipzig 1938.

R. Feustel, Technik der Steinzeit, Veröff. Mus. Ur- u. Frühgesch. Thüringens 4, 1973.

L. Fiedler, Formen und Techniken neolithischer Steingeräte aus dem Rheinland, Beitr. zur Urgesch. des Rheinlandes 3, Rhein. Ausgr. 19, 1979, 53–190.

R. Forrer, Urgeschichte des Europäers, von der Menschwerdung bis zum Anbruch der Geschichte, Stuttgart 1908.

B. Fritsch, Zwei bandkeramische Siedlungen im Hegau, Arch. Nachr. aus Baden 38–39, 1987, 10–17.

C. Gies, A. Thevenin, Campagne de fouilles à Reichstett (Bas-Rhin), Cahiers Alsacien 15, 1971, 5–22.

J. Hahn, Erkennen und Bestimmen von Stein- und Knochenartefakten, Arch. Venatoria 10, 1993.

C. Jeunesse, Un nouvel habitat néolithique et protohistorique à Rosheim (Bas-Rhin), Cahiers l'Assoc. pour la Promotion de la Recherche Arch. en Alsace 7, 1991, 81–85.

M. Joos (Hrsg.), Das Neolithikum der Schweiz, Basel 1991.

Knochenarbeit. Artefakte aus tierischen Rohstoffen im Wandel der Zeit, Arch. Inf. aus Baden-Württemberg 27, 1994.

P. J. Loewenstein, Neolithic Stone Gouges from the Malay Archipelago and Their Northern Prototypes, Anthropos 52, 1957, 841–849.

S. Marinescu-Bilcu, Les Carpates Orientales et la Moravie. In: Atlas du Néolithique Européen 1, Etudes et Recherches Arch. de l'Univ. de Liège 45, 1993, 191–241.

N. Nieszery, Linearbandkeramische Gräberfelder in Bayern, Intern. Arch. 16, 1995.

W. C. Orchard, Beads and Beadwork of the American Indians, Contrib. from the Museum of the American Indian Heye Foundation 11, 1929.

M. Otte, La Préhistoire à travers les collections du Musée Curtius de Liège, Liège 1978.

A. Pratsch, Stichbandkeramik (SBK). In: Das Neolithikum im Mittelelbe-Saale-Gebiet und in der Altmark, Beitr. zur Ur- u. Frühgesch. Mitteleuropas 4, 1994, 49–65.

B. Schlüter, Die bandkeramische Siedlung auf dem Mühlengrund in Rosdorf, Ldkr. Göttingen. In: Frühe Bauernkulturen in Niedersachsen, Arch. Mitt. aus Nordwestdeutschland, Beiheft 1, 1983, 45–90.

H. Seger, Die keramischen Stilarten der Jüngeren Steinzeit Schlesiens, Schlesiens Vorzeit in Bild und Schrift N. F. 7, 1919, 1–89.

I. Sidéra, Un complément des données sur les sociétés rubanées l'Industrie osseuse à Cuiry-lès-Chaudardes, BAR Intern. Series 520, 1989.

J. Winiger, Das Fundmaterial von Thayngen-Weiher im Rahmen der Pfyner Kultur, Monogr. Schweizer Ges. Ur- u. Frühgesch. 18, 1971.

Zum Rohmaterial Geweih und seiner Technologie

V. G. Childe, The Antiquity and Function of Antler Axes and Adzes, Antiquity 16, 1942, 258–264.

L. Fiedler, Formen und Techniken neolithischer Steingeräte aus dem Rheinland, Beitr. zur Urgesch. des Rheinlandes 3, Rhein. Ausgr. 19, 1979, 53– 190.

A. Gob, L'Occupation Mésolithique de L'Abri du Loschbour près de Reuland (G. D. Luxembourg). In: Le Mésolithique entre Rhin et Meuse, Luxembourg 1982, 91–117.

J. Hahn, Erkennen und Bestimmen von Stein- und Knochenartefakten, Arch. Venatoria 10. 1993.

J. Hahn, C.-J. Kind, K. Steppan, Mesolithische Rentierjäger in Südwestdeutschland? Der mittelsteinzeitliche Freilandfundplatz Rottenburg „Siebenlinden I“ (Vorbericht), Fundber. Baden-Württemberg 18, 1993, 29–52.

G. Jensen, Ubrugelige ökser? Forsög med Kongemose- og Erteböllekulturens ökser af hjortetak, Eksperimentel Arkaeologie 1, 1991, 9–21.

Knochenarbeit. Artefakte aus tierischen Rohstoffen im Wandel der Zeit, Arch. Inf. aus Baden-Württemberg 27, 1994.

N. Nieszery, Linearbandkeramische Gräberfelder in Bayern, Intern. Arch. 16, 1995.

F. Poplin, Chasse-lame néolithique en bois de cerf de l'Yonne, de Spiennes et pourquoi pas du Grand Pressigny. In: Coll. Interrég. sur le Néolithique, Saint-Amand-Montrod 1977, 41–47.

M. Seitz, Ein bemerkenswertes Grab aus dem linearbandkeramischen Friedhof vom Viesenhäuser Hof, Stuttgart-Mühlhausen, Tübinger Beitr. Vor- u. Frühgesch. 2, 1987, 1–22.

I. Sidéra, Un complément des données sur les sociétés rubanées. L'Industrie osseuse à Cuiry-lès-Chaudardes, BAR Intern. Series 520, 1989.

Zu Halbfabrikaten

J. Ailio, Die steinzeitlichen Wohnplatzfunde in Finnland, Helsingfors 1909.

C. E. S. Arps, C. C. Bakels, De dissels van Rosmeer, Arch. Belgica 249, 1982, 34–45.

W. Baumann, Zwei bandkeramische Steingerätedepots von Dresden-Nickern, Ausgr. u. Funde 7, 1962, 69–74.

W. Bender, A. Jürgens, Vettweiß. In: Jahresbericht 1979. Bonner Jahrb. 181, 1981, 522.

W. Burkart, Zum Problem der neolithischen Steinsägetechnik, Schriften Inst. Ur- u. Frühgesch. Schweiz 3, 1945.

W. Buttler, W. Haberey, Die Bandkeramische Ansiedlung bei Köln-Lindenthal, Röm.-German. Forsch. 11, 1936.

J.-P. Caspar, Fabrication et réaménagement d'herminettes rubanées en phtanite, Bull. Soc. Roy. Belge Anthrop. Préhist. 95, 1984, 47–58.

F. Champagne, L'atelier montmorencien de la Roche du Curé à Gambaiseuil (Yvelines), Bull. Soc. Préhist. Franç. 67, 1970, 500–505.

M. G. Dradon, Découverte d'ateliers de taille et de finition d'herminettes omaliennes, Helinium 7, 1967, 253–259.

C. Eibner, Zur Nomenklatur und ergologischen Interpretation des neolithischen Setzkeiles, ArchA 50, 1971, 1–20.

J.-P. Farruggia, Steinmaterial. In: Der bandkeramische Siedlungsplatz Langweiler 2, Rhein. Ausgr. 13, 1973, 106–136.

J.-P. Farruggia, Die Dechsel. In: Der bandkeramische Siedlungplatz Langweiler 9, Rhein. Ausgr. 18, 1977, 266–278.

L. Fiedler, Formen und Techniken neolithischer Steingeräte aus dem Rheinland, Beitr. zur Urgesch. des Rheinlandes 3, Rhein. Ausgr. 19, 1979, 53- 190.

J. Haeck, F. Tromme, Le village omalien de „Noir Fontaine" à Horion-Hozémont, Chercheurs de la Wallonie 23, 1974–76, 331–378.

J. Hellich, Druhý hromadný nález kamenných klínu na Podebradsku, Památky Arch. 35, 1927, 546-547.

R. Herrmann, A. Schüller, Die Gesteine mittel- und jungsteinzeitlicher Geräte des Döbelner Raumes und ihre Verarbeitung, Arbeits- u. Forschungsber. Sachsen 1951, 107–127.

M. Hohmeyer, Ausgewählte lithische Inventare des bandkeramischen Siedlungsplatzes Hambach 8, Magisterarbeit Univ. Frankfurt am Main 1987.

Ch. Jeunesse, B. Schnitzler, Les Premiers Agriculteurs. In: Le Néolithique en Alsace, Les Collections du Musée Archéologique 2, 1995.

P. Kelterborn, Eine Beilwerkstatt im Seegubel, Jona SG., Jahrb. Schweizer Ges. Ur- u. Frühgesch. 75, 1992, 133–142.

R. Kuper, H. Löhr, J. Lüning, P. Stehli, Untersuchungen zur neolithischen Besiedlung der Aldenhovener Platte 4, Bonner Jahrb. 174, 1974, 424–508.

M. Lodewijckx, Les deux sites Rubanés de Wange et d'Overhespen (Belgique, prov. Brabant). In: Rubané et Cardial, Etudes et Recherches Arch. de l'Univ. de Liège 39, 1990, 105- 115.

L.-R. Nougier, R. Robert, Le débitage par sciage dans le „Néolithique pyrénéen", Bull. Soc. Préhist. France 50, 1953, 56–40.

A. Pietzsch, Steinsägetechnik in der Vorzeit, Arbeits- und Forschungsber. zur Sächsischen Bodendenkmalpflege 1950, 31–37.

H. Quitta, Ein Verwahrfund aus der bandkeramischen Siedlung in der Harth bei Zwenkau, Leipziger Beitr. Vor- u. Frühgesch. 1, 1955, 20–59.

K. Raddatz, Basalt als Werkstoff frühneolithischer Zeit im südniedersächsischen Bergland, Offa 37, 1980, 25–30.

D. Raetzel-Fabian, Die ersten Bauernkulturen. Jungsteinzeit in Nordhessen, Vor- u. Frühgesch. im Hessischen Landesmuseum in Kassel 2, 1988.

K. Schietzel, Müddersheim. Ein Ansiedlung der jüngeren Bandkeramik im Rheinland, Fundamenta A 1, 1965.

V. Spurný, Verwahrfund von Rohstücken der Schuhleistenkeile aus Bezmerov, Archeologické Studijní Materiály, 1964, 38- 42.

J. Weiner, Halbfabrikat einer Dechselklinge aus Scheuer, Ldkr. Regensburg, Beitr. zur Arch. in der Oberpfalz 1, 1997, 130–136.

Ch. Willms, Die Felsgesteinartefakte der Cortaillod-Schichten, Die neolithischen Ufersiedlungen von Twann 9, 1980.

A. Zimmermann, Steine. In: Der bandkeramische Siedlungplatz Langweiler 8, Gemeinde Aldenhoven, Kreis Düren, Rhein. Ausgr. 28, 1988, 569–787.

A. Zimmermann, Austauschsysteme von Silexartefakten in der Bandkeramik Mitteleuropas, Universitätsforsch. zur Prähist. Arch. 26, 1995.

Zur Technologie von Steingeräten

Schlag-, Pick- und Punchtechnik

C. C. Bakels, On the adzes of the Northwestern Linearbandkeramik, Analecta Praehist. Leidensia 20, 1987, 53–85.

H.-G. Bandi, Das Silexmaterial der Station Seeberg, Burgäschisee- Süd, Acta Bernensia 2/6, 1973, 9–90.

J. R. Beuker, Werken met steen, Archeologische Monografieen van het Drents Museum 2, 1990.

J.-P. Caspar, Fabrication et réaménagement d'herminettes rubanées en phtanite, Bull. Soc. Roy. Belge Anthrop. Préhist. 95, 1984, 47–58.

D. Crabtree, Notes on Experiments in Flintknapping. 4 Tools used for making flaked stone artifacts, Tebiwa. The Journal of the Idaho State Univ. Museum 10/1, 1967, 60–73.

R. Feustel, Technik der Steinzeit, Veröff. Mus. Ur- u. Frühgesch. Thüringens 4, 1973.

L. Fiedler, Formen und Techniken neolithischer Steingeräte aus dem Rheinland, Beitr. zur Urgesch. des Rheinlandes 3, Rhein. Ausgr. 19, 1979, 53- 190.

F.-W. Franke, Schlag-, Retuschier- und Mahlsteine eines frühneolithischen Siedlungsplatzes bei Rockstedt, Krs. Bremerhaven, Die Kunde N. F. 17, 1966, 23–33.

J. HAHN, Erkennen und Bestimmen von Stein- und Knochenartefakten, Arch. Venatoria 10, 1993.

W. H. HOLMES, Manufacture of Pecked-Abraded Stone Implements. A Study of the Rejectage, Am. Antiquarian 17, 1896, 309–313.

M.-L. INIZAN, H. ROCHE, J. TIXIER, Technology of Knapped Stone. In: Préhistoire de la Pierre Taillée 3, Meudon 1992.

H. LÖHR, A. ZIMMERMANN, J. HAHN, Feuersteinartefakte. In: Der bandkeramische Siedlungsplatz Langweiler 9, Rhein. Ausgr. 18, 1977, 131–266.

J. D. MCGUIRE, The Stone Hammer and its Various Uses, Am. Anthrop. 4, 1891, 301–312.

A.-M. et P. PÉTREQUIN, Ecologie d'un outil. La hache de pierre en Irian Jaya (Indonésie), Monographie du CNRA 12, 1993.

P. PÉTREQUIN, Ch. JEUNESSE, La Hache de Pierre. Carrières vosgiennes et échanges de lames polies pendant le Néolithique (5400–2100 av. J.-C.), Paris 1995.

L. PFEIFFER, Die steinzeitliche Technik und ihre Beziehungen zur Gegenwart. Ein Beitrag zur Geschichte der Arbeit, Jena 1912.

J.-L. PIEL-DESRUISSEAUX, Outils Préhistoriques. Forme, Fabrication, Utilisation, Paris 1990.

H. QUITTA, Ein Verwahrfund aus der bandkeramischen Siedlung in der Harth bei Zwenkau, Leipziger Beitr. Vor- u. Frühgesch. 1, 1955, 20–59.

S. A. SEMENOV, Prehistoric Technology, 4. Aufl., Bradford-on-Avon 1976.

A. E. TREGANZA, L. L. VALDIVIA, The Manufacture of Pecked and Ground Stone Artifacts. A Controlled Study, Reports of the Univ. of California Arch. Survey 32, 1955, 19–29.

J. WEINER, Utilisation et fabrication des herminettes rubanées, Notae Praehist. 1, 1982, 149–156.

J. WEINER, Techniken und Methoden der intentionellen Herstellung von Steingeräten. In: Feuerstein. Rohstoff der Steinzeit. Bergbau und Bearbeitungstechnik, Arch. Mus. der Stadt Kelheim Museumsheft 3, 1987, 46–102.

J. WEINER, Zur Steingerätetechnologie bei Jäger- und Sammlerkulturen. In: Steinzeitliche Kulturen an Donau und Altmühl, Ingolstadt 1989, 199–217.

J. WEINER, Halbfabrikat einer Dechselklinge aus Scheuer, Ldkr. Regensburg, Beitr. in Arch. aus der Oberpfalz 1, 1997 130–136.

J. C. WHITTAKER, Flintknapping. Making and Understanding Stone Tools, Austin 1994.

J. H. WILLEMS, Slagsteenen aangetroffen in de prehistorisch vuursteenmijnen te Rijckholt-St. Geetruid (Zuid Limburg, NL). In: 2. Intern. Feuerstein-Symposium Maastricht 1975, Heerlen 1975, 51–53.

A. ZIMMERMANN, Steine. In: Der bandkeramische Siedlungplatz Langweiler 8, Gemeinde Aldenhoven, Kreis Düren, Rhein. Ausgr. 28, 1988, 569–787.

K. ZIMMERMANN, Handmühlen, Schlag- und Schleifsteine sowie einige weitere Felsgesteinmaterialfunde mit Bearbeitungs- oder Benutzungsspuren aus Seeberg, Burgäschisee-Süd, Acta Bernensia 2/6, 1973, 149–188.

Schleiftechnik

J. AILIO, Die steinzeitlichen Wohnplatzfunde in Finnland, Helsingfors 1909.

J. R. BEUKER, Werken met steen, Archeologische Monografieen van het Drents Museum 2, 1990.

W. BLEICH, Vierundzwanzig Versuche zur Technik der Steinzeit, Technische Beiträge zur Archäologie 2, 1965, 102–125.

F. P. DICKSON, Australian Stone Hatchets. A Study in Design and Dynamics, Sydney 1981.

J. EVANS, The Ancient Stone Implements, Weapons and Ornaments of Great Britain, London 1897.

R. FEUSTEL, Technik der Steinzeit, Veröff. Mus. Ur- u. Frühgesch. Thüringens 4, 1973.

L. FIEDLER, Formen und Techniken neolithischer Steingeräte aus dem Rheinland, Beitr. zur Urgesch. des Rheinlandes 3, Rheinische Ausgrabungen 19, 1979, 53–190.

R. FORRER, Urgeschichte des Europäers von der Menschwerdung bis zum Anbruch der Geschichte, Stuttgart 1908.

Th. FRANK, Wermelskirchen, In: Ausgrabungen, Funde und Befunde 1991, Bonner Jahrb. 193, 1993, 282.

A. GÖTZE, Artikel „Steinbearbeitung". In: Reallexikon der Vorgeschichte 12, Berlin 1928, 395–400.

W. HABEREY, Eine Polierwanne für Steinbeile aus Kottenheim, Kreis Mayen, Bonner Jahrb. 152, 1952, 17–20.

J. HAHN, Erkennen und Bestimmen von Stein- und Knochenartefakten, Arch. Venatoria 10, 1993.

M. HEINEN, W. SCHOL, Die urgeschichtliche Besiedlung des Mönchengladbacher Raumes. In: Loca Desiderata. Mönchengladbacher Stadtgeschichte 1, 1994, 111–232.

R. HERRMANN, A. SCHÜLLER, Die Gesteine mittel- und jungsteinzeitlicher Geräte des Döbelner Raumes und ihre Verarbeitung, Arbeits- u. Forschungsber. Sachsen 1951, 107–127.

K.-H. JACOB-FRIESEN, Einführung in Niedersachsens Urgeschichte 1. Steinzeit, Hildesheim 1959.

Ch. JEUNESSE, B. SCHNITZLER, Les Premiers Agriculteurs. Le Néolithique en Alsace, Les Collections du Musée Archéologique 2, 1995.

G. KONRAD, G. LIGABUE, Steinwerkzeuge und Ritualsteine. Herstellung und Handel. In: Asmat. Mythen und Rituale, Inspiration der Kunst, Venedig 1995, 45–63.

B. MADSEN, Flint Axe Manufacture in the Neolithic. Experiments with Grinding and Polishing of Thin-Butted Flint Axes, Journal Danish Arch. 3, 1984, 47–62.

J. MALINA, Petroarchaeological notes on manufacturing technology of neolithic polished stone industry, Scripta Sci. Nat. UJEP Brunensis, Geologia 3, 1973, 103–107.

P. J. R. MODDERMAN, Der Schleifstein (Polissoir) von Slenaken, Prov. Limburg, NL. In: 5000 Jahre Feuersteinbergbau, Veröff. aus dem Deutschen Bergbau-Museum 22, 1980, 238–240.

O. MONTELIUS, Kulturgeschichte Schwedens, Leipzig 1906.

O. MONTELIUS, Minnen fran var forntid, Stockholm 1917.

A. de MORTILLET, Le Travail de la Pierre aux Temps Préhistorique, Revue Ecole d'Anthrop. de Paris 20, 1910, 41–51.

R. MOSCHKAU, Technik der Vorzeit. In: Grundriß der Vorgeschichte Sachsens, 1934, 194–229.

R. MUCH, Ueber die Anfertigung der Steingeräthe, Mitt. Anthrop. Ges. Wien 12, 1882, 82–88.

D. S. OLAUSSON, Flint and Groundstone Axes in the Scanian Neolithic. An Evaluation of Raw Materials based on Experiment, Scripta Minora 2, 1982–1983.

A.-M. und P. PÉTREQUIN, Ecologie d'un outil. La hache de pierre en Irian Jaya (Indonésie), Monographie du CNRA 12, 1993.

P. PÉTREQUIN, Ch. JEUNESSE, La Hache de Pierre. Carrières vosgiennes et échanges de lames polies pendant le Néolithique (5400–2100 av. J.-C.), Paris 1995.

L. PFEIFFER, Die steinzeitliche Technik und ihre Beziehungen zur Gegenwart. Ein Beitrag zur Geschichte der Arbeit, Jena 1912.

J.-L. PIEL-DESRUISSEAUX, Outils Préhistoriques. Forme, Fabrication, Utilisation, Paris 1990.

H. Reinerth, Die Jüngere Steinzeit der Schweiz, Augsburg 1926.

W. Schrickel, Über Felsgeräte Mitteldeutschlands, Vorgesch. Museumsarbeit und Bodendenkmalpflege 2, 1956, 3–22.

N. F. B. Sehested, Archaeologiske Undersögelser 1878–1881, Kopenhagen 1884.

S. A. Semenov, Prehistoric Technology, 4. Aufl., Bradford- on-Avon 1976.

J. Thiele, Das Schleifen eines Felsgesteinbeils, ein Beitrag zur steinzeitlichen Technologie, Bodenfunde und Heimatforschung 12, 1982, 4–9.

J. Weiner, Neufund eines Steinbeiles aus Lousberg-Feuerstein, Pulheimer Beitr. zur Gesch. u. Heimatkunde 4, 1980, 7–10.

J. Winiger, Das Fundmaterial von Thayngen-Weiher im Rahmen der Pfyner Kultur, Monogr. Schweizer Ges. Ur- u. Frühgesch. 18, 1971.

R. Wyss, Wirtschaft und Gesellschaft in der Jungsteinzeit, Monographien zur Schweizer Geschichte 6, 1973.

Sägetechnik

J. Ailio, Die steinzeitlichen Wohnplatzfunde in Finnland, Helsingfors 1909.

A. Aymar, Contribution à la technique du sciage des haches néolithiques, Lyon 1926, 452–455.

C. C. Bakels, Dechseln, Beile, durchbohrte Geräte. In: P. J. R. Modderman, Die neolithische Besiedlung bei Hienheim, Ldkr. Kelheim, Materialhefte Bayer. Vorgesch. 57, 1986, 52–60.

W. Bleich, Vierundzwanzig Versuche zur Technik der Steinzeit, Technische Beiträge zur Archäologie 2, 1965, 102–125.

R. Bosch, Die Ausgrabungen in der steinzeitlichen Pfahlbaute „Seematte" (Gemeinde Hitzkirch) am Baldeggersee 1938, Innerschweizerisches Jahrb. für Heimatkunde 4/5, 1939, 130–146.

W. Burkart, Zum Problem der neolithischen Steinsägetechnik, Schriften Inst. Ur- u. Frühgesch. Schweiz 3, 1945.

F. Champagne, L'atelier montmorencien de la Roche du Curé à Gambaiseuil (Yvelines), Bull. Soc. Préhist. Franç. 67, 1970, 500–505.

F. R. Chapman, On the Working of Greenstone or Nephrite by the Maoris, Transactions of the New Zealand Institute 1892, 479–539.

G. Cordier, Exemples tourangeaux de sciage des roches au Néolithique, Bull. Soc. Préhist. Franç. 84, 1987, 278–281.

A. Digby, Maya Jades, London, 1964.

M. G. Dradon, Découverte d'ateliers de taille et de finition d'herminettes omaliennes, Helinium 7, 1967, 253–259.

C. Eibner, Zur Nomenklatur und ergologischen Interpretation des neolithischen Setzkeiles, ArchA 50, 1971, 1–20.

J. Evans, The Ancient Stone Implements, Weapons and Ornaments of Great Britain, London 1897.

F. M. Feldhaus, Die Technik. Ein Lexikon der Vorzeit, der geschichtlichen Zeit und der Naturvölker, Wiesbaden 1914, Neuaufl. München 1970.

F. M. Feldhaus, Die Säge, ein Rückblick auf vier Jahrtausende, Berlin, Remscheid 1921.

L. Fiedler, Formen und Techniken neolithischer Steingeräte aus dem Rheinland, Beitr. zur Urgesch. des Rheinlandes 3, Rheinische Ausgrabungen 19, 1979, 53–190.

R. Forrer, Artikel „Steinsägeapparat". In: Reallexikon der prähistorischen, klassischen und frühchristlichen Altertümer, Berlin, Stuttgart 1907, 669.

R. Forrer, Urgeschichte des Europäers, von der Menschwerdung bis zum Anbruch der Geschichte, Stuttgart 1908.

A. R. Furger, F. Hartmann, Vor 5000 Jahren ... So lebten unsere Vorfahren in der Jungsteinzeit, Bern, Stuttgart 1983.

P.-R. Giot, Le travail de la fibrolite en Armorique, Bull. Soc. Préhist. Franç. 49, 1952, 395–398.

A. Götze, Artikel „Steinbearbeitung". In: Reallexikon der Vorgeschichte 12, Berlin 1928, 395–400.

M. E. Th. de Grooth, Geschliffene Steingeräte. In: P. J. R. Modderman, Die neolithische Besiedlung bei Hienheim, Ldkr. Kelheim, Materialhefte zur Bayer. Vorgesch. 33, 1977, 72–75.

H. Gummel, Der Pfahlbau Moosseedof bei Bern, Hannover 1923.

J. Hahn, Erkennen und Bestimmen von Stein- und Knochenartefakten, Arch. Venatoria 10, 1993.

J. Heierli, Der Pfahlbau Wollishofen, Mitt. Antiqu. Ges. Zürich 22, 1986, 1–32.

R. Herrmann, A. Schüller, Die Gesteine mittel- und jungsteinzeitlicher Geräte des Döbelner Raumes und ihre Verarbeitung, Arbeits- u. Forschungsber. Sachsen 1951, 107–127.

Th. Ischer, Die Technik des Steinsägens im Neolithikum, Jahrb. Schweiz. Ges. Urgesch. 32, 1941, 207–209.

A. Jürgens, Ein Schuhleistenkeil mit Sägespur aus Bessenich, Arch. im Rheinland 1987, 29–30.

A. Jürgens, Neolithische Steingeräte aus Blatzheim, Arch. im Rheinland 1987, 31–32.

F. Keller, Verfertigung der Steinbeile, Anzeiger Schweiz. Altertumskunde 2/1, 1870, 122–123.

F. Keller, Zerschneiden der zu den Beilen bestimmten Steine (8. Pfahlbaubericht), Mitt. Antiqu. Ges. Zürich 20, 1879, 49.

P. Kelterborn, Towards Replicating Neolithic Stone Sawing, Archéologie Expérimentale 2, 1991, 129–137.

P. Kelterborn, Eine Beilwerkstatt im Seegubel, Jona SG., Jahrb. Schweiz. Ges. Ur- u. Frühgesch. 75, 1992, 133–138.

W. La Baume, Die vorgeschichtliche Steinsäge, Die Umschau 38, 1934, 72–74.

W. La Baume, Die vorgeschichtliche Steinsäge, Altpreußen 2, 1936, 35–38.

W. La Baume, Zur Verwendung der vorgeschichtlichen Steinsäge, Altpreußen 8, 1943, 2–3.

C.-T. Le Roux, Fabrication et commerce des haches en pierre polie, Dossiers Arch. 11, 1975, 42–55.

S. Mack, A propos des haches sciées, Bull. Soc. Préhist. Franç. 26, 1929, 272.

Q. Mackie, The Taxonomy of Ground Stone Woodworking Tools, BAR Int. Series 613, 1995.

J. Malina, Petroarchaeological notes on manufacturing technology of neolithic polished stone industry, Scripta Sci. Nat. UJEP Brunensis, Geologia 3, 1973, 103–107.

J. D. McGuire, Materials, Apparatus, and Processes of the Aboriginal Lapidary, Am. Anthropologist 5, 1892, 165–176.

A. Mirtschin, Wie der Urmensch in der jüngeren Steinzeit seine Steinbeile herstellte, Unsere Heimat. Beilage zum Riesaer Tageblatt 4/13, 1931.

R. Moschkau, Technik der Vorzeit. In: Grundriß der Vorgeschichte Sachsens. Leipzig 1934, 194–229.

A. de Mortillet, Le Travail de la Pierre aux Temps Préhistorique, Revue Ecole d'Anthrop. de Paris 20, 1910, 41–51.

R. Much, Über die Anfertigung der Steingeräthe, Mitt. Anthrop. Ges. Wien 12, 1882, 82–88.

L.-R. Nougier, R. Robert, Le débitage par sciage dans le „Néolithique pyrénéen", Bull. Soc. Préhist. Franç. 50, 1953, 36–40.

E. Octobon, Le Néolithique de la grotte de Bédeilhac (Ariège), Rev. Anthropologie 1937, 59–76.

L. Pfeiffer, Die steinzeitliche Technik und ihre Beziehungen zur Gegenwart. Ein Beitrag zur Geschichte der Arbeit, Jena 1912.

L. Pfeiffer, Die Werkzeuge des Steinzeitmenschen, Jena 1920.

J.-L. Piel-Desruisseaux, Outils Préhistoriques. Forme, Fabrication, Utilisation, Paris 1990.

A. Pietzsch, Steinsägetechnik in der Vorzeit, Arbeits- und Forschungsber. zur Sächsischen Bodendenkmalpflege 1951, 31–37.

R. Pleiner, Artikel „Steinbearbeitung". In: J. Filip, Enzyklopädisches Handbuch zur Ur- und Frühgeschichte Europas 2, Prag 1969, 1372–1373.

H. Quitta, Ein Verwahrfund aus der bandkeramischen Siedlung in der Harth bei Zwenkau, Leipziger Beitr. Vor- u. Frühgesch. 1, 1955, 20–59.

H. Reinerth, Die Jüngere Steinzeit der Schweiz, Augsburg 1926.

H. Reinerth, Lebendige Vorzeit. Arbeiten der Modellwerkstatt des Reichsbundes für Deutsche Vorgeschichte, München 1942.

W. Schrickel, Der Werdegang der vorgeschichtlichen Felsgeräte, Ungedr. Habilitationsschr. Univ. Jena 1952.

N. Schultheiss, Über Steingeräthe und deren Herstellung, Magdeburger Geschichtsblätter 1872, 224–230.

N. F. B. Sehested, Archaeologiske Undersögelser 1878–1881, Kopenhagen 1884.

S. A. Semenov, Prehistoric Technology, 4. Aufl., Bradford-on-Avon 1976.

H.-I. Smith, The Archaeological Collection from the Southern Interior of British Columbia, Mus. of the Geological Survey, Ottawa 1913.

H. Spycher, Die geschliffenen Steingeräte in der Cortaillod-Siedlung Seeberg, Burgäschisee-Süd. In: Seeberg, Burgäschisee-Süd 6, Acta Bernensia 2, 1973, 91–148.

J. Weiner, Bemerkenswerte bandkeramische Fundstücke aus Kückhoven, Arch. im Rheinland 1993, 32–34.

J. Weiner, Halbfabrikat einer Dechselklinge aus Scheuer, Ldkr. Regensburg, Beitr. zur Arch. in der Oberpfalz 1, 1997, 130–136.

Ch. Willms, Die Felsgesteinartefakte der Cortaillod-Schichten, Die neolithischen Ufersiedlungen von Twann 9, 1980.

J. Winiger, Das Fundmaterial von Thayngen-Weiher im Rahmen der Pfyner Kultur, Monogr. Schweizer Ges. Ur- u. Frühgesch. 18, 1971.

G. Wurmbrand, Ergebnisse der Pfahlbau-Untersuchungen, Mitt. Anthrop. Ges. Wien 5, 1875, 117–138.

R. Wyss, Wirtschaft und Gesellschaft in der Jungsteinzeit, Monographien zur Schweizer Geschichte 6, 1973.

M. Zurbuchen, Jungsteinzeit-Werkzeugtechnologie. In: 100 Jahre Grossenbacher AG, Zürich 1981.

Zu Sägeblättern

Linearbandkeramik

M. De Puydt, J. Hamal-Nandrin, J. Servais, Fonds de cabanes néolithiques de la Hesbaye. Jeneffe, Dommartin, Oudoumont, Mém. Soc. Anthrop. Bruxelles 29, 1910, 1–42.

M. G. Dradon, Découverte d'ateliers de taille et de finition d'herminettes omaliennes, Helinium 7, 1967, 253–259.

L. Eloy, Les scies en grès psammite du danubien de Hesbaye (omalienne) de Vaux-Borset, Chercheurs de la Wallonie 28, 1988, 127–135.

L. Fiedler, Formen und Techniken neolithischer Steingeräte aus dem Rheinland, Beitr. zur Urgesch. des Rheinlandes 3, Rheinische Ausgrabungen 19, 1979, 53–190.

M. E. Th. de Grooth, J. G. Verwers, Op Goede Gronden. De Eerste Boeren in Noordwest-Europa, Leiden 1984.

J. Haeck, F. Tromme, Le village omalien de „Noir Fontaine" à Horion-Hozémont, Chercheurs de la Wallonie 23, 1974–76, 331–378.

M. Otte, La Préhistoire à travers les collections du Musée Curtius de Liège, Liège 1978.

Mittelneolithikum

C. C. Bakels, Dechseln, Beile, durchbohrte Geräte. In: P. J. R. Modderman, Die neolithische Besiedlung bei Hienheim, Ldkr. Kelheim, Materialhefte Bayer. Vorgesch. 57, 1986, 52–60.

I. Wessel, Die mittelneolithischen Keramikfunde vom Hopfenberg, Berghausen, Ldkr. Karlsruhe, Fundber. Baden-Württemberg 21, 1996, 107–178.

Jüngeres Neolithikum

J. Ailio, Die steinzeitlichen Wohnplatzfunde in Finnland, Helsingfors 1909.

R. Bosch, Die in der Sammlung Eichenberger in Beinwil am See liegenden Funde aus der Pfahlbaute Seematte bei Richensee (Gem. Hitzkirch, Luzern). In: Festschr. E. Tatarinoff, Solothurn 1938, 1–11.

R. Bosch, Die Ausgrabungen in der steinzeitlichen Pfahlbaute „Seematte" (Gemeinde Hitzkirch) am Baldeggersee, 1938, Innerschweizerisches Jahrb. für Heimatkunde 4/5, 1939, 130–146.

W. Burkart, Zum Problem der neolithischen Steinsägetechnik, Schriften Inst. Ur- u. Frühgesch. Schweiz 3, 1945.

M. Itten, Die Horgener Kultur, Monographien zur Ur- und Frühgesch. der Schweiz 17, 1970.

Ch. Willms, Die Felsgesteinartefakte der Cortaillod-Schichten, Die neolithischen Ufersiedlungen von Twann 9, 1980.

R. Wyss, Wirtschaft und Gesellschaft in der Jungsteinzeit, Monographien zur Schweizer Geschichte 6, 1973.

Unbestimmt

F. Champagne, L'atelier montmorencien de la Roche du Curé à Gambaiseuil (Yvelines), Bull. Soc. Préhist. Franç. 67, 1970, 500–505.

Bohrtechnik

J. Ailio, Die steinzeitlichen Wohnplatzfunde in Finnland, Helsingfors 1909.

A. J. Arkell, The Prehistory of the Nile Valley, Handb. der Orientalistik 1, Leiden, Köln 1975.

W. Bleich, Vierundzwanzig Versuche zur Technik der Steinzeit, Technische Beiträge zur Archäologie 2, 1965, 102–125.

F. R. Chapman, On the Working of Greenstone or Nephrite by the Maoris, Transactions of the New Zealand Inst. 24, 1892, 479–539.

J. Chevalier, M.-L. Inizan, J. Tixier, Une Technique de Perforation par Percussion de Perles en Cornaline (Larsa, Iraq), Paléorient 8, 1982, 55–65.

V. G. CHILDE, Rotary Motion. In: A History of Technology 1, Oxford 1975, 189–215.
J. COLLINA-GIRARD, Préhistoire Expérimentale. La Production du Feu par Friction, Bull. Soc. Anthrop. 24, 1989, 97–106.
J. COLLINA-GIRARD, Le Foret à feu. Expérimentation contre rumeur scientifique, L'Homme 120, 1991, 69–88.
J. COLLINA-GIRARD, Feu par Percussion, Feu par Friction. Les donees de l'expérimentation, Bull. Soc. Préhist. Franç. 90, 1993, 159–173.
H. DENGLER, Zur Kunst der Steinbohrung, Sachsens Vorzeit 1, 1938, 38–44.
R. DRENKHAHN, Artikel „Bohrer". In: Lexikon der Ägyptologie 1, Wiesbaden 1975, 845–846.
H. DRESCHER, Artikel „Bohrer". In: Reallexikon der Germanischen Altertumskunde 3, Berlin, New York 1978, 189–203.
J. EVANS, The Ancient Stone Implements, Weapons and Ornaments of Great Britain, London 1897.
F. M. FELDHAUS, Die Technik. Ein Lexikon der Vorzeit, der geschichtlichen Zeit und der Naturvölker, Wiesbaden 1914, Neuaufl. München 1970.
R. FEUSTEL, Technik der Steinzeit. Veröff. Mus. Ur- u. Frühgesch. Thüringens 4, 1973.
L. FIEDLER, Formen und Techniken neolithischer Steingeräte aus dem Rheinland, Beitr. zur Urgesch. des Rheinlandes 3, Rhein. Ausgr. 19, 1979, 53– 190.
R. FORRER, Artikel „Bohrer". In: Reallexikon der prähistorischen, klassischen und frühchristlichen Altertümer, Berlin, Stuttgart 1907, 101–105.
R. FORRER, Urgeschichte des Europäers, von der Menschwerdung bis zum Anbruch der Geschichte, Stuttgart 1908.
A. GÖTZE, Artikel „Bohren". In: Reallexikon der Vorgeschichte 2, Berlin 1925, 103–104.
A. GÖTZE, Artikel „Steinbearbeitung". In: Reallexikon der Vorgeschichte 12, Berlin 1928, 395–400.
G. GOYON, Les Instruments de Forage sous L'Ancien Empire Egyptien, Jaarbericht Vooraziatisch-Egyptisch Genootschap „Ex Oriente Lux" 21, 1969–70, 155–163.
N. GUTSMUTHS, Wie durchbohrte der alte Germane seine Streitaxt?, Morgenblatt 253, 1832.
J. HAHN, Erkennen und Bestimmen von Stein- und Knochenartefakten. Einführung in die Artefaktmorphologie, Arch. Venatoria 10, 1993.
J. HEIERLI, Der Pfahlbau Wollishofen, Mitt. Antiqu. Ges. Zürich 22, 1886, 1–32.
G. HENRIKSEN, Maglemosekulturens drilbor med et par boretekniske betragtninger, Aarböger 1973, 217–225.
K. HOHMANN, Querhauen, Walzenbeile und andere urtümliche Geräte aus der Mittelmark, Berliner Blätter f. Vor- u. Frühgesch. 4, 1955, 7–64.
K.-H. JACOB-FRIESEN, Einführung in Niedersachsens Urgeschichte 1. Steinzeit, Hildesheim 1959.
F. KELLER, Durchbohrung der Steinbeile, der Hirschhornwerkzeuge und anderer Geräthe aus den Pfahlbauten, Anzeiger Schweiz. Altertumskunde 2/2, 1870, 139–144.
F. KELLER, Durchbohrung der Steinbeile und anderer Werkzeuge und Geräthe in den Pfahlbauten (8. Pfahlbaubericht), Mitt. Antiqu. Ges. Zürich 20, 1879, 49–54.
G. KLEMM, Die Werkzeuge und Waffen, Sondershausen 1858, Neuaufl. Leipzig 1978.
L. KOCH, Petrographische Bestimmung der Steingeräte. In: W. Buttler und W. Haberey, Die Bandkeramische Ansiedlung bei Köln-Lindenthal, Röm.- German. Forsch. 11, 1936, 134–146.
E. MACKAY, Bead Making in Ancient Sind, Journal American Oriental Soc. 57, 1937, 15.
J. MALINA, Petroarchaeological notes on manufacturing technology of neolithic polished stone industry, Scripta Sci. Nat. UJEP Brunensis, Geologia 3, 1973, 103–107.
M. P. MALMER, Jungneolithische Studien, Acta Arch. Lund 2, 1962.
J. D. MCGUIRE, Materials, Apparatus, and Processes of the Aboriginal Lapidary, Am. Anthropologist 5, 1892, 165–176.
J. D. MCGUIRE, A Study of the Primitive Methods of Drilling, Smithsonian Report for 1894, 1896, 625–756.
A. MIRTSCHIN, Wie der Urmensch in der jüngeren Steinzeit seine Steinbeile herstellte, Unsere Heimat. Beilage zum Riesaer Tageblatt 4/13, 1931.
O. MONTELIUS, Kulturgeschichte Schwedens, Leipzig 1906.
A. de MORTILLET, Palafittes du Lac de Clairvaux (Jura), L'Homme Préhistorique 3, 1905, 44–60.
A. de MORTILLET, Le Travail de la Pierre aux Temps Préhistorique, Revue Ecole d'Anthrop. de Paris 20, 1910, 41–51.
R. MOSCHKAU, Technik der Vorzeit. In: Grundriß der Vorgeschichte Sachsens, Leipzig 1934, 194–229.
S. MÜLLER, Nordische Altertumskunde, Straßburg 1897.
W. C. ORCHARD, Beads and Beadwork of the American Indians, Contrib. from the Museum of the American Indian Heye Foundation 11, 1929.
J.-L. PIEL-DESRUISSEAUX, Outils Préhistoriques. Forme, Fabrication, Utilisation, Paris 1990.
M. PIPERNO, Micro-drilling at Shahr-i Sokhta, the making and use of the lithic drill-heads, South Asian Archaeology 1973, 119–129.
R. PLEINER, Artikel „Steinbearbeitung". In: J. Filip, Enzyklopädisches Handbuch zur Ur- und Frühgeschichte Europas 2, Prag 1969, 1372–1373.
C. RAU, Drilling in Stone without Metal, Smithsonian Report for 1868, 1869, 392–400.
C. RAU, Aboriginal Stone Drilling, Am. Naturalist 15, 1881, 536–542.
H. REINERTH, Die Jüngere Steinzeit der Schweiz, Augsburg 1926.
A. RIETH, Zur Technik des Steinbohrens im Neolithikum, Zeitschr. Schweiz. Arch. und Kunstgesch. 18, 1958, 101–109.
W. SCHRICKEL, Über Felsgeräte Mitteldeutschlands, Vorgesch. Museumsarbeit und Bodendenkmalpflege 2, 1956, 3–22.
N. SCHULTHEISS, Über Steingeräthe und deren Herstellung, Magdeburger Geschichtsblätter 1872, 224–230.
G. SCHWANTES, Deutschlands Urgeschichte, Stuttgart 1952.
N. F. B. SEHESTED, Achaeologiske Undersögelser 1878–1881, Kopenhagen 1884.
S. A. SEMENOV, Prehistoric Technology, 4. Aufl., Bradford-on-Avon 1976.
F. SPANNAGEL, Das Drechslerwerk, Ravensburg 1940.
R. H. STEELE, Experiments in Kaitahu (Ngai-Tahu) Methods of Drilling, Journal Polynesian Soc. 39, 1930, 181–188.
J. TIXIER, Nucléus-Pendentif de Suse, Paléorient 8, 1982, 109–110.
H.-G. VOSGERAU, Erfahrungen beim Rekonstruktionsversuch von Bohrvorrichtungen, Die Kunde N. F. 34–35, 1984, 187–190.
S. VUKOVIC, Experiments in Drilling Holes in Stones, Calgary Archaeologist 2, 1974, 20–21.
Ch. WILLMS, Die Felsgesteinartefakte der Cortaillod-Schichten, Die neolithischen Ufersiedlungen von Twann 9, 1980.

G. WURMBRAND, Ergebnisse der Pfahlbau-Untersuchungen, Mitt. Anthrop. Ges. Wien 5, 1875, 117–138.

L. F. ZOTZ, Neue mittelsteinzeitliche „Lochstäbe“ aus Norddeutschland, ihre altsteinzeitlichen Vorläufer und ihre Verwandtschaft zu den Spitzhauen, IPEK 13–14, 1939–40, 1–22.

Zu gebohrten Dechselklingen

G. J. P. BANNENBERG, Ploeg of Hak?, Brabants Heem 9, 1957, 100–107.

H. BEHRENS, Kritische Bemerkungen zu einigen Auffassungen über die Form des ältesten neolithischen Bodenbaus in Mitteleuropa. In: Agrarethnographie, Veröff. Inst. Dt. Volkskd. 13, 1957, 51–67.

K. H. BRAND, Studien über steinerne Äxte und Beile der Jüngeren Steinzeit und der Stein-Kupfer-Zeit Nordwestdeutschlands, Münstersche Beitr. zur Vorgeschichtsforschung 2, 1967.

W. BUTTLER, Die Bandkeramik in ihrem nordwestlichen Verbreitungsgebiet, Ber. RGK 1929, 146–200.

J. DESTEXHE-JAMOTTE, Contribution à l'étude de l'Omalien. Un instrument perforé et trois nouvelles restaurations de vases ornés, Chercheurs de la Wallonie 19, 1966, 8–16.

R. EINICKE, Linienbandkeramik (LBK). In: Das Neolithikum im Mittelelbe-Saalegebiet und in der Altmark, Beitr. z. Ur- u. Frühgesch. Mitteleuropas 4, 1994, 27–47.

P. V. GLOB, Der Einfluß der Bandkeramischen Kultur in Dänemark, Acta Arch. 10, 1939, 131–140.

A. GÖTZE, Artikel „Pflug“. In: Reallexikon der Vorgeschichte 10, Berlin 1927–28, 118–119.

E. HENNIG, Untersuchungen über den Verwendungszweck urgeschichtlicher Schuhleistenkeile, Alt-Thüringen 5, 1961, 189–222.

G. HÖLTKER, Steinerne Ackerbaugeräte, Intern. Archiv f. Ethnographie 45, 1947, 77–156.

H.-E. JOACHIM, Ein durchbohrter Dechsel aus Iversheim, Arch. im Rheinland 1990, 29–30.

P. T. KESSLER, Zwei neue Depotfunde der Bandkeramik von Gau-Algesheim, Germania 15, 1931, 51–52.

H. KNÖLL, Zu gebohrten Schuhleistenkeilen, Fundber. Hessen 3, 1963, 78–82.

L. PFEIFFER, Die steinzeitliche Technik und ihre Beziehungen zur Gegenwart. Ein Beitrag zur Geschichte der Arbeit, Jena 1912.

A. PIETZSCH, Zur Entwicklung des Pfluges und der steinernen Pflugschar, Jahresschr. Halle 34, 1950, 9–19.

A. RIETH, Geschliffene bandkeramische Steingeräte zur Holzbearbeitung, Prähist. Zeitschr. 34/35, 1950, 230–232.

H. SCHWABEDISSEN, Ein horizontierter „Breitkeil“ aus Satrup und die mannigfaltigen Kulturverbindungen des beginnenden Neolithikums im Norden und Nordwesten, Palaeohistoria 12, 1967, 409–468.

H. SCHNITZLER, F. B. NABER, Rindenschäler. Die funktionelle Interpretation einer vorgeschichtlichen Gerätegruppe aufgrund rezenter Analogien, Bonner Hefte 17, 1978, 23–58.

W. SCHRICKEL, Über Felsgeräte Mitteldeutschlands. Vorgesch. Museumsarbeit und Bodendenkmalpflege 2, 1956, 3–22.

A. TILLMANN, Wirtschaft oder Religion? Eine jungsteinzeitliche Flachhacke aus Wiesau, Lkr. Tirschenreuth, Opf. In: Ausgrabungen und Funde in Altbayern 1989–1991, Katalog des Gäubodenmuseums Straubing 18, 1992, 21–23.

J. D. van der WAALS, Die durchlochten Rössener Keile und das frühe Neolithikum in Belgien und in den Niederlanden. In: Die Anfänge des Neolithikums vom Orient bis Nordeuropa, Fundamenta Va, 1972, 153–184.

L. ZOTZ, Die Urform der jungsteinzeitlichen Rodehacke, Sudeta N. F. 1, 1939–40, 13–15.

Anmerkungen

[1]) A. M. KREUZ, Die ersten Bauern Mitteleuropas. Eine archäologische Untersuchung zu Umwelt und Landwirtschaft der ältesten Bandkeramik, Analecta Praehist. Leidensia 23, 1990, 185 ff.

[2]) J. WEINER, Utilisation et fabrication des herminettes rubanées, Notae Praehist. 1, 1982, 149–156.

[3]) J. WEINER, Halbfabrikat einer Dechselklinge aus Scheuer, Ldkr. Regensburg, Beitr. zur Arch. in der Oberpfalz 1, 1997, 130–136.

[4]) C. C. BAKELS, On the Adzes of the Northwestern Linearbandkeramik, Analecta Praehist. Leidensia 20, 1987, 53 ff. – M. DOHRN-IHMIG, Das bandkeramische Gräberfeld von Aldenhoven-Niedermerz, Kreis Düren, Rhein. Ausgr. 24, 1983, 73 ff. – J. P. FARRUGIA, Die Dechsel. In: Der bandkeramische Siedlungsplatz Langweiler 9, Rhein. Ausgr. 18, 1977, 204 ff. – F. LE BRUN-RICHALENS, Contribution à l'Inventaire des Lames d'Herminettes Néolithiques du Territoire Luxembourgeois, Bull. Soc. Préhist. Lux. 13, 1992, 59 ff. – P. J. R. MODDERMAN, The Linear Pottery Culture. Diversity in Uniformity, Ber. ROB 38, 1988, 104 ff.

[5]) Zur Terminologie vgl. J. WEINER, Noch ein Experiment, zur Schäftung altneolithischer Dechselklingen. In: Experimentelle Archäologie in Deutschland, Arch. Mitt. aus Nordwestdeutschland, Beih. 4, 1990, 267, Anm. 4. – DERS. u. A. PAWLIK, Neues zu einer alten Frage, Beobachtungen und Überlegungen zur Befestigung altneolithischer Dechselklingen und zur Rekonstruktion bandkeramischer Querbeilholme. In: Experimentelle Archäologie. Bilanz 1994, Arch. Mitt. aus Nordwestdeutschland, Beiheft 8, 1995, 136, Anm. 1. – W. LA BAUME, Grundsätzliches zur Form und Funktion des Steinbeiles und beilähnlicher Geräte der Steinzeit. In: Festschrift F. G. SCHWANTES, Neumünster 1951, 110 ff.

[6]) Der Genus des Wortes „Dechsel“ ist auch nach den neuesten deutschen Rechtschreibregeln weiblich; der Plural lautet „Dechseln“. Vgl. hierzu DUDEN, Die deutsche Rechtschreibung, 21. völlig neubearb. Aufl. auf Grundlage der neuen amtlichen Rechtschreibregeln, Mannheim, Leipzig, Wien, Zürich 1996.

[7]) C. E. S. ARPS, Bandkeramische dissels van Centraal-Europa. Gesteentesoorten en herkomst, Nederl. Arch. Reporten 9, 1990, 11 ff. – C. C. BAAKELS, Vorläufige Materialuntersuchungen der Dechsel. In: Der bandkeramische Siedlungsplatz Langweiler 2, Rhein. Ausgr. 13, 1973, 136 ff. – DIES., Four Linear Bandkeramik Settlements and their Environments. A Paleoecological Study of Sittard, Stein, Elsloo and Hienheim, Analecta Praehist. Leidensia 11, 1978, 105 ff. – DIES., s. Anm. 4, 66. – DIES. u. C. E. S. ARPS, Adzes from Linear Pottery sites, their raw material and their provenance. In: Stone Axe Studies, CBA Research Report 23, 1979, 57 ff. – Hiezu auch J. KANDLER, „Felsgesteine“ als Material für vorgeschichtliche Werkzeuge, Der Bayerische Vorgeschichtsfreund 4, 1924, 56 ff. und P. PAULITSCH, Das Material einiger neolithischer Steingeräte aus Oberhessen, Fundber. Hessen 14, 1974, 251 ff.

[8]) G. SCHWARZ-MACKENSEN, W. SCHNEIDER, Wo liegen die Hauptlieferanten für das Rohmaterial Donauländischer Steinbeile und -äxte in Mitteleuropa?, Arch. Korrbl. 13, 1983, 305 ff. – Vermutlich handelt es sich bei dem von Quitta als „Grüngestein“ angesprochen Material von Zwenkau ebenfalls um AHS-Gestein (H. QUITTA, Ein Verwahrfund aus der bandkeramischen Siedlung in der Harth bei Zwenkau, Leipziger Beitr. zur Vor- u. Frühgesch. 1, 1955, 265).

[9]) SCHWARZ-MACKENSEN, SCHNEIDER, s. Anm. 8, 307 (Braunschweiger Land). – MODDERMAN, s. Anm. 4, 105 (Bylany). – DOHRN-IHMIG, s. Anm. 4, 77 (Niedermerz). – Vgl. auch den Hinweis auf die große Häufigkeit der „grünen Gesteine" bei R. HERRMANN, A. SCHÜLLER, Die Gesteine mittel- bis jungsteinzeitlicher Geräte des Döbelner Raumes und ihre Verarbeitung, Arbeits- u. Forschungsber. Sachsen 1951, 107ff.

[10]) ARPS, s. Anm. 7. – BAKELS, s. Anm. 4. – SCHWARZ-MACKENSEN, SCHNEIDER, s. Anm. 8. – G. SCHWARZ-MACKENSEN, W. SCHNEIDER, Petrographie und Herkunft des Rohmateriales neolithischer Steinbeile und -äxte im nördlichen Harzvorland, Arch. Korrbl. 16, 1986, 20ff. – J. FRECHEN, Petrographische Untersuchung von Steingerät bzw. dessen Rohmaterial. In: K. SCHIEZTEL, Müddersheim. Eine Ansiedlung der jüngeren Bandkeramik im Rheinland, Fundamenta A1, 1965, 39ff.

[11]) BAKELS, s. Anm. 4, 67.

[12]) BAKELS, s. Anm. 4, 68ff. – J.-P. CASPAR, Fabrication et réaménagement d'herminettes rubanées en phtanite, Bull. Soc. Roy. Belge Anthrop. Préhist. 95, 1984, 48.

[13]) M. G. DRADON, Découverte d'ateliers de taille et de finition d'herminettes omaliennes, Helinium 7, 1967, 253ff. Das Material kommt als leicht und plattig spaltende Variante (Grès micacé à structure tabulaire) und als schlecht spaltende Variante (Grès micacé à feuilletée) vor. – Vgl. auch J. HAECK, F. TROMME, Le village omalien de „Noir Fontaine" à Horion-Hozémont, Chercheurs de la Wallonie 23, 1974–76, 331ff.

[14]) BAKELS, s. Anm. 4, 68.

[15]) P. PÉTREQUIN, F. JEUDY, C. JEUNESSE, Neolithic Quarries, the Exchange of Axes and Social Control in the southern Voges. In: Trade and Exchange in Prehistoric Europe, Oxbow Monograph 33, 1993, 45ff. – P. PÉTREQUIN, C. JEUNESSE, La Hache de Pierre. Carrières vosgiennes et échanges de lames polies pendant le Néolithique (5400–2100 av. J.-C.), Paris 1995.

[16]) BAKELS, s. Anm. 4, stellt fest, daß Dechselklingen aus Phtanit weder aus den bandkeramischen Siedlungsplätzen des Merzbachtales auf der Aldenhovener Platte, noch von weiter östlich gelegenen zeitgleichen Siedlungsplätzen bekannt seien. Meines Erachtens bestehen drei Dechselklingen aus Köln-Lindenthal aus diesem Material; vgl. hierzu L. KOCH, Petrographische Bestimmung der Steingeräte. In: W. BUTTLER, W. HABEREY, Die bandkeramische Ansiedlung bei Köln-Lindenthal, Röm.-German. Forsch. 11, 134ff.

[17]) BAKELS, s. Anm. 4, 69.

[18]) Z. B. J. HAHN, Erkennen und Bestimmen von Stein- und Knochenartefakten, Arch. Venatoria 10, 1993. – Knochenarbeit. Artefakte aus tierischen Rohstoffen im Wandel der Zeit, Arch. Inf. aus Baden-Württemberg 27, 1994.

[19]) Ein kammartiges Gerät (zum Verzieren von Keramik?) bei M. OTTE, La Préhistoire à travers les collections du Musée Curtius de Liège, Liège 1978, 106, Fig. 57. – Ein vergleichbares Stück aus Plaidt bei W. BUTTLER, Der Donauländische und der Westische Kulturkreis der Jüngeren Steinzeit, Handb. Urgesch. Deutschlands 2, Berlin, Leipzig 1938, Abb. 17/37. – Aus stichbandkeramischem Zusammenhang fünf vergleichbare Exemplare bei A. PRATSCH, Stichbandkeramik (SBK). In: Das Neolithikum im Mittelelbe-Saale-Gebiet und in der Altmark, Beitr. zur Ur- u. Frühgesch. Mitteleuropas 4, 1994, 51, 62, Taf. 4/24–28. – Ein massiver Meißel und ein Axtfragment bei L. FIEDLER, Formen und Techniken neolithischer Steingeräte aus dem Rheinland, Beitr. zur Urgesch. d. Rheinlandes 3, Rhein. Ausgr. 19, 1979, 137, 138. – Pfrieme bei N. NIESZERY, Linearbandkeramische Gräberfelder in Bayern, Intern. Arch. 16, 1995, 195 und FIEDLER, a. a. O., 136f. – Pfeilspitzen bei NIESZERY, a. a. O., 195 und C. JEUNESSE, Un nouvel habitat néolithique et protohistorique à Rosheim (Bas-Rhin), Cahiers l'Assoc. pour la Promotion de la Recherche Archéol. en Alsace 7, 1991, 81ff. – Eventuell wurden auch sog. Steckkämme aus Knochen hergestellt; vgl. NIESZERY, a. a. O., 196ff.

[20]) „Die steinernen Äxte sind ... immer mit einer flachen und einer gewölbten Seite versehen, also für die Querschäftung eingerichtet. Neben der breiten Form, die auch in Knochen vorkommt, gibt es eine stärker gewölbte schmale, die den sog. Schuhleistenkeilen nahesteht" (H. SEGER, Die keramischen Stilarten der Jüngeren Steinzeit Schlesiens, Schlesiens Vorzeit in Bild und Schrift N. F. 7, 1919, 12, Abb. 28). – I. SIDÉRA, Un complément des données sur les sociétés rubanées. L'industrie osseuse à Cuiry-lès-Chaudardes, BAR Intern. Ser. 520, 1989. – Interessant ist der Hinweis auf eine „Knochendechsel" aus Reichstett bei FIEDLER, s. Anm. 19, 65, dort Anm. 19. – Hierzu C. GIES, A. THEVENIN, Campagne de fouilles à Reichstett (Bas-Rhin), Cahiers Alsaciens 15, 1971, Abb. 8/14. – Weitere bandkeramische Dechselklingen aus Knochen finden sich bei R. FORRER, Urgeschichte des Europäers, von der Menschwerdung bis zum Anbruch der Geschichte, Stuttgart 1908, Taf. 85/2; bei B. FRITSCH, Zwei bandkeramische Siedlungen im Hegau, Arch. Nachr. aus Baden 38–39, 1987, 10ff.; bei JEUNESSE, s. Anm. 19 und bei B. SCHLÜTER, Die bandkeramische Siedlung auf dem Mühlengrund in Rosdorf, Ldkr. Göttingen. In: Frühe Bauernkulturen in Niedersachsen, Arch. Mitt. aus Nordwestdeutschland, Beih. 1, 1983, 47ff.

[21]) SIDÉRA, s. Anm. 20.

[22]) Zur Technik vgl. Knochenarbeit, s. Anm. 18, 19 sowie SIDÉRA, s. Anm. 20, 32ff.

[23]) Zur Schäftung bandkeramischer Dechselklingen vgl. WEINER, PAWLIK, s. Anm. 5.

[24]) Auf die verschwindend geringe Zahl von Dechselklingen aus Felsgestein im Aisnetal verweist M. PLATEAUX, Quelques données sur l'evolution des industries du Néolithique danubien de la vallée de l'Aisne. In: Rubané et Cardial, Etudes et Recherches Archéol. de l'Univ. de Liège 39, 1990, 239ff.

[25]) M. JOOS, Das Neolithikum der Schweiz, Basel 1991. – J. WININGER, Das Fundmaterial von Thayngen-Weiher im Rahmen der Pfyner Kultur, Mongr. Schweizer Ges. Ur- u. Frühgesch. 18, 1971, 45, Taf. 44. – Osteuropäische jüngerneolithische Dechselklingen aus Knochen z. B. bei S. MARINESCU-BILCU, Les Carpates Orientales et la Moravie. In: Atlas du Néolithique Européen 1, Etudes et Recherches Archéol. de l'Univ. de Liège 45, 1993, 217, Pl. 10/20, 218, Pl. 11/11.

[26]) R. FEUSTEL, Technik der Steinzeit, Veröff. Mus. Ur- u. Frühgesch. Thüringens 4, 1973, 176, 177, Abb. 137/1–2.

[27]) HAHN, s. Anm. 18, 382, 383, Abb. 110/1.

[28]) P. J. LOEWENSTEIN, Neolithic Stone Gouges from the Malay Archipelago an their Northern Prototypes, Anthropos 52, 1957, 843f., Fig. 3 u. 4.

[29]) Zu diesem Themenkreis vgl. G. SMOLLA, Neolithische Kulturerscheinungen, Antiquitas 3, 1960.

[30]) HAHN, s. Anm. 18. – Knochenarbeit, s. Anm. 18. – Über experimentelle Zerlegung von Geweih mittels Sägetechnik unter Verwendung von Sägeblättern aus Felsgestein berichtet W. BURKART, Zum Problem der neolithischen Steinsägetechnik, Schriften Inst. Ur- u. Frühgesch. Schweiz 3, 1945. – Auf die Anwendung von Sägeblättern aus Sandstein bei der Zerlegung von Knochen zur Perlenfabrikation verweist W. C. ORCHARD, Beads ans Beadwork of the American Indians, Contrib. from the Museum of the American Indian Heye Foundation 11, 1929, 29.

[31]) Zu Steckkämmen und durchbohrten Knebeln vgl. NIESZERY, s. Anm. 19, 195. – Ein weiterer Knebel und ein Druckstab bei FIEDLER, s. Anm. 19, 137. – Ein weiterer

Druckstab bei M. SEITZ, Ein bemerkenswertes Grab aus dem lineaerbandkeramischen Friedhof vom Viesenhäuser Hof, Stuttgart-Mühlhausen, Tübinger Beitr. Vor- u. Frühgesch. 2, 1987, 7. – Zu bandkeramischen Geweihpunches vgl. F. POPLIN, Chassee-lame néolithique en bois de cerf de l'Yonne, de Spiennes et pourquoi pas du Grand Pressigny, In: Coll. Interrég. sur le Néolithique, Saint-Amand-Montrod 1977, 41ff. – Eine Geweihaxt stammt aus der Füllung des Holzbrunnens von Erkelenz-Kückhofen. – Zur bandkeramischen Verwendung von Hirsch- und Rehgeweih vgl. SIDÉRA, s. Anm. 20.

[32]) J. HAHN, C.-J. KIND, K. STEPPAN, Mesolithische Rentierjäger in Südwestdeutschland? Der mittelsteinzeitliche Freilandfundplatz Rottenburg „Siebenlinden I" (Vorbericht), Fundber. Baden-Württemberg 18, 1993, 45. – HAHN, s. Anm. 18, 382ff., Abb. 110/2. – A. GOB, L'occupation Mésolithique de l'Abri du Loschbour près de Reuland (C. D. Luxembourg). In: Le Mésolithique entre Rhin et Meuse, Luxembourg 1982, 91ff.

[33]) HAHN, KIND, STEPPAN, s. Anm. 32, 44.

[34]) G. JENSEN, Ubrugelige ökse? Forsög med Kongemose- og Erteböllekulturens ökser af hjortetak, Eksperimentel Arkaeologie 1, 1991, 9ff.

[35]) SMOLLA, s. Anm. 29.

[36]) V. G. CHILDE, The Antiquity and Function of Antler Axes and Adzes, Antiquity 16, 1942, 258ff.

[37]) Allen generell an steinzeitlicher Steintechnologie Interessierten sei die in mancher Beziehung noch immer eindrucksvolle Arbeit von M.-L. INIZAN, H. ROCHE, J. TIXIER, Technology of Knapped Stone. In: Préhistorie de la Pierre Taillée 3, Meudon 1992 sowie die nach meiner Kenntnis momentan umfassendste Zusammenstellung von J. C. WHITTAKER, Flintknapping. Making and Understanding Stone Tools, Austin 1994, empfohlen.

[38]) W. SCHUMANN, Steine und Mineralien, BLV Bestimmungsbuch, München, Bern, Wien 1972. – E. SCHWEGLER, P. SCHNEIDER, W. HEISSEL, Geologie in Stichworten, Kiel 1969. – SCHWARZ-MACKENSEN, SCHNEIDER, s. Anm. 8, 33.

[39]) BAKELS, s. Anm. 4, 71.

[40]) Isotropie, d. h. nach allen Richtungen hin gleiche physikalische (und chemische) Eigenschaften aufweisend.

[41]) In diesem Sinne C. EIBNER, Zur Nomenklatur und ergologischen Interpretation des neolithischen Setzkeilses, ArchA 50, 1971, 9ff.

[42]) DRADON, s. Anm. 13, 156ff. – QUITTA, s. Anm. 8.

[43]) J. WEINER, Techniken und Methoden der intentionellen Herstellung von Steingeräten. In: Feuerstein. Rohstoff der Steinzeit. Bergbau und Bearbeitungstechnik, Arch. Mus. der Stadt Kelheim, Museumsheft 3, 1987, 52. – DERS., Zur Steingerätetechnologie bei Jäger- und Sammlerkulturen. In: Steinzeitliche Kulturen an Donau und Altmühl, Ingolstadt 1989, 199ff.

[44]) K. ZIMMERMANN, Handmühlen, Schlag- und Schleifsteine sowie einige weitere Felsgesteinmaterialfunde mit Bearbeitungs- oder Benutzungsspuren aus Seeberg, Burgäschisee-Süd, Acta Bernensia 2/2, 1973, 156ff.

[45]) FIEDLER, s. Anm. 19, 132. – Vgl. die Verwendung als „Klopfkugeln" für die Picktechnik in Irian Jaya bei P. u. A.-M. PETREQUIN, Ecologie d'un outil. La hache de pierre en Irian Jaya (Indonésie), Monographie du CNRA 12, 1993, 309ff., 324, Abb. 282.

[46]) S. A. SEMENOV, Prehistoric technology, 1964, 4. Aufl. Bradford-on-Avon 1976, 43f. Für diesen Autor steht fest, daß eine Bearbeitung von Feuerstein mittels Geräten aus demselben Material nicht nur in direkter harter Schlagtechnik, sondern auch in Drucktechnik stattgefunden hat. Wie selbstverständlich nennt auch J.-L. PIEL-DESRUISSEAUX, Outils Préhistoriques. Forme, Fabrication, Utilisation, Paris 1990, 9 „un rognon de silex" als potentiellen „percuteur dur" und bildet eine klassische Klopfkugel sowie einen schon stark abgeklopften Flintkernstein ab (12, Fig. 5 u. 6). – Vgl. auch H.-G. BANDI, Das Silexmaterial der Station Seeberg, Burgäschisee-Süd, Acta Bernensia 2/6, 1973, 18 und F. W. FRANKE, Schlag-, Retuschier- und Mahlsteine eines frühneolithischen Siedlungsplatzes bei Rockstedt, Krs. Bremerhaven, Die Kunde N. F. 17, 1966, 27ff.

[47]) FIEDLER, s. Anm. 19, 13ff. – HAHN, s. Anm. 18, 297.

[48]) WHITTAKER, s. Anm. 37, 87. – D. CRABTREE, Notes on Experiments in Flintknapping 4, Tools used for making flaked stone artifacts, Tebiwa. The Journal of the Idaho State Univ. Museum 10/1, 1967, 61f.

[49]) In diesem Sinne ist die Feststellung unverständlich: Auch können die Klopfkugeln als Schlagsteine bei der Feuersteinbearbeitung benutzt und entstanden sein, wie die umfangreiche Serie aus den Bergwerksstollen von Rijckholt zeigt, in denen sie zum Durchschlagen der Feuersteinknollen und hauptsächlich zur Herstellung und Nachschärfung von Bergwerkspickeln dienten und nach ihrer Fundsituation sicherlich nichts mit Mahlsteinen zu tun hatten." (H. LÖHR, A. ZIMMERMANN, J. HAHN, Feuersteinartefakt. In: Der bandkeramische Siedlungsplatz Langweiler 9, Rhein, Ausgr. 18, 1977, 241). Tatsächlich bestehen von den insgesamt 197 untersuchten Schlagsteinen aus Rijckholt nur zwei (!) Exemplare (1 %) aus Feuerstein, die Hauptmenge jedoch aus verkieseltem Kalkstein mit und ohne Feuersteineinschlüssen (145 Stücke, 74 %) sowie Felsgesteingeröllen (50 Stücke, 25 %). Vgl. hierzu J. H. WILLEMS, Slagsteenen aangetroffen in die prehistorisch vuursteenmijnen te Rijckholt-St. Geertruid (Zuid Limburg, NL). In: 2. Internationales Feuerstein-Symposium, Maastricht 1975, Heerlen 1975, 52. – Ähnlich verhält es sich mit den insgesamt 104 Schlagsteinen aus Rockstedt (FRANKE, s. Anm. 46, 27ff.). Nur in 21 Fällen, d. h. ca. 20 % wurde Feuerstein benutzt, die restlichen Exemplare bestehen aus Quarz- und Felsgesteingeröllen (ca. 80 %). Allerdings stellt der Autor dankenswerterweise fest, daß „alle Stücke aus Bryozoenfeuerstein oder kalkigem Flint" bestehen (a. a. O., 28). Solche durch Fossilien- oder Kalkeinschlüsse verunreinigte Flintvarietäten unterscheiden sich aber in ihrem mechanischen Verhalten ganz erheblich von homogenem, reinem Feuerstein und entsprechen dem „verkieselten Kalkstein mit Feuersteineinschlüssen" aus Rijckholt. Tatsächlich lassen sich diese Materialien als Schlagsteine verwenden und sind gewiß gezielt hierfür ausgesucht worden. Es sollte jedoch klar sein, daß Schlagsteine aus verunreinigtem Flint eine Sonderstellung einnehmen. Sie lassen sich somit nicht als einwandfreier Beleg für die Verwendung von Feuerstein als Schlagstein zur Flintbearbeitung anführen. – Gerne schließt man sich der Feststellung von FEUSTEL, s. Anm. 26, 49 an, wonach sich „als Percuteure am besten harte zähe Gesteine (Quarzit eher als Flint)" eignen. Übereinstimmend bereits L. PFEIFFER, Die steinzeitliche Technik und ihre Beziehungen zur Gegenwart. Ein Beitrag zur Geschichte der Arbeit, Jena 1912, 164.

[50]) WEINER, s. Anm. 43, 1987: 55ff., 1989: 204ff.

[51]) HAHN, s. Anm. 18, 374ff.

[52]) Die beiden Halbfabrikate aus Basalt bei D. RAETZEL-FABIAN, Die ersten Bauernkulturen. Jungsteinzeit in Nordhessen, Vor- u. Frühgesch. im Hessischen Landesmuseum in Kassel 2, 1988, 71, Abb. 98, solche aus Phtanit bei CASPAR, s. Anm. 12. Weitere Halbfabrikate aus Basalt: Komplettes Exemplar vermutlich für eine Dechselklinge des Typs 2 bei C. E. S. ARPS, C. C. BAKELS, De dissels van Rosmeer, Arch. Belgica 249, 1982, 37 Pl. XXVII/a, Bruchstück aus Köln-Lindenthal bei W. BUTTLER, W. HABEREY, Die bandkeramische Ansiedlung bei Köln-Lindenthal, Röm.-German. Forsch. 11, 1936, Taf. 70/5, zwei komplette Halbfabrikate aus Diemarden bei K. RADDATZ, Basalt als

Werkstoff frühneolithischer Zeit im südniedersächsischen Bergland, Offa 37, 1980, 26, Abb. 1. – Bei dem rundlich massiven Stück mit Abschlagspuren aus Langweiler 2 dürfte es sich vermutlich um einen Schlagstein oder eine Kopfkugel handeln (J.-P. Farruggia, Steinmaterial. In: Der bandkeramische Sieldungsplatz Langweiler 2, Rhein. Ausgr. 13, 1973, 126, Taf. 33/3). – Hierzu auch A. Zimmermann, Steine. In: Der bandkeramische Siedlungsplatz Langweiler 8, Gemeinde Aldenhoven, Kreis Düren, Rhein. Ausgr. 28, 1988, 613. – Aus Diabas, ebenfalls einem Vulkanit, bestehen „vier roh behauene Werkstücke von Schuhleistenkeilen“ aus Bezmerov (V. Spurný, Verwahrfund von Rohstücken der Schuhleistenkeile aus Bezmerov. In: Archeologické Studijní Materiály 1964, 40, Abb. 1–4, 41). – Fiedler, s. Anm. 19, 126 erwähnt ein weiteres zugeschlagenes Halbfabrikat aus Brieden, bei dessen Material es sich eventuell auch um Basalt handeln könnte.

[53]) Mein herzlicher Dank gilt Herrn W. Bender M. A., Köln, der mir diesen Oberflächenfund zur Veröffentlichung überließ.

[54]) Ein bereits teilweise überschliffener Rohling aus Wetzschiefer mit Schlagnegativen stammt aus Gereonsweiler 1, ein weiterer aus Hambach 8, zwei überwiegend randlich zugerichtete Stücke stammen aus Langweiler 8 (Kuper et al., Untersuchungen zur neolithischen Besiedlung der Aldenhovener Platte 4, Bonner Jahrb. 174, 1974, 473, 476, Abb. 32/18; M. Hohmeyer, Ausgewählte lithische Inventare des bandkeramischen Siedlungsplatzes Hambach 8, Magisterarbeit Univ. Frankfurt am Main 1987, Taf. 1; Zimmermann, s. Anm. 52, 721, Taf. 100). Exemplare aus Grès à micas bei Dradon, s. Anm. 13, 258, Fig. 9 sowie Haeck, Tromme, s. Anm. 13, 351, Pl. 8, 353, Pl. 9 u. 354. Pl. 10. – Aus „Amphibolit“ besteht ein sog. Pickel, zweifellos das Halbfabrikat einer schmal-hohen Dechselklinge, vom Siedlungsplatz Müddersheim im Rheinland (K. Schietzel, Müddersheim. Eine Ansiedlung der jüngeren Bandkeramik im Rheinland, Fundamenta A1, 1965, 44 f., Taf. 6/36). – Ein randlich umlaufend zugeschlagenes Stück aus „Grüngestein“ (vermutlich AHS-Gruppe) bei Quitta, s. Anm. 8, Taf. 11, Abb. 22; dort auch zahlreiche weitere Hinweise auf in Schlagtechnik zugerichtete Halbfabrikate aus Metamorphiten. Vermutlich sind auch die Negative auf einem aus „graugrünem Amphibolitschiefer“ bestehenden Rohling aus Dresden-Nickern auf Schlagtechnik zurückzuführen (W. Baumann, Zwei bandkeramische Steingerätedepots von Dresden-Nickern, Ausgr. u. Funde 7, 1962, 72, 71, Abb. 2/6). – Aus einem (stich?)bandkeramischen Hortfund stamen neun grob zugeschlagene Exemplare aus AHS-Gestein (J. Hellich, Druhý hromadný nález kamenných klínu na Podebradsku, Památky Arch. 35, 1927, 546 f.). – Ebenfalls nur randlich in Schlagtechnik zugerichtet sind zwei Rohlinge aus „Grünschiefer“ vom Fundplatz Wallhausen; aus grobkörnigem Amphibolit dagegen bestehen zwei weitere gleichermaßen bearbeitete Rohlinge aus Habitzheim sowie vom mittelneolithischen Fundplatz Überau in Hessen (A. Zimmermann, Austauschsysteme von Silexartefakten in der Bandkeramik Mitteleuropas, Universitätsforsch. zur Prähist. Arch. 26, 1995, 16 f. 15, Abb. 4/1–4). – Schließlich sei auf einen erste jüngst bei Scheuer gefundenen, u. a. grob in Schlagtechnik zugerichteten Rohling aus Amphibolit verwiesen (Weiner, s. Anm. 3).

[55]) Caspar, s. Anm. 12, 56, fig. 7; eventuell auch 50, fig. 2. – M. Lodewijckx, Les deux sites Rubanés de Wange et d'Overhespen (Belgique, prov. Brabant). In: Rubané et Cardial, Etudes et Recherches Archéol. de l'Univ. de Liège 39, 1990, 113, fig. 10/6.

[56]) Caspar, s. Anm. 12, 50 ff., 51, fig. 3.

[57]) Feustel, s. Anm. 26, 65 ff. – Hahn, s. Anm. 18, 283. – Semenov, s. Anm. 46, 66 ff. – Weiner, s. Anm. 43, 54 f. – Vlg. auch W. H. Holmes, Manufacture of Pecked-Abraded Stone Implements. A Study of the Rejectage, Am. Antiquarian 17, 1896, 309 ff.; J. D. McGuire, The Stone Hammer and its Various Uses, Am. Anthrop. 4, 1891, 301 ff. und A. E. Treganza, L. L. Valdivia, The Manufacture of Pekked and Ground Stone Antifacts. A Controlled Study, Reports of the Univ. of California Arch. Survey 32, 1955, 19 ff.

[58]) Zu sog. Klopfern vgl. Zimmermann, s. Anm. 52, 706 ff. – Zur Anwendung der Picktechnik bei Feuerstein vgl. Weiner 1987, s. Anm. 43, 55 sowie Semenov, s. Anm. 46, 68. – Eine hervorragende Abbildung der charakteristischen Pickspuren auf einem experimentell hergestellten Beilklingenrohling findet sich bei Pétrequin, Jeudy, Jeunesse, s. Anm. 15, 40. – Exzellent erhaltene Pickspuren auf einem Halbfabrikat aus Scheuer bei Weiner, s. Anm. 3.

[59]) Weiner 1987, s. Anm. 43, 64 ff.

[60]) Weiner, s. Anm. 43, 1987: 52; 1989: 202.

[61]) Zu diesem Begriff vgl. C. Karlin, J. Pélegrin, Artikel „Chaine opératoire“ in: Dictionnaire de la Préhistoire, Paris 1994, 225. – Feustel, s. Anm. 26, 66. – Hahn, s. Anm. 18, 284. – Piel-Desruisseaux, s. Anm. 46, 163 ff. – Semenov, s. Anm. 46, 68 ff. – Weiner 1987, s. Am. 43, 67 f. – Hochinteressant hierzu vier geschlossene Funde aus Skandinavien, bei denen jeweils eine Schleifwanne mit der daraufliegenden Beilklinge angetroffen wurde; jeweils ein Ensemble aus Kortesjärwi und aus Puhakka (Finnland) (J. Ailio, Die steinzeitlichen Wohnplatzfunde in Finland, Helsingfors 1909, 55, 94, 208, Taf. 15/5). – Zwei Ensembles aus Schonen (Schweden) (O. Montelius, Minnen fran var forntid, Stockholm 1917, 22, Taf. 38/558–559).

[62]) Ein Beispiel für eine Schleifwanne mit zahlreichen ovalen Schleifmulden bei R. Wyss, Wirtschaft und Gesellschaft in der Jungsteinzeit, Monographien zur Schweizer Geschichte 6, 1973, 54, Abb. 17, Fig. 2. – Die Beschreibung eines ortsfesten Polissoirs liefert P. J. R. Modderman, Der Schleifstein (Polissoir) von Slenaken, Prov. Limburg, NL. In: 5000 Jahre Feuersteinbergbau, Veröff. aus dem Deutschen Bergbaumuseum, 22, 1980, 238 f. – Vgl. in diesem Zusammenhang auch F. P. Dickson, Australian Stone Hatchets. A Study in Design und Dynamics, Sydney 1981, 42 ff., 43, Pl. IX sowie G. Jeunesse, B. Schnitzler, Les Premiers Agriculteurs. Le Néolithique en Alsace, Les Collections du Musée Archéologique 2, 1995, 83, 20.

[63]) Z. B. ein indirekter Hinweis bei W. Bleich, Vierundzwanzig Versuche zur Technik der Steinzeit, Technische Beiträge zur Archäologie 2, 1965, 114. – Vgl. auch J. Evans, The Ancient Stone Implements. Weapons and Ornaments of Great Britain, London 1897, 43 sowie Ailio, s. Anm. 61, 80. – Nach Fiedler, s. Anm. 19, 64 soll die Zugabe von „Schleifsand oder -pulver nur bei relativ weichen Werkzeugmaterialien“ sinnvoll sein, während sie sich bei Quarzit und Flint erübrigt. – Erst jüngst erwähnte Hahn, s. Anm. 18, 284 Quarzsand als Hilfsmittel, weist jedoch zugleich auf die Möglichkeit hin, auch ohne Zugabe von Sand schleifen zu können. – Vgl. J. Malina, Petroarchaeological notes on manufacturing technology of neolithic polished stone industry, Scripta Sci. Nat. UJEP Brunensis, Geologie 3, 1973, 104 f. – R. Much, Über die Anfertigung der Steingeräthe, Mitt. Anthrop. Ges. Wien 12, 1882, 84. – O. Montelius, Kulturgeschichte Schwedens, Leipzig 1906, 36 glaubt, daß „die längslaufenden Schrammen, die man oft an den geschliffenen Äxten und Meißeln beobachten kann, beweisen, daß wenigstens bei Beginn des Schleifens, zur Entfernung der größten Unebenheiten Sand angewandt worden ist.“

[64]) J. Thiele, Das Schleifen eines Felsgesteinbeils, ein Beitrag zur steinzeitlichen Technologie, Bodenfunde und Heimatforschung 12, 1982, 4 ff.

[65]) Vgl. die hervorragend dokumentierten Experimente bei D. S. Olausson, Flint and Groundstone Axes in the Scanian Neolithic. An Evaluation of Raw Materials based on Experiment, Scripta minora 2, Lund 1982–83, 30 ff. – Vgl. ebenfalls die Angaben von J. R. Beuker, Werken met steen, Archeologische Monografieen van het Drents Museum 2, 1990, 29 f. – Eigene Schleifversuche von Flint und Felsgestein unter exklusiver Zugabe von Wasser liefern seit Jahren sehr zufriedenstellende Ergebnisse.

[66]) Vgl. z. B. die Angaben bei Petrequin, s. Anm. 45.

[67]) Z. B. Th. Frank, Wermelskirchen. In: Ausgrabungen und Befunde 1991, Bonner Jahrb. 193, 1993, 282. – W. Haberey, Eine Polierwanne für Steinbeile aus Kottenheim, Kreis Mayen, Bonner Jahrb. 152, 1992, 17 ff. – M. Heinen, W. Schol, Die urgeschichtliche Besiedlung des Mönchengladbacher Raumes. In: Loca Desiderata. Mönchengladbacher Stadtgeschichte 1, 1994, 179 f.

[68]) Zimmermann, s. Anm. 52, 742 ff.

[69]) Fiedler, s. Anm. 19, 134.

[70]) Fiedler, s. Anm. 19, 63.

[71]) Hierzu die Überlegungen zum „Unbrauchbarwerden eines Mahlsteines" bei Zimmermann, s. Anm. 52, 730; Weiner, s. Anm. 2, 152, dort Anm. 27. In diesem Zusammenhang sei auf einen riesigen Schleifstein aus Feuerstein hingeweisen, der im Hof des Museums von Le Grand Pressigny, Dép. Indre-et-Loire aufgestellt ist und tiefe Schleifmulden aufweist.

[72]) Zimmermann, s. Anm. 52, 742 ff., Taf. 110/2.

[73]) Zimmermann, s. Anm. 52, 757.

[74]) N. F. B. Sehestedt, Archaeologiske Undersögelser 1878–1881, Kopenhagen 1884, 16.

[75]) B. Madsen, Flint Axe Manufacture in the Neolithic. Experiments with Grinding and Polishing of Thin-Butted Flint Axes, Journal Danisch Arch. 3, 1984, 51 f., 53, Fig. 6.

[76]) Angaben für Flintbeilklingen: Madsen, s. Anm. 75; Olausson, s. Anm. 65, 30 ff.; Sehestedt, s. Anm. 74, 14 ff. – Angaben für Felsgesteinbeilklingen: Thiele, s. Anm. 64; Malina, s. Anm. 63, 104 ff. – Ethnographische Angaben für Parallelbeilklingen und Dechselklingen diverser neuguineanischer Stämme z. B. bei Pétrequin, s. Anm. 45, 245 ff., 327 ff. – Ein denkwürdiges, die damaligen Vorstellungen des Bildungsbürgertums bestens widerspiegelndes Beispiel erwähnt A. de Mortillet, Le Travail de la Pierre aux Temps Préhistorique, Revue Ecole d'Anthrop. de Paris 20, 1910, 46 f.; danach berichtet ein Reisender, daß auf Neuseeland die Fertigstellung einer Beilklinge aus Jade in Schleiftechnik mehr als 12 Jahre gedauert habe. Vergleichbare Angaben bei C. Rau, Drilling in Stone without Metal, Smithonian Report for 1868, 1869, 398.

[77]) Pétrequin, s. Anm. 45, 43 f. sowie Madsen, s. Anm. 75, 55.

[78]) Olausson, s. Anm. 65, 32.

[79]) J. Weiner, Eine kaum beachtete Gerätegruppe. Neolithische Dechselklingen aus Feuersteingrundformen. Überlegungen zur Kontinuität einer bemerkenswerten Geräteform. (In Vorber.)

[80]) J. Weiner, Neufund eines Steinbeiles aus Lousberg-Feuerstein, Pulheimer Beitr. zur Gesch. u. Heimatkunde 4, 1980, 8.

[81]) Forrer, s. Anm. 20, 177 f. – Ailio, s. Anm. 61, 80. „Die letzte Politur mit Hochglanz der Flächen am Stein (und auch am Knochen), dürfte wohl in alter Zeit schon mit Schmirgellappen ausgeführt worden sein". – Vgl. Pfeiffer, s. Anm. 49, 165. „Diese Stücke wurden nachträglich noch poliert und erhielten dadurch das gleichmäßig spiegelnde, blanke Gewand, das von Sammlern immer besonders geschätzt war." – Vgl. H. Reinerth, Die Jüngere Steinzeit der Schweiz, Augsburg 1926, 101. Für diesen Autor ist es jedoch selbstverständlich, „daß dieses Polieren bei grobkörnigem Gestein keinen Erfolg hatte und niemals Anwendung fand ..." – Im Gegensatz dazu die Erwähnung von Politur auf bandkeramischen Dechselklingen bei W. Schrickel, Über Felsgeräte Mitteldeutschlands, Vorgesch. Museumsarbeit und Bodendenkmalpflege 2, 1956, 4; A. Götze, Artikel „Steinbearbeitung" in: Reallexikon der Vorgeschichte 12, Berlin 1928, 397 f.; K.-H. Jacob-Friesen, Einführung in Niedersachsens Urgeschichte 1. Steinzeit, Hildesheim 1959, 81. „Der Aufwand an Politur bestimmte den Grad der Qualität". – Vgl. Wyss, s. Anm. 62, 52.

[82]) R. Moschkau, Technik der Vorzeit. In: Grundriß der Vorgeschichte Sachsens, Leipzig 1934, 206.

[83]) Herrmann, Schüller, s. Anm. 9, 126.

[84]) Malina, s. Anm. 63, 105.

[85]) „... u. U. ist ein Polieren mit feinkörnigem Material oder Leder erforderlich". (Hahn, s. Anm. 18, 284.)

[86]) Auch die hochglanzpolierten, künstlich gefärbten und zusätzlich gefetteten Beilklingen z. B. der Asmat auf Neuguinea stellen keine Ausnahme dar. Hierzu G. Konrad, G. Ligabue, Steinwerkzeuge und Ritualsteine. Herstellung und Handel. In: Asmat. Mythen und Rituale, Inspiration der Kunst, Venedig 1995, 56. Bei diesen Klingen handelt es sich nicht um Geräte für den täglichen Gebrauch, sondern um Zeremonialobjekte, die sich einer ungewöhnlich hohen Wertschätzung erfreuen (mdl. Mitteilung von Dr. med. G. Konrad, Mönchengladbach). Ergänzend hierzu Pétrequin, s. Anm. 45.

[87]) Weiner, Pawlik, s. Anm. 5, 115 ff.

[88]) Semenov, s. Anm. 46, 70.

[89]) Zur Schäftungspolitur an bandkeramischen Dechselklingen vgl. Weiner, Pawlik, s. Anm. 5 mit weiterer Literatur sowie Dohrn-Ihmig, s. Anm. 4, 74 f., Taf. 9/7, 9, 10.

[90]) F. M. Feldhaus, Die Technik. Ein Lexikon der Vorzeit, der geschichtlichen Zeit und der Naturvölker, Wiesbaden 1914, Neuaufl. München 1970, 889 ff. – Ders., Die Säge, eine Rückblick auf vier Jahrtausende, Berlin, Remscheid 1921. – Zur Definition vgl. Ch. Willms, Die Felsgesteinartefakte der Cortaillod-Schichten, Die neolithischen Ufersiedlungen von Twann 9, 1980, 68, dort Anm. 27 mit weiterer Literatur. – Hierzu auch P. Kelterborn, Towards Replicating Neolithic Stone Sawing, Archéologie Expérimentale 2, 1991, 129 ff.

[91]) Semenov, s. Anm. 46, 70. – Vgl. auch F. Champagne, L'atelier montmorencien de la Roche du Curé à Gambaiseuil (Yvelines), Bull. Soc. Préhist. Franç. 67, 1970, 500 ff. und M. Orliac, Artikel „Montmorencien" in: Dictionnaire de la Préhistorie, Paris 1974, 741 f., sowie Anm. 157.

[92]) Dies gilt m. E. für das gesamte Neolithikum.

[93]) Interessant ist der Hinweis auf ein Quarzitgeröll mit Sägespuren aus Hienheim bei C. C. Bakels, Dechseln, Beile, durchbohrte Geräte. In: P. J. R. Modderman, Die neolithische Besiedlung bei Hienheim, Lkr. Kelheim, Materialhefte Bayer. Vorgesch. 57, 1986, 56. Nun kommt Quarzit sowohl als Sediment als auch als Metamorphit vor und es wäre reizvoll zu wissen, um welche Art von Quarzit es sich bei diesem Stück handelt. – Vgl. hierzu auch A. Hauptmann, Feuerstein, Hornstein, Flint, Chert Silex, eine Begriffsbestimmung. In: 5000 Jahre Feuersteinbergbau, Veröff. aus dem Deutschen Bergbau-Museum Bochum 22, 1980, 10 f.

[94]) Pfeiffer, s. Anm. 49, 158.

[95]) Beispiele für Sägetechnik im jüngeren Neolithikum etwa bei A. Aymar, Contribution à la technique du sciage des haches néolithiques, Lyon 1926, 452 ff. – G. Cordier, Exemples tourangeaux de sciage des roches au Néolithique, Bull. Soc. Préhist. Franç. 84, 1987, 278 ff. – Kelterborn, s. Anm. 90. – S. Mack, A propos des haches sciées, Bull. Soc. Préhist. Franç. 26, 1929, 272. – L.-R.

Nougier, R. Robert, Le débitage par sciage dans le „Néolithique pyrénéen", Bull. Soc. Préhist. Franç. 50, 1953, 36 ff. – Willms, s. Anm. 90.

[96]) Halbfabrikate mit Sägeschnitten z. B. bei Ailio, s. Anm. 61, 57, Abb. 55, 66, Abb. 32 u. 225, Abb. 111. – W. Bender, A. Jürgens, Vettweiß. In: Jahresbericht 1979, Bonner Jahrb. 181, 1981, 523, Abb. 8/2. – Burkart, s. Anm. 30, 9, Abb. 4, 10, Abb. 5–6. – Champagne, s. Anm. 91, 505, Fig. 4. – Dradon, s. Anm. 13, 256, Fig. 5 und 257, Fig. 7. – Eibner, s. Anm. 41, 7, Abb. 5. – Jeunesse, Schnitzler, s. Anm. 62, 81, 15. – Herrmann, Schüller, s. Anm. 9, 121, Abb. 4. – P. Kelterborn, Eine Beilwerkstatt im Seegubel, Jona SG, Jahrb. Schweiz. Ges. Ur- u. Frühgesch. 75, 1992, 142. – Nougier, Robert, s. Anm. 95, 58. – A. Pietzsch, Steinsägetechnik in der Vorzeit, Arbeits- und Forschungsber. zur Sächsischen Bodendenkmalpflege 1951, 34, Abb. 5. – Quitta, s. Anm. 8, Taf. 10, Abb. 17. – Weiner, s. Anm. 3, Abb. 1. – Willms, s. Anm. 90, Taf. 33, Taf. 34, 496 ff.

[97]) J. Weiner, Bemerkenswerte bandkeramische Fundstücke aus Kückhoven, Arch. im Rheinland 1993, 32 f. – Vgl. hierzu ebenfalls Zimmermann, s. Anm. 52, 718 ff.

[98]) M. E. Th. Grooth, Geschliffene Steingeräte. In: P. J. R. Modderman, Die neolithische Besiedlung bei Hienheim, Ldkr. Kelheim, Materialhefte zur Bayer. Vorgesch. 33, 1977, 72, Taf. 73/6. – Ders. u. G. J. Verwers, Op Goede Gronden. De Eerste Boeren in Noordwest-Europa, Leiden 1984, 33, Abb. 3.

[99]) Bakels, s. Anm. 93, 56.

[100]) Das Ensemble ist abgebildet bei R. Bosch, Die Ausgrabungen in der steinzeitlichen Pfahlbaute „Seematte" (Gemeinde Hitzkirch) am Baldeggersee 1938, Innerschweizerisches Jahrb. für Heimatkunde 4/5, 1939, 8, Abb. 6/28. Leider äußert sich der Ausgräber selbst nicht eindeutig zu den Fundumständen; nach seinen Worten zeigt die Abbildung „einen Sägeschnitt mit der dazu passenden Sandsteinsäge" (7). – Ein zweiter, ebenfalls doppelt gesägter Serpentinblock mit darin steckend gefundenem Sägeblatt aus Sandstein stammt von der Fundstelle Erlenhölzli am Hallwilersee. Dieses Ensemble befindet sich heute in der Steinzeitwerksätte im Burgtum in Seengen, Schweiz. Beide Hinweise verdanke ich M. Zurbuchen, Seengen.

[101]) Quitta, s. Anm. 8, 50.

[102]) Dradon, s. Anm. 13. – L. Eloy, Les scies en grès psammite du danubien de Hesbaye (omalienne) de Vaux-Borset. Chercheurs de la Wallonie 28, 1988, 127 ff. – Haeck, Tromme, s. Anm. 13. – M. u. G. Toussaint, Pétrographie et Paléogéographie des Herminettes Omaliennes de Hesbaye, Chercheurs de la Wallonie 25, 1982, 524.

[103]) Quitta, s. Anm. 8, 22 f., Taf. 11, 26.

[104]) Quitta, s. Anm. 8, 27. Als Argument führt der Autor u. a. „das Fehlen jedweder Benutzungsspuren an dem fertigen Schuhleistenkeil" an, „dessen Schleifspuren durch nachträgliche Politur vollständig beseitigt wurden" (26). Wie weiter oben festgestellt wurde, ist herstellungsbedingte „Politur" auszuschließen. Somit könnte es sich eventuell doch um Gebrauchspolitur einer bereits benutzten Dechselklinge handeln, so daß dieses Argument entfallen würde. Andererseits spricht nichts gegen die Annahme, daß die Klinge auf einem sehr feinkörnigen Schleifstein überschliffen wurde und so diese „Politur" erhalten hat.

[105]) Z. B. Bakels, s. Anm. 4, 82. – Dohrn-Ihmig, s. Anm. 4, 77. – Quitta, s. Anm. 8, 25 f.

[106]) Quitta, s. Anm. 8, 26.

[107]) Quitta, s. Anm. 8, 23. – Zu einen tendenziell vergleichbaren Ergebnis am Beispiel eines undatierten Rohlings mit zwei parallelen, über die gesamte Dicke des Stückes reichenden Sägespuren aus Hienheim gelangt auch Bakels, s. Anm. 93, 56.

[108]) Weiner, Pawlik, s. Anm. 5, 131. – Vgl. jüngst Nieszery, s. Anm. 19, 156.

[109]) Ein eindrucksvolles Beispiel für eine sehr große Dechselklinge des Types 1 bei Weiner, s. Anm. 3. – Zu unterschiedlich großen Formen vgl. auch S. Vencl, Kamenné nástroje prvních zémédelců ve střední Evopré (Les intruments lithiques des premiers agriculteurs en Europe Centrale), Sbornik Praha 14, 1960, 1 ff.

[110]) J. Weiner, J. Lehmann, Remarks concerning Early Neolithic Woodworking. The Example of the Bandkeramik Well of Ekelenz-Kückhofen. In: Atti della riunione „Le strutture abitative dalla Preistoria al Medioevo" 1995 (im Druck).

[111]) Die wichtigeren in chronologischer Reihenfolge: F. Keller, Verfertigung der Steinbeile, Anzeiger Schweizer. Altertumskunde 2/1, 1870, 122 f. – Ders., Zerschneiden der zu Beilen bestimmten Steine (8. Pfahlbaubericht), Mitt. Antiqu. Ges. Zürich 20, 1879, 48. – Sehestedt, s. Anm. 74. – J. Heierli, Der Pfahlbau Wollishofen, Mitt. Antiqu. Ges. Zürich 22, 1886, 1 ff. – N. Schultheiss, Über Steingeräte und deren Herstellung, Magdeburger Geschichtsblätter 1872, 224 ff. – McGuire, s. Anm. 57. – Evans, s. Anm. 63. – R. Forrer, Artikel „Äxte", „Bohrer", „Steinsägeapparat" in Reallexikon der prähistorischen, klassischen und frühchristlichen Altertümer, Berlin, Stuttgart, 61 ff., 101 ff., 669 ff. – Ders., s. Anm. 20. – Ailio, s. Anm. 61. – Mortillet, s. Anm. 76. – Pfeiffer, s. Anm. 49. – H.-I. Smith, The Archaeological Collection from the Southern Interior of British Columbia Mus. of the Geological Survey, Ottawa 1913. – Feldhaus 1914, s. Anm. 90. – L. Pfeiffer, Die Werkzeuge des Steinzeitmenschen, Jena 1920. - H. Gummel, Der Pfahlbau Moosseedorf bei Bern, Hannover 1923. - Reinerth, s. Anm. 81. – Götze, s. Anm. 81. – A. Mirtschin, Wie der Urmensch in der jüngeren Steinzeit seine Steinbeile herstellte. Unsere Heimat, Beilage zum Riesaer Tageblatt 4/13, 1931. – Moschkau, s. Anm. 82. – W. La Baume, Die vorgeschichtliche Steinsäge, Die Umschau 38, 1934, 72 ff. – Ders., Die vorgeschichtliche Steinsäge, Altpreußen 2, 1936, 35 ff. – E. Octobon, Le Néolithique de la grotte de Bédeilhac (Ariège), Rev. Anthropologie 1937, 59 ff. – T. Ischer, Die Technik des Steinsägens im Neolithikum, Jahrb. Schweiz. Ges. Urgesch. 32, 1941, 207 ff. – W. La Baume, Zur Verwendung der vorgeschichtlichen Steinsäge, Altpreußen 8, 1943, 2 f. – Burkart, s. Anm. 30. – Pietzsch, s. Anm. 96 – Herrmann, Schüller, s. Anm. 9. – P.-R. Giot, Le travail de la fibrolite en Armorique, Bull. Soc. Préhist. Franç. 49, 1952, 395 ff. – W. Schrickel, Der Werdegang der vorgeschichtlichen Felsgeräte, ungedr. Habilitationsschr., Univ. Jena 1952. – Semenov, s. Anm. 46. – Bleich, s. Anm. 63. – Malina, s. Anm. 63. – H. Spycher, Die geschliffenen Steingeräte in der Cortaillod-Siedlung Seeberg, Burgäschisee-Süd. In: Seeberg, Burgäschisee-Süd 6, Acta Bernensia 2, 1973, 91 ff. – Wyss, s. Anm. 62. – C. T. Le Roux, Fabrication et commerce des haches en pierre polie, Dossiers Arch. 11, 1975, 42 ff. – Willms, s. Anm. 90. – M. Zurbuchen, Jungsteinzeit-Werkzeugtechnologie. In: 100 Jahre Grossenbacher AG, Zürich 1981. – Cordier, s. Anm. 95. – Weiner 1987, s. Anm. 43. – Piel-Desruisseaux, s. Anm. 46. – Kelterborn, s. Anm. 90. – Ders., s. Anm. 96. – Hahn, s. Anm. 18. – Q. Mackie, The Taxonomy of Ground Stone Woodworking Tools, BAR Int. Series 613, 1995.

[112]) Nach Schultheiss, s. Anm. 111 „bleibt nichts übrig als anzunehmen, daß dieses Sägen mit Feuerstein vollbracht ist". – Sinngemäß auch G. Wurmbrand, Ergebnisse der Pfahlbau-Untersuchungen, Mitt. Anthrop. Ges. Wien 5, 1875, 126. – Keller, s. Anm. 111, 49 erwähnt, „Lamellen aus Feuerstein, welche, in Handhaben von Eibenholz eingesetzt und mit Asphalt befestigt, als Sägen gedient hatten." Gleichzeitig zweifelt er jedoch, „ob es möglich sei,

vermittelst einer der genannten Feuersteinsägen, deren Blatt in der Längsrichtung immer gebogen ist, einen so schmalen und zudem völlig geraden Einschnitt zu bewerkstelligen". Aus diesem Grund denkt er an die Verwendung einer apparativen Vorrichtung, wobei er nach wie vor Sägeblätter in Form länglicher Feuersteinstücke favorisiert. Auch FORRER, s. Anm. 111, 781 vermutet, daß „die Säge selbst anfangs ein Stück Feuerstein gewesen sein" dürfte. – GÖTZE, s. Anm. 81, 398 denkt u. a. an „freihändigen Schnitt mittels eines harten Steines mit kräftiger Spitze" bzw. an eine Pendelsäge mit Feuersteinblatt. – Kritiklos verwendet BLEICH, s. Anm. 63, 110 exklusiv „scharfkantige Klingenabschläge" bzw. eine „gezähnte Säge" aus Silex beim Sägen von „Grüngestein". – Zur Kritik an den Experimenten von Bleich vgl. J. WEINER, Archäologische Experimente in Deutschland. Von den Anfängen bis zum Jahre 1989. Ein Beitrag zur Geschichte der Experimentellen Archäologie in Deutschland. In: Experimentelle Archäologie, Bilanz 1991, Arch. Mitt. aus Nordwestdeutschland, Beih. 6, 1991, 56ff. – SPYCHER, s. Anm. 111, 123 nimmt an, „das hauptsächlich Feuersteinklingen, welche genügend hart sind, um auch ohne Schleifmittel zu wirken, zum Sägen Verwendung fanden". WILLMS, s. Anm. 90, 79 bezieht sich leider auf die Experimente von BLEICH und favorisiert ebenfalls „Silices" als Sägeblätter. – ZURBUCHEN, s. Anm. 111, 23ff. vertritt die Ansicht, daß neben der freihändigen Anwendung von Sägeblättern aus Felsgestein auch solche aus Feuerstein in Pendel„sägen" eingesetzt worden sind. – Zur Verwendung von Silex„sägen" bei der Zerlegung von weichem Steatit vgl. SEMENOV, s. Anm. 46, 71f., 72, Abb. 19.

[113]) Auf die fehlenden Flint„sägen" weist bereits MORTILLET, s. Anm. 76, 45 hin. – Vgl. die abschließende Stellungnahme zu Silex„sägen" von KELTERBORN, s. Anm. 90, 135.

[114]) Nach WILLMS, s. Anm. 90, 68 könnte man den Eindruck gewinnen, daß HEIERLI, s. Anm. 111, 8 als erster hölzerne Sägeblätter in Erwägung zog, denn „nur wenig später wandte sich bereits J. Heierli gegen diese Theorie (Verwendung einer Pendel„säge" mit Flinteinsatz, Anm. J. W.) und propagierte statt dessen eine Steinsägetechnik mittels eines dünnen Holzbrettchens und unter Zusatz von Wasser als Schleifmittel, was er auch praktisch erprobte". Selbstverständlich war nicht Wasser das Schleifmittel, sondern der von HEIERLI a. a. O. erwähnte scharfkantige Sand aus zerstoßenen Quarzgeröllen. Tatsächlich hat aber SEHESTEDT, s. Anm. 74, 23ff. schon 1881 mit hölzernen Sägeblättern u. a. Grüngestein freihändig erfolgreich gesägt. Eventuell ist diese Idee sogar auf KELLER selbst zurückzuführen. Dies geht aus einer Erwähnung von MORTILLET, s. Anm. 76, 45 hervor, der ebenfalls hölzerne Sägeblätter annimmt und sich dabei interessanterweise auf experimentelle Arbeiten von KELLER bezieht: „Un simple lamelle de bois et du sable mouillé peuvent, d'ailleurs, donner des résultats plus rapides et beaucoup meilleurs. Ferdinand Keller a expérimenté ce système, et il a reconnu qu'il permettait très bien d'arriver au but cherché. C'est très problement ainsi que les néolithiques sciaient leurs pierres." Leider ist es mir nicht gelungen, diesbezügliche Angaben von Keller in der Literatur zu finden. – FORRER, s. Anm. 111, 781 will die Möglichkeit einer „gelegentlichen Verwendung" derartiger Holz„sägen" nicht ausschließen. Später scheint für ihn festzustehen, daß man ausschließlich damit arbeitete (DERS., s. Anm. 20, 181). – Vgl. auch die praktischen Sägeexperimente mit hölzernen Sägeblättern von McGUIRE, s. Anm. 57, 175.

[115]) Z. B. LA BAUME, 1934, s. Anm. 111. – „Eine vorgeschichtliche Steinsäge ist nirgends gefunden worden; kein Wunder, da sie nur aus Holz bestand" (DERS. 1936, s. Anm. 111, 35.) – DERS. 1943, s. Anm. 111. – HERRMANN, SCHÜLLER, s. Anm. 9. – In schon erfrischender Unkenntnis der Literatur PIETZSCH, s. Anm. 96, 32.

[116]) KELTERBORN, s. Anm. 90, 135.

[117]) Es sind auch völkerkundliche Belege für Sägeblätter aus Sandstein bzw. Glimmerschiefer bekannt (z. B. F. R. CHAPMAN, On the Working of Greenstone or Nephrite by the Maoris, Transactions of the New Zealand Institute 1892, 479ff. sowie A. DIGBY, Maya Jades, London 1964.

[118]) BURKART, s. Anm. 30, 4.

[119]) Jüngerneolithische Sägeblätter: Die mit Abstand größte Menge mit mindestens 151 Exemplaren aus Kalkstein, Gneis, Glimmerschiefer, Sandstein und Bündnerschiefer stammt vom Fundplatz Cazis in der Schweiz. Vgl. BURKART, s. Anm. 30. – Vgl. auch R. BOSCH, Die in der Sammlung Eichenberger in Beinwil am See liegenden Funde aus der Pfahlbaute Seematte bei Richensee (Gem. Hitzkirch, Luzern). In: Festschr. E. Tatarinoff, Solothurn 1938, 16, Taf. III/23, 25. – DERS., s. Anm. 100, Abb. 6/28. – Ein weiteres Exemplar aus „sehr festem und feinkörnigem Sandstein" aus Hienheim erwähnt BAKELS, s. Anm. 93, 56. – „Mindestens 10" Stücke aus Sandstein vom Hopfenberg bei I. WESSEL, Die mittelneolithischen Keramikfunde vom Hopfenberg, Berghausen, Ldkr. Karlsruhe, Fundber. Baden-Württemberg 21, 1996, Taf. 47 mit Verweisen auf weitere jüngerneolithische Sägeblätter aus schweizerischen und süddeutschen Fundplätzen. – Vgl. auch M. ITTEN, Die Horgener Kultur, Monographien zur Ur- und Frühgesch. der Schweiz 17, 1970, 27f. – WYSS, s. Anm. 62, Abb. 16, Fig. 6. – Eine „Liste zur Verbreitung der Sägeplatten in der Schweiz" liefert WILLMS, s. Anm. 90, 69. – Aus kamm- und grübchenkeramischem Zusammenhang in Finnland nennt AILIO, s. Anm. 61, 57 mindestens 13 „Sägen" aus Quarz bzw. Quarzit (Abb. 53, Taf. 15/6, Taf. 16/3).

[120]) Bandkeramische Sägeblätter: Ein Exemplar aus Sandstein aus Jeneffe bei M. DE PUYDT et al., Fonds de cabanes néolithiques de la Hesbaye. Jeneffe, Dommartin, Oudoumont, Mém. Soc. Anthrop. Bruxelles 29, 1910, Pl. I/5. – OTTE, s. Anm. 19, 90, Fig. 44/5. – Mindestens vier, eventuell sogar fünf Exemplare aus quarzitischem Sandstein aus Horion-Hozémont erwähnt ELOY, s. Anm. 102, 133 nach mdl. Information durch den Ausgräber M. Dradon. – Die Abbildung eines Sägeblattes von diesem Fundplatz bei DRADON, s. Anm. 13, 255, Fig. 3. – Ein weiteres als „Säge" angesprochenes Stück vom selben Fundplatz bei HAECK, TROMME, s. Anm. 13, 356, Pl. XI/1. Im Gegensatz zu den restlichen „Sägen" besitzt dieses Exemplar keine Plattenform, sondern besteht vermutlich aus einem größeren Abschlag quarzitischen Sandsteins. Es könnte sein, daß es sich hierbei um das fragliche fünfte Sägeblatt handelt (s. o.). – Drei Exemplare aus Sandstein stammen aus Vaux-Borset (ELOY, s. Anm. 102, 127). – Ein weiteres Stück aus Sandstein stammt von der Place St. Lambert in Lüttich und ist bei GROOTH, VERWERS, s. Anm. 98, 33/3 abgebildet. – Mit großer Wahrscheinlichkeit bandkeramisch ist ein Sägeblatt aus Quarzit aus Rhens-Hünenfeld bei FIEDLER; s. Anm. 19, 163, Taf. 29/11.

[121]) DRADON, s. Anm. 13, 255 erwähnt derartige Zurichtungsspuren an einem Sägeblatt aus Horion-Hozémont.

[122]) ISCHER, s. Anm. 111, 208. – In diesem Sinne auch ZURBUCHEN, s. Anm. 111, 22.

[123]) Z. B. GIOT, s. Anm. 111. - HAHN, s. Anm. 18. – LE ROUX, s. Anm. 111. – NOUGIER, ROBERT, s. Anm. 95. – PIEL-DESRUISSEAUX, s. Anm. 46. – WININGER, s. Anm. 25.

[124]) Knochenarbeit, s. Anm. 18, 19, 23, Abb. 15.

[125]) „Eine Schnursäge, die mit einem gedrehten Seil aus Fäden, Bast, Darm, Fellstreifen oder ähnlichen den Neolithikern zur Verfügung stehenden Mitteln betrieben worden sein könnte, müßte aber parallele und senkrechte Sägeflächen liefern (HERRMANN, SCHÜLLER, s. Anm. 9, 125).

– Hierzu auch WILLMS, s. Anm. 90, 78. – Praktische Experimente nach MCGUIRE, s. Anm. 57, 175 mit einer Schnur„säge" aus Rohhaut verliefen nicht zufriedenstellend.

[126]) MACK, s. Anm. 95.

[127]) OCOTOBON, s. Anm. 111.

[128]) ISCHER, s. Anm. 111, 208. – HEIERLI, s. Anm. 111, 8. – ZURBUCHEN, s. Anm. 111, 21 u. mdl. Informationen.

[129]) SPYCHER, s. Anm. 111, 123. – WILLMS, s. Anm. 90, 77 ff. mit genauer Beschreibung solcher Rinnen. Man kann dem Autor jedoch nur schwer folgen, wenn er am Beispiel eines besonders tief gepickten und im Vergleich zur Pikkung nur geringfügig eingesägten Werkstückes aus Twann die Vermutung äußert, „daß ursprünglich eine Blockdurchtrennung allein mit Hilfe der Picktechnik geplant war." Deshalb sei „kaum einzusehen, warum ... die Sägetechnik dennoch zum Einsatz gekommen ist". Im Gegensatz zum Autor ist für mich der Einsatz der Sägetechnik bei diesem Werkstück sehr wohl einsichtig, wenn man schlicht arbeitsökonomische Gründe für ihre Anwendung voraussetzt.

[130]) QUITTA, s. Anm. 8, 24.

[131]) ISCHER, s. Anm. 111, 208.

[132]) BURKART, s. Anm. 30, 15, 8.

[133]) BURKART, s. Anm. 30, 8.

[134]) LA BAUME 1934, 1936, 1943, s. Anm. 111. – BURKART, s. Anm. 30.

[135]) WYSS, s. Anm. 62, 52. Die Annahme der Verwendung von Öl ist m. E. völlig abwegig.

[136]) ZURBUCHEN, s. Anm. 111, 22 f. und mdl. Mitt.

[137]) Z. B. REINERTH, s. Anm. 81, 100. – R. PLEINER, Artikel „Steinbearbeitung" in: J. FILIP, Enzyklopädisches Handbuch zur Ur- und Frühgeschichte Europas 2, Prag 1969, 1373 (in einem enzyklopäischen Standardwerk). – Unter dem Eindruck der Arbeit von BURKART (siehe Anm. 30), ebenso WEINER 1987, s. Anm. 43, 69. – In diesem Sinne auch A. R. FURGER, F. HARTMANN, Vor 5000 Jahren ... So lebten unsere Vorfahren in der Jungsteinzeit, Bern, Stuttgart 1983, 125.

[138]) Das breiteste Spektrum an „Lagetypen von Sägeschnitten" findet sich im jüngeren Neolithikum (WILLMS, s. Anm. 90, 70 ff.)

[139]) Z. B. DRADON, s. Anm. 13. – FIEDLER, s. Anm. 19. – QUITTA, s. Anm. 8. – Zu einem alt- oder mittelneolithischen, vermutlich ebenfalls einseitig angesägten sog. Setzkeil vgl. A. JÜRGENS, Ein Schuhleistenkeil mit Sägespur aus Bessenich, Archäologie im Rheinland 1987, 29 f. – Ob ein „großes, beilartiges Gerät aus metamorph überprägtem, graugrün verwittertem Amphibolit" mit einseitigen „leicht konvexen Sägespuren an der rechten Flanke" tatsächlich „eher in den Bereich der sogenannten ‚Schuhleistenkeile' bzw. Flachhacken oder Dechsel im weitesten Sinne" zu stellen ist, läßt sich m. E. nicht ohne weiteres entscheiden. Vgl. A. JÜRGENS, Neolithische Steingeräte aus Blatzheim, Archäologie im Rheinland 1987, 31 f.

[140]) „Offenbar wurden die Werkstücke nur selten vollständig durchschnitten, sondern zuletzt abgedrückt, wie wenn wir Glasscheiben schneiden" (HERRMANN, SCHÜLLER, s. Anm. 9, 125). – Auch QUITTA, s. Anm. 8, 25 favorisiert ein Abdrücken der Grundform. – Zerbrechen u. a. „durch leichten Schlag" erwägt BURKART, s. Anm. 30, 12. – GÖTZE, s. Anm. 81, 398 denkt ausschließlich, LA BAUME 1943, s. Anm. 111, 2 unter anderem an „einen kräftigen Schlag". HAHN, s. Anm. 18, 284 vermutet „Schlag z. B. auf einen Amboß". – SPYCHER, s. Anm. 111, 123 glaubt, daß das Werkstück „wohl durch Schlagen auf eine harte Unterlage gespalten wurde" und führt als Beleg „eine große ausgebrochene Stelle an der Unterseite" eines Fundstückes an.

[141]) Man gewinnt den Eindruck, als habe ISCHER, s. Anm. 111, 209 diese Idee erstmals geäußert. Allerdings erwähnt MUCH, s. Anm. 63, 87 einen H. FISCHER, der in der Zeitschrift Kosmos 5/8 bereits die Verwendung von hölzernen Sprengkeilen zur Zertrennung von gesägten Serpentinblöcken annahm. – BURKART, s. Anm. 30, 12 sowie LA BAUME 1943, s. Anm. 111, 2 schließen diese Methode nicht aus.

[142]) In diesem Zusammenhang KELTERBORN, s. Anm. 90, 136. Er mißt der Erforschung der Abtrennmethoden eine größere Bedeutung bei als derjenigen zur eigentlichen Sägetechnik.

[143]) ZURBUCHEN, s. Anm. 111, 261.

[144]) BAKELS, s. Anm. 93, Taf. 51/3. Man kann der Autorin nur zustimmen, daß „das Stück ein gutes Beispiel für eine Planke ist, ein Stück Rohmaterial, das nach Maß zugeschnitten war, um daraus ein Artefakt herzustellen". – Ein formal völlig übereinstimmendes Exemplar einer solchen „Planke" aus Leipzig-Wahren findet sich bei PIETZSCH, s. Anm. 96, 35, 34, Abb. 5/1. Leider macht der Autor keine Angaben zur Zeitstellung.

[145]) Die nur diffuse Beschreibung des Sägevorganges und die vagen Angaben zur Sägedauer bei BLEICH, s. Anm. 63, 110 f. in Verbindung mit der ausschließlichen Verwendung von „Sägen" aus Feuerstein mahnen zu größter Vorsicht und scheiden diese Arbeit als zuverlässige Informationsquelle aus. – ELOY, s. Anm. 102, 131, 128, Fig. 1/2 erwähnt Sägeversuche von DRADON, liefert jeodch keine weiteren Angaben. – Bei ZURBUCHEN, s. Anm. 111, 24 findet sich die Angabe zur Sägedauer von 1,5 Std. für eine Schnittiefe von 3 cm beim Zerlegen von „Serpentinen und Eklogiten" mittels einer Feuersteinpendel„säge".

[146]) BURKART, s. Anm. 30, 16 ff., bes. 24. – ZURBUCHEN, s. Anm. 111, 22. – Vgl. ebenfalls MALINA, s. Anm. 63, 104, bes. 106. – Zu den Ergebnissen von Sägeexperimenten mit hölzernen Sägeblättern vgl. SEHESTEDT, s. Anm. 74, 23 ff. – HEIERLI, s. Anm. 111, 8 weist erstmals auf eine mögliche Korrelation zwischen der Länge hölzerner Sägeblätter und dem geradlinigen bzw. konkaven Verlauf der Sägeschnitte hin. – LA BAUME 1934, 1936, s. Anm. 111.

[147]) WILLMS, s. Anm. 90, 60 erwähnt z. B. zwei konvexe Sägeschnitte von Hitzkirch-Seematte.

[148]) KELLER 1879, s. Anm. 111, 49, Taf. VIII; Fig. 14–16. – Vgl. auch FORRER, s. Anm. 111, 780.

[149]) KELLER 1870, s. Anm. 111, 123. – HEIERLI, s. Anm. 111, 8 erwähnt einen praktischen Sägeversuch nach „Morlot's Vorschlag". – Vgl. GUMMEL, s. Anm. 111, 18, dort Anm. 1.

[150]) Rekonstruktionsversuche von modifizierten Pendelsägen bei FORRER, s. Anm. 111, 78 f. – DERS., s. Anm. 20. – MIRTSCHIN, s. Anm. 111. – MOSCHKAU, s. Anm. 82. – LA BAUME 1934, 1936, 1943, s. Anm. 111. – ZURBUCHEN, s. Anm. 111. Zwei Beispiele scheinbarer Rekonstruktionen, die überdies modellhaften Charakter für Eurozentrismus per excellence besitzen, sind bei PIETZSCH, s. Anm. 96 beschrieben und abgebildet.

[151]) All diese „Nachbildungen" wurden von der „Modellwerkstatt des Reichsbundes für Deutsche Vorgeschichte" in großer Zahl gefertigt und für 28 RM pro Stück an Museen und Schulen verkauft. Die Produkte dieser Werkstatt sollten der „Überwindung der Lüge vom Barbarentum unserer germanischen Vorfahren" dienen (H. REINERTH, Legendige Vorzeit. Arbeiten aus der Modellwerkstatt des Reichsbundes für Deutsche Vorgeschichte, München 1942, 1 f., 7).

[152]) SEHESTEDT, s. Anm. 74, 23 ff.

[153]) ISCHER, s. Anm. 111, 207. – HEIERLI, s. Anm. 111, 8.

[154]) BURKART, s. Anm. 30, 13. – WILLMS, s. Anm. 90, 78 gelangt auf der Basis seiner umfangreichen Untersuchungen der gesägten Felsgesteinartefakte aus Twann zu der Überzeugung, daß „die Verwendung irgendwelcher einfacher oder komplizierter Apparate unwahrscheinlich ist". –

Auch nach HERRMANN, SCHÜLLER, s. Anm. 9, 25 „brauchte man keine verwickelt gebaute Maschine".

[155]) BURKART, s. Anm. 30, 16 ff.

[156]) In diesem Zusammenhang vgl. SEMENOV, s. Anm. 46, 73: „No archaeological material known to us bears evidence of the use of such a method, nor is there any ethnographic analogy for such a machine among tribes at neolithic level of culture, or even those with a higher level of technology." – Im Gegensatz dazu die erstaunliche, jeglicher Grundlage entbehrende Behauptung von MIRTSCHIN, s. Anm. 111: „Aus Teilfunden, die aus dem Schlamm des Bodensees bei der Pfahlbauforschung ans Tageslicht gezogen wurden, hat man die Maschine zusammenzusetzen versucht". Eine völlig vergleichbare Behauptung bei REINERTH, s. Anm. 151, 7. – Gerne werden auch die Sägemaschinen als „Rekonstruktionen" bezeichnet (PIETZSCH, s. Anm. 96, 33). Dies ist jedoch unkorrekt; es handelt sich vielmehr nur um Rekonstruktionsversuche. Denn eine korrekte Rekonstruktion setzt prinzipiell voraus, daß das zu Rekonstruierende bekannt ist.

[157]) Vgl. indes ein gesägtes Halbfabrikat und eine „Säge" aus einem Sandsteinabschlag vom Fundplatz Roche du Curé bei CHAMPAGNE, s. Anm. 91, 501, 504, Fig. 3/6, 505, Fig. 4. Diese Fundstelle wird dem sog. Montmorencien zugewiesen und ins Mesolithikum datiert; zur Datierung vgl. ORLIAC, s. Anm. 91. Ob die Fundstücke tatsächlich ein mesolithisches Alter besitzen, muß dahingestellt bleiben.

[158]) FORRER, s. Anm. 111, 780. – DERS., s. Anm. 20, 178. – Sinngemäß auch LA BAUME 1936; s. Anm. 111, 38: „Der steinzeitliche Mensch sägte also nicht Stein mit Stein, sondern Stein mit Holz und scharfem Sand; er bediente sich mithin derselben technischen Mittel wie beim Steinbohren".

[159]) FORRER, s. Anm. 111, 101 ff.

[160]) FORRER, s. Anm. 111, 62. Hierbei spielt es keine Rolle, daß seinerzeit Hinkelstein als vorbandkeramisch datiert wurde. Heute wissen wir, daß die „Hinkelstein-Gruppe" zeitgleich mit der jüngeren LBK anzusetzen ist (H. SPATZ, Die Kulturgruppen Hinkelstein und Großgartach. In: Der Tod in der Steinzeit, Darmstadt 1991, 27).

[161]) BAKELS, s. Anm. 4, 59 f. – FIEDLER, s. Anm. 19, 129.

[162]) SCHIETZEL, s. Anm. 54, 69, hervorragende Beispiele auf Taf. 29/5–7, Taf. 30/1–6. – FARRUGGIA, s. Anm. 52, Taf. 54.

[163]) ZIMMERMANN, s. Anm. 52, 759; der Autor bezeichnet derartige Artefakte als Rillensteine.

[164]) „Schleifplatten können sich bei intensivem Gebrauch der zentralen Partie langsam in Schleifwannen verwandeln" (ZIMMERMANN, s. Anm. 52, 754).

[165]) ZIMMERMANN, s. Anm. 52, 723 ff., Taf. 102 ff. Zur ursprünglichen Form vgl. 729.

[166]) Fragmente von Läufersteinen mit einer stark ausgeprägten Schulter bei SCHIETZEL, s. Anm. 54, Taf. 28/3 und FARRUGGIA, s. Anm. 54, Taf. 53/2–3. – Zu solchen „stegartigen Partien" auch FIEDLER, s. Anm. 19, 133.

[167]) ZIMMERMANN, s. Anm. 52, 730 stellt fest, daß „das Ende eines Mahlsteines bei der ständigen Druck-, Zug- und Schubbelastung durch Zerbrechen entlang natürlicher Kluft- oder Schichtflächen herbeigeführt werden" kann. Dies ist zweifellos richtig, aber die Vorbedingung ist selbstverständlich der nahezu völlige Substanzverlust im Bereich der Arbeitsflächen vor allem der Läufersteine. M. E. ist dies der Hauptgrund dafür, daß alle Läufersteine – selbst wenn sie völlig frei von Kluft- oder Schichtflächen gewesen wäre – auf jeden Fall irgendwann an der zur dünn gewordenen Arbeitsfläche hätten zerbrechen müssen. Eindrucksvolle Beispiele für weitestgehend ausgeschliffene und schließlich zerbrochene Schleifwannen liefert WININGER, s. Anm. 25, Taf. 35.

[168]) „Die große Anzahl entsprechender Artefakte deutet darauf hin, daß den Tätigkeiten des Schleifens und des Mahlens innerhalb der häuslichen Arbeit erhebliche Bedeutung zukam". (SCHIETZEL, s. Anm. 54, 66).

[169]) Im Gegensatz dazu KELTERBORN, s. Anm. 90, 135.

[170]) Vgl. in diesem Zusammenhang die kritischen Überlegungen zu solchen Erfindungen bei SMOLLA, s. Anm. 29, 49.

[171]) HAHN, s. Anm. 18, 234 ff. – PIEL-DESRUISSEAUX, s. Anm. 46, 134 ff. – SEMENOV, s. Anm. 46, 74 ff.

[172]) Die wichtigeren in chronologischer Reihenfolge: GUTSMUTHS, Wie durchbohrte der alte Germane seine Streitaxt? Morgenblatt 253, 1832. – G. KLEMM, Die Werkzeuge und Waffen, Sondershausen 1858, Neuaufl. Leipzig 1978. – RAU, s. Anm. 76. – F. KELLER, Durchbohrung der Steinbeile, der Hirschhornwerkzeuge und anderer Geräte aus den Pfahlbauten, Anzeiger Schweiz. Altertumskunde 2/2, 1870, 139 ff. – WURMBRAND, s. Anm. 111. – F. KELLER, Durchbohrung der Steinbeile und anderer Werkzeuge und Geräte in den Pfahlbauten (8. Pfahlbaubericht), Mitt. Antiqu. Ges. Zürich 20, 1879, 49 ff. – C. RAU, Aboriginal Stone Drilling, Am. Naturalist 15, 1881, 536 ff. – SEHESTEDT, Anm. 74. – HEIERLI, s. Anm. 111. – MCGUIRE, s. Anm. 57. – DERS., A Study of the Primitive Methods of Drilling, Smithonian Report for 1894, 1896, 625 ff. – EVANS, s. Anm. 63. – S. MÜLLER, Nordische Altertumskunde, Straßburg 1897. – MONTELIUS, s. Anm. 63. – FORRER, s. Anm. 111 und 20. – AILIO, s. Anm. 61. – MORTILLET, s. Anm. 76. – FELDHAUS 1914, s. Anm. 90. – A. GÖTZE, Artikel „Bohren" in Reallexikon der Vorgeschichte, Berlin 1925, 103 f. – REINERTH, s. Anm. 81. – GÖTZE, s. Anm. 81. – R. H. STEELE, Experiments in Kaitahu (Ngai-Tahu) Methods of Drilling, Journal Polynesian Soc. 39, 1930, 181 ff. – H. DENGLER, Zur Kunst der Steinbohrung, Sachsens Vorzeit 1, 1938, 38 ff. – G. SCHWANTES, Deutschlands Urgeschichte, Stuttgart 1952. – SCHRICKEL, s. Anm. 81. – A. RIETH, Zur Technik des Steinbohrens im Neolithikum, Zeitschr. Schweiz. Arch. und Kunstgesch. 18, 1958, 101 ff. – JACOB-FRIESEN, s. Anm. 81. – M. P. MALMER, Jungneolithische Studien, Acta Arch. Lund 2, 1962. – SEMENOV, s. Anm. 46. – BLEICH, s. Anm. 63. – R. FEUSTEL, Technik der Steinzeit, Veröff. Mus. Ur- u. Frühgesch. Thüringens 4, 1973. – MALINA, s. Anm. 63. – G. HENRIKSEN, Maglemosekulturens drilbor med et par boretekniske betragtninger, Aarböger 1973, 217 ff. – S. VUKOVIC, Experiments in Drilling Holes in Stones, Calgary Archaeologist 2, 1974, 20 f. – V. G. CHILDE, Rotary Motion. In: A History of Technology 1, Oxford 1975, 189 ff. – H. DRESCHER, Artikel „Bohrer" in Reallexikon der Germanischen Altertumskunde, Berlin, New York 1978, 189 ff. – FIEDLER s. Anm. 19. – WILLMS, s. Anm. 90. – J. CHEVALIER, M. LINIZAN, J. TIXIER, Une Technique de Perforation par Percussion de Perles en Cornaline (Larsa, Iraq), Paléorient 8, 1982, 55 ff. – H.-G. VOSGERAU, Erfahrungen beim Rekonstruktionsversuch von Bohrvorrichtungen, Die Kunde N. F. 34–35, 1984, 187 ff. – WEINER, 1987, s. Anm. 43. – PIEL-DESRUISSEAUX, s. Anm. 46. – HAHN, s. Anm. 18.

[173]) HAHN, s. Anm. 18, 285. – WEINER 1987, s. Anm. 43, 69.

[174]) Z. B. K. HOHMANN, Querhauen, Walzenbeile und andere urtümliche Geräte aus der Mittelmark, Berliner Blätter f. Vor- u. Frühgesch. 4, 1955, 7 ff. – Als neolithisches Beispiel nennt RIETH, s. Anm. 172, 102 eine bandkeramische Scheibenkeule von Lampertheim.

[175]) Zahlreiche Autoren nehmen die Verwendung von nassem bzw. feuchtem Sand an. Nach JACOB-FRIESEN, s. Anm. 81 diente „Wasser als Schmiermittel". Tatsächlich führt aber die Zugabe von Wasser beim Bohren zur Bildung eines zähen Schleifbreies, der die Arbeit ganz erheblich behindert, worauf bereits RAU, s. Anm. 76, 394 und KELLER

1879, s. Anm. 111, 53 hingewiesen haben. – Im Gegensatz dazu Vosgerau, s. Anm. 172, 189, wonach „Wasser und Sand den Schleifvorgang erheblich beschleunigen" sollen.

[176]) Feustel, s. Anm. 172, 66f. – L. F. Zotz, Neue mittelsteinzeitliche „Lochstäbe" aus Norddeutschland, ihre altsteinzeitlichen Vorläufer und ihre Verwandtschaft zu den Spitzhauen, IPEK 13–14, 1939–40, 8.

[177]) Vgl. zur Terminologie Drescher, s. Anm. 172, 189.

[178]) Z. B. Dengler, s. Anm. 172, 38ff. – Drescher, s. Anm. 172, 199f. – Feldhaus, s. Anm. 90, 115f. – Götze, s. Anm. 172, 104. – Ders., s. Anm. 81, 398. – Jacob-Friesen, s. Anm. 81, 82. – Malmer, s. Anm. 172, 607f. – McGuire, s. Anm. 172. – Mirtschin, s. Anm. 111. – Montelius, s. Anm. 63, 37. – Moschkau, s. Anm. 82, 203f. – Pfeiffer, s. Anm. 49, 162. – Rau, s. Anm. 76, 393. – Ders., s. Anm. 172, 537f. – Rieth, s. Anm. 172, 102f. – Schrickel, s. Anm. 81, 12. – Schwantes, s. Anm. 172, 125f. – F. Spannagel, Das Drechslerwerk, Ravensburg 1940, 11f. – Weiner 1987, s. Anm. 43, 67ff. – Willms, s. Anm. 90, 107.

[179]) Z. B. Dengler, s. Anm. 172, 38. – Drescher, s. Anm. 172, 191, 199, Abb. 52a. – Moschkau, s. Anm. 82, 203, Abb. 33–54. – Montelius, s. Anm. 63, 37. – Rau, s. Anm. 76, 393, Fig. 5. – Rieth, s. Anm. 172, 102. – Vosgerau, s. Anm. 172, 187, Abb. 1.

[180]) Z. B. Drescher, s. Anm. 172, 191. – A. de Mortillet, Palafittes du Lac de Clairvaux (Jura), L'Homme Préhistorique 3, 1905, 58. – Heierli, s. Anm. 111, 10. – Moschkau, s. Anm. 82, 203. – Rieth, s. Anm. 172, 105. – Spannagel, s. Anm. 178, 11.

[181]) J. Collina-Girard, Feu par Percusion, Feu par Friction. Les donnees de l'expérimentation, Bull. Soc. Préhist. Franç. 90, 1993, 169. – Ders. Préhistoire Expérimentale. La Production du Feu par Friction, Bull. Soc. Anthrop. 24, 189, 97ff. – Ders., Le Foret à feu. Expérimentation contre rumeur scientifique, L'Homme 120, 1991, 69ff.

[182]) Steinzeitliche Schwefelkiesfunde werden selbst in neuesten Veröffentlichungen als „Pyrit" bezeichnet. Tatsächlich wird es sich in vermutlich allen Fällen um die feinkristalline Variante des Schwefelkieses, d. h. um Markasit handeln. – Bei den selbst in der neueren Literatur unkorrekt als „retouchoirs" bezeichneten Flintartefakten handelt es sich eindeutig nicht um Retuschiergeräte, sondern um Feuerschlagsteine (M. Lamesch, Pièces en silex à extrémités et bords écrasés et polis par l'usage, Bull. Soc. Préhist. Lux. 2, 1980, 45ff).

[183]) Dengler, s. Anm. 172. – Rieth, s. Anm. 172.

[184]) Bohrlochformen und Bohrkerne: z. B. Drescher; s. Anm. 172; Forrer, s. Anm. 111; Ders., s. Anm. 20; Rau, s. Anm. 76; Rieth, s. Anm. 172. Riefen im Bohrloch: Dengler, s. Anm. 172; Malmer, s. Anm. 172; Rau, s. Anm. 76.

[185]) S. Gayer, Die Holzarten und ihre Verwendung in der Technik, Leipzig 1954, 136.

[186]) Rieth, s. Anm. 172, 106.

[187]) Rau, s. Anm. 76. – Keller 1870, s. Anm. 172. – Wurmbrand, s. Anm. 112. – Keller 1879, s. Anm. 172. – Rau, s. Anm. 172. – Sehestedt, s. Anm. 74. – Heierli, s. Anm. 111. – McGuire, s. Anm. 57. – Ders., s. Anm. 172. – Evans, s. Anm. 63. – Forrer, s. Anm. 111. – Ders., s. Anm. 20. – Reinerth, s. Anm. 81. – Götze, s. Anm. 81. – Steele, s. Anm. 172. – Jacob-Friesen, s. Anm. 81. – Bleich, s. Anm. 63. – Malina, s. Anm. 63. – Vukovic, s. Anm. 172. – Vosgerau, s. Anm. 172. – Mortillet, s. Anm. 76, 50 erwähnt Bohrexperimente, die A. Forel ca. 1875 durchgeführt haben soll. – Nach Rieth, s. Anm. 172, 105 soll auch Worsaae Bohrexperimente durchgeführt haben.

[188]) Rau, s. Anm. 76, 394. – „Auch mit massivem Cylinder zu bohren wurde versucht, aber nach mehrstündiger angestrengter Arbeit ward nur eine sehr wenig tiefe Höhlung in das Serpentingestein gebohrt" (Heierli, s. Anm. 111, 9).

[189]) Jacob-Friesen, s. Anm. 81, 81f.

[190]) Schwantes, s. Anm. 172, 126.

[191]) Vosgerau, s. Anm. 172, 189. – Bereits Keller 1870, s. Anm. 172, 144 stellte fest: „Der mit zermalmtem Quarzsand versehene Bohrer arbeitet so rasch, daß das Beil leicht im Laufe eines halben Tages durchgebohrt werden kann."

[192]) Mirtschin, s. Anm. 111. – Vgl. insbesondere den ergologisch völlig unhaltbaren Vorschlag bei Schrickel, s. Anm. 81, 8, Abb. 5 unten links.

[193]) Bleich, s. Anm. 63, 11ff. Beim Einsatz eines schnurgetriebenen Hohlbohrers konnte keine Leistungsverbesserung festgestellt werden.

[194]) Zur Kritik an diesem Bohrexperiment von Bleich vgl. Weiner, s. Anm. 112, 56ff.

[195]) Drescher, s. Anm. 172, 191.

[196]) Drillbohrer: Rau, s. Anm. 76 und Anm. 172; Sehestedt, s. Anm. 74. – Fiedelbohrer bzw. Schnurantrieb: Drescher, s. Anm. 172; McGuire, s. Anm. 57; Mirtschin, s. Anm. 111; Mortillet, s. Anm. 76; Schrickel. s. Anm. 81; Schultheiss, s. Anm. 111. – „Bohrungen dieser Art ließen sich nur mit Hilfe eines schnurgetriebenen Bohrers herstellen" (Rieht, s. Anm. 172, 102). – „Die rasche Drehung des Bohrers" kann „unmöglich durch Drehen zwischen den Handflächen des Arbeiters, sondern nur durch Anwendung eines Fiedelbogens" durchgeführt worden sein (Reinerth, s. Anm. 81, 104).

[197]) Mortillet, s. Anm. 180, 58, Fig. 32.

[198]) Henriksen, s. Anm. 172.

[199]) „Die Bohrungen sind so regelmäßig ausgeführt worden, daß man eine maschinelle Vorrichtung voraussetzen darf" (Götze, s. Anm. 81, 399).

[200]) Reinerth, s. Anm. 81, 103.

[201]) Gutsmuths, s. Anm. 172. Die Beobachtungen des Autors beruhen auf der Regelmäßigkeit der Bohrlöcher und insbesondere auf den horizontalen Riefen an ihren Innenseiten; er kam allerdings zu dem Ergebnis, derartige Bohrungen seien mit Metallzylindern durchgeführt worden. – Und schon im Jahre 1843 sprach Worsaae aus, daß die Schaftlöcher mit einem Stift, Sand und Wasser gebohrt sein könnten (Müller, s. Anm. 172, 194). – Nach Evans, s. Anm. 63, 47 handelt es sich bei diesem „Stift" um einen spitzen Holzstock.

[202]) Moschkau, s. Anm. 82, 204, 203, Abb. 34. – Schultheiss, s. Anm. 111, 6 interpretiert das Bruchstück einer Scheibenkeule als Schwungscheibe eines Bohrers.

[203]) Vukovic, s. Anm. 172, 21, Fig. 1 u. 5.

[204]) Wurmbrand, s. Anm. 112. Vgl. die Kritik an dieser Maschine durch Keller 1879, s. Anm. 172, 53f. – Forrer, s. Anm. 20 u. Anm. 111.

[205]) Forrer, s. Anm. 20, 101.

[206]) Zu Recht stellt Spannagel, s. Anm. 178, 12, Abb. 3 fest, es handle sich bei Forrers Maschine um eine „Annahme ohne Belege durch Originalfunde".

[207]) Forrer, s. Anm. 20, 101.

[208]) Vosgerau, s. Anm. 172. – Vukovic, s. Anm. 172.

[209]) Dengler, s. Anm. 172, 40. – Fiedler, s. Anm. 19, 129. – Vosgerau, s. Anm. 172, 190.

[210]) Rieth, s. Anm. 172, 102. – A. J. Arkell, The Prehistory of the Nile Valley, Handb. der Orientalistik 1, Leiden, Köln 1975, 35, Fig. 14/1, 39, Fig. 16/2.

[211]) R. Drenkhahn, Artikel „Bohrer" in Lexikon der Ägyptologie 1, Wiesbaden 1975 m 845f. – G. Goyon, Les Instruments de Forage sous l'Ancien Empire Egyptien, Jaarbericht Vooraziatisch-Egyptisch Gemoostschap „Ex Oriente Lux" 21, 1969–70, 155ff.

[212]) Rau, s. Anm. 76, 392f.

[213]) Malmer, s. Anm. 172, 607ff., 608, Abb. 107/1–3, 609, Abb. 108/1.

[214]) Rieth, s. Anm. 172, 104, Taf. 24, Abb. 26–27. –

Zum Nacharbeiten des Bohrloches vgl. FIEDLER, s. Anm. 19, 64.

[215]) HENRIKSEN, s. Anm. 172, 218; 220, Fig. 3.

[216]) Vgl. z. B. ein bandkeramisches Geröll mit einer „Delle aus Köln-Lindenthal, die man als den Anfang einer Vollbohrung auffassen darf." Es wurde vermutet, daß „das fertige Gerät als Keule dienen sollte". (L. KOCH, Petrographische Bestimmung der Steingeräte. In: W. BUTTLER, W. HABEREY, Die bandkeramische Ansiedlung bei Köln-Lindenthal, Röm.-German. Forsch. 11, 1936, 131.)

[217]) Vgl. ORCHARD, s. Anm. 30, 43.

[218]) RIETH, s. Anm. 172, 102, Taf. 21, Abb. 3.

[219]) FORRER, s. Anm. 111, 103, Fig. 14, 102, 105. – DERS., s. Anm. 20, 178, Fig. 97.

[220]) „Es liegt nahe, anzunehmen, daß man zunächst einen hölzernen Vollbohrer benützte" (RIETH, s. Anm. 172, 102).

[221]) BAKELS, s. Anm. 4, 59f. 61. – Nach H. SCHWABEDISSEN, Ein horizontaler „Breitkeil" aus Satrup und die mannigfaltigen Kulturverbindungen des beginnenden Neolithikums im Norden und Nordwesten, Palaeohistoria 12, 1967, 411 „dürften die hohen durchlochten Schuhleistenkeile nicht zum geläufigen Inventar der reinen Linienbandkeramik gehören".

[222]) K. H. BRAND, Studien über steinere Äxte und Beile der Jüngeren Steinzeit und der Stein-Kupfer-Zeit Nordwestdeutschlands, Münstersche Beitr. zur Vorgeschichtsforschung 2, 1967, 10.

[223]) R. EINICKE, Linienbandkeramik (LBK). In: Das Neolithikum im Mittelelbe-Saale-Gebiet und in der Altmark, Beitr. z. Ur- u. Frühgesch. Mitteleuropas 4, 1994, 30.

[224]) BAKELS, s. Anm. 4, 59f.

[225]) E. HENNIG, Untersuchungen über den Verwendungszweck urgeschichtlicher Schuhleistenkeile, Alt-Thüringen 5, 1961, 203.

[226]) QUITTA, s. Anm. 8, 32, Taf. 12, Abb. 30. Dieses Stück gehört zwar zu einem undatierten Hortfund, eine zeitliche Ansetzung in die Bandkeramik bzw. ins Mittelneolithikum ist jedoch sehr wahrscheinlich. Ein vergleichbares, leider nur in der Aufsicht abgebildetes mittelneolithisches Stück bei BUTTLER, s. Anm. 19, 33, Abb. 17/38.

[227]) Zur Verwendung als Pflugschar vgl. A. GÖTZE, Artikel „Pflug" in Reallexikon der Vorgeschichte 10, Berlin 1927–28, 119. – Schäftungsvorschläge, z. B. bei G. J. P. BANNENBERG, Ploeg of Hak?, Brabants Heem 9, 1957, 106, Abb. 5; H. BEHRENS, Kritische Bemerkungen zu einigen Auffassungen über die Form des ältesten neolithischen Bodenbaus in Mitteleuropa, Agrarethnographie, Veröff. Inst. Dt. Volkskd. 13, 1957, 55, Abb. 2; J. DESTEXHE-JAMOTTE, Contribution à l'étude de l'Omalien. Un instrument perforé et trois nouvelles restaurations de vases ornés, Chercheurs de la Wallonie 19, 1966, 15, Abb. 5; P. V. GLOB, Der Einfluß der bandkeramischen Kultur in Dänemark, Acta Arch. 10, 1939 138, Abb. 9; P. T. KESSLER, Zwei neue Depotfunde der Bandkeramik von Gau-Algesheim, Germania 15, 1931, 52, Abb. 3; PFEIFFER, s. Anm. 49, 170, Abb. 154; PIETZSCH, s. Anm. 96, 11, Abb. 7, 16, Abb. 11; SCHRICKEL, s. Anm. 81, 4, Abb. 4; J. D. van der WAALS, Die durchlochten Rössener Keile und das frühe Neolithikum in Belgien und in den Niederlanden. In: Die Anfänge des Neolithikums vom Orient bis Nordeuropa, Fundamenta Va, 1972, 159; L. ZOTZ, Die Urform der jungsteinzeitlichen Rodehacke, Sudeta N. F. 1, 1939–40, 13, Abb. 1; HENNIG, s. Anm. 225; H. KNÖLL, Zu gebohrten Schuhleistenkeilen, Fundber. Hessen 3, 1963, 78ff. mit weiterer Literatur. – Zum Problem der Pflugschare vgl. W. BUTTLER, Die Bandkeramik in ihrem nordwestlichen Verbreitungsgebiet, Ber. RGK 1929, 146ff. – Zur „Pflugschartheorie" vgl. G. HÖLTKER, Steinere Ackerbaugeräte, Intern. Archiv. f. Ethnographie 45, 1947, 77ff.

[228]) H.-E. JOACHIM, Ein durchbohrter Dechsel aus Iversheim, Archäologie im Rheinland 1990, 29f., 29, Abb. 10.

[229]) H. SCHNITZLER, F. B. NABER, Rindenschäler. Die funktionelle Interpretation einer vorgeschichtlichen Gerätegruppe aufgrund rezenter Analogien, Bonner Hefte 17, 1978, 36, 52.

[230]) DESTEXHE-JAMOTTE, s. Anm. 227, 10, 15, Abb. 6. – A. TILLMANN, Wirtschaft oder Religion? Eine jungsteinzeitliche Flachhacke aus Wiesau, Lkr. Tirschenreuth, Opf. In: Ausgrabungen und Funde in Altbayern 1989–1991, Katalog des Gebäubodenmuseums Straubing 18, 1992, 22 nimmt für denselben Typ dagegen eine Verwendung als Setzkeil an, was m. E. für diesen Typ zweifelhaft ist.

[231]) KNÖLL, s. Anm. 227, 81. – A. RIETH, Geschliffene bandkeramische Steingeräte zur Holzbearbeitung, Prähist. Zeitschr. 34–35, 1950, 232.

[232]) WAALS, s. Anm. 227, 155.

[233]) HENNIG, s. Anm. 225, 213, Abb. 1, 2. Die praktischen Versuche des Autors zur Holzbearbeitung mit derartigen Geräten verliefen durchwegs positiv (216).

[234]) QUITTA, s. Anm. 8, 28ff. – Sinngemäß ebenfalls WAALS, s. Anm. 227, 159.

[235]) Z. B. HENNIG, s. Anm. 225, 203. – KNÖLL, s. Anm. 227, 80. – SCHRICKEL, s. Anm. 81, 4.

[236]) M. TESSERAUX, Die Felsgesteingeräte, Die Sammlung des Inst. für Ur- und Frühgesch. d. Univ. Heidelberg 1, 1981, Taf. II/3, Taf. 21/3–4.

[237]) HAUPTMANN, s. Anm. 93.

[238]) Tendenziell vergleichbar stellt SMOLLA, s. Anm. 29, 64 fest, daß die Bandkeramiker technologisch gewiß auch in der Lage gewesen wären, das gegebene Felsgestein zu Parallelbeilklingen symmetrischer Form zuzurichten.

[239]) WEINER 1987, s. Anm. 43, dort Anm. 111. – Extreme Beispiele bei CHEVALIER, INIZAN, TIXIER, s. Anm. 172; E. MACKAY, Bead Making in Ancient Sind, Journal American Oriental Soc. 57, 1937, 15; M. PIPERNO, Micro-drilling at Shahr-i Sokhta. The making and use of the lithic drillheads, South Asian Archaeology 1973, 119ff. und J. TIXIER, Nucléus-Pendentif de Suse, Paléorient 8, 1982, 109f.

[240]) BAKELS, s. Anm. 4, 59f., 81f.

[241]) Z. B. D. GRONENBORN, Überlegungen zur Ausbreitung der bäuerlichen Wirtschaft in Mitteleuropa. Versuch einer kulturhistorischen Interpretation ältestbandkeramischer Silexinventare, Prähist. Zeitschr. 69, 1994, 135ff. – J. LÜNING, Frühe Bauern in Mitteleuropa im 6. und 5. Jahrtausend v. Chr., Jahrb. RGZM 35, 1991, 27ff. – A. TILLMANN, Kontinuität oder Diskontinuität? Zur Frage einer bandkeramischen Landnahme im südlichen Mitteleuropa, Arch. Inf. 16, 1993, 157ff. – ZIMMERMANN, s. Anm. 54.

[242]) MODDERMAN, s. Anm. 4, 105 führt die Verwendung von Ersatzgesteinen auf die Zunahme der bandkeramischen Bevölkerung zurück.

[243]) J. WEINER, Geilenkirchen. In: Ausgrabungen, Funde und Befunde 1988, Bonner Jahrb. 190, 1990, 437f. Dieses Exemplar besitzt zwar eine extrem lang-schmale Form, stimmt jedoch mit den mir sonst bekannten Stükken sowohl typologisch als auch technologisch überein.

[244]) WEINER, PAWLIK, s. Anm. 5.

[245]) Vgl. hierzu V. G. CHILDE, Axe and adze, bow and sling. Contrasts in early Neolithic Europe, Jahrb. Schweiz. Ges. Ur- u. Frühgesch. 40, 1949–50, 156ff. – E. SANGMEISTER, Die ersten Bauern. In: Urgeschichte in Baden-Württemberg, Stuttgart 1983, 465ff. – SMOLLA, s. Anm. 29, 63ff.

Abbildungsnachweis

Abb. 1–5. U. Naber, Rheinisches Landesmuseum Bonn.

Zu Erkennungsmöglichkeiten von Migrationen am Beginn der mittleren Bronzezeit im mittleren Donauraum*)

Zoja BENKOVSKY-PIVOVAROVÁ, Südstadt

In memoriam Amalia MOZSOLICS

Die Ansichten über die chronologischen und kulturellen Verhältnisse im mittleren Donauraum am Beginn der mittleren Bronzezeit sind nicht nur divergierend, sondern auch voller Mißverständnisse. Es sei auf die Auffassung des Koszider-Horizonts im Karpatenbecken hingewiesen, der von den ungarischen Autoren als Endphase der Frühbronzezeit aufgefaßt wird[1]), während die slowakischen Kollegen ihn für Anfangsphase der Hügelgräberkultur halten[2]). Im Periodisierungssystem B. Hänsels steht er – in Stufen MD I und MD II unterteilt – am Beginn der sog. mittleren danubischen Bronzezeit, wobei aber die Stufe MD I vom Autor der Stufe B_1 vorgesetzt wurde[3]); dies mißverstand man in der Slowakei insoferne, als man die Stufen MD I und MD II für Unterstufen des B_1-zeitlichen Koszider-Horizontes hielt[4]). Eine Einwirkung aus dem Karpatenbecken wird für die Entstehung der Hügelgräberkultur in Süddeutschland für entscheidend gehalten[5]), in Ungarn rechnet man mit einer Expansion der Hügelgräberkultur aus dem Westen oder Nordwesten[6]).

Gemäß der Themenstellung der Tagung der Arbeitsgemeinschaft Bronzezeit im Rahmen der Jahrestagung des West- und Süddeutschen Verbandes für Altertumsforschung und der Österreichischen Gesllschaft für Ur- und Frühgeschichte im Mai 1997 befaßt sich mein Beitrag mit Erkennungsmöglichkeiten von Migrationen am Beginn der mittleren Bronzezeit im mittleren Donauraum. Um sich mit diesem Fragenkomplex im wünschenswerten Ausmaß auseinandersetzen zu können, wäre erstens eine Veröffentlichung der vorhandenen Fundbestände in nordwestlichen Karpatenbecken und zweitens eine Überprüfung der bestehenden Chronologiesysteme im oberen und mittleren Donauraum notwendig. Beim gegenwärtigen Forschungsstand muß man sich mit der Skizzierung der Probleme zufriedengeben. Es sei dabei vom kulturellen Bild des mittleren Donauraumes am Ende der frühen und am Beginn der mittleren Bronzezeit ausgegangen.

Während der ausgehenden frühen Bronzezeit waren Mähren, die Südwestslowakei und das nördliche Niederösterreich durch die Bevölkerung des Mad'arovce-Věteřov-Kulturkreises besiedelt[7]). Das Vordringen der Věteřov-Kultur ins Gebiet der Unterwölbling-Kultur ist noch nicht restlos geklärt[8]). Offen ist die Frage der Expansion der Věteřov-Kultur nach dem Süden bis ins nördliche Burgenland[9]). Die Gegend um den Neusiedler See war durch die Träger der Wieselburger Kultur besiedelt; am Westrand des Siedlungsgebietes dieser Kultur ließ sich die Bevölkerung der Kultur mit Litzenkeramik nieder[10]). Nordosttransdanubien und das sog. Zwischenstromland zwischen der Donau und der Theiß war das Siedlungsgebiet der Vatya-Kultur, nach I. Bóna gibt es hier aber auch zahlreiche Fundstellen der Füzesabony-Kultur[11]).

Das Fortdauern der Mad'arovce-Kultur in der Slowakei und der Věteřov-Kultur in Niederösterreich in die Stufe B_1 hinein ist seit langem bekannt[12]); es wird auch durch einen stratifizierten Bronzefund von der Siedlung am Buhuberg in Waidendorf bestätigt[13]). Bereits im Jahre 1976 wies ich auf die unterschiedlich verlaufende Entwicklung in Südmähren hin, wo die Mitteldanubische Hügelgräberkultur bereits in der Stufe B_1 vorhanden ist[14]); von S. Stuchlík wurde die kontinuierliche Entwicklung dieser Kultur aus dem Věteřov-Substrat mit aller Klarheit nachgewiesen[15]).

Nach T. Kovács ist die Vatya-Kultur während der Stufe B_1 als Rákospalota-Phase faßbar[16]). Derselbe Autor wies neuerdings auch auf das Fortdauern der Nordpannonischen Kultur in die Stufe B_1 hin[17]).

Nicht zufriedenstellend ist die Enddatierung der Wieselburger Kultur geklärt; möglicherweise bringt die Veröffentlichung des Gräberfeldes von Mannersdorf/Leitha, wo mehrere Gräber der beginnenden mittleren Bronzezeit entdeckt wurden[18]), Antwort auf diese Frage.

Offen ist auch die Enddatierung der Kultur mit Litzenkeramik. In den siebziger Jahren versuchte ich mir ein Bild über den Fundbestand der Siedlung in Draßburg zu verschaffen und nahm einen

*) Dieser Beitrag wurde in stark gekürzter Fassung bei der Jahrestagung des West- und Süddeutschen Verbandes für Altertumsforschung und der Österreichischen Gesellschaft für Ur- und Frühgeschichte im Mai 1997 vorgetragen.

Teil des Fundbestandes – Fragmente von über 150 litzenverzierten Gefäßen – auf. Dabei stellte ich fest, daß es in Draßburg auch Großgefäße mit bogenförmigen Leisten auf der Schulter gibt. Nach der Veröffentlichung der Funde von Mužla in der Südslowakei[19]) bin ich nun entgegen meinen früheren Ansichten geneigt, diesen Fundhorizont auch für Draßburg anzunehmen. Eine eindeutige Bestätigung der Existenz der Kultur mit Litzenkeramik während der Stufe B_1 ist auch von der Veröffentlichung eines Grabes von Menfőcsanak in Transdanubien zu erwarten, dessen Inventar nach T. Kovács aus drei Gefäßen mit Litzenverzierung und zwei Sichelnadeln besteht[20]).

Der Fundbestand der Stufe B_1 an der mittleren Donau enthält bekanntlich neben einer Reihe dem Karpatenbecken eigener Bronzetypen, wie z. B. den Au- und den Sauerbrunn-Schwertern, den Nackenscheibenäxten, den Sichelnadeln, den glokkenförmigen Tutuli und den Blechspiralen auch eine Reihe von Bronzetypen, die für die beginnende Hügelgräberkultur charakteristisch sind, wie z. B. die Dolche mit trapezförmiger Griffplatte, die Lochhalsnadeln mit profiliertem Schaft sowie die Stabarmringe mit rundem oder dreieckigem Querschnitt[21]). Von I. Bóna wurde diese Situation mit den Worten umrissen, daß die Zusammensetzung des Bronzeinventars des Koszider-Horizontes im Karpatenbecken ohne die Bronzeindustrie der Hügelgräberkultur nicht denkbar wäre[22]). Die Bronzetypen der Hügelgräberkultur finden sich im nordwestlichen Karpatenbecken in den während der frühen Bronzezeit angelegten Siedlungen und Gräberfeldern, wobei sie auch im Verband dieser frühbronzezeitlichen Kulturen auftreten[23]) und in den Koszider-Depotfunden[24]). Da dies aber bei den eingangs erwähnten frühbronzezeitlichen Kulturen ohne einen Bruch in der Entwicklung geschah, ist eher mit einer Einflußnahme seitens der Hügelgräberkultur als mit ihrer Expansion zu rechnen. Das bedeutet aber keinesfalls einen völligen Ausschluß von Migrationen; das beste Beispiel einer solchen Möglichkeit vermittelt das Gräberfeld von Nové Zámky-Berek[25]). Beim gegenwärtigen Forschungsstand scheint also die Erfassung eventueller Völkerbewegungen über die Grabfunde der gangbarste Weg zu sein. Eine unumgängliche Bedingung dafür wäre die Auswertung aller Grabfunde der Stufe B_1 im Arbeitsgebiet, die aber vor der Auswertung der westslowakischen und ostösterreichischen frühbronzezeitlichen Gräberfelder nicht sinnvoll wäre; derzeit sind also nur partielle Einblicke in diese Problematik möglich.

Aus gegebenen Anlaß möchte ich dieser Frage anhand der Gräber mit Sichelnadeln nachgehen, und zwar aus dem Grund, da der Fundbestand größtenteils bekannt sein dürfte und die Herkunft der Sichelnadeln im nordwestlichen Karpatenbekken nicht anzuzweifeln ist. Es kann sich hiebei allerdings nur um eine allgemeine Orientierung handeln, vor allem über die Funde aus Ungarn ist man nur unzureichend informiert. Mit Ausnahme der Funde aus Mähren wird daher auf die Behandlung der typologischen und möglicherweise auch chronologischen Unterschiede bei den Sichelnadeln verzichtet.

Aus Ungarn sind mir sieben mehr oder weniger sichere Grabinventare von Dunaújváros[26]), Kúnszentmiklós[27]), Menfőcsanak[28]), Tápióbicske[29]) und Várpalota[30]) bekannt (Tab. 1); ob die Funde von Ráksi[31]) aus einem Grab stammen, ist unbekannt. Die Funde von Tápióbicske fanden sich nach I. Bóna in einem Körpergrab, das Grab von Menfőcsanak ist – wie bereits erwähnt – ein Urnengrab. Die Gräber von Várpalota hält T. Kovács eher für Körpergräber, bei den Gräbern von Dunaújváros, d. h. von einem Gräberfeld der Vatya-Kultur, ist wohl in den beiden Fällen mit Urnengräbern zu rechnen, obwohl neuerdings ein birituelles Gräberfeld der Vatya-Kultur bekannt gemacht wurde[32]). Bis auf die Altfunde von Várpalota fanden sich in allen Gräbern je zwei Sichelnadeln; am öftesten waren sie mit kleinen dichtgerippten Scheibenanhängern vergesellschaftet. Zum Altfund von Ráksi gehören auch noch zwei Blechspiralen, Spiralröhrchen und ein Dolch. Nur die Urnengräber enthielten Keramik; in Menfőcsanak waren es drei Gefäße mit Litzenverzierung – eine Urne und zwei Kleingefäße –, in Dunaújváros eine Urne und eine Schüssel, in Kúnszentmiklós war nur eine Urne vorhanden. Fast alle diese Gefäße sind noch nicht veröffentlicht. Nicht berücksichtigt wurden die Funde aus Iváncsa, und zwar wegen der zweifelhaften Zusammensetzung des aus einem Beil, einem Dolch und zwei Nadeln ungleichen Typs bestehenden unsicheren Grabinventars[33]).

Tab. 1. Die Gräber mit Sichelnadeln in Ungarn (KG Körpergrab; GRL gestreckte Rückenlage; UG Urnengrab)

Fundort	Gr.-Nr.	Gr.-Art	Sichelnadel	Blechspirale	Scheibenanhänger	Spiralröhrchen	Dolch	Bronzefragment	Gefäß
Dunaújváros	380	UG?	2						
	854 b	UG	2						3
Kúnszentmiklós	o. Nr.	UG?	2		1				1
Menfőcsanak	o. Nr.	UG	2						3
Ráksi	o. Nr.	Grab?	2	2	4	8	1	1	
Tápióbicske	o. Nr.	KG-GRL?	2		8				
Várpalota	IV	?	1		3				
	V	?	1						

Tab. 2. Die Gräber mit Sichelnadeln in der Slowakei (KG Körpergrab; RHL rechte Hockerlage; GRL gestreckte Rückenlage)

Fundort	Gr.-Nr.	Gr.-Art	Geschl./Alter	Lage	Orient.	Sichelnadel	Stabarmring mit rundem Querschnitt	dünner Stabarmring mit rundem Querschnitt	Stabarmring mit rhomboidem Querschnitt	trichterförmiger Anhänger	Scheibenanhänger	Spiralröhrchen	Fingerring mit Endspiralen	Dolch	Nähnadel	Pfriem	Bronzefragment	Gefäß
Lužianky	o. Nr.	1 KG?	?	?	?	2	2							1				
Sväty Peter	4	KG	?	?	?	2												1
	11	KG	?, erwachsen	?	NW/SO	2												1
	17	KG	?, erwachsen	RHL	NW/SO	2		1										1
	18	KG	?, erwachsen	RHL	SO/NW	2	2							1				1
	24	KG	♀, e. 40 J.	RHL	O/W	2			2		12	3?						1
	27	KG	?, erwachsen	?	SO/NW	3				3			4+ Fr.		1	1	3?	
Vráble	o. Nr.	KG	?	GRL	?	1												1

In der Slowakei wurden sieben Gräber mit Sichelnadeln in Svätý Peter[34]) und Vráble[35]) entdeckt (Tab. 2); ob es sich bei den im Jahre 1947 von V. Budinský-Krička veröffentlichten, in einem Gräberfeld der Aunjetitz-Kultur zum Vorschein gekommenen Bronzefunden von Lužianky um das Inventar nur eines Grabes handelt, ist nicht bekannt[36]). Bei dieser Gelegenheit müssen leider wieder einmal die Angaben zur Zusammensetzung des Grabinventars von Vráble korrigiert werden. Aufgrund einer Auskunft von A. Točík wies ich im Jahre 1976 darauf hin, daß die von B. Hänsel abgebildete Nadel mit pilzförmigem Kopf nicht zum Grab gehört[37]). M. Novotná machte aber darauf aufmerksam, daß nach den Angaben J. Eisners das Inventar des Grabes von Vráble nur aus einer Sichelnadel und einem Krug besteht[38]). Die übrigen Gräber enthielten immer zwei oder drei Sichelnadeln. Das mit ihnen vergesellschaftete Bronzeinventar ist sehr variabel. Wenn man die Funde von Lužianky für ein Grabinventar hält, kann gesagt werden, daß nur die Stabarmringe mit rundem Querschnitt und die Dolche in zwei – und zwar in denselben – Gräbern vorhanden sind. An weiterem Schmuck sind Armringe mit rhombischem Querschnitt, ein dünnstäbiger Armring mit rundem Querschnitt, trichterförmige Anhänger, mit Spiralröhrchen kombinierte Scheibenanhänger und Fingerringe mit gegenständigen Endspiralen zu nennen. In einem Grab fand sich eine Nähnadel und ein Pfriem. Auf die problematische Fundzusammensetzung eines der behandelten Gräber von Svätý Peter (Grab 27) wurde andernorts hingewiesen[39]). Fast in allen Gräbern war ein Gefäß vorhanden; in der Regel war es ein Krug.

Alle Gräber mit Sichelnadeln aus der Slowakei waren Körpergräber. Bei den Gräbern von Svätý Peter handelte es sich mit Sicherheit um Flachgräber, von denen sich auch keines inmitten eines der hier festgestellten Kreisgräben fand. Ob es sich bei den Bestimmungen des Geschlechts und Alters der Toten in Svätý Peter um Resultate anthropologischer Untersuchungen oder nur um die Annahme des Ausgräbers handelt, ist nicht bekannt. Soweit feststellbar, lagen die Toten in rechter Hockerlage, wobei die Orientierung um die Achse NO/SW bevorzugt wurde.

Wenn man die zur Familie der Sichelnadeln zählenden Nadeln mit gestrecktem Schaft aus dem Grab 1 von Leobersdorf berücksichtigt, ist die Anzahl der in Ostösterreich entdeckten Gräber mit Sichelnadeln mit 15 anzugeben; sie setzen sich aus 11 Körpergräbern, zwei Brandschüttungsgräbern und zwei Urnengräbern zusammen (Tab. 3). Sie wurden in Größhöflein[40]), Leobersdorf[41]), Oggau[42]), Pitten[43]), Regelsbrunn[44]), Straß im Straßertal[45]) und in Wien XXIII[46]) entdeckt. Die vorhandenen demographischen Daten bezeugen, daß in den Gräbern von Pitten und Wien Frauen im Alter juvenil bis matur und Kinder bestattet waren, und zwar entwe-

Tab. 3. Die Gräber mit Sichelnadeln in Österreich (KG Körpergrab; BSG Brandschüttungsgrab; UG Urnengrab; HL Hockerlage; RHL rechte Hockerlage; GRL gestreckte Rückenlage)

Fundort	Gr.-Nr.	Gr.-Art	Geschlecht/ Alter	Lage	Orient.	Sichelnadel	Blechspirale	Spiralarmband	Stabarmring mit rundem Querschnitt	Scheibenanhänger	herzförmiger Anhänger	Spiralröhrchen	Bronzefragment	Tonanhänger	Gefäß	Holzgefäß ?	Tierknochen
Großhöflein	4	KG	?	GRL	N/S	1								1			
	32	UG	?	–	–	2					3–4	Fr.			1		
Leobersdorf	1	KG	(v. Frau)	?	?	2		2									
Oggau	9	KG	?	?	?	2		2									
	11	KG	?	?	?	2			2								
	26	KG	?	HL	NNO/SSW	1											
Pitten	22/23	BSG	?, w. Inf. + ♀, e. matur	–	–	2	1										
	24	KG	♀, juv., ca. 15–18 J.	GRL	NNO/SSW	2				1							
	49	KG	?, Inf. II, ca. 12–14 J.	GRL	OSO/WNW	1											+
	58	BSG	?, Inf.-juv.	–	–	3								1	1		
	60	UG	?	–	–	1									1		
Regelsbrunn	o. Nr.	KG	?	?	?	2	2										
Straß im Straßertal	45	KG	?	RHL	W/O	2			2								
	54	KG	?	?	?	1											
Wien XXIII	o. Nr.	KG	♀, ca. 15–16 J.	RHL	SO/NW	2	4			18		Fr.	+			1	
		KG	♀, 19–40 J.	?	NW/SO		1										

der in Hockerlage oder in gestreckter Rückenlage mit unterschiedlicher Orientierung. Alle Gräber waren Flachgräber, auch fand sich in Pitten keines dieser Gräber inmitten eines Kreisgrabens. Die Gräber enthielten eine bis drei, in der Regel zwei Sichelnadeln. Das übrige Bronzeinventar bestand ausschließlich aus Schmuck; vorhanden sind Blechspiralen, Spiralarmbänder, Stabarmringe mit rundem Querschnitt, kleine dichtgerippte Scheibenanhänger, herzförmige Anhänger und Spiralröhrchen. In zwei Gräbern fanden sich Tonanhänger. Das reichste Bronzeinventar enthielt das Grab von Wien; eine der hier bestatteten Toten hatte an den Armen und den Beinen je eine Blechspirale aufgeschoben und trug ein Collier aus 18 Scheibenanhängern. Im Unterschied zur Slowakei sind Tongefäße sehr rar; abgesehen von je einer Urne in den Gräbern von Großhöflein und Pitten fand sich nur in einem der Pittener Gräber ein kleines Töpfchen. Im Grab von Wien war möglicherweise ein Holzgefäß vorhanden.

Aus dieser kurzen Übersicht geht hervor, daß es sich bei den Gräbern mit Sichelnadeln in Ungarn, der Slowakei und in Ostösterreich um Gräber von Frauen, Juvenilen und Kindern handelt; es ist dies entweder durch demographische Daten bezeugt oder aufgrund der Zusammensetzung des Grabinventars anzunehmen. Für die Tracht sind außer der meistens zwei Sichelnadeln Halsketten aus kleinen dichtgerippten Scheibenanhängern, Spiralarmbänder, Stabarmringe mit rundem Querschnitt sowie auf den Armen und den Beinen getragene Blechspiralen charakteristisch. Der Armschmuck wurde immer nur paarweise getragen, d. h. in keinem der Gräber fanden sich mehr als zwei Armschmuckstücke. In einigen Gräbern sind Dolche vorhanden, allerdings ist der Fundzusammenhang in allen Fällen entweder unklar oder nicht einwandfrei erwiesen, sodaß man auch die Existenz von Doppelbestattungen nicht ausschließen kann.

Bis auf den Nadeltyp ist die in den Gräbern mit Sichelnadeln, Blechspiralen, Stabarmringen mit rundem Querschnitt und Scheibenanhängern bestehende Frauentracht (Oggau – Gr. 11, Pitten – Gr. 22/23, Regelsbrunn, Straß – Gr. 45, Svätý Peter – Gr. 18, Wien) mit jener in einigen Gräbern Bayerns und Westböhmens festgestellten vergleichbar. Zu nennen sind die Gräber von Sünching, Paarstadl[47]) und die Gräber 65 und 70 von Plzeň-Nová Hospoda[48]). Das heißt, daß die in den Flachgräbern im nordwestlichen Karpatenbecken und in Ostösterreich festgestellte Frauentracht eine starke Ähnlichkeit mit der Frauentracht der zumindest teilweise in den Hügelgräbern bestattenden Bevölkerung Bayerns und Westböhmens aufweist. Das m. W. östlichst liegende Grab mit einem in bezug auf die Nadeln und die Armringe mit Plzeň-Nová Hospoda vergleichbare Grabinventar stammt von Enns in Oberösterreich[49]).

Vor der Veröffentlichung des gesamten Inventars der Gräber von Dunaújváros und Menfőcsanak wäre es verfrüht, sich mit der Keramik zu befassen; es ist aber bereits bei gegenwärtiger Quellenkenntnis klar, daß sie die Zugehörigkeit der Gräber mit Sichelnadeln zu mehreren „weiterlebenden" frühbronzezeitlichen Kulturgruppen bezeugt, so zur Mad'arovce-Kultur in Regelsbrunn, Svätý Peter und Vráble, zur Kultur mit Litzenkeramik in Menfőcsanak und zur Vatya-Kultur in Kúnszentmiklós und wohl auch in Dunaújváros. Nur im Grab 17 von Svätý Peter und im Grab 38 von Großhöflein erscheinen die Keramiktypen der Hügelgräberkultur. Dies macht die Divergenz der Ansichten über die Stellung des Koszider-Horizontes am Ende der frühen oder am Beginn der mittleren Bronzezeit verständlich. Auf die Einflußnahme seitens der Hügelgräberkultur könnte auch die gestreckte Rückenlage der Toten in Großhöflein, Pitten, Vráble und möglicherweise auch in Tápióbicske zurückgeführt werden.

Die Kartierung der Gräber mit Sichelnadeln (Abb. 1) zeigt ihre Verbreitung in Ungarn hauptsächlich in Transdanubien, in der Slowakei ausschließlich im Nitra-Tal und in Österreich vorwiegend im Gebiet zwischen dem Neusiedler See und dem Wiener Becken. Die Gräber von Straß im Straßertal lassen eine Migration nach Westen entlang der Donau annehmen, was im Hinblick auf das Vorhandensein von Gräbern mit Sichelnadeln in Garching und Gräfelfing in Bayern von einiger Bedeutung sein könnte[50]). Da es sich aber bei den Gräbern mit Sichelnadeln vor allem um die Gräbern von Frauen, Jugendlichen und Kindern handelt, entsteht die Frage nach der Erkennbarkeit der dazugehörigen männlichen Bevölkerung, die in erster Linie eine Frage nach der Existenz der Männergräber mit Sichelnadeln bedeutet. Diese Frage stellt sich auch beim Gräberfeld von Svätý Peter, wo das einzige eindeutige Männergrab keine spezifisch karpatenländischen Bronzetypen enthält[51]). Mir ist nur ein noch unveröffentlichtes Grab mit Sichelnadel von Nové Zámky bekannt, dessen Inventar ohne jeden Zweifel als Inventar eines Männergrabes zu deuten ist; neben einem Dolch und einer Scheibenknaufaxt enthält dieses Grab eine Sichelnadel mit gestrecktem Schaft[52]). Die gelegentliche Deutung der Depotfunde von Simontornya und Sárbogárd als Inventare der Männergräber[53]) scheint aus diesem Grund nicht allzu wahrscheinlich zu sein.

Tab. 4. Die Gräber mit Sichelnadeln in Mähren (KG Körpergrab; BG Brandgrab. Zu den Nadeln von Hrušky s. Ausführungen im Text)

Fundort	Gr.-Art	Sichelnadel	längsgeripptes Armband	Armring mit dreieckigem Querschnitt	Scheibenanhänger	Spiralröhrchen	kalottenförmiger Tutulus
Hrušky	KG	2	2	3			
Nejdek	KG	1			13		
Pasohlávky	BG	1		4	5		22
Želetice	KG	2	2	2		+	

In Mähren sind die Gräber mit Sichelnadeln nur im Südteil des Landes vorhanden (Abb. 1) – in Hrušky[54]), Nejdek[55]), Pasohlávky[56]) und Želetice[57]). Es handelt sich meistens um Altfunde, sodaß die Angaben zum Befund sehr karg sind (Tab. 4). Zu den Sichelnadeln selbst sei gesagt, daß von J. Říhovský keine von ihnen der Variante Regelsbrunn zugeordnet wurde, da sie größtenteils einen zwar gelochten, aber einen flachen und unverzierten Kopf haben[58]); bei der leider verlorengegangenen Nadel von Nejdek scheint aber aufgrund der Kopfverzierung eine Verwandtschaft mit den Nadeln der Variante Regelsbrunn möglich zu sein[59]). Die Nadeln von Hrušky haben mit den Sichelnadeln nur noch eine entfernte Ähnlichkeit, eine von ihnen wurde aber von J. Říhovský unter Sichelnadeln behandelt[60]). Von allen mährischen Grabinventaren mit Sichelnadeln kann nur jenes von Nejdek aufgrund der Vergesellschaftung einer Sichelnadel mit einer Halskette aus kleinen, dicht gerippten Scheibenanhängern den Inventaren aus dem nordwestlichen Karpatenbecken und aus Ostösterreich an die Seite gestellt werden. Die restlichen Grabinventare enthalten eine hohe Anzahl von Armringen – in jedem Grab sind mindestens vier Armringe vorhanden –, außerdem handelt es sich bei ihnen um andere Armringtypen – um breite, längsgerippte Armbänder und um Armringe dreieckigen Querschnitts mit Fischblasen- oder Bogenverzierung; auch entsprechen die Scheibenanhänger von Pasohlávky nicht mehr den kleinen, dicht gerippten Formen[61]). Bis auf Nejdek sind also die Sichelnadeln in den mährischen Gräbern als ein

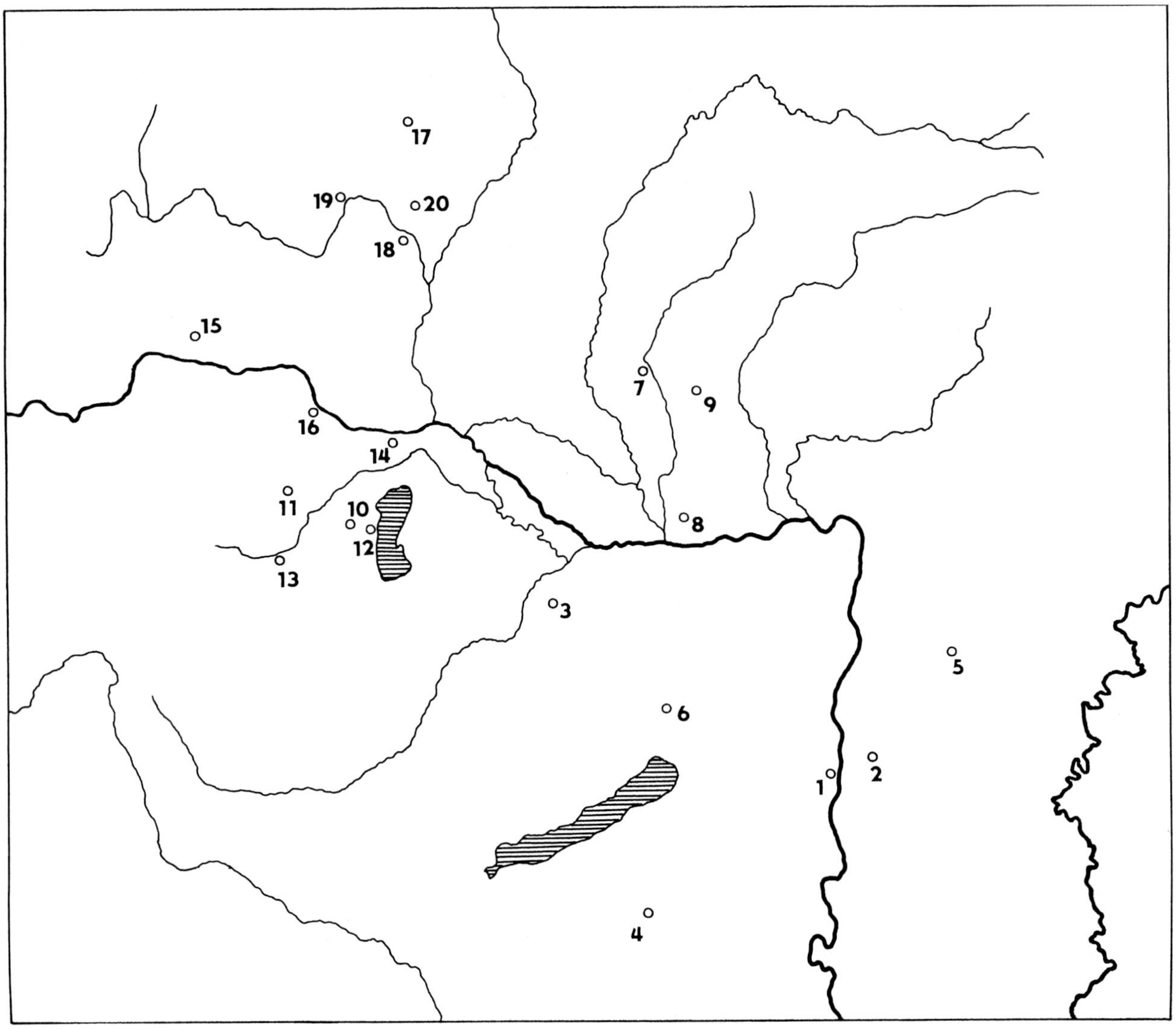

Abb. 1. Die Gräber mit Sichelnadeln im mittleren Donauraum:

1 Dunaújváros	6 Várpalota	11 Leobersdorf	16 Wien 23
2 Kúnszentmiklós	7 Lužianky	12 Oggau	17 Hrušky
3 Menfőcsanak	8 Svätý Peter	13 Pitten	18 Nejdek
4 Ráksi	9 Vráble	14 Regelsbrunn	19 Pasohlávky
5 Tápióbicske	10 Großhöflein	15 Straß im Straßertal	20 Želetice

Fremdelement im Milieu der Hügelgräberkultur zu betrachten. In Mähren und in Niederösterreich werden die Armringe mit Fischblasenmuster in der Regel von Wetzleinsdorfer Nadeln begleitet, so in den Gräbern von Wetzleinsdorf[62]), Borotice – wo eine der Nadeln eine Spätform der Sichelnadeln darstellt[63]) – und wohl auch in Hatzenbach[64]) und Sommerein[65]). Die mährischen Gräber mit Sichelnadeln enthielten keine Keramik, aber das Fundgut der Siedlung von Přitluky bezeugt u. a. mit aller Klarheit, daß man in der Stufe B_1 in Mähren der vollentwickelten Hügelgräberkultur begegnet[66]).

Zusammenfassend kann festgestellt werden, daß der Großteil der Gräber mit Sichelnadeln in Ungarn, der Slowakei und in Österreich aufgrund der demographischen Daten und/oder aufgrund der Zusammensetzung des Grabinventars als Frauen- und Kindergräber zu interpretieren ist; alle diese Gräber sind Flachgräber. Die Gräber von Straß im Straßertal bezeugen eine Migration in westlicher Richtung entlang der Donau. Bis auf den Nadeltyp können die Grabinventare mit Blechspiralen, Stabarmringen mit rundem Querschnitt und Scheibenanhängern mit einigen Grabinventaren der beginnenden Hügelgräberkultur in Westböhmen und Bayern verglichen werden. In kultureller Hinsicht können die Gräber mit Sichelnadeln nicht für den Ausdruck eines einheitlichen Fundhorizontes gehalten werden – sie treten im Fundverband der späten Mad'arovce-, der späten Vatya-Kultur und der späten Kultur mit Litzenkeramik auf, wobei in einigen Gräbern in Österreich und der Slowakei auch schon die Keramik der Hügelgräberkultur vorhanden ist. Die Sichelnadeln in Mähren kommen – bis auf das Grab von Nejdek – in einem anderen Fundzusammenhang vor und sind als Fremdformen im Milieu der Hügelgräberkultur zu bezeichnen, aber auch sie stammen aus reich mit Schmuck ausgestatteten Gräbern wohl der Endphase der Stufe B_1. Solange die Frage der dazugehörigen Männergräber ungeklärt ist, muß auch die Frage nach der Deutung der außerhalb des Karpatenbeckens gefundenen Gräber mit Sichelnadeln als Gräber eingeheirateter Frauen und ihrer Kinder offen bleiben.

Obwohl sie teilweise nur unzureichend bekannt sind, bestätigen die Gräber mit Sichelnadeln die unterschiedlich verlaufende Entwicklung in den einzelnen Gebieten des mittleren Donauraumes; sie zeigen, daß die beginnende mittlere Bronzezeit bzw. Hügelgräberzeit nicht überall ident mit der beginnenden Hügelgräberkultur ist und machen somit die eingangs erwähnten Divergenzen in den Ansichten über die Stellung der Stufe B_1 bzw. des Koszider-Horizontes als Endstufe der frühen oder Anfangsstufe der mittleren Bronzezeit in diesem Raum verständlich.

Anmerkungen

[1]) S. z. B. die chronologischen Tabellen bei T. Kovács, Die Bronzezeit in Ungarn, Budapest 1977, 91–92 und bei R. Schreiber-Kalicz, Komplex der Nagyrév-Kultur, in: Kulturen der Frühbronzezeit des Karpatenbeckens und Nordbalkans, Beograd 1984, 168.

[2]) S. z. B. die chronologischen Tabellen bei A. Točík, Výčapy-Opatovce und weitere altbronzezeitliche Gräberfelder in der Südwestslowakei, Mat. Arch. Slov. I, 1979, 22 und bei V. Furmánek, L. Veliačik, J. Vladár, Slovensko v dobe bronzovej, Bratislava 1991, 20.

[3]) B. Hänsel, Beiträge zur Chronologie der mittleren Bronzezeit im Karpatenbecken, Beitr. zur ur- und frühgesch. Arch. des Mittelmeer-Kulturraumes 8, Teil 1, 1968, 164.

[4]) Z. B. V. Furmánek, Periodisation in the Central European Bronze Age, Bull. of the Inst. of Arch. 17, 1980, 124.

[5]) Eine Übersicht der Ansichten s. bei K.-F. Rittershofer, Der Hortfund von Bühl und seine Beziehungen, Ber. Röm.-Germ. Komm. 64, 1983, 323 ff.

[6]) Zuletzt: T. Kovács, The Tumulus Culture in the Middle Danube Region and the Carpatian Basin: Burials of the Warrior Elite, in: Communities seen through the Analysis of Funerary Practices and Distribution of Grave Goods in Cemeteries, Colloqium XXI, 13. Congress IUPPS, Forli 1996, 116.

[7]) Zur Verbreitung der frühbronzezeitlichen Kulturen an der mittleren Donau s. z. B. V. Furmánek, F. Horst, Die sozialökonomische Entwicklung der bronzezeitlichen Stämme in Mitteleuropa (eine Übersicht), in: Beiträge zum bronzezeitlichen Burgenbau in Mitteleuropa, Berlin-Nitra 1982, Karte 1 a (die Böheimkirchener Gruppe der Věteřov-Kultur und die Kultur mit Litzenkeramik nicht berücksichtigt).

[8]) Z. Benkovsky-Pivovarová, Zum Verhältnis der Kulturgruppen Unterwölbling und Věteřov im Lichte der Grabfunde, ArchA 79, 1995, 187–195.

[9]) Z. Benkovsky-Pivovarová, Zum „Brotlaibidol" vom Föllik, Gemeinde Großhöflein, Burgenland, Bgld. Heimatbl. 39, 1977, 11. – Z. Benkovsky-Pivovarová, J. Gömöri, K. Kaus, Grabfunde der Kultur mit Litzenkeramik in Ostösterreich und in Westungarn, ArchA 71, 1987, 25.

[10]) Z. Benkovsky-Pivovarová, Zum neuesten Forschungsstand über die Litzenkeramik in Österreich, in: Die Frühbronzezeit im Karpatenbecken und in den Nachbargebieten, Mitt. Arch. Inst. Beih. 2, Budapest 1981, Taf. 4.

[11]) I. Bóna, Die mittlere Bronzezeit Ungarns und ihre südöstlichen Beziehungen, Budapest 1975, 75.

[12]) Z. Benkovsky-Pivovarová, Zur Enddatierung des Kulturkreises Mad'arovce-Věteřov-Böheimkirchen, Germania 54, 1976, 343 ff., 352 ff. – Dies., Zur jüngsten Phase der Věteřov-Kultur in Niederösterreich, ArchA 65, 1981, 71 ff.

[13]) B. Hahnel, Waidendorf-Buhuberg. Siedlung der Věteřov-Kultur, Forsch. Stillfried 8, 1988, 30, Taf. 33/1.

[14]) Benkovsky-Pivovarová, Anm. 12, 1976, 350 ff.

[15]) Zuletzt: S. Stuchlík, Die Věteřov-Gruppe und die Entstehung der Hügelgräberkultur in Mähren, Präh. Zeitschr. 67, 1992, 15–42.

[16]) T. Kovács, Historische und chronologische Fragen des Übergangs von der mittleren zur Spätbronzezeit in Ungarn, Acta Arch. Hung. 27, 1975, 310.

[17]) T. Kovács, Chronologische Fragen des Überganges von der Mittel- zur Spätbronzezeit in Transdanubien, Zalai Múzeum 5, 1994, 159 ff.

[18]) G. Melzer, Fundber. Österr. 18, 1979, 357 f. – Ders., Fundber. Österr. 19, 1980, 398.

[19]) I. Kuzma, M. Hanuliak, Bisherige Grabungsergebnisse in Mužla-Čenkov, in: Die Ergebnisse der archäologischen Ausgrabungen beim Aufbau des Kraftwerkes Gabčíkovo-Nagymaros, Nitra 1990, Abb. 5/5.

[20]) Kovács, Anm. 17, 162.

[21]) S. Typentabellen der Stufen MD I und MD II bei Hänsel, Anm. 3, Teil 2, Beil. 1 und 4.

[22]) I. Bóna, Der Horizont der sog. Koszider-Bronzeschätze, in: Bronzezeit in Ungarn. Forschungen in Tell-Siedlungen an Donau und Theiß, Frankfurt/Main 1992, 64.

[23]) M. Novotná, Die Nadeln in der Slowakei, Präh. Bronzefunde XIII-6, 1980, Nr. 288–290 A, 293, 295, 299. – B. Novotný, Jama zo strednej doby bronzovej zo Šaroviec, okr. Levice, Praehistorica 8, 1981, Abb. 1, Taf. IX/1–8. – T. Kovács, Ujabb adatok a mészbetétes kerámia kultúrájának fémmüvességéhez, Veszprém Megyei Múz. Közl. 19–20, 1993–1994, Abb. 3/3. – A. Uzsoki, Bronzkori temető Mosonszentmiklós-Jánosházapusztán, Arrabona 5, 1963, 18 f., Taf. IV/15. Ob das Gräberfeld von Letkés mit einem Männergrab der Stufe B_1 zur Gänze mittelbronzezeitlich zu datieren ist, ist nicht bekannt: Kovács, Anm. 6, 115, Abb. 1, 2.

[24]) Z. B. in Včelínce: J. Vladár, Die Dolche in der Slowakei, Präh. Bronzefunde VI-3, 1974, Taf. 13/1.

[25]) A. Točík, Hroby zo strednej doby bronzovej v Nových Zámkoch v polohe Berek, Castrum Novum 1, 1982, Abb. 5/1, 6/1.

[26]) J. Říhovský, Die Nadeln in Westungarn I, Präh. Bronzefunde XIII-10, 1983, Nr. 4 und 13. Beim Grab 85, das u. a. eine Sichelnadel enthielt, gibt es offenbar Probleme hinsichtlich der Zusammensetzung des Grabinventars: ebd., Nr. 8–11, 28.

[27]) T. Kovács, Funde der Metallkunst der Koszider-Periode aus Siedlungen und Gräberfeldern, Folia Arch. 28, 53.

[28]) Kovács, Anm. 17, 162.

[29]) O. Trogmayer, Der Schatzfund von Baks-Levelény, Móra Ferenc Múz. Évk. 1966–1967 (1967), 26, Abb. 6.

[30]) Kovács, Anm. 27, 44f., Abb. 1/1–4, Abb. 2.

[31]) A. Mozsolics, Bronzefunde des Karpatenbeckens. Depotfundhorizonte von Hajdúsámson und Kosziderpadlás, Budapest 1967, 157f. – Hänsel, Anm. 21, Taf. 18/1–8.

[32]) G. Lőrinczy, O. Trogmayer, Biritualis Vatya temető Csanytelek-Palén, Móra Ferenc Múz. Évk., Studia Arch. 1, 1995, 44–90.

[33]) Kovács, Anm. 24, 50, Abb. 3/1–4. – Außer den Funden von Iváncsa führt K.-F. Rittershofer weitere Gräber mit Sichelnadeln von Köröstetetlén und Paks an: Rittershofer, Anm. 5, Taf. 16, Liste 24/13, 19, 20. Die Funde von Köröstetetlén sind aber nach Kovács, Anm. 24, 58ff. nicht geschlossen und die Funde von Paks sind m. W. noch nicht veröffentlicht.

[34]) M. Dušek, Birituelles Gräberfeld der karpatenländischen Hügelgräberkultur in Dolný Peter, in: Bronzezeitliche Gräberfelder in der Südwestslowakei, Bratislava 1969, 54, 58ff., 65, 68.

[35]) J. Eisner, Prehistorický výskum na Slovensku a v Podkarpatské Rusi roku 1934, Sborník Muz. Slov. Spol. 29, 1935, 63f.

[36]) V. Budinský-Krička, Slovenské dejiny, Bratislava 1947, 72, Taf. XIV/4, 5, 16 (unter Šarlužky-Kajsa).

[37]) Benkovsky-Pivovarová, Anm. 6, 355, Abb. 8.

[38]) Novotná, Anm. 17, Nr. 354.

[39]) Z. Benkovsky-Pivovarová, Zum bronzezeitlichen Gräberfeld von Dolný Peter in der Slowakei, ArchA 78, 1994, 26.

[40]) K. Willvonseder, Die mittlere Bronzezeit in Österreich, Wien, Leipzig 1937, 331f.

[41]) Willvonseder, Anm. 40, 357.

[42]) R. Pittioni, Das bronzezeitliche Gräberfeld von Oggau, Landkreis Eisenstadt, in: Beiträge zur Urgeschichte der Landschaft Burgenland im Reichsgau Niederdonau, Wien 1941, 34ff. – W. Hicke, Hügel- und Flachgräber der Frühbronzezeit aus Jois und Oggau, Wiss. Arb. Burgenland 75, 1987, 71f.

[43]) F. Hampl, H. Kerchler, Z. Benkovsky-Pivovarová, Das mittelbronzezeitliche Gräberfeld von Pitten in Niederösterreich, Mitt. Präh. Komm. 19–20, 1978–1981, 30f., 42, 47ff.

[44]) Willvonseder, Anm. 40, 387f.

[45]) B. Wewerka, Rettungsgrabung „Neue Siedlung" im Straß im Straßertal, Fundb. Österr. 32, 1993, 362ff.

[46]) B. Hahnel, Funde der mittleren Bronzezeit, der älteren Urnenfelderzeit sowie der Spätlatène- und Römerzeit in Wien 23, Sulzengasse. Archäologischer Fundbericht, ArchA 78, 1994, 29ff. – Ders., Ein frühmittelbronzezeitliches Grab aus Wien 23, Sulzengasse, Fundb. Österr. 34, 1995, 292ff.

[47]) U. Wels-Weyrauch, Die Anhänger in Südbayern, Präh. Bronzefunde XI-5, 1991, Taf. 44/A, B, 49/B, C. Zu Ähnlichkeiten in der Tracht, ebd., S. 23 und H. Koschik, Die Bronzezeit im südwestlichen Oberbayern, Materialh. z. bayer. Vorgesch. A 50, 1981, 123.

[48]) E. Čujanová-Jílková, Mittelbronzezeitliche Hügelgräberfelder in Westböhmen, Arch. Stud. Mat. 8, 1970, Taf. 88-A/1–7, B/11–19.

[49]) H. Kneifel, M. Pollak, Fundb. Österr. 22, 1983, 246f., Abb. 241–245.

[50]) Koschik, Anm. 47, 168ff., Taf. 32/3–5, 34/1.

[51]) Dušek, Anm. 34, Abb. 10/8–11.

[52]) Hänsel, Anm. 21, 63. – Novotná, Anm. 23, Nr. 364. – Vladár, Anm. 24, Nr. 123.

[53]) Říhovský, Anm. 26, Nr. 7, Taf. 28B. – Kovács, Anm. 19, 115.

[54]) J. Říhovský, Die Nadeln in Mähren und im Ostalpengebiet, Präh. Bronzefunde XIII-5, 1979, Nr. 11.

[55]) V. Furmánek, Bronzová industrie středodunajské mohylové kultury na Moravě, Slov. Arch. 21/1, 1973, 76, Abb. 38/1–13, 17. – Říhovský, Anm. 54, Nr. 21.

[56]) Říhovský, Anm. 54, Nr. 12a. – S. Stuchlík, Středodunajská mohylová kultura, in: Pravěké dějiny Moravy, Brno 1993, Abb. 172.

[57]) Furmánek, Anm. 55, 96, Abb. 50/2, 4, 7, 8. – Říhovský, Anm. 47, Nr. 13, 14.

[58]) Říhovský, Anm. 54, 18f. (Typ Želetice und nicht näher definierte Sichelnadeln.)

[59]) Říhovský, Anm. 54, Nr. 21.

[60]) Říhovský, Anm. 54, Nr. 11.

[61]) Stuchlík, Anm. 56, Abb. 172.

[62]) Willvonseder, Anm. 40, Abb. 1.

[63]) Stuchlík, Anm. 15, Abb. 24.

[64]) E. Lauermann, Fundb. Österr. 17, 1978, 258, Abb. 149–151.

[65]) F. Melzer, Fundb. Österr. 19, 1980, 404, Abb. 331, 332.

[66]) Stuchlík, Anm. 15, Abb. 22, 23.

Ein spätbronzezeitliches Halbfertigprodukt: Der Gußkuchen
Eine Untersuchung anhand von Funden aus Westungarn

Zoltán CZAJLIK, Budapest

Einleitung

Obwohl es schon den Archäologen des 19. Jahrhunderts klar war, daß auf grundlegende Fragen, wie die nach der Herkunft des Metalls oder nach der Herstellung der Bronze die Antwort teilweise bei den Halbfertigprodukten liegt, wurden bisher keine systematischen archäologischen Untersuchungen auf diesem Gebiet durchgeführt.

Nach J. Érdy[1]), F. Pulszky[2]), G. Téglås[3]) und M. Wosinsky[4]) war J. Hampel[5]) der erste, der die Halbfertigprodukte aus der Bronzezeit typologisch ordnete. Er erkannte, daß diese Produkte nicht nur technologisch interessant, sondern in erster Linie Rohstoff für die Bronzegegenstände sind. Seine „Typologie", die in diesem Fall nicht mehr als eine einfache Aufzählung der leicht erkennbaren Haupttypen bedeutete – „formlose Rohklumpen, Stäbchen, Laibform, Bootform, Reifenform" – wurde dann lange Zeit hindurch nicht weiterentwickelt.

Die Frage nach der Herstellung der Halbfertigprodukte wurde auch bereits im 19. Jh. gestellt. Unter anderen befaßte sich F. Pulszky[6]) damit, der sehr interessante Bemerkungen über die Zerteilung bzw. Schrumpfung des Gußkuchens machte.

Um diese Zeit wurde der Velem-St. Veit-Berg durch die Artikel und Bücher des Baron Miske[7]) europaweit bekannt. Obwohl die Gußkuchen auch für ihn als Vermittler zwischen der Rohstoffbasis und den Fertigprodukten stehen, interpretierte er sie nie archäologisch. Die Halbfertigprodukte, deren Analysen[8]) die Basis der Antimonbronze-Theorien bildeten, sind heute nicht mehr vorhanden.

Die gleichzeitige österreichische Forschung nahm die Funde von Gußkuchen ebenfalls zur Kenntnis[9]), beschäftigte sich aber nicht sehr viel damit[10]). Unseres Wissens war O. Menghin[11]) der erste in Österreich, der das Problem der bronzezeitlichen Halbfertigprodukte kurz zusammenfaßte.

Es ist schade, daß R. Pittioni, der sich sehr intensiv mit der Montanarchäologie befaßte, nur so wenige Analysen von spätbronzezeitlichen Halbfertigprodukten durchführen ließ und nur die Gußkuchen von Draßburg und Donnerskirchen[12]) bearbeitet hat. Umso interessanter ist es, daß H. Neuninger und W. Angeli[13]) die Gußkuchen aus dem Depot vom Plattensee, allerdings ohne typologische Gliederung, analysierten.

Das Problem der archäologischen Untersuchung von Gußkuchen und der Halbfertigprodukte überhaupt wurde von der ungarischen Forschung bis in die 80er Jahre ebenfalls umgangen[14]). Die Ursachen dafür sind in den zwei Ländern Ungarn und Österreich aber nicht die gleichen. In Ungarn, wo die großen spätbronzezeitlichen Depots, in denen nicht selten auch Gußkuchenbruchstücke gefunden wurden, die Forschung hätten anregen können, war die Skepsis hinsichtliche einer Identifizierung der Rohstoffquellen allzu groß, da hauptsächlich in der Spätbronzezeit das Problem des Recyclings der Bronzegegenstände gegeben ist. In Österreich hingegen, wo es gute Forschungsergebnisse in der Montanarchäologie gab[15]), fehlten wiederum die Gußkuchen, was dazu führte, daß die Fertigprodukte direkt mit den Rohstoffen aus den urzeitlichen Bergbauen verglichen wurden[16]).

Der große Umschwung in der Forschung setzte mit den Arbeiten von A. Mozsolics[17]) und M. Rusu[18]) ein, die erkannten, daß die Antwort auf die Fragen nach den Herkunft der spätbronzezeitlichen Rohstoffe und der Herstellung der Halbfertigprodukte mit der archäologischen Klassifizierung der Halbfertigprodukte beginnt. Ihre Auffassung wurde sehr schnell akzeptiert[19]) und übernommen[20]). Um diese Zeit erschien eine Reihe von Publikationen, die diese Frage berührten[21]).

Herstellung des Gußkuchens

Die Herstellung des Metalls beginnt mit der bergmännischen Gewinnung des Erzes. In der Spätbronzezeit wurden bekanntlich vor allem die sulfidischen Erze abgebaut. Das Erz wurde teilweise schon in der Tiefe sortiert, an der Oberfläche vom tauben Gestein abgesondert, auf den Schmelzplätzen geröstet und im Ofen geschmolzen und zwar so, daß das Schlackenmaterial immer wieder in den Prozeß zurückgeführt wurde[22]). Die Gußfladen sind die Endprodukte, d. h. sie wurden sicher im Bereich der Erzzonen produziert. Es gibt aber ein bisher unbekanntes Bindeglied zwischen der Schlacke, die das Metall nur in kleinen Kügelchen enthält, und den Gußkuchen. Das tatsächliche Ende der oben kurz umgeschriebenen Technologie, d. h. die Trennung des Metalls von der Schlacke kennen wir noch nicht.

Im großen und ganzen haben alle Gußkuchen eine flache und eine gekrümmte Seite. Wenn man die Museen von Salzburg bis Budapest besucht, kann man feststellen, daß in Salzburg alle Gußfladen in den Vitrinen auf der gekrümmten Seite, in Ungarn hingegen auf der flachen Seite liegen. Dieser Unterschied läßt sich auf die verschiedenen Herstellungstheorien der Gußkuchen zurückführen.

In Österreich wird vor allem die Meinung vertreten, daß das Metall aus dem Ofen in eine Mulde floß und der Gußfladen die Form dieser Mulde annahm; daher werden die Fladen auf ihre gekrümmte Seite gelegt. Leider fehlen bisher die eindeutige archäologischen Belege für diese Theorie und zwar sowohl in Österreich als auch in Ungarn. Die ungarische Hüttenwesen-Forschung[23]) stellt sich die Formung der Fladen anders vor; sie wurden im Ofen belassen, sodaß sie auf ihrer flachen Seite den Abdruck der Ofenplatte bewahrten.

Die Lösung dieser Frage ist sehr wichtig, wenn wir die Typologie des Gußkuchens besser verstehen wollen. Die ersten Resultate der Gasblasen-Untersuchungen scheinen die Theorie der im Ofen entstandenen Gußkuchen zu unterstützen. Weitere Belege dafür gibt es auch in der montanarchäologischen Literatur Österreichs. Die Untersuchung des Gußkuchens von Trieben-Versunkene Kirche hat gezeigt, daß die dichteren Schichten des Gußkuchens auf der flachen, die leichteren auf der gekrümmten Seite liegen[24]).

Typologie der Gußkuchen

Es ist klar, daß die Form der Gußkuchen in erster Linie von der Herstellungstechnik abhängig ist; einige (größere) Typen spiegeln daher die technologische Entwicklung wider. Zwei weitere wichtige Parameter bei der Klassifizierung der Halbfertigprodukte sind die Größe (Gewicht) und die Qualität (Zusammensetzung) der Stücke. Eine typologische Einteilung der Gußkuchen muß also nicht nur ihre Form, sondern gleichzeitig ihre Größe und ihre Qualität berücksichtigen. Eine weitere Schwierigkeit ist, daß wir nur verhältnismäßig wenige, gut datierbare ganze Gußkuchen kennen, weshalb auch die Bruchstücke sehr sorgfältig dokumentiert und interpretiert werden müssen.

Auf der Arbeit von A. Mozsolics[25]) basierend, beschäftigen wir uns nur mit ihren „runden Gußkuchen". Wir bezeichnen alle Halbfertigprodukte als „Gußkuchen", die rund sind oder die die Form des „plano-convex ingots" erkennen lassen. Das Loch in der Mitte einiger Gußfladen halten wir typologisch für nicht wichtig; solche Stücke werden eher bei der Herstellungsfrage zu berücksichtigen sein[26]).

1. Die Form

Was die Form der Gußkuchen betrifft, unterscheiden sie sich wesentlich in der Höhe bzw. im Verhältnis Durchmesser zur Höhe voneinander. Es gibt flache, mittelhohe und hohe Gußfladen, die eine typlogische Reihe bilden. Die höchsten Formen sind nicht mehr „plano-convex", sondern glockenförmig „plano-concav-convex". Für diese Entwicklung gibt es höchstwahrscheinlich technologische Ursachen. Nach Z. Hegedüs[27]) hängt die Höhe der Gußkuchen von der Art des Ofens ab. Die hohen Gußfladen konnten nur in einem Ofen mit Rost entstehen, in dem dieser die Schlacke zurückhält, bis das Metall heruntertropfen kann. Wenn der Prozeß nicht zu schnell vor sich geht, kann das Metall von unten und von der Seite her derart auskühlen, daß sich ein höherer Gußfladen bildet. Auf dem Velem-St. Veit-Berg wurden in der Zwischenkriegszeit solche Öfen gefunden[28]), deren Rekonstruktionsversuch auf Abb. 1 zu sehen ist. Allerdings kennen wir von Velem keine solchen hohen Gußkuchen; wahrscheinlich gab es hier gar keine oder nur eine Produktion von legierten Gußkuchen.

Wir nehmen also an, daß die höheren Gußfladen einer technologisch entwickelten Produktionsstufe angehören, in der Öfen mit einem Rost benützt wurden. Das Fehlen der höheren Gußfladen in den früheren Depots scheint die Hypothese zu unterstützen.

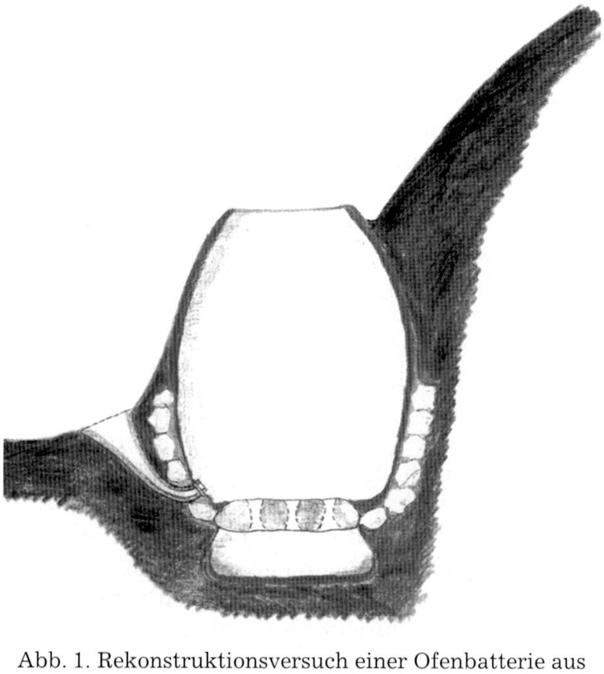

Abb. 1. Rekonstruktionsversuch einer Ofenbatterie aus Velem (T. Szalai nach Benda, s. Anm. 23, 10.).

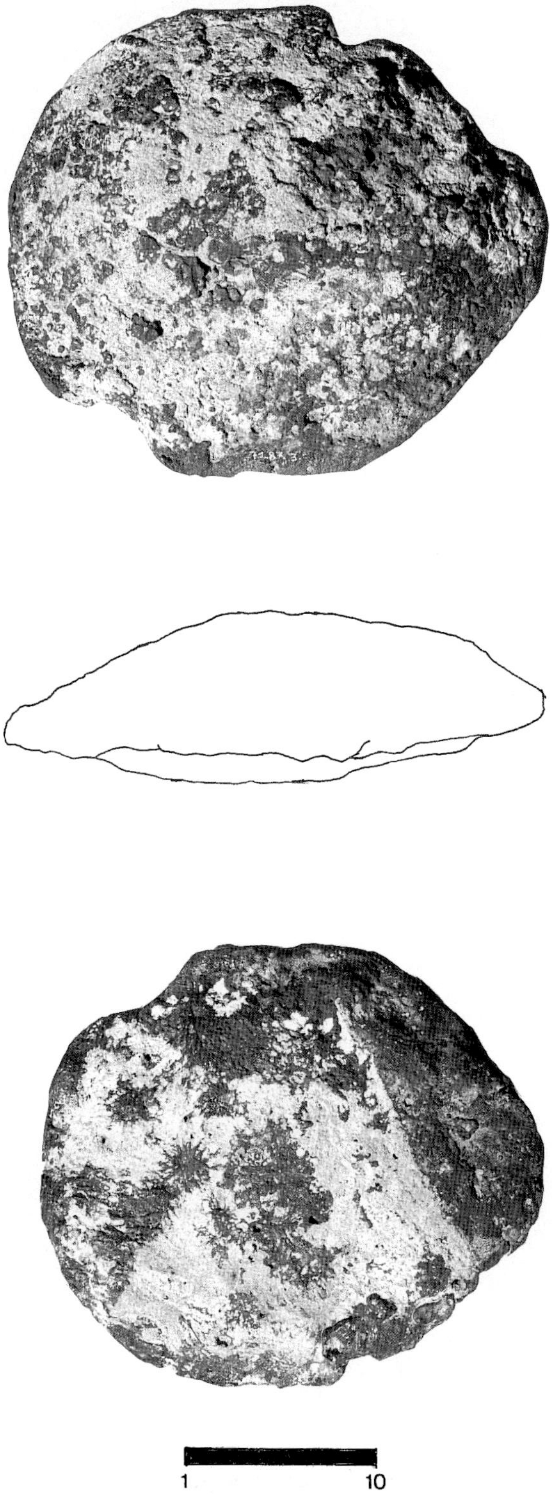

Abb. 2. Gußkuchen. Nyergesújfalu-Donau, Inv. BBM 71.87.3.

Abb. 3. Gußkuchen. Nagydém-Gerha, Inv. LDM 56.41/1.

Abb. 4. Gußkuchen. Nagydém-Gerha, Inv. LDM 63.372.4.

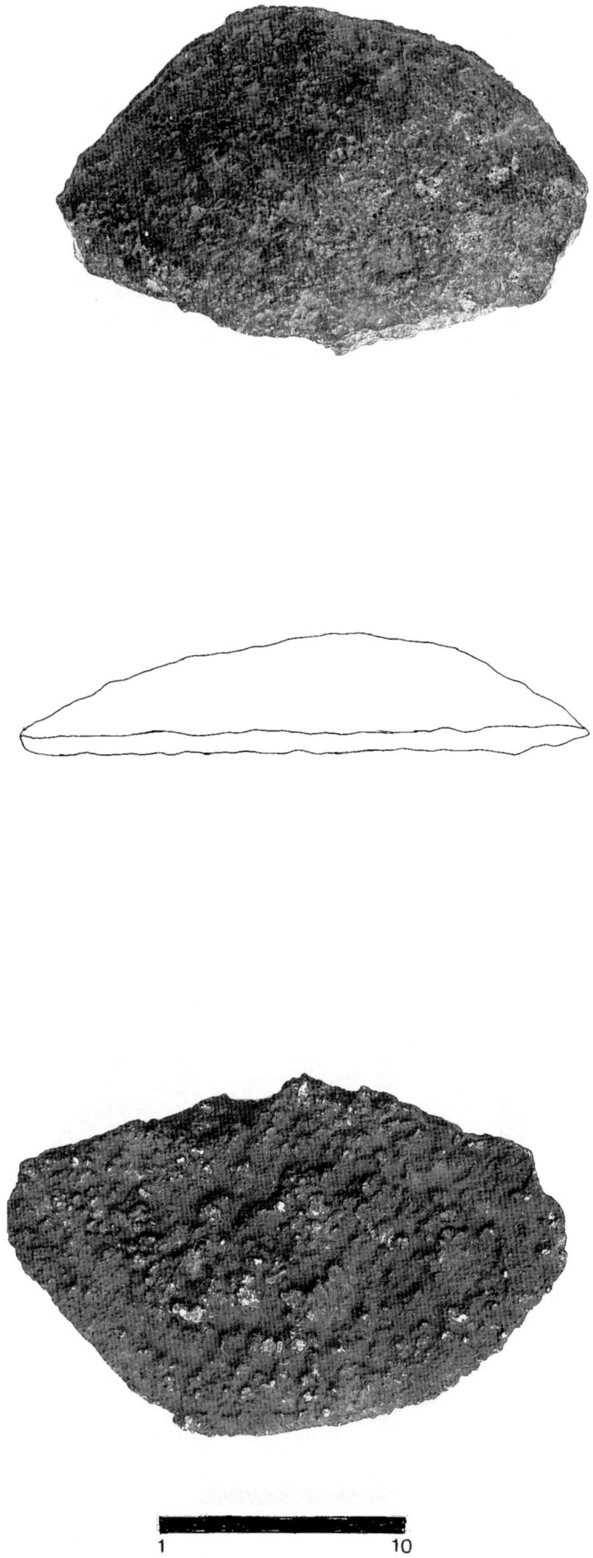

Abb. 5. Gußkuchenfragment. Nagydém-Gerha, Inv. LDM.

2. Die Größe

Bei der Einteilung nach der Größe richten wir uns nach dem System von M. Rusu[29]), der folgende drei Gruppen unterschieden hat: große Gußfladen mit Durchmessern von 20–30 cm, mittelgroße Fladen von 15–20 cm Durchmesser, kleine Gußkuchen von 8–15 cm Durchmesser.

Im Gegensatz zu M. Rusu muß allerdings festgehalten werden, daß sich kein aussagekräftiges Verhältnis zwischen Durchmesser und Gewicht feststellen läßt, weil das Gewicht auch sehr stark von der Qualität abhängig ist. Die stark blasigen Gußkuchen sind sehr viel leichter als die massiven Stücke. Selbstverständlich sind die größeren Fladen auch schwerer, aber das Verhältnis zwischen Durchmesser und Gewicht ist kein lineares.

3. Die Qualität

Die Qualität kann man nicht nur mit Hilfe von Analysen feststellen. Die stark blasigen, porösen Gußkuchen wiesen bei unseren Untersuchungen 99–100 % Kupfer auf. Sie sind derart spröde, daß man schon bei der Probenentnahme das Fehlen der Nebenelemente erkennen kann. Die Gußkuchen mit Ni-, Sb-, As- usw. Gehalt sind immer massiver und reagieren beim Entnehmen von Proben weit weniger spröde.

Diese Unterschiede zwischen den Gußkuchen waren auch in der Spätbronzezeit sehr wichtig. Den Wert der Gußkuchen bestimmten die Größe und die Qualität. Die folgende Typologie der Gußkuchen berücksichtigt die angeführten Parameter - Größe, Form und Qualität.

Große Gußkuchen

Typ Nyergesújfalu (Abb. 2–6).

Der Gußfladen von Nyergesújfalu wurde mit zwei Schwertern im Donau-Becken gefunden. Es handelt sich um den größten aus der Gegend mit einem Durchmesser von 29 cm und einem Gewicht von 10 kg. Er zeigt uns das Vorkommen des mittelhohen Typs mit großem Durchmesser in Transdanubien. Nach den mitgefundenen zwei Schwertern kann er in den Horizont Kurd (HaA1) datiert werden[30]) (Abb. 2).

Gute Parallelen kennen wir aus Nagydém (Abb. 3–5), die dem Horizont Gyermely (HaA2)[31]) angehören. Ein gut datierbares Bruchstück ist aus Celldömölk-Sághegy bekannt (Horizont Románd, HaB2)[32]) (Abb. 6).

Typ „újfalu“ (ehem. Kom. Sopron) (Abb. 7.)

Der eponyme Fundort ist nicht gesichert. Er wurde 1882 unter dem Namen „újfalu“, Komitat Sopron inventarisiert, doch gibt es im ehemaligen

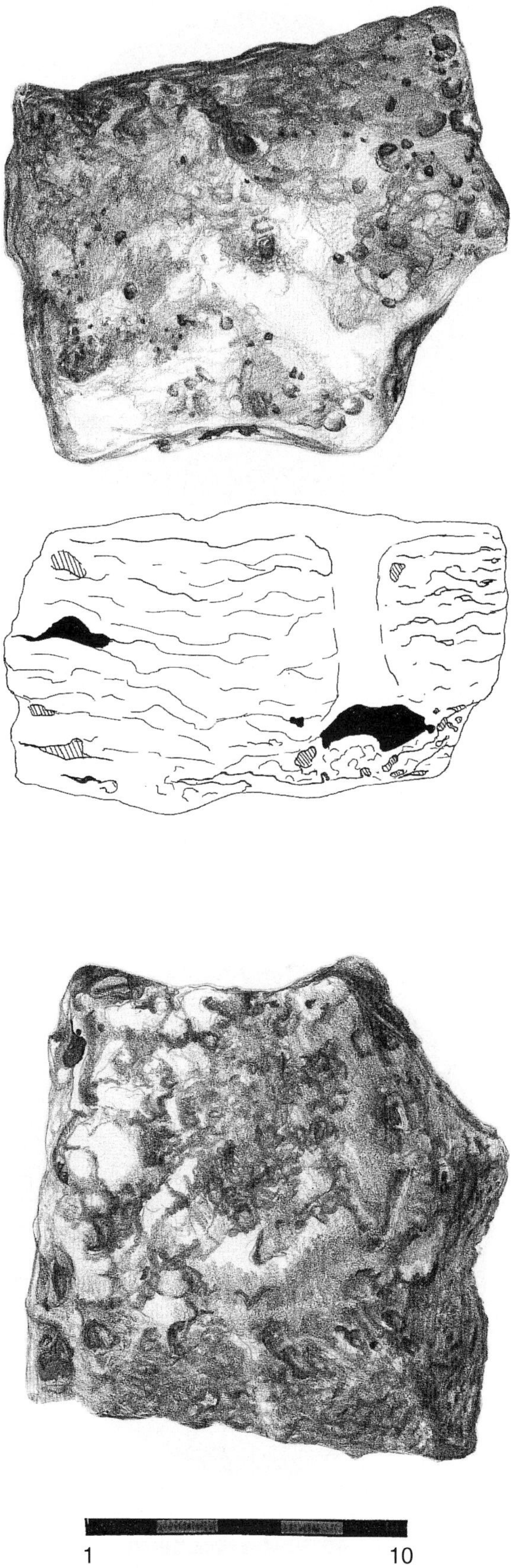

Abb. 6. Gußkuchenfragment. Celldömölk-Sághegy, Inv. MNM 25.1949.47 (K. Sebôk).

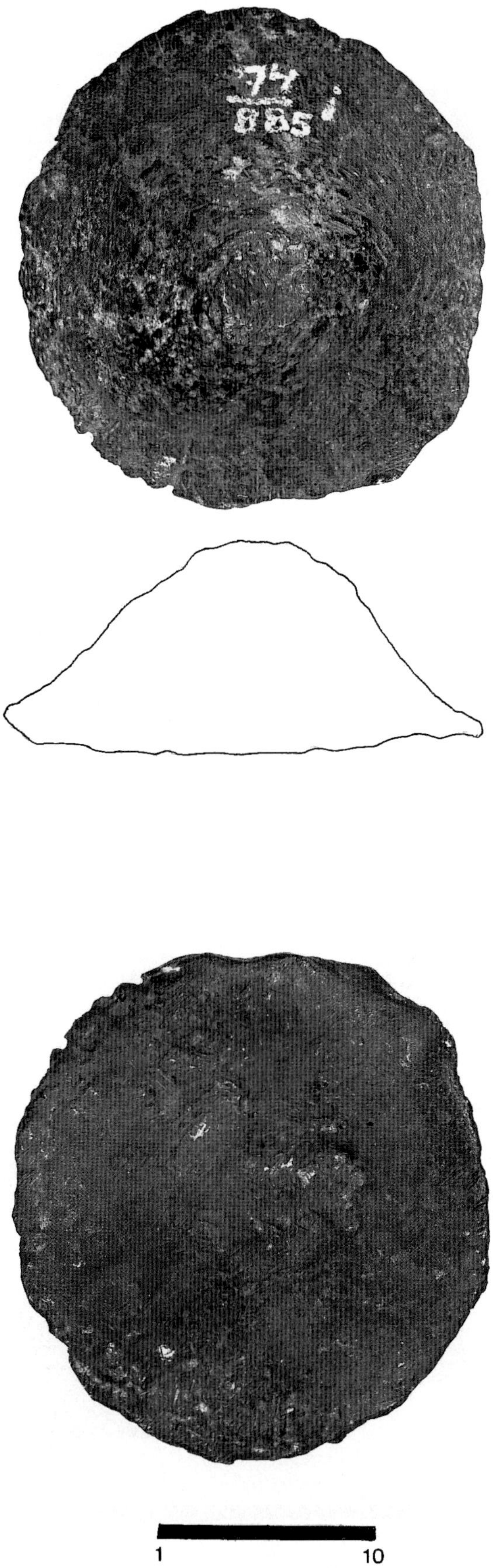

Abb. 7. Gußkuchen. újfalu (ehem. Kom. Sopron). Inv. MNM. 74.1885.1.

Komitat Sopron drei Orte mit dem Namen … „újfalu“. Der Fund enthält den Gußkuchen und(?) einige spätbronzezeitliche Scherben. Der Gußkuchen gehört zu den größten in Ungarn (26 cm Durchmesser, 8 kg), seine Form ist glockenförmig, die Qualität gut. Nach den oben erwähnten Herstellungshypothesen wollen wir den Typ an das Ende der Spätbronzezeit datieren. Das entspricht auch der Meinung von A. Mozsolics[33]), die das Stück seiner Form wegen in die Stufe HaB1 datiert hat.

Mittelgroße Gußkuchen[34])

Typ Velem (Abb. 8–10)

Die namengebenden Stücke stammen aus dem 3. Depot von Velem[35]). Es sind flache Gußkuchen mit einem Durchmesser von 16–17 cm. Sie sind von guter Qualität, was die Nebenelemente beweisen. Ihre chronologische Stellung ist nach A. Mozsolics[36]) der Gyermely Horizont (HaA2). Die besten Parallelen dazu kennen wir von Velem (Streufund, Abb. 9) aus der Umgebung vom Plattensee[37]) aus dem Horizont Kurd (HaA1)[38]), aus Celldömölk-Sághegy (Abb. 10) aus dem Horizont Románd (HaB2)[39]), und Draßburg (HaA)[40]). Die Parallelen zeigen, daß dieser Typ von HaA1 bis HaB2 in Gebrauch war.

Typ Uzsabánya I (Abb. 11–13)

Der eponyme Fundort wurde erst 1996 bekannt[41]). Der Typ Uzsabánya (Abb. 11, 12) bildet die mittelgroße Variante des hohen glockenförmigen Gußkuchens vom Typ újfalu (ehem. Kom. Sopron). Der Durchmesser erreicht 14–15 cm, die Höhe 5–6 cm. Die Qualität ist (ohne chemische Untersuchung) verhältnismäßig gut. Als Parallelen kennen wir in Westungarn nur ein Stück mit unsicherem Fundort (ehem. Dunapentele?, heute Dunaújváros) (Abb. 13). Weitere Parallelen können wir aus den Depots von Tiszaszentimre (Ungarische Tiefebene, Horizont Hajdúböszörmény, HaB1), von Miljana (Kroatien, HaB1), von Madriolo (Italien, Bronzo Finale IIb–IIIa, HaB1) und von Saalfelden-Magnesitfeld (Österreich, HaB1–2)[42]). Die Unterseite dieser Gußkuchen ist sehr oft uneben, wahrscheinlich wegen der nicht genügend gebrannten Ofenplatte.

Typ Sághegy (Abb. 14–15)

Die namengebenden Stücke stammen aus dem 2. Depot von Celldömölk-Sághegy (Horizont Románd, HaB2)[43]). Sie sind flach, sehr porös und spröde, mit einem Durchmesser von 14–15 cm. Diese wenigen Stücke haben keine Parallelen, es gibt aber Bruchstücke, die ebenso spröde und porös sind, deren originale Größe aber nur schwer rekonstruierbar ist.

Kleine Gußkuchen

Typ Gór (Abb. 16)

Es handelt sich dabei um flache Gußkuchen mit Durchmesser von 3–5 cm und Höhe 1 cm von guter Qualität. Das eponyme Stück wurde in Gór-Kápolnahalom, in einem HaB-Kontext freigelegt[44]) (Abb. 16).

Typ Uzsabánya II

Es ist dies eine kleine Variante des Typs Uzsábanya I.

Typ Pölöske (Abb. 17–19)

Die kleinen Stücke (rekonstruierter Durchmesser 8–9 cm, Höhe 1 cm), die sehr porös und spröde sind, unterscheiden sich von den Fladen des Typs Sághegy, obwohl, wie oben erwähnt, vollständig erhaltene kleine poröse Gußkuchen bisher nicht gefunden wurden. Von den Bruchstücken aus Pölöske wurden einige analysiert (99–100 % Kupfer) und von A. Mozsolics[45]) in den Horizont Kurd (HaA1) datiert. Neben gesicherten und analysierten Funden von Velem (Abb. 18, 19) gibt es sicher noch eine Reihe weiterer Parallelen zu diesem Typ.

Abb. 8. Gußkuchen. Velem, Inv. MNM. 45.1896.1 (A. Székely).

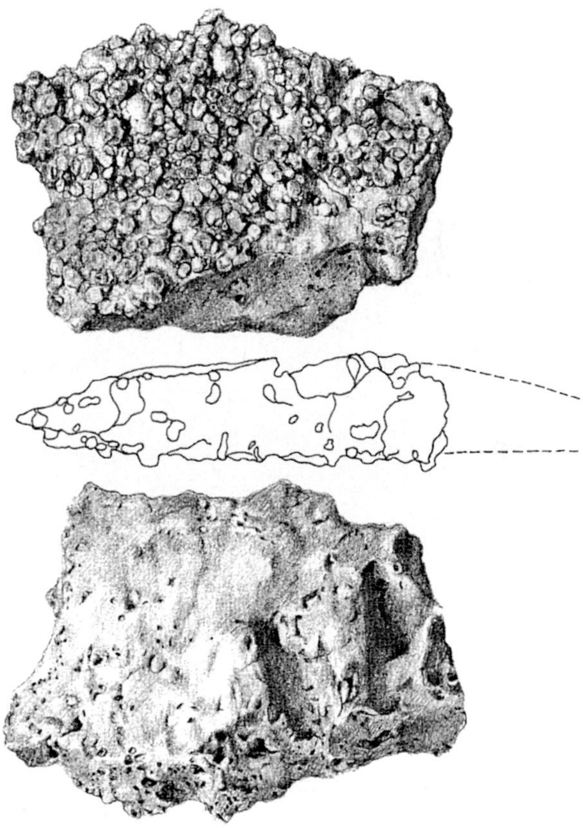

Abb. 9. Gußkuchenfragment. Velem, Streufund, Inv. SM. V93.F1. (H. Gombos).

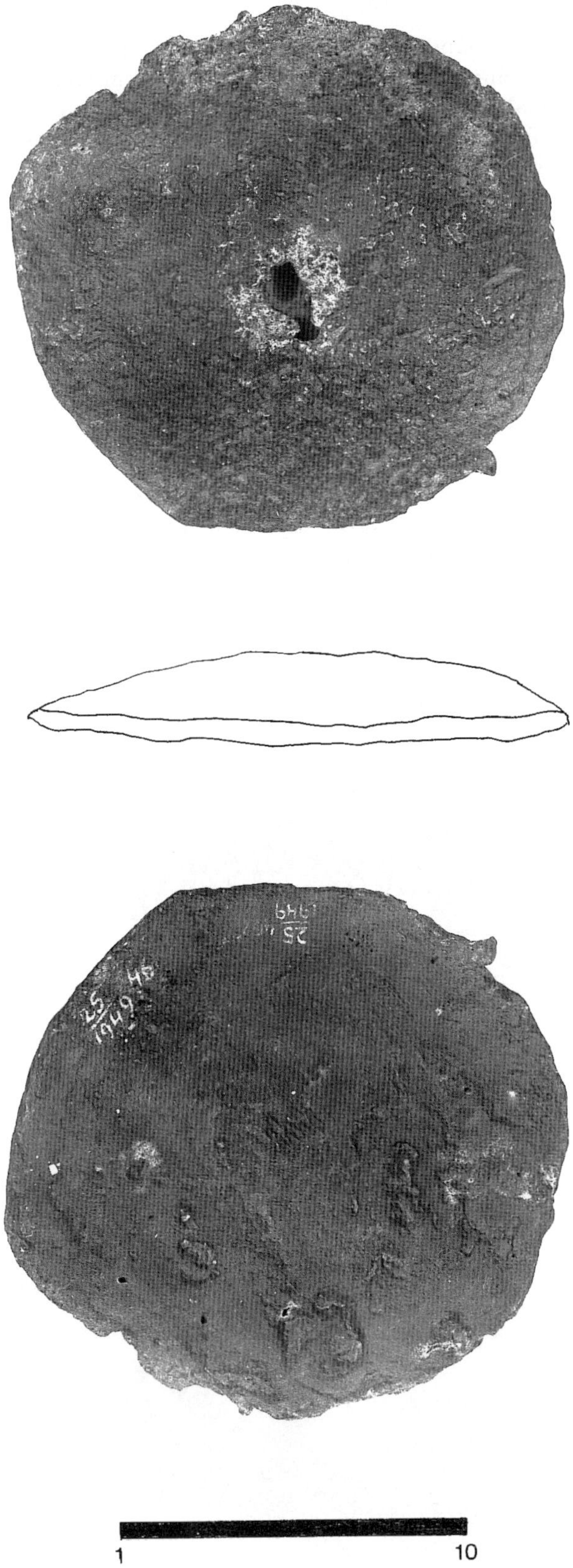

Abb. 10. Gußkuchen. Celldömölk-Sághegy, Inv. MNM 25.1949.46.

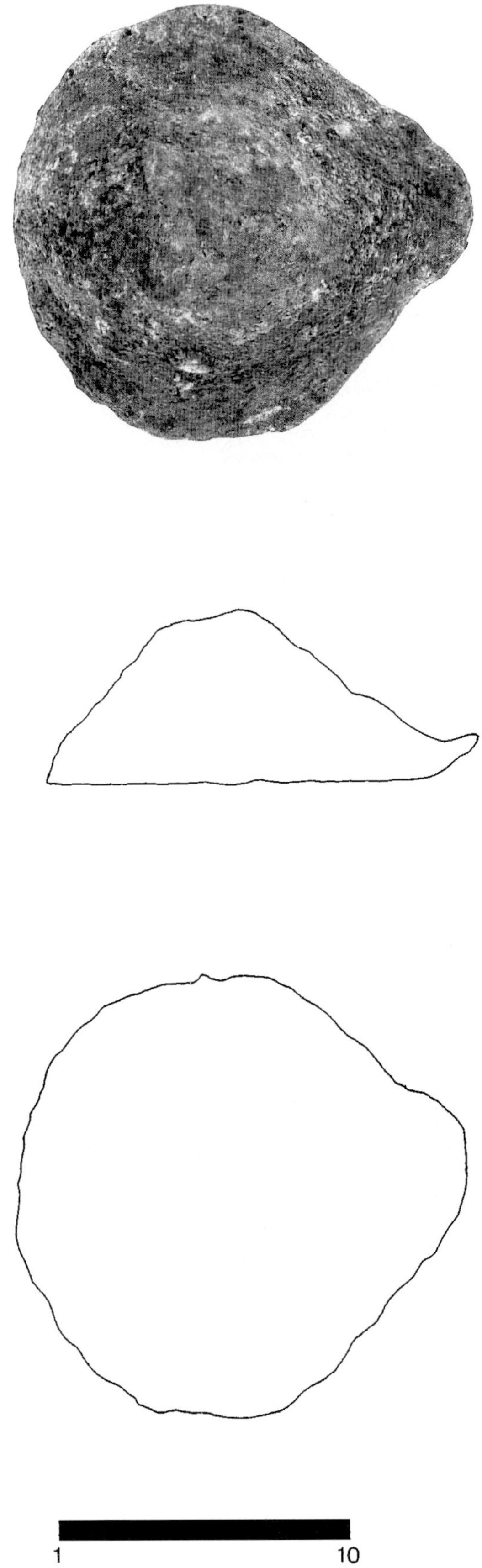

Abb. 11. Gußkuchen. Lesenceistvánd-Uzsabánya, Inv. LDM.

Abb. 12. Gußkuchen. Lesenceistvánd-Uzsabánya, Inv. LDM.

Abb. 13. Gußkuchen. Ehem. Dunapentele(?), heute Dunaújváros Inv. MNM 52.21.774.

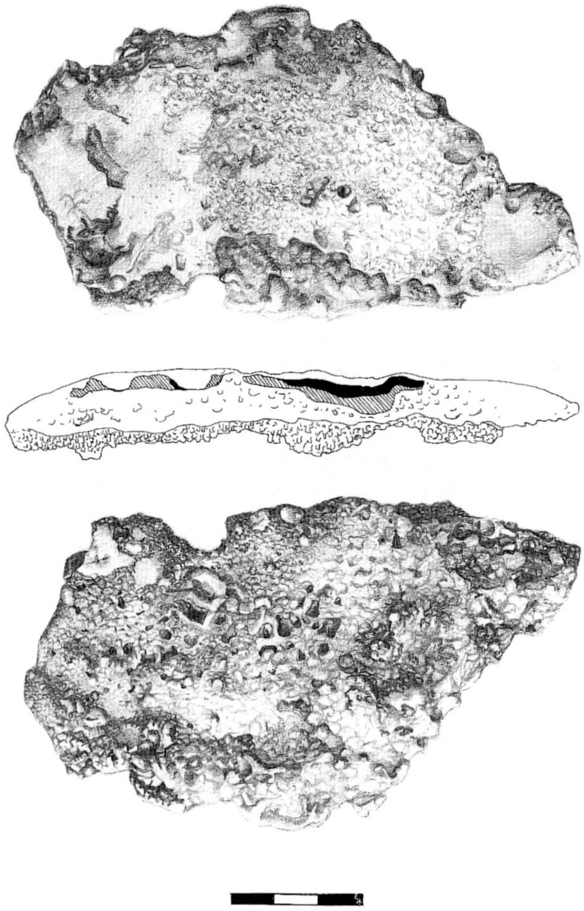

Abb. 14. Gußkuchenfragment. Celldömölk-Sághegy, Inv. MNM 25.1949.48 (K. Sebők).

Verbreitung der Gußkuchen

Wenn wir die Depots in Transdanubien nach der Anzahl der darin enthaltenen Gußkuchen betrachten, zeigt sich, daß es zwei große Kategorien gibt, nämlich Depots mit Fertigprodukten und wenigen Halbfertigprodukten (maximal 1–2 kg Gewicht), meist Bruchstücken von Gußkuchen, z. B. Balatonkiliti, Pölöske, Palotabozsok und Depots mit mehreren Halbfertigprodukten (10–50 kg Gesamtgewicht) und teilweise ganzen Fladen, z. B. Nagydém, Velem, Uzsabánya, Sághegy.

Unserer Meinung nach charakterisieren die ganzen oder zumindest halben Gußkuchen der Typen Velem, Sághegy, Nyergesújfalu, Uzsabánya und die Depots mit größeren Mengen von Gußkuchen oft ein Produktionszentrum[46]). Diese größeren Mengen konnten wahrscheinlich in den lokalen Werkstätten nicht verarbeitet werden; man brauchte dazu eine größere und höher entwickelte technologische Ausstattung, die nur in den großen Zentren gegeben war. Mit Hilfe der Verbreitung der mittleren und großen Gußkuchen und weiteren archäologischen und geographischen Überlegungen ist es nicht allzu schwierig, solche Produktionszentren zu lokalisieren.

Andererseits zeigen die kleineren Depots mit kleinen und hauptsächlich bruchstückhaft erhaltenen Gußkuchen wie z. B. Pölöske und Gór mit großer Wahrscheinlichkeit eine lokale Kleinwerkstatt an.

Die großen Produktionszentren (s. Verbreitungskarte)

Es ist schon seit langem klar, daß wir nördlich des Plattensees mit zwei gesicherten Zentren – Velem und Sághegy – rechnen können. Ein weiteres Zentrum kann man im Dreieck Székesfehérvár – Tatabánya – Biatorbágy lokalisieren. Die Gußkuchen von Lovasberény[47]), Tatabánya-Bánhida[48]), Csabdi[49]), Biatorbágy-Herceghalom[50]) und Székesfehérvár[51]) stützen diese Annahme. Dieses Zentrum (Erdburg von Pákozd?[52]) war mehr oder weniger gleichzeitig

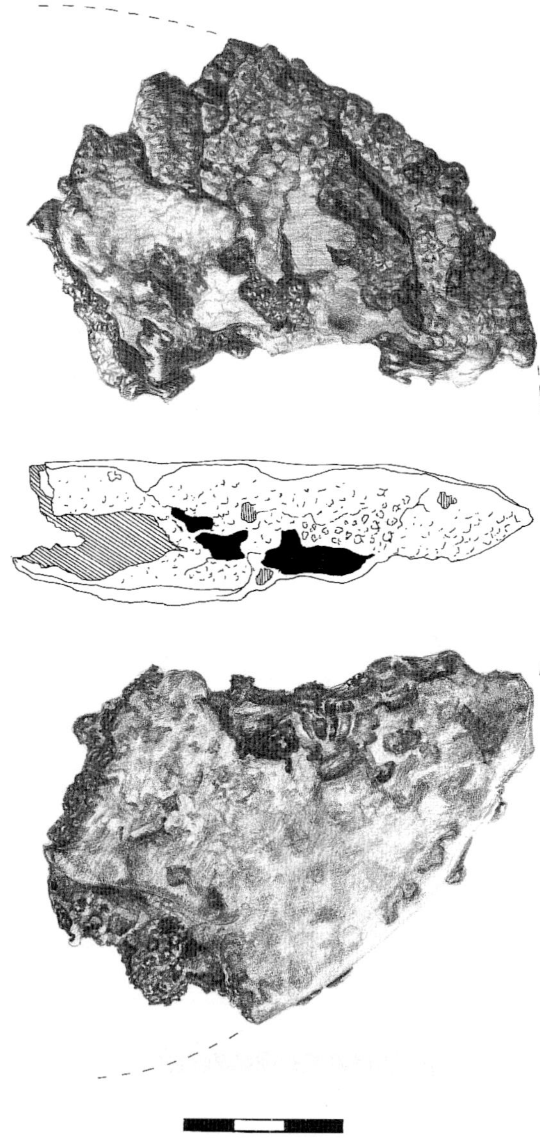

Abb. 15. Gußkuchenfragment. Celldömölk-Sághegy, Inv. MNM 25.1949.46 (K. Sebők).

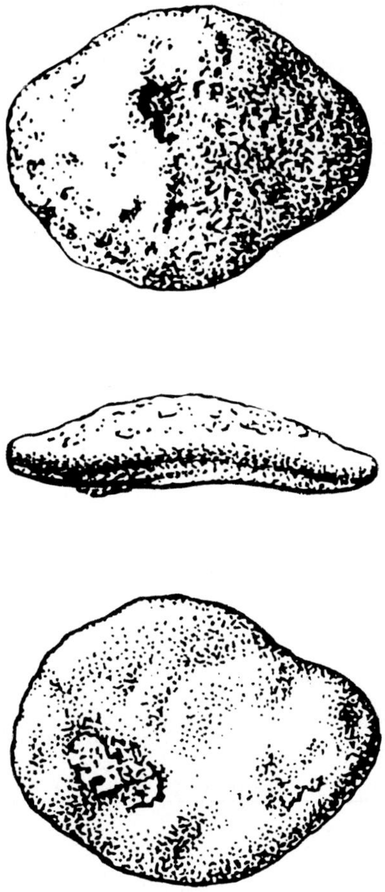

Abb. 16. Gußkuchen. Gór-Kápolnahalom, Inv. SM 93.16.11 (nach ILON, s. Anm. 21, Taf. 5., 26.).

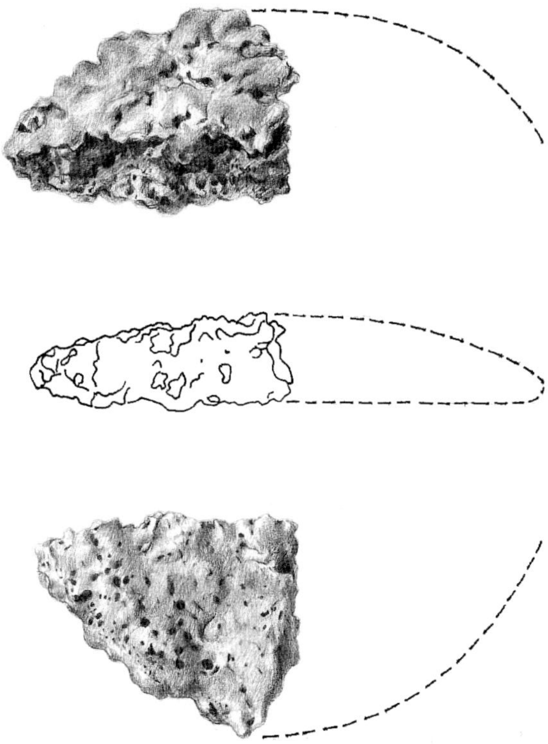

Abb. 18. Gußkuchenfragment. Velem, Streufund, Inv. SM V93.F.10.1. (H. Gombos).

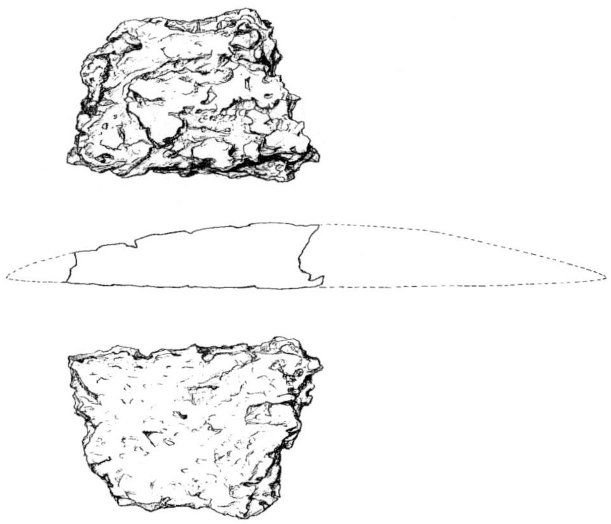

Abb. 17. Gußkuchenfragmente. Pölöske, Inv. MNM 2.1887.14 (K. Nagy).

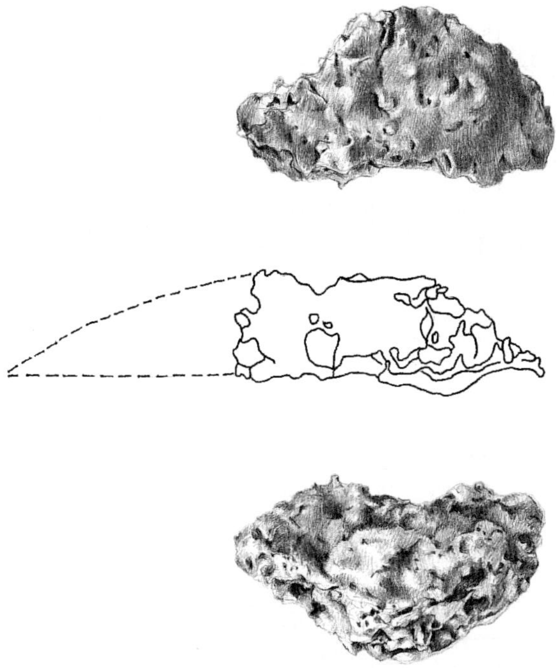

Abb. 19. Gußkuchenfragment. Velem, Streufund, Inv. SM V93.F.15. (H. Gombos).

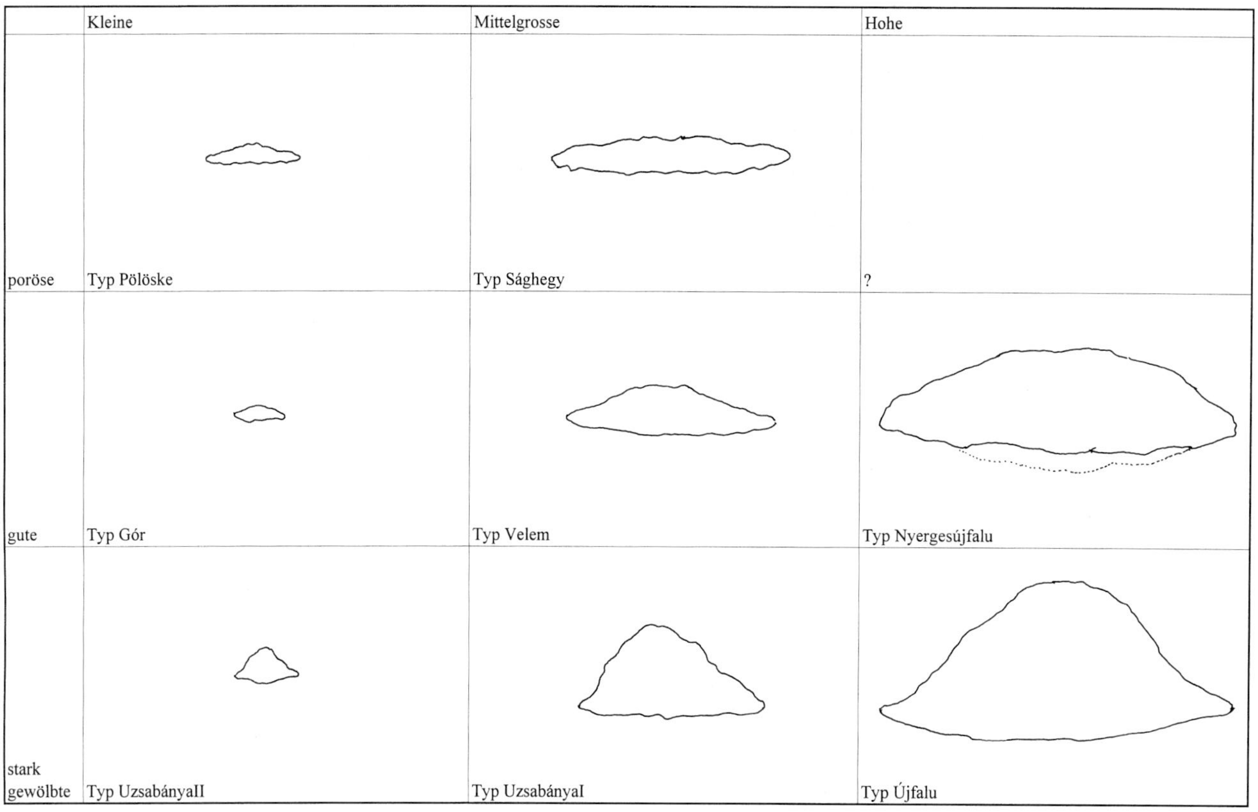

Abb. 20. Typologie der Gußkuchen. M1:6.

MÜLLER-KARPE		von BRUNN	MOZSOLICS		KEMENCZEI	Die wichtigsten Depots von Westungarn nach Kemenczei 1996, s. Anm. 26.
HaA1	ältere Urnenfelderzeit	Hortfundstufe II	BVb	Kurd	Hortfundstufe II	Depots "Kurd"
HaA2	mittlere Urnenfelderzeit	Hortfundstufe III	BVc	Gyermely	Hortfundstufe III	Beremend, Biatorbágy, Bokod, Csabdi, Gyermely, Lesenceistvánd I-II, Lovasberény, Torvaj, Velem III, Nagydém, Tatabánya, Bánhida
HaB1	jüngere Urnenfelderzeit	Hortfunstufe IV	BVIa	Hajdúböszörmény	Hortfundstufe IVa	Balatonfenyves, Jobaháza, Sárbogárd-Sárszentmiklós, Velem IV
HaB2	späte Urnenfelderzeit-frühe Hallstattzeit		BVIb	Románd	Hortfundstufe IVb	Sághegy I-V, Fonyód, Vállus, Románd

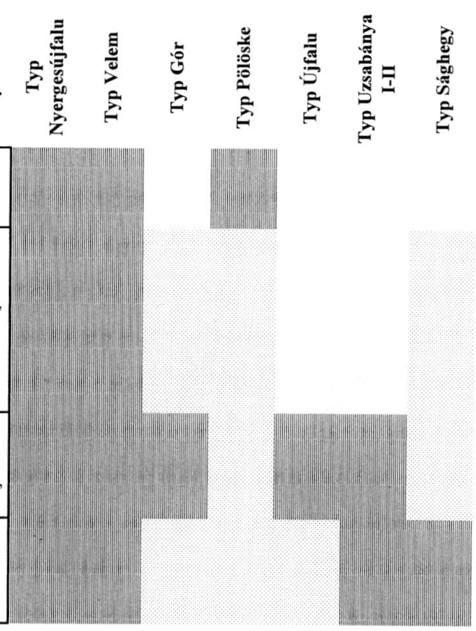

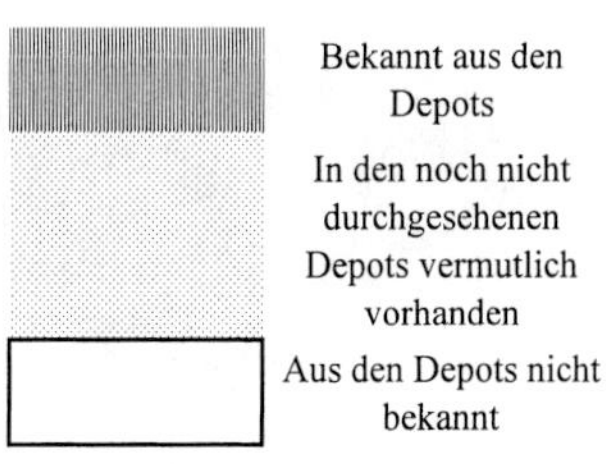

Abb. 21. Chronologie der Gußkuchentypen aus Westungarn (Grundlage siehe Kemenczei, Anm. 26).

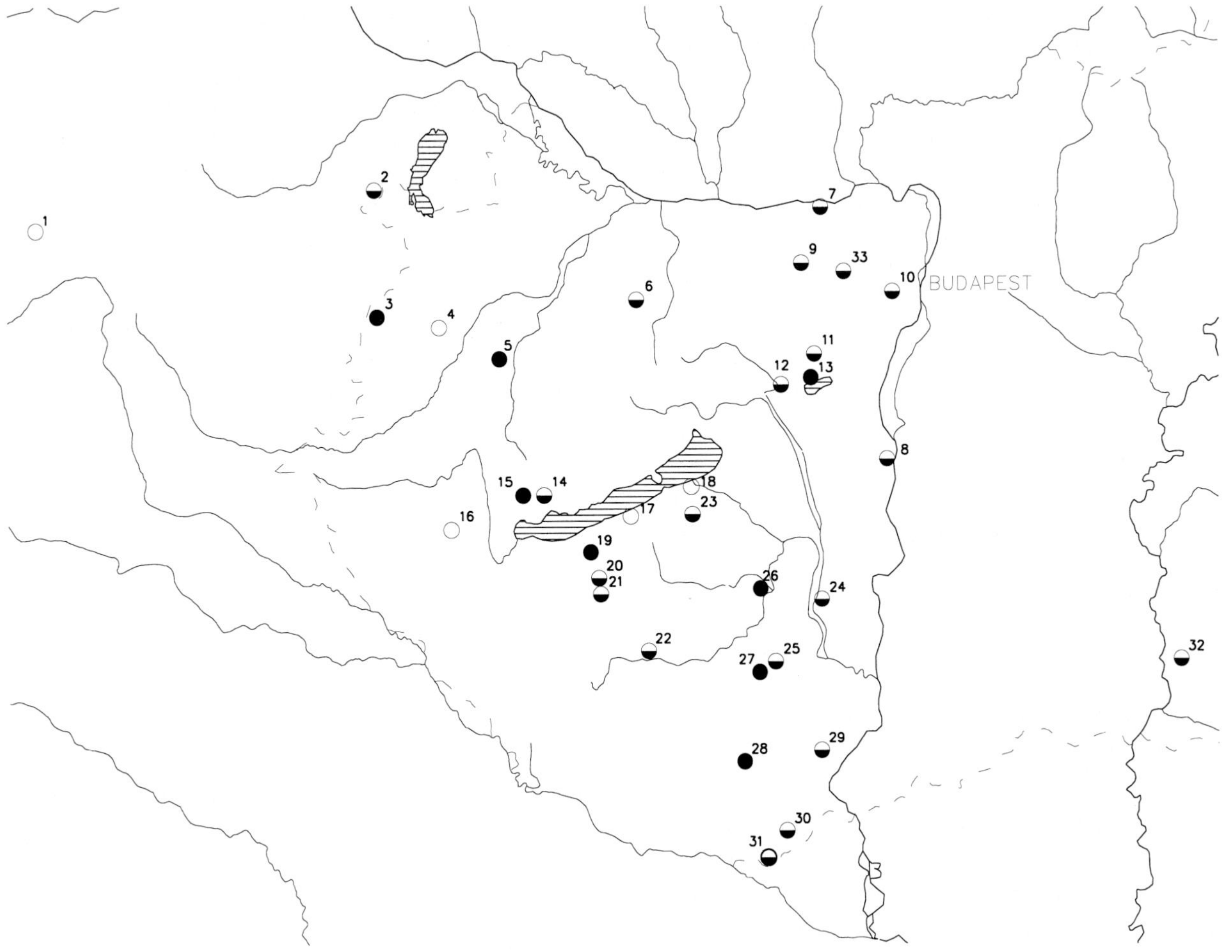

Legende für Verbreitungskarte

1. Trieben
2. Draßburg
3. Velem
4. Gór
5. Sághegy
6. Nagydém
7. Nyergesújfalu
8. Dunapentele – Dunaújváros
9. Tatabánya
10. Biatorbágy
11. Lovasberény
12. Székesfehérvár
13. Pákozd
14. Lesenceistvánd-Uzsabánya
15. Várvölgy
16. Pölöske
17. Balatonszemes
18. Balatonkiliti
19. Lengyeltóti
20. Öreglak
21. Pamuk
22. Orci
23. Torvaj
24. Kajdacs
25. Nagyvejke
26. Regöly
27. Lengyel
28. Pécs
29. Palotabozsok
30. Márok
31. Beremend
32. Hódmezővásárhely
33. Csabdi

● Vermutliches oder sicheres Zentrum
◒ Depot mit großen Mengen von Halbfertigprodukten
○ Fundort/Kleinsiedlung

mit Velem-St. Veit (HaA2, Horizont Gyermely) in Betrieb, während das Zentrum in Sághegy in die Zeit HaB2 (Horizont Románd) gehört.

Ein weiteres Zentrum zeichnet sich im Bereich der Hortfunde Lesenceistvánd-Uzsavölgy II (HaA2, Horizont Gyermely nach A. Mozsolics[53]), Lesenceistvánd-Uzsabánya[54]) und Várvölgy-Felsôzsid[55]) ab, nämlich die Erdburg(?) von Várvölgy, obwohl im Bereich des Balaton auch die Transportwege für die Herausbildung eines Siedlungszentrums eine Rolle gespielt haben könnten.

Das große Depot von Nagydém mit seinen rund 40 kg Halbfertiprodukten der Stufe HaA2, Horizont Gyermely kann vielleicht den Zentren aus der Bakony Gegend (?)[56]) zugerechnet werden.

Die genaue Lage der Produktionszentren südlich des Plattensees ist noch unklar. Die zahlreichen Gußkuchen von Lengyeltóti, Öreglak, Pamuk und

Orci (HaA1, Horizont Kurd)[57]) zeigen mindestens einen Transportweg vom Kapos-Tal zum Plattensee an, aber es ist auch durchaus möglich, daß in Lengyeltóti auch ein Produktionszentrum war. Aufgrund der Verbreitung der Gußkuchen vom Typ Velem nahm man ein „klassisches" Zentrum in der Gegend von Kajdacs und Nagyvejke der Stufe HaA1, Horizont Kurd[58]) an. Das Zentrum dieser Gruppe könnte Regöly und/oder Lengyel gewesen sein, wo sich wie in Lengyeltóti eine größere Erdburg befindet.

Pécs-Jakabhegy ist ein weiteres Zentrum, dessen zugehörige Funde leider kaum publiziert sind. Unter diesen gibt es ein Depot (HaA1, Horizont Kurd) aus dem Jahr 1976 mit 12(?) Gußfladen u. a.[59]).

Für den Kupfertransport und -handel kommen in erster Linie die Wasserwege in Frage: die Donau (Schatzfunde von Nyergesújfalu, Palotabozsok?)[60]) die Drau (Depots von Beremend, Márok)[61]) und der Plattensee (Funde von Balaton-Umgebung, Balatonkiliti, Balatonszemes, Uzsabánya usw.)[62]). Die nord- südlichen Kontakte sicherten die Bernsteinstraße und die oben genannten Wege vom Plattensee in Kapos-Tal.

Die Rolle der Produktionszentren im Metallhandel

Es gibt einige Fälle, wo die Gußkuchenbruchstücke zusammensetzbar sind: z. B. Torvaj[63]) und Hódmezővásárhely[64]), d. h. die größeren, ganzen Gußkuchen waren schon in der Urzeit zerteilt worden, vermutlich um kleinere Stücke zu bekommen, was in erster Linie für die kleineren Werkstätten nützlich gewesen sein könnte, wo keine gute technische Ausstattung zur Verfügung stand[65]). Auch bei zahlreichen Gußkuchenbruchstücken, lassen sich solche Spuren absichtlicher Zerkleinerung feststellen (Abb. 5), woraus man schließen kann, daß die Zerkleinerung von Gußkuchen ein in der Urzeit üblicher Arbeitsprozeß war.

Schlußfolgerungen

In Transdanubien gibt es weder heute, noch gab es in der Urzeit Kupfererz in größeren abbauwürdigen Mengen. Die Gußkuchen – unabhängig von der Beurteilung des Depots und der Einzelfunde (Schatzfund, kultische Funktion, u. a.) – repräsentieren einen massiven Kupferimport[66]). Aus verkehrsgeographischen und kulturellen Gründen[67]) könnte dieser Import aus den Ostalpen oder aus den westlichen Karpaten stammen, was auch durch geoarchäologischen Beweise für einige Gußkuchen aus Velem und Sághegy unterstützt wird[68]). Das gäbe auch eine Antwort auf jene Frage, warum die obgenannten Erzzonen so arm an Gußkuchen sind.

Die Gußfladen zeigen standardisiertes Gewicht und Qualität, was nicht nur für einen hohen technischen Niveau der Kupferproduktion, sondern auch für ihre Wertmesserfunktion spricht.

Der Fernhandel der Halbfertigprodukte in Transdanubien wurde von den Großzentren Regöly(?), Lengyel(?), Lengyeltóti(?), Pécs-Jakabhegy (?), alle Stufe HaA1, Horizont Kurd Velem, Várvölgy(?), Pákozd(?) alle HaA2, Horizont Gyermely und Sághegy (?) HaB2, Horizont Románd, kontrolliert. Hier wurden die Gußkuchen vermutlich legiert, weiterverarbeitet, teilweise in den eigenen „industriellen" Produktionsanlagen, teilweise verteilt an kleinere Werkstätten, die als Filialen der großen Zentren arbeiteten.

Anmerkungen

[1]) J. Érdy, Kelenföldi pogány sírok, AKözl 2, 1861, 38 ff.

[2]) F. Pulszky, Kapitel 8: A rézkor Magyarországon, Budapest 1883.

[3]) G. Téglás, Praehistorikus arany-, vas-, és kőbányászati eszközök Dáciában, AKözl 14, 1886, 106 ff. – Ders., Őskori nemes fémbányászatunk némely adalékai, EM 1887, 116 ff. – Ders., Ùjabb adatok a verespataki bányászat legrégibb történetéhez. Neuere Daten zur ältesten Geschichte der Verespataker Berghauer, Ftk 181–184, 1891, 214 ff.

[4]) M. Wosinsky, Tolnavármegye az őskortól a honfoglalásig. Das Komitat Tolna von der Urzeit bis zur Landnahmezeit, Budapest 1896, 216 ff.

[5]) J. Hampel, A bronzkor emlékei Magyarhonban, Budapest 1886–1896, Bd. 3, 180 ff.

[6]) F. Pulszky, Magyarország archaeológiája, Budapest 1897, 132 ff.

[7]) Siehe Literaturverzeichnis bei: Z. Czajlik, Exploration geoarcheologique du Mont Szent Vid, ActaArch Hung 45, 1993.

[8]) O. Helm, Chemische Analyse vorgeschichtlicher Bronzen aus Velem St. Veit in Ungarn, ZfE 25, 1900, 359 ff.

[9]) G. Kyrle, Der prähistorische Bergbaubetrieb in den Salzburger Alpen, Österr. Kunsttopographie, 17, 1918, 1 ff.

[10]) M. Much, Die Trugspiegelung orientalischer Kultur in den vorgeschichtlichen Zeitaltern Nord- und Mitteleuropas, Jena 1907.

[11]) Osw. Menghin, Die vorgeschichtlichen Funde Vorarlbergs, Wien 1937, 71.

[12]) R. Pittioni, Beiträge zur Urgeschichte der Landschaft Burgenland im Reichsgau Niederdonau, Wien 1941, 81 ff. – Ders., Ein urnenfelderzeitlicher Depotfund aus Donnerskirchen, p. B. Eisenstadt, Burgenland, ArchA 41, 1967, 66 ff.

[13]) W. Angeli, H. Neuninger, Urnenfelderzeitlicher Depotfund aus der Gegend des Plattensees, MAG 93–94, 1964, 77 ff.

[14]) F. Tompa, Velemszentvid bronzöntő ipara. Das Bronzegußgewerbe von Velemszentvid, OMRTÉ 2, 1923–26, 41 ff. – J. Lázár, A sághegyi őskori telep bronzművessége. Die Bronzeindustrie der urzeitlichen Siedlung am Sághegy, Dunántúli Szemle 10, 1943, 280 ff.

[15]) K. Zschocke, Ernst Preuschen, Das urzeitliche Bergbaugebiet von Mühlbach-Bischofshofen, Mat. zur Urgeschichte Österreichs 6, 1932, 287.

[16]) M. MACZEK, E. PREUSCHEN, R. PITTIONI, Beiträge zum Problem des Ursprungs der Kupfererzgewinnung in der Alten Welt 1, ArchA 10, 1952, 61ff. und ArchA 12, 1953, 67ff. – R. PITTIONI, Urgeschichte des österreichischen Raumes, Wien 1954. – DERS., Ergebnisse und Probleme des Urzeitlichen Metallhandels, Graz, Wien, Köln 1964.

[17]) A. MOZSOLICS, Gußkuchen aus wieder eingeschmolzenem Altmetall, AFD Beiheft 16, 1981, 403ff. – DIES., Ein Beitrag zum Metallhandwerk der ungarischen Bronzezeit, BRGK 65, 1984, 20ff., Taf. 1–24.

[18]) M. RUSU, Bemerkungen zu den großen Werkstätten- und Gießereifunden aus Siebenbürgen, Festschrift W. A. Brunn, Mainz 1981.

[19]) B. WANZEK, Bemerkungen zu den älterurnenfelderzeitlichen Hortfunden Ungarns, PZ 64, 1989, 83ff.

[20]) E. BORGNA, Il ripostiglio di Madriolo presso Cividale e i pani a piccone del Friuli-Venezia Giulia, Roma 1992.

[21]) F. MOOSLEITNER, Ein urnenfelderzeitlicher Depotfund aus Saalfelden, Land Salzburg, AKorr 12, 1982, 457ff. – B. MARÁZ, Az ôskori bronzművesség virágkora a Dél-Dunántúlon, JPMÉ 1989, 7ff. – N. TRAMPUZ-OREL et al., Inductively coupled plasma-atomic emission spetroscopy analysis of metals from Late Bronze Age hoards in Slovenia, Archaeometry 33, 1991, 267ff. – G. ILON, Beiträge zum Metallhandwerk der Urnenfelderkultur – Gór (Komitat. Vas, Ungarn). Vorläufiger Bericht, in: Die Osthallstattkultur, Archaeolingua 7, Budapest 1996, 171ff., bes. Taf. 5/26.

[22]) G. SPERL, Metallurgie des urgeschichtlichen Kupferwesens im Alpenraum, BHM 133, 1988, 495ff. – C. EIBNER, Der Kupferbergbau in den Österreichischen Alpen in der Urzeit, Archäologie Österreichs 3, 1992, 12ff.

[23]) L. BENDA, A nyugatmagyarországi őskori bányászat és kohászat, Acta Sabariensia 4, 1932, 1ff. – Z. HEGEDÜS, Bronzkori kemencében történő olvasztás, olvasztókemencék a Kárpátmedencében, Bányászati és Kohászati Lapok, Öntöde különszám 42, 1991, 213ff.

[24]) A. GRUBER, H. PRESSLINGER, Werkstoffkundliche Untersuchungen an prähistorischen Kupfergußkuchen aus den Ostalpen, Metall 37, 1983, 1255, Abb. 2B, Tab. 2.

[25]) MOZSOLICS 1984, s. Anm. 17.

[26]) Für die chronologische Gliederung des Gußkuchens in den verschiedenen Hortfunden benutzten wir die Terminologie von A. Mozsolics. Über die neuen Resultate dieses Problems siehe auch die Zusammenfassung von T. KEMENCZEI, Angaben zur Frage der endbronzezeitlichen Hortfundstufen im Donau-Theiß-Gebiet, CommArch Hung 16, 1996, 53ff.

[27]) HEGEDÜS, s. Anm. 23.

[28]) H. BANDAT, K. MISKE, Europe's Oldest Iron Mine? The Illustrated London News, March 2, 1929, 342ff.

[29]) RUSU, s. Anm. 18.

[30]) A. MOZSOLICS, Bronzefunde aus Ungarn, Budapest 1985, 159.

[31]) A. a. O., 152.

[32]) A. MOZSOLICS, Die Bronzefunde vom Ság-Berg bei Celldömölk, Savaria 7–8, 1973–74, 81ff.

[33]) MOZSOLICS 1984, s. Anm. 17, 70, Taf. 19.

[34]) In der Fachliteratur werden sehr oft nur diese Typen als Gußkuchen und Gußfladen bezeichnet.

[35]) CZAJLIK, s. Anm. 7, 326. – Z. CZAJLIK, F. MOLNÁR, K. G. SOLYMOS, Angaben zu der spätbronzezeitlichen Metallrohmaterialversorgung am Velem-St. Veit-Berg, Westungarn, Archäologie Österreichs 6, 1995, 30ff., Abb. 1.

[36]) MOZSOLICS, s. Anm. 30.

[37]) ANGELI, Neuninger, s. Anm. 13.

[38]) MOZSOLICS, s. Anm. 30, 90f.

[39]) MOZSOLICS, s. Anm. 32.

[40]) PITTIONI, s. Anm. 16.

[41]) Ich bin J. Regenye (Archäologin des Komitats Veszprém) besonders dankbar, daß sie die Untersuchung des neuen noch unveröffentlichten Depots von Lesenceistvánd-Uzsabánya ermöglichte.

[42]) MOZSOLICS 1984, s. Anm. 17, 89f., Taf. 16/4. – K. VINSKI-GASPARINI, Kultura polja sa žarama u sjevernoj Hrvatskoj (Die Urnenfelderkultur in Nordkroatien), Zadar 1973, 216f., Taf, 112/6. – BORGNA, s. Anm. 20, 22f., Abb. 35. – F. MOOSLEITNER, Bronzezeit im Saalfeldener Becken, Salzburg 1991, 64ff., Abb. 24.

[43]) MOZSOLICS, s. Anm. 32.

[44]) ILON, s. Anm. 21, 184.

[45]) MOZSOLICS, s. Anm. 30, 177f.

[46]) S. a. A. JOCKENHÖVEL, Struktur und Organisation der Metallverarbeitung in urnenfelderzeitlichen Siedlungen Süddeutschlands, VMP 20, 1986, 214.

[47]) MOZSOLICS, s. Anm. 30, 144f., Taf. 245, 246.

[48]) B. JUNGBERTH, Spätbronzezeitliche Depotfund von Tatabánya-őtelep, CommArchHung 6, 1986, Abb. 1–3.

[49]) MOZSOLICS, s. Anm. 30, 107, Taf. 248.

[50]) A. a. O., 127f., Taf. 239.

[51]) A. a. O., 191f., Taf. 243.

[52]) Freundl. Mitt. É. Petres (Szent István Király Múzeum, Székesfehérvár).

[53]) MOZSOLICS, s. Anm. 30, 144.

[54]) Unveröffentlicht, freundl. Mitt. J. Regenye.

[55]) MOZSOLICS, s. Anm. 30, 211.

[56]) G. ILON, A településszerkezet és a fémművesség kapcsolata az Északnyugat-Dunántúl későbronzkorában, in: A Dunántúl településtörténete, 9. Város-mezőváros-városiasodás, Veszprém 1992.

[57]) MOZSOLICS, s. Anm. 30, 143f., 163ff., 168f.

[58]) A. a. O., 130f., 140f., 156f., 188f.

[59]) MARÁZ, s. Anm. 21, 10. – MOZSOLICS, s. Anm. 30, 171.

[60]) MOZSOLICS, s. Anm. 30, 159, 166ff.

[61]) A. a. O., 95f., 146ff.

[62]) ANGELI, NEUNINGER, s. Anm. 13. – MOZSOLICS, s. Anm. 30, 91f.

[63]) MOZSOLICS, s. Anm. 30, Taf. 271 B/6.

[64]) A. a. O., Taf. 256/13.

[65]) Die Zerteilung des halbfertigen Kupfers erfolgt in der modernen Industrie bei 100° C mit Hilfe von Schneidemaschinen.

[66]) CZAJLIK, MOLNÁR, SOLYMOS, s. Anm. 35.

[67]) Wir rechnen mit stärkeren Kontakten mit der Urnenfelderkultur und weniger mit den östlichen Kulturen (Gáva usw.). Der Transport konnte ohne Schwierigkeiten auf den Flüssen Donau, Drau und Waag erfolgt sein.

[68]) CZAJLIK, MOLNÁR, SOLYMOS, s. Anm. 35.

Abkürzungsverzeichnis

ActaArchHung	Acta Archaeologica Hungarica, Budapest
AFD	Arbeits- und Forschungsberichte zur sächsischen Bodendenkmalpflege, Dresden
AKözl	Archaeológiai Közlemények, Budapest
AKorr	Archäologisches Korrespondenzblatt, Mainz
ArchA	Archaeologia Austriaca, Wien
BBM	Balassi Bálint Múzeum, Esztergom
BHM	Berg- und hüttenmännische Monatshefte, Wien
BRGK	Berichte der Römisch-Germanischen Kommission, Frankfurt am Main
CommArchHung	Communicationes Archaeologicae Hungaricae, Budapest

EM	Erdélyi Múzeum, Kolozsvár
Ftk	Földtani Közlöny, Budapest
JPMÉ	Janus Pannonius Múzeum Évkönyve, Pécs
LDM	Laczkó Dezsö Múzeum, Veszprém
MAG	Mitteilungen der Anthropologischen Gesellschaft, Wien
MNM	Magyar Nemzeti Múzeum (Ungar. Nationalmus.), Budapest
OMRTÉ	Országos Magyar Régészeti Társulat Évkönyve. Jahrbuch der Ungarischen Archäologischen Gesellschaft, Budapest
PZ	Prähistorische Zeitschrift, Berlin
SM	Savaria Múzeum, Szombathely
VMP	Veröffentlichungen des Museums für Ur- und Frühgeschichte Potsdam
ZfE	Zeitschrift für Ethnologie, Berlin

Neufunde von Lappenbeilen in Tirol

Hubert Steiner, Innsbruck

Einleitung

In den letzten Jahren wurden mehrere spätbronzezeitliche und früheisenzeitliche Lappenbeile aus Nord- und Osttirol bekannt. Dabei handelt es sich zum einen um Neufunde, zum anderen um Hinterlassenschaften und Erwerbungen auf Antiquitätenmärkten. Im folgenden soll nun versucht werden, diese typologisch zu ordnen, ihre Verbreitung zu skizzieren und nach Möglichkeit einer Deutung zuzuführen. Dies erweist sich beim Großteil der Beile allerdings als schwierig, zumal sie als Einzelfunde zutage gekommen und die Fundumstände sowie der genaue Fundort nicht immer zu ermitteln sind.

Es handelt sich um Lappenbeile aus Bronze, die ursprünglich mit einem Knieholm mit Gabelschäftung versehen waren[1]). Nur in äußerst seltenen Fällen hat sich der Holm zusammen mit der zugehörigen Klinge erhalten. Ein Beispiel stammt aus Mörigen (Abb. 1) und neuerdings vom Mann vom Hauslabjoch[2]). Da alle Beile als Einzelfunde ohne archäologischem Kontext bekannt wurden, muß sich ihre Datierung ausschließlich auf formale Kriterien stützen, was mehrfach mit Schwierigkeiten verbunden ist, da eine feine chronologische Untergliederung eine Fundkategorie wie Beile oft überfordert, handelt es sich doch um einen Gebrauchsgegenstand, bei dem die Form vor allem von ihrer Zweckmäßigkeit bestimmt wurde. Aus diesem Grund veränderten Beile ihre Form nicht in den zeitlichen Rhythmen anderer Fundgattungen. Sie wurden oft über eine längere Zeit hinweg benutzt und sind daher chronologisch relativ unempfindlich. Insbesondere der Bereich der Schneidenpartie unterlag aufgrund teilweise intensiver Benutzung einer gewissen formalen Veränderung. E. F. Mayer hat in seiner grundlegenden Arbeit versucht, die Beile nach Typen und Varinaten zu untergliedern. Dabei wird klar, daß es viele Misch- und Übergangsformen gibt, die sich nicht immer eindeutig einer Gruppe oder Variante zuordnen lassen, was die nun vorzustellenden Beile einmal mehr zeigen.

1. Untergries, Fraktion Embach, Gem. Angerberg, Tirol

Im März 1991 fand Herr Karl Lettenbichler aus Angerberg[3]) ca. 20 m nördlich seines Anwesens (Parz. 574) ein Bronzebeil. Rund 18 m nördlich davon erhebt sich eine steile Böschung aus Hangschutt, die sich bis zum Fuß eines annähernd senkrecht abfallenden, ost-westlich verlaufenden Felsstockes aus Dolomit erstreckt. Die genaue Flurbezeichnung wurde von der genannten Gewährsperson mit „Wieswantl“ angegeben (Abb. 2). Das beim Ausgraben eines größeren Steines für eine Bachver-

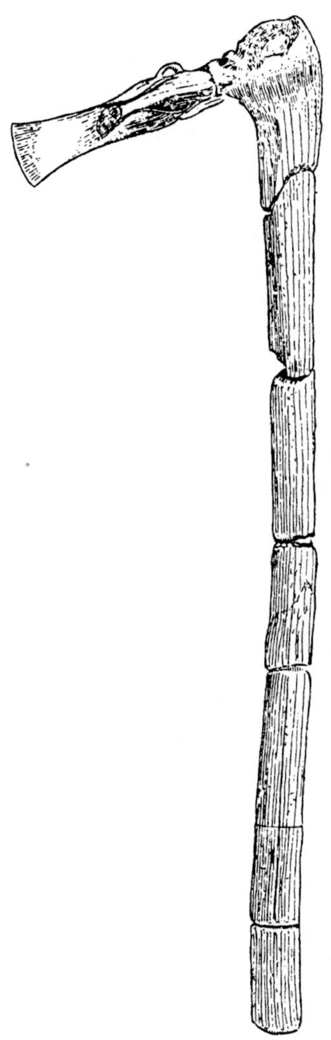

Abb. 1. Urnenfelderzeitliches Lappenbeil aus Mörigen, das zusammen mit dem dazugehörenden Knieholm gefunden wurde. In den gegabelten Schäftungsteil war das Beil eingesetzt (nach Müller-Beck, s. Anm. 2).

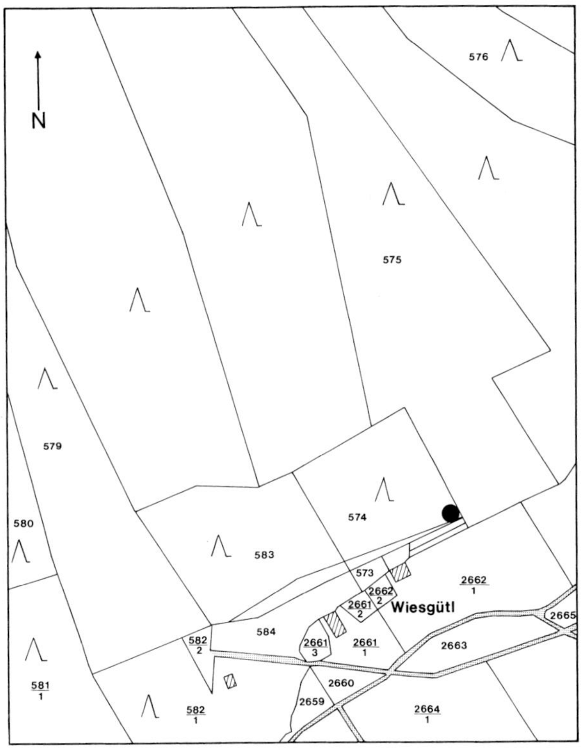

Abb. 2. Fundort des Bronzebeiles in Untergries, Gem. Angerberg.

bauung entdeckte Beil lag mit der Schneide nach oben in ca. 20 cm Tiefe. Eine Kulturschicht in unmittelbarer Umgebung des Fundortes konnte weder vom Entdecker, noch bei einem Lokalaugenschein beobachtet werden[4]).

Das in vorzüglichem Zustand erhaltene Lappenbeil aus Bronze besitzt eine Länge von 23,2 cm und wiegt 670 g (Abb. 3/2). Es handelt sich um ein schlankes, mittelständiges Lappenbeil mit rechtekkiger Nackenkerbe, leicht abgesetzten Lappen und einer geschwungenen Schneide. Die Lappenbahn zeigt in Längsrichtung verlaufende Schmiedespuren. Das vorderste Drittel der Bahn wurde von Herrn Lettenbichler geschärft und damit entpatiniert.

Das Beil kann nach E. F. Mayer den Lappenbeilen mit abgesetztem, hohem Oberteil zugeordnet werden[5]). Kennzeichen ist ein relativ langer Oberteil, stets eine Nackenkerbe, leicht abgesetzte Lappen sowie eine geschwungene Schneide. Neben Funden von Boccatura del Mincio sprechen auch mehrere Depotfunde für eine Datierung in die ältere Urnenfelderkultur. Gute Vergleichsbeispiele aus der nächsten Umgebung stammen aus Jochberg[6]), Stanz, Angath und Imst[7]) in Tirol. Die Verbreitung umfaßt den Schweizer Raum, Nordtirol, Oberösterreich und Bayern. Der Auffindungsort neben einem größeren Stein sowie die Fundlage des Beiles mit der Schneide nach oben sprechen eher für ein absichtliches Deponieren als für einen Verlustfund. Dabei dürfte der Stein bei der Deponierung einen Bezugspunkt gebildet haben. Entsprechende Weihegaben fanden sich mehrmals in einer Felsspalte oder -nische oder auch neben einem größeren Stein bzw. waren von einer Steinplatte abgedeckt. Die in seltenen Fällen in eine Holzkohleschicht eingebetteten Funde unterstreichen mit aller Deutlichkeit das absichtliche Deponieren[8]). Mehrfach treten ähnliche Gegenstände in hochgelegenen Regionen in der Nähe von vielbegangenen Übergängen und Wegverbindungen auf und wurden dort mit Absicht aus Gründen, die für uns nicht immer nachzuvollziehen sind, höheren Mächten geweiht.

2. Schottergrube Lavanter Mur, Gem. Lavant, Osttirol

Vor einigen Jahren fand Herr Hubert Schwaiger in der Schottergrube des Herrn Josef Schmidl (Lavant) beim Aussortieren von Metallteilen im Sieb neben verschiedenen Eisenteilen auch einen Bronzegegenstand. Er maß diesem Stück zunächst keine weitere Bedeutung zu, nahm es aber doch vorsichtshalber mit nach Hause. Erst in einer Fernsehsendung „Klingendes Österreich" des ORF, in der vom Moderator Bronzebeile aus dem Ausseerland (Steiermark) vorgestellt wurden, kam Herrn Schwaiger sein in der Lavanter Schottergrube getätigter Fund wieder in Erinnerung. Damit war dem Finder die Identifizierung als prähistorischer Gegenstand klar[9]). Das Beil ist 19,6 cm lang und besitzt eine maximale Breite von 3,4 cm (Abb. 3/3). Es handelt sich um ein mittelständiges Lappenbeil mit verrundeter Nackenkerbe, schmalen Lappen und einer leicht ausschwingenden Schneide.

Das Beil läßt sich typologisch mit Lappenbeilen vom Typ Freudenberg und Greiner Strudel vergleichen[10]). Beile vom Typ Freudenberg sind allgemein charakterisiert durch die nicht sehr breiten Lappen im oberen Drittel des Nackens. Dabei zeigt sich einmal mehr die Schwierigkeit einer allzu feinen typologischen Untergliederung dieser Formengruppe, bei der mit vielen Misch- und Übergangsformen gerechnet werden muß. Große Ähnlichkeit mit dem Lavanter Beil besitzen Exemplare von Bad Goisern (Oberösterreich), die dem Typ Freudenberg, Variante Villach, angehören sowie der Typ Greiner Strudel, Variante Niederalm[11]). Weitere Vergleiche stammen aus Hallstatt[12]). Beile vom Typ Freudenberg umfassen chronologisch die Endphase der mittleren Bronzezeit (Bz C2) und den frühen Abschnitt der Urnenfelderkultur (Bz D, 13. Jh. v. Chr.). Die Form ist aber noch in der darauffolgenden Stufe Ha A1 (12. Jh. v. Chr.) in Verwendung[13]). Lappenbeile vom Typ Greiner Strudel sind charakteristiert durch ihre relativ schmale Form, die nicht

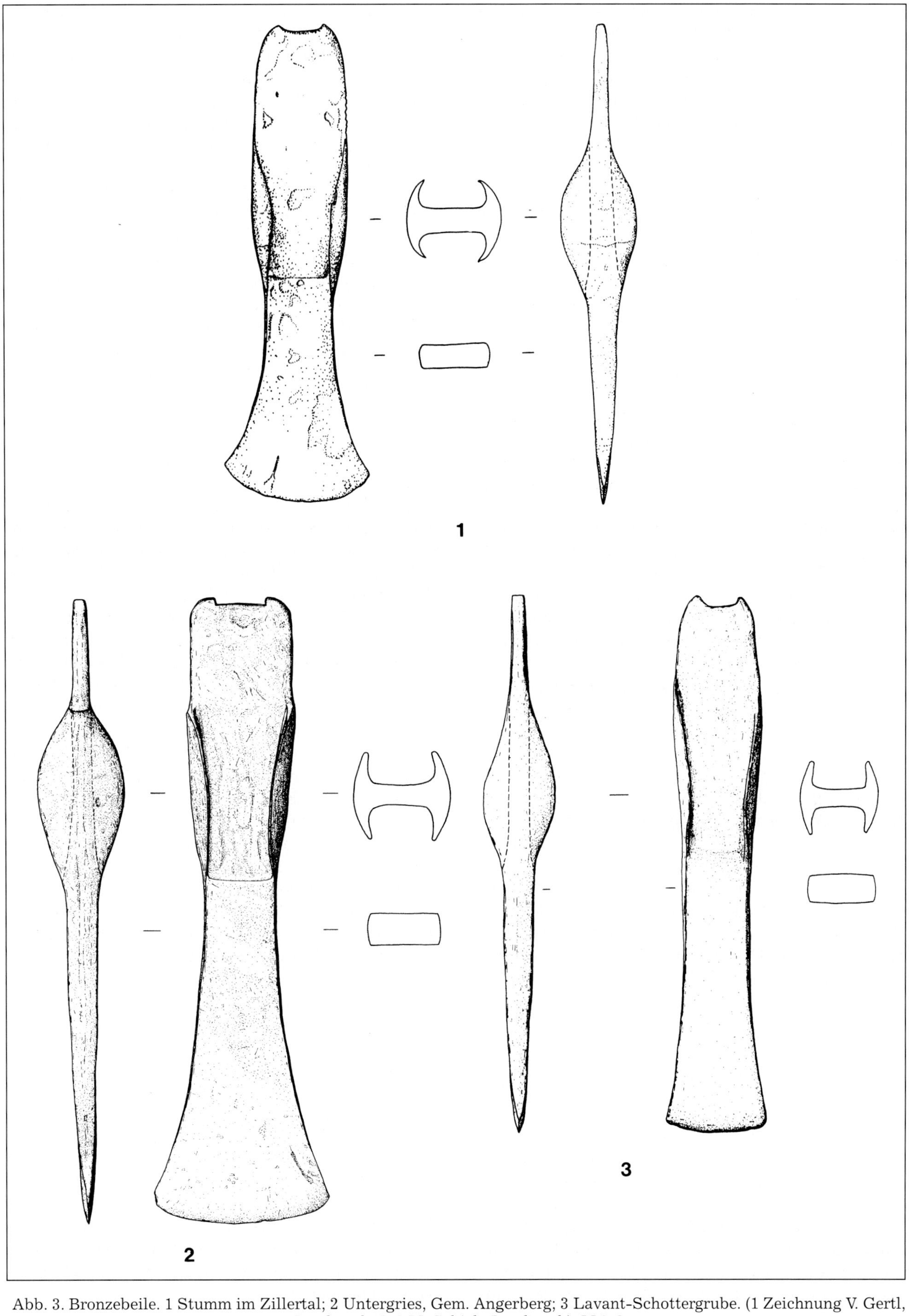

Abb. 3. Bronzebeile. 1 Stumm im Zillertal; 2 Untergries, Gem. Angerberg; 3 Lavant-Schottergrube. (1 Zeichnung V. Gertl, Innsbruck; 2–3 M. Schick, Innsbruck). M 1:2.

sehr hohen Lappen, die Nackenkerbe sowie die wannenförmigen Vertiefung zwischen den Lappen. Die Variante Niederalm zeichnet sich durch ihre Länge und die stärker ausgeschmiedete Schneide aus. Chronologisch tritt sie zeitgleich mit dem Typ Freudenberg auf, und zwar ab der Stufe Bz C2 bis in die frühe Urnenfelderzeit. Ihre Verbreitung liegt in Oberösterreich, Salzburg sowie im südlichen Bayern[14]). Die formenkundlich dem Lavanter Beil am nächsten stehenden Exemplare kamen vorwiegend aus dem Umfeld von Gewässern zum Vorschein und wurden mit Absicht dort deponiert. Eine entsprechende Deutung legt aufgrund des Auffindungsortes in einer Schottergrube auch das Lavanter Beil nahe[15]).

3. Stummberg, Gem. Stumm, Tirol

Bereits vor einigen Jahren fand Herr Franz Wierer bei den Abbrucharbeiten eines in einen steilen Hang eingetieften Kesselhauses beim Klammlhof am Stummberg, Haus Nr. 53, in einer darunterliegenden „Steinkoppen" ein mittelständiges Lappenbeil aus Bronze. Herr Wierer wünschte eine genaue Bestimmung des Fundes und überließ ihn Frau Veronika Gertl zur Veröffentlichung[16]).

Dabei handelt es sich um ein mittelständiges Lappenbeil mit Nackenkerbe, relativ schmalen Lappen und einer stark ausgeschmiedeten Klinge. Es besitzt eine Länge von 17,6 cm, die Breite der Lappen beträgt 3,5 cm und die der Schneide 5,3 cm (Abb. 3/1). Das Beil läßt sich der Gruppe Freudenberg, Variante Villach zuordnen[17]). Diese Gruppe wird besonders durch Depotfunde datiert und umfaßt die ausgehende Phase der mittleren Bronzezeit bis zur Anfangsphase der Urnenfelderzeit (Bz C2 – Ha A1). Die Verbreitung der Beilform beschränkt sich fast ausschließlich auf die ostalpine Grauwakkenzone. Das Beil stellt bislang den ersten prähistorischen Fundpunkt im Zillertal dar, mit Ausnahme des rund 6 km weiter nördlich gelegenen Gräberfeldes aus der frühen Urnenfelderzeit von Kapfing[18]). Eine Deutung des Fundes muß vorerst dahingestellt bleiben, zumal keine weiteren Fundbeobachtungen vorliegen und keine archäologische Sondage durchgeführt wurde.

4. Brennergebiet (genauer Fundort unbekannt), Tirol

Herr Dr. Hansjörg Haslwanter aus Leithen – Reith bei Seefeld verwahrt ein bronzenes Lappenbeil, das sich seinen Angaben zufolge ursprünglich im Besitz eines heute nicht mehr namentlich bekannten Bauern befand und in den dreißiger Jahren durch den Tausch gegen ein Bild in den Besitz des Herrn Johann Obleitner (Leithen) kam. Nach Angaben des Bauern soll es „am Brenner" gefunden worden sein. Herr Dr. Haslwanter erwarb später die „Sammlung Obleitner" und verwahrt sie heute in seinem Haus.

Die Beschreibung eines von R. Pittioni erstmals publizierten und heute verschollenen Beiles vom Sattelberg am Brenner trifft exakt auf das von Dr. Haslwanter verwahrte Beil zu[19]). Übereinstimmend weisen „beide" Beile einen sehr guten Erhaltungszustand auf, sind 21,6 cm lang und 3,3 bzw. 3,8 cm breit. Die Breite der Schneide beträgt 5,5 cm, die der Lappen 3,5 cm. Diese Übereinstimmungen sprechen eindeutig dafür, daß es sich um ein und dasselbe Beil handelt, das nun durch Zufall wieder bekannt geworden ist (Abb. 4/7)[20]). Den Angaben R. Pittionis zufolge wurde es von Herrn Mair, dem Hüttenwirt des Kelchalmhauses, in der Umgebung der Sattelberghütte in rund 1800 m Meereshöhe gefunden. Es handelt sich um ein mittelständiges Lappenbeil mit breiter Nackenkerbe, eher schmalen Lappen und einer leicht ausschwingenden Schneide. Eine längliche Vertiefung im Bereich der Lappenbahn weist auf einen Gußfehler hin. Das Beil läßt sich in der typologischen Einteilung E. F. Mayers dem Typ Freudenberg zuordnen. Verbindliches Kennzeichen ist die stets auftretende Nackenkerbe, die Schmalseite ist mehr oder weniger geschwungen, aber nie getreppt. Unter der Variante Niedergößnitz sind besonders große Beile mit einer Länge zwischen 20 und 25 cm zusammengefaßt. Dazu ist auch das Exemplar vom Brennersattel zu zählen[21]). Die Beile dieses Typs datieren in einen frühen Abschnitt der Urnenfelderkultur (Bz D, 13. Jh. v. Chr.) und sind in der folgenden Stufe Ha A1 (12. Jh. v. Chr.) noch in Verwendung.

Der Großteil der Vertreter dieses Typs stammt aus dem frühurnenfelderzeitlichen Depothorizont. Beile vom Typ Freudenberg, Variante Niedergößnitz streuen von Oberösterreich, Salzburg, der Steiermark, Nordtirol, dem südlichen und mittleren Deutschland bis in die Slowakei sowie Ungarn, Slowenien und Oberitalien[22]). Aus der näheren Umgebung des Beilfundes vom Brennersattel sind mehrere Beile aus dem Pustertal[23]), aus Kitzbühel[24]) und Stans-Schrofenstein[25]) zu nennen.

Die genauen Fundumstände sind nicht überliefert, jedenfalls wurde es neben einem vielbegangenen Almweg gefunden. Es dürfte dort im Rahmen einer bewußten Niederlegung bzw. Entäußerung deponiert worden sein und der Gruppe der Höhen- und Paßfunde zuzurechnen sein[26]). Der Auffindungsort liegt an einem bereits in der Urgeschichte viel frequentierten Durchzugsweg. Der Brenner stellt neben dem Reschen einen der wichtigsten Übergänge über den Alpenhauptkamm dar. Daß diese Gegend, insbesondere das das Sterzinger Becken einfassende Gebirge in der Urgeschichte intensiv begangen wurde, bezeugen mehrere Beilfunde, die ausschließlich in Höhenlagen im Bereich von alten Übergängen zutage traten[27]).

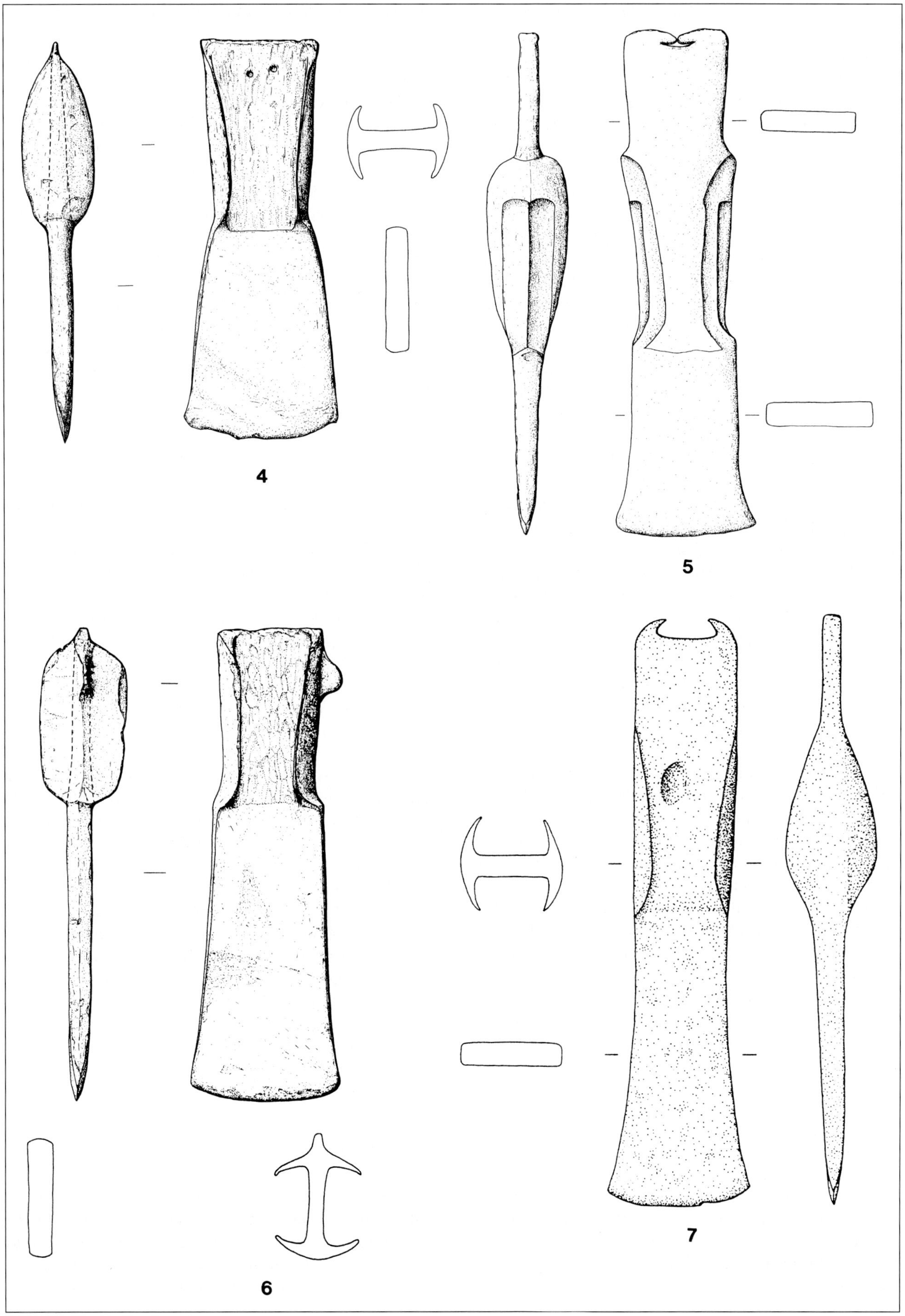

Abb. 4. Bronzebeile. 4–6 Lienz; 7 Brennergebiet. (4–6 Zeichnung M. Schick, Innsbruck; 7 A. Fleckinger, Sterzing). M 1 : 2.

5. Lienz (genauer Fundort unbekannt), Osttirol

Herr Gotthard Berger aus Prägraten Bichl in Osttirol erwarb in den vierziger Jahren bei einem Lienzer Altwarenhändler, dessen Name nicht mehr eruiert werden konnte, ein Bronzebeil. Angeblich soll es im Basisbereich eines Brunnens gefunden worden sein. Der genaue Fundort, außer die Ortsbezeichnung Lienz, war allerdings nicht in Erfahrung zu bringen. Das Beil befindet sich heute in Privatbesitz eines Bauern aus Prägraten. Das mittelständige Lappenbeil besitzt eine Länge von 18,7 cm und wiegt 610 g (Abb. 4/5). Der Nacken ist mit einem zangenförmigen Ausschnitt versehen, der zur besseren Fixierung der Holzschäftung beiträgt. In diesem Bereich finden sich Schlagspuren einer sekundären, rezenten Verwendung. Sowohl der obere Ansatz der Lappen als auch der Ansatz der Klinge ist durch einen schulterartigen Absatz betont. Die Lappenpartie selbst ist beiderseits mit einer zweifachen Facette verziert, die entweder durch Feilen oder Schmieden erzeugt wurde.

Das Beil gehört zur Gruppe der Lappenbeile mit doppelt getrepptem Umriß. Der Verbreitungsschwerpunkt liegt zweifellos im Gebiet der Laugen-Melaun-Gruppe (Abb. 5). Diese umfaßt in der Frühphase das Unterengadin und das Münstertal im heutigen Graubünden, Süd- und Osttirol sowie den Großteil des heutigen Trentino[28]). Das Beil mit doppelt getrepptem Umriß kann als Eigenprodukt dieser Gruppe gelten[29]). Einzelne Exemplare gelangten auch in den nordalpinen Raum. Im Alpenrheintal tritt neben vorwiegend lokal gefertigter Keramik der Stufen Laugen-Melaun A und B auch eine beachtliche Anzahl dieser Produkte auf, was auf die Existenz von Handelsfaktoreien schließen läßt. Die Facettierung, die ein rein dekoratives Muster darstellt, kann als Kennzeichen dieser inneralpinen Werkstatt angesehen werden. Die Beilform datiert in die Stufen Ha A2/B1 und zeigt, daß die Laugen-Melaun-Kultur neben einer charakteristischen Formensprache in der Keramik, aufgrund derer erstmals im inneralpinen Raum eine eigene Kulturgruppe umschrieben werden kann, auch im Metallhandwerk eigene Produkte herstellte und sich damit allgemein aus der oberitalischen Werkstatttradition herauslöste. Die kennzeichnende Facettierung weist eine beachtliche Kontinuität auf und kommt ausschließlich im inneralpinen Raum in der Folge in abgeschwächter Form auch bei den oberständigen Lappenbeilen vor, was den fließenden Übergang von der älteren zur jüngeren Form aufzeigt (Abb. 5)[30]). Dies läßt im besonderen auf lokale Produktion schließen. Sollte der Fundort bei einem Brunnen zutreffen, so dürfte es sich um ein Wasseropfer handeln. Eine nicht geringe Anzahl diese Beile wurde als Einzelfunde im Bereich von Gewässern gefunden[31]).

6. Lienz (genauer Fundort unbekannt), Osttirol

Im Jahre 1991 erwarb der Innsbrucker Ordinarius für Ur- und Frühgeschichte Herr Prof. Dr. K. Spindler von Herrn Klieber in Laisach/Osttirol aus der Hinterlassenschaft seines Schwiegervaters zwei Bronzebeile. Von wem diese Artefakte angekauft wurden bzw. Fundort und Fundumstände können, da die eigentliche Gewährsperson bereits verstorben ist, nicht mehr geklärt werden[32]). Es handelt sich zum einen um ein oberständiges Lappenbeil mit deutlich ausgeprägter Schulterbildung und seitlicher, halbrunder Erhebung, die zur besseren Haftung der organischen Schaftumwicklung beiträgt (Abb. 4/6). Das Beil hat eine leicht ausschwingende Schneide, die Schmalseite der Klinge weist einen gerundeten bis dachförmigen Grat auf. Die Lappenbahn zeigt flächendeckend in Längsrichtung verlaufende Schmiedespuren, die sich als leichte facettenartige Vertiefungen zu erkennen geben und zur besseren Haftung des Knieholmes angebracht wurden. Das Beil besitzt eine Länge von 17,5 cm, die größte Breite der Schneide beträgt 5,6 cm und die der Lappen 3,3 cm. Eine seichte, runde Vertiefung an einem Lappen weist auf einen Gußfehler hin. Auf der unteren Schneidepartie befinden sich rezente Kratz- und Schleifspuren, die auf eine spätere Verwendung hinweisen.

Typologisch steht das Beil den Lappenbeilen vom Typ Hallstatt, Varinate Kleinklein nahe, wobei die Übergänge beider Vertreter durchaus fließend sind[33]). Die Verbreitung umfaßt vornehmlich Oberösterreich, Kärnten und die Steiermark. Daneben treten sie auch in Slowenien, in der Slowakei, in Oberitalien sowie in Südtirol auf. Lappenbeile der Variante Kleinklein gehören der späten Urnenfelderkultur an (Ha B2/B3: 9./8. Jh. v. Chr.) und lassen sich einerseits über Depotfunde und andererseits über Gräberfelder, etwa Hallstatt und Frög, relativ gut datieren. Laut E. F. Mayer sind sie ausschließlich als Waffen anzusprechen[34]).

Das Beil weist in seinem nahezu rechteckigen Gesamtumriß große Ähnlichkeiten mit dem von G. L. Carancini definierten Typ Bortoloni in Oberitalien sowie dem Typ Talatsch in Südtirol auf[35]). Die Exemplare aus Kaltern, die der Autor dem Typ Albiano zuweist, haben bereits eine etwas stärker betonte Schulter, sie entsprechen aber in der Gesamtform gut dem Beil aus Lienz.

7. Lienz (genauer Fundort unbekannt), Osttirol

Beim zweiten Exemplar handelt es sich ebenfalls um ein oberständiges Lappenbeil mit leicht ausgeprägter, aber verrundeter Schulter und schmalem Nackenkamm. Dieser setzt sich vom Ansatz der Lappen etwas ab. Das Beil ist 14,7 cm lang,

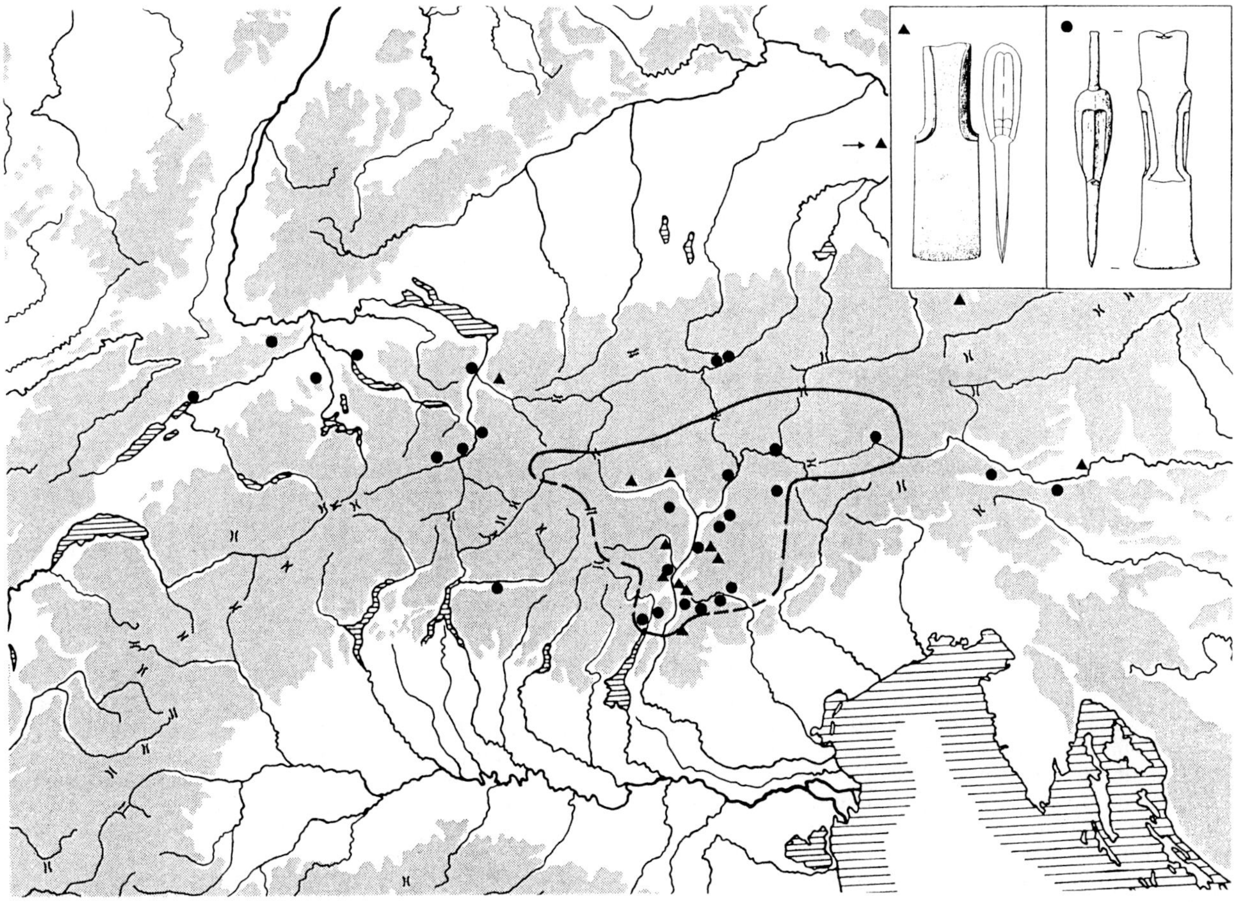

Abb. 5. Der Kulturkreis der Laugen-Melaun-Kultur und die Verbreitung der Lappenbeile mit doppelt getrepptem Umriß und Facettierung der Lappen (Punkte) sowie der oberständigen Lappenbeile als Nachfolgeform (Dreiecke).

die Breite der Schneide beträgt 5,8 cm und die der Lappen 2,70 cm (Abb. 4/4). Die Lappenbahn zeigt in Längsrichtung verlaufende Schmiedespuren, die zur besseren Haftung des Holzschaftes angebracht wurden. Der Klingenansatz ist vom Schäftungsteil durch einen leichten Grat abgesetzt. Die Schmalseite der Klinge ist gerundet bis gratförmig. Im oberen Bereich der Lappenbahn ist mittels Punze eine „Schlagmarke" in Form von zwei Punkten angebracht[36]). Die Umrißform der Lappenpartie zieht leicht ein, während der Klingenteil sich geradlinig verbreitert.

Die Form dieses Beiles ist nicht sehr geläufig, sie läßt sich mit dem von G. L. Carancini herausgegliederten Typ Treviso vergleichen[37]) und kann über das Vorkommen im Depotfund von S. Francesco (Bologna) ins 8. Jh. v. Chr. datieren datiert werden.

Ergebnis

Die Fundumstände der hier vorgestellten Beilfunde aus Nord- und Osttirol werfen ein bezeichnendes Licht auf diese Fundgattung, die in der Bronze- bis frühen Eisenzeit ausschließlich in Einzel-, Fluß- und Depotfunden und selten in Siedlungen oder Gräbern in Erscheinung treten. Beim Großteil der Fälle fehlen weitere Beobachtungen, was eine Deutung schwierig macht. Eine beträchtliche Anzahl der Beile wurde in Höhenlagen zum Teil auf wichtigen und viel frequentierten Durchzugsrouten gefunden. Sie dürften anläßlich einer geglückten Überquerung als Weihegaben an höhere Mächte niedergelegt worden sein. Generell dürfen solche Funde nicht als Verlustfunde angesprochen werden. L. Pauli hebt in aller Deutlichkeit hervor, *„... daß es inzwischen methodisch korrekter wäre, gerade für besondere Materialgruppen und -zusammensetzungen konkrete Beweise für ‚zufällige Verluste' anzuführen, statt in spätkapitalistische Denkmuster zu verfallen, denen der Begriff des ‚Opfers' sehr fremd geworden ist"*[38]). Eine weitere Gruppe von Beilen stammt aus dem Bereich von Gewässern, wie Quellen, Flüssen und Mooren. Diese Fundgattung hat seitens der Wissenschaft bisher mehr Beachtung erfahren und wird allgemein als Opfergut anerkannt. Im süddeutschen Raum, wo derartige Phänomene relativ gut untersucht sind, ließ sich statistisch die Bedeutung der Weihefunde in Gewässern untermauern. Leider ist bei Einzelfunden, die bereits vor längerer Zeit gefunden wurden und in Hinterlassenschaften oder auf Antiquitätenmärkten u. ä. aufscheinen, bestenfalls noch eine ungefähre Herkunftsangabe in Erfahrung zu bringen. Einzelfunde ohne archäologischem Kontext müssen aufgrund formaler Kriterien datiert werden, was allerdings bei Gebrauchsgegenständen wie Beilen hinsichtlich einer feinen chronologischen Untergliederung oft mit Schwierigkeiten verbunden ist.

Anmerkungen

[1]) R. Franguelli, Immanicature d'accetta a Bande di Cavriana. In: Studi in onore di Ferrante Rittatore Vonwiller 1, Como 1982, 169–176. – R. Perini, Scavi archeologici nella zona palafitticola di Fiavè-Carera II, campagne 1969–1976, Trento 1987, 297– 304. – G. Wesselkamp, Neolithische Holzartefakte aus Schweizer Seeufersiedlungen. Technik-Form-Gliederung, Freiburg i. Br. 1992, 30–31, Taf. 18–19. – F. E. Barth, Prähistorische Knieholzschäftungen aus dem Salzberg zu Hallstatt, OÖ., Mitt. Anthr. Ges. Wien 96/97, 1967, 254–272, Taf. I-II.

[2]) H. Müller-Beck, Burgäschisee-Süd, Teil 5, Acta Bernesia 2, 1965, 31, Abb. 36. – M. Egg, Zur Ausrüstung des Toten vom Hauslabjoch, Gem. Schnals (Südtirol). In: Der Mann im Eis 1, Innsbruck 1992, 260–262, Taf. 6.

[3]) Für die freundliche Überlassung des Fundgegenstandes zur Publikation sei ihm an dieser Stelle herzlichst gedankt. Ein besonderer Dank geht auch an Herrn Albert Kofler, Angath, für die Fundmeldung und die Führung im Gelände.

[4]) Herrn Dr. Harald Stadler sei herzlich für die Überlassung des Beiles zur Publikation gedankt. Das Beil wird von Herrn Karl Lettenbichler, 6300 Angerberg, „Untergries", aufbewahrt.

[5]) E. F. Mayer, Die Äxte und Beile in Österreich. PBF IX/9, 1977, 148–149, Taf. 46, Nr. 641–644, 646–649.

[6]) R. Pittioni, Ein Lappenbeil aus Jochberghütten, Gemeinde Jochberg, Tiroler Heimatbl. 53, 1978, 42–44, Abb. 3.

[7]) Mayer, s. Anm. 5, Taf. 46, Nr. 646. 647.

[8]) Jahrb. SGU 44, 1954/55, 70. – L. Franz, Ur- und frühgeschichtliche Funde in Nordtirol, Der Schlern 32, 1958, 120. – M. Tschurtschenthaler, U. Wein, Kontinuität und Wandel eines alpinen Heiligtums im Laufe seiner 1800jährigen Geschichte, Arch. Österr. 7/1, 1996, 19.

[9]) Für die Erlaubnis, das Stück publizieren zu dürfen, sei der Leiterin der Ausgrabungen auf dem Lavanter Kirchbichl/Osttirol, Frau Univ.-Prof. Dr. Elisabeth Walde (Innsbruck) sowie den Herren Univ. Ass. Dr. Gerhard Tomedi und Dr. Harald Stadler (Innsbruck) gedankt.

[10]) Mayer, s. Anm. 5, 130–131, bes. Taf. 36, Nr. 532.

[11]) A. a. O., Taf. 36, Nr. 532; 44, Nr. 613, 614.

[12]) M. v. Erbach, Die spätbronze- und urnenfelderzeitlichen Funde aus Linz und Oberösterreich, Linzer Arch. Forsch. 14, 1985, Taf. 89, 1.

[13]) Mayer, s. Anm. 5, 139–141.

[14]) A. a. O., 144.

[15]) Dazu siehe Anm. 31.

[16]) An dieser Stelle sei ihr herzlich für die Publikationserlaubnis gedankt. Der Fund wird beim Entdecker Franz Wierer, Pumperergasse 13, A-6272 Stumm verwahrt.

[17]) Mayer, Anm. 5, 130–142.

[18]) W. Sydow, Das Urnengräberfeld von Kapfing, OG. Fügen, Tirol, Fundber. Österr. 26, 1988, 103–126.

[19]) R. Pittioni, Ein Höhenfund aus dem Brennergebiet, Tirol. ArchA 22, 1957, 66–67. – Ders., Fundber. Österr. 6, 1967, 40.

[20]) Das Beil wurde erstmals vorgestellt von A. Flekkinger, Fundtopographie des südlichen Wipptales, Unpubl. Dipl.arb., phil. Fak. Univ. Innsbruck 1995, 36, 62, Taf. 5, 5. – Dies., Die Siedlungskammer südliches Wipptal. In: Archäologie Feldthurns und südliches Wipptal, Ausstellungskat., Sterzing 1996, Abb. 12, 5. Es wurde freundlicherweise von Herrn Dr. Hansjörg Haslwanter, Leithen (Gem. Seefeld), zur Dokumentation und Publikation zur Verfügung gestellt.

[21]) Mayer, s. Anm. 5, Taf. 36, Nr. 534– 543.

[22]) A. a. O., 140–142.

[23]) R. Lunz, Urgeschichte des Oberpustertals, Arch. hist. Forsch. in Tirol 2, 1977, Abb. 61, 84, 315. – K. Wada, Die bronzezeitlichen Einzel- und Depotfunde Tirols, Unpubl. Diss., phil. Fak, Univ. Innsbruck 1975, Taf. VII, 5.

[24]) Wada, s. Anm. 23, Taf. XIV, 6.

[25]) A. a. O., Taf. VII, 5.

[26]) Zu dieser speziellen Fundgattung: R. Forrer, Paßfunde in der Bronzezeit im Kanton Graubünden. Antiqua, Zürich 1887. – R. Wyss, Höhenfunde aus dem Fürstentum Liechtenstein, Helvetia arch. 34, 1978, 137–144. – Ders., Die Eroberung der Alpen durch den Bronzezeitmenschen, Zeitschr. Schweizer Arch. u. Kunstgesch. 28, 1971, 130–145. – E. Vonbank, Höhenfunde aus Vorarlberg und Liechtenstein, ArchA 40, 1966, 80–92. – E. F. Mayer, Bronzezeitliche Paßfunde im Alpenraum, Jahresber. Inst. Vorgesch. Frankfurt a. M. 1978/79. – V. B. Peroni, Bronzene Gewässer- und Höhenfunde aus Italien, Jahresber. Inst. für Vorgesch. d. Univ. Frankfurt a. M. 1978/79, 321–335. – L. Pauli, Die Alpen in Frühzeit und Mittelalter. Die archäologische Entdeckung einer Kulturlandschaft, München 1980, 181–188. – W. Kubach, Einzel- und Mehrstückdeponierungen und ihre Ursachen, Arch. Korr.bl. 15, 1985, 179–185. – S. Winghart, Vorgeschichtliche Deponate im ostbayrischen Grenzgebirge und im Schwarzwald. Zu Horten und Einzelfunden in Mittelgebirgslandschaften, Ber. RGK 67, 1986, 89–202. – Zuletzt W. Neubauer, T. Stöllner, Überlegungen zu bronzezeitlichen Höhenfunden anhand eines kürzlich in der Ostschweiz gefundenen Vollgriffmessers, Jahrb. RGZM 41, 1994, 95–144.

[27]) Fleckinger, s. Anm. 20, 34–37, Abb. 3, 4.

[28]) Zusammenfassend P. Gleirscher, Die Laugen-Melaun-Gruppe. In: Die Räter (I Reti), Bozen 1992, 117–134.

[29]) R. Lunz, Studien zur End-Bronzezeit und älteren Eisenzeit im Südalpenraum, Origines 1974, 37–39. – Mayer, s. Anm. 5, Taf. 46, 635–638. – J. Speck, Ein Bronzebeil vom Typus „Montlingen" aus der spätbronzezeitlichen Ufersiedlung „Moos" am Baldeggersee (Gde. Hitzkirch LU), Schriften d. Vorarlb. Landesmus., Reihe A, 5, 1992, 87–89.

[30]) G. L. Carancini, Le asce nell'Italia continentale II, PBF IX/12, 1984, Taf. 112, Nr. 3596–3598, 3603–3607; Taf. 113, Nr. 3608–3609; Taf. 117, Nr. 3672.

[31]) Dazu im Überblick W. Torbrügge, Vor- und frühgeschichtliche Flußfunde. Zur Ordnung und Bestimmung einer Denkmälergruppe, Ber. RGK 51–52, 1970–71, 1–146. – H. Zimmermann, Urgeschichtliche Opferfunde aus Flüssen, Mooren, Quellen und Brunnen Südwestdeutschlands, Neue Ausgr. u. Forsch. i. Niedersachsen 6, 1970, 54–92. – Peroni, s. Anm. 26. – J. Maringer, Flußfunde und Flußverehrung in vorgeschichtlicher Zeit, Germania 52, 1974, 309–318. – Ders., Das Wasser in Kult und Glauben des vorgeschichtlichen Menschen, Anthropos 68, 1973, 705–776.

[32]) An dieser Stelle sei Herrn Univ.-Prof. Dr. Konrad Spindler (Innsbruck) für die Publikationserlaubnis beider Beile herzlich gedankt. Sie werden in der Lehrsammlung

des Institutes für Ur- und Frühgeschichte in Innsbruck verwahrt.

[33]) MAYER, s. Anm. 5, Taf. 62, Nr. 837–839.

[34]) A. a. O. 175–176.

[35]) CARANCINI, s. Anm. 30, Taf. 116, Nr. 3661–3663; Taf. 113, Nr. 3618–3619.

[36]) Zu Marken allgemein MAYER, s. Anm. 5, 231, Abb. 2. – DERS., Zur Herkunft der Marken auf urnenfelder- und hallstattzeitlichen Bronzegeräten des Ostalpenraumes, Germania 54, 1976, 365–381. – Zu verschiedenen auch schriftähnlichen Zeichen auf Eisenwerkzeugen J. NOTHDURFTER, Die Eisenfunde von Sanzeno im Nonsberg, Röm.-German. Forsch. 38, 1979, 100–103. – Weiter W. SYDOW, Der hallstattzeitliche Bronzehort von Fließ im Oberinntal, Tirol, Fundber. Österr., Materialh. A 3, 1995, 56–57.

[37]) CARANCINI, s. Anm. 30, 116– 117, Taf. 109, Nr. 3555,3556.

[38]) L. PAULI, Heilige Plätze und Opferbräuche bei den Helvetiern und ihren Nachbarn, Helvetia Arch. 14, 1991, 133.

Sitzung der Arbeitsgemeinschaft Eisenzeit des Deutschen Verbandes für Altertumsforschung am 19. Mai und 20. Mai 1997 in Wien

Hausformen und Siedlungsstrukturen der Eisenzeit

Im Rahmen der diesjährigen Arbeitsgemeinschaftssitzung wurden, wie im Herbst 1996 in Leipzig beschlossen, interessante und charakteristische Hausformen der mitteleuropäischen Eisenzeit vorgestellt und ihre Funktion im Siedlungsgebiet diskutiert. Einen zweiten Schwerpunkt bildeten Fragen der Siedlungsstrukturen und deren Abhängigkeit von gesellschaftlichen und wirtschaftlichen Prozessen. Aus der Sicht des Sprechers wurden in den insgesamt 26 Referaten folgende Punkte besonders ausführlich behandelt und besprochen.

Neben der kritischen Beurteilung spezieller alter und neuer Siedlungsbefunde (Beiträge O. Büchsenschütz, D. Fort-Linksfeiler, P. Gleirscher und M. Guštin) und der Vorstellung aktueller Ergebnisse bei der Erforschung keltischer Oppida (Beiträge St. Fichtl, P. Nagy und Ch. Wedekin) wurde mehrfach die Lage bzw. Streuung von Siedlungsplätzen innerhalb einer Region (Beiträge K. Almássy, O. Büchsenschütz, J. E. Fries und V. Salač) besprochen. Dabei erscheint es bemerkenswert, daß bei der Interpretation von guten und aktuellen Verbreitungskarten vom „Schatten einer Realität" gesprochen werden kann (Beitrag H. Hennig).

Die Interpretation und Typologie von Grubenhütten (Beiträge K. Almássy, E. Lauermann und V. Salač) wurde ebenso wie die Problematik von „Herrenhöfen" (dafür: P. Ramsl, dagegen: C. Weidemann) bzw. die Abhängigkeit des Siedlungsbildes von Änderungen im Bereich der gesellschaftlichen Eliten („Dynasten") erläutert (Beitrag H. van den Boom).

Die Verbindung von Siedlungsstrukturen und Rohstofflagerstätten (Beiträge C. Fischer, V. Salač, Th. Stöllner et al.) und Verkehrslinien (Beitrag M. Schussmann) konnte ebenso wie die unterschiedlichen wirtschaftlichen Faktoren einer Siedlung (besonders Beiträge E. Jerem und V. Salač) gezeigt werden. Die Vielfältigkeit und auch oftmals saisonale Abhängigkeit der wirtschaftlichen Funktionen einer Siedlung bzw. eines Siedlungsraumes wurde mehrfach „andiskutiert", wenn auch nicht immer explizit ausgeführt.

Die Möglichkeiten und Schwierigkeiten der Rekonstruktion der inneren Struktur eines befestigten Dorfes (Beitrag J. Gechter-Jones) wurde vorgeführt und macht deutlich, wie problematisch derartige Aussagen bei nur partiell untersuchten Siedlungen sind. Flurformen im kontinental- (Beitrag O. Büchsenschütz) wie inselkeltischen (Beitrag J. Fries-Knoblach) Bereichen zeigt die äußere Struktur von Siedlungen, insbesondere Einzelgehöften.

Die Diskussion frühurbaner Siedlungsstrukturen (Beiträge V. Guichard, R. Rolle, S. Sievers und M. Leicht) und deren Einzelelementen (Beiträge I. Balzer, St. Fichtl) führte im Abschlußgespräch zum Thema der nächsten Sitzung der Arbeitsgemeinschaft Eisenzeit, die 1998 in Bibracte auf dem Mont Beuvray (CAE) unter dem Thema: „Eisenzeitliche Urbanisationsprozesse" stattfinden soll. Den Abschluß der Vortragsreihe bildete ein Beitrag über ethnographische Gesellschafts- und Siedlungsstrukturen der „Eisenzeit" Afrikas (Beitrag: D. Gronenborn).

Rückblickend zeigt sich, daß das Thema auf großes Interesse gestoßen ist und zahlreiche Vortragende angeregt hat, sich zu Wort zu melden. In Zeiten, wo eher der Kult, die Kunst und die Gräberarchäologie im Rampenlicht stehen, erscheint es wichtig, der Siedlungsarchäologie mehr Raum für Darstellung und Diskussion zu geben, zeigte sich doch mehrfach, daß die Siedlungsstrukturen auch immer ein Spiegelbild der jeweiligen Wirtschafts- und Sozialstruktur sind und die Interpretation insbesondere von Zentralsiedlungen immer von wirtschaftlichen, fortifikatorischen sowie repräsentativen und gesellschaftlichen Faktoren abhängig gemacht werden kann. Die Beiträge könnten daher – in Anspielung auf einen Titel von W. Torbrügge – auch unter dem Motto „Bemerkungen zur Kunst, Siedlungen zu deuten" zusammengefaßt werden.

Otto H. Urban (Sprecher)

Die Häuser der Heuneburg an der oberen Donau

Helga van den Boom, Tübingen

Die Bebauung der hallstattzeitlichen Heuneburg gliedert sich in 14 Siedlungsschichten[1]). Die zeitliche Tiefe, die sie umfassen, füllt relativchronologisch die Stufe Hallstatt D aus. Bezüglich der absoluten Datierung ihrer Anfänge – zwischen 600 und 625 v. Chr. – stimmen die bisherigen Bearbeiter überein, groß sind aber die Unterschiede bei der Ansetzung des Schlußdatums[2]). Die vor kurzem vorgelegte dendrochronologische Datierung des NW-Tores aus der letzten Siedlungsphase der Burg neben weiteren späthallstattzeitlichen Daten von anderen Plätzen durch das Jahrringlabor im Institut für Botanik der Universität Stuttgart-Hohenheim brachte einen neuen Schub in die nicht abgeschlossene Diskussion um die absolute Chronologie der späten Hallstattzeit[3]). Die neuen dendrochronologischen Daten der Toranlage weisen auf ein Schlußdatum für die Heuneburg um 500 v. Chr., ein überraschend hohes Datum, das bisher von keinem der Bearbeiter auf archäologischem Wege erschlossen wurde. Weitere Forschungen werden die Gültigkeit des neuen Datums prüfen müssen.

Was die relativchronologische Einordnung der Heuneburg anbetrifft, so haben die Ergebnisse der 1984 von S. Sievers vorgelegten Untersuchungen der Kleinfunde der Heuneburg nichts von ihrer Gültigkeit verloren[4]). Eindeutige Latène-Funde bei den Metallen, insbesondere Fibeln, fehlen vollständig. Verweise auf den sich allmählich im Hallstattmilieu herausbildenden Latène-Stil sind dagegen zahlreich. Die Anfänge dieser Entwicklung sind bei der Keramik bereits in der Periode II faßbar, die relativ chronologisch mit dem Beginn der Stufe Ha D3 zu synchronisieren ist[5]).

Im Ende 1996 erschienenen Band 10 der Heuneburgstudien legt der Autor E. Gersbach seine Version einer Synchronisierung der Heuneburgschichten mit der relativen Chronologie der späten Hallstattzeit vor[6]). Nach ihm fallen die letzten drei Siedlungsschichten, die Perioden Ib/2–Ia, bereits in die Stufe Latène A.

Sollte die Datierung des Fürstengrabes von Hochdorf-Eberdingen um 540/530 v. Chr. Bestand haben[7]) – nach Ausweis der getriebenen Paukenfibeln im Grab ist es mit der Periode IIIb der Heuneburg zu synchronisieren – dann wären, beginnend mit diesem Datum, bis zum Ende der Heuneburg noch sieben Siedlungsschichten unterzubringen. Für unsere Betrachtungen hier mag es genügen, daß die Heuneburgbesiedlung in der ersten Hälfte des 5. Jahrhunderts an der Schwelle zur Latènezeit abbricht.

Die Heuneburg, auf der mit Unterbrechungen von 1950 bis 1979 gegraben wurde, ist zweifellos das am besten erforschte Siedlungszentrum des Hallstattkreises. Ihre bis heute singuläre Stellung verdankt sie in hohem Maße der gleich zu Beginn der Grabungen im Jahr 1950 entdeckten Lehmziegelmauer, die nördlich der Alpen bis heute ohne Parallele geblieben ist. Andere „zentralörtliche" Merkmale, wie mediterrane Importe und herausragendende Bestattungen der Burgherren, teilt sie mit anderen gleichzeitigen Plätzen. Die eisenzeitliche Besiedlung der Heuneburg setzt mit der Periode IVc ein. Der Platz wurde in dieser Zeit mit einer zweizelligen Holz-Erde-Mauer befestigt. Von der gleichzeitigen Besiedlung wissen wir vergleichsweise wenig, da großflächige Planierungen für die Anlage der Lehmziegelmauer und der dazugehörigen Siedlung die alten Siedlungsreste weitgehend beseitigt haben. Aus dem, was überliefert ist, wird aber deutlich, daß sich diese erste eisenzeitliche Besiedlung, durch ihr Gehöft-Prinzip, d. h. Bauten mit Nebengebäuden in lockerer Streuung, die durch Zäune und Gräben von anderen Siedlungseinheiten abgegrenzt sind, auszeichnet, und damit nur wenig von gleichzeitigen offenen, agrarisch geprägten Siedlungen unterscheidet. Aber schon die erste lehmziegelmauerzeitliche Siedlung zeigt eine klare Abkehr von der vorhergehenden Bebauungsweise. Die Häuser stehen dichter beisammen und folgen in der Ausrichtung der Dachfirste offensichtlich einer regelnden, übergeordneten Planung, die in den anschließenden vier lehmziegelmauerzeitlichen Schichten noch deutlicher wird. E. Gersbach hat in einer Feinanalyse der Befunde ein System von Hauszeilen und -reihen nachgewiesen[8]).

Innerhalb des vollständig ausgegrabenen S-Teils der Burg ragen in den Perioden IVb/3–IVb/1 keine überdurchschnittlich großen Häuser heraus. Erst mit den beiden letzten lehmziegelmauerzeitlichen Siedlungen tauchen auffällig größere Bauten mit Grundflächen zwischen 125 und 140 m^2 auf. Was die vorkommenden Bautypen betrifft, so handelt es sich überwiegend um Pfostenbauten[9]). Der Anteil der Schwellenbauten war während der gesamten Siedlungsdauer vergleichsweise klein, auch wenn die bei diesem Bautyp schlechteren Überlieferungsbedingungen das Verhältnis etwas verschoben haben mögen. Das Baumaterial ist Holz ohne Steinunterbau.

Ein auffälliges Phänomen bei der Bebauung auf der Heuneburg ist die Platzkonstanz[10]). Der Schwerpunkt dieser Praxis liegt in den Perioden IVb–IVa. Neubauten, die ihre baufälligen Vorgänger ersetzt haben, sind mit nur geringen Verschiebungen auf demselben Platz errichtet worden. Es bietet sich an, zu vermuten, daß das innerhalb der Umwehrung begrenzte bebaubare Areal parzelliert war, und die einzelnen Grundstücke sich im Besitz von Familien befanden. Platzkonstanz war sicher nur ein Mittel unter anderen, Wohnrecht zu legitimieren, aber vermutlich ein wichtiger Akt bei wachsendem Bevölkerungsdruck der Siedler, in dem sich das Bedürfnis ausdrückt, Stabilität und Kontinuität zu demonstrieren.

Die Überlieferungsbedingungen auf der Heuneburg setzen der Interpretation der Befunde in vielen Fällen recht enge Grenzen[11]). Die intensive Besiedlung einerseits – 14 hallstattzeitliche Bauschichten – und die auch noch im Mittelalter vorgenommene Begradigung einer Geländekuppe im Zentrum der Burg andererseits haben zum Verlust von Schichten geführt, der bei den oberen, jüngeren Schichten naturgemäß größer ist. Die in den Plänen dargestellten freien Flächen im Zentrum der Burg haben keinerlei Hausbodenreste erbracht, ja nicht einmal mehr Pfostenspuren. Aber auch bei den lehmziegelmauerzeitlichen Schichten haben sich Laufböden im wesentlichen nur im Bereich der Umwehrung erhalten. Die Grundrißrekonstruktionen gründen daher in vielen Fällen nur auf den angetroffenen Pfostenspuren; in Anbetracht des Wirrwarrs unzähliger Pfostenlöcher, die die vielperiodige Besiedlung hinterlassen hat, eine dedektivische Meisterleistung des Ausgräbers E. Gersbach.

Überlieferungsbedingt fanden sich in nur vergleichsweise wenigen Häusern Hinweise auf Eingänge, was sehr zu bedauern ist, da dadurch Kommunikationswege nur schwer erschlossen werden können. Ähnlich wie bei den Eingängen ist die Situation bezüglich der Inneneinbauten. Es sind im wesentlichen nur Herde und Öfen, die sich erhalten haben, und auch diese keineswegs überall. Die Lage eines Herdes zeigt uns das faktische und gewiß auch das symbolische Zentrum eines Hauses und gehört damit zu den bedeutsamsten Informationen, die die Hausnutzung betreffen.

Aus der weiträumigen Zerstörung von Laufböden folgt, daß aussagefähige, ungestörte Befunde rar sind. Daher führten die Bemühungen, die Ausstattung und Funktion von Häusern auf der Grundlage der Funde, die sich auf bzw. in Hausböden befanden zu bestimmen, nur zu eingeschränkten Aussagen[12]). Zu den wenigen Ausnahmen mit weitgehend ungestörten Befunden gehörte ein im Westteil der Burg gelegenes Haus aus der Periode IVa/1, wo auf dem Dielenboden einer Kammer im Brandschutt eine größere Menge von Keramik angetroffen wurde, deren ursprüngliche Standorte über die Insitu-Lage der Gefäßböden erschließbar war[13]). Günstig waren auch die Verhältnisse in den Mauertürmen, wo ganze Geschirrsätze entdeckt wurden. Die einbrechenden Decken hatten die dort befindliche Keramik – Trink-, Eß-, Koch- und Vorratsgefäße – bedeckt und die aufgehenden Mauern der Türme die sonst übliche Planierung verhindert[14]).

Bei der Mehrzahl der untersuchten Hausböden wurden nur vergleichsweise wenige Befunde angetroffen, die als ungestört angesehen werden konnten, selbst, wenn sie aus Brandschichten stammten. Die Planierungen der nachfolgenden Besiedlung hatten in den meisten Fällen die Funde auf den Böden disloziert. Als nicht ergiebig hinsichtlich der Zuweisung von Gegenständen zum jeweiligen Haus erwiesen sich die Hausböden selbst. Von der Tatsache abgesehen, daß die Stampflehmböden vergleichsweise schnell hart wurden und dann kaum noch Gegenstände in sie eingetreten werden konnten, erwies es sich, daß in einigen Fällen Scherben aus den Hausböden Kontaktbrüche zu Stücken hatten, die in älteren Schichten geborgen wurden. Die gängige Praxis auf der Heuneburg, beim Hausbau eine Planierschicht mit Siedlungsschutt aufzubrigen, die sog. Bodenschüttung, und erst im Anschluß daran eine sterile Stampflehmlage, hat offensichtlich in dem einen oder anderen Fall zu einer Vermischung der in den Stampflehm während der Hausnutzung eingetretenen Gegenstände mit denen aus der Planierschicht geführt.

Die Neuanlage der Burg nach der Brandkatastrophe, die das Ende der lehmziegelmauerzeitlichen Besiedlung markiert und die zeitlich mit dem Übergang in die Stufe Ha D2 zusammenfällt, erfolgte anscheinend ohne einen größeren Hiatus. Eine Reparatur der durchaus noch reparablen Lehmziegelmauer wurde offensichlich nicht erwogen. Die neue Mauer wurde in der herkömmlichen Holz-Erde-Technik errichtet. Ein Vergleich der Bebauung in der Periode IVb/1 (Abb. 1) mit derjenigen aus der Periode IIIa (Abb. 2 unten) zeigt deutliche Unterschiede. Als erstes fällt im südöstlichen Mauerbereich ein umzäunter großdimensionierter Bau mit einem Nebengebäude auf. Die übrigen Einheiten mit deutlich kleineren Bauten weisen ähnliche Umgrenzungen aus Gräbchen und Zäunen auf. Die Anordnung macht einen zerstreuten Eindruck. Die Siedlungsstruktur in der nachfolgenden Periode II (Abb. 2 oben) zeigt ein ähnliches Bild. An die Stelle des 408 m^2 großen Hauses aus der Periode IIIa ist ein vergleichbar großer Bau getreten, nur mit einem abweichenden Grundriß. Die übrige Bebauung setzt die Entwicklung mit zellen- bzw. gehöftartigen Anlagen fort.

Was das riesige Gebäude aus der Periode IIIa anbelangt, so ist es zunächst auf einer Grundfläche von 343 m^2 errichtet und später im Zuge eines Umbaus erweitert worden[15]). Es unterliegt keinem Zweifel, daß wir hierin kein nur privat genutztes Wohnhaus vor uns haben. Bauten dieser Dimension müssen auch öffentlichen Zwecken gedient haben. Dafür spricht auch der Doppelbackofen im SW-

Abb. 1. Heuneburg. Bebauung in der Periode IVb/1.

Trakt des Hauses, dessen Grundfläche fast 10 m^2 betrug. Auf privat genutzte Bereiche weist ein im westlichen Anbau eingerichteter Ofen und eine Herdstelle in einem Raum im NW-Teil des Hauses. Daß wir in der Hallstattzeit bei der Oberschicht mit Großbauten zu rechnen haben, zeigt auch das von J. Biel in Eberdingen-Hochdorf entdeckte Schwellbalkenhaus, dessen Grundfläche mit 10 auf 14 m angegeben wird[16.])

In einer vergleichenden Betrachtung der lehmziegelmauerzeitlichen Besiedlung und der jüngeren Bebauung in den Perioden IIIb–IIIa sagt Gersbach: „Darüber hinaus ist bei diesen beiden Bauperioden in der Lage der Wohnbauten, der Wohn-/Arbeitsstätten und reinen Werkstätten Regellosigkeit zu beobachten“[17]). Die Veränderungen sind unübersehbar, aber ist es bei einer so wichtigen Angelegenheit wie der Anlage von Häusern vorstellbar, daß dort „Regellosigkeit“ herrscht? Ist nicht vielmehr das, was wir hier sehen, das Ergebnis von Anwendung anderer räumlicher Konventionen, die Realisierung von Regeln, die uns unbekannt sind?

Die Zeit der Lehmziegelmauer war zweifellos die Zeit der größten Machtentfaltung der Burgherren. Der Gründer der Burg ist wahrscheinlich im Zentralgrab des Hohmichele bestattet worden, und ihm dort nachfolgend seine Gefolgsleute und Mitglieder seiner Familie. Die Nachbestattungen brechen dort mit dem Ende der lehmziegelmauerzeitlichen Besiedlung ab, die mit dem Ende der Stufe Ha D1 zusammenfällt. Die neuen Burgherren gründen in Burgnähe eine neue Nekropole. Dies, zusammen mit weiteren Indizien, darunter die Rückkehr zur tradtionellen Holz-Erde-Bauweise beim Mauerbau, wird als Beweis für einen Wechsel der Herrschaft angesehen.

Die zerstreute, gehöftartige Bebauung mit einem herausragenden Bau dazwischen, vielleicht auch mit mehreren großen Bauten, da wir die Bebauung der Nordhälfte nicht kennen, entspricht offensichtlich den neuen Bedürfnissen. Die Zerstörung der lehmziegelmauerzeitlichen Besiedlung mit ihrer hohen Bevölkerungsdichte, die auf die Anziehungskraft einer starken Führerpersönlichkeit weist, wird, so ist zu vermuten, mit einer Dezimierung der Bevölkerung einhergegangen sein. In den Ha D2-zeitlichen Perioden IIIb–IIIa existiert die Außensiedlung, die nach den heute bekannten Abmessungen mehr Einwohnern als die Burg Platz geboten haben dürfte, zumindest in ihrer alten Form nicht mehr[18]). Machte die Größe der Population in Periode IV einen planerischen Umgang mit dem verfügbaren Raum in der umwehrten Burg erforderlich, so konnte sich die Siedlungsstruktur einer wesentlich kleineren Bevölkerung den Verhältnissen von offenen Siedlungen mit ihrem vergleichsweise unlimitierten Raum annähern. Dies dürfte aber nicht der einzige Grund gewesen sein. Einiges spricht auch für einen Wandel in den gesellschaftlichen Verhältnissen oder zumindest für einen bedeutsamen Kontinuitätsbruch.

Auch bei den Grabbräuchen zeigen sich Unterschiede. Auch wenn das Zentralgrab des Hohmichele ausgeraubt angetroffen wurde, so hat es doch den Anschein, als ob es dort primär die gewaltigen Ausmaße des Grabhügels wären, womit der Tote, seine Familie und die Gemeinschaft repräsentiert sind. Die Hügel der jüngeren Nekropole dagegen sind wesentlich kleiner, ihre Ausstattung aber vom Feinsten: Herrschaftssymbole in Gestalt von goldenen Hals- und Armringen, Bronzegefäßen, Wagen und, nach Ausweis der von den Grabräubern zurückgelassenen Bernsteinintarsien, auch eine Kline griechischen Typs[19]). Hätten wir auf der Burg keine herausragenden Häuser angetroffen, so würden wir sie nach den Grabfunden erschließen.

Zweifellos haben wir es bei der Heuneburg während der älteren lehmziegelmauerzeitlichen und während der nachfolgenden jüngeren Besiedlung mit hierarchischen Strukturen zu tun. Ein Unterschied dürfte darin liegen, daß der Tote im Zentralgrab des Hohmichele auf eine prestigeträchtige Tradition zurückblicken konnte, die neuen Herren der Burg diese erst begründen mußten. Es ist zu vermuten, daß die neue Herrschaft ihre Macht erst legitimieren mußte, wozu auch die Prunkentfaltung gedient hat.

Abb. 2. Heuneburg. Gesamtplan der Bebauung im Südteil der Burg in der Periode IIIa (unten), in der Periode II (oben). M. 1:1250.

Bekanntlich fallen in die beiden nachlehmziegelmauerzeitlichen Perioden IIIb–IIIa intensive Beziehungen zum Süden, die ihren Niederschlag u. a. in der Anlieferung von Weinamphoren und griechischen Vasen gefunden haben. Bedauerlicherweise lassen sich die angetroffenen Fragmente in keinem Fall mit dem Ort ihres Gebrauchs verbinden, da sie sämtlich aus umgelagerten Befunden stammen.

In der neueren angelsächsischen Literatur ist zu lesen, und, wie mir scheint, ist die Kritik begründet, daß traditionelle räumliche Analysen nicht die Pluralität von Bedeutungen räumlicher Organisation erfaßten[20]). „For some, the attempt to move from post-holes to symbolic orders is simply too difficult."[21]) Traditionelle Vorgehensweisen hätten zwar nützliche Werkzeuge für die Untersuchung der physikalischen Dimension von gebauter

Umwelt geliefert, hätten aber versäumt, über die soziale Realität von Häusern zu informieren. Untersucht würden gewöhnlich Technologie, Konstruktionstechniken, Gebäudetypen, die räumliche Organisation und Umweltbedingungen, weniger aber die soziale Organisation von Menschen, die darin lebten. Dabei betrifft die Aufteilung bzw. Ordnung von Raum in Gebäuden die Regelung der Beziehungen zwischen Menschen. Vor allem erfasse die traditionelle archäologische Arbeitsweise, so die Kritik, nicht den dynamischen, prozessualen Aspekt von Häusern. Keiner der vielen Aspekte, die Häuser haben, dürfte als statisch angesehen werden, gleichgültig, ob es sich um einen materiellen Aspekt handelt oder eine mentale Projektion. Betrachtet man ein Haus aus einer internen Perspektive heraus in der Zeit, z. B. eines Tages oder im saisonalen Rahmen, so werden sich jeweils unterschiedliche Aktivitäten und Funktionen ergeben. D. h. der Raum hat unvermeidlich die Zeit als Komponente. Eine externe Perspektive wird ein Haus im Vergleich zum Nachbarhaus und der Gesamtheit der Häuser in der Nachbarschaft, Siedlung oder Region sehen. Räume haben eine Vielfalt von Bedeutungen für Menschen, die sie gebaut, genutzt und verlassen haben. Die Organisation von Raum reflektiert nicht nur, sondern sie erzeugt auch soziale Strukturen und Tätigkeiten. Es sei daher wichtig, Häuser als ein Werkzeug des Denkens zu sehen. Häuser sind Plätze, in denen es hin und her geht; sie werden errichtet, modifiziert und verlassen im Einklang mit den wechselnden Umständen der Bewohner. Sie müssen gebaut und erhalten, erweitert oder verändert werden gemäß den Bedürfnissen der Bewohner. Es sei wichtig zu sehen, daß solche architektonischen/baulichen Prozesse in Koinzidenz mit wichtigen Ereignissen und Prozessen im Leben der Bewohner geschehen.

Die Heuneburg dürfte zwar politisch autonom gewesen sein, aber kaum ökonomisch autark, z. B. bei der Versorgung mit wichtigen Rohstoffen und Nahrungsmitteln für die spezialisierte Handwerkerschaft, und auch nicht in sozialer Hinsicht, schon aus demographischen Gründen, z. B. im Falle zu vermutender exogamer Heiratspraktiken. Sie stellte mithin keine geschlossene Gesellschaft dar. Die Folge davon dürfte eine hohe Mobilität von Personen gewesen sein, die sich aus den verschiedensten Gründen von einer Siedlung zur anderen bewegten. Daraus resultiert, daß zwar das Grundmuster der Siedlung über bestimmte Zeiträume dasselbe blieb, daß aber die Zusammensetzung der Population ständig wechselte.

Das Ziel unserer Arbeit sollte sein, unsere Perspektive zu erweitern, z. B. zu ergründen, was es bedeutet, wenn ein Haus gebaut, genutzt oder verlassen wird. Erst dann erfassen wir die Bedeutung von Häusern in ihren verschiedenen Aspekten, dem materiellen, dem räumlichen, dem zeitlichen und dem sozialen.

Anmerkungen

[1]) E. Gersbach, Baubefunde der Perioden IVc–IVa der Heuneburg. Mit Beiträgen von H. van den Boom, H. Drescher und J. Wahl, Heuneburgstudien 9, Röm.-Germ. Forsch. 53, 1995, 3, Abb. 2.

[2]) Zur Chronologiediskussion vgl. D. Krausse, Hochdorf III. Das Trink- und Speiseservice aus dem späthallstattzeitlichen Fürstengrab von Hochdorf-Eberdingen (Kr. Ludwigsburg), Forsch. u. Ber. z. Vor- u. Frühgesch. in Baden-Württemberg 64, 1996, 330 ff.

[3]) M. Friedrich, Dendrochronologische Datierung der Toranlage der Periode I der Heuneburg. In: E. Gersbach, Baubefunde der Perioden IIIb–Ia der Heuneburg, Heuneburgstudien 10, Röm.-Germ. Forsch. 56, 1996, 169 ff.

[4]) S. Sievers, Die Kleinfunde der Heuneburg, Heuneburgstudien 5, Röm.-Germ. Forsch. 42, 1984, 29 f. Abb. 18 u. Beil. 1.

[5]) H. van den Boom, Die Großgefäße und Töpfe der Heuneburg, Heuneburgstudien 8, Röm.-Germ. Forsch. 51, 1991, 74 ff., ebd., Schichtenschema mit Zuweisung der Hallstattstufen 3, Abb. 2. – Dies., Die Hausinhalte der Perioden IIIa–Ia. In: Gersbach, s. Anm. 3, 143 ff. bes. 147.

[6]) Gersbach, s. Anm. 3, 3 Abb. 2.

[7]) Vgl. Krausse, s. Anm. 2, 331 ff.

[8]) Gersbach, s. Anm. 1, 108 ff.

[9]) Gersbach, s. Anm. 1, 132 f. Abb. 76 f. – Ders., s. Anm. 3, 104, Abb. 43.

[10]) Gersbach, s. Anm. 1, 95, 109, Abb. 69.

[11]) Gersbach, s. Anm. 1, 95 f. – Ders. s. Anm. 3, 57 ff.

[12]) H. van den Boom, Die Hausinhalte der Perioden IVc–IVa. In: Gersbach, s. Anm. 1, 191 ff. – Dies., Die Hausinhalte der Perioden IIIa–Ia. In: Gersbach, s. Anm. 3, 143 ff.

[13]) H. van den Boom, Keramische Sondergruppen der Heuneburg, D. Fort-Linksfeiler, Die Schüsseln und Schalen der Heuneburg. Mit einem Beitrag von M. Magetti, Heuneburgstudien 7, Röm.-Germ. Forsch. 47, 1989, 15 ff. – Dies., In: Gersbach, s. Anm. 1, 220, Abb. 9.

[14]) H. van den Boom, Keramische Sondergruppen, s. Anm. 13, 3 ff.

[15]) Gersbach, s. Anm. 3, 68 ff. u. Beil. 20.

[16]) J. Biel, Fortsetzung der Siedlungsgrabung in Eberdingen-Hochdorf, Kreis Ludwigsburg, Arch. Ausgr. Baden-Württemberg 1990, 89 ff.

[17]) Gersbach, s. Anm. 3, 127.

[18]) Neue Untersuchungen im Areal der Außensiedlung haben Spuren einer offenen, nachlehmziegelmauerzeitlichen Besiedlung erbracht. Vgl. S. Kurz, Neue Ausgrabungen im Vorfeld der Heuneburg bei Herbertingen-Hundersingen, Kreis Sigmaringen, Arch. Ausgr. Baden-Württemberg 1995, 96 ff. – Ders., Die Heuneburg-Außensiedlung. Befunde und Funde (in Vorb.).

[19]) J. Fischer, Zur griechischen Kline und weiteren Südimporten aus dem Fürstengrabhügel Grafenbühl, Germania 68, 1990, 115 ff., bes. 119.

[20]) Ich nenne hier stellvertretend für viele andere: J. Carsten, S. Hugh-Jones (Hrsg.), About the House, Cambridge 1995; R. Samson (Hrsg.), The Social Archaeology of Houses, Edinburgh 1990; M. Parker-Pearson, C. Richards, Architecture and Order. Approaches to the Social Space, London, New York 1994.

[21]) M. Parker-Pearson, C. Richards, Architecture and Order. Spatial Representation and Archaeology, 38 ff. In: Dies., s. Anm. 20.

Hallstattzeitliche Haus- und Siedlungstypen in der Nordostschweiz

Calista Fischer, Zürich

An Stelle des Kurzbeitrages wird auf die beabsichtigte Drucklegung verwiesen:

C. Fischer, Hallstatt- und latènezeitliche Siedlungskammern im Kanton Baselland. In: Archäologie im Kanton Baselland, Ausstellungkatalog, Basel 1998.
C. Fischer, Hallstattzeit. Handel über die Alpen. In: Archäologie im Kanton Zürich, Zürich 1998.

Neue Fundstellenkarte zur Hallstattzeit in Bayerisch-Schwaben

Hilke Hennig, Augsburg

An Stelle des Kurzbeitrages wird auf die beabsichtigte Drucklegung verwiesen:

H. Hennig, Grabfunde der Hallstattzeit aus Schwaben, Schriften zur Vor- und Frühgesch. d. Bayer. Staatssammlung München.

Zur Auswahl von Siedlungplätzen während der Hallstattzeit im Nördlinger Ries

Jana Esther Fries, Augsburg

Der Naturraum

Das Nördlinger Ries stellt naturräumlich wie archäologisch eine der interessantesten Landschaften Süddeutschlands dar[1]). Es entstand durch einen Meteoriteneinschlag am Übergang von der Fränkischen zur Schwäbischen Alb vor etwa 15 Millionen Jahren[2]). Heute ist das Ries ein kreisrunder, flacher Krater von etwa 25 km Durchmesser. Die innere Ebene des Rieses liegt rund 100 m tiefer (bei 405–440 m ü. NN) als die umgebenden Berge der Alb. An die Ebene schließt sich im Südosten bis Westen eine kleinteilig reliefierte Hügelzone an, die 40 bis 90 m höher liegt.

Das Ries bietet deutlich günstigere Umweltbedingungen als die umliegende Alb. Während der letzten Eiszeit wurde dort in großem Umfang Löß abgelagert, besonders in der Westhälfte. Das Klima ist deutlich kontinental, wärmer und trockener als auf der Alb. Zahlreiche Bäche und kleine Flüsse, die über die Wörnitz alle in die Donau entwässern, sorgen fast überall für ausreichende Wasserversorgung. Entsprechend diesen günstigen Bedingungen war das Ries in nahezu allen prähistorischen Epochen dicht besiedelt.

Aufgrund der genannten Besonderheiten und der deutlichen Unterschiede zur Alb wird das Ries in der Karte der naturräumlichen Gliederung Deutschlands als Haupteinheit eingestuft, eine der kleinsten[3]). Diese gliedert sich in das flache Innere Ries und die umgebende Hügelzone mit abwechslungsreichem Relief. Im Inneren Ries wird weiter zwischen der Westhälfte mit besonders fruchtbaren Lößböden und wenig eingetieften Fließgewässern sowie dem Ostries mit sandigen Böden und großflächigen Auensedimenten unterschieden. Die Hügelzone zerfällt in drei Teile mit unterschiedlichen Böden. Die höchsten Erhebungen finden sich in der südlichen Zone (bis 520 m ü. NN), im Westen sind sie am niedrigsten.

Politisch gehört das Ries zum größeren Teil zu Bayerisch Schwaben, der Westen zu Württemberg und ein kleiner Zipfel ragt nach Mittelfranken hinein.

Forschungsgeschichte

Archäologische Forschung und Bodendenkmalpflege setzten im Ries früh ein und erbrachten für verschiedenen Epochen sehr bedeutende Ergebnisse. Am bekanntesten sind die Kopfbestattungen in der großen Ofnethöhle bei Hohlheim, die Höhensiedlungen auf dem Goldberg und dem Ipf, der frühbronzezeitliche Hortfund von Bühl, römische Kastelle in Munningen und Nördlingen und das alemannische Gräberfeld bei Bopfingen. Bekannte Hallstattfundplätze aus dem Ries sind die Siedlung IV auf dem Goldberg, das Gräberfeld „Mähder" bei Belzheim, die Höhensiedlungen auf dem Rollenberg und dem Ipf. In Nördlingen-Baldingen wurde in den letzten Jahren ein umfangreiches Areal untersucht, das neben Funden vieler anderer Epochen einen hallstattzeitlichen „Herrenhof" und Flachgräber erbrachte[4]).

Eine systematische, flächendeckende Bodendenkmalpflege und archäologische Forschung begannen im Ries mit den Untersuchungen des Nördlinger Apothekers Ernst Frickhinger[5]). Er führte zwischen 1910 und 1940 eine erstaunliche Zahl von Grabungen, Notbergungen und Begehungen durch, publizierte zahlreiche wissenschaftliche wie allgemeinverständliche Artikel und machte das Ries zu einer der archäologisch am besten erforschten Landschaften in Bayern. W. Dehn führte seine Arbeit nach dem Tod Frickhingers fort[6]). Neben Frickhingers Tätigkeit waren die Grabungen G. Bersus auf dem Goldberg[7]) über das Ries hinaus von großer Bedeutung.

Bearbeitet wurden für das Ries bislang die Steinzeit[8]), die Bronze- und Urnenfelderzeit[9]) und die Römische Kaiserzeit[10]). Zur Zeit wird durch eine Marburger Kommilitonin die Latènezeit behandelt[11]). Die Hallstattzeit im Nördlinger Ries wird von mir als Dissertationsvorhaben bearbeitet. Einen ersten, abgeschlossenen Teil der Untersuchung habe ich als Magistraarbeit vorgelegt[12]).

Eine Besonderheit der Bodendenkmalpflege im Ries sind die seit rund zwanzig Jahren von ehrenamtlichen Mitarbeiter/innen des Bayerischen Landesamtes für Bodendenkmalpflege durchgeführten systematischen und flächendeckenden Begehungen[13]). Bislang sind 21 Gemarkung vollständig abgesucht worden, weitere Begehungen finden laufend statt. Sie erbringen zahlreiche Funde (vor allem aus dem Neolithikum), wichtige neue Daten über bevorzugt besiedelte Areale und wertvolle Hinweise zur Quellenkritik. Die in vielen Epochen hohe Besiedlungsdichte und die umfangreichen Begehungen machen das Ries in besonderem Maße für siedlungsarchäologische Untersuchungen geeignet.

Das Fundmaterial

Aus dem Ries sind 248 Fundplätze mit hallstattzeitlichem Material bekannt (Stand Juni 1997). In die Untersuchung zur Platzauswahl wurden 234 Fundplätze einbezogen. Dabei handelt es sich um 180 Siedlungsplätze und 29 Gräber/Gräberfelder. Hinzu kommen 27 Einzelfunde und nicht näher zu bestimmende Fundplätze. Zu den Siedlungsplätzen gehören 13 Höhensiedlungen. Nicht berücksichtigt wurden die rund 300 undatierten Grabhügel im Arbeitsgebiet, die vor allem außerhalb des Rieskessels liegen[14]).

Die hallstattzeitlichen Fundplätze sind sehr ungleich über das Ries verteilt. Sie konzentrieren sich, analog zu anderen Epochen, in den südlichen Riesrandbergen[15]). Ein zweiter, weniger stark ausgeprägter Schwerpunkt liegt auf den fruchtbaren Lößböden westlich der Wörnitz und südlich der Eger. Das Ostries wurde dagegen eher gemieden. Letzteres trifft mit Ausnahme der Altheimer Fundplätze auch für alle anderen prähistorischen Kulturen im Ries zu.

Methoden

Ziel des ersten Abschnittes der Bearbeitung war es, Gründe für die Auswahl von Siedlungs- und Bestattungsplätzen herauszufinden. Es können heute allerdings nur noch topographische, geologisch-bodenkundliche und hydrologische Aspekte mit einiger Sicherheit festgestellt werden. Andere Faktoren, wie Verkehrsgeographie oder Waldbedeckung und Vegetation können nur in Ansätzen, weitere, wie soziale Regelungen, ästhetisches Empfinden und religöse Gründe nur in Ausnahmefällen festgestellt werden. Die Untersuchung beschränkte sich also zwangsläufig auf einige (längst nicht alle) ökonomische und strategisch-militärische Aspekte bei der Auswahl von Siedlungsplätzen. Folgende Aspekte der Fundplätze wurden untersucht:

Geländeform
Hangabschnitt
Exposition
Steigung
Höhenlage
Entfernung zum nächstgelegenen Gewässer
geologischer Untergrund
Bodenart bzw. Bodentyp
Ertragsfähigkeit

Jeder der genannten Faktoren wurde zunächst einzeln sowie hinsichtlich der Fundgattungen und der räumlichen Verteilung untersucht. Anschließend wurde die Korrelation der Faktoren näher betrachtet. Ein wesentliches Problem bei der Betrachtung von Umweltfaktoren ist deren Veränderung seit der untersuchten Epoche. Durch Erosion, Bodengenese, Klimaschwankungen, Flurbereinigung und zahlreiche weitere Ursachen haben sich alle untersuchten Aspekte seit der Hallstattzeit verändert. Die Richtung dieser Veränderung im allgemeinen, beispielsweise die generelle Wirkung von Erosion auf eine bestimmte Geländeform, ist feststellbar. Ihr genaues Ausmaß jedoch, also beispielsweise der Umfang des Bodenabtrags innerhalb der letzten 2500 Jahre an einem einzelnen Fundplatz, kann nur durch entsprechende naturwissenschaftliche Untersuchungen festgestellt werden. Angesichts der Zahl der zu untersuchenden Fundplätze bleibt deshalb in der Regel nichts anderes übrig, als von den heutigen Gegebenheiten auszugehen, im Wissen um die Ungenauigkeit, die sich daraus ergibt.

Ergebnisse

Von den Einzelergebnissen sollen hier nur einige exemplarisch herausgegriffen werden:

Hinsichtlich der Hangabschnitte wurden sieben Lagen unterschieden. Die hallstattzeitlichen Fundplätze liegen etwa gleich häufig am Ober- und Unterhang, der mittlere Hangabschnitt wurde dagegen viel seltener belegt (Abb. 1). Die wenigen Gräberfelder unter den Fundplätzen liegen noch deutlich häufiger auf Kuppen und am Oberhang (neun von elf auswertbaren Fundplätzen) als die Gesamtzahl der Fundplätze; Siedlungsfundplätze wurden häufiger am Unterhang/Hangfuß (45,3 %) entdeckt.

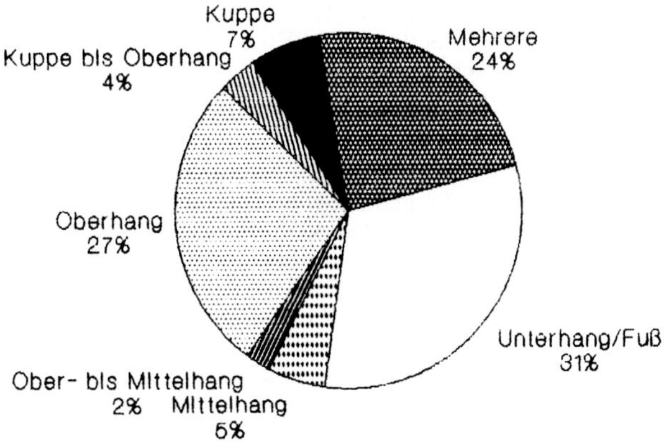

Abb. 1. Nördlinger Ries, Fundplätze der Hallstattzeit. Anteile der Hangabschnitte.

Bedingt durch die weiten ebene Flächen des Inneren Ries liegt die Neigung bei über der Hälfte (52 %) aller Fundplätze unter 3°. Solche schwach geneigten oder ebenen Flächen wurden jedoch auch in den stark hügeligen Randzonen des Rieses bevorzugt genutzt.

Bezüglich der Entfernung zu Gewässern lassen sich die Fundplätze in vier Gruppen aufteilen (Abb. 2). Fundplätze mit Entfernungen bis 75 m sind am häufigsten. Entfernungen bis 150 m kommen schon deutlich seltener vor, größere Entfernungen sind dagegen wieder häufiger. Für die zuletzt genannten Fundplätze spielte die Wasserversorgung offensichtlich eine untergeordnete Rolle, andere Kriterien waren wichtiger.

Schließlich fällt die Bevorzugung guter vor sehr guten Böden (gemessen nach der Reichsbodenschätzung) auf. Gute Böden haben an der Gesamtfläche des Rieses einen Anteil von knapp 30 %, sehr gute von 10 %–15 %. Von den hallstattzeitlichen Fundplätzen liegen 42 % im Bereich guter, aber nur 1 % im Bereich der sehr guten Böden. Betrachtet wurde dabei jeweils das weitere Umfeld des Fundplatzes (in einem Durchmesser von 750 m). Dies kann seine Ursache in den Anbaumethoden der Vorgeschichte und der leichteren Bearbeitbarkeit der nicht ganz so fruchtbaren Böden haben.

Aus der Kombination der sechs genannten topographischen Faktoren ergaben sich elf häufige Kombinationen von mindestens drei Faktoren, die

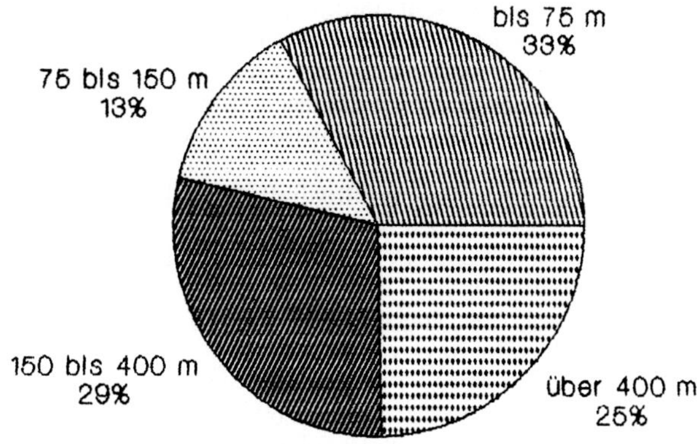

Abb. 2. Nördlinger Ries, Fundplätze der Hallstattzeit. Entfernung zum nächstgelegenen Gewässer.

ich Lagetypen genannt habe. Am häufigsten sind darunter mit 39 Fundplätzen Lagen in unspezifischem Gelände mit weniger als 3° Steigung, Höhen zwischen 400 und 440 m ü. NN und nicht mehr als 75 m vom nächsten Gewässer entfernt. Diese Fundplätze liegen in der Regel am Rand von Niederungen. Zehn Fundplätze erfüllen jeweils vier der folgenden Bedingungen: Lage am unspezifischen Hang, Neigung von 6° bis 8°, Lage am Unterhang / Fuß, Höhe 400–440 m ü. NN, Entfernung zum nächsten Gewässer bis 75 m.

Ein ganz anders gearteter Lagetyp ist für die Höhensiedlungen des Rieses typisch: Sie liegen auf Plateaus oder Hochflächen, am Oberhang der Erhebungen und die Neigung des Hanges (nicht die des Fundplatzes) liegt über 13°. Hier ist die Entfernung zu den nächstgelegenen Gewässern naturgemäß besonders groß; in der Regel beträgt sie über 400 m. Solche Positionen wurden selbstverständlich auch in anderen Epochen besetzt. Im Ries waren während der Hallstattzeit fast alle derartigen Plätze besiedelt.

Die Verbreitung der Lagetypen im Ries ist deutlich unterschiedlich und entspricht nur zum Teil den naturräumlich vorgegebenen Bedingungen. Vom größten Teil der hallstattzeitlichen Fundplätz liegen auch Funde anderer Epochen vor, am häufigsten latènezeitliche, gefolgt von urnenfelderzeitlichen. Auch hinsichtlich der Platzwahl ist die Übereinstimmung mit der Latènezeit am größten.

Anmerkungen

[1]) Beide Aspekte werden behandelt in: Führer zu vor- und frühgeschichtlichen Denkmälern 40 u. 41, Nördlingen – Bopfingen – Oettingen – Harburg, Mainz 1979. – H. Frei, G. Krahe, Archäologische Wanderungen im Ries, Führer Arch. Denkmäler Bayern, Schwaben 2, Stuttgart, Aalen 1979. – R. Krause, Vom Ipf zum Goldberg. Archäologische Wanderungen am Westrand des Rieses, Führer Arch. Denkmäler Baden-Württemberg 16, Stuttgart 1992. Diese Führer bieten die wichtigsten Informationen zu den meisten im folgenden genannten Fundplätzen. Auf eine Nen-

nung der teilweise sehr umfangreichen Literatur wird deshalb an dieser Stelle überwiegend verzichtet.

²) Allgemeinverständlich zur Entstehung des Rieses: H. Gall, Erd- und Landschaftsgeschichte. In: Frei, Krahe, s. Anm. 1, 19 ff. – Ders., Das Nördlinger Ries, ein Meteoritenkrater, München 1983.

³) R. Jätzold, Die naturräumliche Gliederung auf Blatt 172 Nördlingen, Geographische Landesaufnahme 1:200.000, Naturräumliche Gliederung Deutschlands, Bad Godesberg 1962.

⁴) A. Zeeb, Ein „Herrensitz" der Hallstattzeit in Baldingen, Arch. Jahr Bayern 1992, 69 ff.

⁵) Zur Tägigkeit Frickhingers beispielsweise W. Dehn, L. Sangmeister, Die Steinzeit im Ries, Materialh. Bayer. Vorgesch. 3, 1954, 8–12. – Drei archäologische Führer zum Ries (Anm. 1). – H. Dietrich, Bemerkungen zu neueren Funden und Befunden der Späthallstatt-Frühlatènezeit aus dem Nördlinger Ries. In: Festschr. für Otto-Hermann Frey zum 65. Geburtstag, Marburger Stud. 16, 1994, 149 ff.

⁶) W. Dehn, Vor- und frühgeschichtliche Bodendenkmäler aus dem Ries, Jahrb. Hist. Ver. Nördlingen 23, 1950.

⁷) Neben den in Anm. 1 genannten Führern bietet P. Schröter, Zur Besiedlung des Goldberges im Nördlinger Ries. In: Ausgrabungen in Deutschland, 1. Vorgeschichte bis Römerzeit, Mainz 1975, 98–114 einen Überblick zu den Grabungen G. Bersus.

⁸) Dehn, Sangmeister, s. Anm. 5.

⁹) S. Ludwig-Lukanow, Hügelgräberbronzezeit und Urnenfelderkultur im Nördlinger Ries, Materialh. Bayer. Vorgesch. A 48, 1983.

¹⁰) W. Czysz, Situationstypen römischer Gutshöfe im Nördlinger Ries, Zeitschr. Hist.Ver. Schwaben 72, 1978, 7 ff.

¹¹) A. Bick, Formen der Besiedlung des Nördlinger Rieses in der Latènezeit (Magistraarbeit Univ. Marburg) 1996.

¹²) J. E. Fries, Lagetypen hallstattzeitlicher Fundplätze im Nördlinger Ries (Magistraarbeit Univ. Kiel) 1995. – Dies., Lagetypen hallstattzeitlicher Fundplätze im Nördlinger Ries, Arch. Informationen 19, 1996, 239 ff.

¹³) Dietrich, s. Anm. 5, 149–158. – F. Krippner, Siedlungskundliches aus dem Ries. Eine erste Zusammenfassung der systematischen Begehungen, Bayer. Vorgesch.bl. 60, 1995, 63 ff.

¹⁴) Krause, s. Anm. 1, Abb. 83.

¹⁵) z. B. Dehn, Sangmeister, s. Anm. 8, 20–24, Taf. 21. – R. A. Maier, Zur Jungsteinzeit im Ries. In: Führer zu vor- und frühgeschichtlichen Denkmälern 40, s. Anm. 1, 74. – W. Torbügge, Bemerkungen zur bronze- bis hallstattzeitlichen Besiedlung im Ries, ebd. 86 ff. – S. Ludwig-Lukanow, Die Bronzezeit im Ries, ebd. 116 ff. – H.-P. Uenze, Die Latènezeit im Ries, ebd. 149 ff., Abb. 1, 10. – H. Frei, Das Ries als vorgeschichtlicher Siedlungsraum. In: Frei, Krahe, s. Anm. 1, 30 ff.

Ein hallstattzeitliches Grabenwerk aus Buchhofen
Zum Problem „Herrenhöfe" im Deggendorfer Raum

Clea Fabian, München

Einleitung

Auf der Verbreitungskarte von K. Leidorf stellen die Grabenwerke aus dem Landkreis Deggendorf die östlichsten Fundpunkte in Bayern dar. In den letzten Jahren sind weitere Grabenwerke im Osten bekannt geworden. Sie liegen in der Tschechischen Republik und in Österreich[1]).

Das Isarmündungsgebiet zeigt eine hohe Konzentration an hallstattzeitlichen Grabenwerken, die vorwiegend mit Hilfe der Luftbildarchäologie entdeckt wurden. Die Anlage von Buchhofen konnte erst kürzlich unter der Leitung des Deggendorfer Kreisarchäologen K. Schmotz in den Jahren 1995 und 1996 freigelegt werden[2]).

Der kleine Ort Buchhofen liegt südlich der Isar und westlich der Donau, am Herzogbach auf fruchtbaren Lößböden der Gäubodenlandschaft. Bis in die 90er Jahre sind nur vereinzelt archäologische Funde dort bekannt geworden. Die Freilegung des hallstattzeitlichen Grabenwerkes stellt die erste umfangreichere Ausgrabung im Buchhofener Gebiet dar.

In unmittelbarer Nähe zu dem Hof aus Buchhofen befinden sich weitere hallstattzeitliche Grabenwerke. Nur ca. 5 km von Buchhofen entfernt liegt die Anlage von Osterhofen-Linzing, die von K. Leidorf in den frühen 80er Jahren untersucht worden ist. Im Norden von Buchhofen sind drei weitere Grabenwerke nach Luftbildaufnahmen bekannt: eines in Manndorf, Gemeinde Ottmaring, und zwei weitere in Langenisarhofen. Weiter im Westen befindet sich die Anlage von Niederpöring, die auch aus Luftbildaufnahmen bekannt geworden ist[3]).

Nördlich des Isarbogens wurden zwei weitere Anlagen in Plattling-Pankofen und am Fuß des Natternberges untersucht, so daß sich für das Gebiet nördlich und südlich des Isarbogens eine hohe Dichte von hallstattzeitlichen Grabenwerken ergibt, von denen nun vier vollständig untersucht sind.

Das Grabenwerk von Buchhofen

Der Ort Buchhofen erstreckt sich von Osten nach Westen entlang eines Bachlaufs. Die Grabung mit einer Fläche von 2,2 ha befand sich am östlichen Ortseingang und auf der Nordseite des Herzogbaches. Auf dem Gesamtplan sind die datierbaren Gruben und Gräben markiert (Abb. 1)[4]). Auf

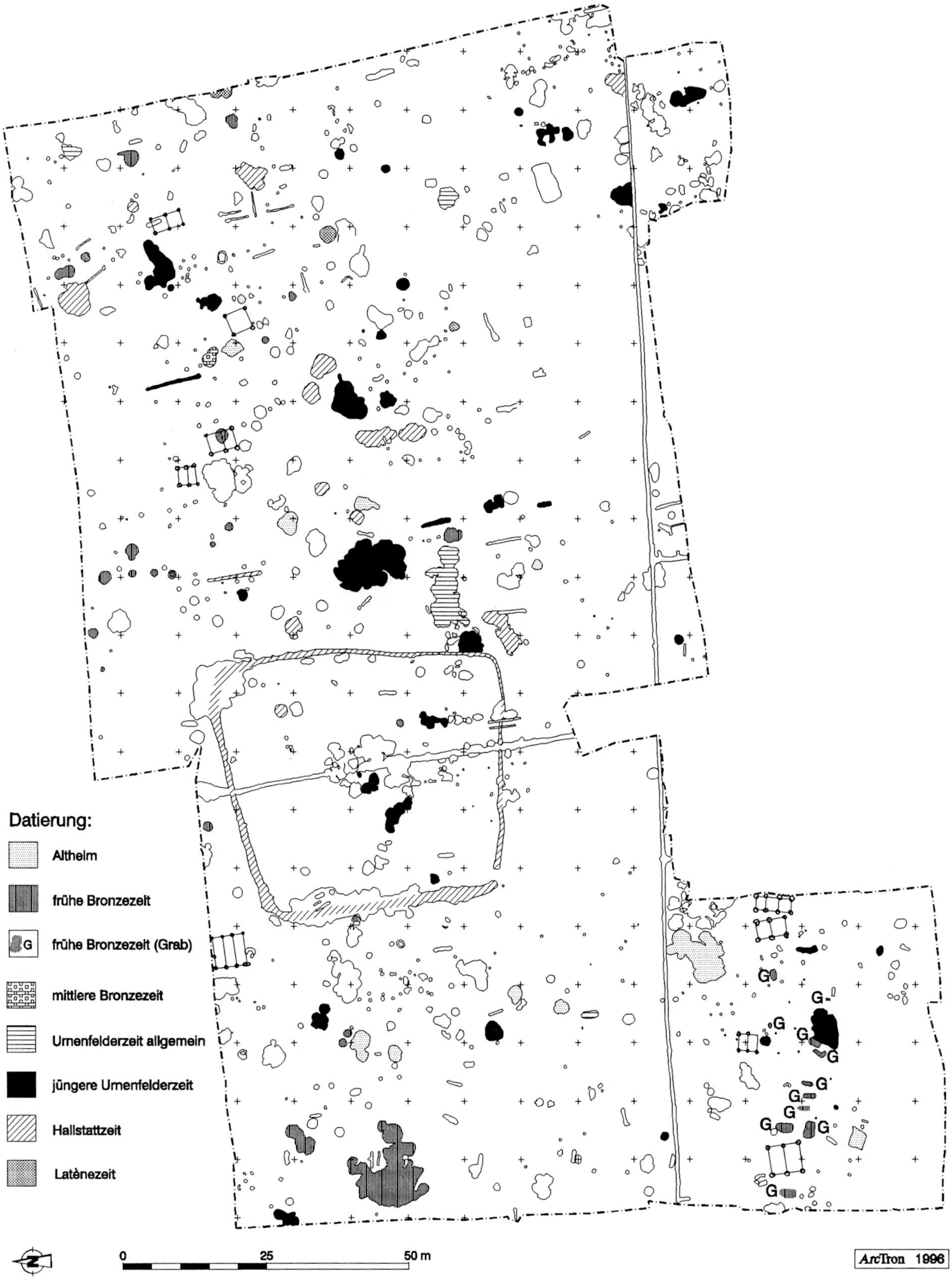

Abb. 1. Plan des Grabenwerkes von Buchhofen.

der ergrabenen Fläche konnten ca. 800 Objekte erkannt und dokumentiert werden. Die Befunde sind in der Regel flachgründig, der originale Bodenhorizont ist nicht erhalten. Die hallstattzeitliche Anlage ist mit einem einfachen Graben umgeben.

Nach der Einteilung von H. Becker gehört die Anlage in die Kategorie A: viereckige Grabenwerke mit Einfach-Graben[5]). Neben den hallstattzeitlichen Befunden sind eine Vielzahl archäologischer Funde aus vorgeschichtlichen Zeiten zutage gekommen. Von der Altheimer Kultur über reichhaltiges Siedlungsmaterial der frühen Bronzezeit, Gräber der Bronzezeit, umfangreiches urnenfelderzeitliches Fundmaterial bis zu einigen wenigen latènezeitlichen Gruben.

Das hallstattzeitliche Grabenwerk konnte vollständig freigelegt werden. Der Graben hat im Osten eine Seitenlänge von 50 m, an den drei übrigen Seiten eine Länge von 40 m. Daraus ergibt sich eine leicht trapezoide Grundform mit abgerundeten Ekken, die eine Fläche von ca. 0,18 ha umschließt. Der Graben ist flachgründig, muldenförmig und hat eine Tiefe von ca. 0,3 m und eine Breite von ca. 0,9 m–1,2 m. Er ist durch zwei Eingänge unterbrochen. Ein 2 m breiter Durchgang befindet sich in der Grabenunterbrechung an der südwestlichen Seite. Ein 1 m breiter Durchgang liegt in der Grabenunterbrechung, ebenfalls auf der südlichen Seite und leicht aus der Mitte heraus verschoben. Das Gräbchen, das das Grabenwerk nahezu in der Mitte teilt, ist neuzeitlich, steht also nicht im Zusammenhang mit der hallstattzeitlichen Anlage. Innerhalb des Grabenwerkes sind bis auf eine Grube in der Nordostecke keine hallstattzeitlichen Bebauungsspuren zu erkennen.

Außerhalb des Grabenwerkes können 17 weitere Objekte der Hallstattzeit zugewiesen werden. Auffällig sind zwei Gräbchenabschnitte, die aber nicht über längere Strecken im Befund verfolgt werden konnten, so daß der konstruktive Zusammenhang dieser Gräbchen unklar bleibt. Reichhaltiges hallstattzeitliches Fundmaterial stammt aus einigen Gruben außerhalb des Grabenwerkes.

Aus den Pfostensetzungen um das Grabenwerk können neun einschiffige Hausgrundrisse rekonstruiert werden. Sechs Hausgrundrisse sind einfache Sechspfostenbauten, dazu ein quadratischer Vierpfostenbau und zwei einschiffige Achtpfostenhäuser. Die Hausgrundrisse können mangels Fundmaterial nicht genauer datiert werden, sondern müssen als allgemein metallzeitlich angesprochen werden. Nur eine Pfostensetzung, die nicht im Zusammenhang mit den Hausgrundrissen steht, lieferte hallstattzeitliche Funde.

Das hallstattzeitliche Fundmaterial besteht in erster Linie aus Siedlungskeramik. Metallfunde und Hinweise auf Metallverarbeitung, die in die Hallstattzeit datieren, sind nicht vorhanden, ebenso fehlen Sonderfunde aus Edelmetall oder keramischer Import.

Das Grabenwerk von Osterhofen-Linzing

Die Anlage von Buchhofen will ich im folgenden mit den bekannten hallstattzeitlichen Grabenwerken im Landkreis Deggendorf, die durch großflächige Ausgrabungen untersucht sind, vergleichen.

An erster Stelle steht das Doppelgrabenwerk von Osterhofen-Linzing, das nur wenige Kilometer östlich von Buchhofen liegt. Es wurde 1977 durch R. Christlein bei einem Erkundungsflug entdeckt und dann in den Jahren 1981 und 1982 unter der Leitung von K. Leidorf untersucht[6]).

Die Fundstelle liegt auf der Flur „Rappberg", einem sanften Höhenrücken und ist im Westen zum Linzinger Bach hin durch einen 8 m hohen Steilabfall natürlich begrenzt. Der Doppelgraben umschließt auf den drei restlichen Seiten eine Innenfläche von 45 m auf 40 m (ca. 0,18 ha) und ist somit in der Größe mit dem Buchhofener Grabenwerk vergleichbar.

Der Außengraben hat ein flaches, muldenförmiges Profil und ist mit maximal 0,56 m Tiefe und bis zu 2,5 m Breite wesentlich schmäler und flacher als der Innengraben, der eine Tiefe bis zu 1,8 m und eine Grabenbreite von 3,5 m bis 5,5 m aufweist. Nach dem Grabungsbericht von K. Leidorf sind beide Gräben gleichzeitig offengestanden, da die beiden Gräben in ihrem Verlauf deutlich Bezug aufeinander nahmen. Im Füllmaterial des Innengrabens konnten zwei Brandschichten festgestellt werden, die Hinweise auf das Schicksal des Hofes geben. Eine Tor- oder Eingangssituation war im Befund nicht nachzuweisen. Die Innenfläche wies zahlreiche Siedlungsspuren auf. Aufgrund der erhaltenen Pfostensetzungen ist es möglich, drei Gebäudegrundrisse von zwei einschiffigen und einem dreischiffigen Pfostenbau zu rekonstruieren.

Das Grabenwerk von Plattling-Pankofen

Nördlich des Isarbogens, nur wenige Meter vom Isarflußlauf entfernt, liegt die hallstattzeitliche Anlage von Plattling-Pankofen[7]). Sie wurde 1979 durch Luftbildaufnahmen erfaßt. Durch die Errichtung eines Gewerbegebietes neben der Pankofener Mühle wurde eine archäologische Ausgrabung nötig. Diese führte K. Schmotz in den Jahren 1990 und 1991 durch.

Der Hallstatthof liegt auf einer leichten Isar-Niederterrasse mit Braunerdeböden. Aufgrund der ungünstigen Bodenverhältnisse verlief die archäologische Untersuchung unter erschwerten Bedingungen. Da der Schotter teilweise bis zur Pflugtiefe anstand, und die Lehmüberdeckung, in der die archäologischen Befunde leichter erkannt werden konnten, in der Mächtigkeit erheblich schwankte, konnten nur ca. 50 Objekte dokumentiert werden.

Vergleichbar mit der Anlage in Buchhofen ist in Plattling-Pankofen eine Fläche von 43 m auf 52 m (ca. 0,22 ha) mit einem einfachen Graben mit einer Breite zwischen 0,6 m bis ca. 5 m (!) und einer Tiefe zwischen 0,4 m und 1,2 m (!) umgeben. Selbst der Graben konnte wegen des geologischen Untergrundes auf weite Strecken nicht im Planum erkannt werden, sondern mußte durch zahlreiche Profilschnitte in seinem Verlauf festgelegt werden. Ein Eingang konnte nicht dokumentiert werden. Innerhalb und außerhalb des Grabens wurden einige Gruben mit teilweise reichhaltigem hallstattzeitlichem Fundmaterial festgestellt. Pfostensetzungen konnten wegen der Bodenverhältnisse nicht mehr nachgewiesen werden, so daß die Bebauung der Anlage wegen der Erhaltungsbedingungen nicht rekonstruiert werden kann.

Das Grabenwerk vom Natternberg

Nahe bei der Donau und der markanten Anhöhe des Natternberges liegt eine weitere Grabenanlage. Der Natternberg besteht geologisch aus dem kristallinen Grundgebirge des Bayerischen Waldes und erhebt sich ca. 70 m über die Donau. Leider ist die Bergkuppe durch mittelalterliche und neuzeitliche Überbauung so stark gestört, daß vorgeschichtliche Siedlungsreste nicht mehr nachzuweisen sind. Lediglich sekundär gelagerte Lesefunde von den Hängen des Natternberges geben einen Hinweis auf eine hallstattzeitliche Nutzung der Anhöhe. Das Grabenwerk kam im Jahr 1979 beim Bau der Autobahntrasse Regensburg-Passau am Fuß des Natternberges zum Vorschein[8]).

Drei Gräben mit abgerundeten Ecken umgeben eine Innenfläche von 44 m auf 46 m (ca. 0,2 ha). Aufgund der Ausrichtung der Gräben und der Lage der Eingänge ist eine zweiperiodige Errichtung des Grabenwerkes anzunehmen. Eingänge sind am äußersten Graben im Süden, Westen und Norden bzw. am innersten Graben im Süden festzustellen. Die beiden inneren Gräben verlaufen deutlich parallel zueinander, während der äußerste Graben leicht dazu verschoben ist. Ein viertes Grabenstück, das K. Schmotz bei seiner Nachuntersuchung dokumentiert hat, befindet sich weiter westlich von der Anlage.

Das zeitliche Verhältnis der Gräben zueinander ist aufgrund der Befundsituation nicht endgültig zu klären. Besonders im Süden der Anlage sind Gebäudegrundrisse und zahlreiche Siedlungsgruben zu erkennen. Nicht alle Gruben gehören in die Hallstattzeit, denn teilweise lieferten die Gruben Fundmaterial der Münchshöfener Kultur.

Zusammenfassung

Jede der vier vorgestellten Hallstattanlagen zeigt eine spezifische topographische Lage, sei es auf Niederterrassen wie Plattling-Pankofen und der Natternberg oder auf einer leichten Anhöhe wie Osterhofen-Linzing. Auffällig ist die unmittelbare Nähe der Anlagen zu einem kleinen Gewässer oder sogar großen Flußlauf.

Die Innenfläche, die entweder von einem, zwei oder drei Gräben umschlossen ist, hat eine vergleichbare Größe von 0,18 bis 0,22 ha. Die Bebauung der Grabenwerke ist wegen der schlechten Erhaltungsbedingungen nicht detailliert nachzuvollziehen. Sie hat sich aber nicht nur auf die Innenfläche beschränkt, sondern auch auf das Areal um den Hallstatthof ausgedehnt, wie die zahlreichen Grubenfunde und einige wenige Hausgrundrisse belegen. Bis auf die Anlage vom Natternberg wurden die Grabenwerke nicht im größeren Rahmen umgebaut oder verändert.

Wegen der geringen Tiefe und Breite der Gräben kann ich nicht von einem wehrhaften Charakter der Anlagen ausgehen, sondern eher von einer Abgrenzung innerhalb eines größeren, besiedelten Areals.

Das bisher von mir gesichtete Fundmaterial gibt keinen Hinweis auf eine sozial herausgehobene Stellung der Bewohner dieser Anlagen. Metallfunde sind äußerst selten. Hinweise für Metallverarbeitung fehlen im Fundmaterial sämtlicher Hallstatthöfe des Isarmündungsgebietes. Einzig aus Osterhofen-Linzing liegen datierbare Metallfunde vor, wie zum Beispiel ein bronzener Bommelanhänger mit Bronzering und eine dreiflügelige Pfeilspitze[9]).

Spinnwirtel und Webgewichte weisen auf handwerkliche Tätigkeiten hin, aber nicht auf größere handwerkliche Produktionsstätten.

Die Fundmasse bildet die Siedlungskeramik, die nur zu geringen Anteilen bemalt, graphitiert oder verziert wurde. In der Regel handelt es sich um einfache Formen für den täglichen Gebrauch.

Keramik und andere Funde, die auf Import hinweisen, sind im Fundmaterial nicht vorhanden.

Zusammenfassend läßt sich sagen, daß der landwirtschaftliche Charakter dieser Anlagen evident ist und sich eine Deutung im Sinne eines „Herrenhofes“ einzig und allein aus der Tatsache eines oder mehrerer umgebender Gräben nicht ableiten läßt. Ich möchte deswegen von landwirtschaftlich orientierten Hofanlagen mit Graben sprechen und die Bearbeitung des Fundmaterials abwarten[10]).

Anmerkungen

[1]) K. Leidorf, Herrenhöfe der frühen Eisenzeit, Arch. Arbeitsgem. Ostbayern/West- und Südböhmen 1994, 81 ff.

– DERS., Herrenhöfe, Bauernhöfe und Tempelbezirke in der frühen Eisenzeit, Arbeitsheft BLfD, Arch. Prospektion, Luftbildarchäologie und Geophysik 1996, 143ff. – M. CHYTRÁČEK, Štítary n Radbuzou-Hostětice und Svržno im Bezirk Domažlice, zwei befestigte Höhensiedlungen der Hallstattzeit. – J. MICHÁLEK, Ein hallstattzeitlicher „Herrenhof" (?) in Němětice bei Strakonice/Südböhmen: Grabungsergebnisse. – Z. SMRŽ, Der frühlatènezeitliche Hof bei Droužkovice, Bez. Chomutov (NW-Böhmen), Arch. Arbeitsgem. Ostbayern/West- und Südböhmen 1994, 58–75. – DERS., Das frühlatènezeitliche Gehöft bei Droužkovice (Kr. Chomutov, NW-Böhmen), Pam. arch. 87, 1996, S. 59ff.

[2]) K. SCHMOTZ, Vorbericht in Vorbereitung, Arch. Jahr in Bayern 1996. An dieser Stelle sei Herrn Schmotz für seine unbürokratische Unterstützung der Grabungsauswertung herzlich gedankt.

[3]) Verbreitungskarte K. LEIDORF, siehe Anm. 1, 1994, 91, Nr. 58 bis Nr. 61.

[4]) Der ArchäoCAD-Gesamtplan wurde von der Firma *Arc*Tron GmbH erstellt und dankenswerterweise zur Verfügung gestellt.

[5]) H. BECKER, Komplexe Grabenwerke der Hallstattzeit, Arbeitsheft BLfD, Arch. Prospektion, Luftbildarchäologie und Geophysik 1996, 159ff.

[6]) K. LEIDORF, Der späthallstattzeitliche „Herrenhof" von Osterhofen-Linzing, Arch. Denkmäler im Landkreis Deggendorf 4, 1990. – DERS., Südbayerische „Herrenhöfe" der Hallstattzeit, Arch. Denkmalpflege in Niederbayern, 10 Jahre Außenstelle des Bayerischen LfD in Landshut 1973–1983, Arbeitsheft BLfD 1985, 129ff.

[7]) K. SCHMOTZ, Hallstattzeitliche Grabenwerke im Landkreis Deggendorf, Arch. Arbeitsgem. Ostbayern/West- und Südböhmen 1994, 48ff. – DERS., Die archäologische Denkmalpflege im Landkreis Deggendorf während des Jahres 1990, Deggendorfer Geschichtsbl. 13, 1992, 5ff. – DERS., Die archäologische Denkmalpflege im Landkreis Deggendorf während des Jahres 1991, Deggendorfer Geschichtsbl. 14, 1994, 5ff.

[8]) K. SCHMOTZ, Hallstattzeitliche Grabenwerke im Landkreis Deggendorf, Arch. Arbeitsgem. Ostbayern/West- und Südböhmen 1994, 48ff. – DERS., Die wichtigsten Ausgrabungen der Kreisarchäologie Deggendorf zwischen 1979 und 1983. Der Natternberg im Stadtgebiet von Deggendorf und seine Umgebung, Arch. Forsch. im Ldkr. Deggendorf, Sonderh. zum 2. Niederbayr. Archäologentag 1983, 11ff.

[9]) K. LEIDORF, Der späthallstattzeitliche „Herrenhof" von Osterhofen-Linzing, Arch. Denkmäler im Landkreis Deggendorf 4, 1990, Abb. 11, 24f.

[10]) Bearbeitung zur Zeit auch von C. Nagler-Zanier, Anlage von Geiselhöring BLfD, Außenstelle Landshut, und A. Müller, Anlage von Niedererlbach, Ldkr. Landshut.

Die hallstattzeitliche Sumpfbrücke bei der Feldmühle im Wellheimer Tal und ihre Einbindung in das archäologische Umfeld

Markus SCHUSSMANN, Würzburg

Der Fundplatz bei der Feldmühle befindet sich wenige Kilometer nordwestlich von Neuburg a. d. Donau, im Wellheimer Trockental. Die vom Grabungsbüro Ingolstadt des Bayerischen Landesamts für Denkmalpflege durchgeführten Ausgrabungen von 1982 bis 1985 galten einer seit dem Ende des 19. Jh.s bekannten Fundstelle, die bei der Anlage eines Fischteiches angeschnitten wurde[1]).

Unter Feuchtbodenbedingungen konnten hier zahlreiche, gut erhaltene Holzbefunde aufgedeckt werden, die hier nur kursorisch aufgezählt werden sollen (Abb. 1).

Als ältester Befund ist ein Pfahlweg vom Ende der frühen Bronzezeit zu nennen. Mehrere Pfähle, die nicht zu interpretierbaren Befunden zusammengefügt werden konnten, gehören in die Spätphase der Urnenfelderzeit sowie in die Stufe Ha C.

Der Übergang von der Mittel- zur Spätlatènezeit ist durch ein Zaunsystem belegt, das in der Römischen Kaiserzeit durch die Trasse einer steinernen Straße überschüttet wurde. Sie diente noch in der Völkerwanderungszeit und vielleicht auch im frühen Mittelalter als Übergang und wurde erst im ausklingenden Mittelalter durch einen Bohlenweg ersetzt.

Neben dem Fundmaterial stützen sich diese Datierungen auf die absoluten Daten, die vom Jahrringlabor des Instituts für Botanik der Universität Stuttgart-Hohenheim erhoben wurden[2]).

Den bedeutendsten Befund stellt aber unzweifelhaft die späthallstattzeitliche Brücke dar (Abb. 1 u. 2). Sie liegt an einer sehr günstigen, d. h. engen Übergangsmöglichkeit über den vermoorten Talgrund zu Füßen einer kleineren Höhenbefestigung, die nach Ausweis der Lesefunde zur selben Zeit in Nutzung stand. An dieser Stelle kreuzen sich zwei – in vorgeschichtlicher Zeit wichtige – Wegtrassen, die den Donauraum mit der Fränkischen Alb, dem Altmühltal und den nördlich davon gelegenen Gebieten verbinden.

Die Brücke überquerte das Wellheimer Trokkental in west-östlicher Richtung und hatte, bedingt durch die Breite des Moores, wohl eine Länge von ca. 250 m, wovon 45 m – also etwa ein Fünftel – archäologisch untersucht werden konnten.

Sie wurde als eine 4 m breite Pfahljochkonstruktion aus jeweils zwei zusammengehörigen Jochpfählen errichtet. Bei dieser Breite konnten also ohne Probleme zwei Fuhrwerke nebeneinander fahren. Ihre Pfähle bestanden aus etwa 20 cm star-

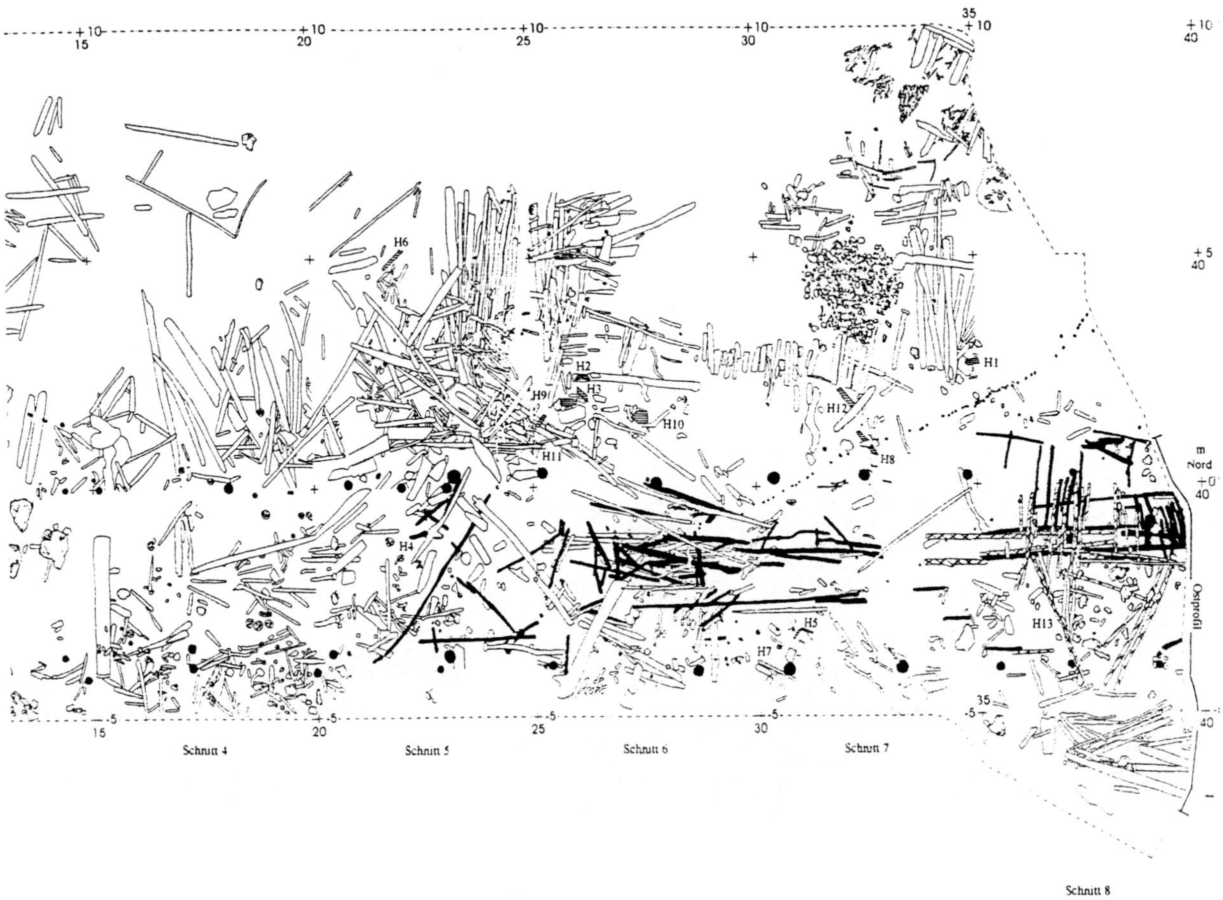

Abb. 1. Ausschnitt aus dem Gesamtplan der Grabungen bei der Feldmühle. Sicher zur späthallstattzeitlichen Brücke gehörende und noch in situ liegende Hölzer sind schwarz bzw. schraffiert hervorgehoben.

ken und 2 bis 3 m langen Eichenstämmen, die auf einer Seite durch Zubeilen lang zugespitzt waren. Das obere Ende muß zapfenartig ausgearbeitet gewesen sein, wie Aussparungen an den Überresten der pfahlverbindenden Jochbalken annehmen lassen.

Der Abstand der Joche zueinander betrug 2 bis 3 m. Sie wurden in Längsrichtung durch mindestens sechs, im Abstand von etwa 0,5 m parallel aufgelegten Unterzüge aus etwa 8 bis 12 cm starken Birkenstämmen überspannt. Mit großer Wahrscheinlichkeit waren diese Unterzüge nicht starr an den Jochen fixiert, sondern überlappten einander wohl eher und endeten dabei versetzt. Von mittelalterlichen slawischen Brücken, wie etwa Teterow, ist dieses Konstruktionsprinzip hinreichend bekannt[3]). Darauf kam dann als eigentlicher Brückenbelag eine Schicht aus querliegenden Knüppelhölzern zu liegen, die mittels einer in der Mitte der Brücke verlaufenden starken Rödelleiste befestigt waren.

Eine Aufschüttung, etwa aus Sand, Kies oder Lehm, konnte nicht nachgewiesen werden. Da aber defekte oder unbrauchbar gewordene Fahrbahnknüppel aufgrund der einfachen Bauweise relativ schnell und problemlos ausgewechselt werden konnten, war eine solche auch gar nicht nötig.

Ein abgebrochener Jochbalken, der bei der Grabung noch an einem Pfahl lehnte und unter den abgestürzten Fahrbahnbelag ragte, kann als sicherer Beweis für einen freitragenden Brückenoberbau gelten.

Merkmale wie der beweglich aufliegende Brückenoberbau und die fehlende Schüttung aus mineralischem Material lassen, wie bereits erwähnt, die hallstattzeitliche Brücke von der Feldmühle den slawischen nahe stehen. Zurückzuführen ist dieser Umstand auf die Anforderungen, die sich aus den vergleichbaren Standortbedingungen ergeben: Auf dem weichem Moorboden ist eine nachgiebige und leichte Konstruktion sinnvoller als ein massives und starres Bauwerk, wie es von latènezeitlichen oder römischen Flußbrücken bekannt ist[4]). Die „bewegliche“ Konstruktion erlaubt es, den Bodenschwankungen, die durch die sich bewegende Auflast hervorgerufen werden, nachzugeben. Außerdem verhindert das verhältnismäßig geringe Eigengewicht der Brücke ein allzu weites Einsinken der Pfähle in den Torf. Zudem sind Faktoren, die eine massivere Bauweise erzwingen würden, wie etwa eine starke Strömung, Hochwasser oder gar Eisgang, hier nicht gegeben.

Die Datierung der Brücke durch die Dendrochronologie erbrachte zwei Bauphasen innerhalb

Abb. 2. Rekonstruktionsversuch der späthallstattzeitlichen Übergangssituation mit der Befestigungsanlage auf dem Kränzelstein im Hintergrund,

der Jochpfähle, die auch räumlich voneinander abgesetzt werden können.

Die Brücke der ersten Phase wurde im Jahr 591 v. Chr. oder kurz danach erbaut – also am Beginn der Späthallstattzeit. Sie ist nur fragmentarisch erhalten; ein Brückenbelag kann ihr nicht zugewiesen werden.

Dieser erste Bau wurde in einer zweiten Phase bereits zwischen 576 und 573 v. Chr., also nach nur etwa 15 Jahren, aus unbekannten Gründen ersetzt. Der zweiten Brückenphase kann nun der oben beschriebene Aufbau zugewiesen werden.

In einer dritten Phase wurde lediglich der Belag erneuert, von dem aber bislang keine absoluten Daten zur Verfügung stehen. Stratigraphisch ist jedoch sein relativ jüngeres Alter abgesichert.

Konstruktiv ist er seinem Vorgänger sehr ähnlich, allerdings kann keine Rödelleiste mehr nachgewiesen werden. Vielleicht wurden die Belagknüppel nur durch große Steine beschwert, wie dies auch für andere Brücken angenommen wird[5]).

Geht man von einer 30- bis 40jährigen Nutzbarkeit der Fahrbahn aus, wie diese etwa durch Dendrodaten bei einem slawischen Bohlenweg von Sukow oder der Brücke von Teterow nachgewiesen ist[6]), so dürfte die letzte Brückenphase bis in die Zeit zwischen 510 bzw. 490 v. Chr. Bestand gehabt haben.

Der durch diese absoluten Daten vorgegebene chronologische Rahmen läßt sich gut mit dem geborgenen Fundmaterial in Einklang bringen, das vor allem aus Keramik besteht. Überwiegend handelt es sich um Schalen und Schüsseln, die verschiedenen formalen Gruppen zuzurechnen sind. Neben durchlaufenden, allgemein hallstattzeitlichen Formen, wie einfachen konischen und kalottenförmigen oder schwach S-förmig profilierten Schalen und Schüsseln, begegnen auch solche, die auf die jüngere Hallstattzeit beschränkt sind. Hierzu gehören Schalen mit flacher Halskehle, Schüsseln mit einziehendem Rand sowie Kragenrandgefäße und eine Kegelhalsschüssel, die sich durch ihre flaue Profilierung auszeichnen. Verzierungselemente sind selten und im wesentlichen auf Graphitbemalung und roten Farbüberzug beschränkt. Außerdem gehören noch große, leistenverzierte Vorratsgefäße, kleinere Kochtöpfe, große bauchige Schüsseln und eine Anzahl tönerner Spinnwirtel ins hallstattzeitliche Keramikspektrum.

Der späthallstatt-/frühlatènezeitliche Übergangshorizont wie auch die Frühlatènezeit sind dann durch Tonsitulen, Schalen und Schüsseln mit ausgeprägter Halskehle sowie durch Nachahmungen von Drehscheibenerzeugnissen und stempelverzierte Schalen vertreten.

Um nun die Bedeutung der Brücke zu erschließen, muß ihr Umfeld näher beleuchtet werden.

Am auffälligsten ist hier die enge topographische Beziehung zur bereits erwähnten Befestigungsanlage auf dem Kränzelstein (Abb. 2). Der einfachste Zugang zur 0,64 ha großen Wallanlage ist der über das nördlich unmittelbar anschließende Kerbtal, auf das die Brücke genau zuläuft.

Durch die domininerende Lage der Befestigung über der Wegkreuzung einerseits, den Bau sowie die langfristige Instandhaltung der Brücke als technische und organisatorische Leistung andererseits, ist die Befestigung sicherlich als ein regionales Machtzentrum anzusprechen.

Da dort bislang weder Grabungen erfolgten, noch aussagekräftige Grabfunde aus der näheren Umgebung bekannt geworden sind, kann derzeit nichts Näheres über Organisationsformen, gesellschaftliche Strukturierung und Wertigkeit ausgesagt werden.

Vielleicht läßt sich aber neben der offensichtlich verkehrsgünstigen Lage doch einer der Gründe erschließen, die zur Herausbildung eines solchen Zentrums geführt haben.

Am südlichen und südwestlichen Hangfuß der Befestigung, immer noch in nächster Nähe der Brücke, befinden sich einige Lesefundstellen, die neben hallstattzeitlicher Siedlungskeramik auch mehrere Hinweise auf Eisengewinnung am Ort geliefert haben. Unter anderem stammen von einer dieser Fundstellen etliche Ofenwandungsfragmente, darunter das einer stark verschlackten Luftdüse. Nicht unbedeutend scheint mir in diesem Zusammenhang auch das häufige Vorkommen von Eisenschlacken und Eisenmineralien in der unmittelbaren Umgebung der Brücke, wozu auch ein Verschlußpropfen aus Schlacke von einer Luftdüse gehört. Vermutlich wurde dieser Abfall der Eisenproduktion ebenso wie der übrige, keramische Siedlungsschutt einfach im Moor entsorgt.

Aber auch in der weiteren Umgebung der Sumpfbrücke, vor allem im mittleren und nördlichen Abschnitt des Wellheimer Trockentales und dem dort angrenzenden Altmühltal, finden sich gehäuft Hinweise auf eine frühe Eisenverhüttung. Oftmals sind Eisenschmelzreste und hallstattzeitliche Siedlungskeramik vergesellschaftet. Es handelt sich zwar in der Mehrheit um Lesefundplätze, von denen aber häufig keine jüngeren Fundstücke mehr bekannt sind.

An verschiedenen Stellen sind zudem noch Spuren eines vor- oder frühgeschichtlichen Tagebaus auf die in diesem Gebiet anstehenden Eisenerze, häuptsächlich Bohn- und Eisensandsteinerze, im Gelände zu beobachten.

In der jüngeren Eisenzeit hingegen ändert sich das Bild der Fundverbreitung erheblich. Die mittel- und spätlatènezeitlichen Siedlungen und mit ihnen die Eisenverhüttungsplätze sind nun vornehmlich im südlichen, donaunahen Talabschnitt konzentriert.

Zwar sind die Ursachen hierfür bislang noch unbekannt, jedoch läßt sich diese Verschiebung möglicherweise als eine Reaktion auf die Folgen eines ökologischen Raubbaues im Zuge der Eisengewinnung interpretieren.

Ein ganz anderer Grund könnte vielleicht in der Entstehung der Oppida liegen. Für die Region wird besonders das nur 25 km donauabwärts gelegene Manching von größter Bedeutung gewesen sein, denn sicherlich war mit seiner Gründung eine Veränderung der Wirtschaftsweise und der Infrastruktur verknüpft. Gleichzeitig werden nun erstmals auch Vorkommen von Raseneisenerz erschlossen, die vor allem in den feuchten Donauniederungen, hier besonders im Donaumoos bei Neuburg und im Feilnmoos bei Manching, aufzufinden sind[7]). Sie sind nicht nur leichter als Bohnerze zu erschließen, sondern auch näher beim Oppidum gelegen. Bezeichnenderweise wird in dieser Zeit offensichtlich auch die Sumpfengstelle bei der Feldmühle nicht mehr als Übergang genutzt.

Vergleicht man schließlich die Fundverbreitung der Hallstattzeit mit der der Urnenfelderzeit, so fällt abermals eine Diskrepanz der Fundstellenzahl auf.

Die Hallstattzeit stellt folglich einen Besiedlungshöhepunkt im Wellheimer Trockental dar, der, wie ich oben versucht habe zu zeigen, sehr wahrscheinlich mit der frühen Gewinnung und Verhüttung der in der Region reichlich anstehenden Eisenerze zusammenhängt und erst durch eine Umstrukturierung in der Latènezeit unterbrochen wird.

Zusammenfassung

Bei der Feldmühle ist eine Brücke erhalten geblieben, die uns aufgrund ihres technischen Aufwandes (gerade im Vergleich mit den Bohlenwegen in anderen Perioden) die Bedeutung solcher Wegstrecken in der späten Hallstattzeit vor Augen führt. Evident ist ihre Abhängigkeit von der Befestigungsanlage auf dem Kränzelstein und die Möglichkeit, hier, an einem neuralgischen Punkt, zwei sich kreuzende Handelsrouten zu kontrollieren.

Vielleicht können Plätze wie dieser dazu beitragen, kleineren Machtzentren mit befestigten Höhensiedlungen in einer Zone, in der die fest definierten „Fürstensitze“ ja fehlen, künftig mehr Aufmerksamkeit zu schenken.

Anmerkungen

[1]) Die vorgeschichtlichen Funde und Befunde dieser Ausgrabungen wurden durch den Verfasser am Institut

für Vor- und Frühgeschichte der Julius-Maximilians-Universität Würzburg im Rahmen einer Magisterschrift bearbeitet.

[2]) Für die Überlassung der Dendrodaten sowie für die entgegenkommende Zusammenarbeit möchte ich an dieser Stelle sehr herzlich Herrn Dipl. agr. biol. Michael Friedrich danken.

[3]) W. Unverzagt, E. Schuldt, Teterow. Ein slawischer Burgwall in Mecklenburg, Dt. Akad. Wiss. Berlin, Schr. Sektion Vor- u. Frühgesch. 13, 1963, 47.

[4]) Vgl. dazu etwa die Zusammenstellungen bei H. Schwab, in: Reallexikon d. German. Altertumskde. 2. Aufl., Brücke, oder bei P. Wagner, Die Holzbrücken bei Riedstadt-Goddelau, Kreis Groß-Gerau, Mat. Vor- u. Frühgesch. Hessen 5, 1990, 30ff.

[5]) Z. B. Schwab, s. Anm. 4, 573.

[6]) J. Herrmann, K.-U. Heussner, Dendrochronologie, Archäologie und Frühgeschichte vom 6. bis zum 12. Jh. in den Gebieten zwischen Saale, Elbe und Oder, Ausgr. u. Funde 36, 1991, 264ff.

[7]) H. J. Seitz, Vorgeschichtliche Eisengewinnung im Donaumoos, Mannus 30, 1938, 458ff. – W. Krämer, F. Schubert, Die Ausgrabungen in Manching 1955–1961, Ausgr. Manching 1, 1970, 46f. – G. Jakobi, Werkzeug und Gerät aus dem Oppidum von Manching, Ausgr. Manching 5, 1974, 245ff.

Ein späthallstattzeitlicher Siedlungsbefund aus Otelfingen, Kt. Zürich, Schweiz

Daniela Fort-Linksfeiler, Zürich

mit Beiträgen von Christoph Brombacher und André Rehazek

Die Gemeinde Otelfingen liegt im Westen des Kantons Zürich, im unteren Teil des zürcherischen Furttales, am Südfuß der Lägern[1]). Dieser Ausläufer der Jurakette, dessen Grathöhe bis zu 850 m ü. M. reicht, verläuft ziemlich genau in ost-westlicher Richtung und schützt das südlich vorgelagerte Gebiet gegen die kalte, nördliche Witterung. Vom Westen her verwehren die niedrigen Drumlins und Rundhöcker dem stürmischen Westwindwetter den ungehinderten Zugang in die so gebildete Siedlungskammer. Das Gelände öffnet sich nur nach Süden, zum Furtbach hin, der weiter westlich in die Limmat einmündet. So ist das Land auf dem Wasserweg mit dem Zürichsee und Zürichseebecken verbunden. Es erstaunt daher kaum, daß ein klimatisch so vorteilhaft und verkehrsgeographisch so günstig gelegener Landstrich seit dem Mesolithikum immer wieder zu Siedlungszwecken aufgesucht wurde.

Die geplante Überbauung eines fast 1 ha großen Areals in der Flur Bonenberg gefährdete die Reste einer bronzezeitlichen Siedlung. Bei der daraufhin eingeleiteten Rettungsgrabung der Kantonsarchäologie Zürich kam ganz unerwartet auch ein späthallstattzeitlicher Siedlungskomplex zum Vorschein. Er zeichnete sich an der Oberfläche der bronzezeitlichen Schicht ab in Form einer unregelmäßig runden Grube Nr. 21 und zweier langrechteckiger Gruben Nr. 35 und 16 (Abb. 1).

Der Randdurchmesser der Grube 21 betrug ungefähr 55 cm. Die Wände waren noch etwa 50 cm hoch und zum Boden hin schräg, kegelförmig verbreitend eingestochen[2]). Der Bodendurchmesser lag bei 85 cm. Die Grubensohle war flach. Aufgerichtet lehnte an der Wand ein größerer plattiger Stein. Das Füllmaterial der Grube bestand aus zwei horizontalen Schichten, in denen keine Bänderungen oder Schichtungen festgestellt werden konnten. In der unteren, mit kleinen Holzkohlestückchen durchsetzten, etwa 30 cm dicken Schicht, fanden sich ein feiner, unverzierter, bronzener Armreif mit asymmetrisch linsenförmigem Querschnitt[3]), ein paar Lehmbrocken mit teilweise glatter Oberfläche und einige Scherben, die sich zu einem größeren Gefäßfragment[4]) zusammenfügen ließen. Ein wenig in die Schichtoberfläche eingedrückt lagen vier größere Steine, welche jedoch der aufliegenden Schicht angehörten. Diese reichte bis zum Grubenrand. Die Form und Lage der Lehmbrocken und Steine ließen eine oberirdische Schutzkonstruktion vermuten[5]).

Die Grube 21 gehört zweifellos zu den sog. kegelstumpfförmigen Gruben, welche zumindest seit der Bronzezeit[6]) bekannt und gemäß dem heutigen Forschungsstand vor allem während der Eisenzeit im Gebrauch waren. Sie werden im allgemeinen als Einrichtung zur Vorratshaltung betrachtet[7]). Den Funden nach zu urteilen, dienten sie in den meisten Fällen zur Aufbewahrung von Getreide[8]); gelagert werden konnten in ihnen aber auch andere Lebensmittel[9]). Die Vorratsgruben können beträchtliche Ausmaße erreichen und dementsprechend verschiedene erforderliche Adaptierungen aufweisen[10]). Im Vergleich mit analogen Befunden gehört die Grube von Otelfingen trotz ihrem Fassungsvermögen von ungefähr 200 l zu den kleinsten ihrer Art[11]).

Die Umrisse der langrechteckigen, ungefähr 130×170 cm großen Grube 35 zeichneten sich südwestlich der kegelstumpfförmigen Grube ab. Ihre Längsseiten waren grob Nord-Süd orientiert. Die steil, fast senkrecht eingestochenen Wände waren noch etwa 35 cm hoch. Den flachen Boden bedeckte eine ungefähr 5 cm dicke Holzkohleschicht, in der vereinzelte Sandsteinfragmente und Lehmbröckchen lagen. Aus dieser Kohleschicht ragten ver-

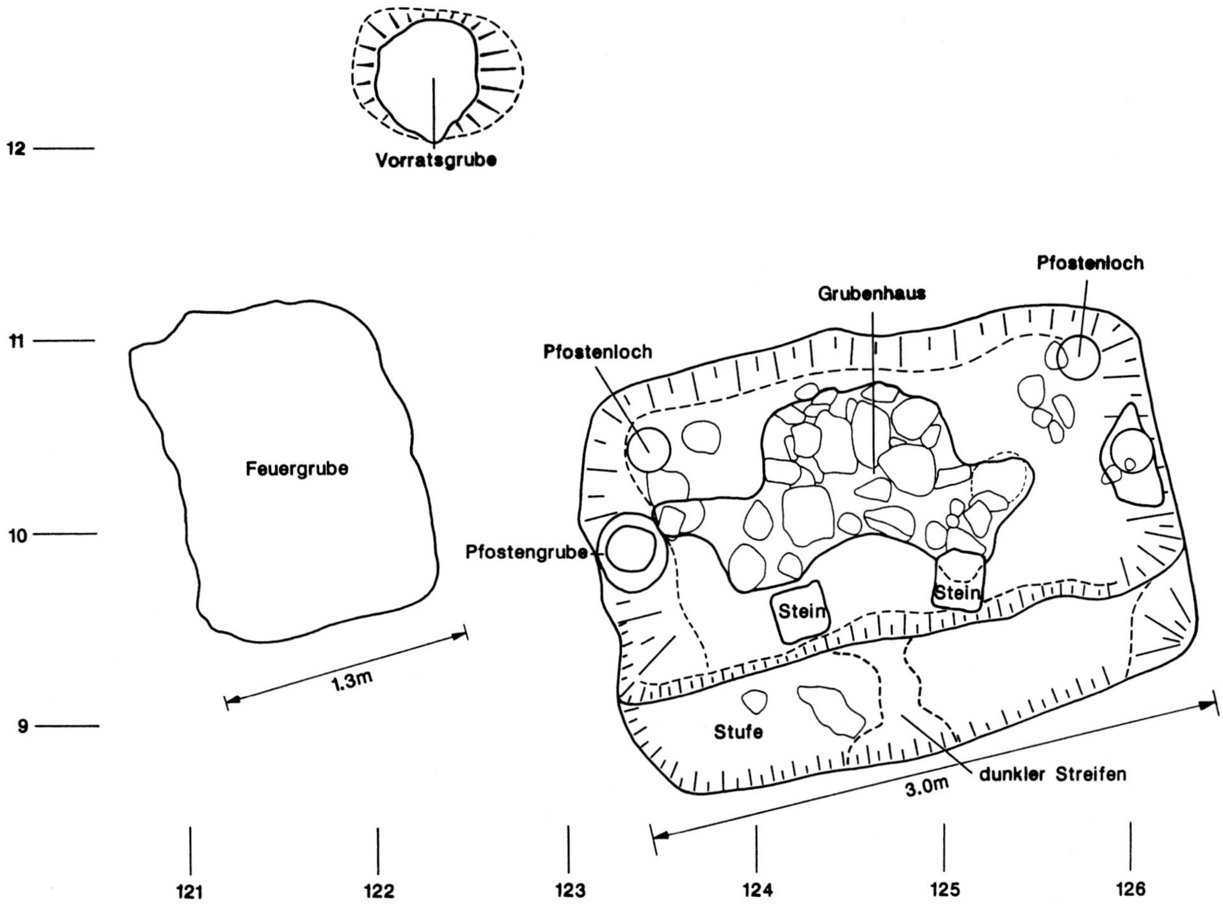

Abb. 1. Otelfingen, Kt. Zürich. Lage der Gruben.

brannte, gut erkennbare Holzscheite heraus, welche einen Durchmesser von bis zu etwa 8 cm aufwiesen. Sie ließen auf eine absichtliche, rostartige Aufschichtung schließen. Auf der Holzkohle war eine stellenweise dreischichtige Lage von bis zu 20 cm großen, vom Feuer versengten, z. T. hitzezersprungenen Geröllsteinen. Trotz der mächtigen Holzkohleschicht und der eindeutigen Feuereinwirkungen an den Steinen, trug nur die westliche Grubenwand leichte Brandrötungen. Zwischen den Steinen verstreut lagen drei kleine Scherben, in der Holzkohleschicht einige winzig kleine, kalzinierte Knochenstücke[12]), ein paar Getreidekörner, Holunderbeerreste und zerbrochene Haselnußschalen[13]).

Die dicke Holzkohleschicht und die hitzezersprungenen Steine zeugen davon, daß in der Grube kräftig gefeuert wurde. Ihre Form, Ausmaße und Aufbau weisen sie der Kategorie der Werkgruben[14]) zu. Auch diese sind weit verbreitet und sowohl aus der Bronzezeit[15]) als auch der Eisenzeit belegt. Zumindest einige unter ihnen dürften für den Bronzeguß gebraucht worden sein. Trotz genauer Untersuchungen konnten in der Grube 35 keine richtungsweisenden Reste einer Werktätigkeit gefunden werden. Ein Fundstück, welches an einen Schlackenrest erinnerte, und eine Schlämmprobe mit rostfarbenen und leicht magnetischen Schuppen wurden im Institut für Metallforschung und Metallurgie der ETH Zürich untersucht. Die Eisenverarbeitung[16]) sowie das vermutete Vorhandensein der Schmiedeschlacken wurden durch das negative Resultat ausgeschlossen. Somit bleibt die Nutzung der Grube eine offene Frage.

Nur etwa 50 cm östlich der Grube 35 zeichnete sich der Umriß der Grube 16 ab. Auch sie war langrechteckig, ca. 3×2 m groß und wies leicht gerundete Ecken auf. Sie wurde so eingetieft, daß entlang der ganzen südlichen Längsseite eine etwa 40–50 cm breite, ungefähr 30 cm hohe Bank entstand. In der Mitte der N–S orientierten Schmalseiten befand sich je eine Pfostengrube. Zwei weitere, kleinere Pfostengruben befanden sich in den Ecken der nördlichen Längsseite. Auf dem fast ebenen Boden lag eine bis zu 20 cm mächtige graue Schicht, welche mit größeren Holzkohlestücken durchsetzt war. Im nördlichen Teil war eine größere Steinlage eingesenkt. In südliche Richtung vorgeschoben lagen zwei beinahe quaderförmige Steine von annähernd gleicher Kubatur. Sie befanden sich beidseitig eines dunklen Streifens, welcher über die Bank von Süden nach Norden zog. Über die untere Schicht und die Steinlage legte sich wie ein dünnes

Abb. 2. Otelfingen, Kt. Zürich. Rekonstruktion des Grubenhauses.

Band eine graue, mit vielen Holzpartikelchen durchsetzte Schicht. Sie trennte die Fundschichten im Inneren der Grube von der aufliegenden Verfüllungsschicht und zog die Wände hoch bis zum Grubenrand, den sie verdeutlichte[17]).

Aufgrund des Befundes konnte die Grube 16 als Rest eines ehemaligen Grubenhauses interpretiert und rekonstruiert werden (Abb. 2). In den Pfostengruben der Schmalseiten staken die Firstpfosten, welche mit einer Firstpfette verbunden waren. Sie bildeten die tragende Konstruktion für ein Satteldach. Das Dach war niedrig und reichte vermutlich bis zur Grasnarbe hinab. Folglich mußte es über dem Eingang abgewalmt worden sein. Dieser lag im Süden. Einer der Hinweise dafür ist der dunkle Streifen, der von außen über die Bank, zwischen den beiden quaderförmigen Steinen hindurch ins Hausinnere zog. Die Bank erfüllte an dieser Stelle die Funktion einer Stufe. Die Steine standen im Zusammenhang mit der Eingangskonstruktion.

In allen drei Gruben wurden Keramikfragmente gefunden. Zu ihnen gesellen sich der schlichte Armring aus der Vorratsgrube[18]) und die kleine eiserne Fußzierfibel aus dem Grubenhaus. Der Fundkomplex aus dem Grubenhaus ist der aufschlußreichste[19]). Die Bruchstücke eines kleinen Töpfchens mit gewelltem Rand[20]) und zwei Wandscherben mit Wanddellen sind in die Hallstattzeit zu setzen[21]). Der kleine Randteil eines mit hoher Wahrscheinlichkeit auf einer Töpferscheibe gefertigten Gefäßes, das Bruchstück einer scheibengedrehten, riefenverzierten Schale und vor allem die fragmentierte, scheibengedrehte geriefte Schale sind jener Ware zuzuordnen, die erstmals während der Späthallstattzeit erscheint und zuerst auf den sog. Fürstensitzen entdeckt wurde[22]). Die Datierung der ersten scheibengedrehten, riefenverzierten Keramik dürfte inzwischen unbestritten sein. Unterstrichen wird sie im Falle von Otelfingen durch die kleine Fußzierfibel, welche zu den späten Exemplaren der HaD3 Fibeln gehört[23]).

Bis vor kurzem war die späthallstatt-frühlatènezeitliche Epoche in diesem Raum durch Funde und Befunde äußerst schlecht belegt. Erst in letzter Zeit kamen einige neue Funde dazu[24]). Meist handelte es sich jedoch um Streu- oder Einzelfunde, welche die Existenz neuer Fundstellen aus dieser Zeit ankündigen. Bei dieser Ausgangslage ist der Fundstelle von Otelfingen umso größere Bedeutung beizumessen. Der Siedlungskomplex, bestehend aus einem Grubenhaus, einer kegelstumpfförmigen Vorratsgrube und einer Feuerstelle, weist klar auf die Existenz einer offenen Siedlung oder zumindest eines Hofes hin.

Beim Grubenhaus handelt es sich um den zweiten Befund im schweizerischen Mittelland, der auch konstruktiv mit dem ersten aus Gelterkinden große Ähnlichkeit zeigt[25]). Es stimmt mit ihm nicht nur in der Orientierung, sondern auch den Ausmaßen und vor allem auch in der Lage und Konstruktion des Einganges überein. Dieser lag in der Mitte der Längsseite und seine konstruktiven Teile waren in das Innere des Hauses zurückversetzt. Die Funktion der Schwelle und der beiden Pfostengruben erfüllten im Falle von Otelfingen die Bank und die beiden quaderförmigen Steine. Diese Konstruktion unterscheidet sich klar von einer solchen mit dem Eingang in der Schmalseite[26]).

Die späthallstattzeitliche scheibengedrehte geriefte Keramik galt bis vor kurzem als eine Erscheinung, welche den sog. Fürstensitzen vorbehalten war. Die neuen Funde vor allem aus Süddeutschland[27]) und dem Elsaß[28]) zeigen, daß diese Keramik offensichtlich viel schneller als bisher vermutet den Einzug in die offenen Siedlungen gefunden hatte. Die nach wie vor seltene Fundvergesellschaftung dieser Keramik mit einer späthallstattzeitlichen Fußzierfibel, wie sie im Falle von Otelfingen vorliegt, verdeutlicht diese Annahme.

Anmerkungen

[1]) Landeskarte 1:25.000, Blatt 1070.

[2]) D. Fort-Linksfeiler, Ein späthallstattzeitlicher Grubenkomplex in Otelfingen, Archäologie im Kanton Zürich 1993–1994, Berichte der Kantonsarchäologie Zürich 13, 1996, Abb. 4.

[3]) Ebd. Taf. 1/22.

[4]) Ebd. Taf. 1/23.

[5]) Wie sie schon mehrmals in der Literatur abbgebildet wurden. W. Buttler, Gruben und Grubenwohnungen in Südosteuropa. Bonner Jahrb. 139, 1934, Abb. 2–3. – J. Kudrnác, Skladování v jamách-obilnicích, Pam. Arch. 49, 1958, Abb. 3 und 9.

[6]) D. Rosenstock, Die Siedlungsstellen in Geismar und die Besiedlung im oberen Leinental seit der jüngeren Eisenzeit, Neue Ausgr. u. Forsch. Niedersachsen 13, 1979, 186 ff.

[7]) Zuletzt H. Bender, L. Pauli, I. Stork, Der Münsterberg in Breisach II, Münchner Beiträge zur Vor- und Frühgeschichte 40, 1933, 40.

[8]) Rosenstock, Anm. 6, 188 f.

[9]) M. Martin, E. Roost, E. Schmid, Eine Frühlatène-Siedlung bei Gelterkinden, Baselbieter Heimatbuch 12, 1973, 170 ff. und die Rekonstruktion im Museum Liestal.

[10]) Kudrnác, Anm. 5, 241 ff. – W. Gebers, Jungbronzezeitliche und eisenzeitliche Getreidevorratshaltung in Rullstorf, Ldkr. Lüneburg, ein Zeugnis urgeschichtlicher Vorratswirtschaft, Ausgr. in Niedersachsen, Arch. Denkmalpflege 1979–1984, 1985, Abb. 5, 7.

[11]) Als Beispiel eine Zusammenstellung der Grubengrößen aus Neunkirch-Tobeläcker: B. Ruckstuhl, Hallstattzeitliche Siedlungsgruben aus Neunkirch-Tobeläcker (SH), Jahrb. SGUF 72, 1989, Tab. 1. – Ch. Jeunesse, P. Méniel, B. Röder, L'habitat la Tène ancienne de Rosheim „Mittelweg", Monographies d'archéologie alsacienne 1, Abb. 2 ff.

[12]) Siehe das angefügte Resultat der osteologischen Untersuchung durch A. Rehazek.

[13]) Vgl. den angeschlossenen Bericht Ch. Brombacher. Das Vorhandensein dieser Makroreste in der Grube steht nicht unbedingt im Einklang mit der Vorstellung ihrer Nutzung als einer Werkeinrichtung.

[14]) In diese Richtung weist auch die Verwendung des Eichenholzes als Brennmaterial. Die Eiche besitzt unter den verschiedenen Holzarten die höchsten Heizwerte.

[15]) Aus der bronzezeitlichen Siedlung selbst sowie auch aus der Umgebung. I. Bauer et al., Bronzezeitliche Landsiedlungen und Gräber, Berichte der Zürcher Denkmalpflege, Archäologische Monographien 11, 1992, 7 ff. Zusammenstellung 53 ff.

[16]) Da in der Doggerformation der Lägern Bohnerz bis in die Neuzeit ausgebeutet wurde, lag es nahe, an eine Eisenverarbeitung zu denken.

[17]) Am besten sichtbar in der Umzeichnung des Süd-Profils in: Fort-Linksfeiler, Anm. 2, Abb. 7.

[18]) Ebd. Taf. 1/22.

[19]) Ebd. Taf. 1/1–18.

[20]) H. van den Boom, Großgefäße und Töpfe der Heuneburg. Röm.-Germ. Forschungen 51, 1991, 62. – Dies., Keramische Sondergruppen der Heuneburg, Röm.-Germ. Forsch. 47, 1989, z. B. Kat. 228 und 315. – S. Hoppert, Die vorgeschichtlichen Siedlungen im Gewann „Mühlezelgle" im Singen am Hohenetwiel, Kr. Konstanz, mit einem Beitrag von Ch. J. Raub. Materialhefte zur Archäologie in Baden-Württemberg 32, 1995, Kat. 607. – Bauer et al., Anm. 15, 142 ff., bes. 144 und Abb. 177; Kat. 591, 632–633, 1027–1051. – Aus frühlatènezeitlichen Zusammenhängen bes. Martin, Roost, Schmid, Anm. 9, Abb. 7, 1.

[21]) Obwohl Wanddellen auf der Heuneburger Keramik seit der Periode IV auftreten, sind sie erst während der jüngeren Perioden eine der typischen Verzierungen. H. van den Boom, Anm. 20, 66.

[22]) W. Dehn, Frühe Drehscheibenkeramik nördlich der Alpen, Alt-Thüringen 6, 1962/63, 372 ff.

[23]) G. Mansfeld, Die Fibeln der Heuneburg 1950–1966, Röm.-Germ. Forsch. 33, 1973.

[24]) Unpubliziert: Berikon Kt. Aargau, erwähnt bei Th. Weidmann, Anm. 400 in I. Bauer, L. Frascoli, A. Siegfried, Th. Weidmann, R. Windler, Üetliberg, Uto-Kulm. Ausgrabungen 1980–1989, Ber. Zürcher Denkmalpfl., Arch. Monogr. 9, 1991, Waldenburg Kt. Basel Land, ebd. 169, Anm. 407; Neftenbach Kt. Zürich: P. Nagy, Jahrb. SGUF 80, 1997, 202 ff.; Alttoggenburg/St. Idaburg: M. P. Schindler, Helvetia Archaeologica 27, 1996, 107 ff.; Baarburg: H. Béarat, I. Bauer, Germania 72, 1994, 67 ff.; J. Carnes et al., Archäologische Untersuchungen auf der Baarburg 1994 und 1995, Tugium 12, 1996, 71 ff.

[25]) H. Dettwiler, F. Pümpin, Eine Früh-La-Tène-Hütte beim Zeughaus in Gelterkinden, Tätigkeitsber. der Naturforsch. Ges. Baselland 11, 1936–38, 126 ff. mit Abb.

[26]) I. Stork, Keltische Siedlungen in Großsachsenheim, Stadt Sachsenheim Kr. Ludwigsburg, Arch. Ausgr. in Baden-Württemberg 1982, 67–68, Abb. 47. – Wiederholt: Archäologische Ausgrabungen in Stuttgart-Stammheim 1984–1987, Arch. Inf. aus Baden-Württemberg 2, 1987.

[27]) S. Hoppert, Frühe scheibengedrehte Keramik aus Südwestdeutschland und der Schweiz, Arch. Schweiz 19, 1996, 18 ff., mit Verbreitungskarte Abb. 9. – Dies., Die riefenverzierte und scheibengedrehte Keramik der Grabungskampagnen 1974–1985, Röm.-Germ. Forsch. 56, 1996, 153 ff. mit weiterführender Literatur.

[28]) Rosheim „Mittelweg". B. Röder, Die Funde, 73 ff., bes. 75 und Anm. 81–84, in: Jeunesse, Méniel, Röder, Anm. 11.

Pflanzliche Makroreste aus der späthallstattzeitlichen Siedlung Otelfingen-Bonenberg, Kt. Zürich, Schweiz

Christoph Brombacher, Basel

Einleitung und Methoden

Die gesamte Eisenzeit ist in der Schweiz archäobotanisch bisher schlecht erforscht[1]). Aus diesen Gründen bot die archäobotanische Untersuchung einiger Proben aus Otelfingen-Bonenberg[2]) die willkommene Möglichkeit, weitere Informationen über den Pflanzenbau zu dieser Zeit zu gewinnen. Gleichzeitig sollte versucht werden, über die Funktion der Gruben Aussagen machen zu können.

Von den drei botanischen Proben stammen zwei aus einem Teil eines Grubenhauses (Grube 16) sowie eine Probe aus einer Feuerstelle (Grube 35). Die Proben wurden geschlämmt und das organische Material mit Hilfe der „Goldwaschmethode" abgetrennt[3]). Da in Otelfingen-Bonenberg die archäologischen Schichten außerhalb des Grundwasserspiegels lagen (Trockenbodenfundstelle), sind praktisch alle unverkohlten Pflanzenteile vergangen und es ist ausschließlich verkohltes Material erhalten geblieben.

Ergebnisse

Der größte Teil des organischen Materials bestand aus Holzkohlen, wobei Probe 501 aus der Feuerstelle die größte Menge an Holzkohlen lieferte[4]). In allen drei Proben wurden bestimmbare Pflanzenreste nachgewiesen (Tab. 1). Insgesamt konnten 260 verkohlte Samen/Früchte sowie Getreidedreschreste ausgelesen werden. Von diesen waren 190 mindestens bis auf die Pflanzengattung und 113 bis auf die Art bestimmbar. Die Zahl aller nachgewiesener Taxa beträgt 21. Die Funddichte der Samen/Früchte liegt am höchsten in der Probe

Tab. 1. Otelfingen-Bonenberg. Pflanzenreste in den Proben 501–503

Taxon	Resttyp	Probe	OTE501	OTE502	OTE503	Deutscher Pflanzenname
		FK	FK501	FK502		
		Pos.	Pos.40	Pos.52	Pos.18+52	
		Grube	Grube 35	Grube16	Grube16	
		kleinste Siebfraktion	0.25mm	0.25mm	0.5mm	
		Volumen (ml)	2600	3000	50000	
		Befund	Feuerstelle	Grubenhaus	Grubenhaus	
Kulturpflanzen		Summe				
Avena spec.	Körner	1			1	Hafer
Cerealia	Körner	40		5	35	Getreide
Hordeum vulgare	Körner	1			1	Saatgerste
Lens culinaris	Same/Frucht	33		6	27	Linse
Triticum dicoccum	Aehrchengabeln	2			2	Emmer
Triticum spec.	Körner	1			1	Weizen
Triticum spelta	Hüllspelzenbasis	3			3	Dinkel
Vicia faba	Same/Frucht	26	25		1	Ackerbohne
Sammelpflanzen						
Corylus avellana	Same/Frucht	31		2	29	Haselstrauch
Sambucus cf. ebulus	Same/Frucht	2	1		1	Attich, Zwergholunder
Unkräuter/Grünland						
Bromus secalinus	Same/Frucht	1		1		Roggentrespe
Cirsium spec.	Same/Frucht	1			1	Kratzdistel
Poaceae	Same/Frucht	1			1	Süssgräser, Echte Gräser
Fallopia convolvulus	Same/Frucht	11	2	2	7	Windenknöterich
Polygonum persicaria	Same/Frucht	5			5	Pfirsichknöterich
Trifolium cf. montanum	Same/Frucht	1			1	Berg-Klee
Vicia spec.	Same/Frucht	26		2	24	Wicke
Diverse						
Carex spec. bicarpellat	Same/Frucht	1			1	bikarpellate Segge
Carex spec. tricarpellat	Same/Frucht	1			1	tricarpellate Segge
Galium spec.	Same/Frucht	1			1	Labkraut
Rumex spec.	Same/Frucht	1			1	Ampfer
Indeterminata	Halm	1	1			Unbestimmte
Indeterminata	Same/Frucht	69	12	10	47	Unbestimmte
Total Reste		260	41	28	191	
Durschn. Konzentration (pro Liter)			15.8	9.3	3.8	

cf.: nicht sicher bestimmt

aus der Feuerstelle mit 15,8 Stück/Liter Sediment, während aus dem Grubenhaus die Werte bei 9,3 bzw. 3,8 Stück/Liter Sediment liegen. Dies bedeutet, daß möglichst große Proben (mindestens 10 Liter) untersucht werden sollten, um genügend Funde für ein einigermaßen repräsentatives Pflanzenspektrum zu erhalten.

Mit 107 Resten macht die Gruppe der Kulturpflanzen den höchsten Anteil aus, gefolgt von den Acker- und Grünlandarten (46) sowie den Sammelpflanzen (33 Samen/Früchte). Bei den Kulturpflanzen dominieren Funde von Getreide (43 Körner und 5 Dreschreste) und von Hülsenfrüchten (59 Belege). Bei den Getreidefunden liegt der größte Teil als nicht näher bestimmbare Cerealia vor (40 Stück), da viele Körner stark korrodiert waren. Nur drei Getreidekörner konnten sicher bis auf die Gattung rsp. Art bestimmt werden. Es handelt sich um Gerste (*Hordeum vulgare*), Hafer (*Avena spec.*) (Abb. 1/3) und Weizen (*Triticum spec.*). Bei den Dreschresten handelt es sich ausschließlich um Funde von Spelzweizen, wobei drei Dreschreste als Dinkel (Abb. 1/2) (*Triticum spelta*) und zwei als Emmer (*Triticum dicoccum*) bestimmt werden konnten. Im Vergleich zu vielen anderen Trockenbodenfundstellen liegt der Anteil der Dreschreste gegenüber den Getreidekörnern sehr tief. Wir haben es also mit gut gereinigtem Getreide zu tun. Die vier nachgewiesenen Getreidearten Emmer, Dinkel, Gerste und Hafer gehören seit der Bronzezeit zu den am häufigsten nachgewiesenen Getreidearten in Mitteleuropa. Bemerkenswert ist das Fehlen von Hirsen, die in den spätbronzezeitlichen Seeufersiedlungen der Schweiz (Stufe Ha A2) recht

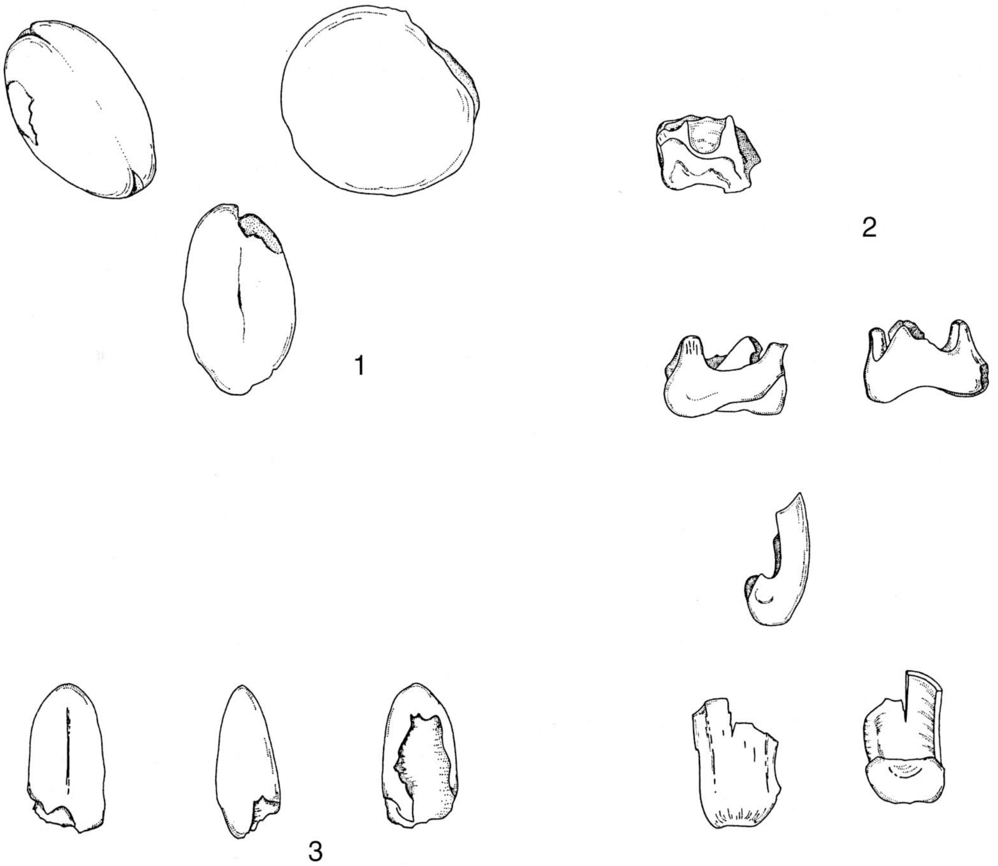

Abb. 1. Otelfingen-Bonenberg. Pflanzenfunde. 1 Linse (*Lens culinaris*) – 2 Dinkel (*Triticum spelta*) – 3 Hafer (*Avena spec.*)
(Zeichnungen Elisabeth Schraner)

häufig gefunden wurden[5]), in der Vergleichsstation Neunkirch-Tobeläcker[6]) aber ebenfalls fehlen.

Wichtige Kulturpflanzen waren auch die Hülsenfrüchte, von denen in der vorliegenden Fundstelle Linsen (*Lens culinaris*) (Abb. 1/1) mit 33 Samen (inkl. unsicher bestimmte) und Ackerbohnen (*Vicia faba*) mit 26 Funden nachgewiesen sind. Beide Arten erscheinen in unserem Gebiet erst ab der Spätbronzezeit, sind hingegen im Nahen Osten bereits aus dem akeramischen Neolithikum bekannt[7]). Häufiger werden diese Hülsenfrüchte bei uns im Verlaufe der Eisenzeit, was durch die vorliegenden Funde bestätigt wird. Ackerbohnen wie auch andere Hülsenfrüchte sind bedeutende Grundnahrungsmittel, da sie neben Kohlehydraten auch pflanzliche Eiweiße liefern.

Hinweise auf Gewebeverarbeitung im Bereich des Grubenhauses (z. B. Leinfunde), die aufgrund des archäologischen Befundes als möglich erachtet wurden, ließen sich am vorliegenden Material nicht erkennen. Weder Leinsamen bzw. -kapseln noch Leinstengel konnten nachgewiesen werden. Allerdings wissen wir aus Vergleichen mit Fundstellen aus Feuchtbodenerhaltung[8]), daß verkohlte Leinfunde generell unterrepräsentiert sind.

Das Spektrum der Sammelpflanzen beschränkt sich auf nur zwei Arten. Häufig sind Funde der Haselnuß *(Corylus avellana)* mit 31 Schalenfragmenten, während von den Beerenfrüchten nur zwei Samen von Holunder *(Sambucus cf ebulus)* gefunden wurden.

Neben den Kultur- und Sammelpflanzen stellen Wildpflanzen aus der Gruppe Ackerunkräuter und Grünlandpflanzen den größten Anteil dar. Die häufigsten Unkräuter sind Wicke (*Vicia spec.*, 24) und Windenknöterich (*Fallopia convolvulus*, 11). Mit der Roggentrespe *(Bromus secalinus)* und dem Windenknöterich konnten immerhin zwei typische Wintergetreidunkräuter nachgewiesen werden. Rückschlüsse auf Wintergetreideanbau geben uns auch die Funde von Dinkel, welcher bei uns ausschließlich als Wintergetreide angebaut wird.

Vergleichen wir das Pflanzenspektrum der drei Proben, so zeigen sich zwischen dem Grubenhaus und der Feuerstelle deutliche Unterschiede. Die beiden Proben aus dem Grubenhaus (Grube 16) sind sehr ähnlich. Neben Kulturpflanzen (v. a. Getreide und Linsen) wurde hier auch eine größere Zahl von Haselnußschalen sowie diverse Ackerunkräuter und Grünlandpflanzen gefunden. Deutlich verschieden ist Probe 501 aus der Feuerstelle (Grube 35), die einen fast reinen Vorratsfund der Ackerbohne (*Vicia faba*) mit nur geringen Beimengungen von Wildpflanzen enthielt.

Anmerkungen

[1]) Die einzige bisher publizierte Arbeit hallstattzeitlicher Pflanzenfunde (Stufe Ha D3) stammt aus dem Kanton Schaffhausen: M. Dick, Untersuchungen pflanzlicher Großreste. In: B. Ruckstuhl, Hallstattzeitliche Siedlungsgruben aus Neunkirch-Tobeläcker (SH), Jahrb. Schweiz. Ges. f. Ur- u. Frühgesch. 72, 1989, 91–98.

[2]) Die archäologischen Funde datieren den Komplex an das Ende der Stufe Ha D3.

[3]) Dies geschieht durch Abdekantieren der organischen Reste, die leichter sind und obenauf schwimmen.

[4]) Eine stichprobenweise Bestimmung der Holzkohlen durch Angela Schlumbaum vom Labor für Archäobotanik der Universität Basel ergab eine Dominanz von Eiche in Probe 501 aus der Feuerstelle. Aus dem Grubenhaus (Proben 502, 503) hingegen sind verschiedene Laubholzarten, insbesondere Buche, seltener Eiche, Erle und Hasel nachgewiesen.

[5]) S. Jacomet, S. Karg, Ackerbau und Umwelt der Seeufersiedlungen von Zug-Sumpf im Rahmen der mitteleuropäischen Spätbronzezeit. Ergebnisse archäobotanischer Untersuchungen. In: Zug-Sumpf 1, Die Dorfgeschichte, 1996, 198–303.

[6]) Dick, s. Anm. 1.

[7]) D. Zohary, M. Hopf, Domestication of Plants in the Old World, 2. Aufl., Oxford 1988.

[8]) Siehe u. a. S. Jacomet, Ch. Brombacher, M. Dick, Archäobotanik am Zürichsee, Zürcher Denkmalpflege, Monographien 7, 1989, 113ff.

Archäozoologische Untersuchung der Tierknochen aus dem späthallstattzeitlichen Grubenkomplex Otelfingen-Bonenberg, Kanton Zürich, Schweiz

André Rehazek, Basel

Die untersuchten Tierknochen stammen aus dem späthallstattzeitlichen Grubenkomplex (Ha D3) Otelfingen-Bonenberg, Kt. Zürich. Es handelt sich bei ihnen mit den bereits archäozoologisch untersuchten Tierknochenkomplexen aus Neunkirch-Tobeläcker, Kt. Schaffhausen, und Châtillon-sur-Glâne, Kt. Freiburg, um die derzeit einzigen Tierknochenensembles dieser Zeitstellung in der Schweiz[1]).

Der größte Teil der insgesamt 65 Tierknochen stammt aus dem Grubenhaus (Gr. 16). Die kegelstumpfförmige Grube (Gr. 23) und die Feuergrube (Gr. 35) lieferten jeweils nur sehr wenige Knochen.

Nur drei Fragmente waren bis auf die Tierart und den Skeletteil bestimmbar. Sie stammen alle aus dem Grubenhaus. Es handelt sich bei ihnen um einen Unterkieferschneidezahn eines adulten Rindes und um einen Humerus und einen Metacarpus eines juvenilen Hausschweins. Bei einem Unterkieferfragment konnte nicht entschieden werden, ob es sich um ein Schaf oder um eine Ziege handelt. Damit kann festgehalten werden, daß unter den bestimmbaren Knochenfragmenten der Fundstelle Otelfingen-Bonenberg die in Tierknochenkomplexen der Späthallstattzeit am häufigsten belegten Haustierarten nachgewiesen sind[2]).

Die restlichen 61 Zahn- und Knochenbruchstücke waren unbestimmbar, stammen jedoch vermutlicherweise aufgrund ihrer Massivität und Größe zum größten Teil vom Rind (Tab. 1). Der extrem hohe Anteil der unbestimmbaren ist auf die sehr schlechte Erhaltung und die starke Fragmentierung des Fundmaterials (z. T. hervorgerufen durch eine intensive Feuereinwirkung auf einen Teil der Knochen) zurückzuführen.

An keinem der Knochen konnten Schlacht- oder Zerlegungsspuren nachgewiesen werden. Einige Knochenfragmente aus dem Grubenhaus wiesen jedoch bläulich-grüne Verfärbungen auf, die auf ihre Lagerung in unmittelbarer Nähe zu Kupfer- bzw. Bronzegegenständen schließen lassen. Da in diesem Bereich des Grubenhauses keine Metallobjekte gefunden wurden, bleibt nur die Möglichkeit, daß diese im Boden vollständig vergangen sind.

Zusammenfassend läßt sich festhalten, daß es sich bei den untersuchten Tierknochen wahrscheinlich um Speiseabfälle handelt, die in den verschiedenen Siedlungsgruben entsorgt wurden. Wegen der geringen Anzahl und der schlechten Erhaltung der Funde sind allerdings keine weiterreichenden Aussagen, z. B. in bezug auf die wirtschaftlichen Nut-

Tab. 1. Otelfingen-Bonenberg. Liste der nachgewiesenen späthallstattzeitlichen Tierarten (alles verkohlte Reste)

	Grubenhaus			Kegelstumpfgrube			Feuergrube		
Tierart/-gruppe	Anzahl	Gew. (g)	D-Gew.	Anzahl	Gew. (g)	D-Gew.	Anzahl	Gew. (g)	D-Gew.
Rind	1	0,7	0,7						
Hausschwein	2	3,2	1,6						
Schaf/Ziege	1	16	16,0						
Bestimmbare	4	19,9	5,0						
Unbestimmbare	50	33,5	0,7	8	2,4	0,3	3	1,6	0,5
Gesamt	58	73,3	1	8	2,4	0,3	3	1,6	0,5

zung und Bedeutung der einzelnen Tierarten, möglich. Wegen der geringen Anzahl archäozoologisch untersuchter Fundstellen aus der Späthallstattzeit in der Schweiz kommt den Tierknochen aus Otelfingen-Bonenberg trotz der angeführten Einschränkungen jedoch eine besondere Bedeutung zu.

Anmerkungen

[1]) B. Ruckstuhl, Hallstattzeitliche Siedlungsgruben aus Neunkirch-Tobeläcker (SH), JbSGUF 72, 1989, 59–98. – L. Chaix, B. Guinand, R.-M. Arbogast, D. Ramseyer, La faune de l'habitat de Châtillon-sur-Glâne FR (Hallstatt final), JbSGUF 74, 1991, 115–127.

[2]) Vgl. Anm. 1 und A. v. d. Driesch, J. Boessneck, Abschlußbericht über die zooarchäologischen Untersuchungen an Tierknochenfunden von der Heuneburg. In: E. Gersbach (Hg.), Ausgrabungsmethodik und Stratigraphie der Heuneburg, Röm. Ger. Forsch. 45, 1989, 131–157. – K. Schatz, Die Knochenfunde aus der späthallstatt- bis spätlatènezeitlichen Fundstelle „Nonnenbukkel" bei Heilbronn-Neckargartach, Forsch. u. Ber. z. Vor- und Frühgesch. in Baden-Württemberg 53, 1994, 323–350.

Eisenzeitliche Siedlungs- und Hausstrukturen im Südostalpengebiet

Mitja Guštin, Ljubljana

Der Begriff Südostalpengebiet wurde für die ältere Eisenzeit von Stane Gabrovec im Jahre 1966 definiert und ausführlich durch Siedlungs- und Grabfunden dokumentiert[1]). Es umfaßt das Hinterland der Triester Bucht an der Adria, das Karstplateau bis zur Soča (Isonzo) im Nordwesten und reicht bis zu den Karawanken im Norden und bis zum Rand der pannonischen Ebene im Osten. Heute sollte man diesen Bereich um den sog. Triester Karst im Westen und bis zum kroatischen Žumberak in Südosten erweitern.

Die Erforschung der urgeschichtlichen Siedlungen in diesem Gebiet begann in der Mitte des 19. Jh.s. Den Anfang der archäologischen Forschungen bilden die Entdeckungen und die umfangreichen Ausgrabungen der Pfahlbauten im Laibacher Moor, die in den Jahren 1875–1876 durch Carl Deschmann durchgeführt wurden.

Die Entdeckung der prähistorischen Siedlungen, vor allem der Ringwälle und Burgställe, ist das Verdienst Alfons Müllners, der, gestützt auf Angaben aus mehr als 1000 Fragebögen, die er im Jahre 1876 an die Schulen und Pfarrgemeinden in Krain und in der Südsteiermark verschickte, Begehungen auf urgeschichtlichen Siedlungsplätzen durchführte.

Durch die archäologische Tätigkeit von Ferdinand von Hochstätter, Josef Szombathy, Simon Rutar und vor allem Jernej Pečnik in Zentral- und Ostslowenien[2]) und Pietro Kandler und Carlo Marchesetti in Westslowenien im ehemaligen Küstenland und Istrien[3]) wurde das alte historische Bild der römerzeitlichen Besiedlung des 18. und Anfang 19. Jh.s um hunderte neue urgeschichtliche Fundstellen, vor allem früheisenzeitlichen Höhensiedlungen, die früher oft als gallisch bzw. keltisch bezeichnet wurden, vermehrt. Es entstanden erste Karten der prähistorischen Ringwälle und Fundstellen wie z. B. die von F. v. Hochstätter, C. Deschman[4]), A. Müllner[5]) und C. Marchesetti und das Fundortverzeichnis von J. Pečnik[6]).

Bei den Ausgrabungen in der Region Dolenjska (Unterkrain) konzentrierte man sich vor allem auf die Gräberfelder mit Tumuli, da diese im Gelände gut sichtbar waren und reiche Museumsexsponate versprachen. In den eisenzeitlichen Siedlungen in Zentral- und Ostslowenien wurden nur kleinere Schnitte (Kučar, Cvinger bei Dolenjske Toplice, Velike Malence – J. Pečnik, Magdalenska gora – S. Rutar und in Šmihel – A. Müllner) durchgeführt[7]).

In einer zweiten Phase, die vor allem wichtige Kentnisse über eisenzeitliche Hausstrukturen brachte, nahm Walter Schmid in der Zeit zwischen 1911 und 1942 umfangreiche Ausgrabungen auf den Innenflächen der mit Wällen und Mauern befestigten eisenzeitlichen Höhensiedlungen vor, wie z. B. in Poštela (1911–1912, 1914, 1917), Kotnikovo gradišče in Turiška vas, Šmihel bei Hrenovice, Vače (1932–1934), Kučar bei Podzemelj (1932–1934), Cvinger bei Dolenjske Toplice (1935), Ulaka (1936), Ajdovski gradec bei Bohinjska Bistrica (1936), Dunaj bei Jereka (1937–1938), Rifnik (1941) und Libna (1942)[8]). Ihm verdanken wir Berichte und zahlreiche Grundrisse von Häuser aus den Ringwällen Poštela, Vače, Rifnik und Ulaka. Zu den anderen Grabungen gibt es keine Angaben.

Neuen Schwung in die Untersuchung von Siedlungsstrukturen brachte ein internationales Projekt zur Erforschung des Ringwalls von Stična, das unter der Leitung von Stane Gabrovec im Jahre 1967 begonnen wurde[9]). Parallel zur Ausgrabung der eisenzeitlichen Mauern in Stična wurden unter der Leitung von Stane Gabrovec und Otto-Herman Frey die systematischen Begehungen der Ringwälle von Dolenjska unter Anfertigung von neuen Plänen der Wallanlagen durchgeführt[10]). Außerdem wurden in den 70er und 80er Jahren auch Befestigungssysteme anderer Ringwälle ausgegraben, wie z. B. in Libna (1975–1976), Kučar (1976–1979), Stari grad/Podbočje (1977), Poštela (1980), Rodik (1981–1982), Cvinger pri Dolenjskih Toplicah (1986–1991)[11]).

In diese Zeit gehört auch die in den Jahren 1973–1981 laufende große Rettungsausgrabung in der urgeschichtlichen und römischen Siedlung von Most na Soči (Santa Lucia) im Soča-Tal unter der Leitung von Drago Svoljšak. Anhand der Ausgrabungsergebnisse auf dem Ringwall Slivje im Triester Karst[12]) wurde das erste Modell einer urgeschichtlichen befestigten Karstsiedlung erstellt. Das Interesse am Werk Marchesettis und an den Ringwällen (castellieri) wurde in dieser Zeit wiedererweckt[13]).

Zu einer dritten Forschungsphase gehört das Projekt „Befestigte vorgeschichtliche Siedlungen in Dolenjsko“, das seit 1987 unter der Leitung von Janez Dular und Mitarbeit vom D. Svoljšak, B. Križ, S. Tecco-Hvala und P. Pavlin läuft. Der systematischen Erfassung aller aus der archäologischen Literatur bekannten Höhensiedlungen in der Region von Dolenjska folgte die Aufnahme der übrigen Siedlungen und der Gräberfelder sowie die Anlage von Schnitten in vermuteten Befestigungswällen[14]). Die Grabungen an 19 Fundstellen ermöglichen es J. Dular, basierend auf den Ergebnissen der Ringwallforschung der 70er und 80er Jahre, für Dolenjska ein Besiedlungsschema zu erarbeiten[15]).

In den 90er Jahren wurden dann durch das Amt für Bodendenkmalpflege auch noch an einigen eisenzeitlichen Ringwällen im Karst und im Gebiet von Notranjska Ausgrabungen durchgeführt (z. B. Graček/Famlje, Štanjel, Tomaj und Škocjan), die aber wegen ihres beschränkten Ausmaßes kaum neue Erkenntnisse zu den Siedlungsstrukturen brachten[16]).

Schon 1978 war durch die Untersuchungen in Stična und Libna für den Südostalpenraum, vor allem das Gebiet von Dolenjska, eine Übersicht über die Lage und den Standort der Ringwälle, die Systeme ihrer Befestigungsmauern, die Konstruktion ihrer Mauern bzw. Wälle sowie ihrer Eingänge erarbeitet worden. Diese Anlagen wurden als eisenzeitliche, seit dem 8. Jh. v. Chr. bestehende, befestigte Höhensiedlungen bezeichnet[17]).

Schnitte durch die vermuteten Befestigungswälle in allen Höhensiedlungen von Dolenjska im Rahmen des Projektes von Dular zeigten jedoch überraschenderweise, daß es zwischen befestigten und unbefestigten Höhensiedlungen zu unterscheiden gilt und daß sie nicht nur in der Eisenzeit, sondern auch in anderen Zeiten besiedelt waren. Dular stellte in den Ringwällen eine kupferzeitliche, eine spätbronzezeitliche, eine eisenzeitliche und eine spätantike Siedlungsschicht fest[18]). Gradec pri Mirni, Stari grad bei Sela pri Šumberku und Sv. Ana nad Vrhpečjo waren schon in der Kupferzeit besiedelt; Gradec pri Mirni besaß sogar eine 2 m dicke Trockenmauer mit polygonalem Verlauf[19]). Ein großer Teil der Höhensiedlungen, z. B. Gradišče/Mekinje nad Stično, Žempoh/Ostrožnik, Makovec/Zagorica usw., waren nicht befestigt und wiesen nur eine spätbronzezeitliche Siedlungsschicht auf[20]).

Die eisenzeitlichen Höhensiedlungen, wie z. B. Cvinger/Stična, Vinji vrh/Šmarjeta, Kunkel, Cvinger/Korita usw., die in der Hallstattzeit mehrere Bauphasen zeigten, waren oft in unmittelbarer Nähe von spätbronzezeitlichen Siedlungen angelegt. Es muß betont werden, daß die eisenzeitlichen Trockemauern in der Regel bereits am Begin der Eisenzeit in voller Größe ausgebaut wurden. In einzelnen Fällen befinden sich unter den eisenzeitlichen Besfestigungen auch noch spätbronzezeitliche Schichten (Novo mesto/Marof, Šmarjeta/Vinji vrh)[21]).

Bei den bis Ende der Späthallstattzeit im 4. Jh. v. Chr. besiedelten Befestigungsanlagen sind neben den Mauern von Typ Stična (Abb. 1) auch Wälle mit Erdanschüttung, Palisaden, parallele Holzzäune, Steinhangpflasterung usw. nachweisbar, doch finden sich oft spätlatènezeitliche Siedlungsschichten, manchmal auch mit einer Befestigungsmauer (Cvinger/Korita, Šmarjeta/Vinji vrh). Die mittellatènezeitliche Phase ist nur am Ringwall von Stična nachweisbar[22]).

Die Ringwälle wurden am Beginn der römischen Kaiserzeit aufgegeben. Einige von ihnen, vor allem solche in abgelegenen Tälern, wurden in der Völkerwanderungszeit wieder besiedelt und mit Häusern, Kirchen und Befestigungsmauern, die mit Mörtel und Verputz versehen waren, ausgebaut (z. B. Rifnik, Ajdovski gradec pri Vranju, Kučar)[23]).

Schematische Darstellung der Siedlungschichten in Höhensiedlungen in der Region Dolenjska

Befestigte	Unbefestigte
Kupferzeit	Jüngere Urnenfelderzeit
Hallstattzeit Spätlatènezeit Spätantike	

Mit der hochinteressanten Frage nach der Innenbebauung der eisenzeitlichen Höhensiedlungen begann sich eigentlich erst W. Schmid zu beschäfti-

Abb. 1. Stična, Mauer in Schnitt 10, ausgegraben 1968. Photo Narodni muzej.

gen, der mindestens zehn Höhensiedlungen in größerem Umfang zu untersuchen begann. Die Ergebnisse hat er nur teilweise publiziert, so daß man aus seinen Arbeiten nicht allzu weitreichende Schlüsse ziehen kann[24]).

Die Innenflächen der von ihm erforschten eisenzeitlichen Ringwälle waren mit Wohn- und Werkstattbauten mehrerer Zeitphasen versehen. So stellte er z. B. in Poštela mindestens ein Dutzend Bauten und ein Heiligtum, in Rifnik vier Hausfundamente, in Vače 16 Häuser fest.

Anhand der Befunde und Funde von Poštela – steinerne Fundamente und Kleinfunde – erarbeitete er eine Typologie der Entwicklung des eisenzeitliches Hauses[25]). Am Beginn stand ein einfaches viereckiges (wie z. B. Abb. 2), teilweise unregelmäßig geformtes bis trapezoides (?) Haus, dem man auch noch in den späteren Zeitabschnitten begegnen kann. Das einfache rechteckige Haus bekommt später eine Laube bzw. Vorhalle, die sich dann zu einem Vorraum entwickelt. Der Vorraum wird größer und diese zweiräumigen Häuser (Abb. 3) werden eine der Hauptformen im Südostalpengebiet.

Die Bauten waren zwischen 5 m und 10 m, sogar 15,5 m lang. Der Oberbau war ein Blockbau, nur in einem Fall mit einem Pfostenbau kombiniert. Im Haus befand sich in der Regel eine aus Steinen gesetzte Herdstelle, in Poštela oft auch mit reichverzierten Feuerböcken aus Ton.

Abb. 2. Kučar, Hallstattzeitliches Hausfundament Photo J. Dular.

W. Schmid fand ähnliche Hausformen auch bei seinen Grabungen in Vače und Rifnik, wobei er allerdings allzu oft die Interpretation der Grundrisse nur durch wenige gesicherte Grabungsdaten stützen konnte. Es läßt sich aber abschließend sagen, daß es das Verdienst von W. Schmid war, daß wir heute ein allgemeines Bild von der Verbauung der Innenfläche der eisenzeitlichen Siedlungen haben, wenn auch seine Haustypologie mit Vorsicht betrachtet und erst durch neuere Analysen[26]) und Grabungen bestätigt werden muß.

Die Grabungen der letzten Jahrzehnte brachten neue eisenzeitliche Häuser auf dem Kučar und vor allem in der Siedlung Most na Soči zutage. Die fünf Hausreste auf dem Kučar, die unter einer spätantiken Schicht lagen, bestätigen den mit Lehm verputzten Blockbau auf steinernem Sockel (Abb. 2), eine Grundform Zentral- und Ostsloweniens in der Eisenzeit. Die zweite Form, die auf dem Kučar nachgewiesen werden konnte, ist das Blockhaus, das direkt auf dem Boden oder mit einem Fundamentgräbchen erbaut wurde[27]). In den Gebieten Dolenjska und Štajerska wurden auch Pfostenbauten (z. B. Cvinger bei Dolenjske Toplice)[28]) und Hütten aus Flechtwerk (Poštela) festgestellt.

Das Projekt „Befestigte vorgeschichtliche Siedlungen in Dolenjsko“ und auch Grabungen in Stična erbrachten unmittelbar hinter den Befestigungsmauern Hausreste (z. B. Vrhtrebnje, Šmarjeta/Vinji vrh, Dobrnič), die zur Innenbesiedlung gehören, manchmal waren sogar die Wände und die Innenflächen der einzelnen Häuser erhalten[29]).

Die Besiedlung der Dolenjska ist in der älteren Eisenzeit durch Ringwälle gekennzeichnet. In HaC und HaD befinden sich innerhalb dieser Ringwälle mehrere Bauten – Wohnhäuser, Gehöfte und Werkstätten. Überall angetroffene Eisenschlacke veranlaßte W. Schmid oft, hier Eisenverhüttung zu vermuten und die Bauten als Schmiedewerkstätten zu bezeichnen.

Abb. 3. Most na Soči, Haus 1, Haus 3 und „Werkstatt- und Verkaufstraße“. Photo D. Svoljšak.

Aus der gleichen Zeit gibt es aber auch unbefestigte Siedlungen im Tal (Magdalenska gora, Benečija bei Trebnje), die wahrscheinlich zu den Siedlungen auf dem nahegelegenen Ringwall in Beziehung standen[30]).

Die Besiedlung in der jüngerer Eisenzeit wird mit der Einwanderung der Tavrisker in Verbindung gebracht, die sich in der Mittellatènezeit vor allem in den großen Flußtälern niedergelassen haben. In der Spätlatènezeit wurde der Schwerpunkt der Besiedlung wieder auf die Anhöhen, in die zeitweilig verödeten Höhensiedlungen der älteren Eisenzeit verlegt. Diese wurden in dieser Zeit mit einer Befestigungsmauer versehen, was schon W. Schmid mit seinen Ausgrabungen in Poštela und Vače beweisen konnte und was sich immer wieder bei den Ringwällen der Dolenjska bestätigt. Der Rest eines Blockhausgrundrisses dieser Zeit wurde von Dular in Kučar entdeckt[31]).

Für die Kenntnis der Häuser ist die Grabung von D. Svoljšak in Most na Soči außerordentlich wichtig[32]). Die große Grabungsfläche, der gute Erhaltungszustand der Siedlungsstrukturen und die beinahe 7000 ausgegrabenen hallstattzeitlichen Gräber geben dieser Siedlung ihre besondere Bedeutung[33]).

D. Svoljšak konnte in Most na Soči, einer am Fuß eines hohen Bergrückens liegenden Siedlung am Zusammenfluß von Soča und Idrijca einen bronze-[34]), 31 hallstatt-, drei latène- und acht römerzeitliche Hausgrundrisse feststellen. Von den drei aus der jüngeren Eisenzeit waren nur Reste vorhanden, während die Häuser der älteren Eisenzeit so gut erhalten waren, daß es D. Svoljšak möglich war, die Typologie und Konstruktionsdetails der Häuser herauszuarbeiten (Abb. 3)[35]).

Die hallstattzeitlichen Häuser bestanden aus drei Elementen: das Steinfundament, der Balkenbau mit Lehmverputz und die Entwässerungsmauer. Die Häuser bestanden aus ein bis drei Räumen. Zeichen für die Qualität der Bauten sind die Entwässerungsmauern, mit denen das Balkenhaus gegen den Hang geschützt war, und die ornamentierten Innenputzreste. Eine besondere Siedlungsstruktur stellen die Reihenhäuser dar, die als Werkstatt- und Verkaufsgasse gedeutet werden können (Abb. 3).

In Most na Soči wäre es möglich, durch großflächige Ausgrabungen die Entstehung und Entwicklung eines eisenzeitlichen Dorfes bzw. sogar Marktes zu verfolgen und zu rekonstruieren.

Anmerkungen

[1]) S. Gabrovec, Halštatska kultura Slovenije, Arh. vest. 15–16, 1964–1965, 21–63. – Ders., Zur Hallstattzeit in Slowenien, Germania 44, 1966, 1–48.

[2]) S. Gabrovec, Naselbinska izkopavanja v Stični. Metoda izkopavanj, Var. spom. 17–19/1, 1974, 26–28. – J. Dular, Zgodovina raziskovanj železnodobnih naselij in poselitve v osrednji Sloveniji, Arh. vest. 43, 1992, 37–52.

[3]) C. Marchesetti, I Castellieri preistorici di Trieste e della regione Giulia, Trieste 1903.

[4]) C. Deschmann, F. v. Hochstätter, Prähistorische Ansiedlungen und Begräbnisstätten in Krain, I. Ber., Denkschr. Akad. Wiss., Math. Naturwiss. Cl. 42, Wien 1880, 1–54.

[5]) A. Müllner, Archäologische Excurse nach Süd-Steirmark und Krain, Mitt. der. k. k. Central-Commission 6, Wien 1880, 21–26.

[6]) J. Pečnik, Prazgodovinska najdišča na Kranjskem, Izv. Muz. dr. Kr. 14, 1904, 27 ff., 125 ff., 125 ff., 185 ff.

[7]) Arheološka najdišča Slovenije, Ljubljana 1975, 242f., 221, 250f., 200f., 150f.; auch Dular, s. Anm. 2.

[8]) W. Schmid, Die Ringwälle des Bacherngebietes, I. Teil., Mitt. präh. Komm. II/3, 1915; 229–305. – Ders., Ulaka. Japodska naselbina nad Starim trgom pri Ložu. Prvo poročilo o raziskovanjih l, 1936, Glas. muz. dr. Slov. 18, 1939, 17–32. – Ders., Vače. Prazgodovinska naselbina, Glas. muz. dr. Slov. 20, 1939, 96–114. – Ders., Die Fortschritte der vorgeschichtlichen Forschung in Südsteirmark zwischen den beiden Weltkriegen, Z. hist.V.f.Steiermark 1943, 140ff.

[9]) S. Gabrovec, Stična I. Naselbinska izkopavanja, Ljubljana 1994.

[10]) O.-H. Frey, Halštatska naselja na Dolenjskem, Var. spom. 13–14, 1968–1969, 17. – S. Gabrovec, Überblick über eisenzeitliche Befestigungen in Slowenien. Posebna izdanja Centar za balkanološka ispitivanja 6, 1975, 59–70.

[11]) M. Guštin, Libna, Brežice 1977. – J. Dular, S. Ciglenečki, A. Dular, Kučar, Ljubljana 1995, 51–69. – M. Guštin, R. Cunja, K K. Predovnik, Stari grad/Podbočje, Brežice 1993. – B. Teržan, Starejša železna doba na slovenskem Štajerskem, Ljubljana 1989, 299–306. – B. Slapšak, Rodik-Ajdovščina, Atti dei Musei Civici di Storia ed Arte di Trieste 13, 1983, 225–227. – B. Križ, Cvinger pri Dolenjskih Toplicah, Var. spom. 34, 1992, 91.

[12]) G. Stacul, Il Castelliere C. Marchesetti presso Slivia, nel Carso triestino, Rivista di scienze preistoriche 27, 1972, 145–162.

[13]) M. Škiljan, L'Istria nella protostoria e nell'età Protoantica, Centro di ricerche storiche Rovigno, Atti 10, 1979–1980, 7–73. – P. Cassola Guida, Castellieri, in: Castelli del Friuli 5, 1981, 13–40. – V. Karoušková-Soper, The Castellieri of Venezia Giulia, north-eastern Italy (2nd.–1st. millenium B.C.), 1983. – Il Carso Goriziano tra protostoria e storia da Castelazzo a San Polo, ed. E. Montagnari Kokelj, Mariano del Friuli 1990. – S. Flego, L. Rupel, Prazgodovinska gradišča tržaške pokrajine, Trst 1993. – G. Labud, Ricerche archeologico-ambientali dell'Istria settentrionale, la valle del fiume Risano, Jonsered 1995.

[14]) J. Dular, B. Križ, D. Svoljšak, S. Tecco-Hvala, Utrjena prazgodovinska naselja v Mirenski in Temeniški dolini, Arh.vest. 42, 1991, 65–198. – Dies., Prazgodovinska višinska naselja v Suhi krajini, Arh. vest. 46, 1995, 89–168.

[15]) J. Dular, Beginn der eisenzeitlichen Besiedlung in Zentralslowenien, Marburger Stud. zur Vor- und Frühgesch. 16, 1994, 183–195. – Ders., New results from the excavation of upland settlements in Slowenia, in: Die Osthallstattkultur, Akten des Internationalen Symposiums, Sopron 10.–14. Mai 1994, Budapest 1996, 47–52.

[16]) P. Novaković, P. Turk, Graček nad Famljami, Prazgodovinska gradišča, Var. spom. 33, 1991, 249–253. – Dies., Kamen na kamen palača (izkopavanje gradišča na Krasu), Arheo 12, 1991, 57–64. – J. Horvat, Notranjska na začetku rimske dobe. Parti pri Stari Sušici, Ambroževo gradišče in Baba pri Slavini, Arh.vest. 46, 1995, 177–216. – N. Osmuk, Štanjcl, Var. spom. 36, 1996, 207.

[17]) M. Guštin, Tipologija gradišč železne dobe v Sloveniji, Materijali 14, Prilep 1976, 135–144. – Ders., Bericht über Ausgrabungen im Ringwall von Libna, Marburger Stud. zur Vor- und Frühgesch. 1, 1977, 139–148. – Ders., Gradišča železne dobe v Sloveniji, Arh. vest. 39, 1978, 100–121. – Auch B. Križ, Prazgodovinska gradišča v občini Novo mesto, Dolenjski zbornik 1985, 19–31.

[18]) Dular et al., s. Anm. 14.

[19]) S. Tecco-Hvala, Arheološka najdišča Dolenjske, Novo mesto 1990, 27–28; 65–66.

[20]) Dular et al., s. Anm. 14, 1991, Abb. 1–2; 1995, Fig. 1–2.

[21]) Nachweis B. Križ.

[22]) Dular et al., s. Anm. 14, 1995, 109.

[23]) S. Ciglenečki, Höhenbefestigungen aus der Zeit vom 3. bis 6. Jh. im Ostalpenraum, Ljubljana 1987. – Ders., Pólis Nórikon. Poznoantične višinske utrdbe med Celjem in Brežicami, Podsreda 1992.

[24]) Schmid, s. Anm. 8.

[25]) W. Schmid, Die Ringwälle des Bacherngebietes, I. Teil, Mitt. prähist. Komm. 2/3, 1915 280–282, Abb. 57.

[26]) Zu der Befestigungswälle von Poštela; Teržan, s. Anm. 11, 26–36.

[27]) J. Dular, S. Ciglenečki, A. Dular, Kučar, Ljubljana 1995, 51–69.

[28]) B. Križ, Cvinger pri Dolenjskih Toplicah, Var. spom. 34, 1992, 91.

[29]) S. Anm. 13–14.

[30]) P. Mason, Coming down from the hills. A preliminary report on the intensive surface collection of lowland Iron Age activity area, in: Recent Developments in Yugoslav Archaeology, BAR Int. Ser. 431, 1988, 239–245. – D. Breščak, Benečija pri Trebnjem, Arheološka najdišča Dolenjske, Novo mesto 1990, 83–84.

[31]) Schmid s. Anm. 25, 51–55.

[32]) D. Svoljšak, Raziskovanje prazgodovinske naselbine na Mostu na Soči, Goriški letnik 1, 1974, 5–32. – Ders., The prehistoric settlement at Most na Soči, Archaeologia Iugoslavica 17, 1976, 13–20. – Ders., Abitato preistorico a Most na Soči, Atti del convegno di studi „Le età del bronzo e del ferro nell'isontino", Gorizia 1977, 23–37. – Ders., Nuove scoperte a Santa Lucia di Tolmino, in: Preistoria del Caput Adriae. Ricerche, primi resultati, nuove scoperte, restauri, Trieste 1977, 32–36. – Ders., Abitato preistorico a Most na Soči, in: L'Età del bronzo e del ferro nell'Isontino, Atti del convegno (Gorizia 1977), Gorizia 1979, 23–37. – Ders., Most na Soči. Nova raziskovanja prazgodovinske naselbine, Atti dei Civici Musei di Storia ed Arte di Trieste 13, 1983, 97–104. – B. Žbona-Trkman, D. Svoljšak, Most na Soči 1880–1980. Sto let arheoloških izkopavanj, Tolmin 1981.

[33]) S. Gabrovec, D. Svoljšak, Most na Soči (S. Lucia) I, Zgodovina raziskovanj in topografija, Ljubljana 1983. – B. Teržan, F. Lo Schiavo, N. Trampuž-Orel, Most na Soči (S. Lucia) II. Szombathyjeva izkopavanja, Ljubljana 1984–1985.

[34]) D. Svoljšak, Posoje v bronasti dobi, Arh. vest. 39–40, 1989, 367–386.

[35]) D. Svoljšak, Prazgodovinska naselbina na Mostu na Soči, Situla 20/21, 1980, 187–197.

Hausformen der Hallstattkultur im Weinviertel Niederösterreichs

Ernst Lauermann, Asparn/Zaya

Das Weinviertel Niederösterreichs gehört wohl zu den fundreichsten Gebieten Österrreichs. Der Großteil der Funde ist bislang dem Zufall bzw. rührigen Heimatforschern zu danken, die in manchen Landschaftsteilen für eine erhebliche Funddichte sorgen. Besonders zu erwähnen sind hier die Marchregion, der Gerichtsbezirk Stockerau, der Raum um Poysdorf und das Gebiet um Hollabrunn.

Großangelegte Bauvorhaben, wie im südlichen Niederösterreich seit langem an der Tagesordnung, haben das Weinviertel bis in die späten achtziger Jahre unseres Jahrhunderts nur am Rande berührt. Doch mit der Öffnung der Grenzen im Norden und Nordosten setzte auch hier immer stärker werdende Bautätigkeit ein. Straßenbauvorhaben, aber auch vermehrte Umwidmung von Ackerland in Bauland rufen immer öfter Archäologen an vorderste Front, um Bodendenkmäler vor der endgültigen Zerstörung wenigstens noch zu dokumentieren und so zu retten, was noch zu retten ist.

Im Zuge solcher Rettungsgrabungen wurden in den letzten Jahren hallstattzeitliche Siedlungen in Unterparschenbrunn[1]), Großmugl[2]), Straß im Straßertal[3]), Leobendorf[4]) und Michelstetten[5]) teilweise ausgegraben; einige dieser Grabungen sind noch im Gange. Abschlußpublikationen liegen zur Zeit nur aus Unterparschenbrunn[6]) vor. Bei all diesen von mir angesprochenen Siedlungen handelt es sich um bäuerlich orientierte Freilandsiedlungen. Offene Siedlungen wurden in der Hallstattzeit, wie in anderen Epochen auch, gerne auf nach Süden geneigten Lößhängen über dem Wasserlauf zwischen den tieferliegenden feuchten Auen und den dichter bewaldeten Höhen angelegt. Neben diesen Freilandsiedlungen sind auch Höhensiedlungen anzunehmen und zum Teil nachgewiesen, wie z. B. der Praunsberg bei Niederfellabrunn[7]) – in unmittelbarer Nachbarschaft befinden sich die Grabhügel von Niederfellabrunn und Niederhollabrunn –, der Steinberg bei Ernstbrunn[8]) oder der „Saurüssel" bei Bullendorf mit ebenfalls einem benachbarten Grabhügel[9]). Allerdings wurden bislang nur am Steinberg notwendig gewordene Rettungsgrabungen durchgeführt. Im Bereich dieser Höhensiedlungen ist oftmals starke Siedlungstätigkeit durch intensive Oberflächenbegehungen belegt, wie im Fall von Niederfellabrunn, wo über 20 Fundstellen nachgewiesen sind. Ballungsräume ergaben sich weiters in der Horner Bucht, um Eggenburg, am Wagram zwischen Korneuburg und Krems, im Schmida-, Zaya- und Marchtal und um Großmugl, um die wichtigsten zu nennen.

Wenn wir nun die Ergebnisse der bislang vorgelegten Siedlungsgrabungen betrachten, fällt auf, daß neben Begleitgruben wie Abfall-, Lehmentnahme- und Vorratsgruben immer wieder rechtekkig eingetiefte, als „Grubenhäuser" interpretierte Verfärbungen auftreten, wie sie auch in vielen hallstattzeitlichen Siedlungen der Nachbarregionen nachgewiesen sind[10]). Gemeinsam ist ihnen in vielen Fällen die annähernd rechteckige oder quadratische Form, die oftmals von halbkreisförmigen Gruben überschnitten werden. Diese können möglicherweise auf einstürzende Lößwände zurückgeführt werden. Bei den Ausmaßen und bei den Tiefen unterscheiden sich allerdings die Objekte ganz bedeutend. So fällt auf, daß wir in Unterparschenbrunn in erster Linie Grundrisse von geringerer Größe nachweisen können. In Těšetice sieht die Situation etwas anders aus. Hier haben wir neben kleinen Verfärbungen wie Obj. 26 mit 7,3 m^2 oder Obj. 42 mit 7,6 m^2, wesentlich größere mit über

	UNTERPARSCHENBRUNN				MICHELSTETTEN				TĚŠETICE			
	Verfärbung	m^3	m^2	Tiefe/m	Verfärbung	m^3	m^2	Tiefe/m	Verfärbung	m^3	m^2	Tiefe/m
<10m²	10	4,5	6,5	0,7	40	6	5	1,2	26	8	7,3	1,1
					42	14,4	9,6	1,5	37	12,6	8,4	1,5
									42	9,1	7,6	1,2
10 - 20 m²	1	23	11,5	2	7	16,8	12	1,4	38	17,9	15,6	1,2
	2	25,5	13	1,95	32	23	14,4	1,6				
	4	24,2	12,4	1,95								
	26	32,6	14,8	2,2								
	37	28,6	10,2	2,8								
>20m²					26	34,5	23	1,5	1	45,2	22,6	2
									46	37,6	23,5	1,6
									47	64,8	36	1,8
									52	45,5	24,6	1,9

Abb. 1. Größenvergleich von Siedlungsobjekten der Hallstattkultur. m^3 Volumen, m^2 Grundfläche.

20 m^2. Besonders zu erwähnen ist hier Verfärbung 47 mit einer Grundfläche von 36 m^2. Bemerkenswert ist weiter, daß die größeren Objekte auch bis zu 2 m, die kleineren hingegen nur bis zu 1,5 m bzw. seichter eingetieft sind.

In der seit 1994 gegrabenen Anlage von Michelstetten können bislang über fünf Verfärbungen Aussagen gemacht werden. Alle sind annähernd quadratisch und haben unterschiedlich große Grundflächen. Diese unterschiedlichen Grundflächen veranlassen mich zur Annahme, daß die Größe der Objekte mit der Funktion in Zusammenhang stehen könnte. Ich möchte hier eine grobe Größeneinteilung vorschlagen, die vielleicht doch Rückschlüsse zuläßt (Abb. 1). Der angestellte Größenvergleich läßt nun die Annahme zu, daß die Objekte der ersten beiden Gruppen bis zu einer Größe von 20 m^2 Grundfläche eher als Keller gedient haben könnten. Als Ausnahme kann hier nur V 10 aus Unterparschenbrunn angesehen werden. Hier ist die Eintiefung zu gering. Die Siedlungsobjekte über 20 m^2 Grundfläche, dürften eher als eingetiefte Grubenhütten interpretiert werden.

Neben Größe und Eintiefung gibt es noch weitere Unterscheidungskriterien, so sind eingetiefte Objekte ohne Pfostensetzungen und eingetiefte Objekte mit Pfostensetzungen nachgewiesen.

Zum Vorhandensein von Öfen möchte ich bemerken, daß sie in erster Linie in den Häusern, die größer als 20 m^2 sind, anzutreffen sind, so in Těšetice Obj. 47 und Obj. 52. Aber auch in kleineren gab es Öfen, so in Unterparschenbrunn (V 26); hier steht der Ofen allerdings nicht auf dem Grubenboden, sondern dürfte beim Einstürzen des Oberbaues in den Keller gefallen sein. Dieses Beispiel aus Unterparschenbrunn legt den Schluß nahe, daß Kellerräume gerade bei größeren Häusern häufiger in Betracht gezogen werden müssen. Einen weiteren Anhaltspunkt dafür liefert V 2 aus Unterparschenbrunn. In dieser annähernd quadratischen Grube mit den Maßen von 3,6×3,6 m, konnten in einer Tiefe von 1,95 m auf dem Grubenboden Pfostensetzungen nachgewiesen werden. Drei davon, die als tragend angesehen werden können, bilden eine Reihe mit Abständen von 1,8 m. Die beiden Seitenpfosten waren je 20 cm, der Mittelpfosten bis zu 50 cm eingetieft. Neben dem Mittelpfosten und einem Seitenpfosten war je ein weiteres bis zu 50 cm tiefes Pfostenloch. Auf der Südseite des Objektes befand sich eine stufige, unregelmäßige Lößrampe. Beiderseits dieser wurden drei bzw. vier Pfostensetzungen festgestellt, die allerdings lediglich bis zu 15 cm eingetieft waren (Abb. 2).

Im Museum für Urgeschichte des Landes Niederösterreich in Asparn an der Zaya wurde versucht, nach diesem Befund eine Hütte mit Oberbau zu errichten (Abb. 3). Beim Aufbau wurde es erst klar, wie groß die Unterschiede zwischen dokumentiertem archäologischen Befund einerseits und seine Umsetzung in eine mögliche Realität andererseits sind. Anknüpfend an Überlegungen bei anderen Befundinterpretationen im Museum, wurden die tragenden Pfosten so in die Höhe gezogen, daß eine Firstkonstruktion mit Satteldach mit einer Neigung von etwa 45 Grad entstand. Die Eingangsrampe, die nur im unteren Bereich nachgewiesen

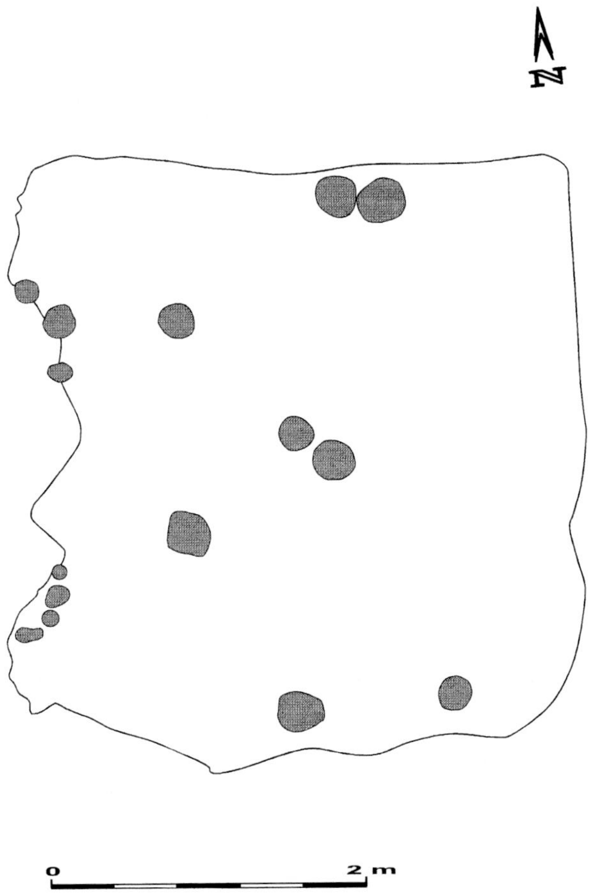

Abb. 2. Unterparschenbrunn 1982, V 2, Planum 4 mit Pfostensetzungen.

Abb. 3. Museum für Urgeschichte Asparn/Zaya, Rekonstruktion der Unterparschenbrunner Hütte (V 2) (Foto: E. Lauermann).

war, fiel entsprechend steil und unregelmäßig aus. Als Verstärkung der Stufen wurden Querhölzer verwendet, die durch die seitlichen Pfostensetzungen Halt fanden. Unmittelbar vor dem Eingangsbereich, wo ebenfalls an jeder Seite ein Pfosten nachgewiesen werden konnte, wurden Steher angebracht, die den Eingangbereich bilden sollten. Somit fanden sich auf engem Raum fünf tragende Holzsteher von 15–20 cm Stärke (Abb. 4), was, abgesehen von der steilen Rampe, den Eingang in das Haus sehr erschwert haben muß. Dieser Rekon-

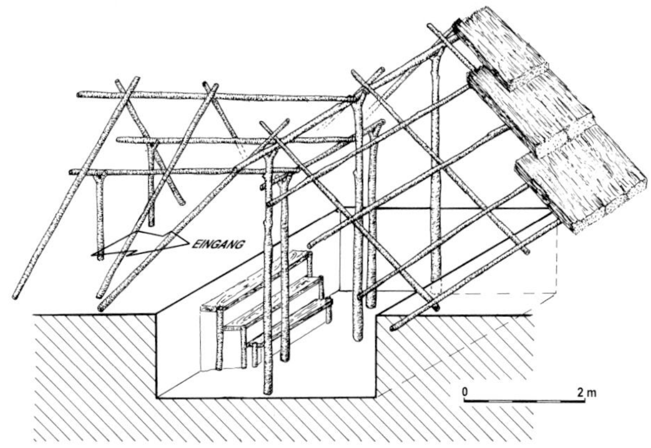

Abb. 4. Zeichnerische Darstellung des im Museum nachgebauten Objektes (Zeichnung: F. Drost).

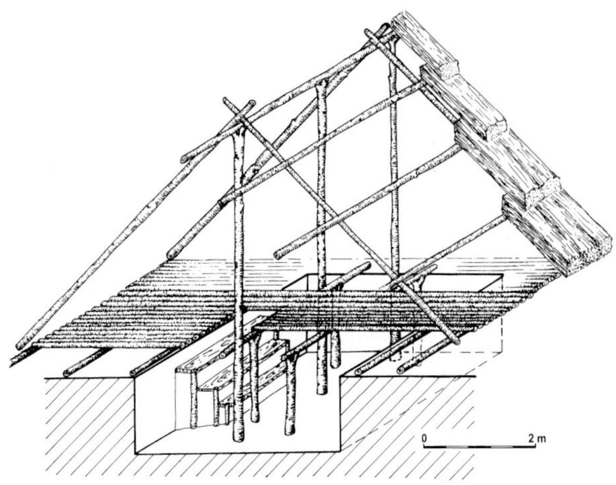

Abb. 5. Zeichnerische Darstellung von Unterparschenbrunn (V 2) mit eingezogener Holzdecke und Kellerabgang (Zeichnung: F. Drost).

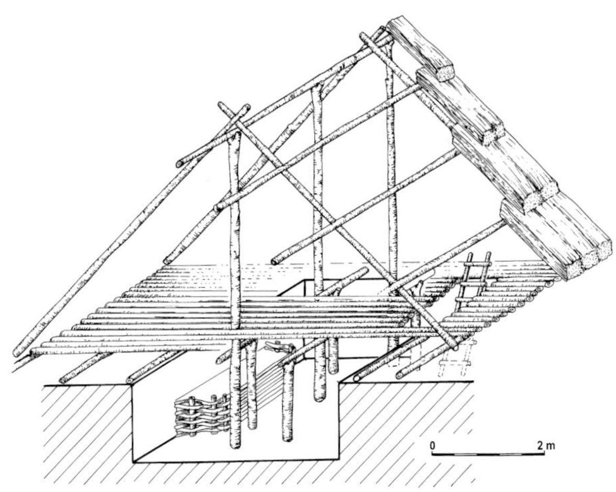

Abb. 6. Zeichnerische Darstellung von Unterparschenbrunn (V 2) mit Lehmablage und Leiterabstieg (Zeichnung: F. Drost).

struktionsversuch brachte die Vorstellung von „Grubenhäusern" oder „Grubenhütten" sehr stark ins Wanken. Allerdings muß in diesem Zusammenhang erwähnt werden, daß gerade in den letzten Jahren Befunde zutage kamen, die eine Pfostenkonstruktion durchaus als wahrscheinlich erscheinen lassen; hierher gehört z. B. die Verfärbung V 26 aus Michelstetten, wo eindeutige Pfostensetzungen nachgewiesen wurden, oder auch ein 0,5 m eingetieftes Objekt von Großmugl[11]) mit sehr gut erkennbaren Pfostensetzungen. In diesen beiden Fällen möchte ich die Theorie der eingetieften Grubenhütten nicht ganz verwerfen.

Ich möchte nun folgende Überlegungen hinsichtlich einer Neuinterpretation von Befunden wie Unterparscherbrunn (V2) als unterkellerte Häuser anstellen. Keller dieser Größenordnung konnten ohne Schwierigkeiten mit entsprechenden Holzbohlen abgedeckt werden, dadurch würde ein tragfähiger Fußboden entstehen, auf dem dann ein möglicher Kuppelofen durchaus Platz fände, wie der Ofen aus Unterparschenbrunn (V 26) belegt. Der Mittelpfosten und die beiden Außensteher werden hochgezogen und bilden das Grundgerüst für eine Firstkonstruktion mit Satteldach. Die steile Eingangsrampe kann in diesem Fall als Kellerabstieg verwendet werden und war daher auch nicht ständig in Gebrauch. Der Kellerabgang muß aber durch eine Art Klapptür gesichert sein, wofür die Seitenpfosten gedient haben könnten (Abb. 5). Wie groß der Oberbau war, ist nicht gesichert. Zweifelhaft ist auch, ob der gesamte Bereich des Wohnhauses unterkellert war. Eine weitere Überlegung geht dahin, die angenommene Abstiegsrampe lediglich als Lehmablage zu interpretieren, dabei bilden die eingeschlagenen Pfosten das Gerüst für eine Flechtwerkwand. Der Abstieg in den Keller mittels Leiter ist in diesem Fall wesentlich problemloser (Abb. 6).

Für sämtliche Rekonstruktionen urgeschichtlicher Bauten ist die Wandrekonstruktion eine Schlüsselfrage. Aufgrund der wenigen Befunde unterscheidet T. Bader[12]) folgende Wandtypen:

1. Pfosten mit Flechtwerk, also Flechtwerkwand mit ein- oder zweiseitigem Lehmbewurf.
2. Palisadenwände aus senkrecht nebeneinandergestellten Spaltbohlen. Der Hinweis für diesen Wandtyp ist ein Wandgräbchen.
3. Soden- oder Erdwand. Die Wand ist aus Grassoden oder aus gestampfter Erde, gemischt mit Streu, gebaut.
4. Bohlenständerwand oder Pfosten-Bohlenbau. Zwischen senkrechten Ständern, die in den Boden eingetieft sind, sind die Spaltbohlen horizontal als Wandfüllung in ausgestemmte Nuten der Pfosten gesetzt.
5. Blockbauwand. Sie besteht aus waagrecht übereinanderliegenden Rundhölzern oder Bohlen, die an den Ecken ohne senkrechte Bauelemente auf unterschiedliche Weise miteinander verzahnt sind.
6. Fachwerkwand, bestehend aus senkrechten und waagrechten Hölzern, rund oder kantig, die ein stabiles Rahmenwerk bilden und mit Flechtwerk ausgefüllt wurden.

Zusätzlich möchte ich gerade im Weinviertel die Verwendung von Lehm und Löß unbedingt in Betracht ziehen, um so mehr, da der Aufbau von urgeschichtlichen Gebäuden weitgehend von den vorhandenen Baustoffen abhängig war. Sicherlich hatte das Holz gegenüber dem Lehm und dem Stein im ganzen prähistorischen Europa Priorität. Trotzdem ist gerade der ungebrannte Lehmziegel im Osten Österreichs und darüber hinaus bis in unser Jahrhundert hinein weit verbreitet. Der Nachweis von ungebranntem Lehm oder Löß ist natürlich nur sehr schwer, wenn überhaupt, möglich.

Abschließend möchte ich anregen, die Funktion der angeblichen „Grubenhäuser" und „Grubenhütten" neu zu überdenken und Grabungsbefunde auch in der vorgeschlagenen Richtung zu untersuchen, wobei je nach Befund sicher ein Nebeneinander von unterkellerten und echten eingetieften Grubenhütten angenommen werden darf.

Anmerkungen

[1]) E. Lauermann, Eine Siedlung der Hallstattkultur aus Unterparschenbrunn, Gem. Sierndorf, Niederösterreich, ArchA. 78, 1994, 127 ff.

[2]) E. Lauermann, Rettungsgrabung eines hallstattzeitlichen Grubenhauses in Großmugl, Arch. Österr. 2/1, 1991, 34 f. – M. Bachner, M. Lantschner, Rettungsgrabung in einer hallstattzeitlichen Siedlung in Großmugl, Flur Todtenweg. In: Bericht zu den Ausgrabungen des Vereins ASINOE im Projektjahr 1994/95, Fundber. Österr. 33, 1994, 253 ff. – W. Fletzer, M. Lantschner, Fortsetzung der archäologischen Untersuchung einer hallstattzeitlichen Siedlung in Großmugl, Flur Todtenweg. In: Bericht zu den Ausgrabungen des Vereins ASINOE im Projektjahr 1995/96, Fundber. Österr. 34, 1995, 395 ff.

[3]) B. Wewerka, Die Grabung Straß im Straßertale. In: Bericht zu den Ausgrabungen des Vereins ASINOE im Projektjahr 1994/95, Fundber. Österr. 33, 1994, 216 ff. – Dies., Bericht zu den Ausgrabungen des Vereins ASINOE im Projektjahr 1996/97, Fundber. Österr. 36, 1997, im Druck.

[4]) Die Abteilung für Bodendenkmale des Bundesdenkmalamtes, Jahresbericht, Fundber. Österr. 33, 1994, 424 f.; Fundber. Österr. 34, 1995, 22 f.

[5]) E. Lauermann, Archäologische Forschungen Michelstetten 1994 und 1995, Asparn a. d. Zaya 1996 und 1997.

[6]) Lauermann, s. Anm. 1.

[7]) E. Lauermann, Der Praunsberg bei Niederfellabrunn, Gem. Niederhollabrunn, NÖ. Eine hallstattzeit-

liche Höhensiedlung im Weinviertel, ArchA. 74, 1990, 61 ff.

[8]) G. Trnka, Steinberg bei Ernstbrunn. In: Die Hallstattzeit im Raum Stockerau, 1989, 45 f.

[9]) J.-W. Neugebauer, Archäologie in Niederösterreich. Poysdorf und das Weinviertel, St. Pölten und Wien 1995, 106.

[10]) V. Podborsky, Die Hallstattsiedlung in Těšetice, Fontes Archaeol. Prag. 9, 1965. – E. Mirossayova, Sidliko z neskorej doby halstatskej v Cecejoveiach, Slov. Arch. 42/1, 1994, 37 ff. – S. Stegmann-Rajtar, Ein Siedlung der Späthallstatt-/Frühlatènezeit in Bratislava-Dubravka (Slowakei). In: Die Osthallstattkultur, Akten des Intern. Symp. Sopron, 10.–14. Mai 1994, 1996, 455 ff.

[11]) A. Wewerka, 1997, s. Anm. 3.

[12]) T. Bader, Prähistorische Rekonstruktionen und experimentelle Archäologie im Keltenmuseum Hochdorf/Enz, BRD, Acta Arch. Hung. 47, 1995, 173.

Die späthallstatt-/latènezeitliche Siedlung von Inzersdorf-Walpersdorf ob der Traisen, p.B. St. Pölten, Niederösterreich

Peter C. Ramsl, Wien

Fundort und Fundgeschichte

In Inzersdorf-Walpersdorf konnte erstmals in Ostösterreich eine größere, zusammenhängende Siedlungsfläche der Späthallstatt- und Frühlatènezeit untersucht werden[1]).

Der Fundort liegt im niederösterreichischen Traisental zwischen Traismauer und Herzogenburg im Gemeindegebiet von Inzersdorf ob der Traisen, und zwar an der Kante der diluvialen Niederterrasse des Flusses Traisen und ist Teil einer Siedlungs- und Gehöftkette[2]) aus verschiedensten Epochen, die schon an mehreren Stellen wie Franzhausen-Kokron, Walpersdorf-Süd und Inzersdorf-Walpersdorf beim Schotterabbau angeschnitten wurde.

Die Grabungen wurden in den Jahren 1972/73 vom Bundesdenkmalamt unter der Leitung von Johann Offenberger durchgeführt. Da die ersten Fundberichte aus diesem Areal schon aus den Jahren 1899 bzw. 1906[3]) stammen, wurden großflächige Rettungsgrabungen angesetzt, die aber auch nur einen Teil der Siedlungsfläche erfaßten.

Wie auf dem Übersichtsplan (Abb. 1) zu sehen ist, erstreckt sich die ergrabene Fläche von der Terrassenkante im Osten über fast 300 m Länge und teilweise 160 m Breite. Dadurch war es möglich, Strukturen herauszuarbeiten, und zwar die für die Frühlatènezeit typischen eingetieften Bauten (Grubenhütten), Palisadengräbchen (Zäune), Hausgrundrisse von Ständerbauten und möglicherweise hallenartige Gebäude.

Datierung

Der Hauptteil der Funde kann in den Zeitabschnitt von der Späthallstattzeit bis in die Latènezeit gestellt werden. Dabei lassen sich mit der Keramik und den wenigen Funden aus Metall 3 Phasen fassen, die jeweils in eine ältere und jüngere Stufe gegliedert werden können.

Phase 1 ist mit späthallstattzeitlich zu umschreiben. Die jüngere Tendenz innerhalb dieser Phase ist z. B. durch das erste vereinzelte Auftreten von Schalen mit innen verdicktem Rand, Schalen mit verziertem Knick und Töpfen ohne ausgeprägter Randbildung gekennzeichnet.

Phase 2 (Latène A) ist in ihrer älteren Ausprägung durch das tendenziell vermehrte Auftreten der Graphitierung der Gefäße charakterisiert. Die jüngere Tendenz zeigt sich durch das schon massive Auftreten der scheibengedrehten Ware. Schalen mit S-förmigem Profil und eventuell verdickten Rändern treten ebenso auf wie solche mit Ompalos mit deutlich erkennbarer Drehachse. Weiters sind Schalen mit extrem nach innen verdickten Rändern und mit Stempel-, Rillen- und Wulstzier und Töpfe mit ausgeprägter Randbildung zu erwähnen. Außerdem treten Zirkelverzierungen auf verschiedenen Materialien auf, wie z. B. ein Waldalgesheimmuster auf einem gedrechselten Geweihgriff.

Phase 3 ist aufgrund ihrer Keramiktypen von der Stufe Lt B2/C1 bis in die ausgehende Mittellatènezeit zu stellen.

Die wichtigsten Funde

Zu den hervorzuhebenden Funden gehört die sogenannte geriefte Drehscheibenkeramik (westlicher Tradition), wie sie z. B. auch auf dem Üetliberg[4]) auftritt und ihre Vorläuferformen auf der Heuneburg[5]) hat, die hier nach dem jetzigen Forschungsstand ihre östlichste Ausdehnung erreicht. Diese dünnwandige Keramik ist sorgfältig graphitiert und poliert, in einem Fall ist sogar Graphitschlickerung nachweisbar.

Weiters kommen Exemplare von scheibengedrehter Ware der Vekerzug-Gruppe[6]) in einigen Siedlungsobjekten vor. Diese Keramik, deren Werkstatttradition von den griechischen Schwarzmeerstädten hergeleitet wird, hat in dieser Fund-

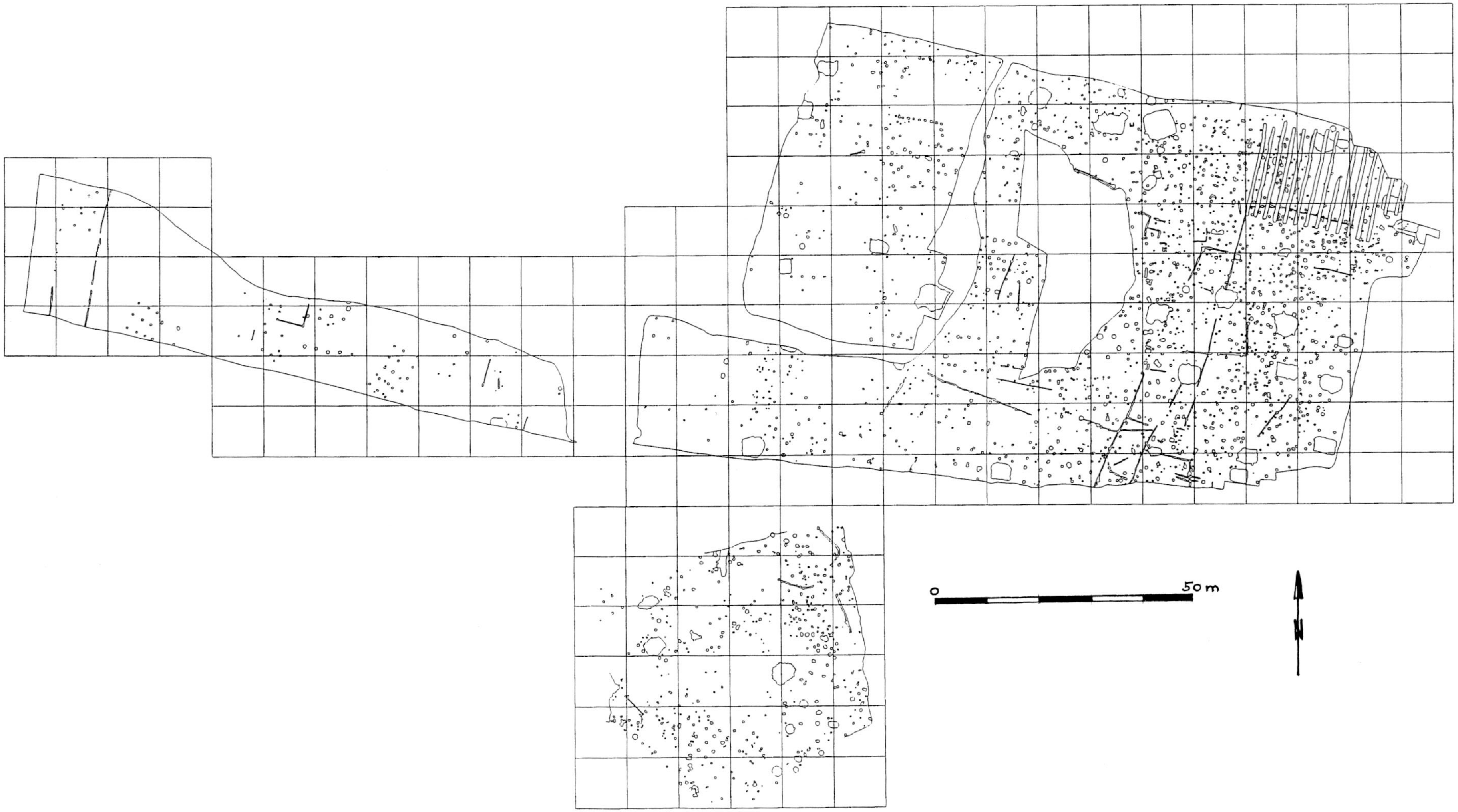

Abb. 1. Inzersdorf-Walpersdorf. Gesamtplan der Ausgrabung.

konzentration in Inzersdorf-Walpersdorf ihren westlichsten Fundpunkt. Eine Gegenüberstellung der Verbreitungsgebiete der beiden frühen Drehscheibenwaren zeigt, daß die besprochene Siedlung ziemlich genau im Schnittpunkt östlicher und westlicher Tradition zu liegen scheint. Das bestätigen auch verzierte Artefakte der Latènezeit. Damit ist eine wichtige Vermittlertätigkeit zwischen Ost und West, möglicherweise auch eine Süd-Nord-Achse anzunehmen. Die Vekerzug-Kultur selbst, deren Einflußgebiet direkt an die östlichen Latènezentren anschließt, scheint eine wichtige Vermittlerrolle bei der Beeinflussung des Latènestils durch die skythische Kunst gehabt zu haben.

Weiters soll noch ein Bruchstück eines Tiegels mit Goldreguli erwähnt werden. Diese technische Keramik, die ihre einzige Parallele in Brníčko[7]) in Mähren hat, diente höchstwahrscheinlich der Läuterung von Gold und datiert in die Phase Lt B2/C1.

Ebenfalls technischen Zwecken diente ein trichterförmiges, graphitgemagertes Keramikfragment, das wohl als Rest eines Gebläsetopfes angesprochen werden kann. Das Fragment eines menschlichen Schädels mit Bohrspuren, ein durchlochtes Amulett aus Wildschweinkiefer und in Gruben deponierte Kleinstkinderskelette weisen auf kultisch-religiöse Praktiken hin und ergänzen das Fundspektrum.

Zur Siedlungsstruktur

Weder im Norden noch im Süden des Grabungsareals ist das Ende der Siedlung zu erkennen, im Osten wurde die rekonstruierte Terrassenkante wahrscheinlich erreicht. Die ursprüngliche Schotterterrasse muß den Abmessungen der Gehöfte nach zu schließen mindestens 60–100 m weiter östlich gelegen sein, sie ist offensichtlich der Erosion zum Opfer gefallen.

Gräben

Aus der Vielzahl von Befunden sind zunächst die Gräbchensysteme hervorzuheben, die in verschiedene Kategorien geteilt werden können.

Erstens handelt es sich bei den langen, oft rechtwinkelig abbiegenden Beispielen um Reste von Zäunen, die Gehöfte abgrenzten. Dabei muß nicht an hohe Palisaden gedacht werden, sondern man kann davon ausgehen, daß es sich um einfache, niedrigere Flechtwerkzäune handelt, die durch Ständerpfosten gehalten werden. Hierbei stand sicher nicht der fortifikatorische Wert im Vordergrund, sondern die „Abgrenzung", sei sie gegen Tiere (z. B. Wölfe im Winter) oder gegenüber Mitbewohnern, die eventuell einer anderen sozialen Schicht angehörten.

Bei einigen kann weiters an Fundamentgruben von Häusern oder auch kleineren Tierpferchen gedacht werden. Darin waren Wände aus Flechtwerk, wie z. B. aus Krašovice[8]), und solche im Nut-Feder-Verband errichtet.

Bei unregelmäßig oder eng parallel verlaufenden Gräbchen könnte es sich drittens um Entwässerungskanäle handeln.

Parallel in einem Abstand von 7–10 m verlaufende Gräbchen, die eventuell auch an den Breitseiten abgegrenzt sind, wie sie auch in Eching[9]) und Droužkovice[10]) vorkommen, könnten (unter Berücksichtigung der landwirtschaftlichen Ausrichtung der Gehöfte) als Tierpferche gedient haben. Möglicherweise sind sie auch als Fundamentgräbchen hallenartiger Bauten zu interpretieren, wenn man an den Hof von Straubing-Öberau[11]) denkt.

Pfostensetzungen

Die herausgearbeiteten Hausgrundrisse stammen von ein- und zweischiffige Bauten. Die einschiffigen haben 4, 6 und 8 bis Mehrpfostensetzungen, wobei bei der Gruppe mit den 4 Pfosten einige Beispiele mit erheblichem Durchmesser auftreten. Dabei ist an Hochbauten zu denken, die als Vorratsbauten oder Beobachtungstürme interpretiert werden können.

Die zweischiffigen Bauten können in solche mit 9 und mit 12 Pfosten gegliedert werden. Dabei werden Größen von 7 mal 12 m erreicht.

Die regelmäßigen und großen Grundrisse können mit Wohnbauten in Verbindung gebracht werden, bei den kleineren und unregelmäßigen Pfostensetzungen würde die Interpretation als Schuppen zur Lagerung von Geräten. Wagen etc. sinnvoll erscheinen.

Gruben

Größere Gruben, also eingetiefte Bauten, kamen in Inzersdorf-Walpersdorf 30mal vor. Vier waren nur mehr teilweise an den Schottergrubenkanten erhalten; 21 sind in den zu behandelnden Zeitrahmen zu stellen. Dabei sind solche ohne und mit Pfostensetzung in der Hauptachse (für die Firstpfosten) zu unterscheiden, in einem Fall scheint es sich um einen Erdkeller eines Pfostenbaus gehandelt zu haben. Ein eingetiefter Bau (Obj. 2088), der in der Mitte der Grube eine schachtartige Vertiefung aufweist, hat seine Parallelen in Bruck an der Leitha, Sopron-Krautacker[12]) und Mšecké Žehrovice, wobei letzterer im Museum für Urgeschichte in Asparn an der Zaya[13]) als latènezeitliche Schmiede rekonstruiert wurde. Die Frage, ob diese Grubenhütten nur wirtschaftlichen Zweck hatten, also Webhütten, Schmieden, Gießereien, Töpfereien oder Tierställe waren, oder auch Wohnzwecken dienten, muß auch in diesem Fall unbeantwortet bleiben.

Ergebnis

Es scheinen sich hier eventuell sogenannte „Herrenhöfe“ abzuzeichnen, wie sie v. a. aus Böhmen wie Krašovice[14]) und Droužkovice und Bayern wie Straubing-Öberau und Kirchheim bei München[15]) bekannt sind. Dabei ist aber immer zu bedenken, daß diese Einheiten sehr stark landwirtschaftlich orientiert waren. Im vorliegenden Fall konnte bei der Untersuchung der Tierknochen der Nachweis einer Schweinezucht erbracht werden, die sich in der Vielzahl der Knochen von weit über dem idealen Schlachtalter liegenden Tieren zeigt[16]).

Die hier kurz besprochene Siedlung ist Teil einer wohl komplexen Siedlungsstruktur der Latènezeit im Unteren Traisental, die aber erst in weiteren Studien erarbeitet und dargestellt werden muß.

Anmerkungen

[1]) P. C. RAMSL, Die späthallstatt-/latènezeitliche Siedlung von Inzersdorf-Walpersdorf ob der Traisen, p.B. St. Pölten, Niederösterreich. Diplomarbeit, phil. Fak. Univ. Wien 1996.

[2]) J.-W. NEUGEBAUER, Die Kelten im Osten Österreichs, Wiss. Schriftenreihe Niederösterreich 92–94, St. Pölten, Wien 1991, 23.

[3]) G. BAUMGARTNER, Prähistorische Funde nächst der Station Getzersdorf, Mitt. Zentralkomm. 3. F. 5, 1906, 287 ff.

[4]) W. DRACK, Die alten und neuen archäologischen Entdeckungen auf dem Üetliberg im Überblick, Arch. d. Schweiz 5, 1985, 103.

[5]) A. LANG, Geriefte Drehscheibenkeramik von der Heuneburg 1950–1970 und verwandte Gruppen, Röm.-German. Forsch. 34, 1974.

[6]) P. ROMSAUER, The earliest wheel-turned-pottery in the Carpathian Basin, Antiquity 65/247, 1991, 358 ff.

[7]) K. SCHIRMEISEN, 15 Jahre Vorgeschichtsforschung im Mährisch-Neustädter Gebiet, Zeitschr. d. Mähr. Landesmuseums Brünn, NF 3, 1943, 136.

[8]) L. JANSOVÁ, Beitrag zur Chronologie der späten Hallstattzeit in Südböhmen, Pam. Arch. 48, 1957, 460.

[9]) H. BECKER, K. LEIDORF, Neue Pläne hallstattzeitlicher Grabenwerke in Niederbayern, Das arch. Jahr in Bayern 1986, 73 ff.

[10]) Z. SMRŽ, Droužkovice, An enclosed area of the early La Tène Period. In: Archaeology in Bohemia 1986–1990, Praha 1991, 218, fig. 1.

[11]) B. ENGELHART, Die endneolithischen und frühbronzezeitlichen Gräber von Straubing-Öberau, Jahresber. Hist. Verein für Straubing und Umgebung 91, 1989, 83 ff.

[12]) Freundliche Mitteilung E. Jerem, Budapest.

[13]) Katalog, Museum für Urgeschichte Asparn a. d. Zaya[5], Wien 1992, 129.

[14]) JANSOVÁ, s. Anm. 8.

[15]) R. CHRISTLEIN, Ein frühkeltischer Herrenhof von Kirchheim bei München. Das arch. Jahr in Bayern 1980, 84 ff.

[16]) E. PUCHER, Der Knochenabfall einer späthallstatt-/latènezeitlichen Siedlung bei Inzersdorf ob der Traisen (Niederösterreich). In: RAMSL, s. Anm. 1.

Innenbebauung der Siedlung Sopron-Krautacker von der Späthallstatt- bis zur Spätlatènezeit

Erzsébet JEREM, Budapest

An Stelle des Kurzbeitrages wird auf die beabsichtigte Drucklegung verwiesen:

E. JEREM, Anthropogenic effects on prehistoric environments in Hungary, Archaeolingua 10.

Some new data on the history of the Late Iron Age settlements in the Upper Tisza Region

Katalin ALMASSY, Nyíregyháza

In the present article I discuss the problems and first results of a newly started project. These results are worth being presented because the eastern part of the Carpathian Basin, and especially the Upper Tisza Region, is rather scarcely mentioned in international research. Apart from the general regional articles and ever since Ilona Hunyady published her article before the Second World War there were only two persons specialized in the Late Iron Age of this area, namely János Németi and Magdolna B. Hellebrandt. It was also them who started to publish the material of the recent excavations, but they are dealing mainly with cemeteries. While a relative chronological system of the area based upon the typological analysis of the assemblages of finds is still not available, I am going to consider structural problems for the most part; and my assumptions should be regarded as a working hypothesis.

The main parts of the area in question are as follows: Carpathian Ukraine, the southern part of East Slovakia, the mountains Zemplén, Cserhát and certain parts of the mountain Bükk in Hungary,

Bodrogköz, Rétköz, Nyírség, nyíri Mezőség, Bereg-Szatmár Plain still in Hungary, and Satu Mare/Szatmár and Bihor/Bihar in Romania. (In the latter country Late Iron Age sites have mainly been found in Bihor, in the valleys of the tributaries of the river Ér.)

As an introduction I will represent the geography of the settlement. The map (fig. 1) consists of two parts. The part which is outside the Komitat Szabolcs-Szatmár-Bereg shows the present hydrographic conditions. On the territory of the county – coloured grey – though, we drew the main river valleys and the continuous underwater areas as they were at the end of the first millennium[1]). On the basis of the studies in hydrography and historical geography, the conditions around 1000 A.D. can be projected back as far as the beginning of the 1st millennium[2]), which means that the conditions found by the Celts were roughly the same as presented here.

Having a look at the map, we can realize, immediately that the great majority of the sites are situated along rivers. This is perfectly understandable, since river valleys have always been natural routes. And I think it is not accidental that three out of the four important Tisza harbours in the Komitat Szabolcs-Szatmár-Bereg (namely Zsurk, Szabolcsveresmart, Tokaj/once Hímesudvar, Tiszalök) provided Celtic sites for us. In addition, the most important ones, Tiszalök and Himesudvari showed a considerable concentration of Celtic sites. Yet, not every river valley could be used as route. River Szebecse, for example, that led through the Rétköz flowed through the deeper part of this moorland, gathered its water and nourished its swamps[3]). Thus, during the regular yearly floods

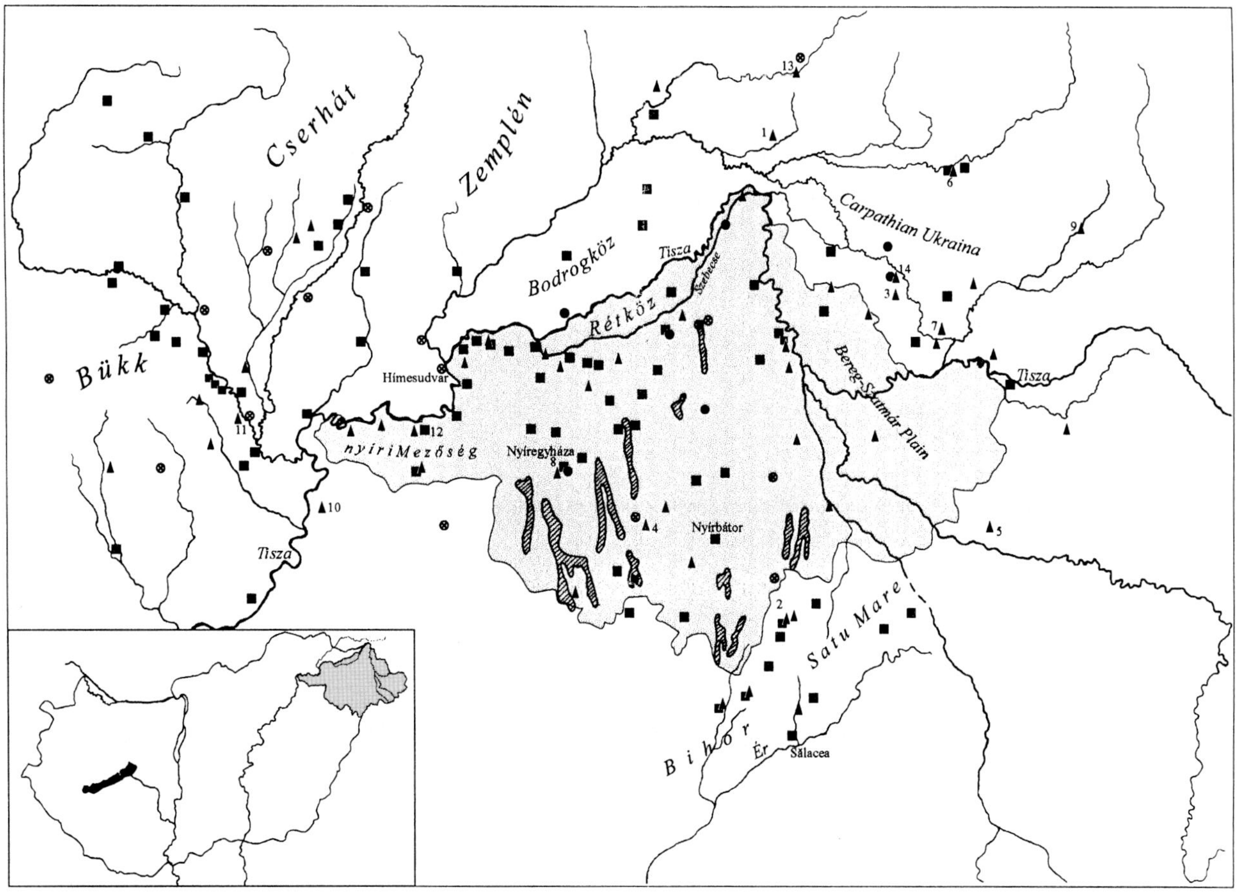

Fig. 1. Celtic sites of the Upper Tisza Region.

■ cemetery
▲ settlement
● coin
⊗ uncertain type site

1 Bolshie Ratovci
2 Ciumeşti
3 Diedovo
4 Kállósemjén
5 Lazuri
6 Mukachevo
7 Muzhievo
8 Nyiregyháza
9 Osii
10 Polgár
11 Sajópetri
12 Tiszalök
13 Uzhorod
14 Velikaia Began

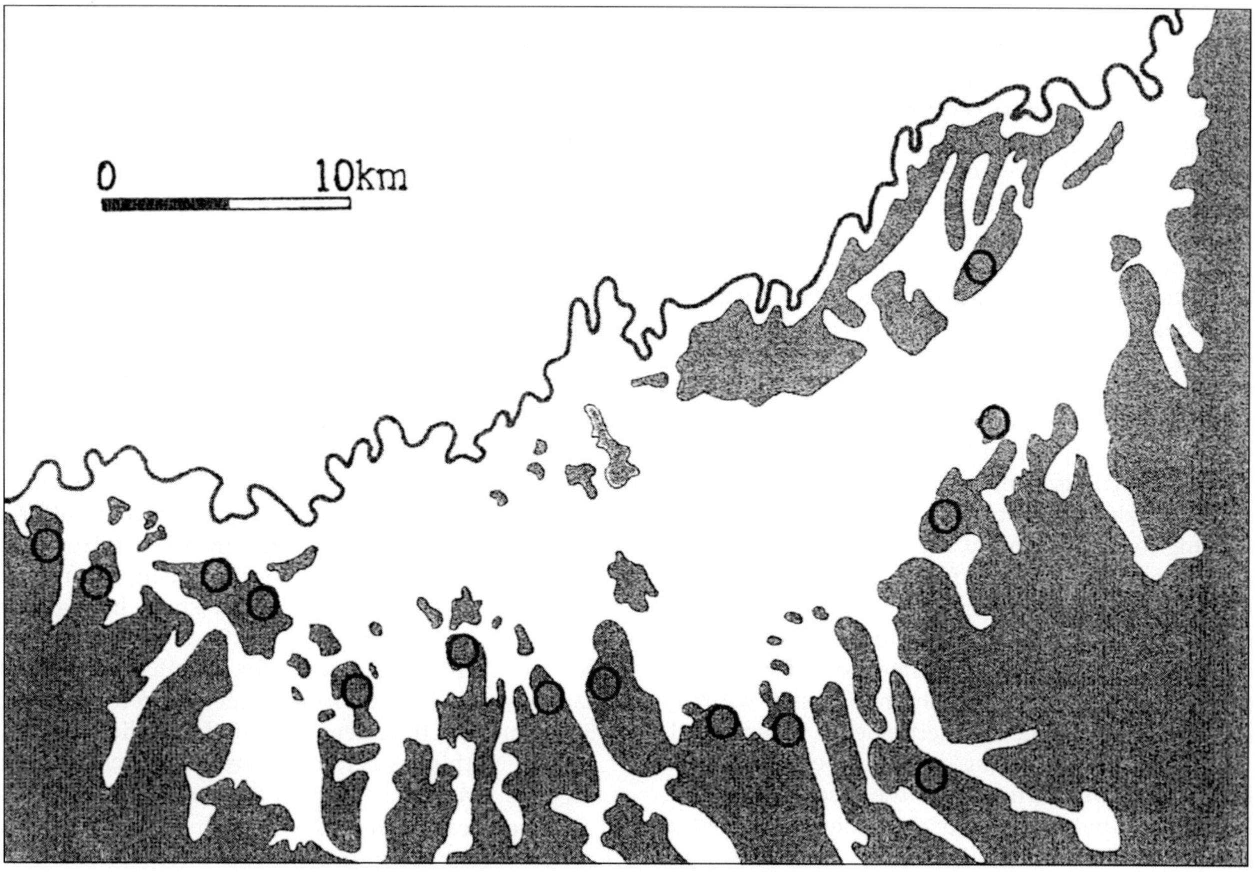

Fig. 2. Map of the Rétköz before 1804.

○ Celtic site. White surface signals the regulary flooded areas (after Sexti, in: SÜLI, ZAKAR, s. Anm. 4).

even territories far from the riverbed were under water. A great part of the Rétköz and the Bodrogköz was continually at risk of flood. There were, on the other hand, protruding sandhills that were safe, even during high floods[4]). Late Iron Age sites were found on these scattered heights (fig. 2).

There is another exceptional area: the Nyírség, the inner part of the Komitat Szabolcs-Szatmár-Bereg. On this plateau, which rose high above the Great Hungarian Plain, people were guided by the so called „nyírvíz" – these were former river beds temporarily filled with water. The general direction of the „nyírvíz" was north, north-east, south, south-west, and they practically led through the whole Nyírség. These swamps and ditches filled with water almost all year, around blocked traffic in the east-west direction. The only route possible must have been the great salt route which was mentioned in written sources as early as in the first part of the 11th century. Its southern end was at Sălacea/Szalacs and it led to the Himesudvar harbour through Nyírbátor and Nyíregyháza[5]). A number of the Late Iron Age sites can be strung along this route as well (Bátorliget, Nyírlugos, Nyírbogát, Nyírbátor, Kállósemjén, Pócspetri, Kiskálló, etc). Thus we have good reason to suppose that this route was already used in the prehistoric age and that it was the second factor governing settlement in the Nyírség.

On the territory of the Komitat Szabolcs-Szatmar-Bereg the number of known cemeteries is one and a half times as many than settlements. This proportion could be changed by systematic field-work. However, we have the remarkable fact that during the field-work on the 92.5 km track of the future highway only 5 out of the 130 sites were of the Late Iron Age. Systematic excavations were undertaken only in a few plasces and a great part of them are not published.

We find scarce information on the extension and inner structure of the settlements in general studies of the archaeology of the Carpathian Ukraine[6]). The size of the registered villages ranges from 0.4–0.5 hectare to 1.5 hectares (1 hectare equals with 2.471 acres). It is not clear if these data refer to the territory dug up or to the territory determined by the scattered material found during the field-work. In Bolshie Ratovci 5 houses were found on the slopes of a small hill, the houses formed a circle. The authors of the study suppose that animals were kept on the bare space in the middle. There were also pits on the bare space between the houses. At the Uzhgorod Brick Factory/Ungvár-Téglagyár site the buildings formed a straight line on the slope of a hill. The studies about the Osii site mention workshop-like buildings, that stood on the north-eastern part of the settlement.[7]) More data about the Carpathian Ukraine were delivered by Viacheslav Kotigoroshko who had dug at the following sites: Dedovo/Beregdéda III, Muzhievo/Nagymuzsaly and Velikaia Began/Nagybégán. He produced maps of the first two places. In both settlements the houses formed a straight line and they stood 4–8 metres away from each other. The brief description does not say if the sites were fully dug up. As for the finds, he only presents a selection from Muzhievo[8]). Mukachevo/Munkács-Gallis-Lovácska is the most famous Late Iron Age settlement of the Carpathian Ukraine. In spite of its importance, little is known about its structure. Tivadar Lehóczky, the first archeologist to dig there, according to the method of the time, only gave a description of what he had found but not a map. Yet, due to his exact location, and with the help of the old catastral maps, the individual features can be identified. But this is still same work to be done. Speaking about the Carpathian Ukraine, we may conclude that village-like settlements were typical, with the families living relatively close to each other. We have learned from the research work of L. Horváth that this kind of settlement appeared in southern Komitat Zala too and in Transdanubia (Balatonmagyaród-Kiskányavár, Nagykanizsa-Dávid fields)[9]). Moreover, houses, found in close proximity at Acsa and Iván, suggest the same type of settlement[10]). That means that this is a general settlement type in the Carpathian Basin.

From Romania we only have information about the site at Ciumeşti, partially dug up and published by Vladimir Zirra. On the excavated territory the groups of features (a house with pits around it) are 42–110 (!) metres away from each other[11]), which suggests a population living in scattered families. The same formation appears in the southern Komitat Zala (Balatonmagyaród-Kányavár, Garabonc-Ófalu, Magyarszentmiklós-Újréti fields)[12]) as well as in the southern part of the Great Hungarian Plain – as topographic surveys say[13]). According to the kind information by János Németi at Lazuri/Lázári they have dug up two houses – one of them with some pits – which stood about 15 metres away from each other. It means that in North-West Romania there were also settlements with denser inner structure.

In the Hungarian part of the Upper Tisza Region we first have to mention two sites near Sajópetri and near Polgár. Those were excavated in these last years during the rescue-excavations of the future motor way M3. According to the preliminary reports in both cases they have excaveted parts of village-like settlements. At Sajópetri the position of the thirteen buildings, grouped around an open central area, did not reflect any particular pattern. Houses are less densely dispersed in the southern section of the excavation. Several working pits were found west of the houses and a potter's kiln was uncovered in the south eastern part of the investigated area. At Polgár the south eastern group of four houses was more or less arranged in a semi-circle, while the north eastern and the southern houses stood somewhat isolated from the former. The Latène settlement buildings lay somewhat farther from the elevation which may indicate a moister period[14]).

We undertook three modern excavations of settlements in the Komitat Szabolcs-Szatmár-Bereg. The first one was at the outskirts of Tiszalök. Here a trench made for gas pipes cut through a Celtic house. Within several hundred metres nothing but a Neolithic pit was found in it apart from the Celtic house. The house dug up during the rescue excavation is situated on a very small hill, at the edge of a large damp area, at 98–99 metres above sea level. Around the structure, within an 80 metres radius circle, more survey trenches were made at 5–10 metres distances, parallel to the original trench. Nothing was found there, but we cannot tell for sure that the settlement did not stretch farther.

The excavation at the outskirts of Kállósemjén is still in progress. So far we have uncovered a house and several pits, presumably belonging to the house. The settlement is situated at 130–131 metres above sea level, at the edge of a riverbed now dried up.

In regard to the settlement structure, the most interesting site is the one near Nyíregyháza-Mandabokor, which was discovered during the excavations on the track of the future M3 highway[15]). The site is situated at 114–116 metres above sea level at the edge of a large damp area. Basically it is a large Scythian settlement with several Late Iron Age features. I was only examining the ceramic material, when trying to select the Latène Age ones. For the time being this is the only available method, and it does not offer a 100 percent result, because there were Scythian, Celtic and Sarmatian settlements at this site as well. It is very difficult to separate the grey wheel-made ceramics of the different ages from each other because they look fairly similar. Even the graphite pottery with comb decoration, which is a very well-known Celtic type appeared in numbers in Sarmatian age pits in different sites. (I am only adding in brackets that we observed the same throughout the Great Hungarian Plain and in the valleys of the rivers Hernád and Sajó, which proves the survival of the Celtic population till as late as the Sarmatians arrival[16]).) Because of all this it only can be said that the dating of the following objects cannot be perfectly certain.

The inner structure of the Early Iron Age settlement became fairly apparent: the houses were often surrounded by trenches. We found only one house of the Late Iron Age, and this one was certainly not surrounded by such a trench. However, at a distance of 30.5 metres there is a smaller space surrounded by a trench and with a well in the middle. We found mainly Scythian sherds in the well, which does not mean that they were not possibly used later on. (The other feature here is from the Sarmatian Age.) Garbage pits that could possibly belong to this household were found within a 15–20 metre circle around the house. There were found other pits about 40 metres away from the house which seems a little far; they may as well belong to another group. The next site was 800 metres away from the excavation. Here a Late Iron Age pit was dug up with few material. As a consequence, we may suppose that people either had a scattered settlement here as well or that they lived in separate family homesteads – in the vicus of the Roman sources.

Finally, I am going to discuss the structure of individual buildings. Different publications mention overground buildings with post-structure and beam walls, with a fireplace in the middle in the Carpathian Ukraine – but to us they are but mentioned (there are 2 in Osii)[17]). In Velikaia Began different Meduna types were found: the widely spread ridge-pole-and-two-posts-type A1a, and type C which has a side leaning on the ground and covered with half roof. In the second one the extra post-hole must have held the roof right above the entrance. A burnt spot observed in the middle must have been the fireplace[18]).

In Ciumeşti there is one feature in all three groups that could have been a house. In the northern group we have an irregular building, Meduna type A2a, which is supported by three posts inside and which has an extra post outside. This last one may have belonged to the entrance. In the second group the house must have been a pentagonal building, Meduna type D. There is an interesting round shaped pit next to this one. A post was put in the middle of the pit and it probably held a pyramidal roof. Finally, in the south another large Meduna A2a type building appeared with four posts in the middle. Judging by the arrangement of these and by the change in the depth of the features the house must have had two parts[19]).

At Polgár et Sajópetri the most common house was the Meduna type A1a. Sometimes the entrance (?) was supported by posts outside the house. In one case a pair of post holes in the two corners of the long side of the house suggest a Meduna type C[20]).

The buildings found in the Komitat Szabolcs-Szatmár-Bereg show much less variety. We dug up one relatively regular square based ridge-pole-and-two-posts-type Meduna A1a building in all three sites. In the case of Tiszalök and Kállósemjén we could also learn about the method of the building: the two straight-edged posts holding the ridge-pole were put in the post-hole, then were tamped around with pure clay. There is one more feature worth mentioning. In Kállósemjén, 11.5 metres away from the house, we uncovered a round pit with a post-hole in the middle that looked exactly like the one in Ciumeşti. There was a large quantity of ceramics in both pits. In Kállósemjén most of them were hand-made, while in Ciumeşti the majority of the ceramics was wheel-made.

In conclusion, concerning the inner structure of the settlement we can put the question where the difference come from? In my opinion the geographic factors were of great importance in the development of the settlement structure. If there was a great amount of arable land around, the garden of the house could be made larger as well. Where ever the floods left only little dry space people had to live in closer proximity. The Nyírség was full of „nyírvíz“, but safe from floods, the necessary water was available almost everywhere. Thus, people here did not need rivers or streams when settling down.

As to the structure of the features we observed a great variety of the forms of the houses, even at the same settlement. Besides of the houses there were different pits and some other structures that may for example have served as granaries.

References

[1]) S. Frisnyák, A mai Szabolcs-Szatmár-Bereg megye honfoglalás és kora Árpád-kori földrajzi képe. In.: Tájak és tevékenységi formák (Földrajzi tanulmányok), Nyíregyháza 1995, fig. 1.

[2]) Z. Borsy, Szabolcs-Szatmár megye természeti földrajza. In.: Szabolcs-Szatmár megyei földrajzi olvasókönyv 1, Nyíregyháza 1975, 11, 28, 33 – S. Frisnyák, Adalékok a Rétköz régi vízrajzához (Szebecse folyó), Szabolcs-Szatmári Szemle 15/2, 1980, 117.

[3]) Frisnyák, s. ref. 2.

[4]) I. Süli-Zakar, Szabolcs-Szatmár településföldrajzi vázlata, Szabolcs-Szatmári Szemle 9/2, 1974.

[5]) P. Németh, Adatok a Felső-Tiszavidék és a Nyírség történeti földrajzához. In: Szabolcs-Szatmár megyei földrajzi olvasókönyv 2, Nyíregyháza 1979, 115.

[6]) M. B. Ščukin, V. E. Eremenko, Zur Frage der Datierung keltischer Altertümer im Transkarpatengebiet der Ukraine und Einige Probleme der Latène-Chronologie, A. A. Carp. 30, 1991, 115–140.– V. I. Bidzil'ja, M. B. Ščukin, Pamjatniki latenskoi kul'tury na territorii Zakarpat'ja i k vostoku ot Karpat. In: Slavjane i ich sosedi, Moskwa 1993.

[7]) Bidzilia, Ščukin, s. ref. 6, 69–70.

[8]) V. Kotigoroško, Tinuturile Tisei Superioare în veacurile III.î.e.n.-IV.e.n. (Perioadele La Tène şi romană), Bibliotheca Thracologica 11, Bucureşti 1995, 35, Fig. 2, 4–6.

[9]) L. Horváth, Késővaskori ház-és településtípusok Dél-Zalában, Zalai Múzeum 1, 1987, 61, 64.

[10]) P. Patay, Késővaskori ház Acsán, Folia Archaeologia 11, 1959, 39, 41. – Gy. Novaki, Későkeltakori lakóházak Ivánban, Soproni Szemle 15, 1961, 247–251.

[11]) V. Zirra, Locuiri din a doua epocă fierului în nord-

vestul României (Aşezarea contemporană cimitirului Latène de la Ciumeşti şi habitatul indigen de la Berea, jud. Satu Mare), Satu Mare, Studii şi Communicări 4, 1980, Pl. VI.

[12]) Horváth, s. ref. 9, 60, 62, 64.

[13]) B. Máraz, La Tène-kori magányos sírok és kis temetok a Dél-Alföldről, A Békés Megyei Múzeumok Közleményei 2, 1973, 55.

[14]) M. Szabó, J., P. Guillaumet, B. Kriveczky, Sajópetri Hosszú-dűlő and Polgár-Király-Érpart. – Late Iron Age settlements from the 4th-3rd century B.C. In: Path into the Past. Rescue excavations on the M3 motorway, Budapest 1997, 86, 90.

[15]) I want to thank here Eszter Istvánovits that she yielded to work with the material of her excavation.

[16]) e.g. K. Végh, Császárkori telep Miskolc-Szirmán, Herman Ottó Múzeum Évkönyve 27, 1988, 484, with further literature.

[17]) Bidzilia, Ščukin, s. ref. 6, 70.

[18]) Kotigoroško, s. ref. 8, Fig. 3.

[19]) Zirra. s. ref. 11. Pl. VII, X, XII, XIV, XXIV, XXXI, XXXVI.

[20]) Szabó, Guillaumet, Kriveczky, s. ref. 14, 90.

Das Burgwallsystem von Bel'sk
Eine frühstädtische Anlage im skythischen Landesinneren unter neuen Forschungsbedingungen

Renate Rolle, Hamburg und Vjačeslav Ju. Murzin, Kiev

Der in der Fachliteratur als Bol'šoe Bel'skoe gorodišče bekannte umfangreiche Verbund von Festungsanlagen befindet sich im heutigen ukrainischen Verwaltungsbezirk Poltava, unweit der Kreisstadt Kotel'va. Die auffällige Anlage, zunächst noch nicht als zusammengehöriges System entschlüsselt, fand schon frühzeitig Erwähnung in der wissenschaftlichen und militärischen Literatur des 17. und 18. Jh.s. Erste Ausgrabungen führte der russische Archäologe V. A. Gorodcov 1906 durch[1]). Seit 1958 wurden durch ein Team der Universität Char'kov, unter Leitung von B. A. Šramko, alljährlich Forschungsarbeiten durchgeführt, die eine Fülle von neuartigen Erkenntnissen erbracht haben[2]). Seit 1992 ist eine gemeinsame ukrainisch-deutsche archäologische Expedition unter Leitung von V. Ju. Murzin (Kiev) und R. Rolle (Hamburg) an den Untersuchungen beteiligt[3]).

Obwohl Bel'sk bereits im südlichen Bereich der geographischen Zone der Waldsteppe gelegen ist, was sich besonders nach Osten zu durch große Waldmassive erkennen läßt, wird es nach Westen zu von einer Landschaft umgeben, die klaren Steppencharakter zeigt und Übereinstimmungen mit der südlicher gelegenen Grassteppenzone aufweist.

Auf einem Plateau mit Steilhängen von teils 60 m Höhe gelegen, umschließen die über 30 km langen Wallanlagen eine unregelmäßig dreieckig gestaltete Innenfläche von 4000 Hektar. Östlich fließt fast am Fuße der Anlage in südwestlicher Richtung die Vorskla, ein östlicher Zufluß des Dnjeprs, die heute durch Staumaßnahmen verändert ist. Westlich fließt in nördlicher Richtung die Suchaja Grun', die später in den Psël einmündet. Beide Flüsse waren einst deutlich wasserreicher und gut schiffbar, so daß sich zu Wasser aber auch durch Anschluß an das Landwegesystem (besonders durch die Nähe zum sog. Muravskij šljach, der auf alte Wurzeln zurückgeht) eine ausnehmend günstige geographische Situation ergab.

Zwei annähernd gleich große separat herausgehobene und von mächtigen Wällen umzogene Festungen mit 72 und 65 Hektar Innenfläche kragen nach Westen und Osten zu als „Vorburgen" aus dem Befestigungssystem hervor. Die genaue Art ihrer einstigen Einbindung kann heute nicht mehr festgestellt werden, da sämtliche Verbindungsstellen durch moderne Wege und Straßen zerstört sind. Nach Nordosten zu ist als kleines Fort, möglicherweise zum Schutz eines dort gelegenen Hafens, der Gorodišče von Kuzemin vorgelagert. Seine Wälle umschließen eine Fläche von 15 Hektar. Nach Feststellungen von B. A. Šramko scheinen sie auf das bereits bestehende Gesamtsystem Rücksicht zu nehmen und sind daher dem Komplex vermutlich als letztes Glied später angefügt worden.

Nach Westen zu zieht sich eine große Nekropole außerhalb der Wallanlagen hin, von der zu Beginn unseres Jahrhunderts noch mindestens tausend Grabhügel erkennbar waren und die heute stark zerstört ist.

Die Arbeiten der Char'kover Archäologen haben eine Reihe von wichtigen Punkten klären können. Sie erfaßten Wall- und Grabenanlagen, untersuchten die Konstruktion von Toranlagen und sonstige Elemente der Befestigung. Danach kann die Gründungsphase des Bel'sk-Komplexes in die erste Hälfte des 7. vorchristlichen Jahrhunderts datiert werden, die jüngsten Funde scheinen bis in das 3. Jh. v. Chr. zu reichen. Eine an allen Verteidigungsanlagen zu beobachtende Brandschicht spricht für eine kriegerische Katastrophe in der Frühphase, nach der jedoch eine verstärkte Auf- und Ausbauphase erfolgte. Ihre größten Ausmaße erhielt die Anlage während der zweiten Bauphase

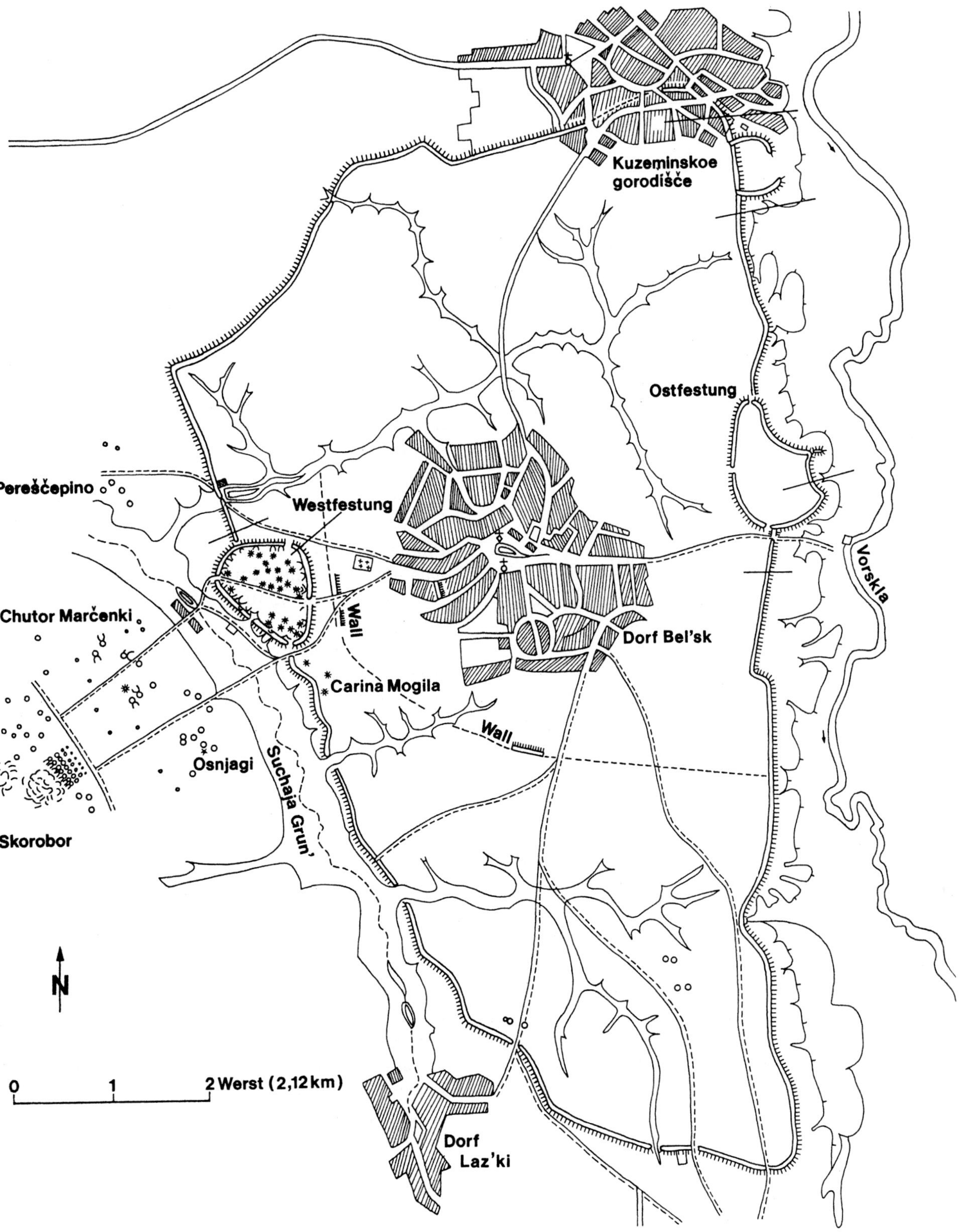

Abb. 1. Plan des Burgwallsystems von Bel'sk vom Beginn unseres Jh.s von V. A. Gorodcov.

im 6. Jh., bei der man beide Außenfestungen durch das Wallsystem miteinander verband („Groß-Bel'sk"). Dabei wurde der Umfassungswall in der Westfestung auf rund 8 m Höhe und 22 m Breite verstärkt, der vorgelagerte 5 m tiefe Graben wies oben 24 m Breite auf. In der Ostfestung betrug die Höhe des Erdwalls bei 18 m Breite nur etwa 5 m. Er wurde jedoch nach oben zu durch eine Holzkonstruktion auf mindestens 7 m verstärkt. Die auf dem Kamm des Walles in situ aufgefundenen Reste

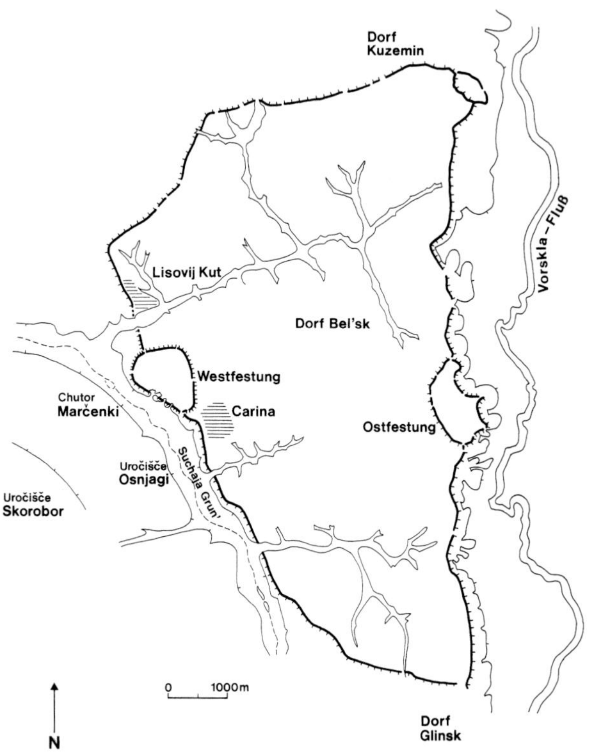

Abb. 2. Plan des Burgwallsystems von Bel'sk aus moderner Zeit von B. A. Šramko.

der hölzernen Mauer zeigen auf der Außenseite deutlich Spuren von weißem Verputz. Bisher konnte eine solch aufwendige Holzkonstruktion nur in diesem Bereich der Anlage dokumentiert werden, sie könnte jedoch auch an anderer Stelle vorhanden gewesen sein. Ein sorgsam ausgearbeiteter und geglätteter Graben von 6 m Breite und Tiefe sicherte die Ostfestung auch an deren Ostflanke, obwohl hier ein Steilabfall zum Tal hin gegeben ist.

Verschiedene Hausformen kennzeichnen die dichte Innenbebauung der Ost- wie auch der Westfestung und belegen eine seßhafte Bevölkerung in diesen Teilen der Befestigung. Oberirdische Häuser mit etwa 170 Quadratmetern Fläche, teils auch unterirdische Grubenhäuser lassen sich feststellen. Keramikbrennöfen, Gießereien, Knochenschnitzerateliers und ähnliches konnten nachgewiesen werden und zeugen von der intensiven handwerklichen Tätigkeit. Ackerbau und Viehzucht waren gut entwickelt, zudem belegen Obstsorten, wie Äpfel und Kirschen, den Gartenbau.

Die Bewohner der Ost- wie auch der Westfestung pflegten kultische Rituale, die im archäologischen Befund einen intensiven Niederschlag gefunden haben. Brandaltäre mit umfangreichen Deponierungen vielfältiger Opfergaben, Aschekonzentrationen (zol'niki) und ungewöhnlich viele Fragmente von menschlichen Schädeln bzw. von Schädelbechern kennzeichnen diese Befunde.

Die Ausgrabungen vergangener Jahre, die sich besonders auf die Ostfestung konzentrierten, haben der Forschung über viele Jahre hinweg wesentliche neue Impulse gegeben und Erkenntnisse gebracht, die die siedlungsarchäologische Stellung dieses Ortes hervorheben. Die übrigen Teile sind wesentlich schwächer untersucht.

Der Gorodišče von Bel'sk gehört als Gesamtkomplex in den Rahmen großer befestigter Burgwallanlagen, die einen bisher unbekannten und völlig neuartigen Typus stadtartiger oder frühstädtischer Anlagen repräsentieren. Eine weitere Klärung seiner Innenstruktur und der damit verbundenen Organisationsform ist für die moderne Forschung daher von grundlegender Bedeutung. Mit der Gründung der Westfestung in der ersten Hälfte des 7. Jh. v. Chr. liegt Bel'sk im historischen Stannungsfeld der erfolgreich verlaufenden Reiternomadenfeldzüge, die aus dem Nordpontusgebiet in den Vorderen Orient führten, dort den Untergang der Alten Reiche (Assyrien, Urartu) beschleunigend, und der einsetzenden Gründung griechischer Pflanzstädte am Nordufer des Schwarzen Meeres. Das eindrucksvolle Burgwallsystem existierte und funktionierte als Zentrum bereits zu einer Zeit, als die griechischen Pflanzstädte im Küstenstreifen noch unbedeutende, vor allen Dingen unbefestigte Ansiedlungen darstellten und war Anlaufstation für griechische Händler mit einem reichen Angebot, das im archäologischen Befund seinen Niederschlag fand. Dies wirft eine Reihe von grundlegenden Problemen auf. Gravierend sind dabei besonders die Fragen nach den wirtschaftlich-sozialen Grundlagen des Komplexes, nach Einzelheiten der Produktion und Organisationsformen des Handwerker- und Kultzentrums, schließlich stellt sich aber auch die Frage, wie und durch wen eine solche Bündelung der Arbeitsleistungen erreicht werden konnte.

Nach mehreren Jahrzehnten intensiver Forschungstätigkeit in den südlichen Steppengebieten verlagert sich die moderne ukrainische Archäologie aufgrund wirtschaftlicher Zwänge und aktueller wissenschaftlicher Fragestellungen verstärkt in die nördlicher gelegene Waldsteppe, in der die Forschungsarbeiten seit langer Zeit ruhten. Die an den bedeutendsten skythischen „Fürstengräbern“ durchgeführten Ausgrabungen zeigten die soziale Oberschicht dieses Reiterkriegervolkes der Antike in völlig neuem Licht. Sozialstruktur und Führungselite bilden jedoch auch heute noch offene Probleme der Forschung. Nach den großen geistigen und politischen Umwälzungen der jüngsten Vergangenheit ist nun in der deutlich ideologiefreieren Atmosphäre der Weg für eine Reihe bisher oft tendenziös behandelter Fragestellungen freigeworden. Dazu gehört die Diskussion um die Lebensweise der skythischen Oberschicht und den

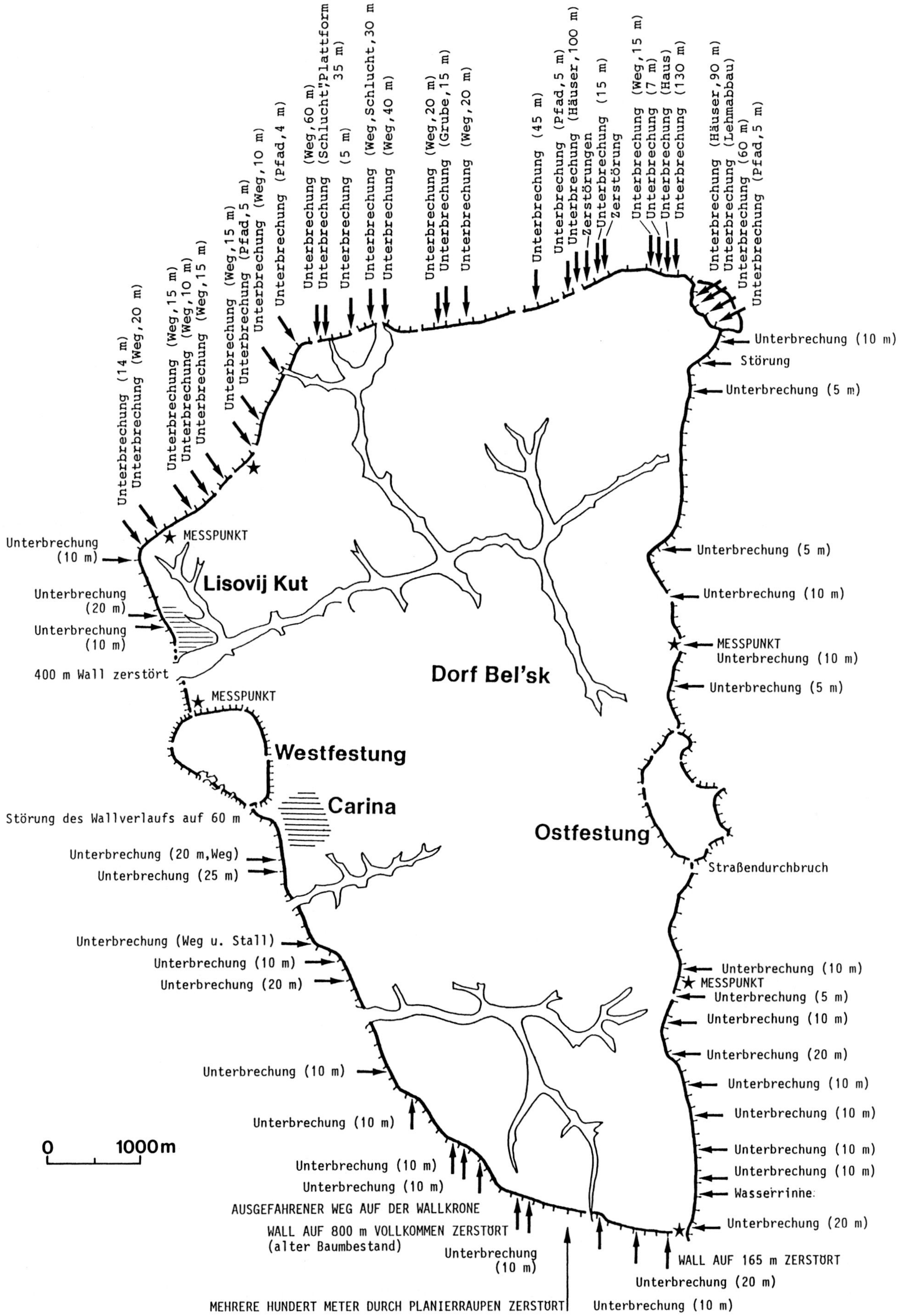

Abb. 3. Plan des Burgwallsystems von Bel'sk mit Eintragung der feststellbaren Zerstörungen aus neuerer Zeit nach den Begehungen von R. Rolle und E. V. Černenko (Stand 1995).

Grad ihrer Mobilität, dazu gehören auch Probleme um die „Residenzen“ der Skythenkönige, für die die großen Burgwälle mit ihren oft klaren Innengliederungen („Akropolis“, „Kreml“) und Handwerkszentren in Frage kommen. Die differenzierte Gliederung der sozialen Oberschicht und die dem Rang entsprechende Verfügungsgewalt, die wir aus den Grabanlagen erschließen können, dürfte jedoch auch einen deutlichen Niederschlag in den Siedlungsverhältnissen gehabt haben. Zudem bedarf das Problem des näheren Verhältnisses zwischen Einheimischen und Griechen, wie es speziell für das Nordschwarzmeergebiet gültig war, auf der Grundlage neuerer Forschungsergebnisse einer Aufarbeitung aus moderner Sicht.

Weit im Landesinneren Skythiens gelegen und per Luftlinie 500–600 Kilometer von jeder griechischen Pflanzstadt an der Nordschwarzmeerküste entfernt, bildet die Anlage von Bel'sk wesentliche Voraussetzungen, um die wirtschaftliche und politische Struktur des skythischen Herrschaftsgebildes näher zu erfassen. Die bisherigen Deutungsversuche für das Entstehen dieses Komplexes stoßen auf beträchtliche Schwierigkeiten: Zum einen befindet sich Bel'sk in einem geographischen Raum, wo nach gängiger Auffassung ein komplexes Gebilde dieser Art nicht zu erwarten ist. Vergegenwärtigt man sich die Lage des Fundplatzes im Rahmen der Entwicklungszentren der damaligen Welt und der erschlossenen See- und Landverbindungen, dann wird gravierend klar, daß der Gorodišče von

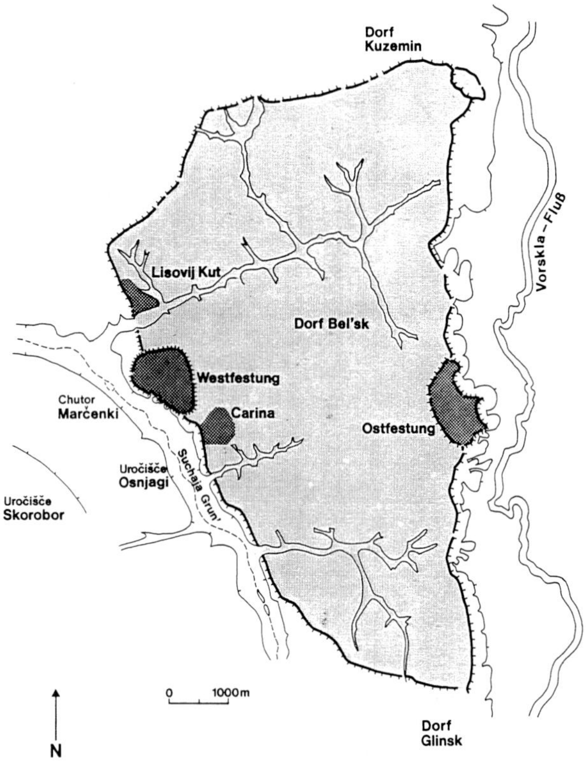

Abb. 4. Plan des Burgwallsystems von Bel'sk, bisher sicher dokumentierten Besiedlung im Innenraum.

Bel'sk eine Art von „Stadt am Ende der Welt“ darstellt. In den bisherigen Denkmodellen, die auf der Basis von schriftlichen und archäologischen Quellen erstellt wurden, findet eine solche Anlage keinen Platz. Trotzdem belegt die Fülle von griechischem Import eindeutig, daß der Ort Anlaufstelle eines außerordentlich intensiven Handels war, der anscheinend mit Hilfe eines gut erschlossenen und durch Autorität gesicherten Land- und Flußwegesystems abgewickelt wurde. Griechen könnten zeitweilig oder auch ständig zu den Bewohnern gehört haben. Dies zeigt, daß noch ganz andere Möglichkeiten und Abläufe des tatsächlichen historischen Prozesses denkbar sind.

Die erstaunlich großen Arbeitsleistungen, die zum Aufbau erbracht wurden, um die in diesem Gebiet einmalige Landschaftsformation zur Befestigung umzufunktionieren, fordern konkrete Berechnungen des Arbeitsaufwandes und Materialverbrauchs heraus. Notwendigerweise ergibt sich auch die Diskussion um Großsiedlung und ihre möglichen ökologischen Folgen. Neben dem Arbeitsaufwand bei der Errichtung ist es besonders die Siedlungskonzentration, die, neben allen sonstigen Merkmalen, das Burgwallsystem von Bel'sk so auffällig macht. Im Rahmen der bekannten frühen stadtartigen Anlagen im skythischen Bereich kommt ihm sicherlich eine herausragende Bedeutung zu. Von B. A. Šramko wird daher mit einer Reihe von gewichtigen Argumenten seit Jahren die Auffassung vertreten, es handele sich bei Bel'sk um die von Herodot (IV, 108) beschriebene Stadt Gelonos im Lande der Budinen[4]) mit einer Mischbevölkerung und griechisch-skythischer Sprache.

Leider ist der Forschungs- und Publikationsstand noch nicht ausreichend, um wirklich tragfähige Aussagen über Bevölkerungsstruktur und Sozialorganisation zu machen. Zudem sind gewisse ideologische Prämissen abzubauen und auszuräumen. Drei Richtungen zur Interpretation der Anlage zeichnen sich bisher deutlich ab. Eine erste geht davon aus, daß der Bel'sk-Komplex eine Gründung der skythenzeitlichen Waldsteppen-Stämme darstellt, wobei zwei befreundete kooperierende Stämme aus bestimmten Gründen eine West- und eine Ostfestung anlegten und dann durch das große Wallsystem miteinander verbanden. Ein zweite, differenziertere denkt an eine kollektive Struktur mit Rat und Aristokratie (Oligarchie), lehnt auf jeden Fall den Gedanken an das Einwirken irgendeines Monarchen strikt ab. Eine dritte Sicht, die von uns vertreten wird, geht im Gegenteil davon aus, daß eine so grandiose komplexe Anlage nur unter zentraler Organisation und unter Oberhoheit der Skythenkönige denkbar ist. Zahlreiche Parallelbeispiele dazu stellen die aus der Literatur und aus vielfältigen archäologischen Aufschlüssen bekannten Städte frühgeschichtlicher und mittelalterlicher Nomaden dar. Es besteht eigentlich kein zwingender Grund dafür, aus evolutionistischem Denkansatz heraus, die den Anfang einer Entwicklung einleitenden Skythen nur deshalb auch für besonders einfach strukturiert zu halten. Unserer Auffassung nach sind sie bereits zu jenen Stammesverbänden zu rechnen, denen vorübergehend die Gründung eines Reiterkrieger-„Imperiums" gelang, wie wir es in späteren Zeitabschnitten von anderen Nomadenvölkern mehrfach belegt finden. Die Gründung von Bel'sk erscheint auf diesem Hintergrund als möglicher Reflex auf vorderorientalische Verhältnisse, wobei eigenständige Erfordernisse und Notwendigkeiten zur Herausbildung dieses Typs einer städtischen Anlage des ersten vorchristlichen Jahrtausends führten.

Anmerkungen:

[1]) V. A. GORODCOV, Dnevnik archeologičeskich issledovanij v Zen'kovskom u"ezde, Poltavskoj gubernii, v 1906 godu. In: Trudy archeologičeskago s"ezda v Černigove 16/3, 1909, Moskau 1911, 94–161.

[2]) B. A. ŠRAMKO, Bel'skoe gorodišče skifskoj epochi (gorod Gelon), Kiev 1987.

[3]) R. ROLLE, V. Ju. MURZIN, B. A. ŠRAMKO, Das Burgwallsystem von Bel'sk (Ukraine). Eine frühe stadtartige Anlage im skythischen Landesinneren, Hamburger Beitr. zur Arch. 18, 1991, 57–84. – R. ROLLE, Die Entdeckung der geheimnisvollen Stadt Gelonos. In: G. GRAICHEN, M. SIEBLER (Hg.), Schliemanns Erben, Mainz 1996, 234–275.

[4]) ŠRAMKO, s. Anm. 3. – DERS., Krepost' skifskoj epochi u s. Bel'sk – gorod Gelon. In: Skifskij mir, Kiev 1975, 94–132. Dagegen V. A. IL'INSKAJA, Močet li Bel'skoe gorodišče byt' gorodom Gelonom. In: Skify i sarmaty, Kiev 1977, 73–95.

Wirtschaftsstrukturen am Dürrnberg bei Hallein. Bericht über ein interdisziplinäres Projekt zur Wirtschaftsarchäologie

Thomas STÖLLNER und Mitarbeiter, Marburg an der Lahn

An Stelle des Kurzbeitrages wird auf folgende Literatur verwiesen:

T. STÖLLNER, Bergbau und Gewerbe am Dürrnberg bei Hallein. Ein Beitrag zu Siedlungs- und Bergbauarchäologie auf dem eisenzeitlichen Dürrnberg. In: Die Kelten in den Alpen und an der Donau, Akten des Int. Symp. St. Pölten, 1992, Archaeolingua. Studien zur Eisenzeit im Ostalpenraum 1, Budapest, Wien 1996, 225–243.

T. STÖLLNER, Reichtum und Risiko. Neue Erkenntnisse montanarchäologischer Forschungen am Dürrnberg bei Hallein, Der Anschnitt 47/4–5, 1995, 126–134.

T. STÖLLNER, Weißes Gold aus dem Gebirge. Neue Forschungsergebnisse zur Wirtschaftsstruktur des keltischen Salzabbauortes Dürrnberg bei Hallein/Österreich, Das Altertum 47/3, 1995, 223–230.

T. STÖLLNER, Neue Forschungsergebnisse zum Bergbau des keltischen Salzabbauortes Dürrnberg bei Hallein, Österreich, Arch. Österreichs 6/2, 1995, 43–46.

C. DOBIAT, W. IRLINGER, T. STÖLLNER, K. ZELLER, Siedlungs- und Wirtschaftsgeschichte des Dürrnberges bei Hallein. Vorbericht zu den Geländeforschungen des Ausgrabungsjahres 1995, Arch. Korrbl. 27, 1997, 93–102.

C. DOBIAT, W. IRLINGER, T. STÖLLNER, K. W. ZELLER, Siedlungs- und Wirtschaftsgeschichte des Dürrnberges bei Hallein. Vorbericht zu den Geländeforschungen des Ausgrabungsjahres 1996, Arch. Korrbl. 27, 1997, 93–113.

T. STÖLLNER, C. DOBIAT, Der Dürrnberg. Eine keltische Salzmetropole, Arch. in Deutschland 1/1998 (im Druck).

T. STÖLLNER, Eine Förderanlage für Bruchsalz im Salzbergwerk Dürrnberg, Salzburg, Arch. Österreichs 8/1, 1997, 46–53.

Zur Struktur und Entwicklung latènezeitlicher Siedlungen in Böhmen

Vladimir SALAČ, Prag

An Stelle des Kurzbeitrages wird auf folgende Literatur verwiesen:

V. SALAČ, The density of archaeological finds in settlement features of the La Tène period. In: Whither archaeology? Papers in Honour of E. Neustupný, ed. M. Kuna, N. Venclová, Praha 1995, 362 ff.

V. SALAČ, O hospodářství, oppidech a Marobudovi (On economy, the oppida and Marobudus), Arch. roz. 48, 1996, 60 ff.

Neue Erkenntnisse zur Siedlungsstruktur von Manching

Susanne SIEVERS, Frankfurt am Main und Matthias LEICHT, Ingolstadt

An Stelle des Kurzbeitrages wird auf die beabsichtige Drucklegung verwiesen:

Die Ausgrabungen in Manching, Band 18.

Hausformen und Siedlungsbild der spätlatènezeitlichen Siedlung Niederzier-Hambach 382, Kr. Düren, Deutschland

Jennifer Gechter-Jones, Overath

Die spätlatènezeitliche Siedlung Niederzier (Hambach 382) im Kreis Düren, Nordrhein-Westfalen, Deutschland, ist durch den Fund eines spätkeltischen Goldschatzes bekannt geworden, bestehend aus Goldringen und Münzen, der zu Beginn der Ausgrabungen geborgen und bereits 1991 veröffentlicht wurde[1]).

Die Fundstelle befindet sich im Westen der Jülicher Lößbörde zwischen Jülich und Bergheim, im Bürgerwald oder Hambacher Forst. Die Siedlung lag an einem leicht von Südwest nach Nordost geneigten Hang bei 103 m ü. NN, in einem fast ebenen Gebiet ohne deutlich erkennbare Wasserführung. Hier stand Parabraunerde in einer Mächtigkeit von 1,4 m über den Terrassenschottern der Maas und des Rheins an.

Die Siedlung wurde bei den Erschließungsarbeiten für den Braunkohlentagebau Hambach I entdeckt. Gleichzeitig mit dem expandierenden Tagebau konnte sie in jährlichen Kampagnen zwischen 1977 und 1982 untersucht werden und stellt die einzige ganz ausgegrabene Anlage dieser Art im Rheinland dar. Sie datiert in die Stufe Latène D.

Der Befund

Der Grabungsbefund zeigte eine zweiphasige Anlage mit einem ovalen Siedlungsareal von ca. 3 ha Größe, deren Innenmaße 210 m × 170 m betrugen. Das Areal wurde von zwei parallel verlaufenden, ununterbrochenen, 5 bzw. 3 m breiten und 1,2 m tief erhaltenen Spitzgräben der jüngeren Befestigungsphase umfaßt. Im Nordosten überschnitten sie den Rest eines Einzelgrabens der älteren Befestigungsanlage, der ein nur geringfügig kleineres Siedlungsareal umfaßte.

Der Doppelgraben wurde innen von einem 5–6 m breiten, weitgehend befundleeren Streifen begleitet, der die Lage der völlig erodierten Holz-Erde-Mauer anzeigte. Er wurde im Norden von einem aus sechs Pfosten bestehenden, 4,8 m breiten Zweikammertor der jüngeren Befestigungsphase unterbrochen.

Das Innenraum war gezeichnet durch viele von der Forstwirtschaft verursachten Störungen, wie eine Wall-Graben-Anlage eines Eichelkamps und die großflächigen Löcher, die durch Stubbenrodung entstanden. Über den Innenraum verteilten sich 120 mehrheitlich kleine Gruben und 2128 Pfostengruben, die in der südlichen Hälfte der Fläche eine Befunddichte von bis zu vier Pfostengruben pro 100 m^2 erreichte. Größere befundleere Flächen befanden sich in der Mitte, im Westen und im Norden der Anlage.

Von besonderer Bedeutung für die Interpretation der Siedlung waren die zwei ehemals in Holz gefaßten Brunnen, die jeweils in der Mitte der Längsseiten am Rande der Bebauung bis zu 13 m tief abgeteuft waren.

Die Innenbebauung

Während der Ausgrabung konnten nur wenige Bauten im Gelände als ganze erkannt werden. Somit mußte bei der Auswertung eine ungegliederte Masse von über 2000 Pfostengruben bearbeitet werden. Das Ziel war, möglichst viele vollständige Bauten und auch Teile von Bauten herauszuarbeiten. Neben den Hausformen sollte die Bebauungsdichte und die Siedlungsart untersucht werden.

Die Bearbeitung wurde dadurch erschwert, daß während der Ausgrabung aus unterschiedlichen Gründen nicht alle ursprünglich vorhandenen Pfostengruben erkannt werden konnten. Die spätlatènezeitliche Oberfläche wurde in keinem Fall angetroffen. Infolge römerzeitlicher Erosion und späterer Überprägung durch den Waldboden waren die Befunde erst in einer Tiefe von ca. 0,5 m unter der heutigen Oberfläche erkennbar. Schwach eingetiefte Pfosten wurden daher beim Freilegen nicht erkannt. Die erhaltene Tiefe der Pfostengruben schwankte zwischen einigen mm und 0,5 m. Mehrheitlich lag sie zwischen 0,1 und 0,3 m. Allgemein ließ sich die vorwiegend blasse Farbe der Pfostenverfüllungen in der anstehenden fleckigen Parabraunerde schwer erkennen.

In einem ersten Bearbeitungschritt wurden willkürlich „Bauplätze" definiert, d. h. Pfostengruppierungen, die von einem Freiraum umgeben waren. Ausgehend von den in Gelände beobachteten Bauten, wurden die Bauplätze nach ähnlichen Bauten und Teilbauten systematisch untersucht. Auch die Randbereiche benachbarter „Bauplätze" wurden auf übergreifende Strukturen durchmustert. Hierfür wurden Pläne im Maßstab 1:200 und 1:50 verwendet. Bei der Analyse wurde vorausgesetzt, daß die im Planum erkannten Strukturen annähernd rechtwinkelig sein sollten. Eine gewisse Asymmetrie wurde hingenommen, wenn gesichert war, daß der Bau eine Bedachung oder Oberkonstruktion tragen konnte.

Die Form, relative Tiefe und Verfüllung der Pfostengruben wurden ebenfalls untersucht. Ein

Vergleich der Pfostentiefen bei Bauten, die im Gelände erkannt wurden, setzte die Maßstäbe für die Analyse anderer Bauten. Innerhalb eines Baus war ein maximaler Tiefenunterschied bei den Pfosten von 0,25 m zu verzeichnen.

Insgesamt konnten Reste von 266 Bauten festgestellt werden. Dabei handelt es sich um Bauten mit rechteckigem bis viereckigem Grundriß, mit jeweils neun, acht, sechs oder vier Pfosten, also ein- bzw. zweischiffige Fachwerkbauten mit einer maximalen Grundfläche von 5×4,5 m. Die kleinsten gesicherten Bauten sind nur 1,4×1,3 m groß.

Es konnten Reste von 32 Neunpfostenbauten mit den Maßen 5×4,5 m–3,8×3,2 m; 116 Sechspfostenbauten (Maße 4,4×4 m–2,2×1,6 m) und 117 Vierpfostenbauten (Maße 3,2×2,8 m–1,5×1,5 m) nachgewiesen werden. Ein einziger Achtpfostenbau von 5,6×3 m Größe wurde festgestellt. Dagegen konnten größere Baukörper, von z. B. Wohn/Stallgebäuden, nicht nachgewiesen werden.

In diesen 266 Bauten sind allerdings nur 55,9 % der vorhandenen Pfosten des Siedlungsplatzes enthalten, anders ausgedrückt, fast die Hälfte aller Pfostengruben sind keinen Bauten zuzuordnen.

Bei den unvollständigen Bauten zeigt die Anzahl der vorhandenen Pfostengruben den Unsicherheitsfaktor bei der Ansprache. Bei Neunpfostenbauten beginnt diese Zäsur, wenn nur sechs Pfosten nachweisbar sind. Somit gelten neun der ermittelten Bauten als unsicher. Bei den Sechspfostenbauten gilt die Hälfte mit nur vier nachgewiesenen Pfostengruben als nicht gesichert (59:58). Bei den Vierpfostenbauten mit 28 vollständigen zu 89 unvollständigen Bauten ist das Verhältnis noch ungünstiger. Hier zeigt sich, daß viele solcher „Bauten“ in Wirklichkeit nur Bauteile darstellen. Dies wird oft an den Proportionen der Strukturen erkennbar. Vollständige Vierpfostenbauten weisen meist quadratische bis rechteckige Grundrisse auf. Lang-schmale Grundrisse scheinen eher Teile von Sechspfostenbauten gewesen zu sein.

Rekonstruktion der Bauten

Die Neun- und Sechspfostenbauten aus Fachwerk können folgerndemaßen rekonstruiert werden: die erdbündigen Pfosten der Wände wurden mittels Schwellriegel und Rähmbalken miteinander verzapft. Bei den Sechspfostenbauten ruht an den Giebelseiten ein kurzer Pfosten auf dem Rähmbalken. Bei den Neunpfostenbauten dagegen stehen die durchgehenden Firstpfosten mittig erdbündig. Die Fächer waren mit lehmverputztem Flechtwerk versehen. Zusätzliche Wohn- und Nutzfläche war unter der Dachschräge vorhanden. Dieser Raum bedeutete fast eine Verdoppelung der Grundfläche des Baus. Von einer Rekonstruktion mit einem Obergeschoß wurde Abstand genommen, da eine Untersuchung der relativen Pfostentiefen hierfür keine Bestätigung lieferte. Bei den Speicherbauten überkragte ein Rahmenkasten mit festem Holzboden die vier erdbündigen Pfosten. Die Strohdächer hatten eine regenabweisende Neigung von 45–50° sowie einen Dachüberstand von mindestens 60 cm; letzter, um den Lehmverputz der Giebel- und Seitenwände vor Regen zu schützen[2]).

Funktion der Bauten

Mit Ausnahme der Vierpfostenbauten, die nach einschlägigen Beispielen als gestelzte Speicherbauten gedeutet werden können, gibt es keine archäologischen Hinweise für eine direkte Funktionszuweisung der Neun- und Sechspfostenbauten[3]). Die Neunpfostenbauten wurden als Wohnhäuser und die Sechspfostenbauten als Stallung oder Wirtschaftsgebäude gedeutet. Die Grundflächengrößen von vollständigen Bauten beider Typen weisen ähnliche Größen auf, nämlich bei Neunpfostenbauten zwischen 21,05 und 10,75 m^2, bei Sechspfostenbauten zwischen 17,1 und 6,48 m^2. Somit liegt der Gedanke nahe, daß ungeachtet der Konstruktionsmerkmale, Bauten von ähnlicher Größe auch eine ähnliche Funktion erfüllt haben könnten. Dies trifft auch für die kleineren Sechspfostenbauten zu. Ihre ermittelte Grundfläche liegt im Bereich derjenige der Vierpfostenbauten zwischen 7,8 und 1,8 m^2. Somit könnten sie durchaus als Speicherbauten fungiert haben. Da aber keine andere Bautypen gefunden wurden, müssen sie die Wohn- und Wirtschaftsgebäuden der Siedlung darstellen[4]).

Es erscheint mir wenig sinnvoll, erodierte oder anders konstruierte Wohn/Stallbauten, wie aus dem niederrheinischen Tiefland bekannt, in den befundfreien Flächen postulieren zu wollen[5]). Mit Ausnahme des mittellatènezeitlichen Fundplatzes bei Grevenbroich-Gustorf, wo auf Grund einer Pfostenkonzentration Langhäuser rekonstruiert wurden, sind bisher keine ähnliche Bauten für die jüngere Latènezeit in den Rheinischen Lößbörden nachgewiesen[6]). Auf vergleichbaren Fundplätzen in Eschweiler-Lohn, Eschweiler-Laurensberg und Niederzier-Hambach (Hambach 490) fanden sich nur Kleinbauten[7]).

Versuch einer Phasenbildung

Die Gesamtbebauung ließ erkennen, daß bei weitgehender Bauplatzkonstanz zwei Bauphasen mit bis zu vier Umbauten an einigen Bauplätzen vorhanden waren. Selbstverständlich sind solche Vorstellungen von Siedlungsvorgängen zu statisch. In Wirklichkeit änderte sich die Bebauung im Laufe der Zeit nur im Detail – wie bei der Umdre-

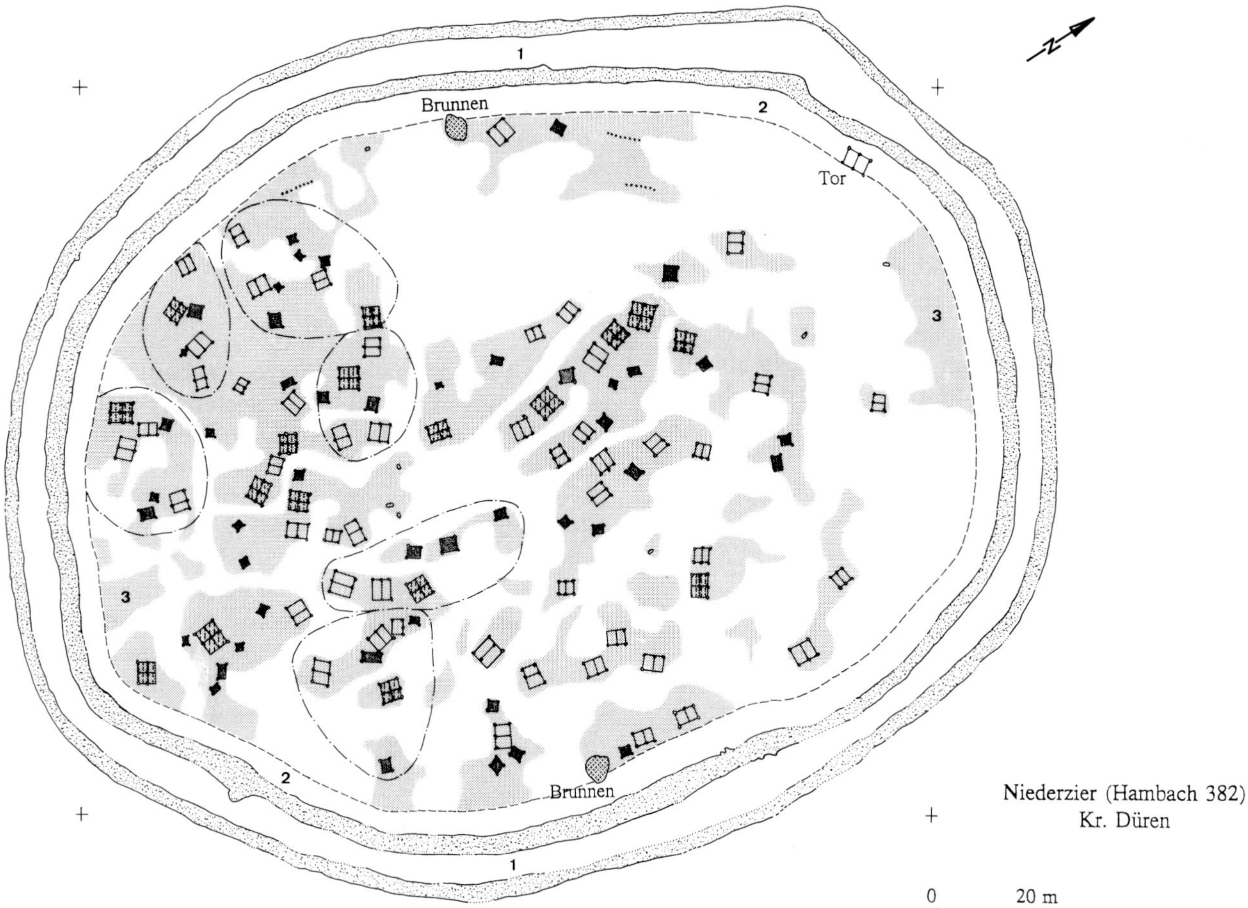

Abb. 1. Die jüngere Phase der spätlatènezeitlichen Siedlung Niederzier (Hambach 382). 1 Doppelgraben. 2 Erodierter Wallstreifen. 3 Bebaute Flächen. Gestrichelt: mögliche Hofkomplexe. Zeichnung: Regina Anczok, Rhein. Amt f. Bodendenkmalpfl., Außenstelle Overath

hung eines Kaleidoskops – bis ein völlig neues Siedlungsbild entstanden ist.

Aus der vorangegangenen Schilderung der Erhaltungsbedingungen wurde deutlich, daß wichtige Kriterien für die Rekonstruktion solcher detaillierten Vorgänge fehlen. Auch die wenigen keramischen Funde in den Pfostengruben helfen nicht weiter, da sie sich nicht feinchronologisch gliedern lassen.

Eine Klärung der Abfolge der Bauten an einem Bauplatz ließ sich daher nur anhand von Pfostengrubenüberschneidungen, durch die Ausgrenzung von Gebäuden, die nicht gleichzeitig bestanden haben können, und durch den Nachweis von Pfosten herbeiführen. Letztere sind in situ verfault und können daher zur jüngeren Siedlungsphase gerechnet werden. Eine Korrelation zwischen den Bauplätzen konnte nicht hergestellt werden.

Trotz aller Unzulänglichkeiten des archäologischen Befundes und der eingeschränkten Interpretationsmöglichkeiten wurde ein Vorschlag für die jüngere Bauphase herausgearbeitet, welches vornehmlich als Modell zu verstehen ist (Abb. 1). Neben den Gräben, dem Streifen des erodierten Walles, den Brunnen und dem Tor enthält der Plan 108 Bauten der Phase 2, die auf dem Hintergrund der sonstigen bebauten Fläche (grau unterlegt) gezeichnet sind. Somit umfaßt die Bebauung 15 Neunpfosten-, 41 Sechspfosten- und 46 Vierpfostenbauten. Rein numerisch ergibt sich hieraus ein Bautypenverhältnis von 1:2,7:3.

Im Süden der Anlage zeichnen sich einige solche Bautengruppen ab. Die Gruppen könnten als Hofkomplexe (gestrichelt umrahmt), bestehend aus Wohnhaus, Wirschaftsgebäuden oder Stallung und Speichern, interpretiert werden. Die Bauten sind unregelmäßig verteilt, sodaß regelmäßige Hofkomplexe nicht überall zu erkennen sind. Dies liegt zum Teil an der Lückenhaftigkeit des Befundes, aber sicherlich auch an unterschiedlichen Hofgrößen. Hier fehlen die notwendigen Gliederungselemente wie Laufhorizonte oder Grundstücksgrenzen. Zwar konnten Zäune an drei Stellen nachgewiesen werden, aber durch ihre randlichen Lagen und kurzen

Verläufe tragen sich nicht zur Klärung dieser Frage bei.

Wichtig sind die Durchgänge und Wege, die sich zwischen den bebauten Flächen abzeichnen. Sie führen zwischen den Bauten, schließen sie aber zu keiner erkennbaren anderen Gruppierung zusammen. Weiterhin führen sie zum Tor und zu den beiden Brunnen und verbinden die bebauungsfreien Areale.

Diskussion des Siedlungstyps

Diese dorfähnliche Siedlung weist auch deutliche Gemeinschaftswerke, nämlich die Befestigung und die Brunnen, auf. Modern ausgedrückt: für diese Siedlung kann ein regelrechter Bebauungsplan angenommen werden. Die Konzeption und Durchführung solcher Vorhaben wirft Fragen über die Art der gemeinschaftlichen Organisation auf. Besonders große Bauten, die auf eine starke soziale innere Gliederung bzw. auf eine Elite hindeuten, sind nicht vorhanden. Dabei steht die innere Siedlungsstruktur von Niederzier in deutlichem Kontrast zu der ähnlich großen Höhensiedlung Altburg bei Bundenbach im Saarland, wo herrschaftliche Bauten und zahlreiche Speicher das Bild prägen[8]). Es entsteht der Eindruck eines zentralen Speicherplatzes unter Führung einer Elite. In Niederzier scheint die soziale Struktur und Funktion der Anlage eine ganz andere zu sein.

Niederzier ist eine landwirtschaftliche Siedlung. Die vorhandene Speicherkapazität für landwirtschaftliche Produkte reicht nur für den Eigenbedarf. Die überschüssige Produktion floß vermutlich in den Handel.

Die nachgewiesenen Handwerksaktivitäten, z. B. Eisenschmelzen und Verarbeitung, weisen in ähnliche Richtung. Die Schlackenfunde, darunter auch eine Luppe, und deren Verteilung in der Siedlung können weder als Indiz für einen Handwerkerbereich, noch für den Nachweis der Produktion von Eisenwaren für den Handel herangezogen werden. Jedoch deuten zwei Eisenbarrenhorte auf lokalen Handel hin.

Der Goldschatz bindet diese kleine Siedlung in das damalige Handels- und Gesellschaftssystem des eburonischen Stammesbundes ein.

Niederzier ist ein befestigtes Dorf, das aus Hofkomplexen anscheinend ähnlicher sozialer Stellung besteht. Diese Kleinsiedlung erfüllt aber nur bedingt die Voraussetzung für einen zentralen Ort auf lokaler Ebene.

Anmerkungen

[1]) J. Göbel et al., Der spätkeltische Goldschatz von Niederzier, Bonner Jahrb. 191, 1991, 27ff., Anm 1 u. 2 geben eine Übersicht der bisher erschienenen Berichte zur Siedlung. Eine Gesamtpublikation der Siedlung durch die Verfasserin und H.-E. Joachim ist in Vorbereitung.

[2]) Grundsätzlich: R. Schindler, Die Altburg von Bundenbach. Trierer Grabungen und Forschungen 10, 1977, 88ff. – Hierzu: J. Göbel, Ein Blick in die Eisenzeit. Das Modell der spätlätenezeitlichen befestigten Siedlung Niederzier. In: Spurensicherung, Archäologische Denkmalpflege in der Euregio Maas-Rhein, Kunst und Altertum am Rhein 133, 1992, 438ff.

[3]) B. Trier, Das Haus im Nordwesten der Germania Libera, Veröff. d. Altertumskomm. im Provincialinst. f. Westfäl. Landes- u. Volkskunde 4, 1969, 31ff. – H. Gent, Centralized storage in later prehistoric Britain, Proc. Prehist. Soc. 49, 1983, 243ff.

[4]) H.-E. Joachim, Jüngerlatènezeitliche Siedlungen bei Eschweiler, Bonner Jahrb. 180, 1980, 366ff.

[5]) N. Roymanns, Tribal societies in northern Gaul. An anthropological perspective, Cingula 12, 1990, 179ff.

[6]) Ch. Reichmann, Ein mittellatènezeitliches Gehöft bei Grevenbroich-Gustorf, Kr. Neuss, Rhein. Ausgr. 19, 1979, 561ff. – A. Simons, Bronze- und eisenzeitliche Besiedlung in den Rheinischen Lößbörden, BAR Int. Ser. 467, 1989, 105ff. u. Anm. 42.

[7]) Joachim, s. Anm. 4, Abb. 3 u. 10. – A. Simons, eine spätlatènezeitliche Siedlung von Niederzier-Hambach, Kr. Düren (Hambach 490), Rhein. Ausgr. 24, 1983, 317ff.

[8]) Schindler, s. Anm. 2, Plan E.

Neue Ausgrabungen im Bereich des spätlatènezeitlichen Oppidums von Rheinau im Kanton Zürich, Schweiz

Patrick Nagy, Zürich

Das Oppidum von Rheinau, welches hier vorgestellt werden soll, liegt im nördlichsten Teil des Kantons Zürich, an der Grenze zwischen der Schweiz und Baden-Württemberg[1]). Der Rhein, welcher vom Bodensee her gegen Westen fließt, biegt unmittelbar nach der Stadt Schaffhausen gegen Süden ab und bildet nur wenige Kilometer unterhalb des Rheinfalls mehrere große Flußschlingen. Im Bereich dieser Rheinschlaufen befinden sich rechtsrheinisch Altenburg mit der Halbinsel Schwaben (Baden-Württemberg), linksrheinisch Rheinau ZH mit der Halbinsel Au. Beide Halbinseln weisen große, heute noch im Gelände gut erhaltene Befestigungsanlagen auf, welche als Ab-

Abb. 1. Oppidum Rheinau, Kt. Zürich. Foto Kantonsarchäologie Nr. 34283/20.

schnittswälle ein Areal von ca. 316 ha schützen (Abb. 1).

Die wenigen Silices aus dem Bereich der Halbinsel Au, welche sich bei Feldbegehungen fanden, bilden bis jetzt noch keinen gesicherten Nachweis einer neolithischen Besiedlung, auch wenn aufgrund jungneolithischer Grabfunde auf deutscher Seite[2]) durchaus mit einer solchen gerechnet werden darf. Beim ältesten, chronologisch eindeutigen Fund aus dem Gebiet der Gemeinde Rheinau handelt es sich um ein oberständiges Randleistenbeil des Typs Cressier[3]) aus den Schotterablagerungen des Rheins.

Im Areal „Wurzacker", unmittelbar außerhalb der Wallanlage, kamen im letzten Jahrhundert mehrere LT B-zeitliche Gräber zum Vorschein[4]). Eine zugehörige Siedlung fand sich bis heute noch nicht.

Bereits 1864 äußerte F. Keller[5]) die Vermutung, daß es sich beim Wall von Rheinau um eine keltische Befestigungsanlage handeln könnte.

Nachdem auf der Halbinsel Schwaben dicht hinter dem Wall spätlatènezeitliche Gruben entdeckt wurden, war G. Kraft 1931 der Ansicht, daß es sich bei der Anlage von Altenburg-Rheinau um eine große eisenzeitliche Siedlung handeln könne[6]). Auf deutscher Seite fanden in den 50er Jahren und dann in weiteren Kampagnen bis in die 70er Jahre wiederholt Ausgrabungen statt. Leider liegen uns davon bis heute erst einige Vorberichte vor[7]).

Auf der schweizerischen Seite konnte E. Vogt im Jahre 1936 erstmals eine erste kleinere Wallsondierung vornehmen[8]), bei welcher erste Hinweise zur Konstruktion desselben gewonnen werden konnten. Der Ausgräber stellte in der Folge erstmals die Frage, ob es sich bei Altenburg und Rheinau um die Reste eines keltischen Doppeloppidums handle[9]). 1981/82 sowie 1989 folgten im Wallbereich umfangreichere Untersuchungen[10]), wobei anläßlich der letzten Ausgrabungen erstmals der klare Nachweis verschiedener Bauphasen gelang, von denen die älteste in die späte Bronzezeit datiert. Die vermutlich latènezeitliche Bauphase zeigt im Vergleich mit den im näheren Umkreis bekannten spätlatènezeitlichen Befestigungsanlagen anderer Oppida eine spezielle Frontverkleidung, bei welcher die Pfosten z. T. hinter und nicht wie z. B. in Altenburg oder Kelheim in der Frontmauer eingelassen waren. Ein eindeutig spätlatènezeitliche Bauphase konnte nicht belegt werden.

Die seit Ende der 80er Jahre eingesetzte Luftbildprospektion erbrachte erstmals deutliche Hinweise auf eine intensive Besiedlung des gesamten Halbinselbereiches[11]). Die häufigsten Strukturen

Abb. 2. Rheinau, Austraße. Siedlungsgrube während der Ausgrabung. Foto Kantonsarchäologie Zürich.

sind Gruben unterschiedlichster Form und Größe, daneben finden sich auch zahlreiche Gräbchen und Grabensysteme. Im Areal „Heerenwis" wurde ein rechteckiges Grabensystem dokumentiert, dessen Funktion und Zeitstellung heute noch unklar ist. In einer enger begrenzten Zone der Halbinsel Au konnten ganze Grabensysteme und Hüttengrundrisse erkannt werden[12]).

Eine chronologische Ansprache der dokumentierten Befunde nach Zeitperioden ist ohne Bodeneingriffe nicht möglich.

1991 wurde im Zusammenhang mit bodenphysikalischen Versuchen der Eidgenössischen Technischen Hochschule (ETH) Zürich ein Grubenkomplex angeschnitten, welcher in der Folge durch die Kantonsarchäologie untersucht wurde[13]). Das Fundmaterial des funktional nicht näher ansprechbaren Grubenkomplexes konnte der Stufe LT D2 zugeordnet werden, so daß nun erstmals fundierte Datierungsgrundlagen zur eisenzeitlichen Besiedlung des Rheinauer Oppidums vorlagen.

Anläßlich eines Bauvorhabens im Bereich Rheinau-„Postautograrage" konnte 1994 eine weitere, rund 850 m^2 große Fläche untersucht werden. Bei den dabei entdeckten Überresten handelt es sich um Teile eines Handwerkerviertels mit Schmiedewerkstätten sowie Areale mit Siedlungsgruben[14]). Nachgewiesen sind mehrere, in Reihen angeordnete Gebäude sowie ein Grubenhaus. In drei Gruben fanden sich Feuerstellen, die aufgrund der Konzentration von Hammerschlag als Schmiedeessen zu deuten sind. Kalottenförmige Schmiedeschlacken zusammen mit mehreren in situ aufgefundenen zerbrochenen Tondüsen aus gebranntem Lehm belegen eindeutig eine Schmiedewerkstatt. Überraschend war die Quantität und der gute Erhaltungszustand der Metallfunde. Neben typischen Schmiedeabfällen (Eisenschlacken, Hammerschlag) fanden sich verschiedene Werkzeuge, die der Metallverarbeitung dienten (kleiner Niethammer, Amboß, Feilen, Meißel) sowie verschiedene Halbfabrikate. Die Fundgegenstände datieren diesen Siedlungsbereich in die Stufe LT D2.

Von Juli 1996 bis Februar 1997 führte die Kantonsarchäologie Zürich eine weitere Ausgrabung in Rheinau durch, diesmal im Areal „Austraße"[15]). Im Rahmen dieser Grabungskampagne konnten einerseits neue Erkenntnisse zur keltischen Besiedlung gewonnen werden, daneben wurden aber auch Teile eines bisher unbekannten mittelalterliches Gehöftes freigelegt. Bei den mittelalterlichen Befunden handelt es sich um die gemauerten Fundamente eines Gebäudes mit kleineren Anbauten, einfache Steinpflasterungen sowie mehrere steingefüllte Gruben. Den interessantesten Bauteil bildet ein rund 5×10 m großer Keller. Die Keramikfunde datieren diesen Gebäudeteil ins 13./14. Jh. n. Chr.

Bei den keltischen Überresten handelt es sich um flächige Steinpflasterungen, große, mehrheitlich runde Gruben sowie um einige wenige Gräben. Die Befundsituation ist durchaus vergleichbar mit Situationen in zahlreichen anderen Oppida, etwa in der etwas älteren Siedlung Basel-Gasfabrik (LT D1), wo bis heute schon über 300 Siedlungsgruben unterschiedlichster Form und Größe untersucht wurden, deren funktionelle Deutung eine der wichtigsten Forschungsaufgaben darstellt.

Die Gruben weisen wie üblich zahlreiche Verfüllschichten auf, welche in mehreren Fällen durch eine oder mehrere sterile Kiesschichten in einzelne Schichtpakete getrennt werden konnten (Abb. 2). Ob sich das Fundmaterial der darüber und darunter befindlichen Schichten chronologisch voneinander trennen läßt, kann zum jetzigen Zeitpunkt noch nicht beantwortet werden. Wegen des ungünstigen geologischen Untergrundes waren keine Holzabdrücken, Flechtwerk oder ähnliches nachweisbar, gewisse Grubenprofile lassen aber Holzeinbauten vermuten.

Erstmals konnte in Rheinau eine Grube mit zentralem Schacht im Bereich der Sohle nachgewiesen werden, ein Typ, wie er z. B. in Manching gut belegt ist. Der Schacht reichte in Rheinau mit Sicherheit nie in den Grundwasserbereich hinab, so daß eine Interpretation als Brunnenfassung für den vorliegenden Befund von Rheinau nicht in Frage kommt.

Die in den meisten Zonen zweilagige Steinpflasterung erstreckte sich in unterschiedlicher Nachweisqualität über ein Fläche von ca. 9×14 m. Über die Funktion der Steinsetzung kann bis jetzt nichts Definitives ausgesagt werden. Sie scheint in einzelnen Bereichen Gruben zu überlagern, in anderen wiederum durch Gruben gestört zu sein. Ob sich hier eine relativchronologische Abfolge erarbeiten läßt, wird sich erst weisen. Möglicherweise handelt es sich um Reste einer Straße oder einer Platzpflasterung, wie sie im Bereich „Postautogarage" sehr gut belegt werden kann[16]). Indirekte Hinweise auf Gebäude bieten die Hüttenlehmfragmente mit Rutenabdrücken; Rückschlüsse auf umgelagerte Feuerstellen erlauben gebrannte Lehmstücke mit planen Flächen. In einzelnen Fällen können aufgrund des Fundspektrums der Grubenverfüllungen Aussagen bezüglich Siedlungsstruktur und Nutzungsbereiche in unmittelbarer Umgebung der Gruben gemacht werden.

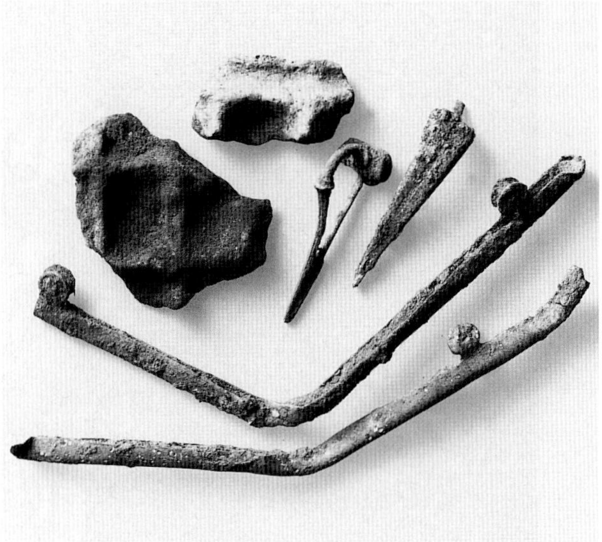

Abb. 3. Rheinau, Austraße. Keltische Kleinfunde. Tüpfelplattenfragmente, Fibeln, Schildrandbeschläge. Foto Kantonsarchäologie Zürich.

Der wohl interessanteste dieser Fundkomplexe enthält u. a. 15 Tüpfelplattenfragmente, drei weitere lagen im Bereich der Steinsetzung in unmittelbarer Nähe dieser Grube. Überreste eines Ofens fehlen, hingegen wurden in derselben Grube zahlreiche Fragmente von Tondüsen nachgewiesen. Betrachtet man die Verteilung der wenigen Schlacken innerhalb des Grabungsareales, so fällt eine entsprechende Konzentration in der Grube mit Tüpfelplattenfragmenten auf.

Die große Zahl von Bronzeabfallstücken in der näheren Umgebung dieser Grube zusammen mit den eben genannten Beobachtungen darf meines Erachtens als klares Indiz für den Nachweis einer keltischen Münzwerkstätte in unmittelbarer Nähe der Grube gewertet werden. Ob hier nur Schrötlinge hergestellt oder auch Münzen geprägt wurden, läßt sich zur Zeit noch nicht beantworten. Ein Münzstempel, der die eigentliche Münzprägung belegen würde, fand sich bislang nicht.

Die vorliegenden Tüpfelplattenfragmente (Abb. 3) sind – abgesehen von einem kleinen, sehr umstrittenen Fragment vom Üetliberg – vorläufig die einzigen Belege in der Schweiz. Im gegenüberliegenden Oppidum von Altenburg fanden sich dagegen ebenfalls drei gleichartige Stücke[17]).

Im Gegensatz zu den Tüpfelplatten streuen die nachgewiesenen Münzen über die gesamte Grabungsfläche, wobei sie sich, abgesehen von einem einzelnen Fundstück, allesamt in den Verfüllschichten der Gruben fanden. Unter den bis jetzt bestimmten Münzen[18]) sind vor allem Quinare, ferner Quinarviertelstücke sowie eine Potinmünze vertreten. Zusammen mit den Funden aus den Grabungen „Franzosenacker" und „Postautogarage" sowie einigen Altfunden liegen aus Rheinau bis heute fast 50 keltische Fundmünzen vor. Auffallend ist das recht unterschiedliche Münzspektrum zwischen den Fundstellen von Altenburg und Rheinau. Während in Altenburg unter den publizierten Münzen (angeblich nur ca. ein Viertel der tatsächlich vorhandenen Münzfunde) Potinmünzen einen Mengenanteil von 36 % ausmachen, liegen aus Rheinau bis heute nur drei Exepmplare vor (6,6 %), aus den neueren Grabungen nur ein Beispiel.

Den Hauptanteil bilden sowohl in Altenburg als auch in Rheinau bis jetzt die Quinare, wobei das Typenspektrum unterschiedlich ist: In Altenburg machen die Quinare 59 % am gesamten Fundbestand aus, davon sind 33 % Büschelquinare, 18 % Kaletedouquinare, während in Rheinau der Anteil der Quinare am Gesamtbestand bei 63 % (exkl. der Quinarviertelstücke) liegt, wovon 15 % Ninnoquinare sind, die übrigen sind nicht genauer bestimmbar. Überraschend ist der Nachweis von 5 Karlsteiner Viertelstücken in Rheinau, welche bis jetzt v. a. aus dem Schatzfund von Karlstein belegt sind und anderswo nur selten vorkommen. Die in Rheinau gut belegten Ninnoquinare werden heute um die Mitte des 1. Jh.s v. Chr. oder eventuell sogar noch etwas jünger datiert. Bisher wurde ihr Prägeort im Gebiet der Rauraker vermutet, was aufgrund der zahlreichen Neufunde von Rheinau wohl neu überdacht werden muß.

Mit der umfassenden Bearbeitung des Fundmaterials wird erst im Herbst dieses Jahres begonnen, so daß hier nur einige wenige Angaben zum übrigen Fundmaterial gemacht werden können.

Neben den Tierknochen stellt die Keramik ganz klar die mengenmäßig bedeutendste Fundgruppe im Bestand der Grabung „Austraße 210" dar. Soweit dies bis jetzt überhaupt gesagt werden kann, stimmt sie mit den anderen Grabungsarealen von Rheinau, aber auch mit dem Fundmaterial von Altenburg recht gute überein und bestätigt die Datierung der Rheinauer Siedlung in die Spätphase der Latènezeit (LT D2), wobei die genauere chronologische Eingrenzung erst noch untersucht werden muß.

Unter den Metallfunden dominieren die Fibeln, welche nach einer ersten Sichtung folgende Fibeltypen umfassen: geschweifte Fibeln aus Bronze oder Eisen, einige Nauheimer Fibeln, ein Schüsselfibelhalbfabrikat, eine Hörnchenfibel sowie weitere Fibelfragmente aus Bronze und Eisen. Um ein ganz besonders interessantes Fundstück handelt es sich bei der bronzenen Hörnchenfibel. Dieser Typ fand sich bis heute v. a. in Südfrankreich und Oberitalien, ein einzelnes Beispiel stammt aus dem Gebiet nördlich der Alpen (Kronwinkl, Niederbayern, Grab 1[19])). Zu den Importfunden gehören neben zahlreichen Amphorenfragmenten mit Sicherheit auch ein Bronzering mit Kristallgemme sowie der Henkel eines Bronzegefäßes.

Weitere interessante Kleinfunde sind verschiedene Gürtelhaken, ein stabförmiger Anhänger einer Gürtelkette, Schildrandbeschläge, eine Bronzepinzette, ein Glasarmringfragment, zwei Siebgriffe sowie diverse Bronzebeschläge.

Aus dem Gebiet des Kantons Zürich kennt man bis heute erst wenige latènezeitliche Siedlungspunkte, von denen nur ein kleiner Teil auch spätlatènezeitliches Fundmaterial geliefert hat. Auch Grabfunde dieser Phase sind noch selten. Neben Rheinau lieferte bislang einzig die rund 5 km entfernt gelegene, LT D1-zeitliche Fundstelle Marthalen-Steinacker ZH[20]) Befunde. Es könnte sich hierbei um eine/die unbefestigte Vorgängersiedlung von Rheinau handeln. Eine weitere wichtige Fundstelle mit interessanten Spätlatènefunden, aber ohne klar datierte spätlatènezeitliche Befunde ist der Üetliberg bei Zürich[21]). Bei diesem Fundplatz kamen anläßlich archäologischer Untersuchungen Funde der Stufen LT D1 sowie D2 zum Vorschein. Die meisten der anderen spätlatènezeitlichen Fundkomplexe sind ohne Befund.

Die bis heute bekannten Siedlungsreste und Gräber der späten Eisenzeit, welche im Schweizerischen Mittelland den Helvetiern zugeschrieben werden, lassen in einzelnen Regionen bereits jetzt eine recht dicht besiedelte Landschaft erkennen, wo sich Dörfer und Einzelhöfe um befestigte Orte (Oppida) gruppierten[22]).

Im alpinen Gebiet ist der Siedlungsnachweis bis jetzt noch bedeutend schlechter, sowohl nördlich als auch südlich der Alpen. Charakteristisch für diese Gebiete ist im Gegensatz zum Mittelland die Befundsituation mit Trockenmauern als Reste von Baustrukturen, z. B. Bot da Loz GR (LT D)[23]). Bei den meisten Fundstellen sind zwar Gruben und Grabensysteme, Pfostenlöcher und Kulturschichten belegt, sie können aber funktional und oft auch chronologisch nicht genauer interpretiert werden. Von einzelnen Siedlungsplätzen sind wohl Strukturen und ein spätlatènezeitliches Fundmaterial vorhanden (z. B. Schänis-Gasterholz SG[24]) oder Mels-Castels SG[25])), doch erlauben die heutigen Grundlagen keine chronologische Korrelation zwischen diesen Fundkomplexen und den Befunden.

Auf den bedeutend besseren Forschungsstand der spätlatènezeitlichen Siedlungen in der Nordwest- und Westschweiz (z. B. Basel-Gasfabrik, Basel-Münsterhügel, Mont Vully FR, Yverdon-Les-Bains VD, Pomy-Cuarny, „La Maule" VD) kann hier nicht eingegangen werden.

Es bleibt zu hoffen, daß in den nächsten Jahren mit weiteren Untersuchungen in Rheinau und anderen Orten sowie durch die Aufarbeitung der zahlreichen Grabungen und Fundkomplexe der Forschungsstand zur spätlatènezeitlichen Siedlungsgeschichte im Kanton Zürich, aber auch in der Schweiz, verbessert wird und daß mit neuen Erkenntnissen vielleicht auch einige noch unbeantwortete Fragen der Latèneforschung in Mitteleuropa etwas erhellt werden können.

Anmerkungen

[1]) Landeskarte der Schweiz 1:25000, Blatt 1051 und Blatt 1031 – Koordinaten 688000/278000.

[2]) E. GERSBACH, Urgeschichte des Hochrheins, Bad. Fundb., Sonderh. 11, 1969, 110ff.

[3]) B.-U. ABELS, Die Randleistenbeile in Baden-Württemberg, dem Elsaß, der Franche-Comté und der Schweiz, PBF Abt. IX/4, 1972, Nr. 380.

[4]) A. TANNER, Die Latènegräber der nordalpinen Schweiz, Kanton Zürich, Bern 1979, 29ff.

[5]) F. KELLER, Statistik der römischen Ansiedlungen in der Ostschweiz, Mitt. Antiquar. Ges. Zürich 15/3, 1864, 111.

[6]) G. KRAFT, Die Siedlung auf dem Sinkelosebuck (ältere Latènezeit), Bad. Fundber. 1931, 266.

[7]) z. B. F. FISCHER, Das Oppidum von Altenburg-Rheinau. Ein Vorbericht, Germania 44, 1966, 286ff.

[8]) L. FRASCOLI, Der „Keltenwall" von Rheinau, Kt. Zürich. Die Grabungen von 1989, Jahrb. d. Schweiz. Ges. f. Ur- u. Frühgesch. 74, 1991, 7ff., vor allem 10.

[9]) FISCHER, s. Anm. 7, 10.

[10]) FISCHER, s. Anm. 7.

[11]) J. LECKEBUSCH, P. NAGY, Prospektionsmethoden in der Archäologie, Stiftung für die Erforschung des Üetlibergs, Zürich 1991, 18.

[12]) P. NAGY, Prospektionsmethoden in der Archäologie, mit einem Beitrag zur Luftbildentzerrung von J. LECKEBUSCH. In: Archäologie im Kanton Zürich, Zürcher Denkmalpflege, 12. Ber. 1987–1992, 1. Teil, 1994, 252ff., insbesondere Abb. 22, 27 und 30.

[13]) St. SCHREYER, Latènezeitliche Siedlungsfunde aus Rheinau-Franzosenacker. In: Archäologie im Kanton Zürich, Zürcher Denkmalpflege 12. Ber. 1987–1992, 1. Teil, 1994, 104ff.

[14]) St. SCHREYER, Vorbericht über die archäologischen Ausgrabungen von Rheinau-Austraße, März 1996 (unpubl.), sowie mündliche Mitteilung.

[15]) Jahrb. d. Schweiz. Ges. f. Ur- u. Frühgesch. 80, 1997, 235f.

[16]) Freundl. Mitt. St. Schreyer.

[17]) FISCHER, s. Anm. 7, Abb. 6.

[18]) Erste Vorbestimmungen durch B. Hedinger, Kantonsarchäologie Zürich.

[19]) W. KRÄMER, Ein profilierter Lochgürtelhaken caesarischer Zeit aus dem Oppidum La Cloche im Hinterland von Marseille, Germania 74, 1996, 550ff.

[20]) U. RUOFF, Eine späteisenzeitliche Siedlung bei Marthalen, Jahrb. d. Schweiz. Ges. f. Ur- u. Frühgesch. 51, 1964, 47ff.

[21]) I. BAUER et al., Üetliberg, Uto-Kulm. Ausgrabungen 1980–1989, Ber. d. Zürcher Denkmalpflege, Arch. Monogr. 9, 1991.

[22]) O. BUCHSENSCHUTZ, Ph. CURDY, L'habitat helvète sur le Plateau suisse, Arch. Schweiz 14/1, 1991, 89ff.

[23]) J. RYCHENER, Die ur- und frühgeschichtliche Fundstelle Bot da Loz bei Lantsch/Lenz GR, Schr. d. Seminars f. Urgesch. d. Univ. Bern 8, 1983.

[24]) M. BETSCHART, Die Fundstelle Schänis SG – Gasterholz, Jahrb. Schweiz. Ges. f. Ur- u. Frühgesch. 78, 1995, 154ff.

[25]) P. NAGY, Eisenzeitliche Funde von Mels SG-Castels, Jahrb. Schweiz. Ges. f. Ur- u. Frühgesch. 79, 1996, 27ff.

Das Oppidum „Fossé des Pandours" über Zabern (Elsaß) und die Besiedlung des Mediomatrici-Gebiets in der Spätlatènezeit

Stephan FICHTL, Straßburg

Der Fossé des Pandours ist das einzige wirkliche Oppidum im Elsaß. Es ist ca. 170 ha groß und befindet sich am Paß von Zabern, einer der zwei Übergänge zwischen dem Lothringer Plateau und dem Rheintal.

Im Norden ist das Oppidum durch einen mächtigen Wall geschützt, der eine Länge von 600 m erreicht. Ein Randwall von 7 km vervollständigt die Befestigung. Im Inneren gibt es mehrere kleinere Wälle, doch wissen wir nicht, ob sie alle gleichzeitig errichtet worden sind.

Wo sich die Tore befanden, ist auch noch nicht gesichert. Zwei Stellen scheinen besonderns günstig zu sein. Im Norden ist der Hauptwall an einer Stelle durch die heutige Straße stark zerstört. Da die antiken Wege alle an dieser Stelle verlaufen, ist dort sicher eines der Haupttore, vermutlich ein Zangentor, zu erwarten. Im Süden dagegen ist dort, wo auch die römische Straße verlief, ein Schikanentor zu vermuten.

Das Oppidum war bis 1995 kaum erforscht. Nur an einer Stelle am Paß wurde in den 50er, 70er und 80er Jahren die römische Station von Usspann ausgegraben. Die keltischen Befunde waren damals noch nicht bekannt.

Die Grabung am Murus Gallicus

Der Hauptwall wurde in den Jahren 1995 und 1996 erforscht. Zwei Wallschnitte, die guten Hinweise auf die Innenkonstruktion brachten, wurden angelegt.

1. Die Erdbewegungen

Der Hauptwall verlief zwischen zwei tiefen Tälern in gerader Linie, und bestand aus einer 5 m hohen künstlichen Terrasse, auf der der Murus Gallicus errichtet wurde. Die ganze Topographie weist

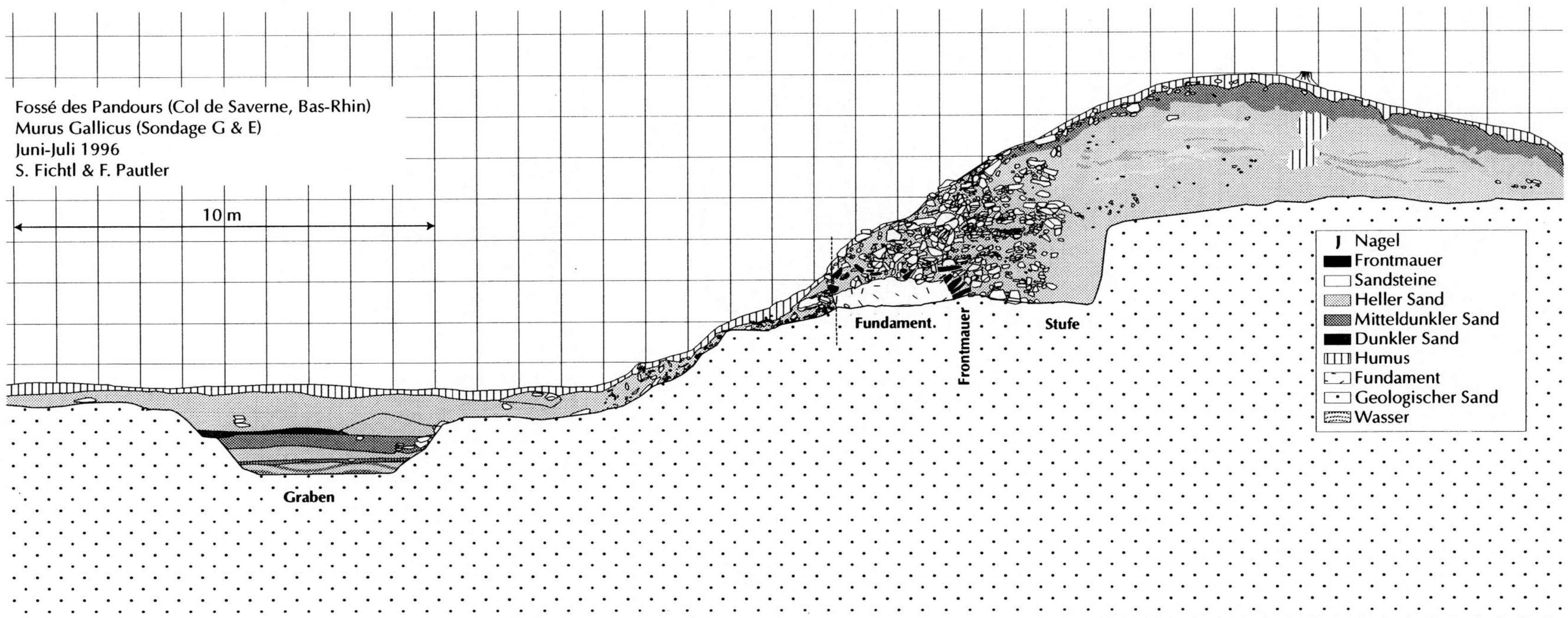

Abb. 1. Oppidum „Fossé des Pandours“. Murus Gallicus, Schnitt durch Wall und Graben 1996.

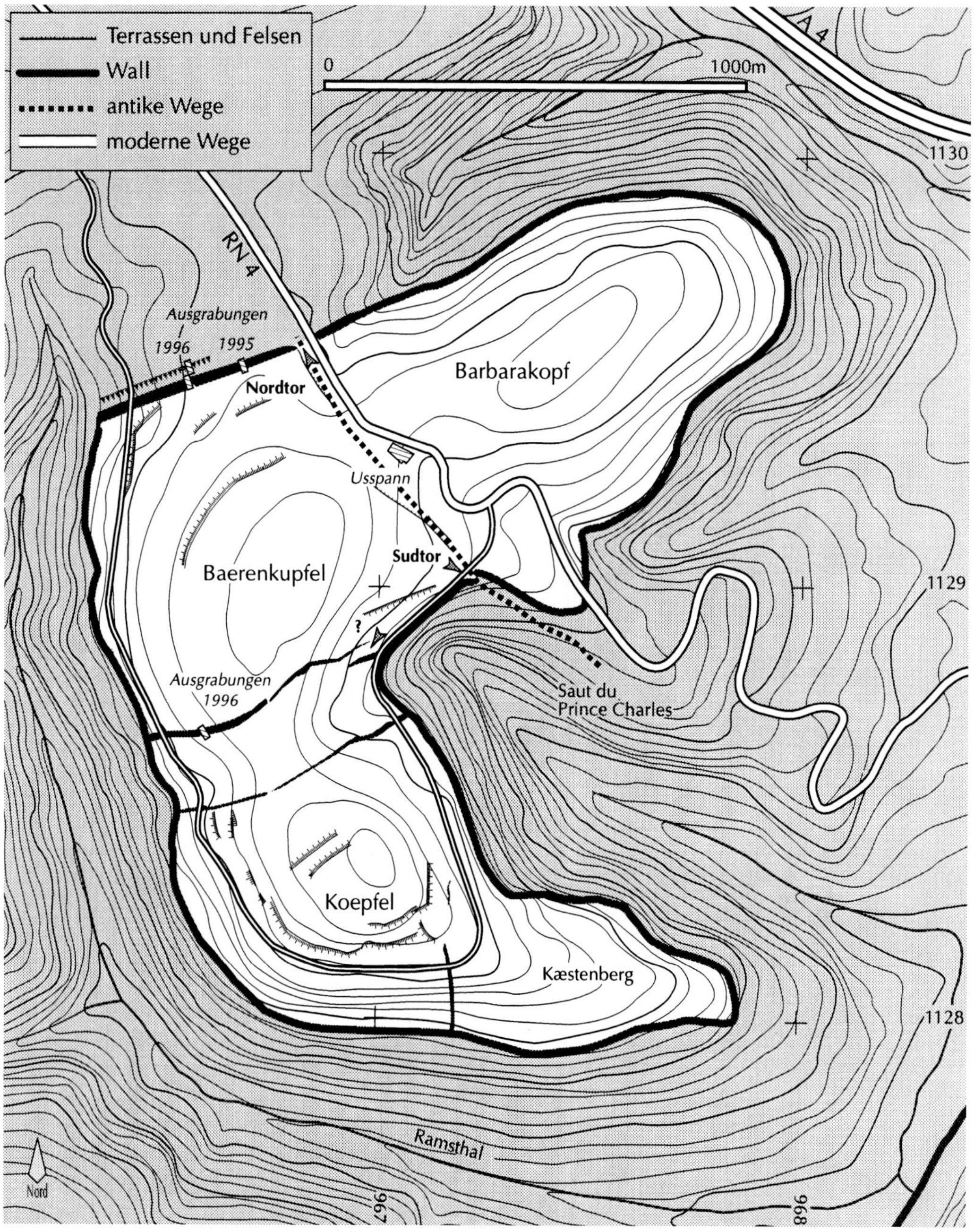

Abb. 2. Oppidum „Fossé des Pandours" mit Grabungsstellen der Jahre 1995 und 1996.

eindeutig auf große Erdbewegungen an diesem wichtigen Punkt des Walles hin.

2. Der Wall

Der Wall hat eine Breite von ca. 12 m und ist noch durchschnitlich 9 m hoch erhalten. Er kann in zwei Hauptteile gegliedert werden.

An der Vorderkante der Terrasse wurde eine 7 m breite Stufe ausgehoben, auf der der Murus Gallicus errichtet wurde. Dieser besteht aus einer Frontmauer aus sorgfältig bearbeiteten, 5 bis 20 cm dicken Sandsteinplatten. An der Stelle, wo die Balken herausragten, war jeweils eine dickere Platte vorhanden, die als Oberschwelle diente. Hinter dieser Steinverblendung wurde eine horizontale Balkenkonstruktion errichtet. Die freien Stellen dazwischen waren mit Steinschichten ausgefüllt. Das Holz der Balken war nicht erhalten, es wurden aber über 40 Nägel gefunden, die eine Länge von 30 cm erreichen konnten. Der Abstand zwischen den Balken beträgt 1,3–1,6 m.

Der zweite Teil des Walles bestand nur aus einer Sandaufschüttung, angelehnt an die richtige Murus-Gallicus-Konstruktion, und bildete eine Rampe.

Es war nur eine Bauphase zu erkennen.

3. Der Graben

Der Graben ist heute nicht überall sichtbar, doch er war sicher vor der ganzen Länge des Hauptwalles vorhanden. Er hatte eine Breite von 7 m oben und von 4 m unten. Seine Tiefe betrug nur 1,6 m. Der Boden war flach und an manchen Stellen sicher sumpfig.

Die Datierung

Die Ausgrabungen erbrachten nur wenige Funde:

Ein purpurrotes Glasarmband mit dreieckigem Profil (Gebhardt 37) wurde aus der Sandschicht vor der Mauerfront geborgen. Es wird in LT D1 datiert.

Im Graben wurde ein Leuker Potin gefunden (dLT 9078), der nach den neuesten Forschungen von D. Wigg auch charakteristisch für LT D1 ist. Von den Leuker Potins kennen wir noch 40 andere Exemplare, die aus dem Inneren des Oppidums und aus der Station von Usspann stammen.

In Wall unter der ersten Steinschicht wurde ein Muschelstater gefunden (dLT 9444–9), der als Baudepot interpretiert werden muß.

Die chronologischen Hinweise sind zwar bis jetzt noch sehr gering, doch weisen alle auf eine Bauperiode in LT D1.

Das Oppidum „Fossé des Pandours" und die Besiedlung des Mediomatrici-Gebiets

Der „Fossé des Pandours" über Zabern ist das größte Oppidum der Mediomatrici, eine Civitas, die in keltischer Zeit von der Meuse bis zum Rhein reichte.

Die besonders sorgfältig gestaltete Frontmauer des Murus Gallicus weist eindeutig auf eine Prestigefunktion des Walles. Die große Menge an Amphoren Dressel I beweist, daß wir es hier mit einem wichtigen wirtschaftlichen Zentrum im östlichen Teil Galliens zu tun haben. Geographisch läßt sich dies auch belegen. Das Oppidum liegt an einem der zwei Hauptübergänge über die Vogesen: gegen Westen führt er direkt zu der Rhône-Saône-Moselle-Straße, im Osten erreichen wir bald das Rheintal, wo wir im Norden Verbindung zu den württembergischen (Heidengraben bei Grabenstetten) und den hessischen (Heidetränck) Oppida haben.

Der Untergang dieses Oppidums ist in der Mitte des 1. Jh.s v. Chr. anzunehmen. Historisch kann man vielleicht eine Erklärung bei der Einsetzung des Ariovist finden und sicher auch beim Rückgang der wirtschaftlichen Bedeutung der Routen im Rheintal nach Mittel- und -Süddeutschland. Damit war der Aufstieg eines anderen Oppidums verbunden, nämlich des Oppidums von Metz, das in der römischen Kaiserzeit die Hauptstadt der Mediomatrici wurde.

Literatur

A.-M. ADAM, X. LAFON, Col de Saverne, dans l'Alsace celtique: 20 ans de recherches, Colmar 1989, 105–107.

A.-M. ADAM, X. LAFON, Une occupation militaire au Col de Saverne? Matériel métallique et questions historiques, 36, 1993, 115–125.

S. FICHTL, L'oppidum gaulois du Fossé des Pandours au Col de Saverne (Bas-Rhin), Pays d'Alsace, Archéologie, Soc. Hist. Arch. de Saverne et Environs, 1996, 3–4.

S. FICHTL, Le murus gallicus de l'oppidum médiomatrique du Fossé des Pandours (Col de Saverne, Bas-Rhin), fouille 1995–1996, Cahiers Alsac. d'Arch. d'Art et d'Hist. 40, 1997.

S. FICHTL, Le Fossé des Pandours, un oppidum médiomatrique au Col de Saverne (Bas-Rhin). État de la question, colloque de l'AFEAF, Colmar 1996 (Publ. in Vorbereitung).

X. LAFON, J. ALEXANDRE-BAUDOUX, Les amphores Dressel I du Fossé des Pandours (Col de Saverne), Revue archéol, de l'est et du centre-est 39, 1988, 129–134.

X. LAFON, Recherches en cours au Col de Saverne, la statio gallo-romaine de l'Usspann, Pays d'Alsace, Archéologie, Soc. Hist. Arch. de Saverne et Environs 1990, 20–30.

J.-P. WIEDENHOFF, J.-J. HATT, La station du relais romain de l'Usspann près du Col de saverne, fouilles 1949–1954, Cahiers Alsac. d'Arch. d'Art et d'Hist. 134, 1954, 35–51.

D. WIGG, Das Ende der keltischen Münzgeldwirtschaft am Mittelrhein, Germania 74/2, 1996, 377–397.

Die junglatènezeitliche Höhensiedlung von Schwarzenbach, Niederösterreich

Christoph WEDEKIN, Wien

An Stelle des Kurzbeitrages wird auf die beabsichtigte Drucklegung verwiesen:

Ch. WEDEKIN, Die prähistorische Höhensiedlung „Burg" bei Schwarzenbach, VB Wr. Neustadt, Niederösterreich, ArchA 81, 1997.

Zur Struktur der eisenzeitlichen Siedlung auf der Gracarca, Kärnten

Paul GLEIRSCHER, Klagenfurt

An Stelle des Kurzbeitrages wird auf folgende Literatur verwiesen:

P. GLEIRSCHER, Urzeitliche Siedlungsreste im Bereich der Gracarca am Klopeiner See in Unterkärnten, Gracarca-Bericht 1, Carinthia I 183, 1993, 33ff.

P. GLEIRSCHER, Neues zum Gracarca-Friedhof über Grabelsdorf, Gracarca-Bericht 2, Carinthia I 186, 1996, 11ff.

P. GLEIRSCHER, Spätkeltische und frührömische Funde im Bereich der Gracarca am Klopeiner See, Unterkärnten, Arh. vest. 47, 1996, 229ff.

„Durch diese hohle Gasse…"[1]) Überlegungen zu spätlatènezeitlichen Toranlagen

Ines BALZER, Freiburg i. Br.

Kernpunkt der folgenden Überlegungen zu spätlatènezeitlichen Toranlagen bilden die Ergebnisse einer Grabung am Tor G des Oppidums Heidengraben bei Grabenstetten auf der Schwäbischen Alb. Ausgehend von der Vorstellung dieses bewußt trichterförmig konstruierten Zangentores werden weitere spätlatènezeitliche Torformen befestigter Siedlungen vorgestellt. Diese Torformen sind – wie es bisher den Anschein hat – nicht unbedingt auf eine Zeitstufe und nicht auf einen Raum beschränkt, auch nicht auf keltisches Gebiet. Tendenzen bzw. das gehäufte Vorkommen von bestimmten Torformen in einer Region oder Zeit sind noch im Detail zu untersuchen.

Das Oppidum „Heidengraben" bei Grabenstetten

Das Oppidum Heidengraben liegt auf einer halbinselartigen Plateaufläche der Mittleren Schwäbischen Alb etwa 30 km Luftlinie südöstlich von Stuttgart.

Die heute noch gut sichtbaren Wälle, die ein gewaltiges Areal von ca. 1660 ha befestigen, können in äußere und in die den eigentlichen Kern umschließende Befestigungslinien eingeteilt werden. Das ganze Verteidigungssystem weist darauf hin, daß der Kern der Anlage hinter der inneren Befestigungslinie mit den Toren A und B in der „Elsachstadt" zu suchen ist (Abb. 1). Archäologische Untersuchungen konzentrierten sich dementsprechend auf diese Fläche[2]).

Das Tor G

Die nördliche Hochfläche des Oppidums schließt mit dem ca. 55 ha großen Plateau der „Baßgeige" ab. Die „Baßgeige" wird von zwei Befestigungslinien abgeriegelt: einer nördlichen, vermutlich mittelalterlichen Linie, und knapp 150 m südlich davon von einer zweiten, 300 m langen Befestigungslinie mit dem Tor G.

Das Tor liegt an der strategisch günstigsten Stelle und ist deutlich auf einen alten und noch heute frequentierten Albaufstieg hin orientiert. 1981 fand hier eine Grabungskampagne statt[3]). Eine Teilrekonstruktion des Tores mit den Originalsteinen der Mauer wurde im Oktober desselben Jahres erstellt und in einen archäologischen Wanderweg integriert.

Insgesamt wurden während der Grabung knapp 1500 m² Fläche geöffnet. Die Flächen vor der Mauerfront wurden bis zum anstehenden Felsen ausgegraben, um eine Gesamtansicht der Mauerfront zu erhalten. Der hintere Teil wurde nur ein Planum weit geöffnet.

Tor G erwies sich als Tor mit trichterförmig umbiegenden Zangen. Die Breite der Toröffnung verjüngt sich nach etwa 15 m von etwa 20 m auf 7 m. An der engsten Stelle fanden sich sechs, jeweils 3,50 m voneinander entfernte, 1 m im Durchmesser große Pfostengruben, die als Torverschluß mit zwei etwa 3 m breiten Durchfahrten zu interpretieren sind.

Die durchschnittlich 8 m breite Rampe war mit der Frontmauer, einer Pfostenschlitzmauer, durch Queranker verbunden[4]).

Ein Graben, der bereits 1976 an einer anderen Stelle der Befestigungslinie beobachtet werden konnte[5]), setzt vor dem Tor aus. Links und rechts der Torwangen fanden sich lediglich je eine annähernd quadratische Grube.

Datierung

Funde sind spärlich. Neben einigen Keramikscherben der jüngeren Urnenfelderzeit aus der Wallschüttung weisen einige Rand- und Wandscherben kammstrichverzierter Gefäße, zwei blau-

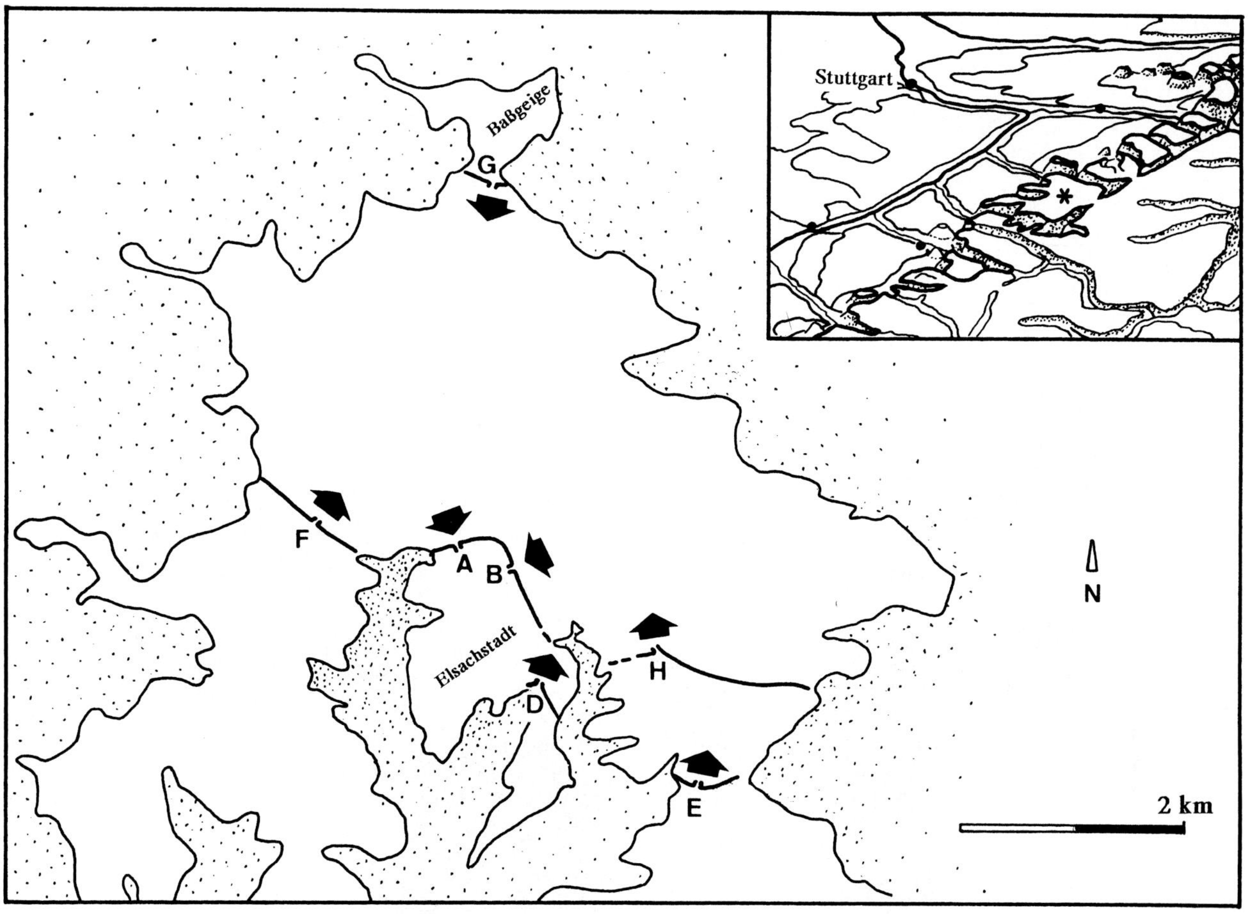

Abb. 1. Die spätlatènezeitlichen Befestigungslinien des Oppidums Heidengraben auf der Schwäbischen Alb. Einschub: Lage des Oppidums Heidengraben (Stern).

grüne Glasperlenfragmente und eine Kleinsilbermünze vom Manchinger Typ[6]) auf die Konstruktion des Tores und damit die Erbauung der gesamten Befestigungslinie in der Spätlatènezeit (LT D1) hin.

In römischer Zeit wurde der Tordurchlaß weiterhin intensiv genutzt: davon zeugen die Verfüllung der östlichen Materialgrube vor dem Tor mit gut 10 kg Keramik aus der Mitte des 2. Jh.s n. Chr., ein aufgeschotterter Weg, der auf einer Breite von 3 m durch das nun verfallene Tor führte, und eine Vielzahl von römischen Schuhnägeln.

Zur Konstruktion von Tor G

Die Analyse der Maße von Tor G legt eine Vorplanung und Aufschnürung des Tores mit den geometrischen Mitteln Längenabmessung, Konstruktion eines rechten Winkels mittels Kreisberechnung und Fluchtlinien (Ausrichtung auf Albaufstieg) nahe[7]).

Eine Mittelachse teilt beide Torwangen symmetrisch. Rechtwinklig zur Mittelachse verbinde man nun je eine Pfostengrube der westlichen mit einer Pfostengrube der östlichen Torzange. Es ergeben sich folgende Beobachtungen:

1. Jeder Pfostengrube der einen Torseite ist eine entsprechende auf der anderen Seite zugeordnet.
2. Die rechtwinklig auf die Mittelachse gelegten Linien (= Querachsen) haben zueinander einen regelmäßigen Abstand von etwa 1,50 m.
3. Die Länge der Querachsen wird mit zunehmender Torweite meistens um 1 m gleichmäßig auf beiden Seiten der Mittelachse größer.

Den Torverschluß bildet ein rechteckiger Sechspfostenbau, der aus zwei Quadraten mit je 3,50 m Seitenlänge konstruiert wurde.

Vorgeschichtliche Tore in Grabungen und Modellen

Als eine „besondere Ausbildung“ bezeichnete W. Dehn die rechtwinklig nach innen biegenden Toranlagen spätkeltischer Oppida – Zangentore, die in ihren bis zu 40 m langen Torgassen potentielle Gegner in die Zange nehmen[8]). W. Dehn konnte nur auf sechs ausgegrabene Torgrundrisse verweisen; er hob besonders das 1929 durch K. Bittel ausgegrabene Tor vom Burgstall von Finsterlohr als prägnantes Beispiel hervor[9]).

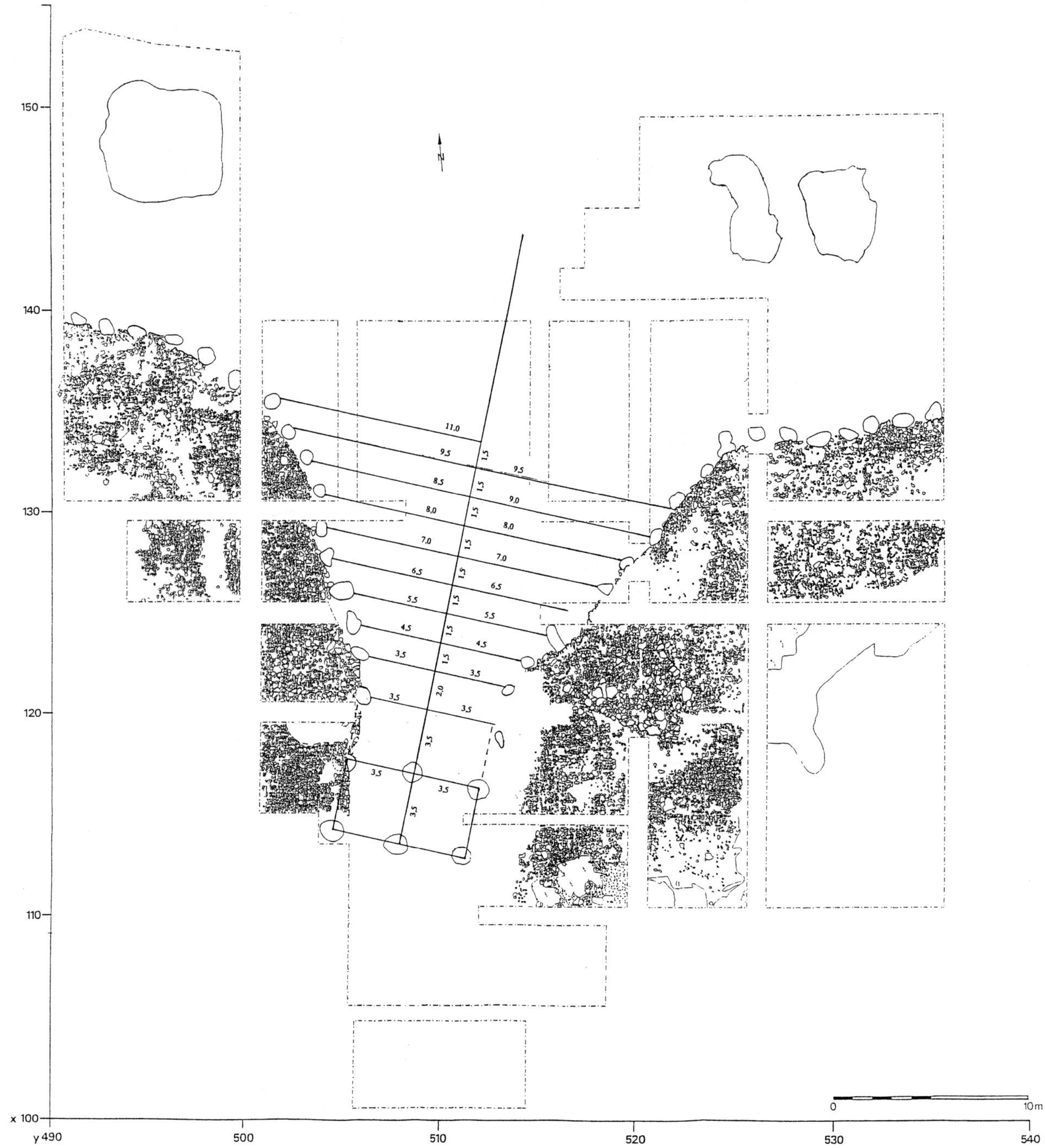

Abb. 2. Maßaufschlüsselung des Tores G des Oppidums Heidengraben auf der Schwäbischen Alb.

Der Quellenstand hat sich in den letzten drei Jahrzehnten entschieden gebessert. Toranlagen unterschiedlicher Zeitstellung und Art in Belgien[10]), Deutschland[11]), der Schweiz[12]), Frankreich[13]) und in Tschechien und der Slowakei[14]) wurden z. T. gezielt ausgegraben und in Gelände, Modell oder Zeichnung rekonstruiert. Nimmt man als weitere archäologische Quelle Toranlagen aus den Viereckschanzen hinzu, wird die Vielfalt von Torarten immer deutlicher.

Torarten

Als vorgeschichtliche Torarten können herausgestellt werden[15]):

1. Eingangsöffnungen, die durch das Aussetzen der Befestigungslinien entstehen[16]).
2. Versetzte Führung der Befestigungslinien[17]).
3. Überlappung der Befestigungslinien (Tangentialtor)[18]).
4. Verstärkungen am Wall oder bereits ein leichtes Umbiegen der Torwangen[19]).

5. Klassisches Zangentor mit scharf rechtwinklig umbiegenden Zangen[20]).
6. Zangentor mit trichterförmigen oder asymmetrischen Zangen[21]).
7. Zangentore mit abgerundeten Ecken[22]).

Die jeweilige Geländesituation ist bei der Erbauung von Toranlagen hier ebenso zu berücksichtigen wie die unterschiedliche Wertigkeit von Eingängen. Deshalb treten auch unterschiedliche Torformen in einer Anlage auf[23]). Eingänge, die zugemauert und/oder verlegt wurden, sind heutzutage nicht mehr im Gelände auszumachen und werden naturgemäß nur zufällig entdeckt[24]).

Rekonstruktionsmöglichkeiten

Durchgang, Pforte, Torhaus?

Vom Torverschluß sind meist nur die oft ungewöhnlich großen Pfostenspuren erhalten, seltener Scharniere[25]), Angelsteine[26]) oder gar Türflügel[27]). Dachkonstruktionen sind nur hypothetisch zu rekonstruieren. Da sie durch mögliche Feuersetzung einen sehr gefährdeten Schwachpunkt bilden, sind einfache Überdachungen und seitlich vom Tor gesetzte Turmbauten effektiver als z. B. mehrstöckige Eingangsbauten.

Die Pfostenspuren deuten in der Regel auf zwei Durchfahrten mit je einer Breite von 3–3,5 m. Die bisher ausgegrabenen ein- oder dreiräumigen Torbauten der spätlatènezeitlichen Viereckschanzen mit einer Breite zwischen 1,5 und mehr Metern unterscheiden sich hier ganz deutlich[28]).

Herkunft der Zangentore

Die Herkunft der Zangentore sei „zweifellos im hellenistisch-römischen Kulturraum" zu suchen, wie W. Dehn 1961 betonte[29]). U. a. haben J. Collis und I. Ralston in den 70er Jahren schon auf mitteleuropäische einheimische Traditionen aufmerksam gemacht und auf frühe Zangentore verwiesen, die z. T. nicht einmal in der Keltike liegen[30]). Ein schon in der Hallstattzeit errichtetes trichterförmiges Zangentor ist vom Zavist bekannt: das Haupttor D, das bis in die Spätlatènezeit mehrfach erneuert und umgebaut wurde[31]).

Anmerkungen

[1]) Friedrich Schiller, Wilhelm Tell, 1804, 3. Auftritt.

[2]) F. Hertlein, Die Ergebnisse der Albvereinsgrabung, Bl. Schwäb. Albverein 18/11, 1906, 353 ff. – Ders., Von der gallischen Stadt auf Markung Grabenstetten, Bl. Schwäb. Albverein 21/7, 1990, 224 ff. – W. Veeck, Ein Beitrag zur Besiedlung des Heidengrabens bei Grabenstetten O. A. Urach, Germania 6, 1922, 8. – M. K. H. Eggert, Th. Hoppe, Archäologische Ausgrabungen im Oppidum Heidengraben, Gemeinde Grabenstetten, Kreis Reutlingen, Arch. Ausgr. Baden-Württemberg 1993, 114 ff. – M. K. H. Eggert et al., Archäologische Untersuchungen im Oppidum Heidengraben, Gde. Grabenstetten, Kreis Reutlingen, Arch. Ausgr. Baden-Württemberg 1994, 96 ff.

[3]) J. Biel, Der keltische „Heidengraben" nördlich Erkenbrechtsweiler, Kreis Esslingen, Arch. Ausgr. Baden-Württemberg 1981, 77 ff. – Ders., Tor G. In: F. Fischer, Der Heidengraben bei Grabenstetten. Ein keltisches Oppidum auf der Schwäbischen Alb bei Urach, Führer zu arch. Denkm. Baden-Württemberg 2[3], 1982, 71 ff. – I. Balzer, Das Tor G des Oppidums Heidengraben bei Grabenstetten. Die Grabungen 1976 und 1981, Ungedr. Magisterarbeit, Univ. Tübingen 1994.

[4]) Biel 1981, s. Anm. 3, 79, Abb. 50.

[5]) J. Biel, Ausgrabungen am Heidengraben bei Erkenbrechtsweiler, Kreis Esslingen, Arch. Ausgr. Baden-Württemberg 1976, 24 f. – Balzer, s. Anm. 3, 15 ff.

[6]) U. Klein, Fundmünzen aus Württemberg, Arch. Ausgr. Baden-Württemberg 1981, 208 f.

[7]) Vgl. auch F. Schubert, Zur Maß- und Entwurfslehre keltischer Holzbauten im Oppidum von Manching, Germania 72, 1994, 133 ff.

[8]) W. Dehn, Zangentore an spätkeltischen Oppida, Pam. arch. 52, 1961, 390 ff.

[9]) A. a. O., 394.

[10]) Beispiel: P. P. Bonenfant et al., Forteresses Celtiques en Wallonie. Bérismenil – Châtelet – Cugnon – Étalle, Archaeologicum Belgii Speculum 14, 1988.

[11]) Beispiel: R. Schindler, Studien zum vorgeschichtlichen Siedlungs- und Befestigungswesen des Saarlandes, Trier 1968 (Mommerich bei Gronig, 103 ff.; Otzenhausen, 114 f. und. 121 f.). – M. Claus, W. Schlüter, Die Pipinsburg bei Osterode am Harz. Neue Forschungsergebnisse, Ausgrabungen in Deutschland 1, 1975, 265 ff. – F.-R. Herrmann, Grabungen im Oppidum von Kelheim 1964 bis 1972, Ausgrabungen in Deutschland 1, 1975, 308 f. – R. Schindler, Die Altburg von Bundenbach. Eine befestigte Höhensiedlung des 2./1. Jahrhunderts v. Chr. im Hunsrück, Trierer Grabungen und Forschungen 10, 1977, 17 ff. – D. van Endert, Das Osttor des Oppidums von Manching. Die Ausgrabungen in Manching 10, Stuttgart 1987. – L. Wamser, Abschluß der archäologischen Untersuchungen am Ringwall auf dem Bürgstadter Berg, Das arch. Jahr in Bayern 1988, 67 f. – E. Gersbach, Baubefunde der Perioden IVc–IVa der Heuneburg, Röm.-Germ. Forsch. 53, 1995, bes. 77 ff.

[12]) Beispiel: A. Furger-Gunti, Der Murus Gallicus von Basel, Jahrb. Schweiz. Ges. f. Ur- u. Frühgesch. 63, 1980, 167 f. – G. Kaenel, L'oppidum du Mont Vully et son rempart celtique, Ingénieurs et Architectes Suisses 1/2, 1994, 5 ff.

[13]) Beispiel: Ch. Goudineau, Ch. Peyre, Bibracte et les Eduens. A la découverte d'un peuple gaulois, Paris 1993, 23 ff.

[14]) Beispiel: A. Točik, Nitriansky Hrádok-Zámeček. Bronzezeitliche befestigte Ansiedlung der Madarovce Kultur 1, 1981, 28 ff. – K. Motyková, P. Drda, A. Rybová, Opevnění pozdne halštatského a časně laténského hradiště Závist (Fortification of the Late Hallstatt and Early La Tène Stronghold of Závist), Pam. arch. 75, 1984, 434 ff. – M. Dušek, Bautechnik und Einrichtung des hallstattzeitlichen Fürstensitzes in Smolenice-Molpír, Slowakei, Slov. Arch. 34, 1986, 309 ff. – L. Jansová, Hrazany. Das keltische Oppidum in Böhmen 1, Prag 1986, 17 ff. – P. Drda, Keltské oppidum Hrad u Nevězic (L'oppidum celtique près de Nevězice (Bohême du Sud), Arch.roz. 39, 1987, 517 ff. – K. Motyková, P. Drda, A. Rybová, Oppidum Závist – Prostor brány A v předsunutém šíjovém opevnění (Oppidum Zavist – Der Raum des Tors A in der vorgeschobenen Abschnittsbefestigung), Pam. Arch. 81, 1990, 308 ff.

[15]) Eine Zusammenstellung von vorgeschichtlichen oder spätlatènezeitlichen Tortypen gaben – mit unterschiedlicher Gewichtung und Typologie – u. a. J. Collis, Defended Sites of the Late La Tène in Central and

Western Europe, BAR Suppl. Ser. 2, 1975, 27 ff. – J. COLLIS, I. RALSTON, Late La Tène Defences, Germania 54, 1976, 144 ff. – M. GUŠTIN, Gradišča elezne Dobe v Sloveniji (Typologie der eisenzeitlichen Ringwälle in Slowenien), Arheol. Vestnik 29, 1978, 120. – O. BÜCHSENSCHÜTZ, Structures d'habitats et fortifications de l'Age du Fer en Françe septentrionale, Mém. de la Soc. Préhist. Franç. 18, 1984, 22. – Van ENDERT, s. Anm. 11, 75 ff.

[16]) Spätlatènezeitliches Beispiel: Otzenhausen (SCHINDLER 1968, s. Anm. 11). – Hallstattzeitliches Beispiel: Smolenice (DUŠEK, s. Anm. 14).

[17]) Spätlatènezeitliches Beispiel: Altburg bei Bundenbach (SCHINDLER 1977, s. Anm 11). – Hallstattzeitliches Beispiel: Heuneburg (GERSBACH, s. Anm. 11).

[18]) Spätlatènezeitliches Beispiel: Nevězice (DRDA, s. Anm. 14, 519, Abb. 1).

[19]) Späthallstatt-/frühlatènezeitliches Beispiel: Étalles, „Tranchée des Portes", Phase II (A. CAHEN-DELHAYE, in: BONENFANT et. al., s. Anm. 10, 50 ff.).

[20]) Spätlatènezeitliches Beispiel: Manching, Osttor (van ENDERT, s. Anm. 11).

[21]) Spätlatènezeitliche Beispiele: „Heidengraben" auf der Schwäbischen Alb, Tore D und G. – Huelgoat, „Camp d'Artus", Südosttor (R. E. M. WHEELER, K. M. RICHARDSON, Hill Forts of Northern France, Reports of the Research Committee of the Society of Antiquaries of London, 1957, 28 ff.).

[22]) Spätlatènezeitliches Beispiel: Hrazany, Tor B (JANSOVÁ, s. Anm. 14, 35 ff.). – Früh-/Mittellatènezeitliches Beispiel: Pipinsburg bei Osterode (CLAUS, SCHLÜTER, s. Anm. 11, 265 ff.).

[23]) Beispiel: Nevězice (DRDA, s. Anm. 14, 519, Abb. 1).

[24]) Beispiel: Kelheim (HERRMANN, s. Anm. 11, 308 ff.).

[25]) Kelheim (R. CHRISTLEIN, Ausgr. und Funde in Niederbayern 1976, Verhandl. hist. Ver. Niederbayern 102, 1976, 72).

[26]) Finsterlohr (K. BITTEL, Grabungen am Burgstall von Finsterlohr, Germania 14, 1930, 37). – Heuneburg (GERSBACH, s. Anm. 11, 79 ff.).

[27]) Altenburg bei Niedenstein (H. HOFMEISTER, Die Chatten 1. Mattium. Die Altenburg bei Niedenstein, Germ. Denkm. der Frühzeit 2, 1930, 51).

[28]) K. BITTEL, S. SCHIEK, D. MÜLLER, Die keltischen Viereckschanzen, Atlas archäologischer Geländedenkmäler in Baden-Württemberg 1, 1990, 34 ff.

[29]) DEHN, s. Anm. 8, 395.

[30]) COLLIS, RALSTON, s. Anm. 15, 144 ff. – Van ENDERT, s. Anm. 11, 79 ff.

[31]) MOTYKOVÁ et al. 1984, s. Anm. 14.

Die Auvergne am Ende der Eisenzeit

Vincent GUICHARD, Glux-en-Glenne

Das Volk der Arverner, das der Auvergne ihren Namen gab, taucht in historischen Quellen das erste Mal am Ende des 3. Jh.s v. Chr. auf, als sie Titus Livius in Zusammenhang mit dem Zweiten Punischen Krieg erwähnt. Die Quellen werden erst ein Jahrhundert später zahlreicher, als die Arverner mit der römischen Armee im Rhônetal zusammentreffen. Die Arverner werden in klassischen Quellen, insbesondere bei Strabo, häufig erwähnt, doch die meisten Beschreibungen eines „Arvernerreiches" sind übertrieben, sie dienen eher zur Erhöhung der Bedeutung des Sieges der Römer über die Arverner im Rhônetal im Jahre 121.

Das Gebiet der Arverner (Abb. 1) erstreckte sich über den größten Teil der Diözese von Clermont und wurde im Osten durch die Berge von Forez von den Segusiavern abgegrenzt. Ihre nördlichen Nachbarn waren die Häduer und Bituriger. Im Westen reichte ihr Gebiet bis an die Grenze der Diözese, dort waren die Lemonices ihre Nachbarn. Im Süden ist die Begrenzung des Arvernergebietes unklar, da mehrere kleine Völker, wie die Rutener, die Gabalen und Vellaven von den Arvernern erobert wurden. Die kleine Diözese von Le Puy stellt wahrscheinlich das Gebiet der Vellaven dar.

Der größte Teil des Arvernergebiets liegt daher in der Senke von Limagnes. Diese Senke bietet sowohl den Vorteil eines Verkehrsknotenpunktes als auch sehr gute Böden. Der einzige Nachteil ist die Sumpfigkeit des Gebietes, das eine Landwirtschaft ohne Drainage nicht erlaubt, doch für diese Aufgaben sind viele Leute und eine effiziente Organisation notwendig.

In den letzten fünfzehn Jahren haben sich unsere Kenntnisse über das Gebiet der Arverner vervielfacht, da durch zahlreiche Rettungsgrabungen eine große Menge an neuen Fundplätzen entdeckt wurde (Abb. 2). Vor dem Ende der 70er Jahre war nur eine einzige Fundstelle aus der früheren Phase der Besiedlung bekannt, La Grande Borne.

Die Ergebnisse dieser Grabungen deuten im 3.–2. Jh. auf ein dichtes Netz von ländlichen Siedlungen hin, für die das beste Beispiel die Fundstelle Pâtural darstellt, wo mehr als 1 ha ergraben wurde. Die Besiedlung entwickelte sich in Form eines Netzes aus geometrischen Flächen, jeweils nur einige 100 m^2 groß, durch Palisaden oder Gräben begrenzt. Die Fundstelle hat eine sehr große Ausdehnung, da sich die ganze Siedlung im Laufe des zweiten Jh.s v. Chr. verlagert hat, obwohl gleichzei-

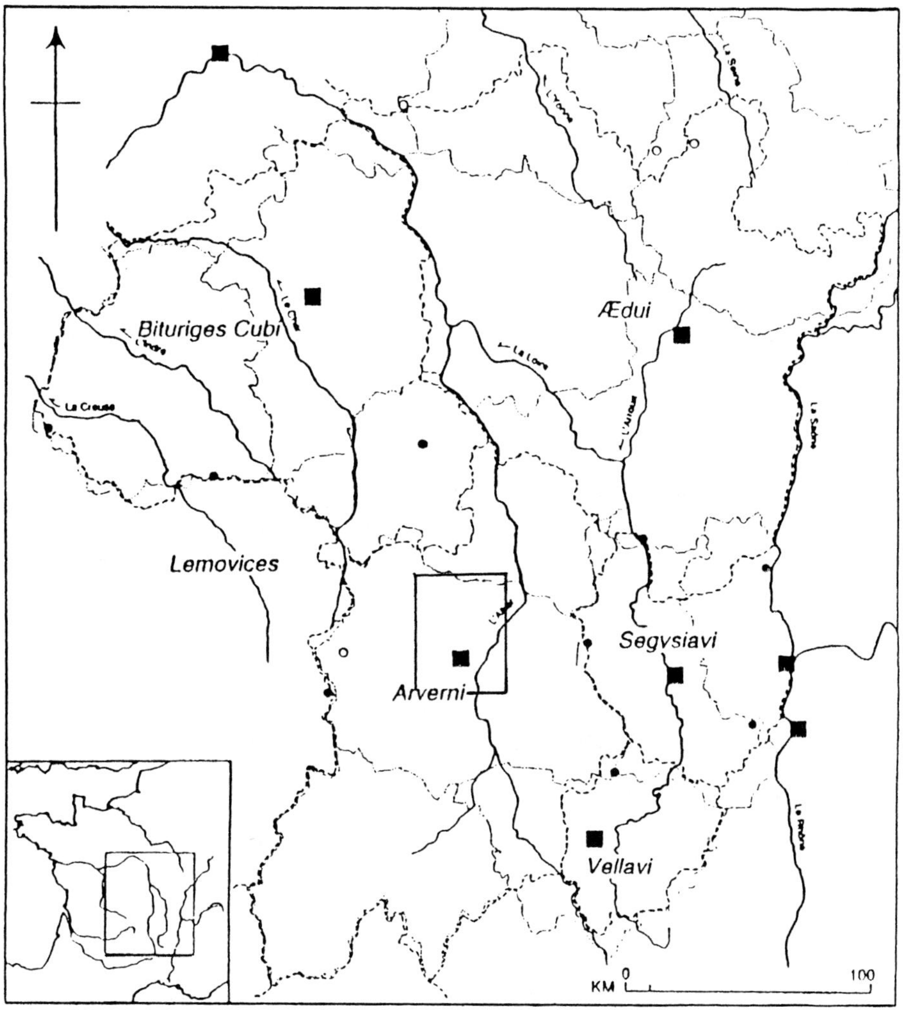

Abb. 1. Gebiet der Arverner und ihrer Nachbarn mit Hauptorten im 1. Jh. v. Chr.

tig immer nur einige tausend m² bewohnt waren. Es handelt sich bei der Siedlung um eine kleine ländliche Siedlung mit einigen Familien; die entdeckten Gebäude lassen sich nicht sicher als Wohngebäude identifizieren. Bei einigen handelt es sich wahrscheinlich um Kornspeicher, die in einer Gegend, die für Getreideanbau gut geeignet ist, keine Überraschung darstellen. Eine große Menge an Eisenschlacke macht eine dauerhafte Eisenverhüttung wahrscheinlich. Über die ganze Senke von Limagne ist eine große Zahl derartiger Siedlungen verstreut.

Anscheinend kam durch die idealen natürlichen Gegebenheiten in der Auvergne eine ganz besondere Wirtschaftsform zustande, geprägt durch kleine, voneinander abhängige Siedlungen, die sowohl handwerklichen als auch landwirtschaftlichen Tätigkeiten nachgingen. Die Entstehung großer Komplexe, die Gebiete von mehreren hundert km² kontrollierten, wurde durch die hohe Bevölkerungsdichte stark erschwert oder gar unmöglich gemacht.

Im Laufe des 2. Jh.s gibt es wichtige wirtschaftliche Änderungen und Änderungen der Produktionsmittel. Die hohe Bevölkerungsdichte macht die Intensivierung der Landwirtschaft unumgänglich, was durch neue archäozoologische Untersuchungen bestätigt wird. Auch bei der Keramikproduktion ist eine Umstellung auf Massenproduktion vorhanden, was mit einer starken Standardisierung der Gefäßformen einhergeht. Gleichzeitig entsteht aber auch wunderschönes Tafelgeschirr, besonders die bemalte Keramik der Arverner gehört zu den schönsten der Spätlatènezeit. Auch die Kontakte zum Mittelmeergebiet intensivieren sich, besonders am Ende des 2. Jh.s ist eine starke Zunahme an Importgütern, wie Amphoren, festzustellen. Die wirtschaftliche und demographische Entwicklung wurde zweifellos auch durch das Erscheinen von Geld stimuliert, das in der Auvergne in der zweiten Hälfte des 2. Jh.s alltäglich wird (sog. Potinmünze). Der Anfang des 1. Jh.s v. Chr. markiert einen Wendepunkt in der Entwicklung im Arvernergebiet.

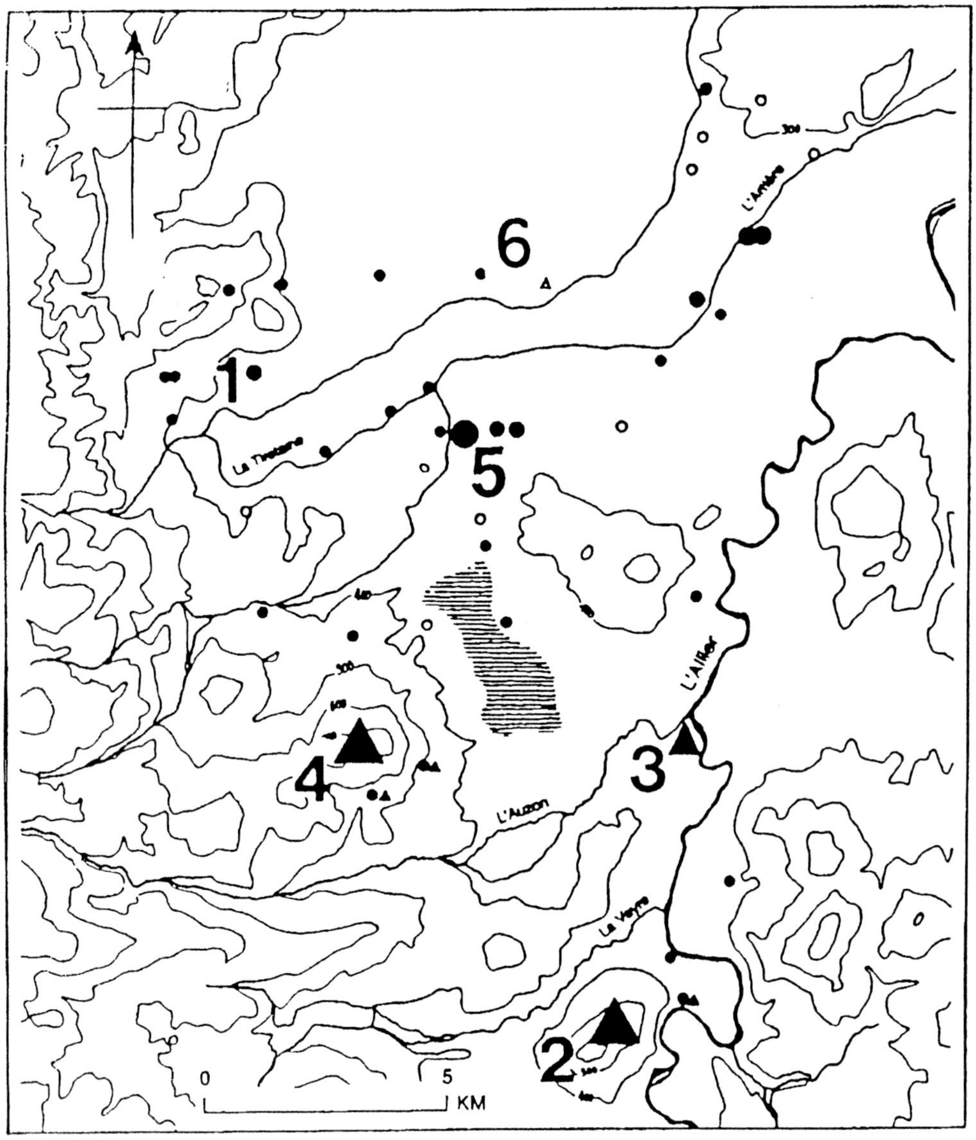

Abb. 2. Archäologische Karte der Region Clermont-Ferrand. ● Fundstellen des 2. Jh.s v. Chr., ▲ Fundstellen des 1. Jh.s v. Chr.

1 Clermont-Ferrand/Augustonemetum
2 oppidum von Corent
3 oppidum von Gondole
4 oppidum von Gergovia
5 La Grande Borne
6 La Pâtural

Diese Wende ist auch archäologisch faßbar, da sehr viele Siedlungen verschwinden. Gleichzeitig entsteht ein Oppidum, das zum politischen Zentrum der Arverner wird. Dieses Oppidum wird mindestens einmal im Laufe des ersten Jh.s verlegt, das Plateau von Corent (Abb. 3) wird völlig verlassen, um in Gergovia (Abb. 4) eine neue Siedlung aufzubauen, an deren Stelle aber bald Augustonemetum (Clermont) tritt. Ein anderes Oppidum in der Nähe der vorhergehenden war Gondole (Abb. 5), das in der Mitte des 1. Jh.s kurz, aber dicht besiedelt war. Corent und Gergovia sind Basaltplateaus, jeweils mit einer Fläche von ca. 70 ha, während Gondole eine eindrucksvolle Befestigung in der Ebene war, mit einer Fläche von ca. 30 ha. Gondole liegt am Zusammenfluß der Flüsse Allier und Auzon, die auch zwei Seiten der dreieckigen Befestigung darstellen, die dritte Seite wurde durch einen großen Wall geschützt.

Das plötzliche Entstehen oppidaähnlicher Befestigungen, in denen plötzlich eine große Bevölkerungszahl an einem natürlich befestigten Ort versammelt wird, gleichzeitig mit dem Verlassen der Kleinsiedlungen der vorhergehenden Zeit, weist auf eine Krise hin. Wahrscheinlich ist damit auch eine völlige Neuordnung der Gesellschaft verbunden, was aber auch eine Begleiterscheinung der heftigen Auseinandersetzungen in der herrschenden Schicht sein könnte, wie Caesar beschrieb. Die sehr zahlreichen Münzen und der Name des Präge-

Abb. 3. Oppidum von Corent, Ansicht von SW.

Abb. 4. Gergovia, Ansicht von N, mit Clermont-Ferrand.

Abb. 5. Oppidum von Gondole, Ansicht von S.

herrn auf den Münzen, die kurz nach der Entstehung des Oppidums auftreten, deuten ebenso auf diese Konkurrenz hin.

Das späteste Oppidum, Gergovia, weist einen hybriden Charakter auf. Es ist ein Oppidum, das in der späten Phase der Besiedlung viele römische Elemente aufweist. Anscheinend haben Teile der Oberschicht die Eroberung durch die Römer als ihren Sieg dargestellt und haben versucht, die Römer in ihrer Lebensart nachzuahmen, obwohl Gallien noch nicht den Status einer Provinz hatte.

Literatur

V. Guichard, J. Collis, J. Dunkley, Ch. Mennessier-Jouannet, Les changements sociaux à la fin de l'Âge dur Fer en Auvergne, in: IUPPS, Ser. Colloquia, vol. 12. The Iron Age in Europe, Forli 1996.

V. Guichard, P. Pion, F. Malacher, J. Collis, A propos de circulation monétaire en Gaule chevelue aux 2e et 1e siècles avant J.-C., Revue arch. du centre de la France 32, 1993, 25 ff.

Eisenzeitliche Höfe und Fluren im Pariser Becken

Olivier Büchsenschütz, Paris

Unsere Kenntnisse über die eisenzeitliche Landwirtschaft in Gallien haben in den letzten Jahren viele Fortschritte gemacht. Verschiedene Faktoren haben dazu beigetragen. Wegen der Trokkenheit der letzten Jahre, besonders im westlichen Teil des Landes, konnten bei Luftaufnahmen mehrere Spuren von Bauernhöfen entdeckt werden. Rettungsgrabungen entlang der Autobahn und in neuen Stadtvierteln haben ebenfalls Höfe zutage gebracht, die zum großen Teil der Eisenzeit angehören. Botaniker und Zoologen entwickelten eine genaue Rekonstruktion der Landwirtschaft, des Akkerbaus und der Viehzucht.

Die archäologischen Quellen sind jetzt so reichhaltig, daß viele Hypothesen, die sich auf einige Hinweise in römischen Texten gründeten, heute nicht mehr relevant sind. Es hat sich gezeigt, daß urgeschichtliche Verhältnisse viel größere Spuren in der gallischen und später französischen Landwirtschaft hinterlassen haben, als wir vorher annahmen.

1. Die eisenzeitlichen Bauernhöfe

Mehrere tausend Spuren dieser Höfe sind heute zwischen Nord-Frankeich, dem Pariser Becken, der Bretagne und Poitou bekannt. Mehr als zweihun-

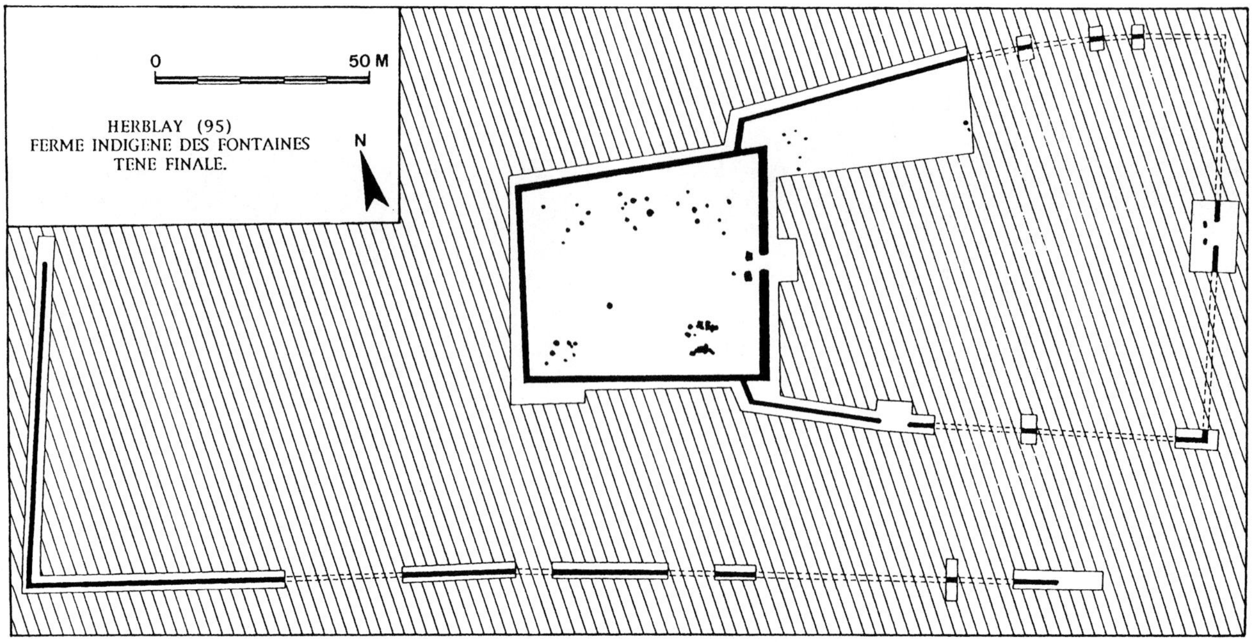

Abb. 1. Herblay, Plan des Gehöftes.

dert wurden sondiert und ausgegraben und in die Eisenzeit datiert. Einige Beispiele der „Autobahngrabungen" sollen vorgestellt werden.

Die Autobahn zwischen Le Havre und Yvetot in der Haute Normandie, 50 Kilometer lang, läuft durch eine Hochebene, die bis jetzt archäologisch fast unerforscht war. 23 eisenzeitliche Siedlungen, darunter acht eisenzeitliche Höfe, wurden beim Autobahnbau angeschnitten. Es kamen Pfostenbauten und Gruben, die von einem viereckigen Graben umgeben waren, zutage. Das Areal eines derartigen Hofes umfaßte 0,5 bis 1 Hektar. In einigen Fällen liegt ein kleines Gräberfeld am Rand des Hofes. Es handelt sich dabei um Siedlungen, die von einer Familie und vielleicht einigen von ihr abhängigen Personen bewohnt waren.

Datiert werden können sie in die erste und zweite Eisenzeit, mit Verlängerung in die römische Zeit.

Die Autobahnstrecke zwischen Amiens und Calais durch Abbeville bietet ein ähnliches Bild. Mehr als 20 eisenzeitliche Höfe wurden auf einer 120 Kilometer langen Strecke aufgeschlossen. Bemerkenswert sind hier die Brandgräberfelder, die sehr groß sein können, zum Beispiel Abbeville mit 80 Gräbern. Manche sind direkt mit dem Gehöft verbunden. Reiche Gräber lassen den hohen sozialen Status der Einwohner erkennen. In Bouchon zum Beispiel enthielt ein Brandgrab ein Tischgeschirr aus Bronze. Reste von Salzindustrie wurden auch in diesen eisenzeitlichen bzw. frührömischen Höfen gefunden.

In Herblay bei Pontoise, entlang der Seine im Westen von Paris, gibt es eine bemerkenswerte Siedlung (Abb. 1). Neben Knochen und Werkzeugen, die für einen Bauernhof typisch sind, lassen Waffen (Lanzenspitze, Schwert und Schild) die Anwesenheit eines Kriegers erkennen.

Entlang von Flüssen, wie der Oise, der Aisne oder der Seine wurden auch viele Siedlungen gefunden. Die Archäologen beobachten seit zwanzig Jahren aufmerksam den Sand- und Kiesgewin-

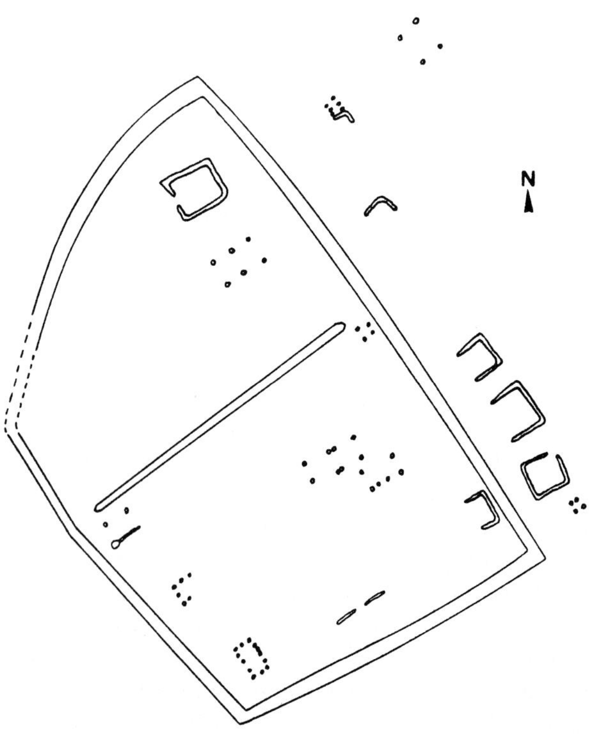

Abb. 2 Bazoches, Plan des Gehöftes.

nungsbetrieb. Dieses Projekt wird von Bodendenkmalamt gemeinsam mit Forschungsteams durchgeführt und die Ergebnisse sind beeindruckend.

Im Seinetal zum Beispiel, erinnert der Bauernhof von Bazoches (Abb. 2) an die Höfe der Hochebene. Die Pfostenbauten sind hier leicht zu deuten. Eine Rekonstruktion im Museum Bibracte (Abb. 3) stellt den Hof mit Ackerbau, Viehzucht und einer kleinen Werkstatt dar.

Die innere Organisation der Siedlungen in diesen Tälern ist oft sehr komplex und daher schwer zu deuten. Einmal liegen Gruben dicht nebeneinander, dann wieder gibt es mehrere Gräben, die Pfostengruppen oder eine leere Fläche begrenzen. Dazu kommt, daß sich die Spuren verschiedener Perioden überschneiden. In Chevrières war zum Beispiel die Rekonstruktion eines Hofes eher schwierig, sein Grundriß ließ sich kaum von den verschiedenen Grabenwerken und Gruben trennen.

Wir wissen nicht, wie und wann sich diese Höfe entwickelten. Es gibt schon in der Bronzezeit Grabenwerke mit dreischiffigen Gebäuden, die unter den Begriff des Einzelhofes eingereiht werden können.

2. Ackerbau und Viehzucht

An Hand von zwei Beispielen soll eine kurze Darstellung der Analysen der Paläobotaniker und Archäozoologen gegeben werden. Das erste Beispiel ist Bourges im Süden des Pariser Beckens. Es wurden hier verkohlte Samen aus einer Vorratsgrube in der Umgebung von Bourges untersucht. Es handelte sich dabei fast ausschließlich um Gerste und nur geringen Spuren von Weizen. Hinzu kamen Pflanzen, die viele Hinweise auf die Ackerbautechnik gaben. Die Gerste wurde im Herbst gesät, das Feld wurde im Frühling gejätet. Die Pflanzen wurden mit einer Höhe zwischen 10 und 50 Zentimetern geerntet, danach wurde das Stroh geschnitten, die Ähren gedroschen und die Körner teilweise geworfelt. Diese Analysen sind also so genau, daß wir nicht nur die Ernährung, sondern auch die Art der Produktion rekonstruieren können.

Die Viehzucht ist heute auch sehr gut bekannt. Rind, Schwein und Schaf/Ziege sind die am häufigsten vorkommenden Tiere. Rind und Schaf herrschen im Westen Mittelfrankreichs, das Schwein in Mittelfrankreich und im Osten, das Schaf im Süden vor. Mit Hilfe von Schlachtalter und Schlachtspuren kann man die Verwertung der Tiere bestimmen. Hunde wurden zum Beispiel zum Verzehr, wegen ihres Pelzes und auch als Begleittiere gezüchtet. Durch eine bestimmte Art der Berechnung der Knochenanzahl konnte in Levroux (Indre) nachgewiesen werden, daß der Schinken exportiert wurde. Es konnte auch festgestellt werden, daß in den Herden die Zahl der Kühe gegenüber der der Stiere allmählich zunahm, daß die Tiere immer kleiner wurden, bis im 1. Jh. v. Chr. neue Arten aus dem Süden importiert wurden. Der prozentuelle Anteil an verschiedenen Tieren ist auch mit der Art der Siedlung verbunden. So konnte für das Pariser Becken ein Diagramm erstellt werden, mit dem das Spektrum des Viehbestandes der Einzelhöfe von dem der Dörfer und der Oppida klar zu trennen ist. Es zeigte sich auch, daß in den Höfen die Knochen von Rindern und anderen größeren Tieren häufiger in den Gräben als in den Gruben anzutreffen waren.

Abb. 3. Gehöft von Bazoches, Rekonstruktion im Museum Bibracte.

3. Die Ackerfluren

Die Erforschung der eisenzeitlichen Fluren hat im Jahr 1996 eine kleine Revolution erlebt. Es gab in Nord-Frankreich zwei Modelle dieser Fluren. Das erste basiert auf den „Celtic fields“, die in Nord-Europa sehr gut erforscht sind. Die seltenen Spuren in Frankreich konnten diesen allerdings nicht eindeutig zugeordnet werden. Das andere Modell ist der römische Kataster. Unter den modernen Dörfern, Wegen und Äckern wurden Spuren eines quadratischen Flursystems beobachtet, das älter als mittelalterlich ist. Dieses wurde von der Forschung zunächst als römisch angesehen. Die Orientierung der Achsen und die Größe der Parzellen wurde mit den Büchern der *agrimensores* verglichen.

Die zahlreichen weiteren Beispiele, die seit zehn Jahren bei Rettungsgrabungen untersucht wurden, haben aber Gewißheit gebracht: Es gibt riesige quadratische Flursysteme, die sich unter den mittelalterlichen Ackerfluren erhalten haben und nichts mit dem römischen Kataster zu tun haben. Die Erkenntnis, daß diese großangelegente Gliederung der landwirtschaftlichen Nutzflächen in die Urzeit zu datieren ist, hat die Forschung einigermaßen überrascht.

Im Südosten von Paris wurden zum Beispiel riesige Flursysteme von über 50 km Länge beobachtet, die von der Hallstattzeit bis in die römische Zeit datiert werden können. Nördlich von Orleans in einer heute von Äckern beherrschten Ebene, konnte durch thermographische Luftaufnahmen und die Auswertung alter Kataster ebenfalls ein quadratisches System alter Ackerfluren festgestellt werden.

Wie kann man nun die Entstehung eines so großen und weitläufigen Flursystems erklären, zumal die Dörfer der Latènezeit meist klein sind und verstreut in der Landschaft liegen? Schon Caesar beschrieb ein Gallien, dessen Einwohner in Oppida, Vici (Dörfern) und Aedificia (Gehöften) leben. Die Entdeckung der großen quadratischen Flursysteme führte u. a. zu der Annahme, daß es sich bei den zahlreichen isoliert liegenden Einzelhöfen – offenbar ein kennzeichnender Typ des gallischen Siedlungssystems – um Zentren wirtschaftlicher und auch politischer Macht handelte, eine Organisation, auf der auch die römische Landwirtschaft begründet ist, in deren Mittelpunkt, dann die römischen Villen standen.

Dieses System wurde erst durch die Gründung der mittelalterlichen Pfarren beendigt. Die Landwirtschaft des ersten Jahrtausends nach Christus spiegelt also eher die keltische Tradition als den römischen Einfluß wider.

Literatur

O. Büchsenschütz, P. Meniel (eds.), Les installations agricoles de l'âges du fer en Ile-de-France, Actes du colloque de Paris 1993, Etudes d'hist. et d'arch. 4, 1994.

„Celtic field"-Systeme in Dorset, England

Janine C. Fries-Knoblach, Erlangen

Forschungsgeschichte, Untersuchungsgebiet, Fragestellung[1])

In der Grafschaft Dorset an der mittleren englischen Südküste konnten sich unter jahrhundertealtem Weideland vielfältige archäologische Monumente erhalten, darunter auch alte Ackersysteme, sog. „Celtic fields"[2]). Diese Gruppen von Parzellen sind durch steinreiche Erdwälle begrenzt und gehen auf das Wirken von Schwerkraft und Erosion sowie das Niederlegen von Lesesteinen und Unrat zurück. Ihr Längen-Breiten-Verhältnis liegt bei ca. 1:1 bis 1:6, die Fläche beträgt meist 0,1–0,5 ha[3]). Ziel meiner Untersuchung war es, das naturräumliche Umfeld der Fluren, ihre davon beeinflußte Erhaltung und ihr Verhältnis zu den Siedlungen zu klären. Dazu wurden innerhalb Dorsets zwei Schwerpunkte ausgewählt, die in einem Katalog aufgearbeitet und im Gelände aufgesucht wurden[4]).

Der Naturraum

Dorset gliedert sich geologisch (Abb. 1) in tertiäre Sedimente im Osten, einen halbmondförmigen Kreiderücken („Downs") und Gesteine des Jura im Norden, Westen und Südosten[5]). Untersuchungsgebiet 1 umfaßt 106 km² auf der Kreide mit kleinen Arealen des Jura im Norden und des Tertiärs im Süden. Untersuchungsgebiet 2 mit einer Größe von 43 km² befindet sich auf der Halbinsel Purbeck im Übergangsbereich von Jura (Süden), Kreide (Mitte) und Tertiär (Norden). Klimatisch liegt Dorset in einem begünstigten Teil der Insel[6]). Die Verbreitung

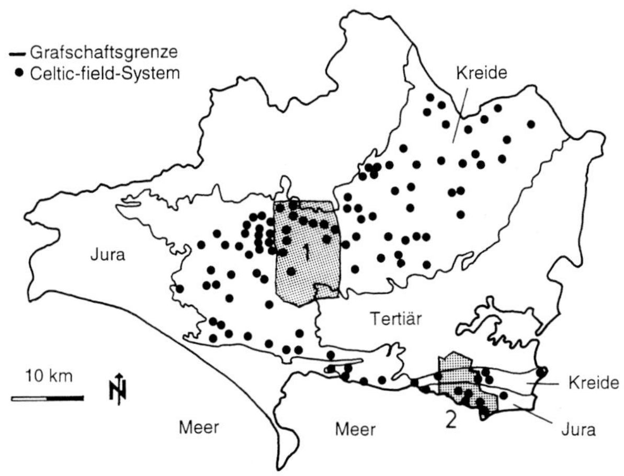

Abb. 1. Grafschaft Dorset mit „Celtic-field"-Systemen und Geologie (Untersuchungsgebiete gerastert).

der Bodentypen steht in deutlicher Beziehung zur Geologie. Zwar haben die Böden sich im Laufe der Jahrtausende gewandelt, doch bezeugen fossile Altböden unter Hangkolluvien, daß einst auf der Kreide tiefgründige Böden existierten. Seit dem Neolithikum und verstärkt seit dem 1. Jt. v. Chr. verarmten diese. Für die Eisenzeit muß daher auf Kalk überwiegend mit Rendzinen gerechnet werden. Braunerden, Gley- und Auelehmböden kommen punktuell vor. Podsole sind im Untersuchungsgebiet an die tertiären Sande gebunden und entstanden verstärkt seit der Bronzezeit, wie unpodsolierte Bodenprofile unter Grabhügeln erweisen. Die Auelehmbildung ist nicht genauer untersucht, lediglich für den Fluß Frome in Areal 1 existiert die

Angabe von 3 m Sediment seit dem 6. Jt. v. Chr.[7]) Die postglaziale Vegetationsgeschichte in England verläuft weitgehend parallel zum nördlichen Kontinent. Die charakteristischen Eichenmischwälder wurden seit dem Neolithikum und verstärkt in der Bronzezeit aufgelichtet. Seit der mittleren Bronzezeit ist auf den Kreidedowns mit offener Landschaft zu rechnen. Auf den tertiären Gesteinen verhinderten die eingetretene Podsolierung sowie nachfolgend Beweidung, Holzgewinnung und Moorwachstum eine Wiederbewaldung. Die Waldlandschaft auf dem Juragürtel im Westen der Grafschaft wurde hingegen überhaupt erst im 11. Jh. n. Chr. erschlossen[8]).

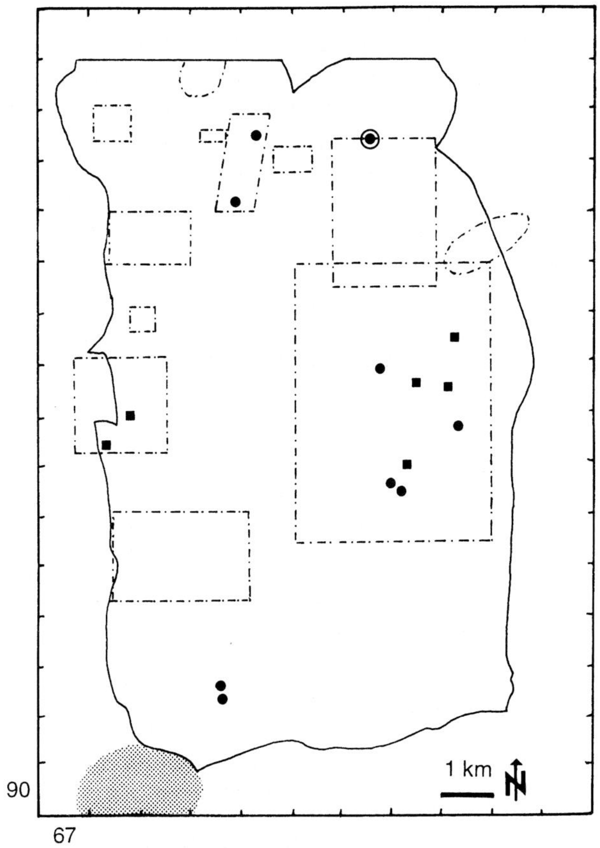

Abb. 2. Eisenzeitliche Fundstellen in Region 1 (Stadtgebiet Dorchester gerastert).

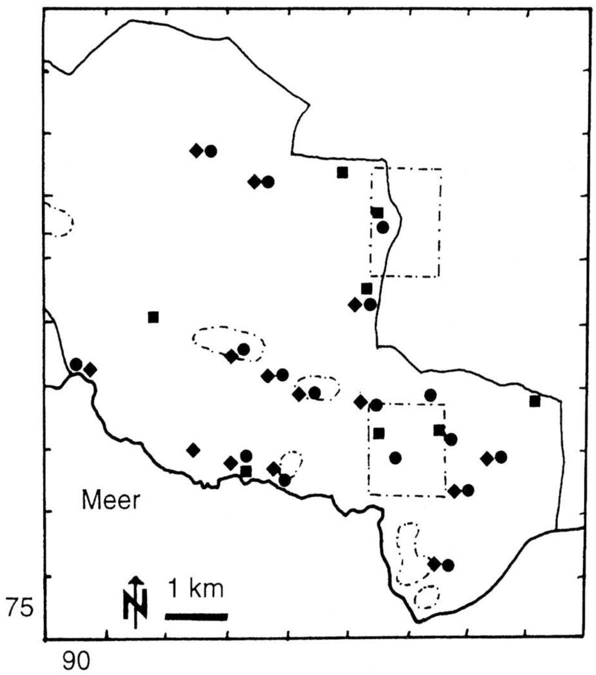

Abb. 3. Eisenzeitliche Fundstellen in Region 2.

— Untersuchungsgebiet
-·-· Celtic fields
● Siedlung
◉ Hillfort
◆ Werkplatz
■ sonstige Fundstelle

Prähistorische Flursysteme

In Dorset haben sich mindestens 104 „Celtic-field"-Systeme erhalten, die mit neun Ausnahmen auf Rendzinen über Kalken der Oberkreide liegen (Abb. 1). Das Fehlen der Fluren im westlichen Juragürtel bestätigt die geringe prähistorische Siedlungstätigkeit, die keine ortsfesten Fluren erforderte. Auf den tertiären Gesteinen, wo „Celtic fields" unter Heide beste Erhaltungschancen gehabt hätten, beweist ihr Fehlen, daß sie dort ebenfalls nicht existierten. Dies ist damit zu erklären, daß die Landwirtschaft wegen der Podsolierung bereits zu einer Zeit aufgegeben wurde, als „Celtic fields" noch nicht üblich waren. R. Bradley vermutet sogar, daß ortsfeste Fluren gerade durch den Verlust an Land und die dadurch verursachte Bevölkerungskonzentration in den verbleibenden Gebieten erzwungen worden seien[9]). Exemplarisch wurde versucht, im Kleinraum die Erhaltungschancen der Altfluren nachzuvollziehen. Dazu wurde in sieben Pfarreien die mittelalterlich-neuzeitliche Ackerflur anhand alter Karten gegen die Areale mit „Celtic fields" kartiert. In beiden Regionen schließen sich die Verbreitungsgebiete fast gänzlich gegenseitig aus. Mittelalterliche Streifenfluren liegen bei den heutigen Ortschaften nahe den Wasserläufen, „Celtic fields" hingegen meist in ortsfernen Hang- und Höhenbereichen[10]).

Die heutige Fläche der „Celtic fields" hängt nachweislich von ihrem Erhaltungszustand ab. Dieser ließ es der dennoch als vertretbar erscheinen, die Relikte unter Vorbehalt hinsichtlich Fläche und Form zu untersuchen. Es ergab sich, daß heute 70 % der Fluren unter 100 ha groß sind, diese zusammen aber nur 20 % der gesamten Altflurfläche einnehmen. 80 % der Flurfläche gehört hingegen zu Systemen mit über 100 ha Fläche. In Untersuchungsgebiet 1 machen große Fluren von mehr als 200 ha Fläche 86 % der Ackerfläche aus, in Gebiet 2 hingegen liegen 70 % der Ackerfläche in kleinen Systemen unter 50 ha. Die durchschnittliche Flurgröße beträgt 150 ha in Region 1, in Region 2 dagegen nur 54 ha. Die geringere Flurgröße in Region 2 ist auffällig, weil bei der abseitigen Lage und dem Grünland die Erhaltungsbedingungen günstig waren. Eine Untersuchung der Höhenlage der „Celtic fields“ ergibt, daß zunehmende Höhe nicht mit einer zunehmenden Größe und besseren Erhaltung einhergeht, sondern ursprünglich wirklich kleine und große Fluren vorhanden waren[11]).

Anhand von Planzeichnungen der Royal Commission[12]) konnten die Parzellen von zehn Systemen in Region 1 und drei in Region 2 nach den Kriterien Regelmäßigkeit, Zugänglichkeit, Himmelsrichtung, Größengruppen, Flächeninhalt und besondere Form untersucht werden. In jedem Fall unterschieden sich Region 1 und Region 2 deutlich. In Region 1 wiesen Parzellen wie Fluren in jeder Hinsicht ein höheres Maß an Ordnung und Planung auf und waren durchschnittlich größer, wobei insbesondere Fluren in der Nähe eines Hillforts[13]) auffielen. In Region 2 fanden sich kleine, unregelmäßigere Parzellen und Flursysteme, die nur einen Teil der Landschaft ausfüllten[14]). Diese Beobachtungen lassen sich deuten, wenn man die zugehörigen archäologischen Fundstellen in Betracht zieht.

Archäologische Fundstellen und Interpretation

Eine Auswertung von Fundstellen ergibt für die Eisenzeit folgendes Bild. In Region 1 sind trotz intensiver denkmalpflegerischer Tätigkeit und vielen Fundstellen anderer Epochen relativ wenige eisenzeitliche Siedlungen in die Fluren eingestreut (Abb. 2). Sie weisen ein gewöhnliches Spektrum an Keramik, Stein- und Knochenfunden auf und bestanden selten in die Römerzeit fort. Hinzu kamen das kleine Hillfort Nettlecombe Tout im Nordosten von Areal 1 und das große Hillfort Maiden Castle südwestlich außerhalb Areal 1, deren Bewohner versorgt werden mußten. Es scheint, daß von diesen Zentren eine ordnende Kraft ausging, die eine großflächige Aufteilung und effektive Nutzung der Landschaft bewirkte, wie sich in den großen, strukturierten Parzellen und Fluren zeigt. Mit dem Übergang zur Römerzeit blieben die Fluren bestehen, ihre Bewirtschaftung erfolgte jedoch von mehreren römischen Villen aus, die wahrscheinlich die Stadt Dorchester mitzuversorgen hatten.

In Region 2 hingegen liegt ein dichtes Netz kleiner Siedelstellen[15]) vor (Abb. 3), während Hillforts fehlen. Aus den Siedlungen stammen neben Siedlungsmaterial zahlreiche Fabrikationsreste von Ölschieferobjekten und Briquetage der Salzgewinnung, deren Anteil am Fundanfall im Laufe der Eisenzeit zunimmt[16]). Diese Erzeugnisse wurden weit ins Hinterland verhandelt, wie Funde zeigen. Nimmt man die seit der jüngeren Eisenzeit um den Hafen von Poole bezeugten Töpfereien hinzu, kann man die Halbinsel von Purbeck geradezu als ein vorgeschichtliches Handwerksrevier[17]) auffassen. Die meisten Siedlungen wurden in der Römischen Kaiserzeit weiter oder erneut genutzt, wobei zu den alten Tätigkeiten die Bausteingewinnung hinzukam[18]). Dem Ackerland maß man dabei offenbar eine mindere Bedeutung bei. Denkbar wäre, daß die Küstenlage und die Wasserarmut keine ausgedehntere Landwirtschaft erlaubten und daher einen Teil der Bevölkerung zum Ausweichen auf ein handwerkliches Auskommen zwangen. Plausibler ist jedoch, daß man die Küstenregionen gezielt wegen ihrer Rohstoffe aufsuchte und Landwirtschaft nur nebenbei betrieb.

Anmerkungen

[1]) Die Untersuchung wurde 1992 als Magisterarbeit unter dem Titel „Celtic-field-Systeme bei Dorchester (Dorset, England)“ an der Ludwig-Maximilian-Universität, München, angenommen. Die wesentlichen Ergebnisse liegen in meiner Dissertation (J. C. Fries, Vor- und frühgeschichtliche Agrartechnik auf den Britischen Inseln und dem Kontinent. Eine vergleichende Studie, Internat. Arch. 26, 1995, 94 ff.) bereits gedruckt vor. Eine ausführliche, überarbeitete Fassung wird in den Ber. RGK erscheinen.

[2]) Die jüngere Erforschung der „Celtic fields“ in Großbritannien erhielt ihren entscheidenden Impuls durch das Werk von H. C. Bowen, Ancient fields. A tentative analysis of vanishing earthworks and landscapes, London 1961. – Zur älteren Forschungsgeschichte Fries, s. Anm. 1, 16–18.

[3]) M. Müller-Wille, Flursysteme der Bronze- und Eisenzeit in den Nordseegebieten. Zum Stand der Forschung über „Celtic fields“. In: H. Beck, D. Denecke, H. Jankuhn (Hrsg.), Untersuchungen zur eisenzeitlichen und frühmittelalterlichen Flur in Mitteleuropa und ihrer Nutzung, Göttingen 1979/80, 198. – M. Klamm, Aufbau und Entstehung eisenzeitlicher Ackerfluren („Celtic fields“). Bd. 1. Stand der Forschung, Göttinger Bodenkundl. Ber. 102, 1993, 27 ff.

[4]) Als Quellen dienten die archäologische Landesaufnahme durch die Royal Commission on the Historical Monuments (RCHM), Inventory of the historical monuments in the County of Dorset. 8 Bde., London 1952–1975, die Publikation N. H. Field, J. Bugler, The ancient monuments of Dorset. A definitive list, Dorchester 1972 und Suppl. 1974, 1976, 1979, die Denkmaldatenbank (monument list) der Grafschaft, die ich im County Record Office, Dorchester, benutzen konnte, und die seit 1877 erscheinende Zeitschrift „Proceedings of the Dorset Natural History and Archaeological Society“.

[5]) Siehe dazu etwa J. W. PERKINS, Geology explained in Dorset, Newton Abbot 1977. – W. J. ARKELL, The geology of the country around Weymouth, Swanage, Corfe and Lulworth, Mem. Geol. Survey Great Britain Sheet 342, London 1947. – C. REID, The geology of the country around Dorchester, Mem. Geol. Survey Great Britain Sheet 328, London 1899.

[6]) 760–1000 mm/a Niederschlag, Januarmittel 3–7°, Julimittel 16° C: R. GOOD, Geographical handbook of the Dorset flora, Dorchester 1948, 14 ff. – B. JONES, D. MATTINGLY, An Atlas of Roman Britain, Oxford 1990, 5 und Karte 1.5–1.8.

[7]) K. L. ROBINSON, The soils of Dorset. In: GOOD, s. Anm. 6, 19 ff. – M. BELL, Valley sediments as evidence of prehistoric land use on the South Downs, Proc. Prehist. Soc. 49, 1983, 119 ff. – Zu unpodsolierten Böden unter Grabhügeln: L. M. GROUBE, M. C. B. BOWDEN, The archaeology of rural Dorset. Past, present and future, Dorset Natural Hist. Soc. Monogr. Ser. 4, 1982, 21 und 29.

[8]) H. WALTER, Allgemeine Geobotanik, Stuttgart 1986, 63 f. – C. C. TAYLOR, Dorset. The making of the English Landscape, London 1970, 67 f. zur mittelalterlichen Landeserschließung.

[9]) R. BRADLEY, Prehistoric field systems in Britain and northwest Europe. A review of some recent work, World Arch. 9, 1978, 265 ff., bes. 273.

[10]) FRIES, s. Anm. 1, 105.

[11]) FRIES, s. Anm. 1, 103 f.

[12]) RCHM, s. Anm. 4, Central Dorset 1970, 323–330 und Beilage sowie South-East Dorset 1970, 97 und 631.

[13]) Nettlecombe Tout: RCHM, s. Anm. 4, Central Dorset, London 1970, 174 Melcombe Horsey Nr. 12.

[14]) FRIES, s. Anm. 1, 108–111.

[15]) Darunter die bekannte Siedlung von Eldon's Seat: B. CUNLIFFE, D. W. PHILLIPSON, Excavations at Eldon's Seat, Encombe, Dorset, Proc. Prehist. Soc. 34, 1968, 191 ff..

[16]) N. SUNTER, P. J. WOODWARD, Romano-British industries in Purbeck, Dorset Natural Hist. Soc. Monogr. Ser. 6, 1987, 145 Abb. 77.

[17]) B. CUNLIFFE, Wessex up to 1000 A. D. A regional history of England, London 1993, 188 f. spricht gar von einer „industrial production“ und geht davon aus, daß die Güter über Hillforts im Hinterland verteilt wurden.

[18]) FRIES, s. Anm. 1, 112–116.

Archäologische und ethnohistorische Forschungen zu jüngereisenzeitlichen „Fürstensitzen“ im Tschadbecken

Detlef GRONENBORN, Frankfurt am Main

An Stelle des Kurzbeitrages wird auf folgende Literatur verwiesen:

D. GRONENBORN, Bauern, Fischer, Fürsten. Ethnohistorische, archäologische und archäobotanische Arbeiten im Sonderforschungsbereich 268 zur Besiedlungs- und Kulturgeschichte des südlichen Tschad-Beckens, Borno State, Nigeria, Arch. Nachrichtenblt. 2/4, 1997.

Aktuelle anthropologische Befunde und Aspekte zu den Bestattungssitten der Awaren im Raum Österreich

Silke GREFEN-PETERS, Braunschweig*)

Einleitung

Die materielle Hinterlassenschaft der awarischen Kultur ist im gesamten Donaugebiet verbreitet. Aus dem östlichen Österreich sind derzeit mehr als 40 Gräberfelder bekannt, die zum Teil jeweils weit über 200 Bestattungen umfassen[1]). Eine anthropologische Bearbeitung der entsprechenden Serien liegt bislang für die Friedhöfe Zwölfaxing[2]), Sommerein[3]), Leobersdorf[4]), Münchendorf[5]) sowie einen Teilausschnitt des Gräberfeldes von Zillingtal[6]) vor. Die Serien aus Mödling[7]) (Gesichtsprofilierung) und der Csokorgasse[8]) (Paläopathologie) wurden jeweils unter speziellen anthropologischen Fragestellungen bearbeitet.

Weitaus zahlreicher sind die awarischen Fundorte in Ungarn[9]) und auch aus den benachbarten Ländern, z. B. aus Tschechien und der Slowakei und dem Gebiet des ehemaligen Jugoslawiens, liegen Untersuchungen vor, die eine metrisch-morphologische Charakteristik dieser heterogenen awarischen Populationen geben. Dabei stand lange Zeit die von P. Lipták[10]) vorgenommene metrische und deskriptiv-morphologische Taxonomie des awarischen Schädelmaterials im Vordergrund intra- und interserialer Vergleiche, später wurde sie von uni- und multivariaten statistischen Ähnlichkeitsanalysen abgelöst. Eine umfangreiche Gegenüberstellung der Populationen des Karpathenbekkens aus dem 6.–12. Jh. auf Grundlage einer Penrose-Analyse legten K. Éry sowie G. Farkas und P. Hunya vor[11]), M. Ferencz erarbeitete regionale und chronologische Unterschiede auf Basis der Penrosedistanzen und spezieller Indices[12]).

Das Vordringen der awarischen reiternomadischen Kultur ist nicht nur von größtem historischen und kulturellen Interesse, sondern auch in biologischer, vor allem populationsbiologischer Hinsicht bedeutungsvoll, da sich hier in der Geschichte der awarischen Landnahme (568 n. Chr.) eine Assimilation zwischen autochthonen und zugewanderten asiatischen Bevölkerungselementen vollzog. Ein mehr oder weniger hoher Anteil asiatischer Fremdelemente wurde als ihr „mongolides Erbe" betrachtet. Der Anteil flachgesichtiger Formen beträgt für die ungarischen Serien etwa 16 %[13]), in Zwölfaxing 10 %[14]), im niederösterreichischen Leobersdorf ist ein weitaus höherer Anteil von Schädeln mit geringer Gesichtsprofilierung auszumachen.

Die Diskussion über die Ethnogenese awarischer Bevölkerungen im Donauraum erfolgt stets im Zusammenhang mit der slawischen Expansion. Der jüngste Serienvergleich awarischer und slawischer Populationen aus dem Donauraum findet sich bei M. Berner, mit dem Schwerpunkt klassifizierender Methoden bei K. Hannemann[15]).

Bei wenigen Völkern demonstrieren die erhaltenen Grabbeigaben so eindrucksvoll wie bei den Awaren, in wie vielerlei Abstufungen Prestige und soziale Stellung eines Toten zum Ausdruck kommen können. Neben dem Fundreichtum der Gräberfelder, in dem sich als Ausgangspunkt für entsprechende biologische Überlegungen soziale Unterschiede nachweisen lassen, liegt jedoch auch eine bemerkenswerte Variabilität der Bestattungstypen vor. Neben der regelmäßig auftretenden gestreckten Rückenlage finden sich „Sonderbestattungen", etwa in Form von Hock-, Bauch- oder Seitenlagen, Doppel- und Mehrfachbestattungen, auch in gegensinniger Orientierung, die von kulturhistorischem Interesse sind, und erst durch eine Synthese archäologischer und anthropologischer Befunde interpretierbar sein dürften[16]). Einen Abriß der Forschungsgeschichte awarischer Grabsitten legt P. Tomka[17]) vor, die zuletzt publizierte eingehende Charakterisierung des awarischen Bestattungswesens findet sich bei P. Tomka sowie F. Daim[18]).

Das differenzierte Beigabenspektrum auf awarischen Friedhöfen und eine entsprechende Bewertung quantitativer und qualitativer Unterschiede der Grabinventare ermöglicht eine soziale Gliederung awarischer Bevölkerungen. Ausgehend von der Überlegung, daß Tracht-, Schmuck-, Gerät- und Waffenbeigaben die gesellschaftliche Position eines Toten reflektieren, werden auf der Grundlage definierter Qualitätskriterien einzelne soziale „Schichten" erfaßt. Die Relevanz dieser sozialen

*) Institut für Zoologie/Lehrgebiet Anthropologie der Technischen Universität, Konstantin-Uhde-Straße 3, D-38106 Braunschweig.

Gruppierung ist durch einen chronologischen Wandel der Bestattungssitten, die Selektion der erhaltenen Grabbeigaben durch die Bodenlagerung sowie die von eigenen Wertvorstellungen geprägte Beurteilung des „Reichtums" stark eingeschränkt.

Methodische Überlegungen und Ansätze, soziale Strukturen innerhalb awarischer Populationen systematisch zu erfassen, gingen von dem ungarischen Archäologen G. Laszló[19]) aus. Eine Gliederung in „Wertgruppen" wurde von A. Salamon und I. Erdélyi am Fundmaterial aus Környe, von I. Kovrig in Alattyán und von dem slawisch-awarischen Fundort Želovce vorgenommen[20]). Aus dem Raum Österreich erarbeitete A. Lippert[21]) auf der Grundlage männlicher Grabinventare für Zwölfaxing „Beigabengruppen", die sich auf das Vorkommen von Gürtelbeschlägen und Waffen sowie Messern stützten. Die qualitative Gliederung weiblicher Grabinventare gestaltet sich wesentlich problematischer, da sozial repräsentative „Würdezeichen" wie Gürtelgarnituren oder Waffen fehlen[22]). Im Rahmen seiner Dissertation am Institut für Ur- und Frühgeschichte der Universität Wien erarbeitet derzeit A. Distelberger eine soziale Gliederung für den Friedhof von Mödling und nimmt sich insbesondere der Problematik der Einstufung weiblicher Grabinventare an[23]).

Einen Versuch, soziale Unterschiede für die Körperhöhe nachzuweisen, nahmen H. Kritscher und J. Szilvássy für die Awarenserie von Zwölfaxing vor[24]). Hier zeigte sich jedoch, daß die Körperhöhe der „ärmlich" und „reich" ausgestatteten Männergräber von „klein" bis „groß" variiert und keine sozialgruppenspezifischen Verteilungsmuster vorliegen.

Die auf einer sozialen Gruppierung aufbauende bevölkerungsbiologische Interpretation morphologischer Unterschiede innerhalb und zwischen Bevölkerungen ist einer der aktuellen Ansätze der modernen historischen Anthropologie. So führte die soziale Schichtung germanischer Völkerwanderungsstämme und der aus ihnen hervorgegangenen Reihengräberbevölkerungen zu einer entsprechenden sozialanthropologischen Differenzierung alamannischer oder slawischer Friedhöfe[25]) (z. B. Weingarten und Mikulçice). Bereits R. Straub konnte feststellen, daß die Waffenträger der „Oberschicht" auf alamannischen Friedhöfe im Durchschnitt „hochwüchsiger" und „langköpfiger" waren als die Nichtbewaffneten. Als Ursache werden Überschichtungen angenommen: die erobernde Bevölkerung der Alamannen bzw. Slawen überschichtet die galloromanische bzw. vorslawische autochthone Bevölkerung[27]).

M. Schultz[28]) konnte für die merowingerzeitliche Bevölkerung aus Kleinlangheim, Ldkr. Kitzingen (7.–8. Jh.) belegen, daß die „reichen" und „sehr reichen" Männer eine unterdurchschnittliche Körperhöhe sowie eine vermehrte Anzahl Harris-Linien aufweisen. Letztere sind die Folge von Wachstumsstillständen im Kindes- und Jugendalter, die z. B. während der Genese einer ernsten Erkrankung oder während Hungersnöten auftreten. Diese Befunde stützen die Ergebnisse seiner demographischen Untersuchung, nach der Angehörige der sozialen Oberschicht nur noch zu einem geringen Prozentsatz das spätmature bzw. senile Alter erreichen, vielleicht in Folge einer stärkeren Krankheitsanfälligkeit und extremen physischen Belastung. Auch N. M. Huber[29]) stellte für Weingarten (6.–7. Jh.) fest, daß die Gruppe der „Schwerbewaffneten" als sozial führende Schicht nur selten in den höheren Altersklassen vertreten ist.

In der aktuellen Forschung zur Archäologie der Awaren scheinen chronologische und materialorientierte Studien bis heute im Vordergrund zu stehen. Aus dem Blickwinkel einer kulturhistorischen Betrachtung werden dabei in der Regel trachtspezifische, formenkundliche, chronologische sowie ethnische Gesichtspunkte berücksichtigt, wobei die angewandten Verfahren, wie z. B. die Kombinationsstatistik oder Kartierung, zu relevanten historischen Aussagen führen.

Sicher sind methodische Einwände von seiten der Archäologie, eine Rekonstruktion der Sozialstruktur awarischer Populationen auf Grundlage quantitativer und qualitativer Unterschiede der Grabinventare vorzunehmen, berechtigt. Es wird nicht immer zu klären sein, ob Unterschiede im Beigabenreichtum allein materielle Besitzunterschiede anzeigen, ob sie durch stärkere oder geringere Intensität des religiösen Hintergrundes ausgelöst werden oder ob auch eine soziale Repräsentation beabsichtigt ist. Dennoch knüpfen sich an eine soziale Differenzierung von Bevölkerungen zahlreiche humanbiologische Fragestellungen, die auch für die historischen Wissenschaften von Bedeutung sind. An Hand einiger archäologischen Befunde zu der Grablänge und -tiefe, der Ausstattung awarischer Gräber sowie ihrer räumlichen Verteilung auf dem Friedhof wird im folgenden dargestellt, welche relevanten Ergebnisse z. B. zur demographischen Repräsentanz frühgeschichtlicher Friedhöfe zu erwarten sind.

Befunde und Ergebnisse

1. Grabdimension

Die Gräber wurden individuell für die Toten angelegt: sowohl für den Friedhof Zillingtal als auch für Zwölfaxing besteht eine positive Korrelation zwischen der Skelettlänge – und damit dem Lebensalter – und der Grablänge (Abb. 1). Die mittleren Grablängen der Kindergräber unterscheiden sich von den Grablängen der Jugendli-

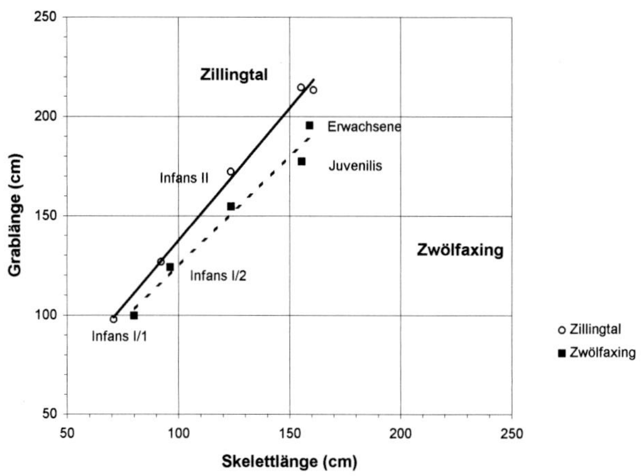

Abb. 1. Abhängigkeit von Skelett- und Grablängen in den klassischen Altersgruppen der awarischen Friedhöfe von Zillingtal und Zwölfaxing

chen- und Erwachsenengräber auf allen drei Friedhöfen relevant. Auch die Grabtiefe nimmt mit dem Lebensalter der Bestatteten zu. Für die awarischen Serien Zillingtal, Zwölfaxing und Leobersdorf konnte belegt werden, daß die Erwachsenengräber tiefer angelegt wurden als die Kindergräber, die sich überwiegend im Pflug- oder Grabungshorizont befinden[30]).

An Hand der Grabdimensionen ist es folglich möglich, archäologisch festgestellte Gräber ohne erhaltene Skelettindividuen in die demographische Analyse einzubeziehen. Der Anteil der Bestattungen erhöht sich so in Zillingtal um 30, in Zwölfaxing um 27 und in Leobersdorf um 16 Individuen, einer entsprechenden Änderung unterliegt die Siedlungsgröße (Tab. 1). Um ca. 3 % steigt in Zillingtal und Zwölfaxing der Anteil der in den Altersklassen Infans I und Infans II verstorbenen Kinder, in Leobersdorf sogar um 6 %. Hieraus ergibt sich eine entsprechende Änderung der Lebenserwartung Neugeborener (e_0^0) sowie der Mortalitätsrate (m). Durch Einbeziehung der archäologisch festgestellten Gräber kann die Bevölkerung von Leobersdorf nun als „stabil" bezeichnet werden.

2. Ausstattung

Die Tatsache, daß Kinder und Säuglinge mit zunehmendem Sterbealter tiefer bestattet werden, läßt sich durch Einbeziehung der Ausstattungskriterien noch dahingehend erweitern, daß in der obersten Humusschicht des Gräberfeldes von Zillingtal, also innerhalb des Pflughorizontes, ein Großteil der beigabenlosen Kindergräber liegt (Tab. 2). Hier sind entsprechende Grabungsdefizite zu erwarten.

Ein Argument zur Erklärung fehlender Kindergräber innerhalb frühgeschichtlicher Gräberfelder, nämlich der ausschließlichen Bestattung „sozial bevorzugter Kinder" innerhalb des Friedhofes und Sonderbestattungen sozial niedrig gestellter Kinder abseits von den Erwachsenen, verliert durch das auf dem Gräberfeld von Zillingtal nachgewiesene Verhältnis beigabenloser (n=33) zu beigabenführenden (n=135) Kindergräbern von 1:4 an Beweiskraft (Tab. 4). Hingegen läßt sich die Vermutung U. Wittwer-Backofens[31]), daß die archäologische Grabungstechnik eine Selektion bestimmter Sozialgruppen bedingt, am Beispiel des Gräberfeldes von Zillingtal bestätigen: Beigabenführende Gräber wurden tiefer angelegt als beigabenlose.

In Leobersdorf finden sich beigabenlose und beigabenführende Kindergräber im Verhältnis von 1:7, in Alattyán annähernd von 1:1. Die in Leobersdorf berechnete Kindersterblichkeit von 24 % bzw. in Alattyán – auf Grundlage der archäologischen Befunde – von 21.4 % zeugt im Vergleich zu den entsprechenden Angaben aus Zillingtal und Zwölfaxing (1:4) von einem „Kleinkinderdefizit". Hier wäre es erforderlich, auf Grundlage von Kartierungen im Gräberfeldplan den Grad der Erschließung und die entsprechende Repräsentanz der demographischen Daten zu überprüfen. Die archäologischen Befunde legen jedoch bereits nahe, daß in beiden Fundorten wegen vielfach geringer Grabtiefen mit Grabungsdefiziten zu rechnen ist.

Das in Zillingtal und Zwölfaxing nachgewiesene Verhältnis beigabenloser zu beigabenführenden Kindergräbern von 1:4 (Tab. 4) bestätigt die hier festgestellte Kindersterblichkeit (nach den anthropologischen Befunden: Zillingtal 36 %, Zwölfaxing 34 %). Die archäologische Befundsituation (Ausstattung *und* Grabdimension) macht deutlich, daß fehlende Kindergräber eher die Folge von Grabungsdefiziten als von Sonderbestattungen sein dürften.

Die hier am Beispiel der österreichischen Awarenfriedhöfe erarbeiteten Zusammenhänge zwischen Grabtiefe und Beigabenvorkommen werden durch die entsprechenden Befunde aus dem ungarischen Fundort Alattyán bestätigt[32]). Jedoch ist für die Grabtiefe sicherlich nicht allein der anhand der Beigaben angenommene soziale Status und/oder das Lebensalter des oder der Toten entscheidend. Unterschiede in der Bestattungssitte, die örtliche Beschaffenheit des Bodens – die auch mit der Jahreszeit der Grablegung wechselt – können z. B. einen entsprechenden Einfluß ausüben. Chronologische Unterschiede der Grabtiefe zwischen Gräbern aus der Früh- und Spätawarenzeit stellt I. Kovrig fest[33]). F. Daim[34]) führt für Leobersdorf die Mittelwerte der Erwachsenengräber aus den einzelnen Belegphasen an, deren statistische Relevanz aufgrund der für die Frühawarenzeit zu geringen Stichprobengröße sowie dem in den einzelnen Belegphasen unterschiedlichen Anteil von Männer- und Frauengräber jedoch kritisch zu bewerten ist.

Tab. 1. Einige durch Einbeziehung archäologisch festgestellter Grabanlagen veränderte demographische Kenngrößen (Werte nach dem Schrägstrich): Identifizierung der Kindergräber nach der Grablänge (Grefen-Peters, s. Anm. 30).

Fundort	N	% Kinder	e_0^0	m	SG
Zillingtal	471/441	39.3/36.3	26.8/27.9	38/36	71/67
Zwölfaxing	272/245	37.5/34.3	25.1/26.1	40/38	46/43
Leobersdorf	188/172	29.8/23.8	28.5/29.7	35/33	30/30

Abkürzungen:

N	Anzahl Gräber/Bestattungen
e_0^0	Lebenserwartung Neugeborener
m	Mortalitätsrate
SG	Siedlungsgröße nach BOTT

Tab. 2. Beziehung zwischen Fundsituation und Grabtiefe im Teilausschnitt des Gräberfeldes von Zillingtal (Grabungen J. Caspart und T. Daim 1985–1990): Verteilung der Grabtiefen bei Kindern sowie Jugendlichen und Erwachsenen (Grefen-Peters, s. Anm. 30).

		Grabtiefe bis 60 cm	60–120 cm	120–200 cm
beigabenlos	Kinder	10	6	1
	Jugendl./Erw.	5	5	0
beigabenführend	Kinder	16	24	7
	Jugendl./Erw.	21	43	45

Tab. 3a. Grabtiefen (in cm) in den beigabenführenden und beigabenlosen Gräbern des Friedhofes von Zillingtal (Grabung J. Caspart und F. Daim 1985–1990)

		Statistische Parameter der Grabtiefe (in cm)					
Qualitätsgruppe	n	Variationsbr.	x	±m	95 %-VB x	s	VK
beigabenlos	27	4–120	51.0	7.6	35.4–66.5	39.5	77.5
beigabenführend	156	5–190	94.9	3.5	88.0–101.8	43.4	45.8
gestört/beraubt	7	30–157	89.1	15.7	50.8–127.5	41.5	46.5

Abkürzungen:

n	Stichprobengröße
x	arithmetischer Mittelwert (in cm)
±m	mittlerer Fehler des Mittelwertes
95 %-VB x	95 %-Vertrauensbereich des arithmetischen Mittelwertes
s	Standardabweichung der Stichprobe
VK	Variationskoeffizient

Tab. 3b. Verteilung der Altersklassen der Bestattungen in den beigabenführenden und beigabenlosen Gräbern des Friedhofes von Zillingtal (Grabung J. Caspart und F. Daim 1985–1990) für die Befundgruppe Grabtiefe:

Qualitätsgruppe	infans I/1	infans I/2	infans II	juvenil	erwachsen
beigabenlos	11	4	2	1	9
beigabenführend	17	20	10	9	100
gestört/beraubt	3	0	0	0	4

3. Qualitätsgruppen

Die Gräber der awarischen Friedhöfe des Donaugebietes vermitteln uns das Bild einer deutlich konturierten Bestattungskultur. Das differenzierte Beigabenspektrum verleitet zu einer entsprechenden Bewertung materieller Unterschiede, ungeachtet der berechtigten methodischen Einwände[35]).

Für die Grabinventare des Friedhofes von Zillingtal (Grabung J. Caspart und F. Daim 1985–1990: 471 Gräber) wurde vor Abschluß der archäologischen Befundauswertung eine vorläufige quantita-

Tab. 4. Fundsituation in den ausgewählten drei größeren Awarenfriedhöfen Österreichs und der ungarischen Vergleichsserie von Alattyán (Grefen-Peters, s. Anm. 30)

Fundort	Gesamt N	Anzahl Kinder	Gräber* Juv./Erw.	beigabenlos n	Kinder	Juv./Erw.	beigabenführend n	Kinder	Juv./Erw.
Zillingtal	420	168	252	45	33	12	375	135	240
Zwölfaxing	232	87	145	23	18	5	209	69	140
Leobersdorf	153	35	118	14	4	10	139	31	108
Alattyán	718	154	564	121	83	38	597	71	526

* Es wurden keine beraubten oder gestörten Bestattungen berücksichtigt

Tab. 5. Vorläufige soziale Gliederung der 471 Bestattungen des awarischen Friedhofes von Zillingtal (Grabung J. Caspart und F. Daim 1985–1990)

Qualitätsgruppe	Anzahl Gesamt N	Kinder n	%	Anzahl Jugendl. u. Erwachsener n	%	beeinflussende Faktoren/ Bemerkungen
„0“	45	33	73	12	27	soziale Stellung des Kindes altersabhängige Bestattungssitten Anteil Infans I (n=28) >> Infans II (n=5)
„1“	323	129	40	194	60	soziale Stellung des Kindes altersabhängige Bestattungssitten Anteil Infans I (n=99) >> Infans II (n=29)
„2“	52	6	11	46	89	soziale Stellung der Altersgruppen und Geschlechter Anteil Infans I (n=2) < Infans II (n=4) < Juvenil (n=6)
„?“	51	18	35	33	65	Beraubung Pflughorizont/geringe Grabtiefe Anteil Infans I (n=17) > Infans II (n=1)

Ergebnisse des Chi-Quadrat-Tests:
Qualitätsgruppe „0“ bis „2“ (Kinder-Jugendliche/Erwachsene): Chi^2=38.44 > 13.80=Chi$^2_{(2;\ 0.001)}$

Erläuterungen:
1. Unter den 18 Kinderbestattungen, die keiner der definierten Qualitätsgruppen „0“ bis „2“ zugeordnet werden konnten (Qualitätsgruppe „?“), finden sich ausschließlich
- Kinder aus Doppel- und Mehrfachbestattungen, die erst bei der anthropologischen Bearbeitung erkannt wurden; hier fehlt die archäologische Dokumentation des Fundmaterials,
- seichte Kindergräber aus dem „Pflughorizont“; es konnten keine Skelettreste oder Funde geborgen werden.

Die angeführten Kindergräber könnten den Anteil der Qualitätsgruppe „0“ erhöhen.
2. Unter den 33 Bestattungen Jugendlicher und Erwachsener mit „unbestimmbarer Beigabenqualität“ finden sich einige Fälle antiker Beraubung (z. B. Grab D185), die nach einer entsprechenden Störung des Skelettverbandes im Grab gezielt im Kopf- bzw. Beckenbereich erfolgte. Bedauerlicherweise wurden auch während der Grabungsarbeiten Fundstücke entwendet (z. B. aus Grab D135). Diese Bestattungen könnten den relativen Anteil an Gräbern der Qualitätsgruppe „2“ erhöhen.

tive und qualitative Gliederung der Grabinventare nach den Grabungszeichnungen vorgenommen, um einige demographische Fragestellungen zu thematisieren[36]):

Qualitätsgruppe „0“: beigabenlose Gräber, jedoch mit Topf und/oder Tierknochen
Qualitätsgruppe „1“: Gräber mit Tracht- und Schmuckbeigaben
Qualitätsgruppe „2“: Männerinventare mit Gürtelgarnitur und/oder Waffen, Frauengräber mit Ohrringen aus/mit Edelmetall.
Qualitätsgruppe „?“: gestörte bzw. beraubte Gräber.

Tab. 5 gibt den prozentualen Anteil der einzelnen Qualitätsgruppen bei den 471 untersuchten Bestattungen von Zillingtal wieder: 45 Gräber enthielten keine Tracht- oder Schmuckbeigaben, 323 waren normal ausgestattet, 52 sind aufgrund ihrer Ausstattung mit Gürtelgarnitur, Waffen oder Ohrringen mit Edelmetallauflage der höchsten Qualitätsgruppe „2“ zuzuordnen. 51 Gräber konnten nicht eingeordnet werden. Nach dem Chi-Quadrat-Test ist ein signifikanter Unterschied ($\alpha \leq 0.001$) zwischen den Anteilen der Gräber von Kindern und Jugendlichen/Erwachsenen in den einzelnen Qualitätsgruppen nachweisbar: In 73 % der beigabenlosen Gräber finden sich Kinder, ihr Anteil sinkt auf 40 % in den normal ausgestatteten Gräbern, und unter den besonders aufwendig ausgestatteten Bestattungen der Qualitätsgruppe „2“ sind Kinder mit nur 11 % deutlich unterrepräsentiert. Die At-

Tab. 6a. Grabtiefen in den einzelnen Qualitätsgruppen des Friedhofes von Zillingtal (Grabung J. Caspart und F. Daim 1985–1990; 471 Grabinventare).

	n	Var. Br.	x	±m	95 %-VB x	s	VK
Qualitätsgruppe „0“	27	4–120	51.0	7.6	35.4– 66.5	39.5	77.5
Qualitätsgruppe „1“	131	5–190	92.7	3.8	85.2–100.3	43.6	47.1
Qualitätsgruppe „2“	25	5–180	106.2	8.2	89.2–123.2	41.2	38.8
Qualitätsgruppe „?“	7	30–157	89.1	15.7	50.8–127.5	41.5	46.5

Tab. 6b. Verteilungscharakterisierende Parameter der Befundgruppe Grabtiefe in den einzelnen Qualitätsgruppen des Friedhofes von Zillingtal (Grabung J. Caspart und F. Daim 1985–1990; 471 Grabinventare).

KOLMOGOROFF-SMIRNOFF-Anpassungstest

	Schiefe	Exzeß	$F_B–F_E$	Schrankenwert*	α	NV
Qualitätsgruppe „0“	0.228	–1.498	0.1907	0.1830	0.10	–
Qualitätsgruppe „1“	0.052	–0.908	0.0805	0.0795	0.15	–
Qualitätsgruppe „2“	–0.475	–0.517	0.1499	0.1700	0.20	+
Qualitätsgruppe „3“	0.143	–1.272	0.1297	0.3090	0.20	+

* Schrankenwerte nach Lilliefors, 1967

Tab. 6c. Verteilung der Altersklassen in den einzelnen Qualitätsgruppen des Gräberfeldes von Zillingtal (Grabung J. Caspart und F. Daim 1985–1990; 471 Grabinventare) für die Befundgruppe der Grabtiefe :

	infans I/1	infans I/2	infans II	juvenil	erwachsen
Qualitätsgruppe „0“	11	4	2	1	9
Qualitätsgruppe „1“	16	20	9	7	79
Qualitätsgruppe „2“	1	0	1	2	21
Qualitätsgruppe „?“	3	0	0	0	4

Tab. 6d. Befunde des t-Tests

Vergleich	t’	$t_{(\alpha)}$	FG	α
„0“–„1“	4.9125	3.5448	41	0.001
„0“–„2“	4.9254	3.4924	51	0.001
„0“–„3“	2.1917	2.2280*	10	–
„1“–„2“	1.4815	2.0282*	36	–
„1“–„3“	0.2232	2.3650*	7	–
„2“–„3“	0.9632	2.2010*	11	–

* kritischer Wert für α=0.05

tribute höherer sozialer Stellung in der Gemeinschaft scheinen damit an das Erwachsenenalter gebunden zu sein.

Da größere Grabausmaße, insbesondere die Tiefe der Grabgruben, einen höheren Arbeitsaufwand bei den Bestattungen bedeuten, darf ein Zusammenhang zwischen Grabtiefe und Reichhaltigkeit der Beigaben vermutet werden[37]). Für den Friedhof von Zillingtal kann er statistisch nachgewiesen werden (Tab. 6).

Die beigabenlosen Gräber der Qualitätsgruppe „0“ sind seichter als die der normal (Qualitätsgruppe „1“) und überdurchschnittlich (Qualitätsgruppe „2“) ausgestatteten Grabanlagen. Die entsprechenden Mittelwerte der Grabtiefen (s. Tab. 6a) der Qualitätsgruppe „0“ und „1“ bzw. „0“ und „2“ unterscheiden sich nach dem t-Test hochsignifikant (α=0.001, s. Tab. 6d). Keine statistisch relevanten Unterschiede zeigen hingegen die Mittelwerte der Grabtiefen zwischen den Gruppen „1“ und „2“, „1“ und „?“ sowie „2“ und „?“.

Die Grabtiefen der Qualitätsgruppe „0“ und „1“ weisen keine Anpassung an die Normalverteilung auf (Befunde des KSA-Tests, Tab. 6b). Die Grabtiefen der Gruppen „2“ und „?“ sind nach den Schrankenwerten von H. W. Lilliefors[38]) hingegen normal verteilt.

Die Schiefheitsmaße der Gruppe „0“ und „1“ weisen auch auf eine linkssteile Verteilung, deren Ursache in der Überbesetzung der unteren Befundklassen durch seichte Kindergräber liegen dürfte (Qualitätsgruppe „0“: 17 Kinder, 10 Jugendl./Erw.; Qualitätsgruppe „1“: 45 Kinder, 86 Jugendl./Erw.). Jedoch zeigen die Befunde der Schiefe (Tab. 6b) in keiner der Qualitätsgruppen statistische Signifikanz (Prüfverfahren nach E. Weber[39]), P>0.05).

Die statistische Signifikanzprüfung für den Exzeß (nach Weber) ergab für die Qualitätsgruppe „0“ und „1“

Tab. 7. Verteilung der Qualitätsgruppen in den als „repräsentativ" betrachteten Quadranten des Gräberfeldes von Zillingtal (Grabung J. Caspart und F. Daim 1995–1990, 471 Gräber)

E3: *(73 Bestattungen; Kinderanteil 36 %; 22 Männer, 20 Frauen)*
Qualitätsgruppe „0": 4 (5.6 %)
Qualitätsgruppe „1": 51 (71.8 %)
Qualitätsgruppe „2": 11 (15.5 %)
Qualitätsgruppe „?": 5 (7.0 %)

F3: *(104 Bestattungen; Kinderanteil 41.3 %, 30 Männer, 25 Frauen)*
Qualitätsgruppe „0": 16 (16 %)
Qualitätsgruppe „1": 70 (70 %)
Qualitätsgruppe „2": 9 (9 %)
Qualitätsgruppe „?": 5 (5 %)

F4: *(36 Bestattungen; Kinderanteil: 50 %, 10 Männer, 8 Frauen)*
Qualitätsgruppe „0": 2
Qualitätsgruppe „1": 24
Qualitätsgruppe „2": 2
Qualitätsgruppe „?": 3

G3: *(38 Bestattungen; Kinderanteil: 58 %, 5 Männer, 7 Frauen)*
Qualitätsgruppe „0": 3
Qualitätsgruppe „1": 34
Qualitätsgruppe „2": 3
Qualitätsgruppe „?": 1

auf dem 0.05-Niveau Signifikanz: auch hier übt der Anteil seichter Kindergräber einen entsprechenden Einfluß aus und verursacht die Abweichung von der Normalverteilung. Damit kann die Verteilung der Grabtiefen als symmetrisch, aber steil beschrieben werden.

Inwieweit sich chronologische Unterschiede in der Beigabenqualität oder in der Grabtiefe abzeichnen und die erarbeiteten Befunde entsprechend beeinflussen, kann erst nach Vorliegen einer Absolut- oder Relativchronologie diskutiert werden. Es wurde jedoch überprüft, ob sich hinsichtlich der Verteilung der Gräber auf dem Gräberfeldplan Unterschiede erfassen lassen:

Zur Bestimmung der topologischen Lage der einzelnen Gräber auf dem Friedhof von Zillingtal wurde der Gräberfeldplan (Abbildungsmaßstab 1:200) mit einem Raster überzogen und die Koordinaten der Bestattungen (Lot vom Mittelpunkt der Grablänge/Breite) aufgenommen (Grabungen J. Caspart und F. Daim 1985–1990). Die Erfassung der Verteilung der Gräber pro Flächeneinheit erfolgt auf Grundlage des Dispersions-Index nach A. Rogers[40]). Als Prüfgröße gilt die Differenz zwischen dem beobachteten und dem unter Annahme einer Poisson-Verteilung ($s^2 = x$) zu erwartenden Dispersions-Index (Prüfgröße $t = x_1 - x_2/[2/n-1]^{1/2}$ mit v=n-1 nach Rogers). Für die Überprüfung der Poisson-Verteilung wurden Felder von 10 × 10 m ausgezählt:

Qualitätsgruppe „0": s^2=1.53; x=1.1; Dispersionsindex=1.39; $Chi^2=75.69>54.57=Chi^2_{(39;\,0.05)}$

Qualitätsgruppe „2": s^2=2.50; x=1.3; Dispersionsindex=1.94; $Chi^2=68.71>54.57=Chi^2_{(39;\,0.05)}$

Die Anteile der Qualitätsgruppen „1", „2" und „0" in den als repräsentativ betrachteten Quadranten[41]) E3, F3, F4, G3 (Tab. 7) zeigen keinen statistisch relevanten Unterschied ($Chi^2=8.94<Chi^2_{(6;0.05)}=12.59$), die drei Qualitätsgruppen sind somit gleichmäßig auf dem Friedhof bzw. den hier untersuchten repräsentativen Quadranten verteilt.

Nach den Ergebnissen dieser einfachen statistischen Prüfverfahren zur räumlichen Verteilung von Gräbern unterschiedlicher Ausstattungsqualität auf dem Gräberfeldplan von Zillingtal kann festgehalten werden:

– Die Verteilung der Gräber der Qualitätsgruppe „0" und „2" in definierten Quadranten des Friedhofsplans ist homogen und kann z. B. nicht durch eine Poissonverteilung approximiert werden, die auf lokale Aggregationen hinweisen würde.

– In den archäologisch vollkommen erschlossenen Quadranten des Gräberfeldes zeigen sich keine statistisch relevanten Verteilungsunterschiede der drei Qualitätsgruppen.

4. Geschlechtsspezifische Lebenserwartung

Die in frühgeschichtlichen Serien stets betonte Annahme einer „Übersterblichkeit" 20- bis 40jähriger Frauen gegenüber einer höheren Sterberate der Männer im maturen Lebensabschnitt (40–60 Jahre) wurde auf Basis verteilungsfreier statistischer Testverfahren innerhalb und zwischen den Serien überprüft. Danach ergaben sich als Seriencharakteristika für Zillingtal die gleiche Sterblichkeit der Frauen in den Altersklassen Adult und Matur und in Zwölfaxing eine vergleichbare Sterblichkeit der Männer in den Altersklassen Adult und Matur[42]).

Als Ursache für das Postulat der geringeren Lebenserwartung der Frauen frühgeschichtlicher Bevölkerungen wird in der anthropologischen und archäologischen Literatur fast ausnahmslos die Gefahr durch Schwangerschaft und Geburt angeführt. Einen innovativen Forschungsansatz liefert die historische Demographie. Hier wird belegt, daß das Schwangerschafts- und Geburtsrisiko der Frau vielfach gegenüber anderen Faktoren, wie z. B. konstitutionellen, altersspezifischen oder tätigkeitsbedingten, überschätzt wird[43]).

Die geschlechtsspezifischen Sterblichkeiten werden im Rahmen von Serienvergleichen durch die demographischen Grundparameter der Lebenserwartung zum Zeitpunkt der Geburt (e_0^0) oder des mittleren Sterbealters (Altersklasse Juvenil bis Senil) von Männern und Frauen erfaßt. Die auf Grundlage der Sterbetafel ermittelten geschlechtsspezifischen Lebenserwartungen Neugeborener sind jedoch nicht geeignet, Unterschiede zwischen den Geschlechtern zahlenmäßig zu erfassen. Der mehr oder weniger große Anteil archäologisch erfaßter Kinderbestattungen beeinflußt das Ergebnis. Ebenso ist eine Geschlechtsbestimmung kindlicher Skelette nur in Ausnahmefällen möglich. Eine geschlechtsdifferenzierte Analyse von Sterbedaten kann darüber hinaus nur unter Berücksichtigung der Fehlerbreiten bei der anthropologischen Altersbestimmung vollzogen werden[44]).

Bei einer Betrachtung des durchschnittlichen Sterbealters der erwachsenen Männer und Frauen aus den drei awarischen Fundorten in Tab. 8 läßt sich in Zwölfaxing kein statistisch relevanter Geschlechtsunterschied feststellen. Die Zahlen belegen nur ein um ein Jahr höheres durchschnittliches Sterbealter der Frauen (42,8 Jahre) gegenüber den Männern (41,8 Jahre). Beträgt die Differenz zwischen dem durchschnittlichen Sterbealter der Männer und Frauen in Zillingtal noch 4,6 Jahre, so liegt in Leobersdorf ein Unterschied von 12,8 Jahren vor.

Tab. 8. Durchschnittliches Sterbealter (in Jahren) der erwachsenen Männer und Frauen aus den awarischen Friedhöfen Zillingtal (Grabung J. Caspart und F. Daim 1985–1990), Zwölfaxing und Leobersdorf

	N	Männer Adult-Senil	Frauen Adult-Senil
Zillingtal	280	47.1	42.5
Zwölfaxing	158	41.8	42.8
Leobersdorf	131	47.9	35.1

Diese Befunde weisen darauf hin, daß sich die allgemein bestehende Annahme der geringeren Lebenserwartung der Frauen frühmittelalterlicher Serien z. B. für Zwölfaxing nicht belegen läßt. In Zillingtal und Leobersdorf könnten die beobachteten Differenzen des Sterbealters der beiden Geschlechter das größere Sterberisiko der Frauen in der reproduktiven Phase hingegen zum Ausdruck bringen.

G. Grupe[45]) verwendete in diesem Zusammenhang den Begriff der „Ressource Frau“: Frauen als limitierender Faktor entscheiden über die Reproduktivität einer Bevölkerung. Jedoch stellte sie bei der Durchsicht der anthropologischen Befunde frühmittelalterlicher Serien auch fest, daß die Frauensterblichkeit infolge Schwangerschaft und Geburt vielfach gegenüber anderen Faktoren, wie z. B konstitutionellen, altersspezifischen oder tätigkeitsbedingten, überschätzt wird[46]).

Das tertiäre Geschlechtsverhältnis[47]) einer Bevölkerung bestimmt – neben einem entsprechenden Einfluß auf das Reproduktionsverhalten – das Sozialprestige der Frau und die Erwartungshaltung der Gesellschaft gegenüber den Frauen und ihrer reproduktiven und ökonomischen Leistung[48]). Welche Konsequenzen dies auf die Lebensbedingungen, den Gesundheitszustand, z. B. durch die Arbeitsbelastung der Frauen, und damit die Lebenserwartung haben mag, muß Gegenstand anthropologischer Untersuchungen sein.

Lebensraum und Nahrungsgrundlage garantieren das Überleben einer Population. In der überwiegend bäuerlichen Gesellschaft des frühen Mittelalters gilt vor allem die Arbeitskraft des Mannes durch eine entsprechende landwirtschaftliche Produktion als bedeutend für die wirtschaftliche Basis. Die Quellensituation erlaubt keine für den awarischen Kulturkreis entsprechende Schlußfolgerungen. Der gesamtkulturelle Habitus der Bestattungssitte spiegelt eher den viehzüchtenden Nomaden und Steppenkrieger als den ackerbautreibenden Siedler wider, dennoch haben entsprechende Schlußfolgerungen auf die Wirtschaftsform rein spekulativen Charakter. Ob Herdenwirtschaft und Ackerbau von verschiedenen Gruppen mit unterschiedlichem Sozialprestige betrieben wurde, ist bislang ebenfalls nicht geklärt[49]).

Als ein Indikator für das soziale Ansehen der Frau in der awarischen Gesellschaft könnten die Qualitätsgruppen gelten:

Wie Tab. 9 zeigt, ist auf Grundlage des mittleren Sterbealters eine übereinstimmende Sterblichkeit der Männer von Zillingtal in den Qualitätsgruppen „1“ und „2“ (46,8 Jahre) erkennbar, in Zwölfaxing beträgt der entsprechende Unterschied 1,1 Jahre, in Zillingtal 3,8 Jahre.

Zwischen dem mittleren Sterbealter der Frauen aus den „normal“ und „reich“ ausgestatteten Gräbern liegt in Zillingtal und Zwölfaxing eine Differenz von ca. 9 Jahren vor.

Die Frauen der Qualitätsgruppe „1“ aus Zillingtal und Zwölfaxing weisen ein um 3,2 Jahre niedrigeres Sterbealter als die Männer auf, in der Qualitätsgruppe „2“ erhöht sich jedoch diese Geschlechtsdifferenz auf 12,1 (Zillingtal) bzw. 17,1 Jahre (Leobersdorf).

Bei einem Vergleich des mittleren Sterbealters der erwachsenen Männer und Frauen zwischen den normal (Qualitätsgruppe „1“) und überdurchschnittlich (Qualitätsgruppe „2“) ausgestatteten Gräbern des Friedhofes von Zillingtal und Leobersdorf ist folglich ein deutlicher Unterschied feststellbar:

Tab. 9. Mittleres Sterbealter der Erwachsenen in den normal (Qualitätsgruppe „1") und überdurchschnittlich (Qualitätsgruppe „2") ausgestatteten Gräbern von Zillingtal, Zwölfaxing und Leobersdorf

	mittleres Sterbealter (in Jahren) der Erwachsenen Gesamt	Männer	Frauen	
Qualitätsgruppe „1"	45.3	46.8	43.6	*Zillingtal*
Qualitätsgruppe „2"	40.9	46.8	34.7	
Qualitätsgruppe „1"	40.4	42.0	38.8	*Zwölfaxing*
Qualitätsgruppe „2"	40.2	40.9	38.6	
Qualitätsgruppe „1"	41.7	48.4	36.5	*Leobersdorf*
Qualitätsgruppe „2"	40.3	44.6	27.5	
Stichprobengröße	*Zillingtal*	*Zwölfaxing*	*Leobersdorf*	
Qualitätsgruppe „1"	n=171	n=83	n=69	
Qualitätsgruppe „2"	n=39	n=42	n=22	

– Die Frauen mit durchschnittlicher Grabausstattung (Qualitätsgruppe „1") wurden im Mittel ca. 9 Jahre älter als die Frauen mit reichem Inventar (Qualitätsgruppe „2").

– Die beobachtete Differenz des mittleren Sterbealters zwischen Männern und Frauen der sozialen Führungsschicht weist mit 12,1 Jahren (Zillingtal) bzw. 17,1 Jahren (Leobersdorf) deutlich auf eine Risikobelastung der Frauen zwischen dem 20. und 40. Lebensjahr.

Sind die aufgezeigten Unterschiede ausschließlich das Ergebnis der alters- und geschlechtsspezifischen Bestattungssitte oder weisen sie auch auf biologische Unterschiede der Sterblichkeit in den sozialen Schichten[50]) hin? Könnte also doch die reproduktive Phase der Frau mit den entsprechenden Risiken eine Verkürzung der Lebenserwartung mit sich bringen, die nicht nur generell sondern auch sozialgruppenspezifisch zum Ausdruck kommt?

Es sei an dieser Stelle betont, daß sich zum derzeitigen Zeitpunkt der Auswertung keine schichtenspezifischen Unterschiede der Säuglingssterblichkeit ausmachen lassen. Für entsprechende Interpretationen kommt erschwerend hinzu, daß die Bestattungssitte, Kinder mit Trachtelementen auszustatten, altersabhängig in Erscheinung tritt.

Die pathologischen Befunde der Kinderskelette in den Altersklassen Infans I und II zeigen zum derzeitigen Stand der Untersuchung noch keine relevanten Ergebnisse, zumal der Erhaltungszustand der Säuglingsskelette meist eine Erhebung der Stressindikatoren wie Schmelzhypoplasien, Cribra orbitalia et cranii oder porotische Hyperostosen nur in Ausnahmefällen gestattet. In der Altersklasse Juvenil sind jedoch bereits Tendenzen erkennbar: Von den 17 Bestattungen der Qualitätsgruppe „1" finden sich entsprechende Veränderungen bei 9 Individuen, in der Qualitätsgruppe „2" (n=6) sind keine pathologischen Veränderungen feststellbar.

Sicherlich sind die hier diskutierten Zahlen einschließlich der Methode der Befunderhebung für sich allein nicht repräsentativ, könnten aber für eine von den Archäologen nach Abschluß der Ausgrabungen in Zillingtal erarbeiteten Sozialstruktur zukünftig an Bedeutung gewinnen. In dieser Richtung sind höchst interessante Befunde zu erwarten.

Entsprechende Interpretationen werden auch erst bei Vorliegen einer Binnenchronologie aussagekräftig, da sich innerhalb des Belegungsganges des Friedhofes ein Wandel der Bestattungssitten, Lebensbedingungen und/oder der Bevölkerungsstruktur abzeichnen könnte. So konnte K. Großschmidt[51]) für die Skelettserie des awarischen Fundortes Csokorgasse in Wien-Simmering (755 Skelette) nachweisen, daß bei ausgewählten Krankheitsbildern – wie den degenerativen Erkrankungen der Wirbelsäule oder den Zahnschmelzhypoplasien – die physische Belastung von der Mittel- bis zur Spätawarenzeit abnahm und sich die Lebensbedingungen vom Wechsel einer nomadischen zur seßhaften Lebensweise in der spätawarischen Besiedlungsphase verbesserten. Nach dem Gesundheitszustand der Gebisse beurteilen E. Fóthi und I. Pap[52]) im Serienvergleich die halbnomadische Lebensweise der frühawarischen Bevölkerung Ungarns günstiger als die der mittel- und spätawarischen Bevölkerungen.

Zusammenfassung

Bei der Rekonstruktion der Sozialstruktur awarischer Bevölkerungen auf der Grundlage qualitativer und quantitativer Unterschiede von Grabinventaren sind zahlreiche methodische Fehlerquellen zu berücksichtigen, die ausführlich in den archäologischen Fachpublikationen dargestellt werden[53]). In Form einer Pilotstudie wird für einen Teilausschnitt des awarischen Gräberfeldes von Zillingtal (Grabung J. Caspart und F. Daim 1985–1990) sowie die Gräber aus Zwölfaxing und Leobersdorf eine Gliederung nach der Ausstattung vorgenommen, um ausgewählte demographische Fragestellungen zu thematisieren.

Mit Hilfe der Grabdimensionen (Grablänge, Grabtiefe) ist es im Falle von archäologisch festgestellten „Leergräbern" – die keine menschlichen Skelettreste mehr enthalten – möglich, eine Identifikation von Kinder- und Erwachsenengräbern vorzunehmen. Damit wird nicht nur die demographische Repräsentanz der Friedhöfe von Zillingtal, Zwölfaxing und Leobersdorf erhöht, sondern auch das Ausmaß von Grabungsdefiziten quantitativ erfaßbar. In Verbindung mit einer räumlichen Analyse der Belegungsdichte von Kinder- und Erwachsenengräbern in definierten Friedhofsarealen, ergeben sich weiterführende Hinweise zur Validität alters- und geschlechtsdifferenter Sterblichkeiten. Bei der Diskussion eines ev. vorhandenen „Kleinkinderdefizits“ als mögliche Folge von Sonderbestattungen außerhalb des Friedhofes der Gemeinschaft, sollten die Proportion beigabenloser zu beigabenführender Kindergräber sowie auch räumliche Verteilungsmuster auf dem Gräberfeld berücksichtigt werden.

Für die Grabinventare der Friedhöfe von Zillingtal, Zwölfaxing und Leobersdorf wurde eine vorläufige soziale Gliederung in Qualitätsgruppen vorgenommen: „0“ beigabenlose Gräber, „1“ mit Tracht- und Schmuckbeigaben ausgestattete Gräber, „2“ Männerinventare mit Gürtelgarnitur und/oder Waffen, Faueninventare mit Ohrringen aus/mit Edelmetall.

Die Ausstattungskriterien lassen sich durch die Befunde der Grabtiefe bestätigen[54]). Die Wahrscheinlichkeit, mit Grabbeigaben ausgestattet zu werden, nimmt mit dem Lebensalter der Verstorbenen zu. Unter den besonders aufwendig ausgestatteten Grabanlagen finden sich Kindergräber nur in Ausnahmefällen.

Die statistische Überprüfung der räumlichen Verteilung der einzelnen Qualitätsgruppen in repräsentativen Quadranten des Gräberfeldplanes belegte auf Grund ihrer Homogenität keine separaten Areale für besonders aufwendig ausgestattete Gräber.

Für das mittlere Sterbealter konnte in den normal (Qualitätsgruppe „1“) und überdurchschnittlich ausgestatteten Gräbern (Qualitätsgruppe „2“) von Männern und Frauen Unterschiede beobachtet werden, die im Trend auf eine geringere Lebenserwartung der sozialen Führungsschicht hinweisen.

Bei einem Vergleich des mittleren Sterbealters der erwachsenen Männer und Frauen zwischen den normal (Qualitätsgruppe „1“) und überdurchschnittlich (Qualitätsgruppe „2“) ausgestatteten Gräbern des Friedhofes von Zillingtal und Leobersdorf war ein deutlicher Unterschied feststellbar: Die Frauen mit durchschnittlicher Grabausstattung (Qualitätsgruppe „1“) wurden im Mittel ca. 9 Jahre älter als die Frauen mit reichem Inventar (Qualitätsgruppe „2“). Die beobachtete Differenz des mittleren Sterbealters zwischen Männern und Frauen der sozialen Führungsschicht weist mit 12,1 Jahren (Zillingtal) bzw. 17,1 Jahren (Leobersdorf) deutlich auf eine Risikobelastung der Frauen zwischen dem 20. und 40. Lebensjahr.

Anmerkungen

[1]) Fundortkataster s. S. Grefen-Peters, Das awarische Gräberfeld von Leobersdorf, NÖ. Anthropologische und zoologische Auswertung. In: F. Daim (Hrsg.), Das awarische Gräberfeld von Leobersdorf, NÖ, Denkschr. Österr. Akad. d. Wiss., phil.-hist. Kl. 194, Wien 1987, 93 ff.

[2]) J. Szilvássy, Die Skelette aus dem awarischen Gräberfeld von Zwölfaxing in Niederösterreich, Anthropolog. Forsch. 3, Horn 1980. – H. Kritscher, J. Szilvássy, Demographie und Lebensalter des Gräberfeldes von Zwölfaxing. In: M. Berner, H. Kritscher, J. Szilvássy, Die Skelette des awarischen Gräberfeldes von Münchendorf, NÖ, Wien 1992, 1069 ff.

[3]) H. Kritscher, J. Szilvássy, Die Skelette aus dem awarischen Gräberfeld von Sommerein am Leithagebirge, NÖ. In: F. Daim, A. Lippert (Hrsg.), Das awarische Gräberfeld von Sommerein am Leithagebirge, NÖ, Denkschr. Österr. Akad. d. Wiss., phil.-hist. Kl. 170, Wien 1984, 183 ff.

[4]) Grefen-Peters, s. Anm. 1, 79 ff.

[5]) M. Berner, H. Kritscher, J. Szilvássy, Die Skelette des awarischen Gräberfeldes von Münchendorf, NÖ. In F. Daim (Hrsg.), Awarenforschungen, ArchA, Monogr. 1, Wien 1992, 1028 ff.

[6]) Die anthropologische Untersuchung der Skelette von Zillingtal (Grabungen J. Caspart 1927–1930 und F. Daim 1985–1990) wurde von der Autorin im Rahmen eines Forschungsstipendiums (1988–1992) von der Deutschen Forschungsgemeinschaft mit dem Thema „Anthropologische Bearbeitung der Skelettfunde aus dem awarischen Gräberfeld von Zillingtal, Burgenland“ vorgenommen (Az Gr 912/2–2): S. Grefen-Peters, Demographische Kenndaten awarischer Populationen aus Österreich, Anthropologie 32/2, Brünn 1994, 169 ff. – Dies., Zur Anthropologie der Awaren. In: Reitervölker aus dem Osten, Hunnen und Awaren, Eisenstadt 1996, 424 ff.

[7]) F.-J. Marhold, Anthropologische Untersuchung der Skelette des awarenzeitlichen Gräberfeldes in Mödling „Goldene Stiege“, Diss. Univ. Wien 1977.

[8]) K. Grossschmidt, Paläopathologische Untersuchungen an den menschlichen Skeletten des awarenzeitlichen Gräberfeldes Csokorgasse in Wien-Simmering, Diss. Univ. Wien 1990.

[9]) Fundortverzeichnis z. B. bei D. Csallány, Archäologische Denkmäler der Awarenzeit in Mitteleuropa, Budapest 1956. – P. Lipták, Avars and ancient Hungarians, Budapest 1983. – I. Bóna, A népvándorlás kor és a korai középkor története magyarországon. In: A magyar tudományos akadémia történettudomanyi intézetében, Magyarország Története tiz kötetben 1/1, Budapest 1984, 310 ff. – S. Grefen-Peters, s. Anm. 1, 93 ff.

[10]) P. Lipták, The taxonomic method in Hungary and its application in the palaeoanthropological research, Acta Biologica Szeged 23, 1977, 169 ff. – Ders., Avars and ancient Hungarians, Budapest 1983.

[11]) K. Éry, Comparative statistical studies on the physical anthropology of the Carpathian basin population between the 6–12th centuries a. D., Alba Regia 20, 1983, 89 ff. – G. Farkas, P. Hunya, Comparison of series from the avar age by clustering, Acta Biologica Szeged. 30, 1984, 175 ff.

[12]) M. Ferencz, Comparison of Avar period anthropological series, Human Evolution 6/3, 1991, 213 ff.

[13]) Grefen-Peters, s. Anm. 1, 236

[14]) J. Szilvássy, H. Kritscher, Diagnose nach 1000 Jahren, Eisenstadt 1988, 60.

[15]) M. Berner, Gruppenvergleiche. In: F. Daim (Hrsg.), Awarenforschungen 2, ArchA Monogr. 1, 1992, 1117 ff. – K. Hannemann, Zur Relevanz klassifizierender Methoden

in der Anthropologie, Diss. Techn. Univ. Braunschweig 1990.

[16]) SZILVÁSSY, KRITSCHER, s. Anm. 14, 59ff. – S. GREFEN-PETERS, Doppelbestattungen in awarischen Gräberfeldern, Wege und Grenzen der anthropologischen Forschung. In: F. DAIM (Hrsg.), Awarenforschungen 2, ArchA Monogr. 1, 1992, 1193ff.

[17]) P. TOMKA, Awarische Bestattungssitten, Abriß der Forschungsgeschichte bis 1963. In: F. DAIM (Hrsg.), Awarenforschungen 2, ArchA Monogr. 1, 1992, 969ff.

[18]) P. TOMKA, Die Bestattungsformen der Awaren. In: Reitervölker aus dem Osten, Hunnen und Awaren, Eisenstadt 1996, 384ff. – F. DAIM, Das awarische Gräberfeld von Zillingtal, Burgenland, a. a. O., 417ff.

[19]) G. LÁSZLÓ, Das Leben des landnehmenden ungarischen Volkes, Nepkönyvtar 4, Budapest 1944. – DERS., Études archéologiques sur l'histoire de la société des Avars, Arch. Hung. 34, 1955.

[20]) A. SALAMON, I. ERDÉLY, Das völkerwanderungszeitliche Gräberfeld von Környe, Studia Arch. 5, Budapest 1971. – I. KOVRIG, Das awarenzeitliche Gräberfeld von Alattyán, Arch. Hung. 40, 1963, 1ff. – J. SZENTPÉTERI, Gesellschaftliche Gliederung des awarenzeitlichen Gemeinen Volkes von Želovce I. Die führende Schicht der Bevölkerung, Acta Arch. Hung. 37, 1985, 79ff. – DERS., Gesellschaftliche Gliederung des awarenzeitlichen Gemeinen Volkes von Želovce II. Die innere Gruppe der Bevölkerung (Schmuck und sonstige rangabzeichnende Beigaben), Acta Arch. Hung. 38, 1986, 147–184.

[21]) A. LIPPERT, Das awarenzeitliche Gräberfeld von Zwölfaxing in Niederösterreich, Prähist. Forsch. 7, Wien 1969, 117: „Dabei würde die Gruppe I, die durch die Bestattungen mit Gürtelbeschlägen und Waffen charakterisiert ist, die sozial höchst stehende Gruppe darstellen. Die Gruppe II, die durch Männerbestattungen mit der Beigabe von Messern gebildet wird, scheint eine soziale Mittelschicht wiederzugeben. Bei der Gruppe III schließlich, in der beigabenarme Männerbestattungen ohne Messerbeigabe auftreten, handelt es sich allem Anschein nach um eine sozial tief stehende bzw. arme Bevölkerungsschicht."

[22]) Z. B. LIPPERT, s. Anm. 21, 213: „Für eine soziale Einordnung von Frauen und Kindern müssen andere Maßstäbe angelegt werden." – F. DAIM, Repräsentationsmittel im Symbolsystem der awarischen Gesellschaft. Grenzen der Aussagen archäologischer Funde. In: Reitervölker aus dem Osten, Hunnen und Awaren, Eisenstadt 1996, 340: „... daß es unter den Frauengräbern keine Kategorie gibt, die *zahlenmäßig* der Gürtelgräbergruppe entspricht."

[23]) Ich danke Herrn A. Distelberger für seine Diskussionsbereitschaft zur Problematik der Gliederung awarischer Grabinventare nach qualitativen Kriterien sowie die Vielzahl seiner fachlicher Anregungen.

[24]) H. KRITSCHER, J. SZILVÁSSY, Populationsanalyse einer frühgeschichtlichen Bevölkerung am Beispiel des awarischen Gräberfeldes von Zwölfaxing, NÖ, Mitt. Anthrop. Ges. Wien 118/119, 1988/89, 345ff.

[25]) N. M. HUBER, Anthropologische Untersuchungen an den Skeletten aus dem alamannischen Reihengräberfeld von Weingarten, Kr. Ravensburg, Naturwiss. Unters. Vor- u. Frühgesch. in Württemberg und Hohenzollern 3, 1967, 1ff. – M. STLOUKAL, Anthropologische Unterschiede bei Gräbern mit verschiedener Ausstattung im Gräberfeld von Mikulçice, Sbornik J. Poulikovi k sedesátinám, Brno 1970, 121ff.

[26]) R. STRAUB, Zur Kontinuität der voralamannischen Bevölkerung, Badische Fundber. 20, 1956, 127ff.

[27]) F. W. RÖSING, I. SCHWIDETZKY, Sozialanthropologische Differenzierungen bei mittelalterlichen Bevölkerungen, Acta Musei Nat. Pragae 42B, 1987, 77ff.

[28]) M. SCHULTZ, Krankhafte Veränderungen an den menschlichen Skeletten aus dem merowingerzeitlichen Reihengräberfeld von Kleinlangheim/Ldkr. Kitzingen, eine bevölkerungsbiologische Untersuchung, Diss. Univ. Frankfurt a. M. 1978, 162.

[29]) HUBER, s. Anm. 25, 25.

[30]) S. GREFEN-PETERS, Zur Validität paläodemographischer Aussagen auf Grundlage der archäologischen Befundsituation, Mitt. Anthrop. Ges. Wien 122, 1992, 191ff.

[31]) U. WITTWER-BACKOFEN, Überblick über den aktuellen Stand paläodemographischer Forschung, Homo 38, 1989, 151ff.

[32]) KOVRIG, s. Anm. 20, 64.

[33]) KOVRIG, s. Anm. 20,65.

[34]) F. DAIM, Das awarische Gräberfeld von Leobersdorf, NÖ, Denkschr. Österr. Akad. d. Wiss., phil.-hist. Kl. 194, 1987, 72ff.

[35]) z. B. DAIM, s. Anm. 22, 340. – LIPPERT, s. Anm. 22, 113.

[36]) Eine Beurteilung auf Grundlage der Grabzeichnung enthält zusätzliche Fehlerquellen, z. B. können eventuell vorhandene Edelmetallauflagen bei den Ohrringen der Frauen erst bei der Bearbeitung der archäologischen Funde festgestellt werden. Herrn Univ.-Prof. Dr. F. Daim danke ich für die Erlaubnis, die unpublizierten Grabzeichnungen des Gräberfeldes von Zillingtal auszuwerten sowie für seine ständige Diskussionsbereitschaft zu der hier behandelten Thematik. Für die kritische Durchsicht des Manuskriptes richtet sich mein Dank an Herrn Univ.-Prof. Dr. E. May vom Lehrgebiet Anthropologie des Zoologischen Institutes der Techn. Univ. Braunschweig.

[37]) Leobersdorf: DAIM, s. Anm. 34, 72f; Zwölfaxing: LIPPERT, s. Anm. 21, 15; Kisköre: E. GARAM, Das awarenzeitliche Gräberfeld von Kisköre, Fontes Arch. Hung., Budapest 1979, 38ff.

[38]) H. W. LILLIEFORS, On the Kolmogorov-Smirnov test for normality with mean and variance unknown, J. American Statist. Ass. 62, 1967, 99ff.

[39]) E. WEBER, Grundriß der biologischen Statistik, Stuttgart 1980, 182f.

[40]) A. ROGERS, Statistical analysis of spatial dispersion, London 1974, 6f.

[41]) Es handelt sich hier um Quadranten, die archäologisch vollständig ergraben wurden und keine Randlage aufweisen. Zur Methode: GREFEN-PETERS, s. Anm. 30, 201.

[42]) GREFEN-PETERS 1994, s. Anm. 6, 173f.

[43]) Siehe z. B. A. E. IMHOF, Die Übersterblichkeit verheirateter Frauen im fruchtbaren Alter, Z. f. Bevölkerungswiss. 1979, 487ff.

[44]) Die Bestimmungssicherheit der „Komplexen Methode" nach G. ACSÁDI und J. NEMESKÉRI, History of human life span and mortality, Budapest 1970, 131, wird auf Grundlage aller vier Merkmalssysteme mit 80–85 % bzw. ±2,5 Jahren für den Individualbefund angegeben.

[45]) G. GRUPE, Die „Ressource Frau", Aussagemöglichkeiten der Biowissenschaften. In: W. AFFELDT (Hrsg.), Frauen in Spätantike und Frühmittelalter, Sigmaringen 1990, 105ff.

[46]) GRUPE, s. Anm. 45, 107.

[47]) Das tertiäre Geschlechterverhältnis beschreibt die Anzahl von Männern zu Frauen in einer Population.

[48]) B. HERRMANN, G. GRUPE, Empirische Grundlagen zur Rekonstruktion von Lebensbedingungen der Frauen im Mittelalter. In: W. AFFELDT, A. KUHN (Hrsg.), Frauen in der Geschichte 7, Düsseldorf 1986, 48ff.

[49]) W. POHL, Die Awaren, München 1988, 288.

[50]) Eine erhöhte Sterblichkeit der Männer sozial führender Schichten stellte SCHULTZ (s. Anm. 28) für Klein-

langheim, HUBER (s. Anm. 25) für Weingarten, KOVRIG (s. Anm. 20, 212) für Alattyán fest. Jedoch setzen sich die in Alattyán „jung verstorbenen Frauen" aus allen Schichten der damaligen Gesellschaft zusammen. Auch U. KOCH konnte für die merowingerzeitlichen Fundorte Pleidelsheim (Kr. Ludwigsburg) und Klepsau (Hohenlohkreis) keinen Zusammenhang zwischen Lebensstandard und Sterblichkeit beobachten, da auch viele der reichen Frauen jung gestoben waren: U. Koch, Die Hierarchie der Frauen in merowingischer Zeit, beobachtet in Pleidelsheim (Kr. Ludwigsburg) und Klepsau (Hohenlohekreis). In: H. BRANDT, J. K. KOCH (Hrsg.), Königin, Klosterfrau, Bäuerin – Frauen im Frühmittelalter, Ber. z. 3. Tagung d. Netzwerkes arch. arb. Frauen 1995, Münster 1996, 54.

[51]) GROSSSCHMIDT, s. Anm. 8, 369.

[52]) E. FÓTHI, I. PAP, Changes of way of life during the 6–12th centuries in the territory of Hungary, Ann. Hist.-Nat. Musei Nation. Hung. 82, 1990, 259ff.

[53]) Z. B. DAIM, s. Anm. 22, 340.

[54]) GREFEN-PETERS, s. Anm. 30, 200.

Metallography and electron probe microanalysis of the material of silver temple rings found in the Slavic cemetery at Mušov, Czech Republic

Lubomír Karmazin, Josef Březina, Dagmar Jelínková, Brno

Introduction

The Slavic cemetery at Mušov lies in the southern part of the Dyje-Svratka valley (district of Břeclav, Czech Republic). The high concentration of Slavic settlements in this region is documented by a large cemetery near Dolní Věstonice and also by the hillforts of Petrova louka and Vysoká zahrada. The latter one dates from the 11th and beginning of the 12th centuries.

In the years 1980 to 1983 the cemetery at Mušov was excavated in a locality called "Areal", in the territory of the former village of Mušov. 259 graves were discovered[1]). From their arrangement and from the layout plan of the cemetery it is obvious that the burials date from two different phases. In the southern part of the cemetery a small group of graves from the Great Moravian period (9th and the beginning of the 10th centuries) was detected. The majority of graves, which are arranged in regular rows gradually placed from the north towards the south, belong to the second phase. In the southern part these rows overlap the above mentioned Great Moravian burials. The cemetery was nearly completely examined with the exception of a small built-up area. It is therefore the most thoroughly investigated necropolis of the Late Hillfort period in Moravia.

Temple rings were only found in graves that were arranged in rows. We usually discovered them lying close to the temple bones of the skulls of the skeletons in even numbers, usually in several pairs. In one grave as many as 16 pieces were found. A fairly extensive collection of the Mušov temple rings of various shapes and kinds consists of pieces made of lead, copper alloys, some of them were wrapped in a sheet of silver, and others seemed to be made of solid silver.

The temple rings, as a specific type of ornament, were described from various aspects. Individual types of temple rings were singled out and characterized, their dating was discussed, and great attention was paid to their origins and also to the way of how they had been worn. K. Ludikovský and R. Snášil[2]) tried to connect the outer appearance of the temple rings with the social and economic circumstances of their owners. They also reconstructed the manufacturing procedure for the shaping of the temple rings wrapped in silver sheet with grooved S-shaped endings[3]). Up to now archaeologists have paid only exceptional and cursory attention to the material itself, which temple rings were made of. Apparently, due to the simple form of this type of ornament, it was supposed that the technology for the fabrication of temple rings was not exceptional. Temple rings having the appearance of copper alloys were considered to be made of bronze, and pieces showing a silvery surface were supposed to be made of bronze wire wrapped in a silver sheet or of solid silver without any thorough examination of the quality of the material. No one even formulated a principal question concerning the technologies of the fabrication of the temple rings material. Some problems we encountered during the classification of the collection of temple rings found in the Mušov cemetery, showed the necessity to identify in detail the character of the materials used for the manufacturing of temple rings, particularly of those with silvery appearance.

With respect to the fact that the Late Hillfort period cemetery at Mušov follows chronologically the period of the Great Moravian Empire, when

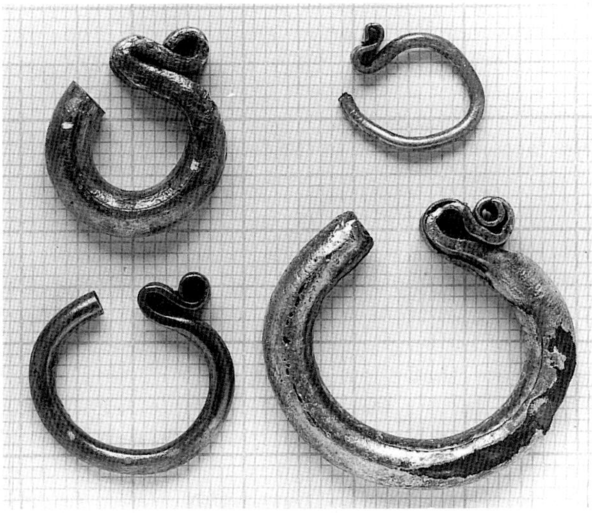

Fig. 1. Examples of variations of shapes of the examined temple rings.

complex ornaments were made by sophisticated techniques of metal working, and also because the mediation of craftsman techniques of Byzantine and the Late Antique Period cannot be excluded, we supposed that a detailed examination of the material of temple rings might answer the question whether the techniques used for their fabrication could have some connection to procedures used in the preceding well-known periods, or if the simplicity of the appearance of temple rings was caused by some decay in metal working technology.

This work is only concerned with temple rings that have a silvery surface. The examined pieces are summarized in table 1. Their basic characteristics are presented in columns 1 to 6. Selected results, described in the following paragraphs, are shown in columns 7 and 8. Examples of the diversity of shapes of the examined temple rings are illustrated in fig. 1.

Examination methods

The outer appearance of the temple rings was investigated by an optical microscope, and selected details of their surfaces were examined by a scanning electron microscope. For the examination of the structure of the material a small piece was detached from each compact looking temple ring through a section vertical to the axis of the wire, close to the unformed ending of the temple ring. After the structure examination of the material on the surface of this cross section, selected pieces were then cut parallel to the axis of the wire. Surfaces produced by cutting were polished with diamond paste. On these surfaces (not etched in the majority of cases) the structure was examined by the scanning electron microscope Philips SEM 505. The chemical compositions of the material and of its structure phases were determined by an energy and wavelength dispersive electron local probe microanalysis (Edax PV 9900, Microspec WDX-2A).

Surface examination of the temple rings

The examinations of the temple rings were started by the observation of their surfaces. In figs. 2 and 3 typical signs of one type of material are presented, where it is obvious that the wire core is wrapped into a metallic sheet. Later we will demonstrate that they are copper core and silver sheet. A further example of a temple ring of this type, affected by corrosion, is presented in fig. 4. It shows that the sheet is tightly adjacent to the core, but does not adhere to it by any interlayer. Apparently the adhesion of these two parts was not firm, even when the temple ring was made, because the silver sheet got warped, when the S-shaped ending was made (fig. 3).

The smooth contours of the majority of the examined temple rings show that these pieces are made of compact material (fig. 5). Their surfaces usually show a silvery appearance, but in some cases specific defects were noticed.

The temple rings 52/81 and 53/81 show a wave-like overlapping in some places (fig. 6). This could originate from the final rounding of an originally not round semi-finished wire, when it was rolled between two flat surfaces as shown in the drawing (fig. 7). The wrinkly strips on the temple ring 127/80, vertical to the axis of the wire could have been produced in the same way (fig. 8). This technique is very old and was probably used for the production of gold wire before wire-drawing dies were known[4]). It is possible that this procedure was used even later for shaping soft metals, among which silver can be reckoned. On several temple rings we found longitudinal cracks (fig. 9), which indicate that the semi-finished wire was deformed parallel to its axis. Lengthwise grooves on the surface of a few temple rings show that this type of deformation was probably caused by wire-drawing blocks die.

The frequent occurrence of lengthwise and crosswise cracks (figs. 9 and 10) shows that the material of these pieces is of significant lower ductility than pure silver. This fact induced the hypothesis that some compact temple rings are made of composed materials, the core consisting of an alloy of low ductility and on it a layer rich in silver, so that the outer appearance of the material is that of solid silver. Some of these temple rings have corroded surfaces, whereby in some places the silver layer is destroyed and shallow depressions were made into the alloy of the core. These depressions are coloured pink, therefore we can deduct that the alloy of low ductility, of which the core consists, contains a greater amount of copper.

To get more information about the composition of the individual parts of material, we examined the composition of the surface material of all temple rings by local electron probe microanalysis (column 7, tab. 1). Qualitative analysis showed that the materials consisted of Ag-Cu-based alloys, containing small amounts of Zn, Pb, and traces of As. In most cases the concentration of copper on the surface of not corroded pieces was from 5 to 7 wt%. (This level is only slightly above the copper contents of 4.0 wt% Cu found in a silver denarius of Konrad I, prince of the Brno area (1061–1092), which we analysed for comparison). The surface areas of corroded temple rings, being of pink colour, contain up to 66 wt% Cu. The silver sheets, in which the temple rings were wrapped in, were analysed only at this stage of examination.

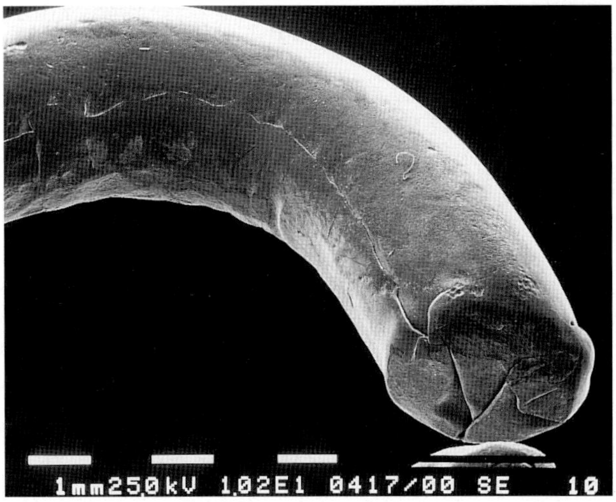

Fig. 2. Unformed ending of temple ring 108/80.

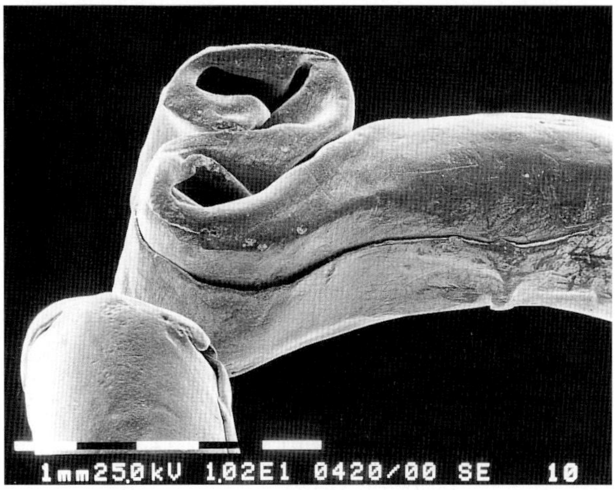

Fig. 3. S-formed ending of temple ring 108/80.

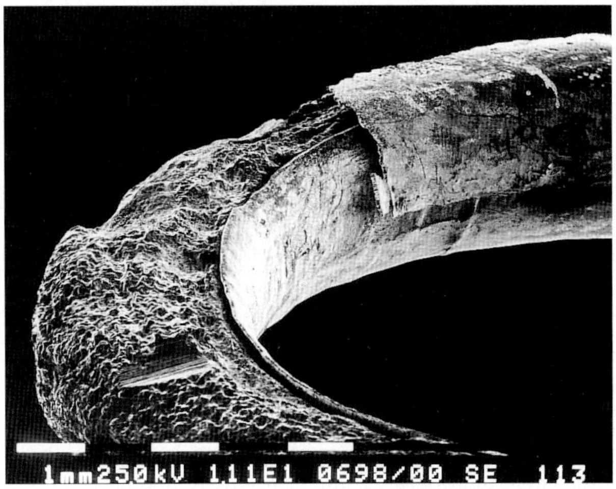

Fig. 4. Detail of extensively corroded temple ring 113/81 with remains of coating silver sheet.

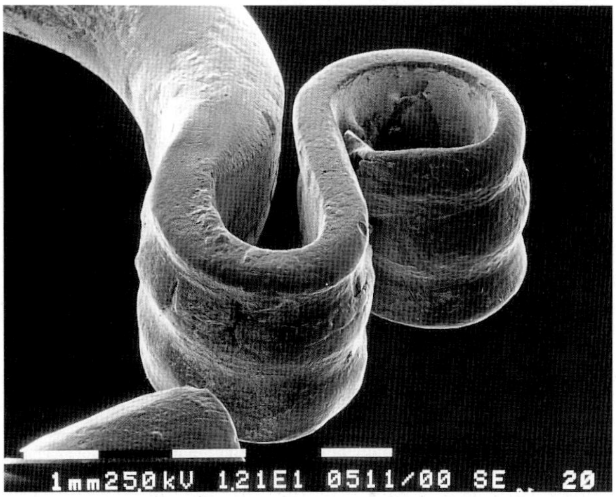

Fig. 5. S-formed ending of temple ring 53/81 with a surface defect.

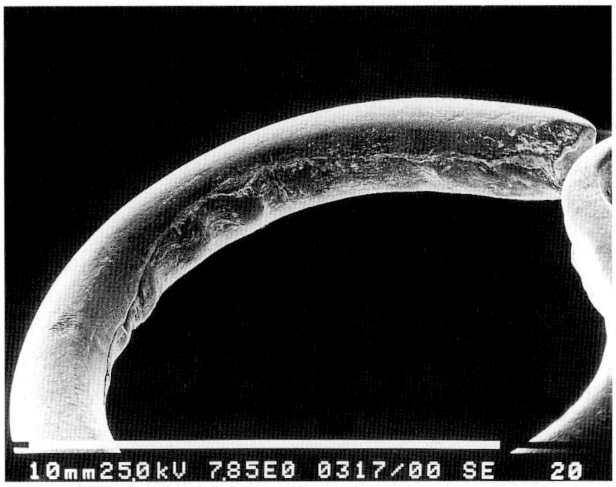

Fig. 6. Surface defect on the inner part of temple ring 53/81.

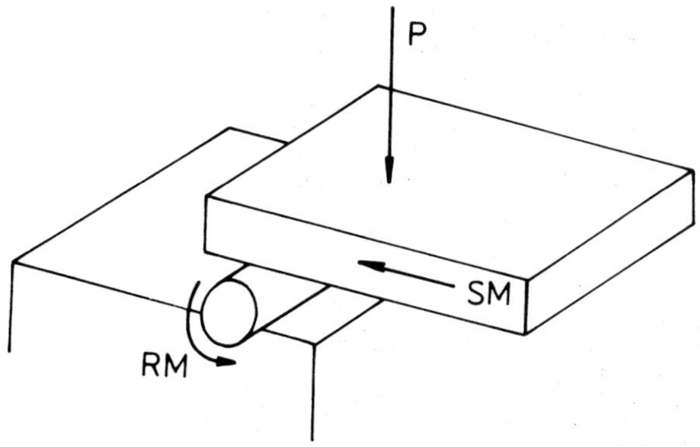

Fig. 7. Diagram illustrating the way of wire rounding by rolling the semi-finished wire between flat objects. P-pressure applied to top object; SM – straight movement of top object; RM – induced round movement of semi-finished wire.

GR. NO	INV. NO	MASS [g]	DIA [mm]	D_{MIN}/D_{MAX} [mm]	APP	X_{cu} [w t %]	MAT
5	10040/16– 6a/80	FRAG	3.2	17.3/17.5	WS	–	A
11	10040/16– 32/80	2.250	2.6	13.5/16.5	CM+	6.0	D
11	10040/16– 33/80	1.971	2.6	14.8/16.3	CM+	5 5	C
23	10040/16– 52/80	3.980	3.3	14.8/17.8	CM	7.1	B
40	10040/16– 107/80	1.095	1.9	11.9/16.3	CM	66	C
40	10040/16– 108/80	4.474	3.8	17.0/20.2	WS	2.3	A
40	10040/16– 109/80	0.490	1.3	10.8/13.8	CM	4.5	Do
40	10040/16– 110/80	FRAG	–	–	CM	–	C
40	10040/16– 111/80	FRAG	–	–	CM	–	C
42	10040/16– 126/80	0.951	2.1	14.4/16.3	CM+	8.9	Do
42	10040/16– 127/80	1.022	1.7	14.0/16.2	CM+	3.1	B
82	10040/16– 52/81	2.057	2.2	16.2/17.8	CM+	5 .6	Dc
82	10040/16– 53/81	2.016	2.2	16.0/18.6	CM+	5.9	Dc
85	10040/16– 60/81	3.885	3.8	15.9/17.1	CM	5.6	D
89	10040/16– 174/81	3.213	3.4	14.5/16.8	CM	7.2	D
98	10040/16– 102/81	6.556	3.9	26.2/28.4	WS	2.0	A
100	10040/16– 113/81	4.850	3.8	22.5/22.7	WS	–	A
112	10040/16– 134/81	5.395	4.3	16.3/16.4	CM	6.5	B
118	10040/16– 147/81	2.206	2.6	12.8/15.4	CM	6.7	D
136	10040/16– 177/81	5.866	2.8	23.3/26.6	WS	0.5	A
142	10040/16– 195/81	8.495	4 .5	24.5/28.0	WS	2.4	A
158	10040/16– 220/81	1.676	2.4	14.4/15.6	CM+	6.8	D
158	10040/16– 222/81	1.723	2.2	14.2/15.6	CM+	6.2	B
158	10040/16– 223/81	FRAG	3	16.5/18.0	CM	–	C
161	10040/16– 230/81	1.507	2.2	13.2/15.2	CM+	12.7	Bv
161	10040/16– 231/81	1.861	2.4	13.1/15.6	CM+	7.1	B
162	10040/16– 233/81	3.602	3.2	16.5/21.8	CM+	19	C
162	10040/16– 234/81	2.977	2.8	19.2/21.0	CM+	16	Bv
171	10040/16– 17/82	2.456	2.9	14.8/16.5	CM	6.5	D
174	10040/16– 23/82	1.544	2.2	15.2/17.1	CM	7.2	D
185	10040/16– 46/82	4.724	3.9	17.1/20.9	CM	35	C
210	10040/16– 88/82	7.261	4.2	21.5/24.1	CM	5.6	C
214	10040/16– 95/82	0.677	1.4	14.6/15.5	CM+	8.5	D
214	10040/16– 96/82	0.670	1.5	13.0/14.2	CM+	6.6	D
214	10040/16– 97/82	FRAG	1.1	–	CM	–	UN
221	10040/16– 107/82	4.038	3.6	16.5/17.8	CM	6.6	D

Table 1: GR. NO grave number; INV. NO inventory number, the first part of the inventory number (locality number 10070/16) was left out in the text; MASS mass (weight) of the temple ring after conservation; DIA wire diameter; D_{min}/D_{max} minimal and maximal outer diameter of the temple ring; APP outside appearance; X_{Cu} copper contents on the surface of the temple ring analysed by local electron probe microanalysis; MAT material type; FRAG fragment; WS wrapped in silver sheet; CM compact material; "+" indicates the couple of temple rings in a particular grave similar in dimensions and style; A, B, C, D principal material types; B_v variant of material B; D_c cross rolled material D; D_o oxidized material D; UN unidentified type of material.

The metallographic structure and chemical composition of the structure phases of the material of temple rings

The examination of the material structure made it possible to sort the substantial part of the examined set of temple rings into four groups according to the type of material used. Copper wire wrapped in silver sheet and compact silver, as two so far expected materials, were denoted A or B respectively. Another two newly found types of material, denoted C and D, look like silver, as they contain silver in the surface layer, but their internal core is made of an Ag-Cu-base alloy with greater contents of copper. The materials C and D differ from each other in the thickness of the surface layer and in the composition and structure of the alloy of the core.

The core of the types B, C, and D is an Ag-Cu-base alloy with only a small amount of Zn, Pb, and As added. Therefore, for the interpretation of the structures observed, a binary approximation is possibly based on a Ag-Cu phase diagram (fig. 11).

Copper wrapped in silver sheet – material A.

Parts of material A are made of fairly pure metals. The sheet contains 97.7 to 99.5 wt% Ag and the core 96.4 to 98.8 wt% Cu.

The metallographic structure of the silver sheets was not examined. A structure analysis of the copper core was carried out in one case, temple ring 6a/80. Only a small amount of inclusions of two types were found. They were identified by microanalysis as copper sulphides and iron and zinc oxides. The structure of the material observed on the etched surface is presented in fig. 12 for cross section and in fig. 13 for lengthwise section. The matrix consists of well re-crystallized polygonal grains of Cu-phase. On the grain boundaries white particles are located, which are elongated parallel to the axis of the wire. These particles contain mainly lead and traces of copper, no sulphur or oxygen were detected. Apparently they are particles of metallic Pb-phase.

Solid silver – material B.

The silver alloy with a small amount of copper, which does not deviate substantially from silver, was denoted as material B at the beginning of the investigation. By structure analysis we found out that of 36 examined temple rings only five pieces (column 8 in tab. 1) satisfy this specification. The composition of these temple rings, determined close to the centre of the cross section, is marked by the symbol "I" in fig. 11.

The one-phase structure of material B, similar to the structure of silver coins, was found in only one piece, 127/80. In fig. 14 three typical examples of the copper contents, measured with this temple ring along the line connecting the surface of the wire with the centre of its cross section, are presented. These results indicate that on the surface of the material there is a layer 0.02 to 0.1 mm thick, which is deplete of copper.

Material B of four further temple rings has a two-phase structure (fig. 15, 16), which has an Ag-phase as a matrix (depicted as light grey in the figures) and Cu-phase particles (dark grey). In the temple rings 52/80, 222/81, and 231/81 this structure spreads over the whole cross section. Temple ring 134/81 was found to have a decreased volume fraction of Cu-phase particles, which are absent close to the surface.

The described temple rings fully satisfy the initial specification of material B. For two temple rings, 230/81 and 234/81, the structure of the material (fig. 17) is, to a certain extent, similar to the previous cases, but the amount of copper in the core alloy is significantly greater. The characteristic feature is that the volume fraction of the Cu-phase remains still below 50 %. Black particles existing in some regions of the surface were identified as copper oxides. The material of the temple rings 230/81 and 234/81 is considered to be a variant of material B. In tab. 1 we denoted it as Bv, and the composition of the core alloy was marked in fig. 11 by the symbol "○". The common background of such an extended specification of the material B will be explained later, when the technologies for the production of the materials will be considered.

Hypereutectic Ag–Cu alloy with thin silver layer – material C.

The core alloy of material C has a two-phase structure with a volume fraction of the Cu-phase greater than 50 %. An example of this structure is shown in fig. 18 for the cross section of the wire. In the lengthwise section the grains are elongated parallel to the axis of the wire (figs. 19 and 20). The composition of the core alloy of material C is indicated in fig. 11. On the surface of the material there is a fairly thin layer, less than 0.1 mm, with a prevailing Ag-phase. The structure of this layer is varying very much. In some places only grains of the Ag-phase are present with impurities only on their grain boundaries (fig. 20 and 21), but in other places there are some minor particles of the Cu-phase. Their morphology (fig. 22) shows that the phase structure of the surface layer has a certain relation to the structure of the core alloy just below this layer.

Hypoeutectic or eutectic Ag–Cu alloy with thick surface layer – material D.

A typical example of the dislocation of parts of material D on the the cross section of the wire is shown in fig. 23. The core consists of two variants corresponding to hypoeutectic (fig. 24) or eutectic (fig. 25) Ag-Cu alloys. The average composition of the core alloy in detected cases is presented in fig. 11. In the surface layer the Ag-phase is mainly present.

The common features of both structure variants of the core alloy is the morphology of Cu-phase particles, which is of two kinds. In some regions the Cu particles are coarse and of oval shape, in the others there exist islets of lamellar structure. The coarse particles and the islets are elongated parallel to the axis of the wire (fig. 26).

In the structure of the surface layer the prevailing Ag-phase forms a matrix, in which inclusions of copper oxide are distributed. This matrix contains 2 to 5 wt% Cu. The inclusions are concentrated in some regions, creating sublayers parallel to the surface of the wire (fig. 27 and 28). On the lengthwise sections of the wire these inclusions are elongated.

The elongation of all structure objects of material D parallel to the axis of the wire is most likely due to the deformation made by using a wire-drawing die in its last stage of fabrication.

Previously mentioned features of material D were found in 10 pieces of the examined temple rings (Tab. 1). Moreover the structure of four further pieces indicates that we can join them to this group and consider them to be a variant of material D. The qualities of the core alloys and of the surface layers of the temple rings 52/81 and 53/81 are identical with previously mentioned typical cases, but the distribution of these parts in the cross section is different. Further, cracks parallel to the surface of the wire and the arrangement of inclusions in the surface layer into „stream-lines" (marked by curved arrows in fig. 29) distinguish the mentioned

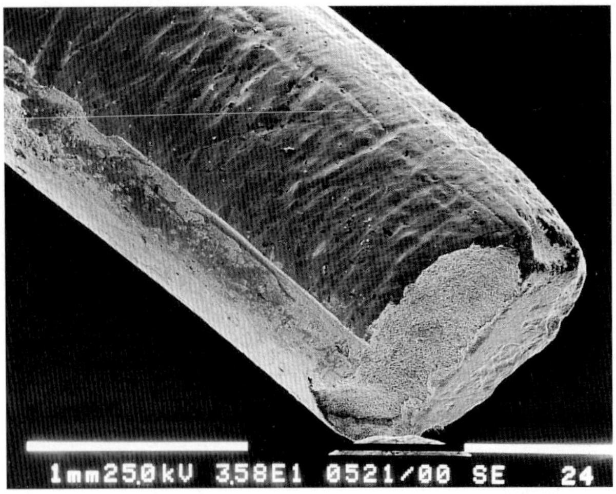

Fig. 8. Cross-warped region of the surface of the unformed ending of temple ring 127/80.

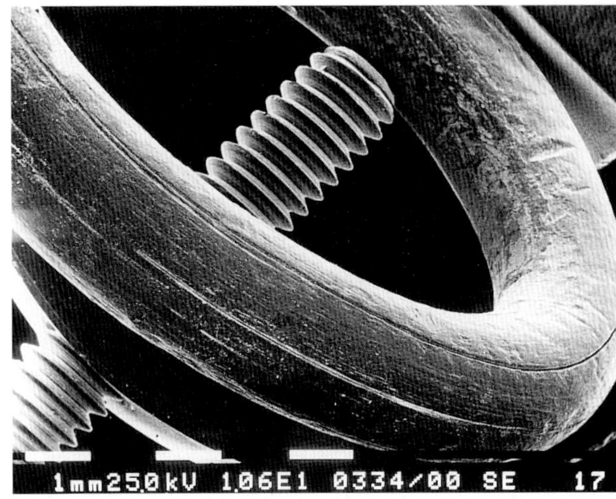

Fig. 9. Lengthwise cracks on temple ring 231/81.

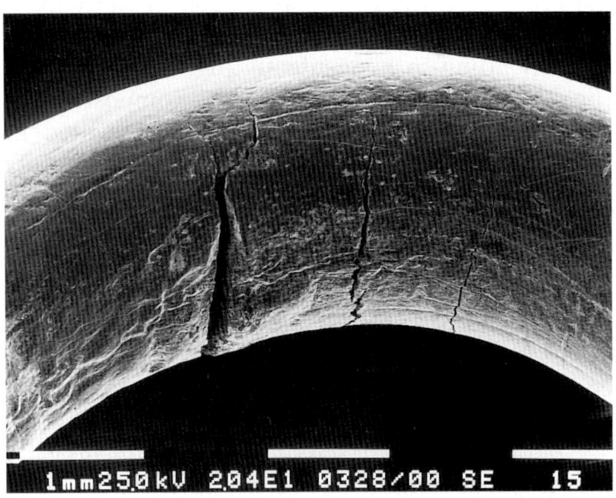

Fig. 10. Crosswise cracks on temple ring 17/82.

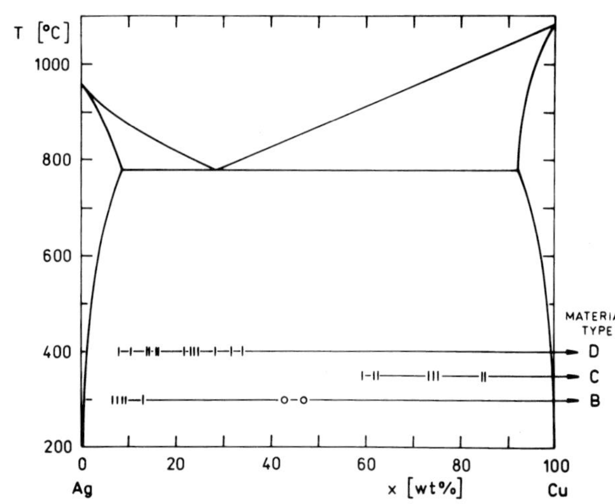

Fig. 11. Phase diagram of Ag-Cu system (according to K. Anderko, M. Hansen[7]) with the summary of core alloy compositions of the examined materials B, C, and D.

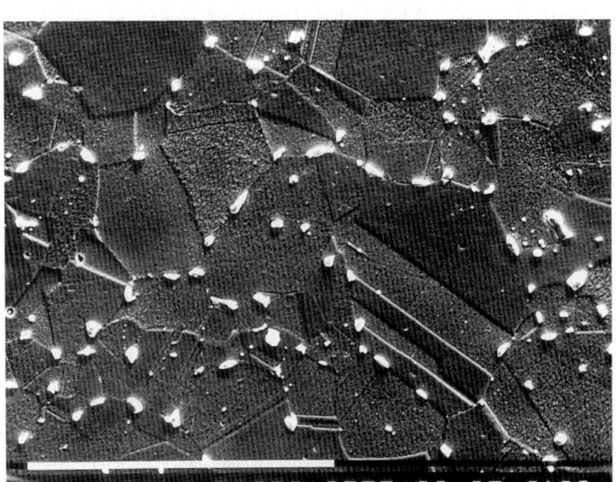

Fig. 12. Structure of the copper core of temple ring 6a/80 on the etched cross section of the wire.

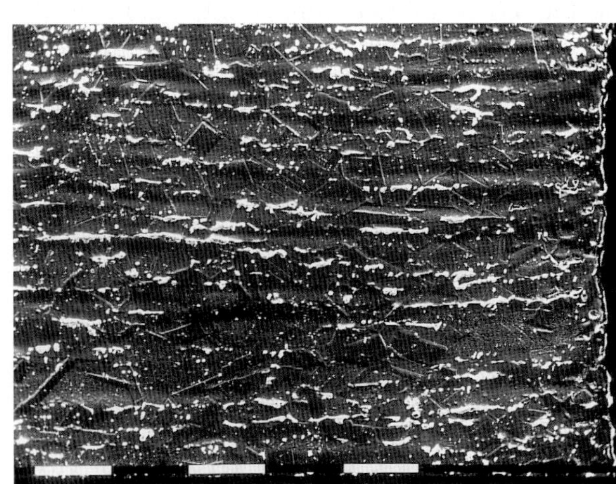

Fig. 13. Structure with rows of Pb-phase particles on the lengthwise section of the wire of temple ring 6a/80.

pieces from those of typical material D. The reason for this variation lies in the cross rolling of the wire between two flat surfaces, as mentioned at the surface examination of these two pieces. For two more temple rings, 109/80 and 126/80, another variation manifests itself by a high density of copper oxide particles in the core alloy in places of metallic Cu-phase particles. This is most likely due to oxidation of the melt, when the alloy was prepared. The distribution of the core and the surface layer (fig. 30) is the same as in the typical material D.

Exceptional material.

The material of the temple ring 97/82 consists of a core and a surface layer (fig. 31), which are both Ag-Cu alloys. Their structure (figs. 32, 33, 34) cannot be compared with the so far described cases. These features were found in only one single piece, from which we cannot get enough information to decide whether this material represents an independent type or some exceptional modification of the ones previously mentioned. For this reason temple ring 97/82 was not taken into account in the further discussion about the technologies of fabrication.

Reasonings on fabrication technologies of the material of the temple rings

According to previous examinations the manufacturing of material A was based entirely on the mechanical working of fairly pure metals – silver and copper. On the other hand, for the production of materials B, C, and D apparently certain metallurgical and chemical knowledge was purposefully used.

The composition of the core alloys of materials B, C, and D is represented by specific intervals in fig. 11. It is obvious that these compositions were intentionally chosen, according to the character of the particular technology. On the other hand the procedures of melting, casting, and working of these alloys were most likely the same for all technologies.

The melts of alloys rich in silver for materials B and D are prone to oxidation. From the good quality of the majority of alloys examined, we can conclude that this fact was known and the melts were properly protected during the melting procedure, e. g. by suitable crucible slag, which covered the surface of the melt and separated it from the air. Despite this, a few exeptions were found, in which the alloys were totally oxidized.

Fairly uniform structures across the cross sections of the wires and the elongation of structure phases parallel to the axis of the wires indicate that the initial ingots had the form of a rod, which was then elongated parallel to its axis by cold working. The forming of this rod was most likely done by hammering. From our structure examinations we can conclude that two techniques were used for the final shaping of the wire, the rounding of the semi-finished wire by rolling it between two flat surfaces and the thinning of the wire with a drawing block.

During the cold working of Ag-Cu alloys significant problems arise when the material is hardened. To prevent its cracking while undergoing great changes in its shape, the complete shaping has to be undertaken in a number of steps. A partional deformation is always followed by a recovery heating. At this heating a significant difference in the surface properties between Ag-Cu alloys and pure silver becomes evident. Silver in its solid state does not oxidize when being heated at the open air, as silver oxides are not stable. On the other hand, under the same conditions, copper oxides form at the surface of Ag-Cu alloys, which deteriorate the appearance of the material. The specified features of manufacturing technologies of the materials B, C, and D are based on the specific way in which the individual technologies solve this problem of oxidation.

The technology of manufacturing material B (including B_v) and material C does not prevent the development of copper oxides during the recovery heating, but uses it intentionally as a means of depletion of a certain surface layer in the copper. The transformation of the initial ingot into wire is carried out by the repetition of three steps, which are: partial deformation by cold working, recovery heating, and cleaning the surface of the material from copper oxides. If we suppose that this cleaning is done by using a chemical agent, it must be one which selectively dissolves only copper oxides while keeping unaffected the surface layer depleted of copper. After the repetition of these three steps the thickness of this layer increases and the contents of copper decrease, so that almost pure silver can exist just at the surface.

This procedure results in different types of material (B or C), depending on the composition and structure of the initial ingot. For material B, in which the Ag-phase prevails, the copper oxides form right on the surface of the alloy on account of copper atoms which diffused through the Ag-phase on top of the material from a certain depth below its surface. This process decreases the copper contents inside the Ag-phase. In the case of a two-phase alloy the decrease of the copper contents in the Ag-phase below the solubility limits results in the dissolution of the Cu-phase in the Ag-phase. Later, when the Cu-phase vanishes, the copper contents can decline to zero level. So, when the above mentioned three steps are repeated many times, almost pure silver can appear on the surface of the Ag-Cu alloy, even when it may have greater contents of copper and a two-phase structure in its inside.

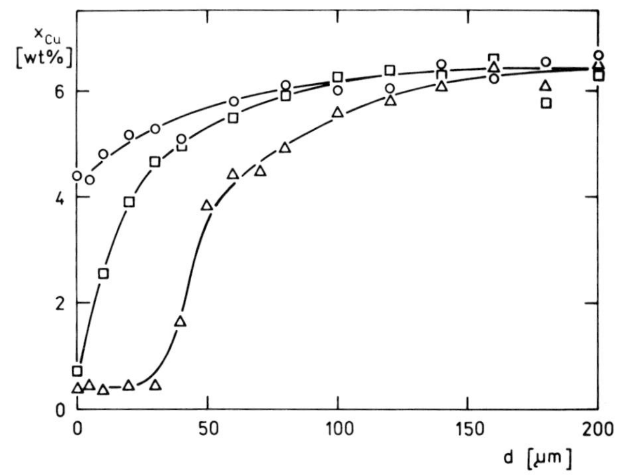

Fig. 14. Examples of composition changes of material along the lines connecting the surface of the wire with the centre of its cross section of temple ring 127/80.

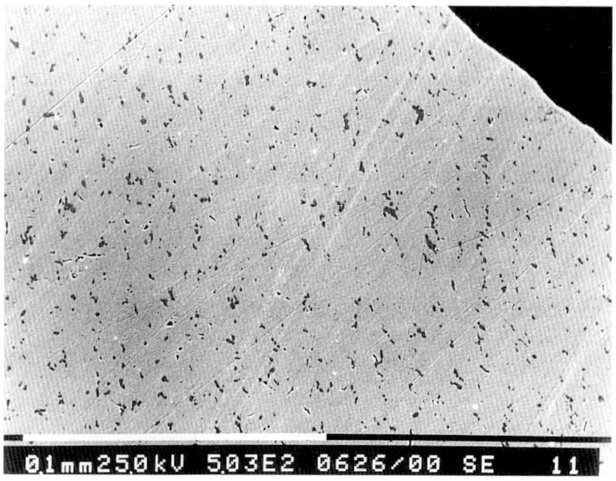

Fig. 15. Structure of the material of temple ring 52/80 on the cross section.

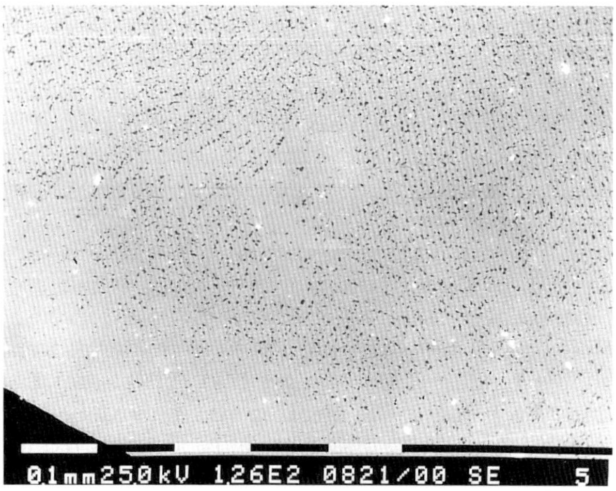

Fig. 16. Structure of the material of temple ring 134/81 on the cross section.

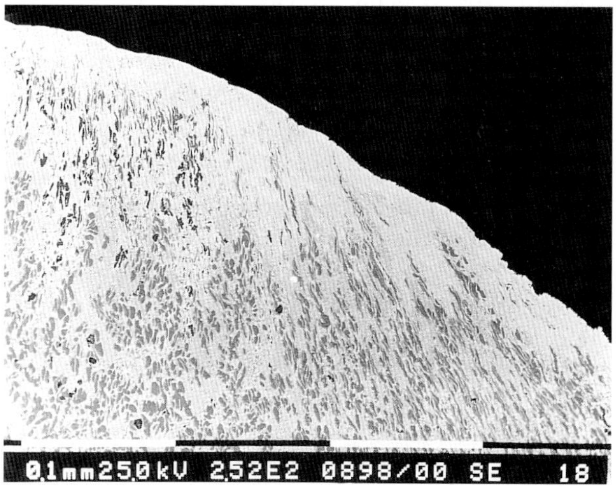

Fig. 17. Surface layer on the cross section of temple ring 230/81.

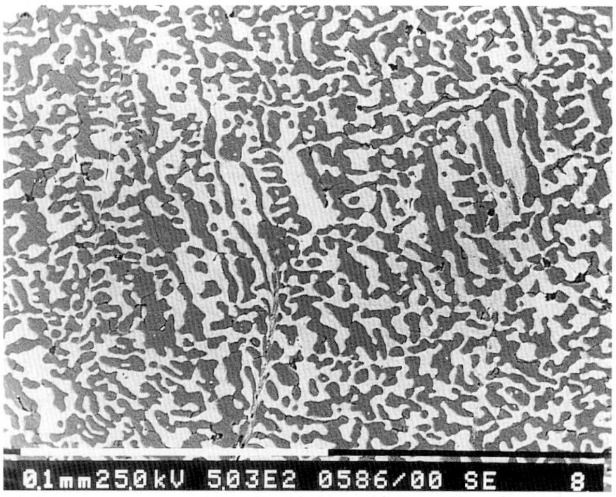

Fig. 18. Structure of the core on the cross section of temple ring 233/81.

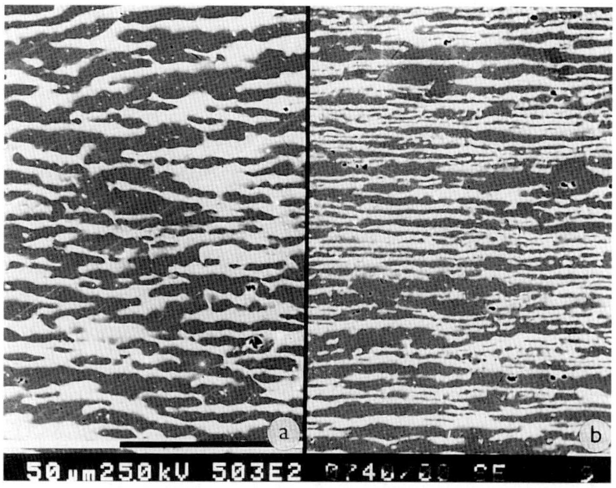

Fig. 19. Structure of the core on the lengthwise section of temple ring 46/82: a – in the place without the deformation of a round cross section of the wire; b – in the place where the wire was flattened close to the S-formed ending.

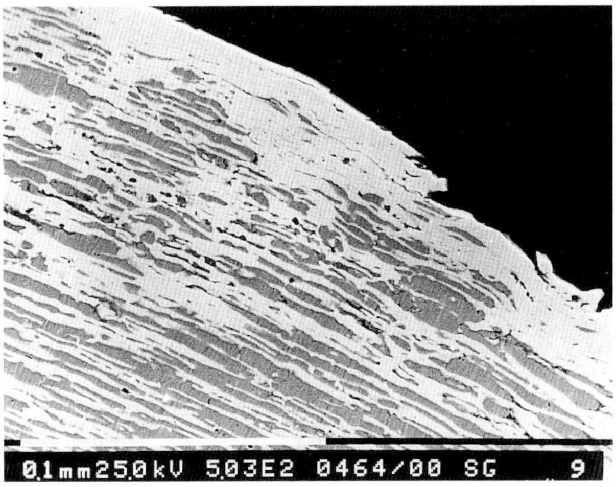

Fig. 20. Structure of the surface layer on the lengthwise section of temple ring 46/82.

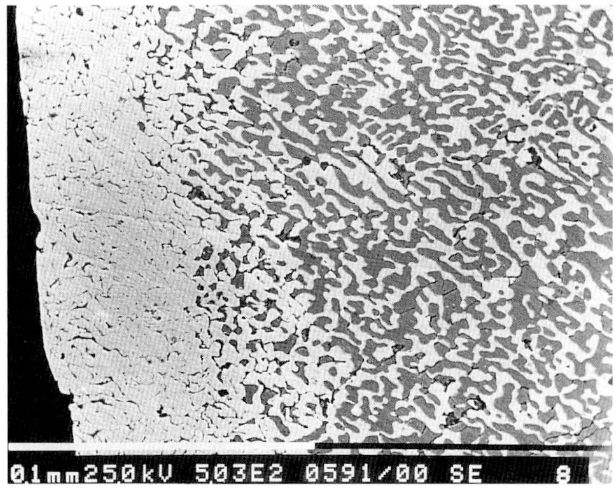

Fig. 21. Detail of the surface layer of material C with prevailing Ag-phase.

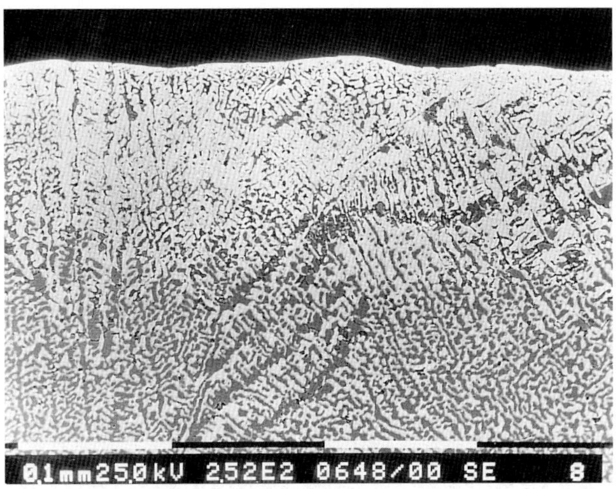

Fig. 22. Illustration of the connection of phase structure of the core to the surface layer. Cross section of the wire of temple ring 233/81.

Fig. 23. Core and coating of the material on the cross section of wire of temple ring 17/82.

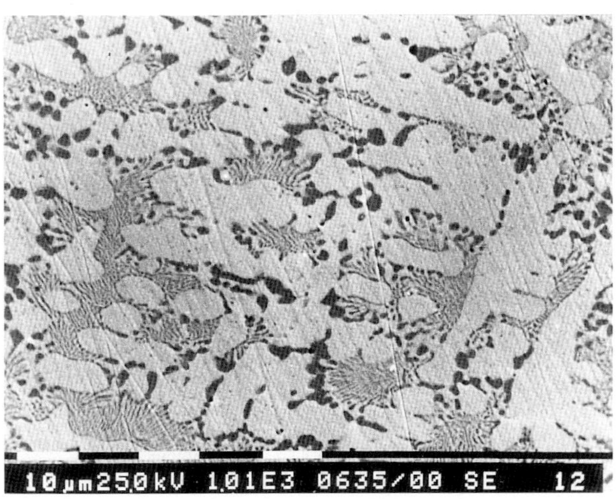

Fig. 24. Structure of the core on the cross section of temple ring 74/81.

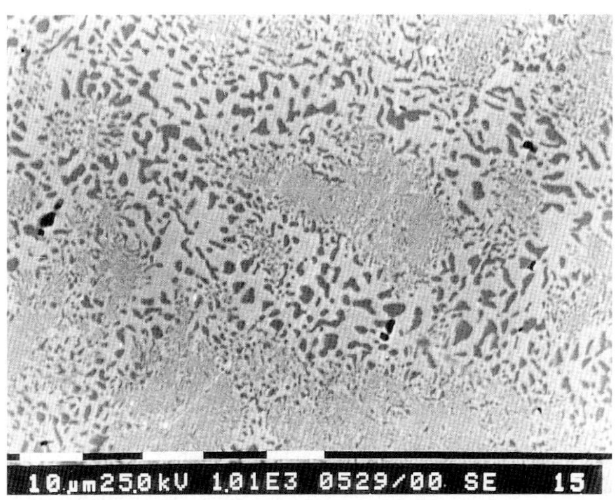

Fig. 25. Structure of the core on the cross section of temple ring 17/82.

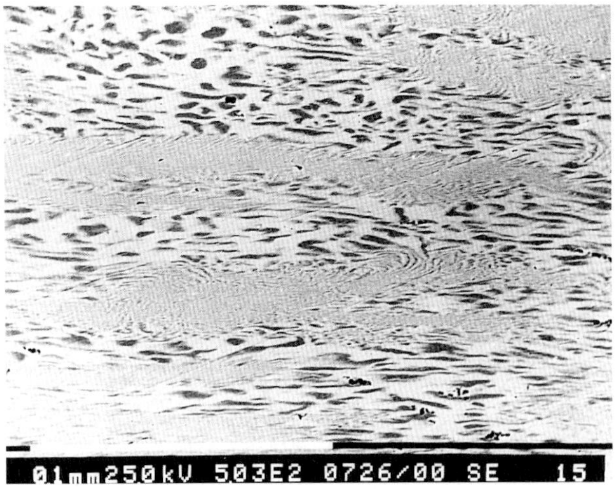

Fig. 26. Structure of the core on the lengthwise section of temple ring 17/82.

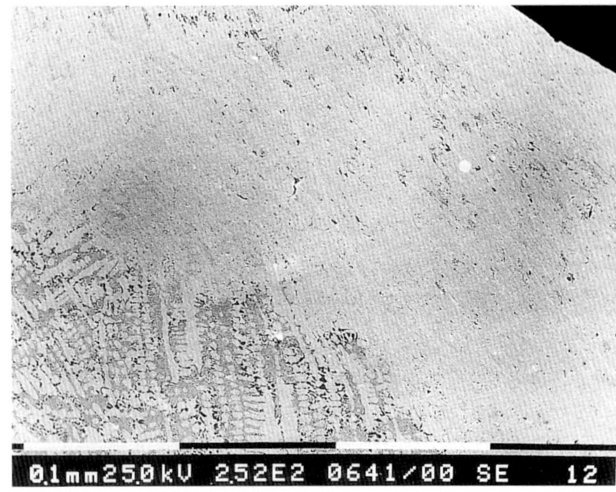

Fig. 27. Structure of the coating on the cross section of temple ring 74/81.

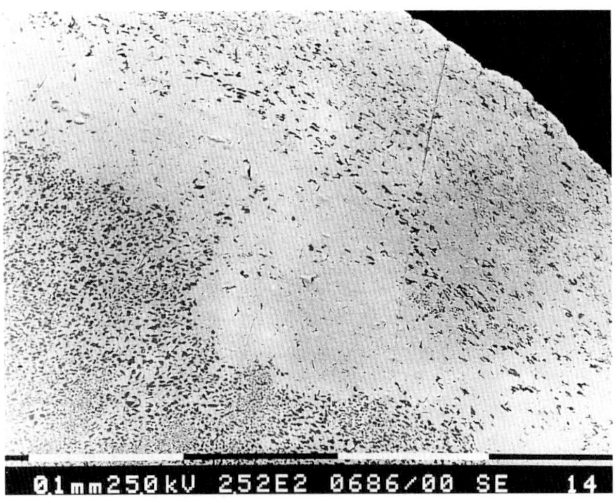

Fig. 28. Structure of the coating on the cross section of temple ring 147/81.

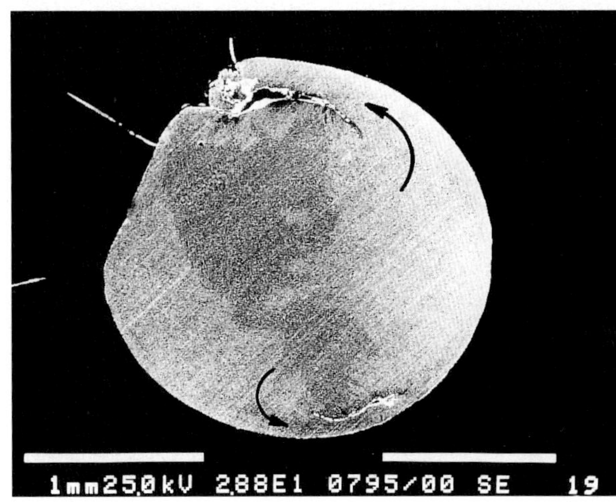

Fig. 29. Core, coating and cracks on the cross section of temple ring 52/81.

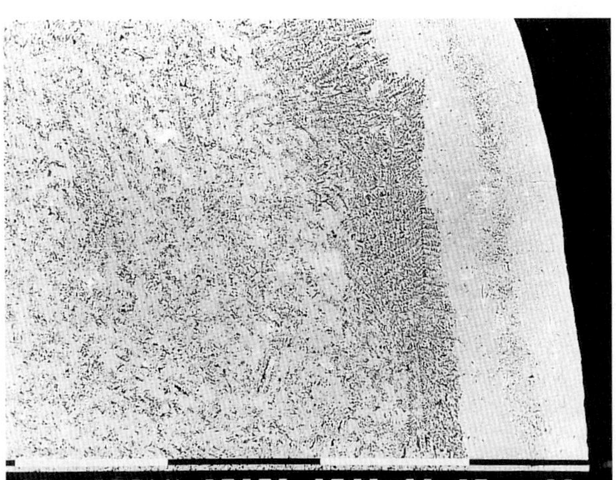

Fig. 30. Structure of the core and coating of temple ring 126/82.

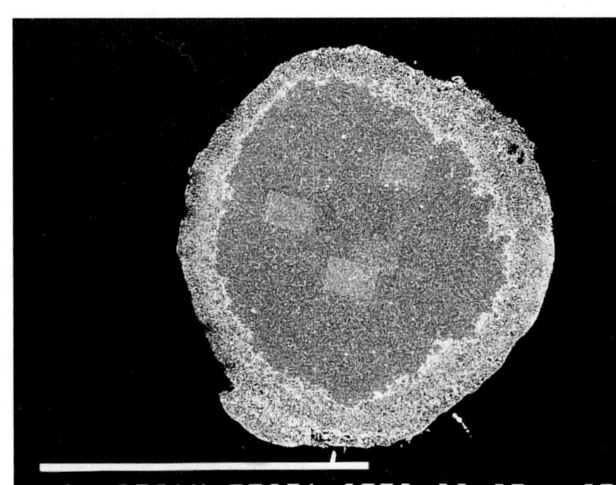

Fig. 31. Distribution of parts of the material on the cross section of wire of temple ring 97/82.

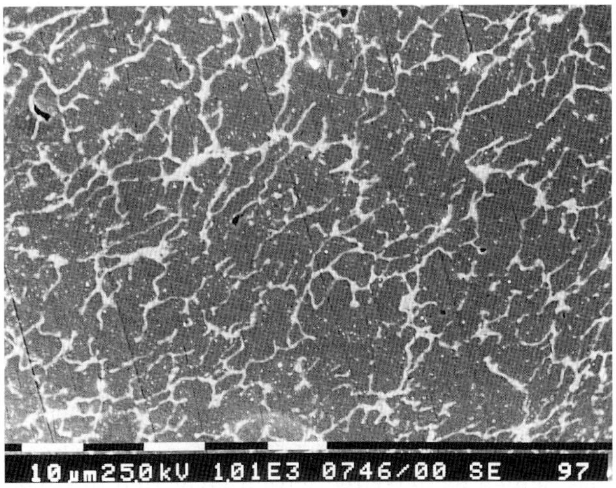

Fig. 32. Structure of the core alloy of temple ring 97/82 on the cross section of the wire.

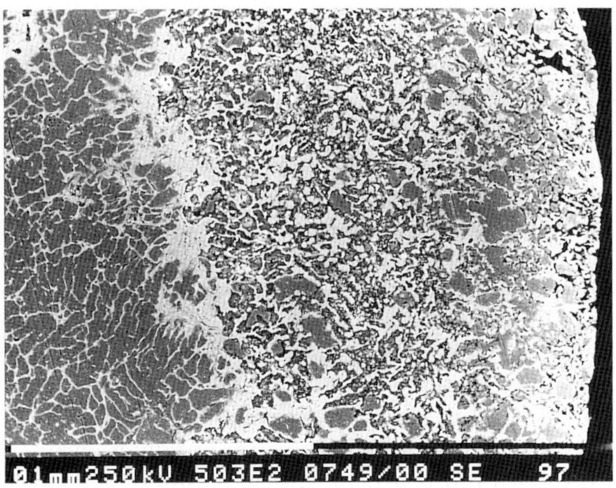

Fig. 33. Surface layer and its transition to core alloy of temple ring 97/82 on the cross section of the wire.

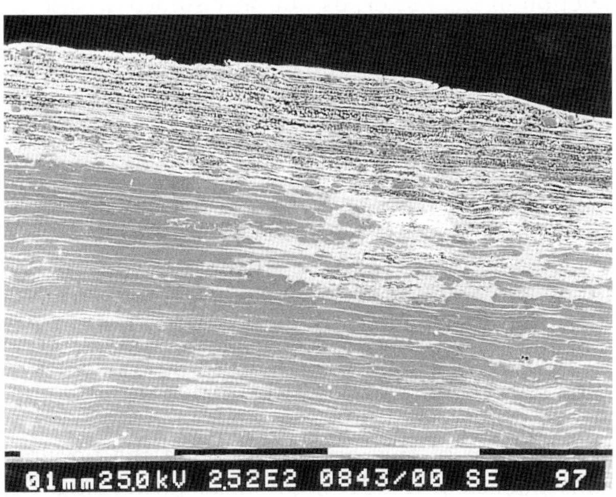

Fig. 34. Structure of surface layer and core of temple ring 97/82 on the lengthwise section of the wire.

In material C the Cu-phase prevails, and it is distributed in the material as an interconnected network. The oxidation penetrates along this network into a certain depth inside the material. After the chemical dissolution of the copper oxides a layer of a certain thickness appears, in which hollows are present in the places of the original grains of the Cu-phase. When the grains of the remaining Ag-phase are pressed together, a compact layer, rich in Ag-phase, is created on the surface of the material.

We cannot ascertain the composition of the chemical agent used for the dissolution of copper oxide from our structure examinations. The described procedure for manufacturing a layer rich in silver on top of material B is in principle close to the way of producing the silver coating of some Roman coins, previously discussed by Cope[5]). He mentioned that copper oxides might be dissolved by natural acids (acetic or citric). We can consider them also for the procedure of manufacturing material B, as in this case the coating of copper oxides on the surface of this material is probably fairly thin, and the mentioned agents can remove it. But on the contrary, we suppose that that for the dissolution of a great amount of copper oxides of the network inside the hollows of material C some significantly more effective agent had to be used.

A specific feature of material D is a relatively thick surface layer, rich in silver, which protects the core alloy during eventual heating and makes the outside of the material look like silver. We suppose that this layer was made by dipping the core alloy into molten silver. The observed structure characteristics of material D can be explained by the following phenomena taking place during the manufacturing of the core alloy and dipping it into a silver bath:

First dendrites crystallize during the solidification of the melted core alloy, when the alloy has the hypoeutectic composition. Then the last portion of the melt solidifies with the structure of lamellar eutecticum. When the melt has the eutectic composition, this lamellar structure exists in the whole volume of the ingot. By the transformation of the ingot into wire these dendrites change their shapes into spheroid particles and become coarse. When the partly transformed ingot is dipped into the molten silver, the silver layer from the bath solidifies next to the surface of the core alloy, the surface of the core alloy locally melts and joins the silver layer to the dipped core. When the temperature of the inner parts of the core alloy is raised above euctectic temperature (779 ° C), limited islets of alloy are melted. After removing the half-finished wire from the bath and after its cooling, these islets solidify into lamellar eutecticum. To make the silver layer thicker, the dipping procedure was most likely repeated several times. Half finished wire with silver surface was then deformed to get a smooth surface of the material and to get a wire of desirable dimensions. During this final deformation all structure objects elongate parallel to the axis of the wire. The presence of copper oxides in the surface layer indicates that the dipping was most likely carried out in open air without proper protection of the melt.

Comparison of temple rings found in a single grave

The graves from which our temple rings originate (tab. 1) comprise eight cases in which more than one temple ring with a silver surface were found in a single grave. In seven of them pairs of temple rings were found, whereby individual pieces were similar to another in dimension and style (in tab. 1 these pairs in particular graves are indicated by the symbol "+"). In previously written papers, e. g. Ludikovský-Snášil[6]), it was supposed that pieces similar to each other were given to a woman for a special occasion of her life. From this we can conclude that each pair of temple rings was made at the same time by the same craftsman. First we will consider that this craftsman also made the wire for the temple rings. Therefore we can expect that he would have made one long piece of wire for both temple rings to save labour and material, then he cut it into two pieces, from which he made the two temple rings. It follows that each pair of temple rings should be made of the same material. But the results of the examinations in tab. 1 clearly indicate that in the majority of cases this procedure could not have taken place. For in 5 pairs of the 7 cases the material of the temple rings is of a different type. This fact leads to the following considerations: First we can conclude that all types of material were used side by side in the period into which the graves can be dated. Further it is apparent that the wire was not produced immediately before the making of the temple rings. But it is improbable that it was usual for a craftsman to make wires in advance on stock by different techniques, then to mix them, and later use them for the production of pairs of temple rings, regardless of the type of material. It is more likely that the craftsman who made the temple rings used the wires as semi-finished articles, made by somebody else and of different origin. Maybe that the producer of the temple rings did not know the proper character of the material that he used. For example, the producer of the temple rings 52/81 and 53/81 may have supposed from the surface appearance of the wire that he had more or less pure silver to work with. So he used the technique of cross-rolling the material between flat surfaces (fig. 7) for the final shaping of the wire, which is adequate to such a soft material. But in fact it was the less ductile material D, and the improper application of this technique resulted in producing the mentioned cracks.

From previous opinions we can summarize that wires made from different types of material were most likely produced at a special period of time in different production centres. These centres supplied the semi-finished article made by different techniques, but having the same outer appearance. The silversmiths who actually made the temple rings were the last ones working with this materials.

Conclusions

Our structure examinations showed that all the examined temple rings are made of composed materials. Their cores consist of copper or Ag-Cu alloys, which were coated with a layer rich in silver. The structure analysis discovered four basic types of materials and made it possible to find plausible technologies for their production.

These results raise the question, why composed materials were used instead of pure silver. The answer can be found in two facts: A small amount of copper was apparently added to the silver to make it stiffer and more resistant. This refers most likely to material B of the initial specification. In this case the creation of a surface layer that is rich in silver can be considered as a side effect of the manufacturing technology and plays no other role, because the appearance of the core alloy does not differ significantly from that of silver. Above a certain limit of copper contents in the alloys these technical reasons have no sense, and high contents of copper in the core of materials B_v, C, and D or pure copper in material A probably have economical reasons, i. e. to make the final product cheaper. Considering this aspect, the main aim of the silver layer is to hide the properties of the core and make the outside look like silver.

From what we have found out about the manufacturing technologies it follows that for the production of the materials not only sufficient skill of the craftsman was required, but that also a certain specific metallurgical and chemical knowledge was necessary. It is not likely that this knowledge was limited only to the production of the materials for temple rings. It is probably the result of empirical experience that was collected by craftsmen dealing with alloys in several production centres for a long period. From this we can expect that many other products looking like silver might consist of similarly composed materials.

The presented facts show that the technologies used for the fabrication of the material for temple rings cannot be considered to be primitive, and the simple form of this ornament is not the possible consequence of a local decay in metalworking. On the contrary, it is highly probable that the described techniques used the experience of craftsmen of preceding historical periods, and the production of temple rings was itself a part of exchange of materials between several production centres.

Deutsche Zusammenfassung

Metallographie und Mikroanalyse mittels Elektronensonde des Materials der silbernen Schläfenringe aus dem slawischen Gräberfeld von Mušov, Tschechische Republik

Das slawische Gräberfeld von Mušov wurde in den Jahren 1980–83 auf dem Gebiet des ehemaligen Dorfes Mušov (Muschau), Bez. Břeclav, Tschechische Republik fast zur Gänze ausgegraben. Dabei wurden 259 Bestattungen freigelegt, von denen eine kleine Gruppe in die Zeit des Großmährischen Reiches datiert werden kann, während der Großteil jünger ist und aus der jüngeren Burgwallzeit Mährens stammt. Dabei wurden zahlreiche Schläfenringe der verschiedensten Formen und Materialien (Silber, Blei und verschiedene Kupferlegierungen) gefunden. Sie lagen vorwiegend neben den Schläfenbeinen des Schädels, immer in einer geraden Zahl, meist waren es einige Paare.

Während man sich mit der Datierung, Trageweise und der sozialen und ökonomischen Funktion dieser einfachen Schmuckform eingehend auseinandersetzte, wurde dem Ausgangsmaterial und den damit verbundenen Fertigungstechniken nur wenig Bedeutung zugemessen.

Um die Frage zu klären, ob diese Schläfenringe mittels altbekannter Techniken hergestellt wurden, führten wir eine eingehende metallurgische Untersuchung durch. Für diese Untersuchungen wurden nur solche Schläfenringe herangezogen, deren Oberfläche silbern scheint.

Die Oberfläche wurde mittels eines optischen Mikroskops untersucht, spezielle Teile mittels Elektronenmikroskop. Für die Mikroanalyse der Struktur wurden einzelne Proben entnommen und untersucht.

Die Oberflächenuntersuchung ergab, daß der Draht, aus dem die Schläfenringe gefertigt waren, mittels verschiedener Techniken hergestellt worden war, einerseits durch das Rollen zwischen zwei flachen Platten, andererseits mittels Drahtzieheisen. Es zeigte sich, daß einige kompakt aussehende Stücke aus zwei verschiedenen Materialien hergestellt waren. Der Kern bestand aus einer Legierung, während die Oberfläche aus Silber war.

Die Untersuchung der Struktur des Drahtes ergab verschiedene Materialien, die in vier Gruppen geteilt wurden. Material A besteht aus einem Kupferkern, der von einer Silberfolie umhüllt ist. Material B besteht ganz aus Silber. In diese Gruppe wurden auch Legierungen aufgenommen, die geringen Anteil an Kupfer hatten. Material C besteht aus einer hypereutektischen Silber-Kupfer-Legierung mit einer dünnen Silberschicht an der Oberfläche, und Material D aus einer hypoeutektischen oder eudektischen Silber-Kupfer-Legierung mit einer dicken Silberschicht an der Oberfläche. Nur der Schläfenring 97/82 hatte einen Kern und eine Oberfläche, die beide Silber-Kupfer-Legierungen waren.

Um den Draht herzustellen, wurde zunächst ein stabförmiger Barren vor allem durch Hämmern in die Länge gezogen. Die endgültige Formung des Drahtes erfolgte durch Ausrollen zwischen zwei Platten oder mittels Zieheisen. Während der Bearbeitung des Barrens mußten verschiedene Schritte wiederholt werden. Auf das Hämmern erfolgte eine Erhitzung. Während dieser Erhitzung oxidierten, im Gegensatz zu reinem Silber, die Silber-Kupfer-Legierungen. Bei Material B und C wurde dieser Vorgang dazu benutzt, eine Oberfläche aus reinem Silber zu schaffen, indem die Kupferoxide, die sich an der Oberfläche bildeten, entfernt wurden. Welches chemische Mittel dazu verwendet wurde, können wir nicht feststellen. Material D scheint durch das Eintauchen des Drahtes in geschmolzenes Silber hergestellt worden zu sein. Um die nötige Dicke der Silberauflage zu erreichen, mußte dieser Vorgang wohl mehrmals wiederholt werden.

In acht Gräbern wurden mehr als ein Schläfenring mit silbriger Oberfläche gefunden. In sieben Gräbern scheinen Paare auf, die sich in Größe und Ausführung ähneln. Wenn man annimmt, daß eine Frau zu speziellen Gelegenheiten ein Paar Schläfenringe bekam, liegt der Schluß nahe, daß diese beiden Schläfenringe zur selben Zeit vom selben Handwerker gemacht wurden. Wenn wir uns vorstellen, daß dieser Handwerker auch den Draht hergestellt hat, müssen die beiden Schläfenringe wohl aus demselben Draht sein. Aber unsere Untersuchungen ergaben, daß in fünf von den sieben Fällen dies nicht der Fall war. Wir kommen deshalb zu der Schlußfolgerung, daß der Draht nicht direkt vor der Herstellung der Schläfenringe speziell für diese angefertigt wurde, und daß verschiedene Drahtarten zur gleichen Zeit verwendet wurden. Deshalb ist anzunehmen, daß der Hersteller des Drahtes und der Schläfenringe verschiedene Personen waren. Möglicherweise ließ sich sogar der Feinschmied vom Aussehen des Drahtes täuschen, sodaß er die falsche Herstellungstechnik für ein bestimmtes Material verwendete, was einige Sprünge und sonstige Fehler der Schläfenringe erklären würde.

Alle untersuchten Schläfenringe bestanden aus zusammengestzten Materialien. Die Frage, warum nicht alle Schläfenringe aus Silber hergestellt wurden, kann damit beantwortet werden, daß eine Beimengung von Kupfer den Draht widerstandsfähiger machte und die Kosten senkte, während der Silberüberzug einen Schläfenring aus reinem Silber vortäuschen sollte.

Die Untersuchungen der Herstellungstechnolgien ergaben, daß nicht nur ausreichendes Geschick des Handwerkers notwendig war, sondern auch spezielles metallurgisches und chemisches Wissen. Dieses wurde wahrscheinlich nicht nur für die Herstellung von Schläfenringen angewandt, sondern ist das Ergebnis der Erfahrung, die von den Handwerkern, die sich in verschiedenen Produktionszentren mit Legierungen beschäftigten, während eines längeren Zeitraumes gewonnen wurde. Deshalb kann auch die einfache Form des Schläfenringes nicht als Resultat des Verfalls der metallbearbeitenden Techniken angesehen werden.

Anmerkungen

[1]) D. Jelínková, Výzkum slovanského pohřebiště v Mušově (okr. Břeclav), Přehled výzkumů 1980, Brno 1982, 33, obr. 14. – Idem, Pokračování výzkumu slovanského pohřebiště v Mušově (okr. Břeclav), Přehled vzkumů 1981, Brno 1983, 48, obr. 28/4–7. – Idem, Třetí výzkumná sezóna slovanského pohřebist ě v Mušově (okr. Břeclav), Přehled vzkumů 1982, Brno 1984, 38, obr. 15. – Idem, Ukončení výzkumu slovanského pohřebiště v Mušově (okr. Břeclav), Přehled výzkumů 1983, Brno 1985, 49–50.

[2]) K. Ludikovský, R. Snášil, Mladohradištní kostrové pohřebiště ve Velkých Hostěrádkách, Stud. arch. úst. ČSAV Brno 2/4, 1974, 33 -37.

[3]) Ibidem, 38.

[4]) A. Oddy, The Production of Gold Wire in Antiquity, Gold Bulletin 10/3, 1977, 70–87.

[5]) H. Cope, Surface-silvered Ancient Coins. In: E. T. Hall, D. M. Metcalf (ed.), Method of Chemical and Metallurgical Investigation of Ancient Coinage. A Symposium held by the Royal Numismatic Society at Burlington House, London 9–11 December 1970, Royal Numismatic Society Special Publication 8, 1972, 261–278.

[6]) Ludikovský, Snášil, note 2.

[7]) M. Hansen, K. Anderko, Contribution of Binary Alloys, New York 1958.

Besprechungen und Anzeigen

CHRISTIAN JEUNESSE, PRATIQUES FUNERAIRES AU NEOLITHIQUE ANCIEN. Sépultures et nécropoles danubiennes 5500–4900 av. J.C. 68 Seiten, 44 Abbildungen, Editions Errance, Paris 1997.

Dieses neue Buch von Ch. Jeunesse im handlichen, großen Taschenbuchformat scheint sich bewußt nicht nur an die Fachkollegen, sondern auch an interessierte, einschlägig vorgebildete Laien zu wenden. Der Autor selbst bezeichnet sein Werk als eine vorläufige Synthese am Beginn einer vielleicht beginnenden schwerpunktmäßigen Gräberforschung in Mitteleuropa und zeigt sich darin als einer der profundesten, wenn nicht sogar als derzeit bester Kenner der gesamten europäischen Literatur zu diesem Thema.

Vermutlich aufgrund der angestrebten und infolge des flüssigen Stiles auch erreichten guten Lesbarkeit des Textes ist die Gesamtgestaltung des Buches für eine wissenschaftliche Arbeit eher ungewöhnlich. So hat Ch. Jeunesse die Kapitel und Unterkapitel nicht numeriert, sondern diese mit teilweise recht griffigen Überschriften versehen. Innerhalb des Textes verzichtete er – wohl ebenfalls zugunsten der besseren Lesbarkeit – auf jede Art der Zitation. Nur gelegentlich werden einzelne Forscher oder deren Werke genannt, die entsprechenden Zitate sind dann in einer der drei Bibliographien im Annex zu suchen. Dieser besteht aus einem umfassenden Katalog der linearbandkeramischen Bestattungen mit Kurzdokumentation und Literaturhinweisen, einem gleichartigen Katalog für die mesolithischen Gräberfelder und Einzelbestattungen sowie einer Biographie, die wiederum in eine selektive Biographie nach Themen mit kommentierten Literaturhinweisen und in eine allgemeine Biographie – alphabetisches Literaturverzeichnis – zerfällt, eine insgesamt sehr wertvolle Zusammenstellung.

Nach einem einleitenden Abriß über die Forschungsgeschichte gibt C. Jeunesse einen kurzen Überblick über die Chronologie und den kulturellen Rahmen des „néolithique ancien danubien“ also des älteren danubischen Neolithikum. Diese Bezeichnung ist im deutschen Sprachraum unüblich. Er meint damit die Kultur der Linearbandkeramik und zwar nur der westlichen im Sinne von J. Lichardus.

Unter dem Titel „Eine reiche Dokumentation“ gibt der Autor einen knappen Überblick über die linearbandkeramischen Bestattungen, wobei er meint, daß die Linearbandkeramik mit etwa 2500 Gräbern zu den diesbezüglich bestausgestatteten Kulturen gehört. Diese Meinung kann ich nicht teilen, wenn ich bedenke, daß das frühbronzezeitliche Gräberfeld von Franzhausen im Traisental, Niederösterreich, allein bereits fast ebensoviele Bestattungen ergeben hat. Bei der Beurteilung der österreichischen Fundsituation hat sich m.E. ein kleiner Fehler betreffend die neu untersuchten Gräber von Klein-Hadersdorf eingeschlichen: es gibt m.W. nur **ein** Grab und nicht **einige**, das mit großer Wahrscheinlichkeit als altbandkeramisch (Phase I nach Tichý) zu bezeichnen ist.

Eine wertvolle Ergänzung ist das Kapitel mit dem Überblick über den Bestand, die Grabsitten sowie die Datierung der mesolithischen Gräber in Europa. Nach den wenigen C 14-Daten scheint es derzeit so, daß das Phänomen der mesolithischen Gräberfelder in den Randlagen Europas erst gleichzeitig mit der Neolithisierung in Zentraleuropa auftritt. Aufgrund dieser zeitlichen Parallelität wird eine Ableitung der bandkeramischen Gräberfelder aus den mesolithischen sehr unwahrscheinlich, es dürfte sogar eher die umgekehrte Auswirkung vorliegen.

Das Kapitel über die wichtigsten Aspekte der bandkeramischen Bestattungspraxis bringt eine ausführliche Übersicht über alle verfügbaren Informationen zu diesem Thema. Ich möchte davon nur die mir am wesentlichsten scheinenden neuen Ansichten herausgreifen.

So zeigt Ch. Jeunesse, daß es am Westrand des bandkeramischen Verbreitungsgebietes und zwar im Pariser Becken und Umgebung eine sonst in dieser Kultur bisher unbekannte Art von Bestattungsplätzen gibt, die kleinen Grabgruppen in unmittelbarer Nähe der Siedlung. Große Gräberfelder sind aus dieser Region unbekannt, nicht aber die aus dem gesamten Verbreitungsgebiet nachgewiesenen Einzelbestattungen innerhalb der Siedlung.

Die Interpretation der menschlichen Skelettreste in Höhlen und der Leergräber im Sinne einer Stufenbestattung findet Ch. Jeunesse nicht ausreichend genug begründet. Er sieht in den Höhlengräbern wie z. B. Tiefenellern eher Ossuarien, die zeigen, daß wohl ein nicht unbeträchtlicher Teil der damaligen Bevölkerung nicht auf – nach unseren Begriffen – „normale“ Weise bestattet wurde.

Weitere Abschnitte dieses Kapitels beschäftigen sich mit der internen Organisation der Gräberfelder, der Körper – und Brandbestattung, der Grabarchitektur, der Behandlung des Körpers, der Grabausstattungen sowie der geschlechts- und altersspezifischen Unterschiede, wobei er besonders auf die zahlreichen neuen teilweise reich ausgestatteten Kindergräber eingeht.

In dem Kapitel über „die regionalen Bestattungstraditionen oder die zerbrochene Einheit“ beschreibt er die beiden von ihm innerhalb der Linearbandkeramik festgestellten Bestattungstraditionen etwa wie folgt:

Tradition I (Pariser Becken, Oberelsaß, Donauraum ?) zeigt eine stärkere Standartisierung in Körperhaltung und Orientierung mit einer Dominanz von schmuckführenden Gräbern gegenüber jenen mit Geräten, einem hohen Anteil von Gräbern mit Ockerstreuung und dem Nachweis von Knochenidolen.

Tradition II (Unterelsaß, Niederrhein bis in den Osten Deutschlands) zeigt vielfältigere, auch antipodische Orientierung, variablere Körperhaltung bis Strecklage, eine deutliche Dominanz der geräteführenden Gräber, selten Ockerstreuung. Insgesamt wäre in dieser Tradition die autochthone Komponente stärker spürbar, gleichzeitig aber auch die größere Offenheit gegenüber Neuerungen.

Insbesondere aufgrund der erst innerhalb des letzten Jahrzehntes ergrabenen und teilweise erst jüngst publizierten Gräberfelder im Elsaß, in Baden und in Bayern entwirft der Autor in dem Abschnitt über das Gräberfeld und die Gesellschaft zwei neue Modelle der sozialen Organisation, die auf der Unterscheidung von zwei deutlich verschiedenen Ensembles von Gräberfeldern beruhen. Modell A, basierend auf den Nekropolen der älteren (Flomborn, Sondershausen) und mittleren Linearbandkeramik (Nitra), zeigt eine nur wenig differenzierte Gesellschaft mit geringem Ausdruck von Reichtum besonders bei älteren, männlichen Personen. Modell B, basierend auf Nekropolen der mittleren (Mulhouse-Est) und besonders der jüngeren und späten Linearbandkeramik des Rhein-Mosel-Gebietes, des Pariser Beckens und Bayerns, weist stärkere soziale Unterschiede auf. Innerhalb der Gräberfelder sind immer wieder kleine Gruppen reicher Gräber mit teilweise kriegerischen Attributen festzustellen. Die reichste Ausstattung erhielten zwar wiederum überwiegend Männer, aber mehrfach auch Frauen und besonders Kinder. Gerade letzteres Phänomen läßt den Autor auf die Vererbbarkeit von Privilegien innerhalb der Gesellschaft schließen. Für die in den Gräberfeldern festgestellte Hierarchie sieht Ch. Jeunesse auch Parallelen in der Siedlungsstruktur (Beständigkeit des Hofplatzes, Verringerung der Anzahl der Großbauten) und kommt dann zu dem Schluß, daß nicht mit einer kontinuierlichen Entwicklung von geringer zu stärkerer sozialer Differenzierung zu rechnen wäre, sondern mit Oszillationen zwischen Momenten größerer und geringerer Differenzierung. Ausschlaggebend für diese Überlegung waren wohl die leider noch immer unpublizierten, besonders reich ausgestatteten Gräber der ältesten Linearbandkeramik von Vedrovice in Mähren.

Schließlich stellt der Autor in einem größeren Kapitel, aber dennoch eher summarisch die 15 in den Jahren 1994/95 ausgegrabenen Gräber von Ensisheim „Les octrois“ vor und bringt sie in Zusammenhang mit den bereits publizierten 22 Gräber von dieser Fundstelle. Mit nun bis 1995 insgesamt 37 untersuchten Gräbern gehört Ensisheim zu den kleinen Nekropolen, die aber mit Ausnahme der geringen Keramikfunde dem Schnitt der übrigen Gräber des Oberelsaß entsprechen (Tabelle). Ch. Jeunesse sieht in diesem Gräberfeld das derzeit repräsentativste Beispiel seiner Bestattungstradition I. Wegen des Fehlens von datierender Keramik sah sich der Autor zu einem grundsätzlichen Exkurs über die Datierungsmöglichkeiten durch andere Ausstattungsobjekte veranlaßt. Entscheidend erwies sich in diesem Fall die Datierung des Spondylusschmucks. Während G. Gallay bei der Veröffentlichung der ersten 22 Gräber von Ensisheim gerade wegen des Spondylusschmucks für eine Frühdatierung der Gräber eintrat, führt nun Ch. Jeunesse eine ganze Reihe von Argumenten an, die für eine Datierung des Gräberfeldes in die jüngere bzw. Endphase der Linearbandkeramik dieser Region sprechen.

In den abschließenden Kapiteln faßt der Autor die wesentlichsten Aussagen des Buches nochmals zusammen und gibt schließlich unter dem Titel „Die symbolische Dimension“ noch einen sehr engagierten Ausblick. So hält er es für die zukünftige Forschung für unerläßlich, die seines Erachtens bisher dominanten materialistischen Arbeitshypothesen zu widerlegen. Dabei betont er besonders, daß es keine einfache Relation zwischen sozioökonomischer Entwicklung und der Entwicklung der Bestattungspraktiken gibt. Er erläutert dies an zwei Beispielen und zieht daraus auch drei Schlüsse für die Zukunft, von denen mit der letzte am wichtigsten erscheint. Darin fordert er eine Abkehr von früheren Vorurteilen und eine mehr empirische Annäherung an die Materie auf der Basis möglichst großer Inventare und daraus die Aufdeckung der Beziehungen zwischen Bestattungspraktiken und der Gesellschaft in ihrer Gesamtheit.

Ein überaus anregendes Buch mit vielen, interessanten Überlegungen, die wohl auch manchen Widerspruch hervorrufen werden; aber genau das bewirkt lebendige, spannende Forschung.

Eva Lenneis

JURAJ PAVÚK, ŠTÚROVO. EIN SIEDLUNGSPLATZ DER KULTUR MIT LINEARKERAMIK UND DER ŽELIEZOVCE-GRUPPE. Mit Beiträgen von Ludovík Husák und Małgorzata Kaczanowska. Archaeologica Slovaca Monographiae, Band 4. 284 Seiten, 77 Tafeln, 71 Abbildungen, 5 Beilagen. Arch. úst. SAV, Nitra 1994.

Diese monographische Bearbeitung der Siedlung von Štúrovo hat zwar fast dreißig Jahre gedauert, aber das Warten hat sich gelohnt. J. Pavúk zeichnet in diesem Buch ein sehr umfassendes Bild einer leider nur teilweise untersuchten Siedlung der jüngeren Linearbandkeramik und der Želiezovce-Gruppe unter Bezugnahme auf alle wichtigen Forschungsergebnisse zu dieser Kultur in Europa. Basis hiefür ist eine sehr ausführliche Dokumentation der Funde und Befunde sowie deren eingehende Analyse, die hier naturgemäß nur andeutungsweise wiedergegeben werden kann.

Die Siedlung lag am Rand der Niederterrasse der Donau, die hier 15 m tiefer fließt und eine 300–1250 m breite Aue bildete. Das Gesamtausmaß der Siedlung dürfte etwa 200.000 m^2 betragen haben, wovon zwischen 1965–67 in teilweise sehr schwierigen Rettungsgrabungen 19.000 m^2 von V. Némejcová-Pavuková und J. Pavúk untersucht wurden. Sowohl der Boden als auch das Klima boten optimale Bedingungen für die Landwirtschaft, was wohl ein Grund für die Besonderheiten dieses Platzes sein dürfte. Umso erstaunlicher ist, daß auch diese Siedlung am Ende der klassischen Phase (II b) der Želiezovce-Gruppe wie alle anderen in der Slowakei aufgegeben wurde.

Die besonders günstige Lage dürfte wohl die dichte Bebauung dieses Platzes bewirkt haben, sodaß bis zu drei Häuser an nahezu der gleichen Stelle und fast achsengleich gebaut wurden. J. Pavúk hat diese einander überlagernden Grundrisse mit übersichtlichen Abbildungen sehr überzeugend geordnet, ausführlich diskutiert und mit allen verfügbaren Maßangaben dokumentiert. Er stellte insgesamt vier Haupttypen der Hausgrundrisse fest, je zwei für die jüngeren Linearbandkeramik und die Želiezovce-Gruppe, als deren Gemeinsamkeit man die deutlich feststellbare Tendenz zu gleichmäßigen Jochabständen von etwa 3 m beobachten kann. Die Großbauten mit Mehrfachpfosten im Südteil für den Speicherboden sind in der Želiezovce-Gruppe nicht mehr vorhanden. Der Speicher im Haus dürfte durch im Querschnitt trapezförmige Speichergruben mit kreisförmigen Böden ersetzt worden sein. Diese Gruben werden ebenso wie alle anderen Grubenarten genau dokumentiert und diskutiert. In einigen wenigen fanden sich auch menschliche Bestattungen.

Von den Funden sei zunächst die beachtliche Anzahl von über 5000 Tierknochen hervorgehoben, anhand derer der Autor auch Überlegungen hinsichtlich der Anzahl der konsumierten Tiere anstellt. Aufällig ist die in dieser Siedlung besonders ausgeprägte Dominanz der Haustiere mit über 97 % (nach der Knochenzahl) sowie der Rinder mit fast 65 %.

Die von M. Kaczanowska bearbeitete, mit 219 Stück nicht allzu zahlreiche Spaltindustrie, zeigt die typische Struktur einer Siedlung weitab von Rohmaterialvorkommen. Dieses Rohmaterial stammt nur zu einem ganz geringen Teil aus der näheren Umgebung (7,3 %), den Hauptanteil stellt der Radiolarit aus den Weissen Karpaten (41,9 %), gefolgt von polnischem Jura-Feuerstein (28,3 %) und Obsidian (22,3 %). Die Autorin gibt auch eine kurze Analyse des Gerätspektrums, in dem die Kratzer mit Abstand dominieren (47 %).

Bei den Felsgesteingeräten ist allein deren extrem geringe Anzahl im Vergleich mit anderen, zeitgleichen Siedlungen auffällig. Reichlicher vertreten sind mit 60 Stück die Knochen- und Geweihgeräte.

Als Basis für die Chronologie dieses Siedlungsplatzes diente die mit einem eigenen numerischen Code beschriebene verzierte Keramik. Die Inhalte von 199 der insgesamt 316 Gruben konnten so einer Korrespondenzanalyse nach dem Programm KORAN von A. Zimmermann unterzogen werden. Die Seriation ergab für diese Grubeninhalte der jüngeren Linearbandkeramik und der Želiezovce-Gruppe eine gleichmäßige Parabel, die eine chronologische Entwicklung der Siedlung in völliger Übereinstimmung mit der allgemeinen Chronologie des Karpatenbeckens zeigt.

J. Pavúk beschreibt sehr ausführlich alle für die Seriation verwendeten technischen Zierlemente und Ziermotive und stellte diese auch in übersichtlichen Abbildungen zusammen. Die ebenso dokumentierten Gefäßformen sowie die verschiedenen Elemente der Grobkeramik konnten aufgrund ihrer jeweils zu geringen Zahl nicht für die Seriation verwendet werden. Die so herausgearbeiteten vier Merkmalsgruppen dienten als Ausgangspunkt für die Analyse der Siedlungsentwicklung.

Für diese Analyse war aber auch die besondere Struktur dieses Siedlungsplatzes zu berücksichtigen. J. Pavúk betont, daß das auf der Aldenhovener Platte entwickelte Hofplatzmodell in Štúrovo nicht anwendbar ist. Bei dem untersuchten Siedlungsabschnitt gruppieren sich deutlich fünf Bauareale um eine unverbaute Fläche. Diese Bauareale mit einem Umfang von 2000–3000 m^2 waren nicht immer alle bebaut. Der Autor konnte insgesamt zehn Siedlungshorizonte durch die Kombination der Daten aus den Längsgruben mit der horizontalen und vertikalen Stratigraphie erschließen. Nur jeweils 2–6 Häuser bestanden in einem Siedlungshorizont (Abb. 63–71).

Leider gibt es aus dem reichen Material dieses Platzes nur zwei C14-Daten. Diese sind überdies gut versteckt in dem Unterkapitel „Vorratsgruben außer der Želiezovce-Gruppe“ auf S. 91 zu finden.

Ein eigenes Kapitel widmet J. Pavúk der Linearbandkeramik, wobei er sich teilweise sehr kritisch mit den von den einzelnen Autoren erarbeiteten Bauphasen auseinandersetzt. Er kommt dabei zu dem Schluß, daß in Štúrovo ebenso wie auf anderen Plätzen (besonders Bylany, Langweiler 2 und 9) eine planmäßige Entwicklung der Siedlung erkennbar ist, wobei selbständige Bau- und Wohnareale durch lange Zeit erhalten blieben. Eine wesentlich andere Entwicklung wäre nur in Sittard durch die deutliche Verlagerung der Bebauung in einer Richtung festzustellen.

Ein weiteres, auf die gesamte Linearbandkeramik bezogenes Kapitel widmet sich der sozioökonomischen Struktur der Siedlungen, in dem viele wichtige Fragen wie die Funktion der Großbauten, die geschätzte Bewohnerzahl der Siedlungen usw. angesprochen und diskutiert werden. Anhand insbesondere der Befunde von Štúrovo meint der Autor eine wichtige Veränderung in der Vorratshaltung der Siedlungen an der Wende von der jüngeren Linearbandkeramik zur Želiezovce-Gruppe feststellen zu können. Die gemeinsame Vorratshaltung könnte durch individuelle Lagerung des Getreides in den Vorratsgruben östlich/südöstlich der Häuser ersetzt worden sein.

Das neue Buch über Štúrovo stellt nicht nur eine sehr umfassende Monographie eines besonders interessanten Siedlungsplatzes des mitteleuropäischen Frühneolithikum dar, sondern bietet darüber hinaus viele anregende und wertvolle Überlegungen zu dieser Epoche.

Eva Lenneis

BERND ZICH, STUDIEN ZUR REGIONALEN UND CHRONOLOGISCHEN GLIEDERUNG DER NÖRDLICHEN AUNJETITZER KULTUR. Vorgeschichtliche Forschungen Band 20. 738 Seiten plus 80 Tafeln, 114 Karten und 14 Beilagen. Verlag Walter de Gruyter, Berlin, New York 1996.

Bei diesem vom Umfang her durchaus als monumental zu bezeichnenden Werk handelt es sich um eine von H. Hänsel angeregte und betreute Dissertation an der Freien Universität Berlin, die 1991 approbiert worden ist. Der Fundortkatalog und die Literaturaufnahme wurden, wie im Vorwort mitgeteilt wird, bereits 1988 abgeschlossen und nur in berücksichtigungswürdigen Einzelfällen ergänzt.

Obwohl sich das Thema der Studie auf das Gebiet der nördlichen Aunjetitzer Kultur bezieht, wurden auch österreichische Arbeiten in die Untersuchung einbezogen. Als Kontaktperson für Österreich findet sich im Vorwort W. Hicke (Eisenstadt), dem „hilfreiche Informationen“ verdankt werden. Im Rahmen dieser Rezension soll besonders auf die ostösterreichischen Exkurse eingegangen werden.

Ein eigenes Unterkapitel der Forschungsgeschichte ist Niederösterreich gewidmet (S. 9–11), in der ausgehend von M. Hoernes ausführlich die regionale Differenzierung der „Südgrenze der Mönitzer Kultur“ von Osw. Menghin aus dem Jahre 1915 referiert wird. Es folgen die Arbeiten von H. Mitscha-Märheim, der 1929 erstmals versuchte, die niederösterreichische Aunjetitzer Kultur in drei Stufen zu gliedern. Mitscha-Märheim, der eher ein historisch denkender Archäologe als ein Feintypologe war, wendete dabei, wie so oft und für viele Epochen der österreichischen Urgeschichtsforschung geradezu kennzeichnend, die Ergebnisse der benachbarten, in diesem Falle tschechischen Forschung auf das österreichische Material an und übernahm deren damals gängige Dreiteilung.

Die Studien von K. Willvonseder und E. Beninger stammen aus den 30er Jahren, wobei sich Willvonseder trotz guter Kenntnisse des Karpatenraumes stärker an den Ergebnisse der süddeutschen Forschung orientierte. In diese Zeit fällt auch der Beginn des für die Frühbronzezeit Ostösterreichs charakteristischen „Sprachenbabylons“ (welches lediglich vom Spätneolithikum übertroffen wird). So schlägt beispielsweise Willvonseder (Bücher z. UFG 3–4, 1937, 29) die Bezeichnung „Böheimkirchner *Kultur*“ vor, eine Kulturgruppe, die heute von J.-W. Neugebauer als „Böheimkirchner *Gruppe* der Věteřov Kultur“ (Wiss.Schr.NÖ. 98–101, 1994, 119) bzw. von Z. Benkovsky-Pivovarová als „*Typus* Böheimkirchen des Kulturkreises Mad'arovce-Věteřov-Böheimkirchen“ bezeichnet wird (SlA 29, 1981, 17). Ähnliches gilt auch für die Wieselburger Kultur(gruppe), der Leitha(prodersdorf)-Gruppe und andere mehr.

Den Wert der Studie zumindest für den peripheren südlichen Bereich stark beschränkend ist der Umstand, daß von den „jüngeren Bearbeitungen der niederösterreichischen“ Bronzezeit lediglich Arbeiten aus den 60er und 70er Jahren aufgenommen wurden (S. 10). Als jüngste Arbeit findet sich in diesem Unterkapitel ein Aufsatz von J.-W. Neugebauer aus dem Jahre 1979. Daß die heute kaum mehr beachteten Grabungen von E. Beninger in Großmugl aus den 30er Jahren innerhalb der „frühbronzezeitlichen Siedlungsforschung in Niederösterreich“ eine „besondere Beachtung verdient“ (S. 11), schmerzt die heute in der Denkmalpflege tätigen Prähistoriker wohl sehr (vgl. dazu beispielsweise Neugebauer, a. a. O., Abb. 57, mit eindeutigem Hinweis auf die von Beninger 1941 „fehlgedeuteten“ Siedlungsfunde).

In den folgenden Kapiteln finden sich kaum Hinweise auf Ergebnisse niederösterreichischer Forschungen, wenn man von Darlegungen absieht, „die in vorliegendem Zusammenhang [zu Recht] unberücksichtigt bleiben" (S. 41, Fußn. 4). Eine Ausnahme bilden die im abschließenden Unterkapitel der Forschungsgeschichte erwähnten und mit Recht hervorgehobenen Kombinationstabellen von H. Adler, die eine Zweiteilung der Subphase von Bz A1 nahelegten (S. 22 f.).

Die vorliegende Studie kann als geradezu klassisches Beispiel einer traditionellen chronologisch-chorologischen Analyse gelten; daß dabei die „typologische Ordnung des Fundmaterials [...] die unabdingbare Voraussetzung für die Erarbeitung einer regionalen und chronologischen Gliederung" darstellt (S. 39) erscheint ebensowenig überraschend, wie die Aussage, daß „neben Keramikgefäßen [...] zum Fundgut Aunjetitzer Gräber häufig Metallerzeugnisse, die mehrheitlich aus Bronze [...] gefertigt wurden" gehören (S. 195). Daß die kombinationsstatistische Analyse der Fundvergesellschaftungen mit Ausnahme der sog. Serie Sachsen dabei jedoch nicht mit einer „vollautomatischen Seriation" durchgeführt, sondern „abgesehen von der Eingabe [...] ‚per Hand' durchgeführt" (S. 254, Fußn. 14) worden ist, erscheint bei der Fülle des verwendeten Fundmaterials doch erstaunlich. „Diese Art der Bewältigung erwies sich in hohen Maße als praktikabel, da sie gegenüber den herkömmlichen Möglichkeiten bei der Erstellung einer kombinationsstatistischen Tabelle dennoch erhebliche Vorteile bietet, die da sind: volle Bewegungsfreiheit beim Verschieben sowohl der geschlossenen Funde als auch der Typen/Varianten und Aussonderung nicht relevanter Komplexe und Formen." (a. a. O.) Es wird sich zeigen, inwieweit die gewonnenen Ergebnisse bei Anwendung moderner quantitativer Methoden (Seriation, Clusteranalyse etc.), die die Spatial Archaeology verlangt, verifiziert werden können.

Doch zurück zum vorliegenden relativchronologischen Ergebnis der Studie, die die Circumharzer (Rez. würde eine dem Fremdsprachen-Duden entsprechende Schreibweise Zirkumharzer bevorzugen) Gruppe und die schlesische Gruppe jeweils als fünfstufig ausweist. Bei dem Versuch einer Parallelisierung mit dem für den süddeutschen Raum gültige System von P. Reinecke zeigt sich, daß die Stufen 2 und 3 weitgehend der Subphase Bz A1, die Stufe 4 der Subphase Bz A2 und die Stufe 5 an die Wende von BzA2 und B1 datiert. Die Stufe 1 wird noch in das Spätneolithikum datiert. Die sächsischen Gruppen sind dagegen vierstufig: der Reinecke A1-zeitlichen Stufe 2a und 2b folgt die A2-zeitliche Stufe 3. Die darauffolgende Stufe 4 wird parallel zur Stufe 5 der Circumharzer und schlesischen Gruppe gesetzt; das heißt, in den sächsischen Gruppen kommt es zu einem Retardieren – die Stufen 3 setzten im Unterschied zum Zirkumharzer Raum und Schlesien erst in der Subphase Bz A2 ein; ob eine Stufe 5 in der Mittelbronzezeit folgt, erscheint fraglich; wird zumindest in der Übersichtstabelle (Abb. 13) mit „?" dargestellt.

Probleme entstanden, was durchaus nicht überrascht, bei dem Versuch die relativchronologischen Ergebnisse der nördlichen Aunjetitzer Kultur mit dem für Süddeutschland geschaffenen Reinecke System zu verbinden. Die Untergliederung der modifizierten frühesten Reinecke Phasen, wie dies W. Ruckdeschel 1978 für Bayern vorschlug, findet sich in der sonst recht anschaulichen Übersichtstabelle, nicht. Hier wird auf eine 1924 von Reinecke im Rahmen eines Vortrages gehaltene Gliederung zurückgegriffen (Abb. 13). Als Grund dafür könnten die „besonderen Schwierigkeit[en]" gelten, da „aus dem Aunjetitzer Material der ‚älteren' Stufen keine eindeutigen Belege" vorliegen, „die eine Parallelisierung mit dem modifizierten Reinecke-System" erlauben. (S. 343). „Es gibt jedoch", so schreibt Zich weiter, „[...] gute Gründe, das ältere Aunjetitz noch vor die Stufe BrA zu datieren" (S. 343). Er übernimmt dabei J. Ondráceks Stellung der Protoaunjetitzer Kultur, einer Kulturphase, die heute meist mit Gemeinlebarn I bzw. Ruckdeschel Bronzezeit A1a verglichen wird. Letztendlich erscheint es eine Diskussion um Kaisers Bart, ob diese Protoaunjetitzer Phase noch der Reinecke Phase Bronzezeit A1 angehört oder nicht. Es fällt auf jeden Fall auf, daß die Metallgegenstände der Subphase Bronzezeit A1a in Ostösterreich zumeist aus Kupfer und noch nicht aus Bronze hergestellt sind. Daß diese Protoaunjetitzer Phase trotzdem von der modernen österreichischen Forschung bereits der Bronzezeit und nicht der Kupferzeit zugerechnet werden, ist eines der Beispiele, das die Ur- und Frühgeschichte, wie Rez. bereits 1996 schrieb, „mit einer liebenswerten Hartnäckigkeit [...] ‚sinnlose' Begriffe" verwendet, „die geradezu kennzeichnend für unser Fach ist." (ArchNachbl. 1, 1996, 109). Viel interessanter als, ob diese Subphase noch der Kupferzeit (Spätneolithikum) oder bereits der frühesten, ausschließlich Kupfergeräte führenden Bronzezeitphase angehört – in beiden Fällen handelt es sich nämlich dabei noch um Kulturen des Kupfer-Metallikums nach Chr. Strahm –, ist die Frage nach dem absolutchronologischen Beginn der Aunjetitzer Kultur, nach der bzw. den Region(en), wo dies geschah, und nach den historischen Prozessen, welche die Grundlage dafür boten. Ähnliches gilt auch für das regional unterschiedliche Ausklingen der Aunjetitzer Kultur oder den Übergang von früher zur mittlerer Bronzezeit, der sich „nach neueren Erkenntnissen heute nicht mehr als eine scharfe Begrenzung" abzeichnet, sondern, wie Verf. völlig zu Recht festhält, „als ein allmählicher Prozeß" erscheint (S. 344). An dieser Stelle werden, was Rez. durchaus erfreut, auf die zahlreichen Arbeiten von Z. Benkovsky-Pivovarová verwiesen (S. 344, Fußnote 417). Eine Diskussion und Erörterung dieser Prozesse erfolgt jedoch nicht, ebensowenig wird die absolute Chronologie, die durchaus Thema des vorliegenden Buches wäre, behandelt. „Fragen der absoluten Datierung [...] waren für die vorliegende Analyse vollständig entbehrlich und brauchten konsequenterweise, da sie meinen Ansatz methodisch in keiner Weise gestalten halfen, auch abschließend nicht diskutiert zu werden." (S. 347). Rez. meint dagegen, daß eine Gegenüberstellung der Ergebnisse der relativchronologischen Reihungen mit kalibrierten Radiokarbondaten durchaus eine Verifikation bzw. Falsifikation erbringen hätte können. Ein bewußter Verzicht darauf erscheint Rez. schlicht und einfach unverständlich.

Wenn nun vorliegende Rezension negativ erscheint, so wurde ein falsches Bild vermittelt. Die monumentale (4,5 kg schwere) Studie wurde lediglich aus der Sicht des im südlichen Bereich der Aunjetitzer Kultur Sitzenden besprochen; auf diese Region ist Verf. jedoch bewußt nicht eingegangen. Daß dadurch Probleme, beispielsweise bei der Verknüpfung mit der süddeutschen Chronologie entstanden, verschweigt Verf. nicht. Historische Prozesse innerhalb der nördlichen Aunjetitzer Kultur werden durchaus beschrieben. So wird beispielsweise der Sögelhorizont „als ausgesprochene Übergangserscheinung zweier Epochen" dargestellt, „die sich durch eine unterschiedliche Gesittung ausdrücken." (S. 345). Leider findet sich hier kein Hinweis, was Verf. unter dem Begriff „Epoche" versteht. Immerhin erscheint es bemerkenswert, daß eine Kultur, die Aunjetitzer Kultur, zwei „Epochen" miteinander verbindet. Ein Vergleich der hier vorgelegten und auf den sog. Serien Circumharz, Sachsen und Schlesien beruhenden „Abfolge" mit den Ergebnissen der tschechischen Forschung war dem Verf. „aus methodischen Gründen" nicht möglich, „solange [...] für die böhmische und mährische AK [Aunjetitzer Kultur] keine *straffe* typologische Gliederung des Materials vorgelegt wurde." (S. 348, Hervorhebung durch Rez.).

Einen bleibenden und fast zwei Drittel des Gesamtumfanges ausmachenden Teil stellt zweifellos der sorgfältige und gut gegliederte, auf eine umfassende Literaturarbeit zurückgehende Katalog-, Tafel- und Kartenteil dar, für dessen Erstellung auch umfangreiche Museumsbestände durchgesehen und aufgenommen worden sind. Er könnte bei Mitberücksichtigung der Befunde und der Gräberfeldpläne auch Grundlage für eine Untersuchung der Grab-, Bestattungs- und Beigabensitten darstellen. Es erscheint auch durchaus möglich, daß stratigraphische Beobachtungen in Hügelgräbern mit mehreren Bestattungen auch noch ergänzende Hinweise zur Relativchronologie ergeben könnten.

Zum Abschluß bleibt daher festzuhalten: vieles ist bereits geschehen, vieles bleibt noch zu tun. Der Bereich der nördlichen Aunjetitzer Kultur ist auf alle Fälle zu beglückwünschen, daß eine derart umfassende und übersichtliche relativchronologische Studie vorliegt.

Otto H. URBAN

BEITRÄGE ZUR URNENFELDERZEIT NÖRDLICH UND SÜDLICH DER ALPEN. Ergebnisse eines Kolloquiums. Mit Beiträgen von Monika zu ERBACH, Harry FOKKENS, Bogusław GEDIGA, Marek GEDL, Friedrich-Wilhelm von HASE, Georg KOSSACK, Larysa KRUSEL'NYC'KA, Maria NOVOTNÁ, Renato PERONI, Margarita PRIMAS, Nico ROYMANS, Thomas RUPPEL, Valentin RYCHNER, Peter SCHAUER, Biba TERŽAN, Henrik THRANE, Alexandru VULPE, Eugène WARMENBOL, Liselotte ZEMMER-PLANK. Römisch-Germanisches Zentralmuseum Monographien Band 35. XIX, 487 Seiten, zahlreiche Abbildungen und Karten. Verlag Rudolf Habelt, Bonn 1995.

Der dicke, Hermann Müller-Karpe gewidmete Band setzt spezielle Fachkenntnisse voraus. P. Schauer skizziert den derzeitigen Forschungsstand, Zielsetzung und Verlauf des Kolloquiums. Eine Menge neuen Materials befruchtete die Arbeiten der Wissenschaftler. Dendrochronologische Ergebnisse lieferten die Ausgrabungen in den Ufersiedlungen der Schweiz. Montanarchäologische Analysen arbeiten mit am Bild einer Kulturepoche, die den Karpatenraum – dort wurde auch Salz gewonnen, das für Wohlstand sorgte und Depotfunden den Hintergrund liefert – genauso einbezieht wie die Mittelmeerkulturen, speziell minoische und mykenische. Daß die skandinavischen Länder ihren Beitrag zur Erkenntnis über frühe Zeiten leisten, läßt sich am Beispiel Dänemarks und Schwedens ermessen, die Siedlungsuntersuchungen fördern.

Dem Außenstehenden werden Kulturgruppen vor Augen geführt, über die diskutiert wird: Meist anhand besonderer Keramik, deren Erscheinungsformen detailliert analysiert werden. Regionale Gruppierungen lassen sich bestimmen. Sie reichen bis zu den Pyrenäen. Die italische (nicht italienische, S. XVII) Halbinsel nimmt eine wichtige Stellung hinsichtlich der spätbronzezeitlichen Chronologie ein. (Insofern ist die Chronologie von H. Müller-Karpe korrekturbedürftig.) Von Rom erwartete man ein Siedlungskontinuum seit der Kupferzeit. Bologna, Tarent und Bari reihen sich der „ewigen Stadt“ würdig, d. h. chronologisch, an. Größenmäßige Hinweise folgen und lassen erkennen, daß die Siedlungsflächen und die Einwohnerzahl seit der mittleren Bronzezeit zunahmen (bis 100 ha). (Die Aufgabe mancher Siedlungen auf der Apenninenhalbinsel könnte durch Ernährungs- und Versorgungskrisen verursacht worden sein.) Daß es zur Ausbildung von Ober- und Untersiedlungen und zu mächtigen Verteidigungsanlagen mit bis zu 30 m breiten Gräben kommt, verdient festgehalten zu werden. Die Entwicklung des späteren Städtewesens auf italischem Boden dürfte in der Bronzezeit vorgezeichnet worden sein.

Aufschlußreich ist auch die Beobachtung, daß die Ausbildung mancher italischer Tempel auf früheisenzeitliche Vorformen zurückzuführen ist (etwa in Satricum und Ardea). Das Material ermöglichte die Feststellung von zyprischen und mykenischen Handwerkern auf Sardinien bzw. in S-Italien.

All diese Aspekte machen also den Band zu einer Fundgrube für verschiedene Ansätze.

Wer sich nicht in Einzelheiten der Forschung verzetteln will, wird die an sich schon umfangreiche Einführung von G. Kossack „Mitteleuropa zwischen dem 13. und 8. Jahrhundert v. Chr. Geb.“ (S. 1–64) – sie wird durch eine Serie von Karten, Plänen, Fundzeichnungen und Abbildungen optisch angereichert – mit Gewinn lesen (ein Ausgrabungsplan von Biskupin hätte in dem Zusammenhang die beiden Karten S. 13 Abb. 10 sinnvoll ergänzt), um von da aus auf Spezialuntersuchungen verwiesen zu werden.

Sinnvoll angelegt ist die Anordnung der auf bestimmte Regionen sich beziehenden Beiträge, die einen repräsentativen Überblick ermöglichen. Unterschiedlich der Forschungsstand und bisweilen mühsam der Zugang zu Fundmaterialien, der „zu den Bürgerrechten zählt“ (R. Peroni, S. 226). Die Situation in Österreich wird durch zwei die Bundesländer Tirol und Oberösterreich betreffende Referate beleuchtet (L. Zemmer-Plank, S. 287–306 und M. zu Erbach, S. 307–322). Die übrigen „Kulturgebiete“ innerhalb des heutigen Österreichs hat man – aus welchen Gründen? – nicht berücksichtigt.

A propòs „Kulturgebiet“ oder „archäologische Kultur“: Daß zeitliche und historische Interpretation aufgrund der zugrunde liegenden materiellen Hinterlassenschaft auf Grenzen stoßen und auch subjektive Momente enthalten, daran erinnert B. Gediga in seinen „Anmerkungen“ (S. 453 f.). Ein festes Gerüst im Rahmen eines komplexen Themas bilden die Ergebnisse dendrochronologischer Untersuchungen, über die V. Rychner übersichtlich referiert (S. 455–487).

Halten wir das Ergebnis – einen rund 2,5 kg schweren Band – kurz in den Händen: Einige Arbeiten haben beinahe den Charakter einer Monographie und sind deshalb nur in bestimmten Passagen auch les- und benutzbar. In diesen Fällen hätte es sich empfohlen, Kurzfassungen bzw. Resümees zu erstellen, wie dies z. B. B. Terzan macht (S. 361).

Bei aller Wissenschaftlichkeit und Gelehrtheit, die der Band auf überzeugende und – wie wir bewundernd hinzufügen möchten – beeindruckende Weise dokumentiert: Außer Urnenfelderzeitspezialisten wird nur derjenige auf ihn zurückgreifen, der Referenzen und Details zu einer bestimmten Fundspezies oder einem Thema sucht. Gelegenheit dazu bieten die 487 Seiten in ausreichendem Maße.

Erwin M. RUPRECHTSBERGER

JEAN-PAUL GUILLAUMET, BIBRACTE. BIBLIOGRAPHIE ET PLANS ANCIENS. Documents d'Archéologie Française Band 57. 167 Seiten mit 7 Abbildungen und 70 Plänen. Édition de la Maison des Sciences, Paris 1996.

Im vorliegenden Werk wird von J.-P. Guillaumet, dem Initiator und langjährigen Direktor des Centre Archéologique Européen du Mont Beuvray (CAE), eine übersichtliche und benützerfreundliche Zusammenstellung des bis zum Jahre 1991 erschienenen umfangreichen Schrifttums zu Bibracte, einem gallischen Oppidum der Aedui, geboten. Außerdem werden alte Pläne und Grabungsskizzen der Altgrabungen vorgelegt, so daß ein guter und rascher Überblick über die Forschungstätigkeiten des 19. bzw. beginnenden 20. Jh. gewonnen werden kann.

Der erste Teil, die mehr als 400 Einzelarbeiten umfassende Bibliographie, ist in drei Kapitel gegliedert. Das erste Kapitel umfaßt alle Forschungsarbeiten, Monographien, Artikel sowie Diplomarbeiten und Dissertationen des Zeitraums von 1840 bis 1991. Eine Durchsicht zeigt deutlich die Forschungsschwerpunkte auf dem Mont Beuvray, die einerseits zwischen die Jahre 1864 und 1908 fallen und durch die Feldforschungen von J.-G. Bulliot und seinem Neffen J. Déchelette geprägt worden sind. Anderseits ist das 1984 gestartete internationale Forschungsprojekt zu nennen, dessen erste Ergebnisse sich bereits in der vorliegenden Bibliographie finden lassen. Als Beispiele seien nur die Entdeckung des im Grundriß spitzovalen bzw. bootsförmigen, zentral gelegenen Wasserbeckens oder die Untersuchungen im Bereich eines der Haupttore, der Porte du Rebout, zu nennen. Ganz allgemein gesagt, war das Forschungsprojekt der Fragestellung der Urbanisierung gewidmet. Die ältesten, allerdings durchwegs falschen Hinweise, fanden sich bereits im Bulletin du Comité historique aus den Jahren 1840–1841 (S. 161 f.), in dem H. de Thury über römische Thermenfunde auf dem Mont Beuvray berichtete.

Zwei Gründe macht diese Bibliographie lesenswert. Erstens findet sich jeweils eine kurze und kritische Zusammenfassung der Ergebnisse der jeweiligen in die Bibliographie aufgenommenen Arbeiten aus heutiger Sicht und zweitens ein vollständiges Abbildungsverzeichnis.

Im zweiten Kapitel der Bibliographie wird die seit 1850 laufende Fachdiskussion bezüglich der Lokalisierung von Bibracte in chronologischer Reihenfolge des Erscheinungsdatums geboten, erläutert und kommentiert. Ursprünglich (1841) wurde auf dem Mont Beuvray das auf der Peutingeriana genannte Boxum lokalisiert (a. a. O., 236). Im dritten Kapitel finden sich allgemeine Schriften, wie Führer, Exkursionsberichte und Kataloge sowie eine Auswahl von Lexikonbeiträgen, bibliographisch zusammengestellt. Dieses Kapitel kann natürlich keinen Anspruch auf Vollständigkeit erheben. Ein derart bedeutender Fundplatz, wie dies Bibracte zweifellos darstellt, wird in unzähligen Arbeiten und Zusammenstellungen sowie Materialpublikationen genannt. Es erscheint aber bedauerlich, daß sich beispielsweise der gedruckte Habilitationsvortrag von J. Werner über die Bedeutung des Städtewesens für die Kulturentwicklung des frühen Keltentums (Erstveröffentlichung 1939; Nachdruck Münchner Beitr. Vor- u. Frühgesch. Erg. Bd. 2, 1979, 42 ff.), der stark auf den, wie wir heute wissen, falschen Ergebnissen der Altgrabungen von Bibracte aufbaute und über viele Jahrzehnte hin das Bild der keltischen Oppida – zumindest im deutschsprachigen Raum – prägte, in der Bibliographie nicht findet.

Im zweiten Teil der Arbeit wurden alle alten Pläne bis zum Jahre 1914 gesammelt und zum Teil in Zweifarbendruck wiedergegeben. Ein Übersichtsplan erleichtert die Auffindung, eigens angefertigte Detailpläne die Orientierung. Die älteste Skizze stammt vom 10. Juli 1627 und zeigt bereits den Verlauf der Verwallung, des murus Gallicus. Von besonders großem und dokumentarischem Wert sind die an viele Stellen verstreut veröffentlichten Befundzeichnungen und Pläne der Grabungen Bulliots und Déceletts. Ein eingangs (Abb. 3) abgebildeter Gesamtplan erleichtert ebenso wie ein übersichtlicher Sachindex das Auffinden bestimmter Fundplätze bzw. Fundbereiche, von denen sich bereits rund 40 Bezeichnungen allein im Bereich des Oppidums finden (La Terrasse, La Butte au Loup, Le Théâtre, Le Champ Place, Le Rinjart, La Cagnotte usw. usw.), wobei die Bastionen, z. B. du Champlain oder de la Comme-Chaudron, nicht mitgezählt wurden. Der Index umfaßt auch die Abbildungsverzeichnisse im ersten Teil der Arbeit.

Im Anhang findet sich weiters eine Zusammenstellung aller Originalmanuskripte der beiden Erstausgräber, die sich in der Basis des CAE in Glux-en-Glenne, in der Déchelette-Bibliothek in Roanne und dem Museum Rolin in Autun befinden. Zuletzt folgt eine Liste der Kleinfunde mit Angaben der Inventarnummern von Bibracte (bis 1984), die im Musée Rolin, im Musée des Antiqués Nationales in Saint-Germain-en-Laye, im Musée Déchelette, im Musée Archéologique in Dijon sowie in diversen weiteren Museen und Sammlungen aufbewahrt werden. Den Abschluß bilden, entsprechend den Zielsetzungen eines Europäischen Zentrums für Archäologie, eine dreisprachige Zusammenfassung und die Hinweise „how to use the bibliography".

Die vorliegende Arbeit kann nicht nur als einfaches Nachschlagewerk und Bibliographie betrachtet werden, sondern bietet die Grundlage für eine kritische Beurteilung der Altgrabungen, deren Ergebnisse und Vorstellungen – eine vielfach nicht sehr geschätzte, aber unabdingbare Voraussetzung für ein modernes Forschungsprojekt, daß nicht „die Welt neu erfinden" will, sondern auf bestehendem Wissen sinnvoll weiterbauen möchte. Die Studie dient natürlich auch der Kenntnis der Forschungsgeschichte, haben doch die Untersuchungen Bulliots, ganz besonders aber auch Déceletts, weit über die Grenzen Frankreichs hinaus die archäologischen Forschungen für viele Jahrzehnte geprägt. Zuletzt bleibt dem Rez. lediglich festzustellen, daß er im Zuge der 1996 laufenden Rettungsgrabungen im Bereich der Bastion de la Comme-Chaudron gerne und mit viel Nutzen auf die vorliegende Publikation zurückgegriffen und deren Übersichtlichkeit und Benutzerfreundlichkeit schätzen gelernt hat.

Otto H. Urban

MARTIN LUIK, KÖNGEN – GRINARIO I. Topographie, Fundstellenverzeichnis, ausgewählte Fundgruppen. Forschungen und Berichte zur Vor- und Frühgeschichte in Baden-Württemberg, Band 62. 460 Seiten mit 126 Abbildungen, 163 Tafeln und 2 Beilagen. Verlag Konrad Theiss, Stuttgart 1996.

Wohl kaum eine andere Institution auf dem Gebiet der Bodendenkmalpflege ist in der Lage, auf eine so stattliche und kontinuierlich wachsende Reihe an Publikationen verweisen zu können, wie das von Dieter Planck geleitete Landesdenkmalamt von Baden-Würtemberg. In enger Zusammenarbeit mit einschlägigen Instituten an Universitäten entwickelte sich ein breit gefächertes Programm, das vom Herausgeber der Schriftenreihe mit außergewöhnlichem und bewundernswertem Elan geleitet und von jüngeren Fachleuten als Forum genutzt wird, ihre meist in Dissertationen erarbeiteten Ergebnisse in repräsentativer Ausstattung – dafür garantiert gewissermaßen der Theiss-Verlag Stuttgart – einem Kreis von Interessenten vorzustellen.

Aus einer Doktorarbeit an der Universität München erwuchs auch der hier anzuzeigende Band. Sein Autor, Martin Luik, widmet sich darin einem Fundort, der Sigillataspezialisten dem Namen nach vertraut sein dürfte: Grinario (Köngen). Der Untertitel der Arbeit betont deren Schwerpunkt. Es handelt sich um die Vorlage aller Fundstellen von Grinario und um ausgewählte Fundgruppen. Diesem Teil soll ein weiterer folgen, der die Grabungsbefunde im Vicus und im Kastell von Grinario zum Inhalt haben wird.

Der Beginn des Bandes hält sich an das bewährte Schema der Reihe mit geographischen und forschungsgeschichtlichen Einleitungen (S. 13–32). Diesen folgen das Verzeichnis der Fundstellen (S. 33–118), die Ausführungen über die ausgewählten Fundgruppen (S. 119–180), die Stellungnahme zur Anfangsdatierung von Grinario (S. 181–184), der Katalog (S. 185–286), das Literaturverzeichnis (S. 287–293) und zuletzt der Tafelteil (Tafel 1–163). Die Falttasche am Buchende enthält den Gesamtplan mit den eingezeichneten Fundstellen (Beilage 1) und Fundsituationen (Beilagen 2–4).

Aus der Vielzahl der im Laufe von Dezennien in Köngen geborgenen Funde sei beispielsweise das Bruchstück eines Mithrasreliefs genannt, das für die Aufstellung im Museum ergänzt wurde (S. 34f. Abb. 13f.). Die Fundstellen werden beschrieben und durch Fotos und Zeichnungen illustriert. Gelegentlich hätte es sich empfohlen, die auf Spaltenbreite verkleinerten Fotos größer wiederzugeben, um die eine oder andere im Text genannte Einzelheit verfolgen zu können (vgl. z. B. S. 53/Abb. 38; S. 54/Abb. 39, Abb. 41, S. 59/Abb. 49).

Ausgewählte Fundgruppen: Münzen, darunter der aus 615 Geprägen bestehende Hortfund, dessen Entdeckung im Jahr 1967 gelang (S. 119ff.), Fibeln (S. 132–137), Militaria (S. 137–139) und, wie üblich, eine Menge an Gefäßkeramik (S. 139ff.). (A propòs Militaria: vergleichbare Ortbänder aus Bein (Tafel 45/6–7) hat H. Deringer aus Lauriacum publiziert: JbMus Linz 111, 1966, 246–249.)

Luik setzt an den Beginn des umfangreichen Keramikteils die Reliefsigillata (S. 139ff.), die mit Bezug auf die gängige Fachliteratur ausgewertet wird. Neue Punzenzuweisungen für die Schwäbische Reginusware werden vorgenommen (Liste 3: S. 164–165) und Detailbeobachtungen etwa an glatter Sigillata gemacht (S. 172).

Bereits bekannte und veröffentlichte Steininschriften erläutert Luik anhand von Fotos und/oder Umzeichnungen (S. 172–180). Nachdem die verfügbaren Dokumente kommentiert sind – Katalog und Tafelbeschreibungen bilden samt Zeichnungen und Fotos den Abschluß des Bandes (S. 185–286 und Taf. 1–163) – nimmt der Autor „zur Anfangsdatierung von Grinario-Köngen" (S. 181–184) Stellung. Die Ansätze der früheren Forschergeneration schwankten – je nach interpretierten Quellen – zwischen den 70er Jahren des 1. Jahrhunderts n. Chr. und um 100 bis später (z. B. F. Drexel). Daß in der Datierungsfrage gerade der Sigillata ein wesentliches Moment einzuräumen ist (vgl. S. 183), wurde in den letzten Dezennien ausreichend unter Beweis gestellt. Luik geht daher von der Prämisse aus, daß die ältesten Funde das Anfangsdatum der Kastellperiode markieren, mit der zusammen auch der Vicus zu sehen sein wird (S. 182). Der schon seinerzeit vorgeschlagene Gründungsansatz um 100 sollte vielleicht um etwa ein Dezennium nach unten gerückt werden (vgl. S. 184).

Insgesamt betrachtet: Ein zähes Ringen, um dem Material bei einer ausstehenden Gesamtanalyse eine präzisierende Antwort zu entlocken. M. Luik hat ein solides Fundament geschaffen, um künftig darauf weiterzubauen.

Erwin M. RUPRECHTSBERGER

IATRUS-KRIVINA. Spätantike Befestigung und frühmittelalterliche Siedlung an der unteren Donau. Band 5: Studien zur Geschichte des Kastells Iaturs (Forschungsstand 1989). Mit Beiträgen von L. BARTOSIEWICZ, B. BÖTTGER, G. v. BÜLOW, A. M. CHOYKE, B. DÖHLE, G. GOMOLKA-FUCHS, E. SCHÖNERT-GEISS, D. STANČEV. Schriften zur Geschichte und Kultur der Antike, Band 17. 142 Seiten, 14 Abbildungen, 16 Tafeln, 20 Tabellen, 20 Diagramme, 6 Beilagen. Akademie-Verlag, Berlin 1995.

Um es gleich eingangs zu betonen: Dieser Band, als fünfter der Reihe Iatrus-Krivina konzipiert, unterscheidet sich angenehm von anderen Ausgrabungsdokumentationen, die auf Volumen und Gewicht, nicht aber auf Les- und Brauchbarkeit angelegt sind. Die Voraussetzung wäre also günstig. Nur: Der verhältnismäßig hohe Preis (S 1357,–) wird in Zeiten von Sparmaßnahmen wissenschaftliche Institute vor die Schwierigkeit des Kaufes stellen, von Privatpersonen ganz abgesehen, die wohl auf das Buch verzichten werden. Weder der Abbildungsteil mit lediglich 16 Tafeln Strichzeichnungen und Fotos, und noch weniger der Textteil mit zu klein geratenem Druck – bei Kunstlicht wird das Auge zu sehr angestrengt und ermüdet – rechtfertigen die Kalkulation des Akademie-Verlages Berlin, dem ein Überdenken seiner Preisgestaltung dringendst empfohlen sei!

Im Vorwort von S. v. Schnurbein und K. Wachtel erfährt der Leser, daß das bereits vor Jahrzehnten begonnene Unternehmen in Iatrus-Krivina seit 1992 wieder als deutsch-bulgarisches Gemeinschaftsprojekt geführt wird, nachdem ab 1981 bulgarische Forscher für dessen Durchführung allein verantwortlich waren (S. 5–6). Die Funktion des Bandes 5 liegt auch in einer Rekapitulation und – in einigen Belangen – Aktualisierung des Forschungsstandes, über den Iatrus 1–4 ausführlich berichteten. Insofern wird dem Interessenten ein Einstieg ermöglicht, den für die Spätantike und byzantinische Zeit aufschlußreichen Fundort an der unteren Donau kennenzulernen.

Ein kompetentes Autorenteam hat übersichtliche Beiträge dazu beigesteuert. Ein mehr als kurioses Abkürzungsverzeichnis (S. 7) (von völlig unüblichen Abkürzungen angefangen, z. B. JACh für Jahrbuch f. Antike u. Christentum oder MPG für Migne, Patrologia Graeca, bis zu solchen, die entweder unsinnig sind oder deren Auflösung als selbstverständlich vorausgesetzt werden muß) steht noch vor dem Einleitungsartikel von B. Döhle, der auf die Siedlungsperiode A eingeht (S. 9–28). Als Befestigung am unteren Donaulimes, unter Konstantin nach einheitlichem Konzept gegründet, war Iatrus mit den notwendigen Militärbauten ausgestattet. In Krisenzeiten dürfte es als Zufluchtsstätte aufgesucht worden sein. Döhle arbeitet auch den militärarchitektonischen Bezug heraus, besonders was die Principia anlangt. Auf eine Eigenart wurde aufmerksam gemacht: eine einzelne Säule nahe dem Prätorium. Welcher Sinn liegt ihr zugrunde? Sollte sie etwa als Ehrenmal gedient haben? Solche wären aus dem Reichsosten aus früherer Zeit bekannt. (Die Ehrensäulen in Palmyra sind mit Inschriften versehen. Eine davon steht im Legionslager Diokletians. Zur Säule vgl. z. B. M. Gawlikowski, Tempel, Gräber und Kasernen, in: A. Schmidt-Colinet (Hg.), Palmyra. Kulturbegegnung im Grenzbereich, AW 26, SoNr. 1995, 21–27, bes. 25, Abb. 30.) Sie wurde bei der Errichtung der Militärfestung – und dies verdient Beachtung, zumal Döhle in seinen Erörterungen des öfteren auf Palmyra anspielt – gewiß zur Kenntnis genommen. Ob sie damals abgetragen worden ist, entzieht sich meiner Kenntnis. Es ist auch nicht gänzlich auszuschließen, daß dieser Typ einer Ehrenbezeugung für eine hochgestellte Persönlichkeit – in der Spätantike kam nur der Kaiser in Frage – dem unteren Donauraum vermittelt wurde: Immerhin war die Legio I Illyricorum in Palmyra stationiert (vgl. Not. dig. 32, 31) und immerhin waren palmyrenische Soldaten und Händler seit dem 2. Jahrhundert im unteren Donauraum verstärkt präsent (ohne auf die zahlreiche Literatur eingehen zu können, vgl. z. B. nur F. Altheim, Gesicht vom Abend und Morgen, Frankfurt/M., Hamburg 1954, 155–166), was so manche Gemeinsamkeiten erklären würde.

Die auf Periode A folgenden Siedlungsphasen behandelt G. v. Bülow, die in Wien unlängst einen Vortrag über Iatrus gehalten hat. (Siehe NachrGesFreunde Carnuntums 4, 1996, 6–8. Über Iatrus hat Bülow eine umfangreiche Übersicht veröffentlicht: BerRGK 75, 1994, 5–22. Das spätantike Kastell Iatrus am Unterdonau-Limes in Bulgarien. Stand und Probleme der Erforschung).

Periode B/C ist durch eine rege Bautätigkeit gekennzeichnet (S. 29–53). So wurde gegen Ende des 4. Jh. auch eine Kirche errichtet, zu der ein Baptisterium gehörte (S. 33–37). Nicht alle Gebäude konnten bislang erforscht werden. Erfolgversprechend dürften die Untersuchungen an Bau 30 werden (Repräsentations-, Versammlungsraum?). Unter Berücksichtigung der verfügbaren Quellen plädiert Frau v. Bülow für ein Ende der Kastellperiode B/C im 2. Viertel des 5. Jh., wobei die im Grabungsbefund konstatierten Zerstörungen vielleicht auf die Hunnen zurückzuführen sind.

Diese Zerstörung bedeutete auch eine Siedlungszäsur, an die Periode (Phase) D 1 schließt. Ihr war nur kurze Dauer beschieden. Eine Brandkatastrophe bereitete Phase D 1 ein jähes Ende (S. 59 f.).

Neubeginn und Neubebauung kennzeichnen die Siedlungsphase D2, die in die Zeit des Kaisers Justinian fällt (S. 61 ff.). Die markante und historisch auch anderswo nachvollziehbare Betonung des Siedlungsbildes liegt nun in der großen Kirche, dem Mittelpunkt des justinianischen Iatrus (S. 65).

Die umsichtige Argumentation der Verf. ist stellenweise von nützlichen Hinweisen zu bautechnischen oder anderen Details begleitet, die auch für die im norischen Raum tätigen Ausgräber zu Vergleichszwecken und zur Befundinterpretation herangezogen werden können (vgl. z. B. S. 59, 63).

Einen für wirtschaftsgeschichtliche Aspekte relevanten Versuch stellt B. Böttger vor (S. 67–80): Anhand umfangreicher Keramikrecherchen und der daraus erarbeiteten statistischen Grundlagen definiert er ein Bild, demzufolge es während der gesamten Kastellbesiedlung keinerlei Belieferungsschwierigkeiten gegeben hätte. Auch für Weinzufuhr ward gesorgt! Autarke Tendenzen ortet der Autor anhand von Speicher- und Vorratsgefäßen ab Phase B/C, die eine Privatisierung der Haushalte erschließen lassen. Änderungen in der Nahrungsaufnahme, ablesbar am neuen Formenspektrum der Gefäße, sind vermutlich auf eine andere Bevölkerung in Phase B/C zurückzuführen.

Ausgewähltes Fundmaterial analysiert G. Gomolka-Fuchs in ihrem Beitrag (S. 81–105). Von den Kleinfunden wird den Fibeln besondere Beachtung zuteil (S. 85). Instruktiv der Hinweis auf das zeitliche Vorkommen von Einglättkeramik bereits um Mitte des 4. Jh. Die in den Funden enthaltenen kulturell (bisweilen auch ethnisch) deutbaren Komponenten wurden von der Autorin dem Leser vor Augen geführt und hinsichtlich ihrer Aussagekraft – wie es vereinzelt scheinen möchte – extrem strapaziert.

Aus der Feder derselben Verf. stammen die Erörterungen zum frühen Christentum und zu den Kirchenbauphasen von Iatrus (S. 107–115). An eindeutig identifizierbares Inventar sind die in Raum 6 gefundenen Fragmente einer Tischplatte aus Marmor genannt (vgl. S. 109, Abb. 13, Taf. 3/6). Die Platte weist eine fragmentarisch erhaltene Inschrift auf: Pro voto [suo fieri cura] vit. Oder vielleicht pro voto [de sua fieri cura] vit? Die von der Autorin verwendete Bezeichnung „mensa sacra“, S. 110, intendiert eine sakrale Nutzung, die den Fundort [R 6] als Prothesis der Basilika ausweisen würde. In dem Zusammenhang wird auf das Beispiel der Basilika von Nesactium bei Pula verwiesen. Zu dieser Kirche vgl. z. B. B. Marusic, Beitrag zur Kenntnis des spätantiken Nesactium: Starohrvatska prosvjeta 3/16, 1986, 51–76.

Die archäozoologische Auswertung der Tierknochenfunde aus den Kampagnen 1970–1972 durch L. Bartosiewicz und A. M. Choyke (S. 117–121) läßt die Bedeutung des Rindes als bevorzugtes Schlachtvieh erkennen. Als Exoten im Tierbestand gelten Esel und auch Katze (S. 117).

Vom bulgarischen Forscherteam in Iatrus äußert sich D. Stančev zu Baptisterium (S. 123 f.) und Mühle (S. 124–130), wobei er den diesbezüglichen Katalog an Funden anfügt (S. 128–130). Das Gefäß auf Taf. 12/4 ist als Amphore (nicht als Kanne) zu definieren, das Objekt auf Taf. 14/25 könnte als Amphorenverschluß verwendet worden sein und das auf Taf. 15/44 fungierte gewiß nicht als Aale, sondern eher als Griff o. ä.

Mit einem sowohl für die Ausgräber als auch für den Numismatiker außerordentlichen Münzschatz, bestehend aus 260 Stück, wartet E. Schönert-Geiss auf (S. 131–132). Auf jedwede Abbildung – auch nicht jener höchst seltenen Eugenius-Münzen – wurde verzichtet. Schade!

Die in Bulgarisch geschriebene Kurzfassung der Beiträge bildet den Abschluß des Textteils (S. 133–139). Tafel 1–16 stehen am Schluß des Buches, dessen Deckenlasche die Übersichtspläne (Beilage 1–6) birgt.

Insgesamt betrachtet ein Band, der dem Interessenten die notwendige historische Orientierung ermöglicht und die Grundzüge des Siedlungsgeschehens in Iatrus auf übersichtliche Weise vermittelt.

Erwin M. Ruprechtsberger

HARALD STRAUBE, FERRUM NORICUM UND DIE STADT AUF DEM MAGDALENSBERG. Mit Beiträgen von Heimo Dolenz und Gernot Piccottini. 187 Seiten, 86 Abbildungen, 5 Tabellen. Springer Verlag, Wien-New York 1996.

In der vorliegenden Arbeit werden die besonderen Aspekte des Ferrum Noricum aus metallurgischer, archäologischer und historischer Sicht beleuchtet. Der Schwerpunkt der Arbeit liegt auf der Metallurgie, die von H. Straube, der als Professor am metallurgischen Institut für Werkstoffkunde und Materialprüfung der Technischen Universität Wien tätig ist, umfassend und in auch für den Laien verständlicher Form dargestellt wird.

In einleitenden Kapiteln wird zunächst auf die frühe Kupfer-, Bronze- und Eisenmetallurgie, deren Kenntnis die Voraussetzung für das Verstehen der Besonderheiten des norischen Eisens bildet, eingegangen. Unter Ferrum Noricum wird nicht das übliche, im Rennofen erzeugte kohlenstoffarme Weicheisen, sondern kohlenstoffhaltiger, härtbarer Stahl verstanden, dessen hervorragende Qualität schon in den zeitgenössischen Schriftquellen immer wieder Erwähnung findet. Die Kenntnis von der Herstellung und Weiterverarbeitung dieses begehrten Werkstoffes begründete die wirtschaftliche Bedeutung der Siedlung am Magdalensberg.

Nach einem Überblick über die ersten umfangreichen metallkundlichen Untersuchungen an Fundstücken vom Magdalensberg, die von R. Mitsche und O. Schaaber Anfang der 60er Jahre durchgeführt wurden und die zeigten, daß der kohlenstoffhaltige Stahl gezielt hergestellt wurde, folgt eine ausführliche Darstellung der Grundlagen des Reduktionsvorganges und der auf dem Magdalensberg durchgeführten Schmelzversuche, bei denen erstmals experimentell bewiesen werden konnte, daß die Herstellung von Stahl im Rennofen möglich ist. Bei diesen Versuchen konnte nachgewiesen werden, daß nicht, wie ursprünglich angenommen, der Stahl durch nachträgliches Aufkohlen von kohlenstoffreiem weichem Eisen erzeugt wurde, sondern daß die Aufkohlung schon im Rennofen erfolgte. Vergleiche von bei den Experimenten erzeugten Luppen mit unverarbeiteten, mit Rennofenschlacke umgebenen Stahlluppen aus den archäologischen Ausgrabungen auf dem Magdalensberg weisen ebenfalls darauf hin.

Diese Forschungsergebnisse ermöglichen auch eine Neuinterpretation der Beschreibung der antiken Eisenherstellung durch Plinius den Älteren, die von H. Vetters neu übersetzt wurde und deutliche Hinweise auf die Gewinnung von kohlenstoffhaltigem Stahl aus dem Rennofen enthält.

In einem abschließenden Kapitel werden die Ergebnisse noch einmal zusammengefaßt, aber auch deutlich darauf hingewiesen, daß die gewonnenen Erkenntnisse durch weitere Schmelzversuche und Untersuchungen an Fundmaterial untermauert werden müssen. Eine wichtige, hier nur angeschnittene Frage betrifft den Standort der Schmelzöfen. Auf dem Magdalensberg und in dessen unmittelbarer Umgebung gibt es keine Hinweise für einen Rennofenbetrieb. Dazu kommt, daß dieses Areal aufgrund des Fehlens der Wasserkraft und des Rohmaterials für den Schmelzbetrieb ungeeignet ist. Als Produktionszentrum ist mit großer Wahrscheinlichkeit das Görtschitztal südlich von Hüttenberg anzunehmen. Die hier erzeugten Luppen wurden zur Weiterverarbeitung auf den Magdalensberg gebracht.

Die beiden letzten Kapitel von H. Dolenz, der anhand antiker Darstellungen und einschlägiger Grabungsbefunde einen umfassenden Überblick über die römische Schmiedekunst gibt und G. Piccottini, der die Geschichte der Siedlung auf dem Magdalensberg, deren Blütezeit vom ausgehenden 1. Jh. v. Chr. bis zur Mitte des 1. Jh. n. Chr. reichte, als Kultur- und Handelszentrum darstellt, runden das Thema Ferrum Noricum in ausgezeichneter Weise ab.

Brigitte CECH

PÉTER SOMOGYI, BYZANTINISCHE FUNDMÜNZEN DER AWARENZEIT. Monographien zur Frühgeschichte und Mittelalterarchäologie Band 5. 172 Seiten, 9 Verbreitungskarten im Anhang, zahlreiche Photos. Universitätsverlag Wagner, Innsbruck 1997.

Der Autor sammelte im awarischen Siedlungsgebiet 98 Münzfunde mit Münzen der byzantinischen Kaiser ab Justinus II. und insbesondere der Heraclischen Dynastie bis einschließlich Constantinus IV (letztes Drittel 7. Jh.). Diese Münzen stammen hauptsächlich aus Ungarn und Rumänien (Siebenbürgen), zu einem geringen Teil auch aus den awarisch besiedelten Teilen der Slowakei. Aus dem nördlichen Serbien und Kroatien konnten aufgrund der aktuellen politisch-militärischen Krise nur die Angaben aus der älteteren Literatur übernommen werden. Österreich ist nicht enthalten, da dazu eine Arbeit von W. Hahn existiert. Der Autor nimmt Münzen Justinians I. aus, da bei ihnen nicht eindeutig klärbar ist, ob sie vor oder nach 567/568, dem Datum der Ankunft der Awaren, in die Erde kamen. Bei den Exemplaren seines Kataloges handelt es sich nur zum Teil um Grabfunde. Darüberhinaus sind außer den bei Münzen allgegenwärtigen Streufunden auch einige wenige Hortfunde vertreten. In der Arbeit folgen auf diesen Katalog weitere Kapitel zu den Münzen der Heraclischen Dynastie, den awarenzeitlichen Imitativprägungen, den byzantinischen Münzhortfunden und der Datierung der frühawarenzeitlichen Stollengräber.

Als erstes beeindruckt der Katalog den Leser durch seine akribische Recherchen: Der Text zu jedem Fund umfaßt Fundumstände, Bezeichnung, Bestimmung, Emission, Verbleib und Literatur. Zahlreiche Münzen wurden für diese Arbeit photographiert, von den anderen bemühte sich der Autor, die beste verfügbare Abbildung zu reproduzieren. P. Somogyi folgt – im Gegensatz zu anderen Autoren – nicht einfach der Auffassung, daß die Regierungszeit der betreffenden Herrscher zur zeitlichen Bestimmung der Münze ausreiche, sondern daß eine spezielle Prägeperiode bestimmt werden sollte. Die lange Herrschaftszeit von Kaisern wie Heraclius (610–641) und Constans II (641–668) wäre für die Datierung der weiteren Stücke im Fundkomplex sonst wenig hilfreich. Die zahlreichen gelochten und mit einer Öse versehenen Exemplare zeigen den Umgang der Awaren mit dieser von vornherein aufgrund ihrer hohen Nominale nicht für den alltäglichen Markthandel bestimmten Wertform. Der Autor diskutiert im Folgenden nicht so sehr die prinzipiell bekannte Tatsache, daß die Münzen der Frühawarenzeit als Tribute der byzantinischen Kaiser an die eine militärische Bedrohung darstellenden Streitkräfte des Khagans ins Karpatenbecken gelangten, sondern konzentriert sich auf den Vorgang der Einstellung dieser Zahlungen. Mit großer Wahrscheinlichkeit geschah dies unmittelbar nach dem Jahr 626, ab dem die Awaren wegen ihrer Niederlage vor Konstantinopel als Tributempfänger aus den byzantinischen Listen gestrichen wurden. A. Kiss, mit dessen Meinung sich P. Somogyi an dieser Stelle auseinandersetzt, glaubt hingegen an keine Unterbrechung des Münzstromes nach 626. Endgültig scheint der Nachschub aber am Ende des 7. Jh. zu versiegen, wie man an den vielen tausend Bestattungen der Spätawarenzeit, aus denen keine einzige byzantinische Münze vorliegt, ablesen kann. Trotzdem bestehen in geringem Ausmaß noch immer Kontakte: Aus Österreich (dessen Funde der Autor nicht in seinen Katalog aufgenommen hat) ist mir ein besonders später Beleg bekannt: In Mistelbach wurde ein in Rom (!) zwischen 715 und 717 geprägter Solidus des Theodosius III. vom Beginn des 8. Jh. gefunden, der leider wegen der Ereignisse des Jahres 1945 nicht mehr erhalten ist. Dieser Streufund stammt, wie ich vermute, ebenfalls nicht aus einem der Gräber des dortigen Gräberfeldes, sondern markiert möglicherweise den Bereich der Siedlung.

Aufgrund seiner Datenbasis kommt der Autor für die Goldmünzen aus den Tributzahlungen zu folgendem Schluß: „Bis 626 würde ich im Awarenland von einer speziellen Form des Münzverkehrs sprechen, worunter eine Art von Eigendynamik, eine lineare, sich nicht wiederholende Bewegung der Münzmasse zu verstehen ist, die letztendlich eine spontane und zufällige Typenmobilität verursacht.“ (S. 143) Dagegen: „Die byzantinischen Kupfermünzen, die durch die wenigen awarenzeitlichen Grabfundmünzen eindeutig belegt sind, sind als Denkmäler der nicht zwischenstaatlichen, privaten Beziehungen zwischen den byzantinischen Provinzen und dem Awarenland aufzufassen.“ (S. 145) Die Zäsur im Münzzustrom am Ende der Regierungszeit von Heraclius sei unverkennbar. Insbesondere Münzen des Heraclius nach 626 wären selten. Umso interessanter sei das Auftauchen von Solidi seiner Nachfolger Constans II. und Constantinus IV. Diese Serie beginnt erst mit den Emissionen zwischen 654 und 659 und endet mit Prägungen zwischen 674 und 681. Auf eine „münzlose“ Periode folgten also – verglichen mit dem vorigen Zustrom – relativ wenige jüngere Stücke. Der Autor faßt zusammen: „Sämtliche Vorstellungen über einen kontinuierlichen Münzzustrom entbehren jeglicher Grundlage.“ (S. 119)

Wenn es aber in der Mittalawarenzeit zu keiner Fortsetzung der Tributzahlungen kam, wie ist dann die Herkunft der Münzen der jüngeren Serie zu erklären? Einen Beitrag zu einer möglichen Antwort versucht das folgende Kapitel über die awarenzeitlichen Imitativprägungen der Mittelawarenzeit: Dabei handelt es sich um Stücke, die parallel zu den Münzen der jüngeren Serie auftreten, aber aus Silber hergestellt sind. Dabei konnte durch Neubestimmungen des Autors insbesondere die italische Herkunft einiger dieser Stücke geklärt werden. Diese Imititationen von Vorbildern aus Italien sind aber mit denen, die nach Vorbildern aus den 626 eingestellten Tributzahlungen aus Konstantinopel gefertigt wurden, durchaus zeitgleich und können daher nicht hintereinander gereiht werden. Die silbernen Exemplare sind von schlechter Ausführung, die vermuten läßt, daß die Graveure dabei eher aus der Erinnerung arbeiteten und sich kaum mehr an Stücken, die im Umlauf waren, orientieren konnten. Sie imitieren nämlich Münzen aus den Jahren 648–659 bzw. 659–669 des Constans II. Aber es gibt auch einen authentischen Silbermünzfund, den Schatz von Zemiansky Vrbovok. Dieser enthält aber Emissionen aus den Jahren 659–668 bzw. 669–674, also deutlich spätere. Der Autor geht davon aus, daß ab diesem terminus post quem, also ca. 674/81 wieder orginale byzantinische Silbermünzen im Karpatenbecken im Umlauf waren. Soweit möchte ich dem Autor folgen, nicht aber bei seiner Schlußfolgerung, dieses Phänomen mit einer onogur-bulgarischen Einwanderung in das Karpatenbecken in Verbindung zu bringen. Die awarisch-byzantinischen Beziehungen hörten nach dem Ende der Tributzahlungen wohl nicht vollständig auf. Zumindest in der Spätawarenzeit gibt es nach F. Daim Anzeichen eines vielleicht neu erwachten Interesses der Byzantiner an diplomatischen Missionen ins Awarenland. Auch könnten nichtoffizielle Kontakte zum byzantinischen Vorland an der Adria eine Rolle gespielt haben. P. Somogyi erwähnt auch „seltene numismatische Denkmäler der awarischen Beziehungen mit Italien, die nichts mit Tributzahlungen aus Konstaninopel bzw. mit der onogur-bulgarischen Einwanderung zu tun haben“ (S. 133). Weiters räumt er ein, daß „diese Münzfunde von großer Bedeutung sind, weil sie uns darauf aufmerksam machen, daß byzantinische Münzen auf verschiedenen Wegen ins Awarenland gelangten“. Diese Münzen haben dann aber, wie uns der eingangs erwähnte Solidus italischer Prägung vom Beginn des 8. Jh. aus Mistelbach zeigt, eine andere Verbreitung. Es sind aber möglicherweise auch die Solidi der Frühawarenzeit nicht nur mit Tributzahlungen zu erklären, wie ein Stück des Heraclius von 616–625 aus Kraków in Polen zeigt, das jüngst von M. Salamon in den Notae Numismaticae I, Kraków 1996 publiziert wurde. Abschließend läßt sich sagen, daß P. Somogyi mit seiner überaus sorgfältigen Quellenarbeit einen wertvollen Beitrag zur differenzierten Bewertung dieser Fundgattung geleistet hat.

Anton Distelberger

HEINZ WINTER, AWARISCHE GRAB- UND STREUFUNDE AUS OSTÖSTERREICH. Ein Beitrag zur Siedlungsgeschichte. Monographien zur Frühgeschichte und Mittelalterarchäologie Band 4. 224 Seiten, 67 Tafeln, 3 Faltpläne.

Diese Arbeit basiert auf Streufunden, die fast ausschließlich als Siedlungsfunde zu betrachten sind. Wegen der sonst teils intentionellen, teils quellenbedingten Orientierung der awarischen Archäolgie auf die Gräberfelder kommt diesen Funden besondere Bedeutung zu. Die Siedlungsfunde werden in ihrem Bestand durch die vorliegende Arbeit um ein Vielfaches vermehrt. Mit den Gräberfeldern kombiniert, ergibt sich das Bild einer ostösterreichischen awarischen Siedlungslandschaft, wie es vorher noch für keine andere Region entworfen wurde.

Der erste Teil der Arbeit ist diesen Streufunden gewidmet, ein zweiter allen awarischen Funden in Österreich, einschließlich der bereits publizierten. Zu jedem dieser beiden Themenbereiche gibt es einen eigenen Katalog. Diese Kataloge bilden den dritten Teil des Buches.

Zum ersten Teil: Hier sind besonders die Ausführungen zu den pyramidenförmigen Anhängern des Ohrschmucks, der im Tierstil und mit Zahnschnitt verzierten Riemenzunge, den Maskenbeschlägen und dem Preßmodel – alles aus der Frühawarenzeit – bemerkenswert, weil sie für die österreichischen Funde aus dieser Zeit unser Typenspektrum erheblich erweitern. Von den spätawarenzeitlichen Siedlungsfunden sind die neuen Belege von großteils schon bekannten Typen für jede Verbreitungskarte von großem Wert.

Zum zweiten und dritten Teil: Der Katalog dieser Funde beeindruckt vor allem durch seine umfangreichen topographischen Angaben, die das Bemühen des Autors dokumentieren, den jeweiligen Fundort in seinem paläo-naturräumlichen Umfeld sichtbar zu machen. Dies wäre für die meisten der bereits früher publizierten Grab- und Siedlungfunde noch nachzuholen, um Parameter für den Standort einer awarenzeitlichen Siedlung bzw. eines Gräberfeldes zu entwickeln. Die vom Autor erkannten Regelmäßigkeiten in der Lage zu Gewässern, römischen Altsiedlungen und Altstraßen innerhalb der bevorzugten Regionen versorgt uns mit zahlreichen Ansatzpunkten zur weiteren Beschäftigung mit einer regionalen Siedlungsgeschichte. Diese kann für das 7. und 8. Jh. in Ostösterreich nicht ohne eine Berücksichtigung der slawischen Siedlungen geschrieben werden. Eine Trennung in slawische und awarische Siedlungsplätze erscheint wenig sinnvoll. Von den awarischen Siedlungen, die H. Winter dokumentiert, stammt sicher auch Keramik. Diese ist, da sie von Sammlern nicht aufbewahrt wird, nicht überliefert. Dadurch entsteht folgendes Paradoxon: Bei einer auf die Erfassung aller Funde orientierten Aufnahme von Streufunden an der Oberfläche wird man hauptsächlich slawische Fundplätze finden, bei einer Begehung römischer Fundstellen mit dem Metallsuchgerät häufiger awarische. Verschiedene Interessenslagen und Vorgangsweisen erzeugen Besonderheiten des Siedlungsgebietes zweier Ethnien, von denen nicht klar ist, ob und wodurch sie sich im 7. und 8. Jh. in unserem Raum voneinander abgrenzten. Man sollte die Zufälligkeiten der Quellenlage nicht unterschätzen: Erstens wurden auch in zweifelsfrei slawischen Siedlungen in Mähren schon genug awarische Bronzen gefunden, zweitens können, wie man anhand der Funde von Zillingtal sehen kann, Bronzen in awarischen Siedlungsplätzen durchaus selten sein.

Die Gesamtdarstellung des awarenzeitlichen Siedlungs- und Bestattungswesen in Österreich (S. 71 ff.) beruht auf einer für die awarische Archäologie unschätzbaren Sichtung und Systematisierung aller diesbezüglichen Meldungen (S. 177 ff.). Störend sind jedoch mehrmalige Wiederholungen wie die folgende: „Das Gräberfeld von Zillingtal liegt am Rand einer Anhöhe. Der Friedhofsbereich fällt gegen Osten, gegen ein kleines, wasserführendes Tal ab, wo sich die zugehörige Siedlung befand.“ Im übrigen beeindruckt die Sorgfalt, mit der der Autor seinen Text verfaßt hat. Erwähnenswert sind weiters die im Inhaltsverzeichnis nicht als eigenes Kapitel ausgewiesen sachkundigen Erörterungen zu den Techniken awarischen Handwerks. Der Autor hat sich auch damit als ein profunder Kenner der awarischen Siedlungsfunde zu erkennen gegeben, seine Arbeiten geraten somit zum soliden Ausgangspunkt aller weitereren Bemühungen, die vielleicht noch in dieser Richtung folgen werden. Sein Mut, Stücke aus Oberflächenbegehungen einer chronologischen und siedlungsgeschichtlichen Analyse zu unterziehen, hat sich gelohnt.

Anton Distelberger